ライプニッツ

人間知性新論

米山 優訳

みすず書房

NOUVEAUX ESSAIS
SUR L'ENTENDEMENT HUMAIN

par

Gottfried Wilhelm Leibniz

1765

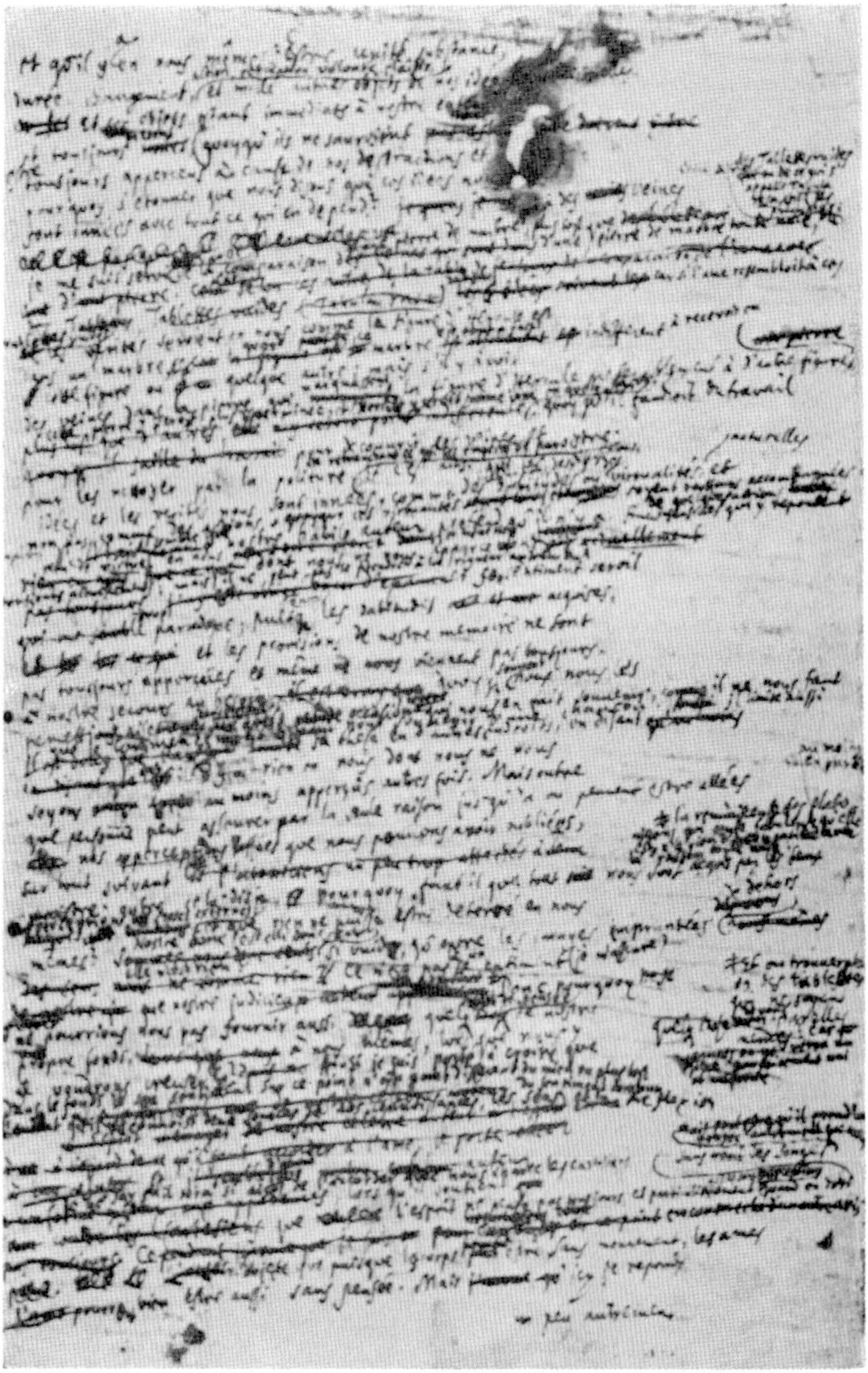

ライプニッツ《人間知性新論》の手稿

（ニーダーザクセン州立図書館，ハノーファー）

凡　例

一、底本には、Gottfried Wilhelm Leibniz, Nouveaux essais sur l'entendement humain, chronologie et introduction par Jacques Brunschwig, 1966, Garnier-Flammarion, Paris. を用いた。これは、ゲルハルト版哲学著作集（C. J. Gerhardt, Die Philosophische Schriften von Gottfried Wilhelm Leibniz）の第五巻に収められたものを、明らかな誤りを訂正した上で、現代的な綴りに変えたものである。その他に、入手しやすい版としては、アカデミー版（Gottfried Wilhelm Leibniz, Sämtliche Schriften und Briefe, Sechster Reihe, Sechster Band）がある。この版は、草稿や写しにおける異同を逐一注記している。専門の研究者は、当然この版をも参照しなければならない。けれども、訳書にその異同のすべてを書き並べることはあまりに煩雑と思われた。私がこのアカデミー版を底本としなかった理由にはもう一つある。ライプニッツは刊行を意識して、フランス語を母国語とする人々に文体の改善を依頼している（結局は彼の生前には本書は刊行されなかったことは周知のこと）。その上でできあがった稿をテキストとしてアカデミー版は採用している。それはあえて言えば完全にオリジナルなテキストではない。そこで、ライプニッツのテキストそのものを刊行しようとしたゲルハルトやブランシュヴィクに従うことに私はした。

二、『　』は書名に用いる。

三、〔　〕は訳者の補足した語句を示す。

四、原文がイタリック体で記された個所は、訳文では傍点を付した。

五、ギリシア語およびラテン語などは、すべて片仮名で記した。

六、翻訳に際しては次の各国語訳を参照した。

G. W. Leibniz, Neue Abhandlungen über den menschlichen Verstand, Übersetzt, eingeleitet und erläutert von Ernst Cassirer, Hamburg, 1915.

New Essays concerning Human Understanding by G. W. Leibniz together with an Appendix consisting of some of his shorter pieces translated from the original latin, french and german, with notes by Alfred Gideon Langley, 2nd edition, 1916.

G. W. Leibniz, New Essays on Human Understanding, Translated & edited by Peter Remnant & Jonathan Bennett, Cambridge, 1981.

Gottfried Wilhelm Leibniz, Neue Abhandlungen über menschlich Verstand, herausgegeben und übersetzt von Wolf von Engelhardt und Hans Heinz Holz, Frankfurt am Main, 1961.

目次

凡例 …… i
序文 …… 3

I　本有的概念について

1　人間の精神の内に本有的原理があるかどうかについて …… 28
2　本有的であるような実践の原理は全く存在しないということ …… 51
3　思弁に関わる本有的原理と実践に属する本有的原理とに関する、別の考察 …… 65

II　観念について

1　観念一般が論じられ、人間の魂が常に思惟しているかどうかが折りに触れて検討される …… 74
2　単純観念について …… 86
3　一つの感官から私たちにやってくる観念について …… 87
4　固性について …… 88
5　さまざまな感官に由来する単純観念について …… 95
6　内省に由来する単純観念について …… 95

7 感覚と内省との双方に由来する観念について……96
8 単純観念に関する補論……96
9 表象について……101
10 把持について……108
11 識別について、あるいは観念を区別する能力について……109
12 複雑観念について……113
13 単純様態について、そしてまず空間の単純様態について……116
14 持続について、そしてその単純様態について……122
15 持続と拡がりとを合わせた考察について……125
16 数について……127
17 無限について……129
18 他のいくつかの単純様態について……132
19 思惟に関する様態について……133
20 快苦の様態について……135
21 力能について、そして自由について……143
22 混合様態について……192
23 実体についての私たちの複雑観念について……196
24 実体の集合的観念について……206
25 関係について……207

26 原因について、結果について、そして他の幾つかの関係について……209
27 同一性あるいは差異性とは何であるか……210
28 他の諸関係について、特に道徳的関係について……229
29 明晰な観念と曖昧な観念、判明な観念と混雑した観念について……236
30 実在的観念と空想的観念について……246
31 完全な観念と不完全な観念……250
32 真なる観念と偽なる観念について……253
33 観念の連合について……254

Ⅲ 言葉について

1 言葉ないし言語について……258
2 言葉の意味について……263
3 一般的な名辞について……274
4 単純観念の名について……283
5 混合様態と関係の名について……289
6 実体の名について……293
7 不変化語について……323
8 抽象的名辞と具体的名辞について……328
9 言葉の不完全性について……329

10　言葉の誤用について　336
11　今しがた述べられた不完全性と誤用とに施され得る矯正策について　349

IV　認識について

1　認識一般について　356
2　私たちの認識の程度について　362
3　人間的認識の範囲について　378
4　私たちの認識の実在性について　395
5　真理一般について　400
6　普遍的命題、その真理性と確実性について　402
7　公準あるいは公理と名付けられる命題について　411
8　取るに足らない命題について　436
9　私たちの現実存在について私たちが持つ認識について　442
10　神の存在について私たちが持つ認識について　444
11　他の事物の存在について私たちが持つ認識について　454
12　私たちの認識を増大させる手段について　460
13　私たちの認識についての他の考察　469
14　判断について　470
15　確からしさについて　471

16 同意の程度について 473
17 理性について 490
18 信仰について、理性について、そしてそれらの別個な限界について 515
19 狂信について 522
20 誤謬について 530
21 諸学の区分について 543
注 551
訳者あとがき 615
索 引

人間知性[1]新論[2]

予定調和説の提唱者による

序文

ある著名な英国人(3)によって出版された『知性論(4)』は、当代においての最も素晴らしく、また最も尊重されている著作の一つである。そこで、私はそれについて所見を述べることにした。それというのも、この著作で触れられているのと同じ主題や大部分の題材について久しい以前から私は十分に考究してきたことでもあるので『知性新論』という表題の下に、それらについて何らかのものを出版し、〔『知性論』という〕かくも素晴らしい伴侶を得させて、私の思想を首尾よく受け容れてもらう良い機会になろうと私は思ったのである。それにまた、他人《ひと》の著作を利用するのは、ただ私の労苦を軽減する（実際、全く新たに著述するよりも、優れた著者の〔著作の〕筋道に従う方が労力は少なくて済むから）ためだけでなく、彼が私たちに書いてくれたことに何ものかを付け加えるためでもあり得る、と思った。付け加える方が、全く最初から事を起すよりも、とにかく容易なものである。というのも、彼が残した幾つかの難問を私はすっかり除去したと思っているからである。このように彼の名声は私にとって有益なのであり、その上、人があの著作に与えている評判を尤もだと認める気で私はいるのであり、決してその好評に横槍を入れようとは思わないのだから、もし私の賛同がいくらかの権威を持つならば、私はあの著作の評判を高めることになるだろう。確かに私はしばしば意見を異にするけれども、名高い著作家たちの功績を否認するつもりはない。彼らの権威が幾つかの重要な点において理性より優位に立ってしまったりしないようにする必要があると判断した時は、どの点で、また何故に自分は彼らの意見を離れるのかを知らしめることによって、却って彼らの功績は立証されるのである。それのみならず、このように優秀な人々〔の意見〕を補整すれば真理は一層受け容れやすくなろう。彼らが労苦を引き受けるのはまず以て真理のためにであることに思いを致すべきである。

実際、『知性論』の著者は多くの立派なことを述べており、それらを私は称讃するにも拘らず、我々〔二人〕の学説(5)は大分異なっている。彼の説はアリストテレスに近く、私の説はプラトンに近い。我々の説は共に、これら二人の古代の人の説とは多くの点で掛け離れてはいるけれども。彼はより通俗的に語るが、この私の方は時折もう少し秘教的(6)で抽象的にならざるを得ない。私にとってそれは有利なことではない。殊に現代用いられている言葉で書こうとする時には尚更そうである。しかし二人の人物に語らせることによって、即ち、一方は彼《か》の著者の『知性論』から採った意見を述べ、他方はそれに私の見解を付け加える、という風にすることで、全く無味乾燥な注釈よりも比較対照は読者の意に適《かな》うものとなろう、と私は信じている。注釈であったなら、私の著書を理解するために彼の著書に立ち戻らざるを得なくて、絶えず読書は中断されてしまうだろうからである。だがそうは言っても、時折また我々の書物を比べ合わせ、彼自身の著作によってしか彼の意見の是非を判断しないようにするのが賢明であろう。私は彼の著作の表現を概《おおむ》ね保存してはいる。確かに、注釈を施しながら他人《ひと》の言説の筋道に従わねばならぬという制約のため、対話というものが持ち得る彩りを盛り込もうなどと夢見ることは断念せざるを得なかった(7)。しかし題材が表現様式の欠陥を補ってくれるであろうと私は期待している。

我々の間での意見の相違は、かなり重要な諸問題についてである。それは次の諸点に関わる。即ち、心はそれ自体では、アリストテレスや『知性論』の著者の言うように、まだ何も書かれていない板（tabula rasa）のように全く空白なのかどうか(8)。そして心に記される一切のものは専ら感覚と経験とに由来するのかどうか。それとも、心はもともと多くの概念や教説の諸原理を宿しており(9)、機会に応じて外的対象がそれらを呼び起すのかどうか。〔私は後者の説を採るが〕それは、プラトンに同意し、またスコラとさえ共に、そして「神の掟は心に記されている」（ローマ人への手紙二・一五）という聖パウロによる一件《くだり》をこの説の意味に解しているすべての人々と共に、私の信ずるところである。ストア派の哲学者たちはこれらの原理をプロレープシスと呼んでいた。即ち、根本的仮定、言い換えれば予め合意されている事柄、と呼んでいた。数学者たちはそれらの原理を共通知見（κοιναὶ ἔννοιαι）[10]と呼ぶ。現代の哲学者はそれらに別の美しい名前をつけている。中でもジュール・スカリゲル[11]はそれらの原理を永遠ノ種子[12]、尚また Zopyra[13]と名づけていた。それらは言わば「生ける火」、「閃光」であり、我々の心の中に隠れているのだが、感覚に出会うと現れる。衝撃が火器から飛び出させる火花とちょうど同じである。このような輝きは、とりわけ必然的真理において現れる神的で永遠なものを示している、と我々が信じても、それは強《あなが》ち理由の無いことではない。そこから別の一つの問題が生まれてくる。すべての真理は経験に、即ち帰納と事例とに、依存しているのか、それとも更に別の基礎を持つ真理が存在するのか、という問題である。というのも、もし我々の為すいかなる試みよりも前に幾つかの帰結が予見され得るならば、我々は我々のものである何かをそこに役立てていることは明らかだからである。感覚は我々の現実的なすべての認識にとって必要ではあるが、それら認識をすべて我々にもたらすためには決して十分ではない。感覚は事例、即ち特殊的ないし個別的真理をもたらすにすぎないからである。ところで一般的真理を裏書きするすべての事例は、どんなにその数が多くとも、この真理の普遍的必然性をうち立てるに十分ではない。なぜなら、生起したことが同じ仕方でまた生起するだろうとは限らないからである。例えば、ギリシア人やローマ人そして古代の人々に知られていたすべての地上の住人は、二四時間という時間の推移の前に昼は夜にそして夜は昼に変わることに昔から気づいていた。しかし同じ規則が他のいかなる所でも観察されると思っていたら間違いであったろう。というのも、ノヴァ・ゼンブラ[14]に滞在していたときに人々は反対のことを経験したからである。それにまた、少なくとも我々の地方においてはそれはずっと存続する必然的で永遠な真理だ、と考える人も誤ることになろう。なぜなら、地球や太陽さえも必然的に存在するのではなく、この美しい星も太陽系全体も、少なくとも今の姿ではもはやないような時が恐らくやってくると考えるべきだからである[15]。以上のことからすると、純粋数学そして特に算術と幾何学の内で見出される必然的諸真理は次のような諸原理を持つに違いないと思われる。即ち、事例には、従って感覚の証言には、その証明が決して依存しないような原理を、である。尤も感覚無しにはそれを思惟しようなどとは思いつかないのではあるが(16)。これはよく区別しておかなければならない事柄である。ユークリッドはこのことをよく理解していたので、経験や可感的な像によって十分に知られることを、しばしば理性によって証明するのである(17)。また、論理学は、自然神学(18)を形成する形而上学や自然法学を形成する道徳学と共に、そのような真理に満ちているのであり、従ってそれら真理の証明は、人が本有的と呼ぶ内的諸原理にしか由来し得ないのである。確かに、ローマの執政官の布告がことさら研究などしなくとも苦もなくその掲示板から読みとれるのと同様の仕方で、理性の永遠な法則が心の内に読みとられ得る、などと思い込んではいけない。けれども、注意を向ける機会が感覚によって与えられ、その注意の力によって我々の内にそれら法則を発見できるということで十分である。経験の成功はまた理性の確認に役立つが、それはちょうど算術において計算の過程が長い場合に誤算をできるだけ避けるために験算が役立つようなものである。人間の認識と動物の認識とが異なるのもまたこの点においてである。動物は専ら経験に頼るのであって、事例に則《のっと》ることしかしない。なぜなら、動物は必然的命題を形成するには至らないからである。これに対して人間は論証的知を持ち得る。動物の持っている〔観念を〕連合する能力が、人間の内にある理性よりも何か劣ったものであるのもまたこのためである(19)。動物の〔観念の〕連合は単なる経験論者のそれと全く同様であり、時折生起した事柄が次のような場合には再び生起するだろうとするものである。即ち、同じ理由が存しているかどうかを判断し得ずとも、彼らの心に刺激を与えるものが同じような場合である。そのような訳《わけ》で、動物を罠で捕まえるのが人間にとってこれほど易しく、また単なる経験論者がこれほど容易に誤りを犯すということにもなる。齢を重ね経験を積んで練熟した人も過去の経験に頼りすぎると、民事問題や軍事問題でよくあることだが、誤りを免れない。現在の鹿や野兎が過去のそれらよりも悪賢くなっている訳ではないのに反して、世界は変り、人々は数知れぬ新しい巧妙なやり方を見出して一層練熟してゆくのを十分に考慮しないからである。動物の〔観念の〕連合は推論の影でしかない。言い換えれば、形象思惟的な連結でしかなく、一つの形象《イマージュ》からもう一つの別な形象への移行にすぎないのである。なぜなら、新たな事態に遭遇し、それが以前出会ったものと類似しているように思えると、かつてそれに結びついていたことを人は再び予期するからである。それは、記憶の中で事物の諸形象が結びついているから、あたかも事物〈自身〉も実際に結びついていると言いたいかのごとくである。[20] 確かに理性もまた一般に、過去の長期にわたる経験に適合しているものが将来生起することを予期するように、と促しはするが、だからといってそれは必然的で絶対確実な真理なのではない。人が殆ど予期していない時に、もしそれを支えてきた諸理由が変化すれば、〈予見の〉成功は止《や》み得るのである。[21] それ故、最も賢い人々はあまり経験に信頼を置きすぎない。例外を設けざるを得ないだろう時に〈正しく〉判断する[22]ことを目指して、(可能ならば)その出来事の何らかの理由を洞察しようと努めるのである。なぜなら理性だけが確実な規則を立て得るし、確実でなかった規則には例外を付け加えることによって欠けているものを補い、遂には必然的な結論づけの力の中で確実な結びつきを見出すことができるからである。そしてそれはしばしば、諸形象《イマージュ》の可感的な結びつきを経験によって確かめる必要無しに、出来事を予見する手段を与える。動物は形象の可感的な結びつきの内に追い込まれているのであり、従って必然的真理の内的原理があるとする者はまた人間を動物から区別することにもなる。

恐らく、例の学殖豊かな著者は私の考えからどうしようもない程離れている訳ではなかろう。なぜなら彼はその第Ⅰ巻全体を本有的知識を斥けるために費したのであるが、それは〈本有的ということに関しての〉或る限定された意味においてであったので、それにも拘らず第Ⅱ巻の初めとそれ以降では、感覚に起源を持たない観念が内省に由来するのを承認しているからである。ところで、内省とは我々の内にあるものへと注意を向けることに他ならず、感覚は我々が既に身につけているものを我々に与えたりはしない。そうだとすれば、我々は言わば我々自身に本有的なのであるから、そして我々自身の内には存在、一性、実体、持続、変化、活動、表象、喜びや我々の持つ知性的観念の他の多くの対象があるのだから、我々の精神の内には多くの本有的なものがあるのをどうして否定できようか。[23] それに、これらの対象は我々の知性に直接属しており、常に現前しているのだから(尤も、気が散っていたり必要に追われていたりして、常に意識的に表象され得る訳ではないが）、これらの観念がそれに依存するすべてのものと共に我々に本有的であると言っても、どうして驚くことがあろうか。それ故、私は、全く均質な大理石あるいは何も書かれていない板つまり哲学者たちによってタブラ・ラサと呼ばれているものの比喩を用いるよりも、むしろ石理《いしめ》のある大理石の比喩を用いるのである。なぜなら、もし心は何も書かれていない板に似ているとすると、真理が我々の内にある仕方は、ある大理石がヘラクレスの像になろうが他の形になろうが全く構わないにも拘らずこの大理石の内にはヘラクレスの像がある、といった風であるだろう。しかしもし、ヘラクレスの像の方が他の像よりも相応しいことを示すような石理がその中にあるのなら、この石はヘラクレスの像へとより一層決定されているのであり、ヘラクレスはある意味でそこに本有的なものであろう。尤も、石理を発見し、それが現れるのを妨げているものを削りとり、磨きをかけて仕上げるための仕事が必要ではある。このようにして、観念や真理は、傾向、態勢、習態、あるいは自然的潜在力として我々に本有的なのであって、現勢としてではない。これら潜在力は、それに応じた何らかの現勢を常に伴ってはいるのだが、その現勢は必ずしも感覚し得ないのである。

例の学殖豊かな著者は、我々の内には潜在的なものなど何も無く、また、終始現実に意識的に表象しているのではないようなものなど何も無い、と言いたげである。しかしそれを文字通りに受けとることはできない。さもないと彼の見解はあまりにも辻褄が合わなくなろう。なぜなら、身についた習慣や我々の記憶の蓄積でさえ常に意識に上っているとは限らないし、必要に応じて常に助けとなる訳でさえもないからである。もちろん、ある歌を思い出すためにはその出だししか必要でないのと同様に、上述の事柄はそれを思い出させるちょっとしたきっかけがあれば心の内に容易に思い浮かぶこと、こういうことはしばしばなのだが。例の著者は更に、他の個所で自分の主張を次のように限定している。即ち、少なくともかつて我々が意識的に表象したものでなければ我々の内には何も無い、と。しかし、過去に我々が持った意識的表象、我々が恐らく忘れてしまっているそういう表象が到達し得たのはどの範囲までか、ということは理性だけでは誰も確定できない。特にプラトン主義者たちの想起というものは寓話的ではあっても、少なくとも部分的には、裸の理性と非両立的なところは何も無いのだから、それに従えば〔尚更である。それなのに〕、なおかつ一体どうして、我々はすべてを外なる対象の諸表象によって獲得するとしなければならないのか。どうして我々自身の内には何も発見され得ないとしなければならないのか。すると我々の心は単独ではそんなにも空虚であって、外から借りてきた諸形象を別とすると、何ものでもないのであろうか。例の聡明な著者が承認し得るのは〔私は確信するのだが〕このような説ではあるまい。それに、それ自体によっていかほどか変化に富んだものではないような板がどこにあろうか。というのも、決して我々は完全に平らで一様な板を見出すことはなかろうからである。すると、我々自身を深く究めようとする時に、何らかの思惟が我々自身の奥底からもまた我々自身にもたらされると言ってどうしていけないだろうか。このような訳だから、この点についての彼の見解は私のものと、いやむしろ一般的な見解と、実際には異ならないと私は信ずるに至った。彼は我々の認識の二つの源泉、即ち感覚と内省とを認めるからである。

精神は常に思惟している訳ではないと主張し、特に、夢も見ずに眠っている時には表象も無いと彼は主張する以上、彼が我々とそしてデカルト派の人々とそう簡単に見解の一致をみるかどうかはわからない。物体が運動しないでもあり得るのだから、心も思惟しないでも立派にあり得るだろう、と彼は〔我々やデカルト派に〕反対論をとなえるのである。しかしここで私は、普通なされるのとは少々違う返答をしておこう。というのも、自然的には実体は活動なしにはあり得ず、運動していない物体さえも決してありはしない、と私は主張するのである。経験も既に私に味方しているし、このことを納得するには、絶対的静止に反対して書かれたボイル氏の著作を参照しさえすれば事足りる。(24)けれども、〔絶対的静止に反対する〕理由はまだ他にもあると私は思うし、〔その理由は〕私が原子論を破るために用いる証明の一つなのである。

その上、次のように判断させる数知れぬ徴《しるし》がある。即ち、我々の内には絶えず無数の表象があるが、意識的に表象されても反省されてもいないこと、言い換えれば我々が意識的に表象してはいない諸変化が心そのものの内にはあること、そう判断させる徴である。これはなぜかというと、印象があまりに微小であってしかもあまりに多数であるとか、あるいはあまりに単調であったりして、別個に十分に区別するだけの何ものも無いが、他と結びついてとにかくその印象は与え、少なくとも混雑した仕方では寄せ集まりの内で感覚されるからである。こうして、我々は水車の回っているすぐ傍《そば》や滝のすぐ傍に暫く住んでいると、慣れてしまってそうした音を気に留めなくなる。それは、この運動が我々の感覚器官を刺激し続けていないからでもなく、魂と身体との調和によって〔身体のこの刺激に〕対応する何ものかが魂の内に生起しないからでもない。そうではなくて魂と身体の内にある印象が、新しさという魅力を欠いてしまっているために、もっと心を奪うような対象へと集中した我々の注意と記憶を引きつけるに十分な程には強くないということなのである。なぜなら、いかなる注意も記憶を必要とするし、我々自身の今の諸表象のいくつかに注意するようにと言わば言いふくめられても警告されてもいない時にはしばしば、それら表象を反省無しにそして気づくことさえもなく遣り過してしまうからである。しかし、もし誰かがその後直ちにその表象について告げ知らせ、例えば今聞いたばかりのある音に我々の注意を向けさせれば、我々はそれを思い出し、やがてある感覚を持っていたと気づくのである。このように、これらは即座に意識に上るような表象ではなかった。どんなに小さな間《ま》であろうとにかく少し間を置いた後に知らされて意識的に表象されるものなのである。そして、密集していて区別し得ない微小表象について、もっとよく分ってもらうためには、私は海岸で聞く海鳴りや海のざわめきの例を用いることにしている。実際聞いているような風《ふう》にこのざわめきを聞くには、この〔ざわめきという〕全体を構成する諸部分を、つまり一つ一つの波の音を聞いているに違いない。これら小さな音の一つ一つは、他のすべての音が一緒になって混雑した寄せ集まりの内で、即ち海鳴りそのものの内でしか知られはしないし、海鳴りを作っている波が単独であったなら気づかれもしないであろうが。というのも、この波の運動によって少しは我々は影響を受けているに違いないし、いかに微小であってもこれらざわめきの一つ一つについて何らかの表象を持っているに違いないのであり、そうでなければ十万の波の表象は持たれ得ないからである。無が十万集まっても何物かを成すことはできないのだから。弱くかつ混雑したいかなる感覚さえも持たないほど深く、人が眠ることは決してない。初めに微小な何らかの表象をもし持たなければ、世界で最大の音によっても人は目を醒まされないであろう。それは、一本の綱が最小の〔引く〕力――それが為す微小な伸張が目に触れない程小さな力であっても――によっても少しは張られ伸ばされるのでないとしたら、世界で最大の力(25)によっても決してその綱は切断されないだろうことと同様である。

それ故、これら微小表象は結果的には思ったよりずっと大きな効力をもたらしている。寄せ集まりにおいては明断であるが部分においては混雑しているあの何とも言えぬ或るもの、味覚、感覚の性質の諸形象《イマージュ》といったものを形成するのは微小表象である。我々を取り巻く物体の為す、無限を包蔵している印象や、各存在者が宇宙の他のすべての存在者との間に有する結びつきを形成しているもの、それも微小表象なのである。次のように言ってさえも良い。即ち、これら微小表象の結果として現在は未来を孕み過去を背負っていること、すべてが呼応している（ヒッポクラテスの言っていたように、万物同気 σύμπνοια πάντα）(26)こと、神の眼と同じ程鋭い眼なら実体の内で最小のものにおいても宇宙の事物の系列全体を読みとれるだろうこと、これである。

アル事、アッタ事、ヤガテヤッテクル事(27)〔を読みとるであろう。〕

これらの気づかれぬほどの表象はまた同一の個体を指定し構成してもいる。同一の個体は、気づかれぬ表象が保存している先行的諸状態の痕跡ないし表出によって特徴づけられるのである。そしてそれは先行的諸状態を現在の状態と連結することによって為されるのであるが、当の個体自身は先行的諸状態を感覚することがなく、つまりはっきりした記憶がもはや無くとも、より上位の精神によってそれら先行的状態は知られ得るのである。だが、これら（表象のことを言っているのだが）は、いつか起るであろう周期的な展開に際して、必要とあらば記憶を取り戻す手段を与えてさえいる。それ故にまた、死が眠りでしかあり得ず、眠りに留まりさえもし得ないように微小表象はさせているのである。意識的表象を停止してしまっている動物においては、表象はただ十分に判明化されることを止《や》め、混雑状態に陥っているのであるが、その状態がずっと持続することはあり得ない。人格性を保持するために、そういうことにおいて大きな特権を持っているはずの人間については、ここで言うまでもなかろう。(28)

心と身体との間の、そしてすべてのモナドないし単純実体の間にさえあるあの感嘆すべき予定調和が理解されるのもまた、気づかれぬ諸表象によってである。この予定調和は、ある実体が他の実体に影響を及ぼすという支持し難い説の代りとなるものであり、とても立派な辞典の著者(29)の判断によれば、神の諸完全性の偉大さをこれまで考えられてきたより以上に高めるものである。こういう訳だから、次のように言えば、私はもう殆ど付け加えることは無かろう。即ち、多くの場合知らぬ間に我々を決定するのはこれら微小表象であること、そして（例えば）右へ行こうと左へ行こうと全く我々にはどちらでもよいかのような均衡的無差別という見せかけで人々を欺くのもこれら微小表象であること、これである。本論自身の中で注意を促しておいたから、ここでまたくどくどと述べる必要もなかろうが、微小表象はあの不安の原因ともなっている。不安というものは、小さいものが大きいものから区別されるような仕方でしか苦痛とは異ならない。けれども、不安は、ピリッとする塩のようなものを〔快楽に〕添える仕方で、しばしば我々の欲望や快楽をさえも造っている何か或るものである、と私は言っておこう。色や熱や他の可感的性質の表象とそれに対応する物体における運動との間に関係があるようにさせるのもまた、我々の可感的表象の気づかれぬ諸部分なのである。これに反して、デカルト派は、例の〔『知性論』の〕著者もそうであるが、深い洞察力を持ちながらも、我我がこれらの〔可感的〕性質について持つ表象を任意なものと考えている。言い換えれば、これら表象とその対象との間にあるいかなる本質的連関をも考慮することなしに、神は自分の恣意によって可感的諸性質を心に与えたかのように考えているのである。意外な意見である。このような説が、調和無しにそして理由無しには何事も為さない事物の創造者の知恵に相応しいとは少しも私には思えない。

一言で言えば、可感的でない微粒子が自然学では役立つのと同様に、気づかれない程の表象は精神学(30)において大いに役立つのである。我々の感覚能力を超えているという口実の下にこの両者を斥けるのはやはり理不尽というものである。何ものも一挙には生じない。自然は飛躍しないというのは、私の大原則の一つであり、最大限に確証されたものの一つである。文芸界時報の第一分冊[31]でそれについて語った時には、私はそれを連続律と呼んだ。この法則の有用さは自然学においてとても著しい。この法則は次のことを含んでいるのである。即ち、部分と同様に程度においても、小から大に行ったり逆に行ったりする時、常に中間を通っていくこと、また運動は決していきなり静止から生まれるものではないし、静止に至る時もより小さな運動となりながらでしかないこと、これである。それはより短い道のりを歩かないでは、どんな道のりないし長さをも決して歩けないのと同様である。けれども今まで運動法則を提示した人々はこの法則に注目しなかった。物体が以前の運動とは逆の運動を一瞬にして受けとり得ると彼らは考えていたからである。以上のすべてからして、気づかれ得る表象もまた、気づかれるにはあまりに微小な表象から徐々に生じるのがよく分るであろう。そうではないと判断するならば、それは常にそして至る所で現実的無限を包蔵している諸事物が、どんなに果しなく微細であるかをあまりに知らぬというものである。

私はまた、感覚的には分らない程の変異のおかげで、二つの個物が完全に同じではないこと、〔ただ単に〕数の上で[32]〔という〕より以上にこの二つの個物は常に相違していなければならないこと、を指摘してきた。そしてそのことが次のような考えを論破してしまう。即ち、心は何も書かれていない板であるとか、思惟していない心や活動していない実体があるとか、空間の空虚とか、原子や、物質の内に現実的に分割されてはいない小部分があるという考えさえも。そして、全くの静止とか、時間や場所や物質の部分における完全な一様性とか、根源的な完全立方体から生まれる第二要素である完全球体[33]であるとか、不完全な概念に由来する哲学者たちのその他の無数の虚構とか、を論破してしまうのである。こういう虚構を事物の本性は許容しはしない。我々が無知であったり、気づかれぬものに対して払うべき注意を怠ったりして、そういう虚構を通用させてしまうのであるが、虚構というものは精神による抽象に限られるのでなければ、容認する訳にはいかない。それに精神は、抽象する際に脇に置いておく事柄で目下の考察には入ってきてはならないものでも、否定しさってしまわないようにと主張している。そうした抽象でなく、もしそれら虚構を真《ま》に受けてしまうと、即ち、意識的に表象されない事物は心の内ないし身体の内にもありはしないとしてしまうと、政治においてと同様に哲学においても、τὸ μικρόν(34)をなおざりにすることによって、気づかれぬ程の成り行きは見逃されてしまうであろう。これに反して、無視している事柄がそこにはあることを知っていさえすれば、抽象は誤りではないのである。物質（即ち我々を取り巻く無限なものの諸結果の混合物）は常に何らか欠けたもの(35)をもたらすにも拘らず、数学者たちが使うのもこの抽象である。我々に〔こういうものを考えよと〕提示する完全な線とか、一様運動とか、その他規則立った結果について数学者が語る時に〔抽象というものを〕使うのである。このような手続きを採るのは、考察〔条件〕(36)を区分し、できる限り結果を理由へと還元し、そこから幾らかの帰結を予見するためである。なぜなら、我々が整え得る諸考察を何も無視しないように注意すればするほど、実践は理論に対応するようになるからである。しかし、無限全体を判明に理解し、すべての理由とすべての帰結を見るのは、何も見逃さない至高理性にのみ相応しい。無限なものどもについて我々が為し得ることのすべては、それらを混雑した仕方で認識することであり、少なくともそれらがそこに存在するのを判明に知ることである。そうでなければ、宇宙の美しさや大きさについてとても不完全に判断することになるし、また物体一般の本性を説明する優れた自然学も持てず、更に神や魂そして単純実体一般についての認識を含む優れた精神学など尚更我々は持ち得ないというような有様だろう。

気づかれない程の〔微小な〕表象についてのこうした知識は次のことを説明するのにもまた役立つ。即ち、人間の、あるいはそうでなければ同一種の二つの魂(37)が、何故そしてどのようにして創造主の御手から完全に同じものでは決してなく出て来、各々、宇宙において自分たちが持つ視点への根源的連関を常に有しているのか、ということを説明するのに役立つ。しかしこれは、二つの個体について私が指摘しておいたことからだけでも既に分る事柄である。即ち、それらの差異は常に〔単に〕数の上で〔というより〕以上なのである。更にもう一つ重要な点があり、その点で私は例の〔『知性論』の〕著者の見解だけでなく大部分の現代の著述家の見解と袂を分かたざるを得なかった。その点というのは、私が大部分の古代の人々と意見を同じうしている点なのであるが、すべての霊やすべての魂、そして被造的なすべての単純実体は常に身体と結びついていて、完全に〔身体から〕分離している魂は決して無い、という点である。私はこの点についてアプリオリな諸理由を見出しているが、またこの学説の内には、魂の状態やその不断の保存やその不死性や働きについての哲学的難問のすべてを解決するのに都合のよい点も見出されるであろう。魂の一状態と他の状態との差異は、気づかれる程度が多いものが少ないものに対する差異、完全さの大きいものが小さいものに対する差異、あるいはその逆でしかないし、そうでしか決してなかった。であるからこそまた、過去の状態や未来の状態は現在の状態と同様に説明し得るのである。少し考えただけでもそれは理に適っているし、一つの状態から別の無限に異なる状態への飛躍は自然的ではあり得ぬことが十分に感得されるであろう。諸学派が、理由も無く自然的なものを離れて、とても大きな困難に好んで嵌り込もうとし、自由思想家たちの見かけの勝利のために材料を与えてしまおうとすることに私は驚いている。〔自由思想家たちの語る〕諸根拠は事物についての〔私の〕あの説明によって一挙に崩れ去るのである。その説明では、毛虫が蝶になるという変態において困難が無く、イエス・キリストが実に見事に死に喩えた眠り[38]というものの内に思惟が保存されていると考えるのに何の困難も無いのと同様に、魂の（あるいはむしろ私思うに、動物の）保存を考えるのには何の困難も無い。それ故、いかなる眠りもずっと続くことはあり得ない、と前に言っておいたのである。眠りは理性的魂においてはほんの少しの間しか、あるいは殆ど全く、持続しない。理性的魂は、神の国で与えられた人格を、従って思い出を、保存するように常に定められているのであるが、それは賞罰を安んじて受け容れんがためにそうなっているのである。更に次のことも付け加えておく。即ち、一般に目に見える器官の調子がどんなに狂っても、動物を全くの混乱に陥れることはできないし、すべての器官を壊し魂から有機体全部や以前のすべての印象の消し難い名残り[39]を奪い去ることもできないのである。しかし（天使自体の身体性と混同してしまって）天使には精妙な身体が結びついているという古くからの説を離れてしまう安易さや、被造物の内でのいわゆる離存している知性的存在者という説（これには、天体を回転させるものというアリストテレスのあの説が大きく貢献してしまっているのだが）の導入、そして結局は、輪廻に陥り物体から物体へと移り行くことをなしには動物の魂は保存されないとする誤った俗説、そしてそこからどのようにして脱出したらよいのか分らないという、人々が陥った混乱、こうしたものが、私の考えでは、魂の保存を説明する自然な仕方をなおざりにさせるに至ったのである[40]。このことは自然宗教に多くの障害をもたらし、我々の不死性は神の奇蹟的な恩寵でしかないと多くの人々に信じ込ませた。後ほど述べるが、例の名高い〔『知性論』の〕著者もそれについて疑念を抱きながら語っている。この意見に与するすべての人々は、彼と同じ位慎重にそして誠実にそれについて語るのが望ましかろう。なぜなら、恩寵による不死性[41]について語る多くの人々は上辺《うわべ》を取り繕うばかりであって、実際は神性という大海に魂が吸い込まれ併合されると考えるあのアヴェロイス主義者や悪しき静寂主義者[42]に接近するのであるが、それは警戒すべき事態であり、恐らく私の学説のみがそうした知見の不可能性を明示するであろう。

更にまた我々〔『知性論』の著者と私〕は物質に関しても意見を異にしていると思われる。彼は運動のためには空虚が必要であると考える。というのも、彼は物質の小部分は剛体であると考えているからである。〔だが〕もし物質がそのような諸部分からできているとしたら充満した空間においては運動は不可能であろうと私は考える。多量の微細な小石で、どんな小さな空虚も無いように充満している部屋のようなものなのである。しかし我々はこのような仮定に決して同意する訳にはいかない。例の学殖豊かな著者が小部分の剛性や凝集が物体の本質を成すと考えるに至ろうとも、またそこにはいかなる理由も存在するとは思われないのである。むしろ空間は、根源的に流動的な物質で満たされており、あらゆる分割を許し、実際に分割・再分割が無限に至ってさえいると考えるべきである。しかしそれにも拘らず次のような差異は伴っている。即ち、異なる個所にあって既に多かれ少なかれ協同している運動が原因で、物質は各個所において均等にではなく分割可能であり、分割されもしている、という差異である。そういう訳で、物質はどこでも流動性の或る度と同様に剛性の或る度をも持っており、最高度に硬かったりあるいは流動的であったりするようないかなる物質も無い。言い換えれば、どうしようもない程硬いアトムも、分割を全くすんなり受け容れてしまう物塊もそこには見出されないのである。自然の秩序や特に連続律もまた、この両者を等しく駆逐するものである。

更にまた、それ自身は衝撃や運動の結果ではない凝集というものが、厳密な意味での牽引の原因になろうことも私は示しておいた[43]。なぜなら、もし根源的に硬い物体、例えばエピクロスの原子、があるとし、それが鉤の形をした突出部を持つとしたら（あらゆる種類の形をした原子が思い描かれ得るのであるから）、その鉤は押されるとともにこの原子の残りの部分、言い換えれば押されない部分、衝撃の与えられる線上にない部分、も引きつれていくだろう。しかしながら、例の学殖豊かな著者自身、かつて真空嫌悪のせいにされていたような哲学的な意味での牽引というものに対しては反対の立場にある。彼は牽引を衝撃に帰しているのである。当代の学者に同意して、物質の一つの部分は間近からもう一つの部分を押すことによってしかその部分に直接に作用しはしない、と彼は主張するのだから。その点について彼は正しいと私は思う。なぜなら、そうでなければ作用というものは全く理解できなくなる。

しかし、それにも拘らず、包み隠さず述べるが、この論題（物質の問題）に関して、例の卓越せる著者が前言を翻したことを私は知っている。別の機会に彼の優れた才能に私は感嘆したことがあったが、それと同様に今回はその謙虚で真摯な態度を称讃せざるを得ない。一六九九年に出版された、故ウスター司教[44]の第二の書簡に対する返書の中でのことである。その四〇八頁で、この学識ある司教に反対して主張したのだが、彼は、物質が思惟し得るであろうという説を正当とするために就中次のように言っている。「（『知性論』の第Ⅱ巻第8章第11節で）物体は衝撃によって作用するのであって、他の仕方によってではない、と私が言ったのを認めます。ですから私がそう書いた時（実際）そう思っていましたし、今でも別の作用の仕方を物体について概念することはできないのです。しかし、聡明なニュートン氏の比類なき書物[45]によって説き伏せられて以来、神の能力を我々の限られた概念作用で制限しようとするのはあまりにも不遜な態度であると考えるようになりました。私には概念し難い仕方で物質から物質へ働く重力というものは、まず次のことの証明となります。即ち、神が良しとしたときには、物体について私たちが持つ観念から導き出され得るようなものを、あるいは物質について私たちが知っている事によって説明され得るようなものを超えた能力や作用の仕方を神は物体の内に置き得ることの証明です。しかしまたそればかりでなく、この重力は、今述べてきたことを神が実際にしたという動かし難い例なのです。こういう訳ですから、私の書物の次の版ではあの件《くだり》を書き改めるようにしたいと思います。」最も新しい版に基づいているはずであるこの書のフランス語訳では第一節で次のように書かれている。即ち、「少なくとも我々が概念し得る限りでは、物体の一方が他方へ作用するのは衝撃によってであり、他の仕方ではないのは明らかである。というのも物体が全く接触していないものに作用を及ぼすなどとは、我々には理解し難いからである。それは、存在しもしないところで作用し得ると想像するようなものなのである。」

　私はあの名高い著者の謙虚で敬虔な心を称讃しない訳にはいかない。我々が知解し得る事柄を超えて神は事を為し得ること、従って信仰箇条の内には概念し難い神秘があり得ることを彼は認めるのである。しかし、自然の通常の移り行きにおいて奇蹟に訴えて、絶対に説明不可能な能力や作用を容認せざるを得なくなったりはしないように私は望むものである。さもないと、神にはできる事であるという口実の下に〔何でも認めてしまって〕、悪しき哲学者たちが活躍する余地を与えすぎることになろう。あの求心力とか遠くからの直接的引力とかを、理解できぬままに認めてしまうと、かのスコラ学者たちが、すべてはそれらの能力によってのみ生じると言ったり、対象から我々のところまでやって来て我々の心の中にまで入り込む手段を見出すような志向的形質[46]がある、と主張したりするのを妨げるものは我々には何も見出せなくなる。もしそうなると、

　　私ガ起コリエナイト言ッタスベテガ、直チニ起コルデアロウ[47]。

こういう訳で、あの〔『知性論』の〕著者は、とても聡明ではあるが、ここでは少し極端から極端へと走りすぎている、と私は思う。可感的では決してないものを承認することがただ問題であるだけの時に、彼は魂の諸作用についていろいろ文句をつけるのである。そして正にそのような風にして、可知的ですらないようなものを物体に与えること

になってしまうのである。それも、私の考えによれば、被造的な精神が為し得、知解し得るすべてを超えているような能力や作用を物体に認めることによってである。というのも、彼は物体に引力があるのを認めるし、しかもそれをいかなる作用圏に限ることもせず、非常に遠くからさえ作用すると認めるからである。それというのも、正に説明不可能な一つの意見を、即ち自然的秩序の内で物質が思惟する可能性を〔彼が〕支持するためなのである。

彼を論難したあの著名な司教と、彼が論議しているのは、物質は思惟し得るかどうかというその問題である。これは〔私の〕この著作にとっても重要な点なので、些《いささ》かなりともその問題に介入し、彼らの論争について吟味しない訳にはいかない。〔そこで〕、この論争の主題について掻い摘んで述べ、それについて思うところを腹蔵なく語るとしよう。故ウスター司教は、（思うに大した謂《いわ》れがある訳ではないのだが）あの〔『知性論』の〕著者の観念についての学説が、キリスト教信仰にとって有害な誤りに陥っているのではないかと恐れ、三位一体説の擁護の中で彼の学説の幾つかの個所を吟味しようと企てたのである。そしてあの卓越した著者の功績を多とし、精神と物体について、双方の実体とも同じように少ししか知られないけれども、その存在については同じように確実であるとあの著者が判断するのを〔正しいと〕認めながらも、故ウスター司教は次のように尋ねている（二四一頁以下）。即ち、第Ⅳ巻第3章におけるあの著者の見解に従ってもしも神が物質に思惟する能力を与え得るとすれば、内省はどうやって我々に精神の存在を確信させ得るというのか、と尋ねている。というのも、こうして、何が魂に適合し得、何が物体に適合し得るのかを判別するのに役立つはずの観念の道は無に帰するであろうからである。それは『知性論』第Ⅱ巻第23章第15、27、28節で彼が次のように言っていたことには反している。即ち、魂の作用は我々に精神の観念をもたらすし、意志に伴われた知性はこの観念を我々に知解できるようにするが、それは物体の本性が固性と衝撃とによって知解できるようになるのと同じ程度にである〔と彼は言っていた〕。そこであの著者は最初の手紙で（六五頁以下）〔司教の質問に〕どのように答えているか、を次に掲げておこう。「私たちの内には精神的実体があることを証明したと私は思っています。なぜなら私たちの内に思惟を経験するのですから。ところでこの活動ないし様態は、自体的に存在する事物という観念の対象ではあり得ません。従ってこの様態は内属の基体ないし主語を必要としています。この基体の観念を私たちは実体と呼ぶのです。……なぜなら、実体の一般観念はどこでも同じものですから、思惟ないし思惟する能力と呼ばれる変様がそれに結びつけられれば、他のどんな変様をそれが持つかを考察する必要が無く、言い換えれば固性を持っても持たなくても、それは精神というものを成すのです。他方、固性と呼ばれる変様を持つ実体は、それに思惟が結びつけられても結びつけられなくても、物質というものでしょう。けれどももしあなたが精神的実体を非物質的実体と理解していらっしゃるとすれば、私たちの内にそれがあるとは私は証明しませんでしたし、私の諸原理に基づいてはそのことを論証的な仕方で証明し得ないことを認めます。尤も、物質の体系について（第IV巻第10章第16節で）私が神は非物質的であるのを証明しながら語った事柄は、私たちの内の思惟する実体は非物質的であるのを最高度に確からしいこととしているのですが……。しかしながら、宗教や道徳の偉大な目標は、魂の不死によってゆるぎないものとなるのでして、魂の非物質性を仮定する必要は無いのです」（と、あの著者は六八頁で付け加えている）。

学識ある司教は、あの著者が『知性論』の第II巻を書いていた時には別の見解を持っていたことを示そうとして、この書簡への返書、五一頁、の中で次のような（同巻第23章第15節からとられた）件《くだり》を引用している。即ち、「我々の精神の諸作用から導き出された単純観念によって、我々は精神[48]というものの複合観念を形成し得る。そして、思惟、表象、自由、運動能力という諸観念を一緒にして、我々は、物質的実体のと同じように明晰な非物質的実体の概念を持つのである。」司教はまた、あの著者が精神を物体に対立させているのを示すために別の件を引用し、宗教と道徳の目標は、魂がその本性によって不死であること、つまり非物質的であるのを証明することによって最も確かなものになると言う（五四頁）。更に司教は次の件を引用している（七〇頁）。即ち、「我々が個々別々な種の実体について持つ観念は、単純観念の異なった結合に他ならない。[49]」こうして、思惟するとか意志するとかいう観念が、固性や衝撃という観念のもたらす実体とは別の実体を持ち来《きた》すとあの著者は信じていた、と司教は言う。〔固性と衝撃という〕観念は精神とは対立する物体を構成すると（17節で）[50]彼が指摘している、と司教は言うのである。

実体の一般観念が物体にも精神にもあるということからは、私があの著者の最初の書簡から引用した個所で述べられていたような、両者の差異は同一の事物の変様であるということは出てこない、とウスターの司教は付け加えてもよかったろう。変様と属性とはきちんと区別しなければならない。表象を持つ能力、活動能力、延長、固性といったものは属性、言い換えると永続的で主要な述語であるが、思惟、駆動力[51]、形、運動といったものは上述の属性の変様である。更に、我々は自然学的類（あるいはむしろ実在的類）と論理学的類（ないし観念的類）とを区別しなければならない。同一な自然学的類に属す、つまり同類な事物は、言わば同一の質料から成っていて、円と矩形のように変様の変化によって一方から他方へとしばしば変えられ得る。しかし二つの異質な事物は共通な論理学的類を持つことはできるが、その時両者の種差は、同一の主語の、言い換えれば形而上学的ないし自然学的な同一の質料の、単なる偶有的変様ではない。こういう訳で〔例えば〕時間と空間は全く異質の事物であって、一般的な連続量でしかないような何か分からぬ共通な実在的主語を心に描いて、その変様に時間とか空間は由来すると言おうとしても、それは誤りである。人によっては、哲学者のする次のような区別を恐らく真面目にはとらぬであろう。即ち、一方はただただ論理的で他方は実在的という二つの類の区別、そして一方は物体の質料という意味の自然学的な質料で他方はただただ形而上学的つまり一般的な質料、という二つの質料の区別である。〔質料の後者の方は〕空間の二つの部分が同じ質料から成るとか、二つの時間もまた互いに同じ質料から成るとか人によっては言う場合のようなものである。しかしながら、上述の区別は単に名辞だけのものではなく、事物そのものの区別なのである。ここでこの区別に触れるのはとても時機に適っていると思う。それを混同してしまうことから誤った結論が生み出されてきたからである。これら二つの類は一つの共通な概念を持っており、実在的類の概念は二つの質料に共通である。従ってそれらの系譜は次のようになろう。

類 ｛ 単なる種差によって異なるただただ論理学的な類
　　 種差は変様であるような実在的な類、即ち資料 ｛ 同類性がそこにはあるような、ただただ形而上学的な資料
　　　　　　　　　　　　　　　　　　　　　　　　 固くて同類な物塊がそこにはあるような自然学的資料

司教に宛てたあの著者の第二の書簡を私は見ていない。そしてその書簡への司教の返書は、物質の思惟に関する点には殆ど触れていないのである。しかしこの第二の返書に対するあの著者の返答はその点に立ち返っている。（彼はおよそ次のような言い方をしている、三九頁）「神は気に入った性質や完全性を物質の本質に付け加えます。（物質の）幾つかの部分には単なる運動を、しかし植物には栄養という働きを、そして動物には感覚作用を付け加えるのです。ここまで私に同意してきている人々も、もう一歩進めて神は物質に思惟、理性、意志を与え得ると言おうとするや否や、そのことがあたかも物質の本性を破壊するかのように、反対の叫びをあげます。けれども彼らは自分たちの意見を証明しようと、物質の本質には思惟や理性は含まれていないと主張するのでして、それは証明などになりはしません。というのは運動も生命も物質の本質には含まれていないからです。彼らはまた、物質が思惟するとは概念しがたいと主張します。しかし我々の概念作用は神の力の尺度ではないのです。」この後、彼は物質の引力という例を引く（九九頁）が、特に四〇八頁では（先に私が引用した個所で示したように）ニュートン氏に発見が帰せられる物質から物質への重力について語っている。どのようにしてそれが起こるのかを概念することはできない、と認めるのではあるけれども。それは実を言うと、隠れた性質、それどころか説明不可能な性質へと逆戻りすることである。彼は付け加えて四〇一頁では、知解されない事柄を否定してしまうこと程懐疑派を助長することはないと言い、そして四〇二頁では、どのようにして魂は思惟するのかさえ概念され得ない、と言う。四〇三頁に書かれているように、物質的、非物質的という二つの実体は、いかなる活動性も無しに裸の本質において概念されるのであって、思惟する能力を双方

に与えるのは神次第である、と彼は言いたいのである。そして〔その際〕、動物に感覚作用を認めても、何らかの非物質的な実体を動物に認めはしない、という論敵の言い方を利用しようと彼はする。自由、意識性（四〇八頁）、抽象能力（四〇九頁）は、物質としての物質にではなく神の力によって豊かにされたものとしての物質に与えられ得るのである、と彼は主張する。最後に彼は、四三四頁で、優秀かつ聡明な旅行家、ドゥ・ラ・ルーベール氏[52]の発言を報告している。即ち、東洋の異教徒たちは、魂の非物質性については理解できなくても、魂の不死性は知っている、と。

これらすべてについて私の見解を述べる前に、次の点に留意しておきたい。即ち、物質は、あの著者も同意しているように、理性を生み出せはしないのと同様に感覚を機械的に生み出せもしないことである。また、実を言うと、知解されない事柄だからといって否定してはいけないのだということを私は認めるが、絶対的に知解可能でもなく説明可能でもないものを（少なくとも自然的秩序の内では）否定する権利がある、と私は付け加えておく。更に又、〔物質的であれ非物質的であれ〕実体は、いかなる活動性も無しに裸の本質において概念されはしないのであり、活動性は実体一般の本質を成している、と私は言いたい。要するに、被造物の概念作用は神の力を測る尺度ではないが、概念可能性、言い換えれば概念する力は自然の力を測る尺度なのである。自然的秩序に適合しているすべてのものは何らかの被造物によって概念され得るか知解され得るかである。

私の説を理解して下さる人々なら、私はこれら二人の卓越した著者のどちらかの説に全面的に従う訳にはいかないことが分っていただけるであろう。しかしながら二人の論争はとても参考になる。けれども、はっきり言ってしまえば、自然的につまり奇蹟によらず或る主体に適合し得る諸変様は、実在的類の、言い換えれば恒常的で絶対的な根源的本性の、制限ないし多様化に由来するはずであることを、何よりもまず考慮しなければならない。なぜなら、このようにしてこそ哲学者たちは絶対的存在者の諸様態をこの存在者そのものから区別するのである。ちょうど、大きさと形と運動とが明らかに物体的本性の制限であり多様化であると知られるのと同じように。というのも、延長が限界づけられるとどうして形をとるかは明らかであり、そこにおいて生ずる変化が運動に他ならないということも明らかだからである。或る主体の内に何らかの性質が見出される度毎に、もしこの主体の本性とこの性質の本性が知解されれば、どのようにしてこの性質がこの主体の結果として生ずるかは概念されるだろうと信じてよい。それ故、〔奇蹟を別にした〕自然の秩序の内では、実体にこれこれしかじかの性質を無差別に与えるのは神の勝手である訳ではない。神は実体に自然な性質、言い換えれば説明可能な変様として実体の本質から導出され得る性質しか与えないであろう。こうして、物質は自然的には上述のような引力というものを持たないであろうし、自力で曲線運動もしないであろう、と我々は判断し得る。なぜなら、どのようにしてそれが起るかを概念すること、つまりそれを機械的に説明することは可能でないからである。それに対して、もし事物の内奥に入ることが許されれば、自然なものは判明に概念し得るようになれるはずである。自然的で説明可能なものと説明不可能で奇蹟的なものとの間を区別すれば、すべての困難は取り除かれる。[53] しかしこの区別を斥ければ、我々は隠れた性質よりも一層悪い事柄を支持することになり、次のような蒙昧な説によって無知と怠惰に隠れ家の戸を開けてやって、哲学と理性を放棄することになろう。その説とは、我々が知解しない諸性質があると認めるだけでなく（これは事実非常に多くある）、最も偉大な精神に神がいかなる可能な理解力を与えようとも理解し得ない性質、つまり奇蹟的というか無茶苦茶な性質があるとまで認めるような説である。神が常々奇蹟を行うというのでさえ無茶な話である。それ故、この怠惰な仮説は、理由を探求する我々の哲学を台無しにするばかりか、理由を与える神の知恵までも無にしてしまうのである。

今度は思惟に関してだが、次のことは確実である。即ち、あの著者が一度ならず認めていることだが、〔思惟が〕物質の知解可能な変様であったり、あるいはそうした変様でもって理解されたり説明されたりし得るというものではあり得ないということである。[54] 言い換えるなら、感覚するないし思惟する存在者は時計とか水車小屋のような機械的な事物ではない。従って次のような大きさ、形、運動といったものを概念することはできない。即ち、それらの機械的な結合が、思惟や感覚といったものの無い物塊の内に、思惟したりまた感覚したりさえする何物かを、〔また〕この機構が損なわれると〔生じた時と〕同様にそうしたものが絶えてしまうような何物かを、産出し得る大きさ、形、運動は概念できない。それ故、感覚したり思惟したりするのは物質に自然的な事柄ではないのである。物質において、感覚したり思惟したりすることが起り得るのは次の二つの仕方によってしかない。一つは、思惟するのが自然である実体を神が物質に結びつけるという仕方であり、もう一つは、思惟を神が奇蹟によって物質の内に置くという仕方であろう。従ってその点については、次のことを除いて私はデカルト派の人々と完全に同意見である。つまり、私は上述のことを動物にまで拡張し、動物が感覚を持ち、（適切に言えば）非物質的な魂を持っていると思うし、それはデモクリトスやガッサンディ(55)の言うアトムが不滅であるというのと同様に不滅な魂であると思う。それに対してデカルト派の人々は、動物に魂があると考えることに謂《いわ》れもなく当惑し、それら魂がもし保存されるとしたらどのように〔その考えを〕処理したらよいのか分らないので（というのも彼らは〕動物自身が小さくなって保存されることに思いつかないのである）、見たところに反して、そして世間一般の判断に反して、動物には感覚さえも拒否することにならざるを得なかったのである。しかし、もし誰かが、神は少なくとも用意しておいた機械に思惟する能力を付け加える位はできると言うなら、私は次のように答えよう。もしそんなことが起り、神が物質に〔思惟するという〕正にこの能力を付け加えることを、その内属の主体である（と私が思っている）ような実体を同時に割当てることなしに、つまり非物質的な魂を付け加えることなしにするとしたら、物質は、自然的に持つことはできない能力を受け容れるために奇蹟的に高揚させられているに違いない、と。それはちょうど、物質から離れた精神を直接に燃やす力を火に与える程にまで、神は火を高揚させる、と幾人かのスコラの人々が主張しているのと同様である。そしてそれは全く純粋な奇蹟というものであろう。しかし、物質は、不滅の魂を添え置くことなしには、あるいは奇蹟によってでなければ、思惟すると主張し得ず、こうして我々の魂の不死性が自然的なものから帰結する、と言えば十分である。なぜなら、魂の消滅を言うには、それが物質の高揚によるにせよ、魂の無化によるにせよ、奇蹟によってとしか言いようがないからである。というのも我々の魂がいかに非物質的で（つまり自然だけによっては不死で）あり得ようとも、神はそれを滅ぼし得るのであるから、神の力は我々の魂を死すべきものと為せるであろうことを我々はよく知っている。

さて、魂の非物質性というこの真理は、疑いなく重要なものである。なぜなら、我々の魂は自然的には死すべきものであるが決して死なないのは、ただ神の約束だけに基礎を持つ奇蹟的恩寵のおかげであると主張するよりも、魂は自然的に不死であるということを示す方が、我々の（多くの人々が単なる啓示だけとか奇蹟になどには何の敬意も払わなくなっている）時代においては宗教と道徳にとって非常に都合が良いからである。実際、自然宗教を駆逐し、あたかも理性は上述のことについては何も教えはしないかのように、すべてを啓示宗教へ還元してしまおうとした人々が疑問視されていることを久しい以前から我々は知っているし、それは理由の無いことではない。しかしあの著者はこういう人々の一人ではない。彼は神の存在の証明を支持しているし、魂の非物質性に最高度の確からしさを割り当てていて、従ってそれが慣習的確実性として適用し得るだろうと言うのである。それ故、彼は、洞察力もありまた真摯でもあるのだから、私が今提示した学説に、〔つまり〕いかなる合理的な哲学においても基礎にあるこの学説に、快く同意してくれるであろうと私は思う。というのも、そうでなければ、一切の現象を神に直接に帰属させて奇蹟によって救い出すというフラッドによるモーゼ哲学[56]のようなあの狂信的哲学にまた陥ったり、次に掲げるような粗野な哲学に陥ったりするのを、どのようにして妨げ得るか私には分らない。その粗野な哲学というのは、昔の或る哲学者たちや医者たちのそれであり、当時の未開状態の名残りを留めている。今日では当然のことながらそうした哲学は軽蔑されているが、それは隠れた性質とか、人が求めるところを事も無げに為し得る小悪魔や妖精に似ているような能力とかをわざわざ捏造することによって、現象を救う類の哲学である。あたかも、懐中時計は歯車の必要なく或る時間指示的能力によって時刻を示すとか、あるいは、製粉機が碾《ひ》き臼に似たどんなものの必要もなく粉砕する能力によって穀物を砕くとか考える哲学なのである。多くの民族が、非物質的実体というものを概念するに際し抱く困難について言えば、それは、物質から離れた実体などを要求しなくなれば、容易に（少なくともその相当な部分は）氷解するであろう。実際、被造物の内に自然的にそのような〔物質から離れた〕実体などがあろうとは私には思えないのである。

I　本有的概念について

1（1）　人間の精神の内に本有的原理があるかどうかについて

フィラレート　英国での仕事を終えて再び海を渡ると、私は、まずあなたをお訪ねして旧交を温め、あなたも私も重大な関心を寄せている事柄についてお話ししようと思いました。英国でロンドンに長い間滞在している間に、それについて新たな光明を見出した、と私は信じているのですよ。私たちが、以前アムステルダムで、ほんの近くに住んでいた時、事物の内奥を洞察するための諸原理と手段を探求することに、二人とも大きな喜びを見出していましたね。しばしば私たちは意見を異にしましたけれども、それらについて一緒に論じあう時、そうした〔意見の〕相違は満足を増大させこそすれ、時折生じた対立が話しあいに何か不愉快なことをもたらしたりは決してしませんでした。あなたはデカルトと『真理の探求』の名高い著者（2）の意見に賛成で、私はと言えば、ベルニエ氏（3）によって解明されたガッサンディの意見の方が、もっと容易だし自然だと思っていました。今では、光栄にも新しく知りあいになった英国の方《かた》がその後公刊したすぐれた著作によって、私〔の意見〕は大いに補強されたと感じています。この著作は『人間知性論』という控え目な表題の下に英国では何度も版を重ねてきました。それに、つい先頃、もっと一般の役に立ち得るようにと、この著作がラテン語でもフランス語でも出版されたのは嬉しいことです。この著作を読むことはとても有益でしたし、しばしばロンドンで、そして時にはオーツのマサム夫人宅でかわした著者との会話からも私は多くを教えられました。このマサム夫人(4)という方《かた》は、英国の偉大な哲学者であり神学者でもあり知的体系の著者であるあの名高いカドワース氏(5)の御息女で、立派な方です。彼女はお父様から物事を深く考える精神と優れた認識への愛とをお受け継ぎになりましたが、後者は特に、『知性論』の著者と分かち合った友情がそれを示しているところです。さて『知性論』の著者は何人かの有能な人々によって論駁されたのですが、そんな折、彼自身が書いた弁明以外に、彼のために、とても賢明で才気あふれた或る婦人の書いた弁護(6)を読んで嬉しく思ったものです。あの著者はガッサンディ氏の説にかなり傾いています。それは元をただせばデモクリトスの説なのです。彼は空虚と原子とを認めます。物質が思惟し得ると信じていますし、本有的観念など決して無く、私たちの精神はタブラ・ラサであるとし、私たちは常に思惟している訳ではないと考えています。彼はガッサンディ氏がデカルト氏に対して為した論駁(7)の大部分に同意する気でいるようです。彼はこの説を多くの優れた考察で豊かにし(9)補強しました。今や私たちの一党は、敵対者であるペリパトス学派(8)の人々やデカルト派の人々に見事に打ち勝っているのは疑いの無いことです。そういう訳ですから、あなたがまだこの本を読んでいらっしゃらないとしたら、読むようお勧めしたいし、もしもう読んでいらっしゃるのなら、それについてあなたの意見を聞かせてはいただけないでしょうか。

テオフィル　長い間お留守でしたね。でも帰国され、またお会いできてとても嬉しく思います。大切なお仕事も首尾よく終えられ、御健康の様子。私への変わらぬ友情と、そして最も重要な諸真理の探求にいつも変わらぬ情熱を持ち続けていらっしゃるのは喜ばしい限りです。私も同じ精神で負けずに省察を続けてきました。そしてもし私が已惚れているのでなければ、あなたと同じ位、いや恐らくあなた以上に向上したと思います。それに、そのことはあなた以上に私には必要だったのですよ。何故かと言えば、あなたは私よりはるかに進んでいらっしゃったからです。あなたは思弁的な哲学者たちとより多く交流を持ってこられました。私の方はもっと道徳の方に傾いていたのです。しかし、道徳がいかに多くの支えを真の哲学の確固たる原理から受け取っているか、を私は次第に学びました。そういう訳で、以来私はそれらの原理をより一層熱心に研究したのです。そして私は全く新たな省察に入っていきました。ですから、私たちは自分たちの解明したところを伝えあうことで、お互いに長い間喜びを分かちあえるだけのものを持っているのでしょう。ところでまず言っておかなければならないのですが、私はもはやデカルト派ではなく、そうかと言ってあなたのガッサンディからは今までよりももっと離れてしまいました。彼らの学識や功績は認めていますが。私は或る新しい説に取り付かれてしまったのです。その説について私は若干のことをパリやライプチヒやオランダの学術雑誌で(9)、またベイル氏の非常に優れた辞典のロラリウスの項で、読みました。それ以来、私は事物の内奥の新たな相を見出していると信じます。この説はプラトンをデモクリトスと、アリストテレスをデカルトと、スコラの人々を当代の人々と、神学や道徳を理性と結びつけるように思えるのですよ。この説は至る所から最善のものを採り入れ、次いで、これまでに到達されたところよりも一層先まで進むように思われます。この説の内には、魂と身体との合一の納得できる説明があります。これは私が以前、〔その解明の〕見込みは無いものと思った事柄です。この説が導入する実体という一なるものどもと、原始的実体によるそれら一なるものどもの予定調和ということの内に、私は事物の真の諸原理を見出します。私はそこに驚くべき単純性と一様性があると思うのですよ。従って、完全性の程度を度外視すれば、〔起っている〕事態は至る所で常に同じものだ、と言って良いでしょう。こうなると、プラトンが物質は不完全で移ろいやすい存在《もの》者であると見做した時(10)に理解していたことも、アリストテレスが彼のエンテレケイア〔という術語〕で言わんとしたことも(11)、プリニウスによると(12)デモクリトスさえもが来世の生活に関して見込みを述べたと言うがそれは何であるのかも、〔また〕懐疑派が感覚を非難する時どれ程彼らは正当なのかも、分ります。どのようにして動物がデカルトの言うように実際自動機械であるのか、それにも拘らず世間一般の意見に従えば動物は魂と感覚とを持つと言われるがどうしてか、すべての事物に生命と表象をあてがう人々〔の意見〕をどうやって合理的に解き明かすべきなのか、も分ります。〔ほら〕カルダーノ(13)やカンパネルラ(14)のような人たちですよ。〔でも〕彼らより、亡くなられたコナウェイ伯爵夫人(15)をあげておいた方が良いでしょう。彼女はプラトン主義者でした。それに、私たちの友人であった故フランソア・メルキュール・ファン・ヘルモント氏[16]〔彼〔の意見〕は他の点では、理解できない逆説に満ちていましたけれど〕。それから彼の友人の故ヘンリー・モア氏も[17]。〔さらに〕自然法則〔その大部分はこの説以前には知られていませんでした〕がどのようにして物質を超えた原理にその起源を持つのか、そしてそれにも拘らず物質においてはすべてが機械的に起るのはどうしてか、ということも分ります。この最後の点において、先程言った唯心論的な著者たちは彼らのアルケー〔始源〕[18]で以て躓いてしまい、デカルト派の人々でさえ非物質的実体は、力を変えることはないにしても物体の運動の方向ないし決定を変えることは少なくともすると信じて躓いてしまいました。あの新しい説によれば、そうではなくて魂と身体は完全にそれらの法則を守る、つまり各々は自分のものを守る訳です。そしてそれにも拘らず、一方は他方に必要な限り従うのです。要するに、私はこの説について省察して以来次のことに気づいたのですよ。即ち、動物に魂と感覚とを認めることがいかに人間の魂の不死性を少しも損わないか、あるいはむしろ、すべての魂が不滅である〔魂ハ死ヲ欠ク〕[19]と考えるより以上に私達の自然的不死性を確立するに相応しいことは無いのはどうしてか、に気づいたのです。しかしそうは言っても、輪廻〔の説に陥るのではないかと〕恐れる必要はありません。魂だけでなく〔身体と一緒になったものとしての〕動物もまた生き、感覚し、活動し続けているし、そうであり続けるでしょうからね。既にあなたに申し上げましたように、〔事態は〕至る所でここと同様ですし、常に至る所で私たちの場合と同様なのです。でも、それは動物の諸状態が多かれ少なかれ完全でかつ展開されているということなのであって、全く〔身体から〕離れた魂などというものを必要としている訳ではありません。可能な限り純粋な精神を私たちが常に持っているからといっても、やはり私たちは感覚器官も持つのです。それら感覚器官の影響で私たちの自発性の諸法則が乱されることはあり得ません。物体の観念と延長の観念とのいわゆる一致に基づいたデカルト派の詭弁によるのとは全く別のやり方で、〔この新説では〕空虚とアトムが排除されているのを私は見出します。これまで〔一般に〕考えられてきたよりずっと、すべての事物は秩序づけられ調《ととの》えられていると思うのです。物質はどこも有機的であり、空虚なもの、不毛なもの、おろそかにされたものは何も無く、あまりに一様なものも無く、非常に変化に富んでいるのですが、でも秩序を持っています。そして、想像を絶したことですけれども、縮小された全宇宙が、異なる眺めにおいてですが、その〔宇宙の〕各部分の内に、そして実体という一なるものの各々の内にさえあるのです。事物のこの新たな分析以外にも、私は概念ないし観念と真理との分析をより良く理解しました。〔この新説のおかげで〕真なる観念、明晰な観念、判明な観念、〔そして〕あえてこの言葉を採用するとすれば、十全な観念とは何であるかを〔今や〕私は理解しています。原始的真理と真の公理が何であるかも私は分っていますし、必然的真理と事実の真理との区別、人間のする推論とその影である動物による連合との区別がどのようなものかも知っています。とにかく、私があなたにお話ししようと思っているすべてのことを知れば、あなたはきっと驚かれますよ。特に、神の偉大さと完全性についての認識が、それによってどれほど高められるかを理解したら。というのも、〔今までも〕あなたに秘密にしておくようなものは何もありませんでしたし、私は、事物と美との至高の源泉に対する感嘆の念と〔もしこんな術語をあえて使い得るなら〕愛とに今やどれ程満たされているかを、あなたに包み隠すことなどできないからです。〔それほど〕この説が発見した事柄は、これまでその源泉について考えられてきたすべてを超えていることが分ったのです。私がかつて少しばかり行き過ぎて、スピノザ主義者たちの側に傾き始めていたのをあなたはご存知ですよね。スピノザ主義者は、神に無限の力しか残さず、神に対しては完全性も知恵も認めませんでした。それに目的原因の探求を軽蔑し、すべてを盲目的な必然性から導出するのです。しかし先程から述べている新たな光が私をスピノザ主義から目覚めさせたのです。そしてその時以来私は時々テオフィル[21]という名前を使います。私は、あなたが今おっしゃった名高い英国人の本を読みましたよ。私はそれを高く評価します。優れた内容が含まれていると思います。でも、もっと先まで行くべきであるように思えます。必要以上に私たちを抑制し、人間の地位のみならず宇宙の地位もまた格下げし過ぎる見解を彼が採った時には、それらの見解から離れるべきでさえあると私には思えます。

フィラレート　これはまた素晴らしいことを話して下さいましたね。驚きました。あまりに好意的なご説明で、俄《にわか》には信じかねます。でも、あなたが私に気前よく教えて下さろうという多くの新しい事柄には、確固とした何ものかがあるだろうと期待したく思います。〔あなたが教えて下さるという〕そういう場合には私はとても素直に耳を傾けるつもりです。いつだって理性に従おうと私が思っていたことも、私が時々フィラレート(22)という名前を使っていたこともあなたはご存知のことです。ですから、とても関係の深いこの二つの名をあなたがもしよろしければ今回は使うことにしましょう。〔私たちがどれ程向上したかを〕確かめる手段があります。私に多大の満足を与えてくれた名高い英国人の本をあなたはお読みになったそうだし、彼はあなたが今しがた話して下さった大部分の題材、特に私たちの観念と認識の分析を扱っているのですから。あの本の筋道に従って行き、あなたがどのように批評なさるかを知るのが、一番の近道でしょう。

テオフィル　そうしましょう。ほらここにあの本があります。

〔1〕　**フィラレート**　私はその本を熟読しましたから、その表現まで記憶しています。それを注意深く追ってみましょう。どうしても必要な幾つかの場合にしか、本を参照しないですむと思いますよ。まず第一には観念ないし概念の起源について（第I巻）話すことにしましょう。そして次にいろいろな観念について（第II巻）、それからそれら観念を表出する言葉について（第III巻）、最後にそれらから結果として生ずる認識と真理とについて語りましょう（第IV巻）。私たちにとって当面最も問題となるのはこの最後の部分でしょう。観念の起源に関しては、私はあの著者や多くの学殖豊かな人々と同じで、本有的な観念など無いし本有的原理も無いと思っています。本有的なものを認める人々の誤りに反駁を加えるには、以下で明らかになるように、そんなものは必要でないこと、いかなる本有的な刻印の助けも無しに人々はすべての認識を手に入れられることを示せば十分でしょう。

テオフィル　ご存知のように、フィラレートさん、私は大分前から〔その点について〕それとは違う見解を持っています。デカルト氏が支持した神の本有的観念と、従って感覚に由来し得ない他の本有的諸観念とに、ずっと味方してきましたし、今だってまだそうです。今日では、あの新たな説を思い合わせて、私はもっと先まで進み、私たちの心のすべての思惟と活動は、感覚によって与えられ得るのではなく、これから聞いていただくように、心自身の奥底から来るのだと私は信じてさえいます。でも、今のところはこうした探求は傍らに置いて、一般に受け容れられている言い方に合わせておくことにします。実際、それらは適切だし〔一応〕根拠のあるもので、感覚が部分的には私たちの思惟の原因であると或る意味では言い得るのですからね。〔そこで〕感覚からは私たちに決してやって来ない観念や原理があること、感覚はそれらに私たちが気づく機会を与えるけれども私たちがそれらを形成するのではなく私たちの内に見出すのだということ、こういうことが私の考えによれば通説の内でさえも（コペルニクス派の人々が太陽の運動について他の人々と共に、しかも理由あって語るように、物体が魂に働きかけるとする〔通説の内でさえも〕）[23]いかにして言われなければならないかを、私は検討してみましょう。あの学殖豊かな著者は、人が本有的原理の名の下にしばしば自分の先入見を主張し、議論の労苦を免れたいと考えているのに気づいたのだと思います。こうした誤った態度が〔本有的原理という〕この仮定に反対する彼の熱情をあおったのでしょう。本有的観念や、精神の内に自然的に刻みこまれた真理というものを私たちは容易に認めます。〔しかし〕それをもっともらしい口実として、これら認識の源泉や結びつきや確実性を探求し検討することに少しも気を使わない人々の怠慢と皮相的な考え方とに対して戦おうと彼は決意したのでしょう。その点では私は彼の意向に全く同意しますし、もっと先を見てさえいます。私は、私たちの分析が制限されず、定義を容れ得るすべての術語が定義され、原始的でないすべての公理が論証されるか論証の手段が与えられるかするのを望んでいます。〔その際〕人々がそれらについて抱いている一般的見解を特別扱いすることなく、また彼らがそれに同意するか否かを気づかうことなく。〔やってみたいのです。〕予想以上にそれは役に立つことでしょう。しかしあの著者は熱情によって、もう一方の側にあまりに遠く行き過ぎたと私は思います。〔もちろんこの熱情も〕他の見地からすれば誠に称讃すべきものなのですけれどもね。思うに、彼は、その源泉が知性の内にある必然的真理の起源を、事実の真理の起源から十分には区別しませんでした。事実の真理は感覚の経験からや私たちの内にある混雑した表象からさえ引き出されるのです。ですから、あなたが確かだとおっしゃったこと、つまり私たちは本有的な刻印を必要とせずに私たちの全認識を獲得できるということ、それに私が同意しないのはもうお分りですね。私たちのどちらが正しいのかは追い追い明らかになるでしょう。

［2］　**フィラレート**　実際にそれを見ていくことにしましょう。人々がそれらについて一般的に見解の一致をみるような諸原理。真理に関するそういう或る諸原理が存在するという意見以上に行き渡っているものは無いと認めましょう、テオフィルさん。それら〔原理〕が共通概念 *κοιναὶ ἔννοιαι* と呼ばれるのはそんな理由によるのです。そこから、そうした諸原理は私たちの精神が現実存在と共に受けとる刻印に違いないと推論されてしまいます。［3］しかし全人類が認めるような原理があるという事実が確かなものであっても、思うに、意見のこの一様性に人々が到達し得たであろうような別の道をもし呈示し得るなら、この普遍的同意はそれらの原理が本有的であることを少しも証明しないでしょう。［4］しかしもっと悪いことには、次の二つの有名な思弁的原理に関してさえ（なぜなら実践的原理については後でお話ししますから）、即ち、「有るものはすべて、有る」と「或る事物が同時に有りかつ有らぬことは不可能である」という原理に関してさえ、この普遍的同意は殆ど見出されないのです。というのも、あなたにとっては疑いなく必然的真理であり公理であると考えられているこれら二つの命題も、それらを知りさえもしない非常に多くの人々がいるのですから。

テオフィル　本有的原理の確実性を普遍的同意に基づかせることは私はしません。なぜなら、フィラレートさん、先ほどあなたに言いましたが、原始的ではないすべての公理を論証し得るよう努力しなければならないと私は思うからです[24]。私はまた、とても一般的ではあっても普遍的ではない同意というものが、世間一般に広まった伝統から生じ得るということに同意します。ちょうど喫煙という風習が一世紀たらずの間に、殆どすべての民族に受け容れられたようにです。火さえ知らないので、煙草を吸おうなどとは思いもよらなかった或る島の人々が発見されたりもしましたけれどもね。こうして、或る学殖豊かな人々[25]は、アルミニウス派[26]の人々ですが神学者たちでさえ、神についての認識はとても古くかつ非常に一般的な伝統に由来すると考えたのです。実際、教育がこの認識を堅固なものとし、矯正したと私は信じたい。しかしながら、そうした教説無しにも自然が、神についての認識へと導くのに貢献したように思われます。宇宙の素晴らしく美しいものどもが、より高い或る力に思い至らせたのです。耳が不自由で口もきけないように生まれついた子供が、満月に対して崇敬の念を示したことが知られていますし、他の民族から〔自分たちのこととは〕別の事を教わったようには思えぬのに、見えない力を恐れる人々も見つかりました。これは、私たちが持っていて、私たちが要求する神の観念ではまだないことは認めますよ、フィラレートさん。でもこの観念は、これから明らかになるように、私たちの心に〔経験によって〕入れ置かれることなしにとにかくその奥底にあるのですよ。神の永遠な法則は私たちの心の奥底に部分的には更にもっと読みとりやすい仕方で、〔言うならば〕一種の本能によって〔読みとれるように〕、刻み込まれているのです。けれども、神の観念を承認する傾向が人間の本性の内にある、とは認めなければなりません。そして神の観念の最初の教えが啓示に帰されるにしても、この教説を受け容れるのがいつでも人々にとって容易であるのは、彼らの心の自然的なところに由来するのです。[27] けれども外的教説はここでは私たちの内にあるものを呼び起すことしかしない、といずれ私たちは判断するでしょう。人々の間での十分一般的な同意は本有的原理の指標ではあっても、その論証ではなく、これら原理の厳密で決定的な証明は、それらの確実性が私たちの内にあるものにしか由来しないのを示すことに存すると私は結論します。更に、二つの思弁的大原理に人々が寄せる一般的賛同に対してあなたがおっしゃることに応えるためには次のように私は言えると思います。尤もそれら二つの原理は最も確かなものなのですがね。即ち、それらがたとえ全然知られていなくとも、本有的であることには変りはない。なぜなら人はそれらを知解するや否や承認するのですからね。でも更に、実際は誰でもそれらを知っているし、はっきりとは意識せずにも〔例えば〕矛盾律を絶えず使っていることを言い添えておきましょう。ですから、重大な事柄に際して、矛盾することを言う嘘つきの所行に憤りを感じないような未開人はいないのです。こうして、明らさまに注視されることは無くとも、これら準則は使われています。それは省略三段論法における削除された命題が、精神の内に潜在的にあるのと殆ど同じです。それはただ外に出して言わないという意味で脇に置かれているだけでなく、思惟においてもそうなのですけれどもね。

〔5〕 **フィラレート**　あなたが潜在的認識と内的隠蔽についておっしゃることには驚きますねえ。だって、心の内に刻印された真理があって、〔しかも〕それらが気づかれないなんて、思うに、明白な矛盾ではありませんか。

テオフィル　そういう先入見をお持ちなら、あなたが本有的認識を斥けるのも驚くに値しませんね。しかし、常に気づいている訳ではなく、必要な時にさえ気づかないような無数の認識を私たちが持っているということを、どうしてあなたが思いつかないのか、不思議に思います。それら認識を保持するのは記憶の役目ですし、それらを私たちに、常にという訳ではないですけれども必要に応じてしばしば再現するのは想起の役目です。それがsouvenir(subvenire)と呼ばれるのは至極尤もなことなのですよ。というのも想起は何らかの助けを要しますからね。[28] それに、私たちのこんなに多くの認識の内で一つのものをむしろ別のものよりも復活させるように、何ものかによって私たちは決定されているに違いありません。なぜなら、私たちの知っているすべての事柄を、一度に、判明に思惟することはできないからです。

フィラレート　その点ではあなたが正しいとは思います。その点に十分注意せずに、私たちの心の内にある全真理に常に私たちは気づいているというとても一般的な主張が、つい口を衝いて出てしまったのです。でも、これからあなたに言おうと思っていることに答えてもらうには、あなたはもっと苦労されるでしょう。〔即ち、〕もし個々の或る命題が本有的だと言われ得るなら、合理的[29]であったり、いつか合理的であると精神が見做し得るすべての命題は、同じ理由で、既に心の内に刻印されていると主張し得るでしょう。

テオフィル　私が感覚の幻影に対立させる純粋な観念に関してと、事実の真理に対立させる必然的つまり理性の真理に関しては、私はそのことを認めます。この意味では、算術全体と幾何学全体とが本有的であり、潜在的な仕方で私たちの内にある、と言うべきでしょうね。それ故、精神の内に既に持っているものを注意深く考察し整理すれば、経験とか他人からの口伝えによって教わるいかなる真理も使うことなく、それらは私たちの内に見出され得るのです。

ほら、ちょうどプラトンが或る対話篇の中で示しているようにですよ。その中でプラトンは、子供に何も教えずに質問だけによって難しい真理へその子供を導いていくソクラテス〔の話を〕紹介しているではありませんか。(30) ですから、人は、書斎にいて、目を閉じてさえいて、必要な真理を視覚からも触覚からさえも習得することなしにも、これらの学問を構築できます。尤ももし人が何も見たことも触れたこともなければ、問題となる観念に出会《でくわ》すこともなかろうというのは本当ですが。というのも、何ら感覚的なものを必要としないような抽象的思惟を私たちが持ち得ないというのは、自然の驚くべき節約の仕方なのですよ。その感覚的なものというのが、たとえ文字の形とか、音といった記号でしかないにしてもです。尤も、或る任意の記号と或る思惟との間にどんな必然的な結びつきがある訳でもないのですけれどもね。(31) そしてもし感覚的な印象が要求されなければ、〔後で〕もっと詳しくお話しする機会がある心と身体との間の予定調和は決して生じないでしょう。(32) しかし、そのことは〔つまり感覚的な印象が要求されることは〕精神が必然的真理を自分のところから取り出すのを妨げはしません。それ故、何の助けも借りずに、純粋に自然な論理と算術によって、どれ程遠くまで行き得るのかを、人は時折知らされるのです。例のあのスウェーデン人の少年(33)が自分の算術法を編み出して、暗算で即座に大きな〔数の〕計算をするまでに至ったようですが、ちょうどそんな風にですよ。私の記憶が正しければ、誰かの話してくれたところによると、彼は普通の計算法を習ってもいなかったし、読み書きも習ったことなしに、〔それを為し遂げたそうです〕。確かにその少年は、逆の問題、つまり「根《こん》を求めよ」といった問題を解くまでには至っていません。しかし、そんなことは、彼がある新たな閃きで以て、更に根を自分の〔心の〕奥底から引き出し得るかもしれないことを妨げはしません。要するに、それは、私たちの内にあるものを意識的に表象することの困難さには程度があることを証明しているにすぎないのです。誰にも共通でとてもやさしい本有的原理があり、従って直ちに発見される定理もあり、自然的な知を構成する定理もあります。そして自然的な知というものは、或る人よりも他の人の方に〔よりよく〕知られているということがあるのです。結局、もっと包括的で、もっと決定された概念を持つために使うのが望ましいような、一層詳しい意味においては、原始的な本有的認識から引き出され得るすべての真理もまた本有的と呼ばれて良いのです。なぜなら、精神はそれらを自分自身の奥底から引き出し得るからです。それはしばしばそう簡単なことではありませんけれどもね。でも、もし誰かが〔私の今言った〕言葉に別の意味を与えようと言うなら、私は言葉について争うつもりはさらさらありません。

フィラレート　意識的に表象していないことを心の内に持ち得るというのには同意しました。というのも、知っていることのすべてが適切な時にいつでも思い出される訳ではないからです。しかし、いずれにしてもそれは学ばれたのであり、かつてははっきりと知られたのでなければなりません。こうして、もし、心がまだ或る事物を知ってしまってはいないにも拘らず、その事物は心の内にあると言われ得るとすれば、それは心がその事物を知るだけの受容力ないし能力を持っているから〔という意味〕でしかあり得ません。

テオフィル　何故そのことにはもっと別の訳が、つまり心がその事物を自分の内に気づかずに持っているようにさせる訳があり得ないのでしょうか。なぜなら、あなたもお認めになるように、獲得された知識は記憶によって心の内に隠しておかれ得るのですから、自然もまた幾らかの根源的知識を心の内に隠しておくことができないなどということがどうしてありましょう。自分自身を知る実体に自然的なすべてのものは、初めから現実的にその実体に知られていなければならないでしょうか。こういう実体（つまり私たちの魂のような）は、多くの固有性や感情を、それもそれらすべてに始めから一挙に直面するのは不可能なそういうものを、持ち得もせず、持つはずもないのでしょうか。私たちのすべての知識は想起に由来し、それ故、魂が人間〔という身体を持つものとして〕の生誕と共に身につけていて本有的と呼ばれる真理は、以前のはっきりした認識の名残りであるはずだ、というのがプラトン主義者たちの意見でした。しかしこの意見は何の基礎も持っていません。（先在があったとして）、前の状態において、それがいかに遠い昔のことであっても、全くここでと同様に魂は本有的知識を既に持っていたはずであると考えるのは容易です。それ故また、その本有的知識は、もう一つの別な前の状態に、〔即ち〕そこでも結局〔また〕本有的であるか少なくとも共に創造されたであろうようなそういう状態に由来しなければならないか、あるいは無限に進んで魂を永遠なものとし、その場合にはこれら知識を実際に本有的なものとしなければならないでしょう。なぜなら〔その場合〕魂には始まりというものが全然無いのですからね。そしてもし誰かが、前の各状態はもっと前の他の状態の何ものかを持っていて、それを後に続く諸状態に少しも引き渡さなかったと主張しても、幾つかの明証的な真理はこれらすべての状態のものであったはずであろうことは明らかだ、と人は彼に応えるでしょう。いずれにせよ、心のすべての状態において、必然的真理が本有的であり、内なるものによって証明されるということは常に明白なのです。事実の真理が経験によって打ち立てられるのと同じような訳には行きませんからね。とすると、全然使用されなかったものなど人は心の内に何も持ち得ない、とどうして言わなければならないでしょう。使用せずに或る事物を持っていることは、ただそれを獲得する能力を持っているだけのことと同じなのでしょうか。もしそうだとすれば、私たちは〔現に今〕享受している事物しか決して持たないことになりましょう。それなのに、能力と対象に加えて、能力が対象に働きかけるためには、しばしば或る態勢が、能力ないし対象の内に、またこれら両者の内になければならないことが知られています。

フィラレート　そんな風に考えれば、心の内には刻み込まれた真理があり、それにも拘らず心はそれを認識しなかったし、また〔これからも〕決して認識しないだろうと言い得るでしょう。〔でも〕それは奇妙に思えますがねえ。

テオフィル　おかしいところは全然ないと思いますよ。尤もそういう真理があるということを断言することもできませんが。なぜなら、私たちが現在の暮しにおいて知り得る事物より高貴な事物は、私たちの魂がいつか他の状態にあるだろう時に、魂の内で展開され得るからです。(34)

フィラレート　しかし、知性が気づかずにも、知性の内に刻印され得る真理があると仮定したところで、それら真理の起源に関しては、それらは知性がただ認識することのできるだけの真理とどう違い得るのか私には分りません。

テオフィル　精神はただ単にそれら真理を認識することができるだけでなく、それらを自分の内において見出すことができるのです。もし精神は知識を受けとる単なる受容力ないしそのための受動的力しか持たないとしたら、つまり形を受けとる蠟とか文字が書かれる何も書いていない板といった代物と同じように未決定なものであったら、精神は必然的真理の源泉ではないでしょう。精神が必然的真理の源泉であるのを私は今しがた示しておいたのですけれどもね。なぜなら、感覚は真理の必然性を知らせるに十分でないこと、それ故、精神は真理を自分自身でその奥底から引き出すための（能動的と同様に受動的な）態勢を持っていること、これらのことは明白なのですから。尤も、感覚はそれを引き出すための、そして別の真理よりもむしろその真理に赴くための機会と注意を、精神に与えるためには必要なのですけれどもね。ですから、他の点ではとても有能でも、〔この点で私と〕意見を異にする人々は、必然的ないし永遠な真理と経験の真理との間にある差異から来る帰結について十分には考究しなかったようにみえることを、あなたも納得なさるでしょう。このことについては私は既に指摘しましたし、私たちの論議全体の示すところでもあります[35]。必然的真理の本源的な証拠は知性だけに由来し、他の真理は経験か感覚の観察に由来するのです。私たちの精神はその双方の真理を知り得るのですが、前者の真理の源泉なのであって、普遍的真理について人がいかに多くの特殊的経験を持ち得ても、理性によって普遍的真理の必然性を認識せずに帰納によってそれらについて確信を持つことは、いつまでたってもできないのです。

フィラレート　しかし、知性の内にあるという言葉が何らかの積極的な意味を持つとすれば、それは意識的に表象される[36]とか知性によって理解されることを意味するというのが偽りの無いところではありませんか。

テオフィル　その言葉は私たちにとっては全く別な事柄を意味しています。つまり、知性の内にあるものはその内で見出され得、問題となっている真理の源泉ないし本源的な証拠は知性の内にしかないということで十分なのです。感覚はこれら〔普遍的〕真理を仄めかしたり、例証したり、確認したりはできるのですが、それについて外れることのない永続的な確実性を証明するものではありません。

〔11〕　**フィラレート**　しかしながら、知性の働きについて少しでも注意して考察しようと骨折る人なら皆、精神が何の苦も無く或る真理に与えるあの同意は人間精神の能力に依存することを見出すでしょう。

テオフィル　それはそうなんですよ。しかし、真理に対して能力を実際に働かすことが容易でも自然でもあるようにさせるのは、これら真理に対する人間精神のあの特殊な連関なのであって、その連関がそれら真理を本有的と呼ばせるのです。ですからそれは、真理を知解する単なる可能性といった裸の能力ではありません。私たちの心を決定し、そこから真理が引き出され得るようにさせる態勢、素質、予先形成なのですよ。正にちょうど、石や大理石に無差別に与える形と、既に石理が示しているか、もし職人が利用しようと思えば石理が示すだろうような形との間には差異があるように。

フィラレート　でも、真理というものは観念から生まれるもので、当の観念よりは後なるものではないのですか。ところが観念は感覚からやってきます。(37)

テオフィル　必然的真理の源泉である知的観念は感覚には決して由来しません。精神が自分自身を顧みる時、精神の内省に基づく観念があるとあなたは認めていらっしゃいます。尤も、確かに、真理のはっきりした認識は（時間的ニナイシ本性的ニ）観念のはっきりした認識より後なるものです。双方をはっきりと形成する前には、真理の本性は観念の本性に依存するのですから。感覚に由来する観念が入っている真理は、少なくとも部分的には感覚に依存するというのも本当です。けれども感覚に由来する観念は混雑しているし、それに由来する真理もまた少なくとも部分的には混雑しています。それに対して、知的観念とそれに依存する真理は判明ですし、感覚無しにはそこに思い至らないにしても、双方とも感覚に起源を持ってはいません。

フィラレート　しかしあなたに従えば数は知的観念ですよね。でもそれにも拘らず数に関しての困難は、観念の定かな形成に関わるということが分ります。例えば、大人は、一八足す一九が三七に等しいというのを、一足す二が三に等しいということを知るのと同じ明証さで知っています。しかしながら、子供は第一の命題を第二の命題ほど早く知りはしません。そのことは、観念を彼が言葉ほど早く形成しはしなかったことに由来するのです。

テオフィル　真理の定かな形成においてある困難はしばしば観念の定かな形成においてある困難に依存するという

のは、あなたのおっしゃる通りに思えます。けれどもあなたの例では、既に形成された観念を使うことが問題のように私には思えますが。なぜなら一〇まで数えることと、一〇ずつ何回か繰り返していってもっと先に進む仕方とを教わった者は、一八、一九、三七とは何かを苦もなく知解します。つまり、一〇が一回か二回か三回と、八ないし九ないし七で以てね。しかしそこから、一八足す一九が三七になるということを引き出すのには、二足す一が三であるのを知るために要《い》る注意より一層の注意が必要です。〔だって〕二足す一は三というのは実は三の定義でしかない〔のですから〕。

〔18〕　**フィラレート**　知解されるや否や必ず同意される命題をもたらすのは、あなたが知的と呼ぶ数や観念に与えられた特権ではありません。そういう事態には自然学や他のすべての学においてもまた出会《でくわ》しますし、感覚でさえそういう事態をもたらします。[38] 例えば、「二つの物体は同時に[39]同じ場所には有り得ない」という命題は、次の幾つかの準則と別の仕方で納得される訳ではないような真理です。即ち、「一つの事物が同時に[40]有りかつ有らぬことはできない」とか、「白は赤ではない」とか、「矩形は円ではない」とか、「黄色は甘さではない」〔と同じように納得されるのです〕。

テオフィル　それらの命題の間には違いがありますよ。第一の命題、つまり物体の〔相互〕浸透は不可能であると述べている命題は、証明が必要です。ペリパトス派の人々や故ディグビー卿[41]のように、本当の、厳密な意味での濃密化や稀薄化を信じている人々は、実際その命題を斥けています。キリスト教徒の人々については言うまでもないでしょう。彼らは大部分、反対のこと、即ち次元の浸透[42]が神には可能だと信じています。〔さて第一の命題ではない〕他の諸命題は自同的であるか、あるいは殆ど自同的であると言って良い。そして自同的な命題ないし直接的命題は証明を全く受け容れません。「黄色は甘さではない」という命題のように感覚がもたらす事柄に関わる命題は、一般的な自同的準則を特殊な場合に当て嵌めさせることにすぎないのです。

フィラレート　一つの観念が他の観念によって否定される二つの異なる観念から成る各命題、例えば「矩形は円ではない」とか「黄色であることは甘いことではない」といった命題は、名辞が理解されるや否や、疑いを容れぬものとして確実に受け容れられるでしょう。「一つの事物が同時に[43]有りかつ有らぬことはできない」というあの一般的準則と同様にね。

テオフィル　それは、一方（即ち一般的準則）が原理であって、他方（つまり、一つの観念が反対のもう一つの観念によって否定されること）がその原理の応用だということなのですよ。

フィラレート　私にはむしろ、その準則は、根底にある否定に依存しているように思えますし、矛盾するものを斥ける準則よりも「同一のものは違うものではない」ということを知解する方が更にもっと容易だと思われるのですがねえ。まあそれはともかく、あなたの理屈でいくと、一つの観念が他の観念を否定するといった類の無数の命題を本有的な真理として受け容れねばなりませんね。他の諸真理について語るまでもなく〔既に無数の真理をね〕。命題は、それを構成している観念が本有的でなければ本有的ではあり得ないということをそれに付け加えてごらんなさい。〔そうすると〕私たちが色、音、味、形などについて持っているすべての観念が本有的だと仮定しなければならないでしょう。

テオフィル　私にはどうしてこの「同一のものは違うものではない」〔という命題〕が矛盾律の起源であって、しかもより容易であるのかよく分りません。なぜなら、「Aは非Aではない」と言うことにおいてより、「AはBではない」と主張することにおいての方がまだ思いのままになる範囲が大きいと私には思われるからです。そしてAがBであることを妨げる理由は、Bが非Aを包蔵していることなのです。それに「甘さは苦さではない」という命題は、私たちが本有的真理についてこの〔本有的という〕術語に与えた意味合いにおいては、本有的ではありません。なぜなら、甘さとか苦さとかの感覚は外感に由来するのですから。こうして、それは混合された結論（hybrida conclusio）であって、そこでは公理が感覚的真理に適用されているのです。しかし「矩形は円ではない」という命題に関しては、それは本有的だと言い得ます。なぜなら、その命題に直面して、本有的である諸観念〔同士〕が両立しない概念を含んでいるのに気づくや否や、知性は自分自身でもたらす事柄に矛盾律の包摂ないし適用をするのですから。

〔19〕 **フィラレート**　（緑は赤ではないといった）聞けばすぐその真理性が分るような特殊的でそれ自身で明らかな命題は、より一般的な他の命題の、それも〔特称的命題と〕同じ程多くの、本有的原理と見做される他の命題の、帰結として受け容れられるとあなたは主張なさいます。その時あなたは、これらの特殊的命題が、より一般的なそれら準則についていかなる認識も持たない者たちにも疑い得ぬ真理として受け容れられているのを全く考慮していらっしゃらないように思えますが。

テオフィル　そのことについてはもう先にお答えしてあります。省略三段論法によって推論するときに人は削除された大前提に頼るのと同様に、これらの一般的準則に人は頼るのです。なぜなら、歩いたり跳んだりしている際にしている事と同様に、推論している際にしていることは判明には思惟されていないのは度々《たびたび》であるにも拘らず、結論づけの力は一部分は削除されたものの内にあり、他のところには由来し得ないのは常に本当だからです。そのことは推論を正当化しようとする時に分ります。

〔20〕 **フィラレート**　しかし、一般的で抽象的な観念は特殊的な概念や真理よりも、私たちの精神にとって疎遠なものに思えますがねえ。だからこそ、さっきの特殊的な真理は矛盾律よりも精神にとって自然的なのでしょう。あなたは、それらの真理は矛盾律の応用にすぎないとおっしゃりたいようですが。

テオフィル　確かに私たちはむしろ特殊的真理に気づくことから始めます。ちょうど私たちは、より複合的でより粗雑な観念から始めるのと同じようなものです。しかしそれだからといって、自然の秩序が最も単純なものから始まること、またより特殊的な真理の理由は、それら真理が例証でしかないようなもっと一般的な真理に依存していないということにはなりません。そして、潜在的にあらゆる意識的表象に先立って私たちの内にあるものを考察しようとする時には、最も単純なものから始めるのが理に適ったことです。なぜなら、一般的原理は私たちの思惟の内に入っていて、それこそが思惟の要《かなめ》と連結とをなしているのですから。それら一般的原理は、全く気にかけられることはなくとも、歩くために筋肉や腱が必要なのと同じように、思惟にとって必要なのです。精神は絶えずこれらの原理に頼っているのですが、そう簡単にはそれらを洞察し、判明に別々に心に浮かべるには至りません。なぜならそれには精神のすることに対する多大の注意を要するのですが、省察することにあまり慣れていない大部分の人々はそういう注意力を殆ど持ち合わせていないのですから。中国の人々は私たちと同様、分節化された音声を持っているのではないでしょうか。それにも拘らず〔私たちのとは〕異なった書法に愛着を感じているので、彼らはまだこれらの音声のアルファベットを作ることに思い至らないでいるのです。こんな風に、人は知らずに多くの事物を所有しているのです。

〔21〕**フィラレート**　精神がそのように速やかに或る種の諸真理に同意するとすれば、そのことは、それらの命題が精神の内に自然に刻み込まれているということに由来するよりもむしろ、それらについて別な風には判断させないような事物の本性の考察そのものに由来し得るのではありませんか。

テオフィル　どちらも本当です。事物の本性と精神の本性とがそこで符合するのですよ。それにあなたは事物の考察を、精神の内に刻み込まれているものの意識的表象に対立させていらっしゃるのですが、正にそういう反論こそは、あなたに加勢する人々が本有的真理という名の下に、本能によってのように、知らず識らず混雑した仕方でさえ自然に認めてしまうだろうことしか理解していないことを示しています。こういう本性を持ったものもありますし、それについて語ることもあるでしょう。しかし自然の光と呼ばれているものは判明な認識を前提としますし、事物の本性についての考察は、しばしば私たちの精神の本性の認識と、人が外に探し求める必要の無いあの本有的観念の認識とに他ならないのです。このような訳ですから私は確証されるためにこうした考察しか必要としない真理を本有的と呼びます。本有的概念が暗々裡に精神の内にあると言われる時、そのことが意味すべきなのはただ精神がそれらを認識する能力を持つということだけであるという反論〔22〕には、私は既に〔5〕で答えておきました。私はその上、それら概念を自分の内に見出す能力を精神が持ち、それらについて然るべく思惟する時にはそれらを認める態勢を持っていることまで指摘しておいたのですからね。

〔23〕 **フィラレート**　そうすると、これら一般的準則を初めて提示された人々は、全く新しいことは何も学ばない、とあなたはおっしゃりたいように思えますね。でも彼らはまず第一に名を学び、次に真理やこれら真理が依存している観念をさえも学ぶということは明らかですよ。

テオフィル　ここでは名前が問題なのではありません。名前は幾分か抽象的ですが、観念や真理は自然的なものです。しかしこれら観念や真理に関して、あなたは私たちには縁遠い学説を私たちに帰していらっしゃいます。なぜって、私たちが本有的な観念と真理とを学ぶのは、その源泉に注意することによってか、あるいはそれらを経験によって確証することによってかであるのを私は認めるのですから。このような訳で、あなたがおっしゃるような場合において、私たちは何も新たなものを学ばないかのようだとあなたは推測しておられますが、そんなことはありません。つまり、「学び知られるすべてのものは本有的でない」という命題〔だけ〕は、私は承認できない〔と言いたい〕のです。数についての真理は私たちの内にありますが、次のような仕方でとにかく学びはします。即ち、論証的理性によってそれらを学ぶ時、それらの源泉から導出することによってか（このことはそれら真理が本有的であることを示しています）、あるいは通俗的な算術家たちがするようにそれらを事例の内で経験を通して知ることによってです。そういう算術家たちは理由を知らないので、それら真理の規則を伝承によってしか学びませんし、良くともせいぜいそれらを教える前に、適切と思われるだけ経験によって例証するにすぎません。とても有能な数学者でさえ時折、他人の発見の源泉を知らないが故に、その発見を検討するために帰納というこの方法で満足せざるを得ないことがあります。私がパリにいた時、そこで或る名高い著述家がやったのもそれでした。彼は私の算術的求積に何か誤りを見出そうとして、ルドルフの数[44]と比較しながら、それを考究したのです。私の求積についての証明が彼に知らされるまでは、彼の疑いは正当であったのです。その証明が〔彼の〕試みを私たちには無用なものとしましたが、そうした試みは〔事態が〕完全に確かではない限りはずっと続けて良いものです。そして正にこのことこそ、即ち帰納の不完全性こそ、〔真理を〕経験の実例によって確証することを〔私たちに〕許すものなのです。というのも、変化や法則がそこにあるのを指摘する前に、ずっと遠くまで行ってしまい得る前進というものだってあるのですから。

フィラレート　でも私たちの使用する名辞や言葉だけでなく、観念もまた外から私たちにやってくる、ということだってあり得るのではありませんか。

テオフィル　そうしたら、私たち自身が私たちの外にあるのでなければならなくなってしまいますよ。なぜって、知的観念ないし内省的観念は、私たちの精神から引き出されるのですからね。もし私たち自身が存在者でなければ、つまり私たちの内に存在を見出さないとしたら、どうやって私たちは存在の観念を持ち得るのか知りたいものです。

フィラレート　しかし、私たちの友人の一人が次のように挑戦してきたら、あなたは何とお答えになりますか。即ち、もし誰かが〔それを構成する〕観念が本有的であるような命題を見出し得て、それを私に言うにしても、彼は私を大して喜ばせはしない、とその友人は言うのです。

テオフィル　算術の命題や幾何学の命題は皆そんな本性を持っている、と私は彼に言いたいですね。それに、必然的真理についてはそうでないものは見出し得ないでしょう。

〔25〕　**フィラレート**　多くの人々にとってそれは奇妙に思えることでしょう。最も難しくて最も深遠な知識が本有的だ、などと言い得るものでしょうか。

テオフィル　それら知識の現実的認識が本有的なのではなく、潜在的認識と呼ばれ得るものがそうなのですよ。加工する際に発見するより前に、大理石の石理によって描かれた形が大理石の内にあるのと同じです。

フィラレート　しかし、外からやってくる概念を受けとりそれに同意を与えたりしているのに、子供たちは、自分たちに本有的で自分たちの精神の部分を成していると推定されるものについてはいかなる認識も持たない、などということが可能でしょうか。精神には、基礎として役立つはずのそれらのものが消せない文字で刻印されているというのに。もしそんなことが可能ならば、自然は不必要な骨折りをしたことになりましょう。あるいは少なくとも自然はこれらの文字を不完全に刻み込んだことになりましょう。他の事物ならばとても良く見える目を以てしても、それらの文字は読みとられ得ないというのですからね。

テオフィル　私たちの内にあるものの意識的表象は注意と秩序に依存します。ところで、子供たちが感覚の概念により多くの注意を注ぐというのは、あり得ることだというだけでなく相応しいことでさえあるのです。注意というものは生活の必要に規定されていますからね。しかしながら、自然は本有的知識を私たちに刻印するというのが無駄な骨折りではないことが結局分ります。というのも、もしそういう知識が無ければ、論証的な学問における必然的真理の現実的認識や事実の理由に到達するいかなる手段も無いでしょうし、私たちは動物を超えた何ものも持たないことになるでしょうから。

〔26〕**フィラレート**　もし本有的真理があるなら、本有的思惟があることになってしまいませんか。

テオフィル　そんなことは決してありませんよ。なぜなら思惟というのは現実的活動であり、知識ないし真理は私たちの内にある限りは、たとえそれを思惟しなくとも習態ないし態勢なのですから。私たちは、〔今それを〕思惟してはいなくても多くの事物を知っているのです。

フィラレート　もし精神が或る真理について決して思惟しなかったとしたら、その真理が精神の内にあるとはとても思えません。

テオフィル　それは、発見する前に大理石の内に石理があるとは考え難い、と或る人が言っていたのとちょうど同じです。ですからこの反論は論点先取〔の誤謬〕に少しばかり接近しすぎているように思えます。プラトン的な想起によって基礎づけることがなくとも本有的真理を認める人々はすべて、まだ思惟したことのない真理にもその本有性を認めます。それにその〔あなたの〕推論は言いすぎになりますよ。というのも、もし真理とは思惟であるならば、かつて思惟したことのない真理だけでなく、思惟したことはあっても現実的にはもう思惟していない真理もまた剝奪されてしまいましょうからね。真理は思惟ではなくて自然的なあるいは獲得された習態とか素質であるなら、かつて思惟したこともなく、これからも決して思惟しないであろう真理が私たちの内にあるのを妨げるものは何もありません。

〔27〕**フィラレート**　もし一般的準則が本有的であるなら、或る人々の精神の内にはもっと鮮かに現われて良いはずなのに、準則のいかなる痕跡も彼らの内には見出されません。子供や白痴や未開人について私は問題にしているのです。というのも、これらすべての人々は、慣習によってや他人の意見からの影響によって精神が変えられたりゆがめられたりすることの最も少ない人々だからです。

テオフィル　ここではそれとは全く違った風に推論しなければならないと私は思います。本有的準則は人がそれにそそぐ注意によってしか現われてきません。ですが、それらの人々は注意というものを殆ど持たないか、あるいは全く別のものに注意を向けているのです。彼らは殆ど身体の要求するところのものしか考えません。純粋で際立った思惟はもっと高尚な仕事と引きかえに手に入れられるものだというのは当りまえのことです。確かに子供や未開人は慣習によって変えられていることの少ない精神を持っていますが、教説によって高められることもまた少ないままに止まっているのです。教説〔こそ〕が注意を喚起するのです。最も輝かしい光が、それにあまり値せずまた一層厚い雲に覆われた精神の内でより良く輝くはずだ、などとは到底正しいことではあり得ないでしょう。ですから、あなたやあの卓越した著者のように学識もあり有能な人が、無知や未開というものをあまり持ち上げたりしないでほしいのです。それは神の賜の価値を低めることになりましょうからね。人間は無知であればある程、誤りを犯すことも罪を犯すこともない一塊の大理石や木片の持つ優越さに近づく、と人によっては言うかもしれません。しかし不幸にして、優越さというものに近づくのはそのようにしてではないのです。認識を持つ能力がある限りは、それを獲得するのを怠ることによって人は罪を犯し、教わることが少なければ少ないほど容易に誤るのです。

2
本有的であるような実践の原理は全く存在しないということ

〔1〕 **フィラレート**　道徳は論証的学問ですけれども本有的原理を持つ訳では決してありません。そしてまた、「有るものは有る」というあの準則と同じ程、一般的で速やかな同意を以て決定されるような道徳的規則を提出するのはとても難しいでしょう。

テオフィル　自同的真理ないし直接的真理と同じ程明証的な、理性の真理があることは絶対に不可能です。そして、道徳は論証できない原理を持つこと、それに第一の最も実行されている原理の一つは喜びを追い求め悲しみを避けるべきであることだ、とは確かに言い得ます。けれども、それは理性によって純粋に認識される真理ではない、ということを付け加えなければなりません。というのも、それは内的経験ないし混雑した認識に基づいているのですから。なぜなら人は喜びや悲しみとは何であるのかを知って(1)はいないのですからね。

フィラレート　実践の真理(2)を手に入れ得るのは、推論によって、言説によって、そして精神の何らかの傾注によってだけです。

テオフィル　もしそうだとしても実践の原理はやはり本有的でしょう。ですが、私が今しがた掲げた格率は〔あなたのおっしゃるものとは〕別の性質を持っているように思えます。それは理性によってではなく、言わば本能によって知られるのです。本有的原理なのですが、自然の光の一部を成してはいないのですよ。理性的な仕方で認識されるのでは決してないのですから。それにも拘らず、この原理が立てられれば、そこからは学問的帰結が引き出され得ます。ですから、あなたが道徳は論証的学問だと先程おっしゃったことに大いに賛成です。それ故、道徳は、泥棒や海賊や山賊〔でさえも〕が自分たちの間で守ることを強いられている程明証的な真理を教えていることを、私たちは知っているのです。

［2］ **フィラレート**　でも山賊たちは、本有的原理と考えることなどなく正義の規則を守っていますよね。

テオフィル　それでも良いのではありませんか。世間の人々はそんな理論的問題を気にかけるでしょうか。

フィラレート　彼らは正義の格率を、その実践が彼らの社会の維持のために(3)絶対に必要な便宜的規則として守るにすぎないのですよ。

テオフィル　全くその通りです。それにすべての人々一般に関してだって、もっとましなことが言われ得る訳ではないでしょう。こうして、これらの法則は心の内に刻み込まれています。私たちの保存と私たちの真の幸福との帰結としてね。ローマの執政官の布告は掲示板つまり〔あの〕album の内にありましたが、真理もそんな風に知性の内に互いに独立なものとして存すると私たちは言いたいのだ、などとお思いですか。ここでは、人が人を愛するようにさせる本能は脇に置いておきますよ。それについてはやがてお話ししましょう。というのも今は、理性によって認識され得る限りの真理についてしか語りたくないのです。ですから、正義の或る諸規則は、神の現実存在と魂の不死性とを前提としてしか、その全き広がりと完全性において論証され得はしないだろうこと、そして人間の本能が私たちを駆り立てたりはしないような規則は、別な派生的真理としてしか心に刻み込まれていないことを私は認めます。けれども、正義を基礎づけるのに、そこに見出すべき喜び――それは神が正義の基礎にある時最大なのですが――を以てするよりもむしろ、生活の必要や正義を持つことの必要を以てする人々は、山賊の社会に少々似かよいがちなのです。

包ミ隠セルトイウ望ミガアレバ
彼ラハ聖ナルモノト俗ナルモノ(4)
トヲ混ゼアワセルデアロウ

〔3〕 **フィラレート**　自然はすべての人間の内に、幸福でありたいという欲求と悲惨に対する強い嫌悪とを置き入れておいたことを私は認めます。そこに真に本有的な実践の原理があり、それら原理は、実践の原理というものの本務に従って、私たちのすべての行為に不断の影響を与えます。でもそこにあるのは善へと向かう魂の傾向であって、私たちの知性に刻み込まれている何らかの真理の印象ではありません。

テオフィル　すぐに説明しますが、事実上あなたが本有的真理を認めていらっしゃるのを知って私はとても嬉しく思います。〔あなたのおっしゃる〕その原理は、私たちに喜びを追い求め悲しみを避けようとさせるというつい先程私が述べたばかりの原理と十分に適合します。というのも、至福とは持続的な喜びに他ならないからです。けれども私たちの傾向性は、本来、至福に向かうものではなく、喜びにつまり現在〔的なもの〕に向かいます。未来や持続に思い至らせるのは理性なのです。ところで傾向性は知性によって表出されて、教訓ないし実践の真理になります。そこで、もし傾向性というものが本有的なら真理もまた本有的です。知性の内に表出されていないものは魂の内には何もありませんから。でも、十分に指摘してきたように、〔それらが〕現実的で判明な考察によって常に〔表出されている〕訳ではありませんけれどもね。本能もまた必ずしも実践的である訳ではありません。理論的真理を含む本能もあるのです。学問や推論の内的諸原理がそれです。それらの理由を認識せず、自然的本能によってそれらを私たちが使っている時〔のことを考えれば納得がいくでしょう〕。そしてこの意味で、あなたは本有的原理を認めない訳にはいかないのですよ。たとえ派生的真理が本有的であるのを否定しようとなさろうともね。しかし、本有的と私が呼ぶもの〔は何であるか〕について私の与えておいた説明を顧みれば、〔本有的と呼ぶか否かは〕名前の問題でしょう。ですからもし誰かが、即座に本能によって受け容れられる真理にしかそうした〔本有的という〕呼び方をしたくないなら、私はそのことについて彼に異論を唱えはしません。

フィラレート　それは結構なことです。でももし私たちの魂の内に自然的に刻み込まれた刻印があるとしたら、——それも、同じ程多くの認識原理が刻み込まれているようにね——それが私たちにおいて働いているのに気づかない訳はないでしょう。ほら、二つの原理の影響が私たちに恒常的に及ぼされていると私たちは感じているではありませんか。幸福でありたいという望みと惨めであることを恐れる気持ちのことですよ。

テオフィル　私たちの意志における実践的原理と同じに、推論において恒常的に影響を与えている原理もあります。例えば、皆、知らず識らずに自然的論理による結論づけの規則を使っていますよね。

［4］　**フィラレート**　道徳の規則には証明が必要です。ですから本有的ではありません。例えば社会に関する徳の源泉である次のような規則、即ち「あなた自身がしてもらいたいことしか他人に対して為すな」という規則がそれです。

テオフィル　あなたは私が既に論駁してしまった反論ばかり繰り返されますね。本有的原理ではないような道徳の規則があるのを私は認めています。だからと言ってそれらが本有的真理でないということにはなりませんよ。派生的真理は私たちの精神から引き出され得る場合には本有的でしょうからね。しかし本有的真理には、二つの仕方で私たちの内に見出されるものがあります。光によってと本能によってという二つの仕方でね。私たちが述べてきた諸真理は、私たちの観念によって証明されます。自然の光を構成するものなのです。しかし自然の光の結論で、本能に関しての原理であるものがあります。こういう訳ですから、気に入るという理由では本能によって、また、正しいという理由では理性によって、私たちは人間的な行為をするようになるのです。それ故、私たちの内には本能的な真理がありますし、それは本有的な原理なのです。それについて証明は持っていないにしても、それを感得し承認します。けれどもこの本能の理由が分れば、その証明だって手に入れるのです。こうして人は混雑した認識に従って、本能によってのような仕方で、結論づけの法則を使います。しかし論理学者はその理由を論証するのです。数学者もまた、歩いたり跳んだりしている時に気づかずに人がしていることについて理由を説明するようにね。他人が私たちにしてくれたら良いなあと思うことしか他人にはしてはならないという規則については、証明が必要なだけでなく宣言も必要です。しかしその宣言をする主であろうとするのはあまりに望みすぎということになりましょうし、他人にあまりに多くの借りをつくることになりはしないでしょうか。その規則は正しい意志についてしか言えない、と人は言うでしょう。しかし、だからこそこの規則は、基準として役立てるなどとは程遠く、〔むしろ〕基準が必要なのです。この規則の真の意味は、公正に判断しようという時には他人の立場というものが真なる観点であるということです。

〔9〕 **フィラレート**　人はしばしば、いかなる良心の呵責もなしに悪い行いをするものです。例えば、町を襲撃する時など兵士たちは平然と最悪の行為をします。文明の進んだ国の人々だって子供を捨てたりしますし、或るカリブの人々は、ふとらせて食べるために子供を去勢するといいます。ガルシラソ・デ・ラ・ヴェガ(5)の報告するところによると、ペルーの或る人々は捕虜の女を妾とし、その女に生ませた子供を一三歳まで養っておいてその後には食べてしまい、〔それらの子供の〕母も子を生まなくなるや否や食べてしまうといいます。バウムガルテン(6)の旅行記によれば、エジプトに一人の回教の隠者がいて、彼は聖人として通っていたのだが、ソノワケハ、彼ガ女ヤ小姓タチト寝床ヲ共ニセズ、タダ子驢馬や騾馬トダケ寝タカラダというのです。

テオフィル　（喜びを追い求め悲しみから逃げようとさせる本能のようなものどもは別にして）道徳学は、算術と別様な仕方で本有的だという訳ではありません。というのも、道徳学もまた内的な光がもたらす論証に依存するのですから。また、論証は始めから一目瞭然ではないのであり、もし人間は自分の内に所有しているすべてのものに常にそして最初から気づいているのではなく、聖パウロの言う(7)、神が人間の精神の内に刻み込んだ自然法の記号をさほど早く読みとらないとしても、さして驚くにはあたりません。しかしながら道徳は算術よりも重要なので、理性が命ずる何らかの事柄へ、まず以て推論なしに導く本能というものを神は人間に与えました。私たちは力学の法則に思いを至すことなくその法則に従って歩くとか、私たちにとって食べることが必要だからだけでなく、むしろそれ以上に、食べるのが楽しいから食べるといった場合がそれです。しかしこれらの本能には逆らい難くて〔どうしてもそれに従った〕行為をさせられてしまう、という訳ではありません。情念によって人は本能に抵抗しますし、偏見によって本能を曇らせもしますし、〔本能とは〕反対〔の行為をさせるような〕慣習によって本能を変えもするのです。しかしそうは言っても、良心のこれらの本能については大抵の場合、意見が一致するものだし、もっと強烈な印象がそれら本能を押えつけてしまうのでなければ、人は本能に従いさえします。最も偉大で最も健全な人々がそう証言しているのです。近東の人々やギリシア・ローマの人々、聖書やコーランがその点で意見の一致をみています。バウムガルテンが報告しているような事は、回教徒の当局によって罰せられるのが常だといいますし、獣さえも及ばないほどの残忍さに満ちた慣習に身を任せるには、アメリカの未開人と同じ程、野獣のようになっていなければならないでしょう。しかしながらこの同じ原住民たちが、別の機会には、正義とは何であるかをよく感得しているのです。どこかでそして何らかの機会に許されていないような悪い慣行などおよそ無いのですが、それでも大抵の場合、殆どの人々に非難されないようなものはごく僅かです。理由無くしてこんなはずはありません。それにこういう事態は推論だけによって生じるのではありませんから、部分的には自然的な本能に帰されてしかるべきです。慣習、伝統、宗規といったものがそれに加わっていますが、これら義務に関して慣習がより一般的には善い方へと向く原因はと言えば、それは自然的なものなのです。神が存在するという伝統が今に至っているのもまたこの自然的なものが原因です。ところで自然は人間に、そして大部分の動物にさえ、同種のものどもへの愛情と優しさとを与えています。虎でさえ、同ジョウナ縞模様ヲシタ同類ヲ傷ツケナイ[8]。ローマの法律家による次のような適切な言葉は以上のことに由来します。即ち、自然ハスベテノ人々ノ間ニ親類関係ヲ置イテオイタノデ、人ガ他人ヲ陥レルノハ悪イ事ナノデアル[9]、という言葉です。例外は殆どクモぐらいしか無いでしょう。クモは共食いをします。番《つが》った後に雌が雄を食ってしまう程です。人間においては博愛と呼ばれ得るこの社会的な本能一般に次いで、もっと特殊な本能もあります。雌と雄との間の愛情、子に注ぐ父母の愛、後者をギリシア人は στοργή[10] と呼んでいます。それに、あの自然法あるいはむしろ法の似姿を成している他の類似した諸傾向。ローマの法律家たちによれば、自然はそういう似姿を動物に教えておいたというのです。しかし人間においては特に尊厳や礼儀に対しての一定の配慮があって、それが私たちの品位を落とすような事物を隠させ、羞恥心を働かせ、近親相姦を嫌悪させ、死体を埋葬するよう仕向け、人や生きた動物を決して食べないようにさせるのです。更に人は、生活の必要や生命以上にさえ自分の評判に気を使ったりするに至ります。良心の呵責に悩み、プラトンを先例にしながら[11]タキトゥスが語っているあの責苦ト気ヅマリ（laniatus et ictus）を感じるに至らされるのです[12]。その上、未来への恐れや、またごく自然にそこに思い及ぶことになる至高の力への恐れが加わります。これらすべてのことには〔確かに〕幾らかの実在性がありますが、実際にはこれら自然的な印象は、それがどんなものであろうと、理性への助けとか自然が勧めることの指標でしかありません。慣習、教育、伝統、理性といったものがそれに大きく貢献してはいますが、人間の本性だって関わっています。理性無しではこれらの助けが道徳を全く確実なものとするには不十分だというのは本当です。要するに、例えば人間は嫌なものからは自然に遠ざかる傾向があるということを、次のような事実があるのを口実にして、人は否定するでしょう。どんな事実かというと、汚らしい物についてしかしゃべりたがらない人々もいるし、生業として汚物を処理しなければならない人々もいますし、王の排泄物は香しいと思うブータンの人々だっている、という事実です。〔でも〕中庸を得た善というものに向かうあの自然な本能に関しては、根底においてあなたは私と同意見だと思います。あなたはきっと、喜びや至福へと駆り立てる本能に関しておっしゃっていらしたように、これらの印象は本有的真理ではないとおっしゃるでしょうが。しかしもうお答えしておいたことですが、いかなる感覚も真理の表象であり、自然的感覚は本有的真理の表象なのです。しかしそれは、外感の経験のように、往々にして混雑したものなのです。こうして本有的真理は、類が種から区別されねばならないような風に、自然の光（これは判明に認識し得るものしか含んでいません）から区別され得ます。本有的真理は本能も自然の光も包含しているのですから。

〔11〕 **フィラレート**　正と不正との自然な境界を知りながらそれらを混同することをやめない者は、自分の属する社会の平安と幸福との公然の敵としてしか見做され得ないでしょう。しかし人々は正と不正とを絶えず混同しています。ですから人々はそれらを知らないのです。

テオフィル　それではあまりにも物事を理論的に考えすぎていますよ。正と不正との境界を自分たち自身に対して隠蔽してしまって、人々は認識に反した行動をとるのは毎日のように起ることです。情念に従うために、精神がそっぽを向いている時などがそれです。そうでもなければ、病気を起させたり、更には死をもたらしたりするに違いないことを知っているものを、人々が食べたり飲んだりすることはないでしょう。人々は仕事をなおざりにしないでしょうし、何年か前に(13)国民全体がやったようなことを人々はしはしないでしょう。未来とか推論とかいうものが、現在や感覚と同じ程私たちに強い影響を与えるなどということはめったにありません。あのイタリア人はそれをよく知っていました。彼は拷問にかけられるに際して、その間ずっと十字架を見える所に置いてほしいと頼んだのです。耐えるためにです。そして彼は時々「私はあなたを見ている」と言っていたということです。その言葉が何を意味するかを、彼は放免された後で説明しました。従ったり避けたりするための真の善や真の悪を考察しようという固い決意をするのでなければ、人は押し流されてしまいます。天国と地獄を信じきっている人々において、天国や地獄に関して起ること〔決断〕が、この世の生の最も大切な諸欲求に関してもまた起るのです。

ソレハ歌ワレ、讃美サレ、語ラレ、
聞カレル。ソレハ書カレ、読マレル、
ダガ読マレタ物ドモハ投遣リニサレル。

フィラレート　本有的だと想定されたいかなる原理も、正しいとか有利だとしてしか各人には知られ得ません。(14)

テオフィル　そう言ってしまうと、私が何度も反駁したあの仮定、つまり、いかなる本有的真理も常にそして皆に知られているという仮定にやはり逆戻りしてしまいます。

〔12〕　**フィラレート**　しかし定めの破られることが一般に容認されるというのは、その定めが本有的でないことの証拠です。例えば、子供を愛し保護せよという定めが古代の人々においては破られていたのは、子供を棄てるのが許されていたのを見ても分ります。

テオフィル　そうした規則破りを想定しても、そこからはただ私たちの心に刻み込まれた自然の記号をよく読みとらなかったということが出てくるだけです。それらの記号は刻み込まれてはいても私たちの自堕落によって時には全く包み隠されてしまっているのです。それに、義務というものの必然性に打ち勝ち難い仕方で対面するためには、その必然性の証明について考察しなければなりません。でもそれは容易なことではないのです。もし幾何学が私たちの情念や現在の利害に、道徳同様、反しているとしたら、ユークリッドやアルキメデスのすべての証明にも拘らず、私たちは幾何学に異議を申し立てるでしょうし、〔幾何学の妥当性を主張する〕権利を認めないでしょう。幾何学を空想扱いし、誤謬推理に満ちていると思うでしょう。そしてジョゼフ・スカリゲル[15]やホッブズ[16]その他の人々は、――彼らはユークリッドやアルキメデスに反対したのですが――もっと多くの賛同者を見出したでしょうに。これらの著者たちが円の求積や他の難しい問題の内に見出したと信じていたのは名声を得ようという情念でしかなかったのであり、それがかくも有能な人々をそれ程までに盲目にし得たのです。もし他の人々が同様の動機を持ったら、同じ様な仕方でそういう問題を扱うでしょう。

フィラレート　いかなる義務も法の観念を伴っています。そして法はそれを定めた立法者や賞罰がなければ、知られたり、あるいは想定されたりはしないのです。

テオフィル　立法者などいなくとも自然的賞罰はあり得ます。例えば、不節制は病気によって罰せられるのです。そうは言っても、不節制が直ちにすべての人を害する訳ではないので、いかなる罪にも罰を与えずにおかず、いかなる善行にもきっと報奨を与える神がもしいないとしたら、どうしても従わなければならない掟などというものは無いと私は思います。

フィラレート　そうすると神の観念や来世の観念もまた本有的でなければなりませんね。

テオフィル　そう思いますよ。私が説明してきたような意味合いでね。

フィラレート　しかしこれらの観念はすべての人々の精神に自然に刻み込まれているなどとは程遠くて、学者や、事物をかなり厳密に検討することを旨とする多くの人々の精神にだってさほど明晰判明に現われる訳ではないのです。

それ故、これらの観念がいかなる人間にも知られているなどと主張するのはとんでもないことです。

テオフィル　そう言ってしまうと、知られていないものは本有的でないという先のあの仮定にまた逆もどりしてしまいます。それについては何回も反駁しておいたのですけれどもねえ。本有的なものだからと言って、直ちに明晰判明に知られる訳ではありませんよ。それを意識的に表象するには、しばしば多くの注意と秩序が必要なのです。学のある人々だって必ずしもその注意と秩序を用いている訳ではないし、ましてやすべての人間が用いている訳ではありません。

〔13〕**フィラレート**　でも、もし人々が本有的なものを知らずにいたり疑ったりできるとしたら、本有的原理について語ったり、その必然性を明らかにしようとしても無駄です。それら本有的原理が事物の真理と確実性を私たちに知らせるのに役立ち得ると人は主張するのですが、それどころではなくて、それら原理が私たちの内には無いのと同じ位、私たちはそれらについて不確実な状態に留まっていることが分るでしょう。

テオフィル　本有的原理のすべてを疑うことはできません。自同的なものとか矛盾の原理とかを考えれば、あなただって同意して下さるでしょう。動かし難い原理のあることをあなたは認めていらっしゃるのですから。尤もその際あなたはそれらを本有的とはお認めになりませんでしたね。しかし、だからといって本有的なもののすべて、そしてこれら本有的な原理と必然的に結びついているもののすべてが、また直ちに不可疑の明証を持っていることにはなりません。

フィラレート　私の知る限りでは、それらの原理の正確な目録を提示しようと企てた人はまだいませんね。

テオフィル　それでは、今までに幾何学の公理の十分で正確な目録ができあがっていますか。

〔15〕**フィラレート**　ハーバート卿(17)がそういう〔つまり本有的かどうかを私たちが問うているような〕原理の幾つかを掲げようとしました。それは次のようなものです。一、至高な神の在ること。二、神は崇められるべきこと。三、信心と結びついた徳は神を敬う最良の仕方であること。四、罪を悔いるべきこと。五、この世の後に賞罰が与えられ

ること。私はこれらが明証的な真理であり、十分に説明されれば理性的被造物が同意を与えない訳には殆どいかない性質のものであることを認めます。しかし私たちの友人たちは、それらが本有的な刻印であるとはとても承認できないと言っています。そしてもしこれら五つの命題が神の御手で私たちの心に刻み込まれた共通概念だとしたら、それと同列に置くべき多くの他の命題がまた存在してしまいます。

テオフィル　それで良いと思いますよ。なぜって、私はすべての必然的真理は本有的だと思っていますし、本能さえも必然的真理に結びつけています。しかし先程の五つの命題は本有的原理ではないと言いたい。というのも私は、それら五つの命題が証明され得るし、証明されねばならないと考えるからです。

[18]　**フィラレート**　第三の命題、つまり徳は神の意に最もそっている敬い方だという時、徳とは何を意味しているのかが明らかではありません。徳というものを、最も一般的に言われているような意味合いで理解してみましょう。つまりいろいろな国で支配的な種々の意見によって褒むべきだとされているものという意味合いでということですが。そうするとこの命題は明証的であるどころではなく、真でさえもありません。そこで、もし神の意志に合致している行為を徳と呼ぶとすれば、それは殆ど同ジ物ニヨッテ同ジ物ヲ語ることになり、件《くだん》の命題は私たちに大したことを教えてくれはしないでしょう。というのもその命題は、神が自分の意志に合致しているものを意に適っているとする、と言いたいだけなのですから。第四の命題での罪という概念に関しても同様です。

テオフィル　徳は諸々の意見に依存する何ものかであると一般に考えられている、と言った覚えはありません。少なくとも哲学者はそんな風には考えていません。確かに徳の名前は、種々の習態ないし行為に名を与える人々の見解に依存します。それに従って人々は善悪を判断するし、理性を用います。しかし、適用に関しては意見を異にするにも拘らず、徳一般の概念についてはすべての人々の間で十分な意見の一致をみるのです。アリストテレスと他の多くの人々(18)に従えば、徳とは理性によって情念を鎮めるという習態であり、もっと簡単に言えば理性に従って行為する習態です(19)。それが、事物の至高な究極理由であるお方《かた》の意にそわないはずはあり得ません。彼はすべてに関心を寄せています。他のすべてと同様に理性的被造物の行為にもね。

［20］ **フィラレート**　本有的だと想定されるこれら道徳の諸原理は習俗や教育や交わる人々の一般的意見によって曖昧にされることがあると言われてきました。でももしそんな反論が正しいとしたら、それは普遍的同意に基づいた証明というものを無にしてしまいますよ。多くの人々の推論は次のようになってしまいます。即ち、良識を持った人々が容認する原理は本有的である、私たちと私たちの味方は良識を持った人々である、それ故私たちの原理は本有的である、と。馬鹿げた推論の仕方ですよねぇ。無謬性へと直結してしまいます。

テオフィル　私はと言えば、普遍的同意を主要な論拠にはせず、確認のために用いています。というのも理性の自然の光と考えられた本有的真理は、幾何学と同じように、刻印を持っていますからね。あなた自身が議論の余地の無いものとして認めていらっしゃる直接的原理の内に包蔵されているのですから。でも、本能や他の自然的習態を慣習から区別するのはもっと難しいとは思います。そうは言っても、思うに、大抵は区別できますけれどもね。それに、教養のある人々は野蛮人たちに比べて良識をより良く用いていると言われるだけの理由があるように私には思えます。なぜって、教養のある人々は野蛮人をまるで獣のように簡単に征服してしまうことによって十分にその優越性を示しているのです。必ずしもそれに成功し得ないとすれば、それは、また獣同様、彼らが深い森の中に逃げこんでいて追いつめることができず、無駄骨を折ってしまう時です。教養を身につけるというのは強みであるのは疑いありません。教養に対抗して野蛮の側に立った発言を許されるとしたら、獣を代弁して理性を攻撃する権利もまた持つことになるでしょう。そしてデプレオー氏が諷刺詩の一つの中で書いているエスプリに満ちた幾行かを真面目にとっても良いことになります。そこでデプレオー氏は動物に対する人間の特権に異議を申し立てて次のように問うのです。

熊が旅行者を恐がるのか、それとも
旅行者が熊を恐がるのか。
リビアの羊飼いの布告によって

ヌミディアの牧場からライオン
を追い払えるのだとしたら、……[20]

そうは言っても幾つかの重要な点では野蛮人の方が私たちより優っているのを認めなければなりません。特に身体の頑丈さに関してですが、心そのものに関してだってそうです。或る意味では彼らの実践道徳の方が私たちのものよりも良いと言えます。彼らは貪欲に金をためようとはしませんし、〔他のものを〕支配しようという野心も持っていないのです。キリスト教徒たちと交流を持ったばかりに多くの事柄において彼らが悪い方へ向かった、と付け加えることさえできます。（ブランデーを持ちこんで）彼らに酩酊を教え、呪いの言葉や冒瀆的な言葉を教え、そして彼らには殆ど知られていなかった他の悪徳をキリスト教徒は教えたのです。私たちには、彼らより多くの善があり悪があります。ヨーロッパの悪人は未開人よりも手に負えません。悪に凝り固まっているのです。しかし自然がこれらの人々にもたらす利益と、理性が私たちにもたらす利益とを人間は容易に統合できるでしょう。

フィラレート　でも、私の友人の一人が陥っているディレンマ[21]にどうお答えになりますか。彼は次のように言うのです。本有的観念の信奉者はこれらの原理が教育や慣習によって消され得るのか得ないのかを言ってほしいというのです。もし消され得ないというなら、本有的原理はすべての人々に見出されなければならず、各個人の精神に明晰に現われていなければなりません。もし外来の諸概念によって変えられ得ると言うなら、本有的原理はその源泉により近い時に一層判明に一層鮮かに現われていなければなりません。外部からの意見の影響の最も少ない人々、つまり子供とか無学者のことを言っているのですけれどもね。本有的観念の信奉者がどちらの側を採ろうと、確かな事実と不断の経験にそれが反していることがはっきりと分るでしょう。

テオフィル　あなたの有能な友人が、曖昧にすると消し去るとを混同なさったのには驚きますねえ。同じように、あなたと同意見の人々には、存在しないと現われていないとを混同なさる人がいらっしゃいましたが。本有的な観念や真理は消されたりはできません。でもすべての人々において（その現在の状態では）曖昧にされているのです。身体の要求するところに気をとられていたりして。いや、身についた悪い慣習によっての方がもっと多いのです。これら内なる光の刻印は知性においてはいつも輝いていて、意志に熱を与えているでしょう。もし感覚の混雑した表象が私たちの注意を奪ってしまっていなければですが。以上のことは、古代哲学や近代哲学に劣らず聖書にも語られている抗争です。

フィラレート　そうだとしたら結局そんな知識など無いのと同じ位深い闇の中に私たちはいるし、同じ位大きな不確実性の内に沈んでいることになりましょう。

テオフィル　神よ。私たちには知識も法も理性さえも持っていないなどということがありませんように。

〔21・22他〕**フィラレート**　少なくとも偏見の力というものをあなたが認めて下さると良いのですが。人から聞いた悪い教えに由来するものや、教育とか交際によって子供にもたらされた悪い慣習に由来するものを、偏見はしばしば自然なものとして通用させてしまいます。

テオフィル　その点については、あなたが従っておいでの優秀な著者はとても優れた事を語っておられます。しかるべく受けとられればそれらには価値があることを私は認めましょう。しかしそうした事が、自然的なものないし本有的真理についてのきちんと理解された学説に反するとは私は思いません。それに例の著者は自分の所見をさほど遠くまで押し拡げようとは思わないだろう、と私は確信しています。というのも、慣習とか軽信とかの結果にすぎない多くの意見が真理として通用していることも、また、或る哲学者たちが偏見であると決めつけようとする意見には、それにも拘らず健全な理性と自然の内で基礎づけられているものがあることも、私は確かだと思っているのですから。物事を刷新すると言う人々は大抵の場合は野心からであって、そういう人々に対しては、古くからの印象を疑うのと同様かあるいはそれ以上に警戒しても良いと思います。古くからの説と新しい説とについて十分に考究した後、私は世間一般に受け容れられている学説の大部分が良識を許容するのに気づきました。そんな訳で私は、才能に恵まれた人々が、後退したり破壊したりするよりは構築し進めることに携わって、野心を満足させる事柄を探してくれたら良いのにと思うのです。大きな建物に相応しい程の栄光が望み得ないのなら、そんな建物は壊してしまえと母が言ったというあのヴァンダル族の王様よりも[22]、立派な公共的建築物を造ったローマ人たちに人々が似ることを望みます。

フィラレート　本有的真理と戦った有能な人々の目指したのは、〔本有的真理という〕この美しい名の下に偏見を通用させ怠惰を覆い隠したりしないようにということだったのです。

テオフィル　その点については意見は一致していますよね。疑わしい原理を作りあげるのには私は同意などとてもしかねますし、私は私でユークリッドの公理の論証までも手に入れたい位なのですから。幾人かの古代の人々がやったようにね。そこで本有的原理を認識し吟味する手段を尋ねられたら、私は今まで言ってきたことに従って次のように答えます。即ち、理由が知られていないものである本能は除いて、本有的原理を第一の諸原理、つまり自同的ないし直接的公理に還元しようとしなければならない。と。そしてそれは定義を介してなされます。定義は観念をはっきりと呈示することに他なりません[23]。今までは本有的真理に反対してきたあなたの友人たちもこの方法には賛成なさるのを私は疑いません。この方法は彼らの主要な目的に適うように思えます。

3

思弁に関わる本有的原理と実践に属する本有的原理とに関する、別の考察

〔3〕**フィラレート**　真理が第一の諸原理へ還元されるようにとあなたは望んでおられますね。ところでもし何らかの原理があるなら、それは疑いも無く次のものでしょう。即ち、「一つの事物が同時にありかつあらぬことは不可能

である」、です。けれどもこれが本有的であると主張するのは難しいように思えます。なぜなら、不可能性と同一性との観念が本有的であることが同時に納得されなくてはならないのですからね。

テオフィル　確かに、本有的真理に与《くみ》する人々はそれらの観念もまた本有的だと主張し納得していなければなりません。私も彼らの意見に与する者です。存在の観念、可能の観念、同一の観念はまさしく本有的であって、私たちのいかなる思惟や推論の内にも入っている程なのです。それらの観念は私たちの精神にとって本質的な事物だと私は考えています。しかし、人は必ずしも常にそれに特別な注意をはらっている訳ではないし、時とともにしかそれらを識別できない、ということはもう言っておきましたよね。私たちは言わば私たち自身に本有的であると既に私は言いました。私たちは存在者ですし、存在は私たちに本有的なのですからね。存在の認識は私たちが私たち自身について持つ認識の内に含まれているのです。他の一般概念についても同じような事態があるのです。

［4］　**フィラレート**　もし同一性の観念が精神にとって自然的であり、従って明証的で現前していて、揺り籃の頃からさえ私たちが知っているはずのものとしましょう。そこで七歳の子供でも七〇歳の人にでも良いから私に言ってほしいのは次のことです。身体と精神とから成る被造物である人間は身体が変化しても同じなのかどうか、輪廻を仮定するとして、エウフォルブス(1)はピュタゴラスと同一人物なのかどうか、これを言ってほしいのです。

テオフィル　私たちに自然なものだからと言って揺り籃の頃から私たちに知られている訳ではないことを十分述べておいたはずです。それに、一つの観念をとってみても、それについて形成し得るすべての問題を直ちに解決し得なくとも、その観念は知られ得るのです。〔そうでないと〕対角線が正方形の一辺と通約できないのを知ることが難しいからと言って、子供は正方形とは何であるかも正方形の対角線とは何であるかも知り得ないと主張するようなことになってしまいます。その問題そのものについては、モナドの学説によって決定的に解決されているように私には思えます。それについては別のところで公にしました(2)。その題材については後にもっと詳しく話すことにしましょう。

［6］　**フィラレート**　全体の観念と部分の観念は数とか延長とかの観念に依存するのだから相対的であるという口実

で、「全体は部分より大きい」という公理が本有的でない、などとあなたに反論しても無駄であるのは良く分っています。関係的な本有観念[3]もあるし、数の観念と延長の観念もまた本有的だ、とあなたは恐らくおっしゃるでしょうからね。

テオフィル　その通りです。私はむしろ、延長の観念が全体と部分との観念よりも後にあるとさえ思っています。

［7］**フィラレート**　神は崇められねばならないという真理についてはどうですか。それは本有的ですか。

テオフィル　神を崇める義務というのは、いかなる他の対象にも増して人は神を敬っているのをいろいろな機会に示すべきだということであり、それは神の観念と神の現実存在とからの必然的な帰結だと私は思います。そしてそれはこの真理が本有的であるのを私にとっては意味しています。

［8］**フィラレート**　でも無神論者たちは彼らなりの例を以て神の観念が本有的でないのを証明しているように思えます。それに、古代の人々が述べたような人々は別にしても、ソルダニア湾やブラジルやカリブ諸島やパラグァイなどでのように、神のいかなる観念も持たず、神や魂を指す名前も持たない民族が発見されたではありませんか。

テオフィル　ハイデルベルクの名高い神学者であった故ファブリキウス氏[4]は、人類を無神論の攻撃から守るために一つの弁証を書きあげました。彼はとても厳密で、多くの偏見から充分に身を解き放った書き手でした。しかしながら、事実についての議論に立ち入ろうとは私は思いません。幾つかの民族全体が至高実体についても魂とは何かについても考えなかったと認めることにしましょう。それに、あの著名なウィトセン氏[5]に後押しされた私の願いを聞き入れて、オランダで或る人が主の祈りをバラントラ語[6]に翻訳してくれようとした時、彼は「御名の尊ばれんことを」(ton nom soit sanctifié) という個所で立往生してしまったのを私は憶えています。というのも、聖なる (saint) という語が何を意味するのかバラントラ人に分らせることができなかったのです。私はまた、ホッテントットのために作られた使徒信経の内で、聖霊〔という言葉〕をその国では優しく快い風を意味する語で表現しなければならなかったのも思い出します。それには理由が無い訳ではありません。なぜなら、ギリシア語やラテン語のプネウマ (πνεῦμα)

やアニマ（anima）、スピリトゥス（spiritus）は、もともとは人の呼吸する空気ないし息をしか意味していないのです。感覚によって知られる最も微細な事物の一つとしての息です。感覚を超えたものに人々を徐々に導くために人は感覚から始めるのです。けれども抽象的な認識に至るに際して見出されるあのいかなる困難も本有的認識にとっては何でもありません。存在という語に対応するいかなる語も持たぬ民族がありましょう。〔でも〕存在とは何かを別個に考えないからといって、それが何であるかを知らないのではないかと誰が疑うでしょうか。それに、あの卓越した著者が神の観念について素晴らしくまた私の気に入ることを書いておられる〔『知性論』第I巻第3章第9節〕[7]ので是非とも御紹介したい。次のように彼は述べています。「人間は、自分たちの交わる者が頻繁に或る名前で以て話題にするような事物については何らかの種類の観念を持たずにはいられないのである。そしてそれが、卓越とか偉大とかあるいは何か並外れた性質の観念を伴っていて、何らかの点で興味を抱かせ、恐れざるを得ないような絶対的で不可抗な力能の観念でもって精神に刻みつけられるとしよう。〔そして愛さざるを得ないような最大の慈愛の観念の下に、と私は付け加える[8]。〕そうすると、そういう観念はすべての現われに従って非常に強烈な印象を与え、他のいかなる観念よりもずっと広まるはずである。特にそれが理性の最も単純な光に[9]一致し、私たちの知識の各部分から自然に出てくるような観念であるときは、そうである。ところで神の観念はそういった類のものである。なぜなら並外れた知恵と力能との輝かしい徴《しるし》は、創造の全作品の内にありありと現われているので、これらの作品について熟考してみようというどんな理性的被造物もこれらすべての美事なものの作者を見つけ損うことはあり得ない。そして、このような存在の発見は、これについて誰かが語るのを一度でも聞いたことのあるすべての人々の心に強い印象を与え、とても重大で世に広めるに相応しい思想を引き起すので、一民族全体が神のいかなる観念をも欠くほど愚鈍であるようなことがこの地上にあり得るというのは全く私には奇異に思える位である。それは、数や火のいかなる観念も持たぬ人々を想像するのと同じ位驚くべきことに思われる。」彼の書いた他の多くの素晴らしい個所を遂一掲げられたら良いのですが、割愛しなければなりません。ただ次のことだけは言っておきましょう。それは、彼が神の観念と一致する理性の最も単純な光と、そこから自然に出てくるものについて語っている時、本有的真理についての私の意見と掛け離れているとはちっとも思えないことです。神のいかなる観念も持たぬ人々がいるというのは、数や火のいかなる観念も持たぬ人々がいるのと同じ位おかしなことだと彼には思われると言うのですが、マリアナ諸島という、伝道を奨励したスペインの王妃の名がつけられた島々の住人たちは、発見された時には火についていかなる知識も持っていなかったことを指摘しておきましょう。遠隔地伝道の仕事を担当したフランスのイエズス会士ゴビアン神父(10)が公にし、私に送ってくれた報告によれば、そのようなのです。

〔16〕　**フィラレート**　すべての賢明な人が神の観念を持っているということからそれが本有的だと結論する権利があるのなら、徳もまた本有的であるはずです。賢明な人は常に徳についての真正な観念を持っているのですから。

テオフィル　徳ではなくて、徳の観念が本有的なのです。恐らくそうおっしゃりたいだけですよね。

フィラレート　神というものが存在するのは、対頂角が等しいのと同じ位確実なことです。理性的被造物で、これら二つの命題の真理を真面目に検討して、これに同意しなかった者は一人もいませんでした。そうは言っても、思惟をこうした方へ向けなかったために、これら二つの真理に等しく無知である多くの人々がいるということは疑いの余地がありません。

テオフィル　それは認めましょう。でもそうだからと言って今言った真理が本有的でないことにはなりません。つまりそれらはそれ自体として見出され得ることには変りないのです。

〔18〕　**フィラレート**　実体の本有的観念を持っていたらまた都合が良いでしょうが、私たちは実体の本有的観念も持たず獲得された観念も持ってはいないのです。私たちはそういうものを感覚によっても内省によっても持たないのですから。

テオフィル　内省があれば実体の観念を私たち自身の内に見出すには十分だと私は思っています。私たち自身が実体です。そしてこの概念は最も大切なものの一つです。しかしそれについては話題が進む内にもっと詳しく話しましょう。

［20］ **フィラレート**　現実に思惟することはなくとも精神の内には本有的観念(11)があるとしたら、少なくともそれは記憶の内にあるはずです。そしてそこから想起を介して引き出されなければなりません。つまり、本有的観念についての思い出は呼び起されて知られる訳です。以前に心の内にあったのと同じだけの表象としてです。想起が想起無しに存続し得るのでなければね。なぜなら、そういう観念が私たちの精神の内に以前あったというのは内的に確実であると確信する(12)ことこそ正に想起を他のいかなる思惟方式からも区別するものなのですから。

テオフィル　認識や観念や真理が私たちの精神の内にあるためには、それらを私たちがかつて現実に思惟したということは必要ではありません。それらは自然的習態でしかないのです。即ち、能動的や受動的な態勢とか構えであり、タブラ・ラサ以上のものです。そうは言っても、私たちが私たちの内に再び見出すことは既に現実に思惟したことがある、と確かにプラトン主義者たちは信じていました。そして彼らを反駁するには、私たちはそれについて何も憶えていないと言っても十分ではありません。なぜなら持ったことを忘れてしまった無数の思惟が私たちに甦るのは確かなのですから。或る人が新しい詩句を作ったと思ったのに、それはずっと以前に或る古代の詩人〔の作品〕の内で読んだものと一語一句同じだったという例もあります。それに、或る事物を概念するのが並外れて容易なことが私たちにはしばしばありますけれども、それは、憶えてはいなくとも、かつてそれらを概念したことがあるからなのです。盲目となった一人の少年が、かつて光と色とを見たのを忘れてしまうことだってあり得るのです。あの有名なウルリク・ショーンベルクに二歳半の時に天然痘によって起ったようにです。彼はヴァイデ・オ・オーパラティーナの生まれで、一六四九年にプロシアのケーニヒスベルクで死んだ人です。その地で彼は哲学と数学とを教えていたのですが、それは人々の感嘆の的でした。そのような人には、たとえ憶えてはいなくとも、昔の印象の効果が残っていることもあり得ます。夢というものがしばしばこうして昔の思惟を私たちに甦らせると私は思います。ジュール・スカリゲルはヴェローナの著者な人々を詩で誉め称《たた》えたのですが、ブリュニョルスとか自称していたバヴァリア出で以前からヴエローナに移り住んでいた人が夢の中に現われて、忘れられた〔つまり詩に詠み込まれなかった〕のを嘆いたそうです。ジュール・スカリゲルは以前に彼について聞いた憶えはなかったのですが、この夢の故に、彼の名誉のためとにかく哀歌を作らない訳にはいきませんでした。結局息子のジョゼフ・スカリゲル(13)はイタリアを訪れた時、昔ヴェローナにはそういう名前の著名な文法家ないし学識ある批評家がいたことを、もっと詳しく知ることになります。その著名人はイタリアにおける文芸の復興に貢献したのだそうです。この話は父のスカリゲルの詩の中に哀歌と共に、そして息子のスカリゲルの手紙の中に見出されます。ジョゼフ・スカリゲルの対話を書き留めたスカリゲラーナの内にもまたその話は報告されています。ジュール・スカリゲルは、憶えてはいないのですけれどもブリュニョルについて何事かを知っていて、夢は部分的には昔の観念の再生であった、というのが本当のところらしいのです。尤もいわゆるあの想起が、つまりその同じ観念を私たちが既に持っていたと知らせるようなそれがあったというのではありませんが。表象を持ったことを想い出すために十分な痕跡が無いからといって、表象のいかなる痕跡も残っていないと私たちに確信させるようないかなる必然性をも少なくとも私は見出しません。

〔24〕　**フィラレート**　私たちが本有的観念に反対して唱えた異議に、あなたが十分自然にお答えになったのは認めなければなりますまい。あなたが支持なさるような意味での本有的観念ならあの著者もまた恐らくそれに反対はしないでしょう。ですから次のように言うだけにしておきます。即ち、本有的観念の説は怠け者たちに、探求の労を惜しむ口実を与えてしまったりしないか。諸原理は問題にされるべきではないということを諸原理の原理として立てるという安易さを博士たちや先生方に与えてしまうのではないか。そう恐れる理由があるということです。

テオフィル　既に言ったことですが、真理が本有的であるか否かを区別することなく、真理というものが受け容れ得る証明を探求することを勧めるのがもしあなたの友人たちの企図であるなら、私たちは全面的に合意しています。本有的観念の説は、私がそれを理解する仕方の下では、何人をもそのような探求からそらせることはないはずです。なぜなら、本能の理由を探し求めるのが良いことであるのみならず、公理そのものの証明を探して良いというのが私の重要な格率の一つなのですから。パリで、もう年老いていた今は亡きロベルヴァル氏[14]がアポロニウス[15]やプロクロス[16]を手本にしてユークリッドの公理を論証しようとしていたために笑いものにされていました。が、その時私はこうした探求の効用を知らしめたことが思い出されます。諸原理を否定する者とは議論する必要が無いと言う人々の原理について言えば、それは疑いも証明も受け容れ得ないような諸原理に関してしか完全には適用されないでしょう。確かに、やたらな物議や混乱を避けるために、公の討論や他の会議などに際して、規制は為されてもよろしい。その規則によって、或る既定の真理に異議を唱えることが禁じられるのです。しかしそれは哲学の問題というよりはむしろ公安の問題です。

Ⅱ　観念について

1

観念一般が論じられ、人間の魂が常に思惟しているかどうかが折りに触れて検討される

〔1〕 **フィラレート**　観念が本有的かどうかを検討したのですから、次に観念の本性と差異について考察しましょう。観念は思惟の対象だというのは確かですよね。

テオフィル　そうです。観念は内的直接的対象であり、この対象は事物の本性あるいは性質の表出であるというのをあなたが付け加えて下さればね。観念が思惟の形相(1)だとしたら、それは対応する現実的思惟と共に生まれたり無くなったりしてしまいます。しかし観念は対象であるので、思惟の前にも後にもあり得るのです。可感的な外的対象は媒介的でしかありません。それらは無媒介的に〔直接に〕は心に働きかけられないのですから(2)。神だけが外的直接的対象です。心自身が自分の内的直接的対象であるとも言えるでしょう。尤もそれは心が観念を、つまり事物に対応するものを含んでいる限りでのことですが。というのも心は小さな世界であり、そこでは判明な観念は神の表現であり、混雑した観念は宇宙の表現だからです。

〔2〕 **フィラレート**　始めは心はいかなる記号も、いかなる観念も書かれていないタブラ・ラサ(3)のようなものだと仮

定しておられる方々は、どうやってそれが観念を受けとるに至るのか、そしてどんな手段でこんなにも多く観念を獲得するのかと問うておられます。それに対して彼らは一言で答えます。経験からだ、と。

テオフィル　人々がしばしば話題にするそういうタブラ・ラサというものは、思うに、虚構でしかありません。自然はそんなものを許容しませんし、そういうものは哲学者たちの不完全な概念にしか基づいていないのです。ちょうど、空虚とか原子、それに絶対的静止、ないし一つの全体に関しての二部分相互の相対的静止とか、いかなる形相をも考えない第一質料とかのように。いかなる多様性をも含まない一様な事物というのは、時間とか空間とか他の純粋数学の存在と同様、抽象でしかありません。部分が静止しているような物体はありませんし、他のいかなる実体とも区別され得るような何ものかを持たない実体もありません。人間の魂は他の〔つまり人間以外の〕魂と異なるだけでなく、それら相互の間でも異なります。尤も、その差異は人が種差と呼ぶような類のものではありませんが。そして、私が手にしていると思っている論証によれば、いかなる実体的な事物も、それが魂であれ身体であれ、他の実体的事物と各々自分に固有の関係を持っています。一つの実体的事物は常に他のものと内的規定によって異なっているはずです。タブラ・ラサについて喋々する人々が、観念をそこから取り去ってしまった後で、何が残っているか言えないのは言うまでもありません。ちょうどスコラの哲学者が第一質料には何も残さなかったようにね。哲学者たちの言うあのタブラ・ラサは、魂が自然的に本源的には裸の能力をしか持たないと言いたいのだ、と恐らく人々は答えるでしょう。しかし何らの現勢も持たぬような能力、一言で言えばスコラの純粋潜勢もまた虚構でしかなく、自然はそんなものを知りもしません。抽象の産物でしかないのです。というのも、単なる潜勢の内に止まっていて、何らかの現勢へと踏み出していないような能力というものが一体この世のどこにあるでしょう。常に働きへの態勢があるのです。他の働きでない或る働きへの態勢が。それに態勢に加えて、働きへの傾向があります。それも、各主体の内に同時に無数の傾向が常にあるとさえ言えます。そしてこれらの傾向が何らかの結果を生じないということは決してありません。経験は必要です。そのことは認めましょう。心がこれこれの思惟に決定されるために、そして私たちの内にある観念に心が注目するためにはね。でも、どうやって経験と感覚は観念を与え得るのでしょうか。心が窓を持っているのでしょうか。書付板に似ているのでしょうか。蠟のようなものなのでしょうか。心についてそのように考える人々はすべて、心を実際には物体的なものとしてしまっているのは明らかです。哲学者たちの内で受け容れられているあの公理、つまり感覚から来ないものは心の内には何もないという公理を楯にとって人は私に反論するかもしれません。しかし心そのものとその変状は除外しなければなりません。〔つまり〕感覚の内に無かったものは知性の内には何も無い、知性そのものは別として。ところで心は、存在・実体・一・同・原因・表象・推論そして他の多くの概念を含んでいますが、それらは感覚が与え得るものではないのです。このことは『知性論』の著者の意見とよく合致します。彼は観念の相当な部分の源泉を精神が已れ固有の本性について為す内省の内に求めているのです。

フィラレート　すると、あなたは例の有能な著者と次の点では意見が一致していると思って良いですね。即ち、すべての観念は感覚によってか内省によってやって来ること。言い換えれば、外的で可感的な対象に関しての、あるいは私たちの心の内的な働きに関しての、観察に由来するということです。

テオフィル　私たちはあまりにも一つの争点に留まりすぎてきました。その争点を回避するために前以てはっきりと言っておきたいのですが、観念がこれらの原因の一方あるいは他方に由来するとあなたがおっしゃる時、私はそれをそれら観念の現実的表象と解しています。なぜなら、それら観念は何らか判明なものを持つものとして意識的に表象されるよりも前に私たちの内にあることを証明したと私は思っているからです。

〔9〕　**フィラレート**　それでは次に、心が表象を持ち始め、現実的に観念を思惟し始めるのは何時《いつ》だと言うべきなのかを見てみましょう。心は常に思惟していて、現実的な思惟が心から分離できないのは、現実的な延長が物体から分離できないのと同じだ、とする意見があるのは知っています。〔10〕　しかし、物体が常に運動しているとするよりも心が常に思惟しているとする方がもっと必要であるとは私には思えません。観念の表象が心に対する関係は、運動が物体に対する関係と同じなのですから。このことは私には少なくともとても理に適っているように思えます。この点

についてあなたの意見を聞かせていただけると嬉しいのですが。

テオフィル　あなたがもうおっしゃいましたよ。活動というものが身体よりも心に一層結びついている訳ではありません。心における思惟無しの状態と、物体における絶対的静止とは、等しく自然に反すると私には思えますし、世界にはそうした例は無いのですから。一度《ひとたび》活動状態に入った実体はずっとその状態にあります。というのも、すべての印象は留まり、ただ他の新たな印象と混ざるだけなのです。物体がたたかれると、無数の渦動が引き起されます。あるいはむしろ、そういう渦動へと物体は決定されます。ちょうど液体においてのようにね。なぜなら、実際にはいかなる固体も或る程度の流動性を持っていますし、いかなる液体も或る程度の固性を持っているのですから。そしてこれら内的渦動をいつか完全に止《と》めてしまうといったことはできません[4]。そこで今や次のように考えても良いのです。即ち、もし物体が決して静止の状態にないなら、それに対応する心はなおさら表象無しでは決してあり得ないだろう、と。

フィラレート　しかし、表象において無限でありながら、眠りもせずまどろみもしないのは、すべての事物の作者で保存者である者の恐らく特権です。そしてそれはどんな有限者にも相応しくありません。あるいは少なくとも人間の魂のごとき存在者には相応しくありません。

テオフィル　私たちは眠りそしてまどろむが、神はそういうことがない、というのは確かです。しかし、まどろんでいる時に私たちはいかなる表象をも持っていないということは、そこから帰結しはしません。よく注意してみると、むしろ全く反対だと分ります。

フィラレート　私たちの内には、思惟する力能を持つ何物かがあります。けれども、その力能が常に働いているということにはなりません。

テオフィル　真の力能は決して単なる可能性ではありません。常に傾向と現実的活動があるのです。

フィラレート　でも、「心は常に思惟している」というこの命題はそれ自体で明証的ではありませんよね。

テオフィル　私だって明証的だと言ってはいませんよ。その命題を見出すにはちょっとした注意と推論が必要なのです。一般の人々は、空気の圧力とか地球の丸さには殆ど気づきませんが、それと同様にその命題に気づかないのです。

フィラレート　昨晩私が思惟したかどうか私は疑っています。これは事実問題です。それは可感的経験によって決定されるべきです。

テオフィル　それは、知覚できない〔程小さな〕物体や眼には見えない運動があるのが証明されるのと同様に、決定されます。或る人々はそんなものはおかしいと言いますが。無数の目立たない表象も同様に存在します。それらは気づかれたりあるいは思い出されたりする程十分には区別されてはいませんが、何らかの帰結を介して知られるのです。

フィラレート　眠っている間には心が存在すると私たちは感覚しないから心は存在することを止める、と私たちが主張していると言って反論を唱えた或る書き手(5)がいました。しかし、この反論は奇妙な偏見に由来しているにすぎません。というのも、眠っている間に心が存在するのを感覚しないからといって人間の内には心が無いなどとは私たちは言いません。ただ、人間は意識せずに(6)は思惟し得ないとだけ言っているのです。

テオフィル　その反論が書かれている本を私は読んでいないのですよ。でも、思惟が意識されていないということから、そのために思惟は止んでしまうとは言えない、とあなたを反駁するだけなら間違ってはいないのではありませんか。なぜなら、そうではなかったら同じ理由で、心が意識されていない間、心は無いと言えてしまうでしょうからね。ですからこの反論に答えるためには、思惟について、意識されるというのがそれに〔つまり思惟に〕本質的であることを特別に示さなければなりません。

〔11〕　フィラレート　思惟していて、しかしそれを感覚しないでいられるものを考えることは容易ではありません。

テオフィル　疑いもなくその点に問題の核心と、有能な人々を当惑させた困難があるのです。でも、ここにそこから脱け出す手だてがあります。それは、私たちは多くの事物を同時に思惟するが最も際立った思惟にしか注目していないと考えるべきだ、ということです。それ以外はあり得ません。なぜなら、もし私たちがすべてのものに注目していたら、無数の事物を同時に注意深く思惟しなければなりません。私たちが感覚するすべてのもの、私たちの感官に印象を与えるすべてのものをです。更に次のように言いましょう。即ち、過ぎ去った私たちの全思惟の何ものかが残っているし、そうした思惟のいかなるものも完全に消されてしまうことはあり得ないということ、です。そこで、私たちが夢も見ないで眠っている時、何らかの衝撃、落下、症候、あるいは他の事故によって気を失っている時、私たちの内には無数の混雑した微小感覚が形成されます。死でさえ、動物の魂に別の効果をなし得るのではありません。そして、動物の魂は疑いなく、遅かれ早かれ際立った表象を取り戻すに違いないのです。自然の内ではすべてが秩序に従って起るのですから。そうは言っても、混乱というこの状態においては、喜びも苦痛も無いであろうことは認めます。喜びとか苦痛は目につく表象なのですから。

［12］　**フィラレート**　今私たちが関わっている人々（つまり心は常に思惟していると信じているデカルト派の人々[7]）が、人間を別にしたすべての動物に、認識し[8]思惟する魂を与えることなしに生命というものを認めているというのは確かではありませんか。そして彼らデカルト派の人々は、身体と結合せずとも魂は思惟し得ると言うのに何の困難も見出していないというのも本当でしょう。

テオフィル　私としては別の意見を持っています。というのも、魂が常に思惟しているという限りでは私はデカルト派の意見に同意しますが、他の二点について同意しないからです。動物は不滅の魂を持つし、人間の魂も他のすべての魂も何らかの身体を持たないことはない、と私は思います。神のみが、純粋現勢態であるが故に完全に身体から離れている、とも言っておきましょう。

フィラレート　もしあなたがデカルト派の意見に同意していたとすれば、そこから次のように結論できたでしょう。即ち、カストルやポルクスの身体は、常に生きていながらも、或る時は魂と共にそして或る時は魂無しにあり得るし、魂もまた或る時はこれこれの身体の内にそして或る時はその外にあり得るのだから、カストルとポルクスはただ一つの魂しか持たないと仮定することができよう、ということです。そしてその魂は、代る代る眠りそして目覚めるこの二人の人間の身体の内で交互に働くという訳です。(9) こうして、この一つの魂は、カストルとヘラクレスがそうであり得ると同じ程区別された人格でありましょう。

テオフィル　私の方はもっと現実的と思える別の仮定を呈示してみましょう。幾らかの期間を置いた後とか、何らかの大きな出来事の後に、全般的な忘却に陥り得ることはとにかく認めるべきではないでしょうか。スライダン(10)は、死ぬ前に、自分の知っていたすべてのことを忘れてしまったと言われています。それに、こういう悲しい出来事は他に多くの事例があります。こうした人が若返って新たに学ぶとしたら、そのために別の人間になるのでしょうか。同一人物を正に形成するのは、それ故、思い出ではありません。しかしながら、代る代る異なる身体を動かし、これら身体の一方の内で起ることは他方の内では関わりがないような魂という虚構は、事物の本性に反する虚構の一つです。こういう虚構は、ちょうど物体の無い空間とか運動していない物体とかと同じように、哲学者たちの不完全な概念に由来するのであり、もう少し深く〔事物の本性を〕洞察すれば消え去ってしまうものです。なぜなら、各々の魂は先立つすべての印象を保持しているし、今さっき言われていたような仕方で二分されることもできないからです。各実体における未来は過去との完全な連繋を持っています。このことが個体の同一性をつくっているのです。そうは言っても、思い出すことは必要ではないし、必ずしも可能だとは限りません。私たちの現在の思惟において協動する、現在の印象と過去の印象との多さの故にです。というのも、少なくとも何らかの混雑した結果とか、後に続く思惟と混ざりあった何らかの名残りとかが無いような思惟が、人間の内にあるとは私は思わないのです。多くの事物を人は忘れ得るのですが、もし然るべく連れもどされればかなり遠くからでも想い起すこともできるでしょう。

〔13〕　**フィラレート**　何の夢も見ずに眠っていた人々は、自分たちの思惟が活動状態にあったと言われても納得し得ないでしょう。

テオフィル　夢を見ていない時でさえ、眠っている間には何らかの弱い感覚を持っていないということはありません。目覚め自身がそのことを示しています。ですから、目覚めるのが容易であればある程外で起っていることの感覚を人は持っているのです。この感覚は目覚めをもたらす程十分に強いという訳では必ずしもありませんが。

［14］　**フィラレート**　今の時点で眠っている人の内で魂が思惟していて、次の時点で目覚めた人の内で魂がそれを思い起さないなどと容易にはとても概念できないと思います。

テオフィル　そんなことは容易に概念できるだけでなく、同様のことは眠っていない間にだって毎日観察されます。というのも、私たちは注目することはなくとも目や耳を刺激する対象を常に持っていますし、従って魂もまたその対象に動かされているのですから。なぜなら、私たちの注意は、対象の活動が増大するとか他の理由とかでそちらに向く程に対象が十分に強くなるまでは、別の諸対象に結びついているのです。これはこの対象に関わる特別な眠りとでもいうものであって、私たちの注意がすべての対象に関して一緒に止む時、この眠りは全般的なものとなるのです。ですから、注意を弱めるために注意を分けるという場合、それは眠りこむ手段でもあります。

フィラレート　若い頃研究に打ち込み、十分な記憶力に恵まれていた或る人に聞いた話ですが、彼は私に話してくれた当時、そう、彼が二五、六歳の頃でしたか、熱病から治ったばかりでした。その熱病にかかる前には、全然夢を見なかったというのです。

テオフィル　もっと歳をとった学者で、全然夢を見なかった人の話を私も聞いたことがあります。でも、魂の表象の永続性を基礎づけねばならないのは、なにも夢に基づいてだけとは限りません。たとえ眠っていても、外で起っていることの何らかの表象を魂は持っているのはどのようにしてか、について私はもう述べておいたのですから。

［15］　**フィラレート**　しばしば思惟して、しかもその思い出を一瞬間さえ保持しないなどというのは、無駄な仕方で思惟することです。

テオフィル　すべての印象は結果を持ちますが、すべての結果が必ずしも目につく訳ではありません。私が一方の側よりもむしろ他方の側に向かう時、それはしばしば微小な諸印象のつながりによってなのです。その微小印象に私は気がつきませんが、それが一方の運動を他方よりも少しだけ容易ではなくするのです。熟慮を経ない私たちの全行動は微小表象の協動の結果です。私たちの熟考において多くの影響を与えている慣習とか情念さえそれに由来します。というのもこれら習慣というものは少しずつ生まれるのですから、微小表象無くしては目につくようなこれら態勢に至りつくことはないでしょう。道徳においてこれらの効果を否定する人は、自然学において感覚できない微粒子を否定するようなまずい教育を受けた人々を模倣することになる、と私は既に指摘しておきました。しかしながら、自由について語る人々の内には、均衡を破り得るこれら感覚できない印象に注意を払うことなく、道徳的行為において全くの無差別を思い浮かべる人がいるのは私も知っています。ちょうど、二つの牧草の真中に置かれたあのビュリダンのロバ(11)の〔均衡的〕無差別のようにね。そしてこれは私たちが追い追いもっと詳しく話すであろう事柄です。しかしながら、これらの印象は強いずに傾けるとは言っておきましょう。

フィラレート　事によると、目覚めて思考している人間では身体が関わっていて脳の痕跡によって記憶が保存されるが、眠っている時は別れてそれ自身での思考を魂は持っている、と言われるかもしれません。

テオフィル　私はそんな風に言う気は全然ありません。なぜなら身体と魂との間には常に正確な対応があると私は思いますし、身体の気づかれない諸印象を、魂が似たようなものを持っているのを証明するために使うのですから。たとえ目覚めていても眠っていてもです。私は次のようにさえ考えます。即ち、血液の循環や内臓の内的なすべての動きに対応する何物かが魂の内で起っているということです。そうは言ってもそれが気づかれるというのではありません。正にちょうど、水車のそばに住んでいる人々が、それの出す雑音を意識しないのと同様です。実際、魂が全く動かされも影響されもしないような印象が眠りの間や目覚めている間に身体内にあるとしたら、魂と身体との合一に限界を設けなければならないでしょう。あたかも、物体的印象は、魂がそれを感知し得るためには一定の形と大きさを持つ必要があるというようなものです。そしてこのことは、もし魂が非物体的であるなら論拠を持たないのです。

なぜなら、非物体的実体と物質のこれこれの変様との間には比例というものが全然無いからです。一言で言えば、気づかれないようないかなる表象も心の内には無いと信じるのは誤謬の大きな源泉なのです。

［16］　**フィラレート**　私たちの憶えている夢の大部分は突飛で辻褄の合わないものです。ですから、魂は合理的に思惟する能力を身体に負うていると言うか、あるいは魂は自分の持つ合理的な独り言を一つも保持していないと言うか、のどちらかでなければならないでしょう。

テオフィル　合理的であろうとなかろうと魂のすべての思惟に、身体は応じます。目覚めている人々の思惟同様に、夢は脳の内にその痕跡を残します。

［17］　**フィラレート**　あなたは、魂が常に現実的に思惟しているとそれ程確信していらっしゃるのですから、身体と結びつく前の、あるいは感覚を介して何らかの観念を受けとってしまう前の、合一の正にその時に子供の心の内にあるのはいかなる観念なのかを私に言って下さると嬉しいのですが。

テオフィル　私たちの原理によってあなたを満足させるのは容易です。魂の諸表象は常に自然的に身体の仕組みと対応しています。わずかな経験しか持たない者たちに起るように、脳の内に混雑していて殆ど区別されていない多くの運動がある時、魂の持つ思惟は（事物の秩序に従い）やはり判明ではあり得ません。しかしながら、魂は決して感覚の助けを奪われてはいないのです。なぜなら魂は常に自分の身体を表出していますし、この身体は無数の仕方で常に周囲のものによって影響されているのですから。しかし周囲のものはしばしば混雑した印象しか与えません。[12]

［18］　**フィラレート**　しかしここにまだ、『知性論』の著者が提出した別の問題があります。彼は次のように言うのです。人間の魂ないし（同じことだが）人間が常に思惟しているとそれ程自信を持って主張なさる人々が、どうやってそのことを知るのかを言ってくれたら良いのだが、と。

テオフィル　私たちが意識しない何ものかが魂の内に起っているのを否定するためにもっと確信が必要ではないのかどうか、私には分りません。なぜなら、目につく事柄は、そうでない諸部分から構成されるはずだからです。何ものも一挙には生まれ得ないのです。運動も思惟もね。要するにそれは、今日、感覚できない微粒子を私たちはどうやって認識するのかと誰かが問うようなものです。

〔19〕 **フィラレート**　魂は常に思惟すると言う人々が、人間は常に思惟すると私たちにかつて言っているのを〔聞いた〕憶えは私にはありません。

テオフィル　それは彼らが思惟を〔身体から〕離れた魂についても考えているからだと思いますよ。尤も、人間は常に合一を通じて思惟することを彼らは喜んで承認するでしょうけれどもね。私としては、魂は各々の身体から決して離れないと主張する理由を持っていますから、人間が思惟しそして常に思惟するだろうと絶対的に言い得ると思っています。

フィラレート　物体が部分を持たずに延長していると言うのと、或る事物が思惟していると意識せずに思惟していると言うのは、共に、理解できないように思われる二つの主張です。

テオフィル　申し訳ないのですが、意識的に表象しないものは魂の内には何も無いとあなたが主張なさるとすれば、それは論点先取だと言わなければなりません。その論点先取は既にした私たちの第一の討論〔でのあなたの論点〕に支配されています。そこであなたは本有的な観念や真理を破壊するためにその議論を使おうとなさったのでした。もし私たちがこの論点を承認してしまえば、経験と理性に反すると思うばかりでなく、理由も無く私たちの見解を放棄することになりましょう。この見解を私は十分理解し易いものとしたと思っているのですが。私たちの論敵はとても有能なのに、以上のことについてかくもしばしばそしてかくも積極的に主張する事柄を証明しようとはしません。それだけではありません。反対のことを彼らに示すのは容易なのです。即ち、私たちの全思惟について常にはっきりと反省するのは不可能なのです。さもないと、精神は各反省について反省をして無限に至ってしまい、決して新たな思惟に移行できないでしょう。例えば、現在の何らかの感覚を意識することによって、私はそれを思惟していることを常に思惟しなければならず、更にそれを思惟していると思惟しなければならず、かくて無限に至るのです。しかし、これらすべての反省についての反省を止めなければならず、結局、思惟せずにすます何らかの思惟があるとしなければならないのです。さもないと、人は常に同一の事物に留まるでしょう。

フィラレート　でも、そうしたら全く同じようにして、人間は飢えているのを意識せずに飢えていることがあり得ると言って、人間は常に飢えていると主張することにはなりませんか。

テオフィル　そこには大きな違いがあります。飢えというものは、必ずしも常に存続するとは限らない特殊な理由を持っているのです。そうは言っても、飢えている時でも絶えずそれを考えている訳ではないというのもまた本当です。しかしそれを考えれば気がつくのです。というのもそれはとても目につきやすい態勢ですからね。いつだって胃は刺激状態にあるのですが、飢えを引き起すにはそれが十分に強くならなくてはなりません。同じ区別が、思惟一般と際立った思惟との間に常に為されなければならないのです。こうして、私たちの意見を嘲笑しようとして持ち出された事柄は、〔却って〕私たちの意見を立証するのに役立つのです。

〔23〕　**フィラレート**　今や、人間は思惟の内に[13]何時《いつ》観念を持ち始めるのかと問うことができます。そして、それは人間が何らかの感覚を持つや否やであると答えるべきだと私には思えるのです。

テオフィル　私も同意見です。しかしそれは少々特殊的な原理なのです。というのも私たちは思惟を持たないことは決してなく、感覚を持たないということもまた決してないからです。私はただ観念と思惟との間に区別を設けるだけです。というのも私たちは感覚からは独立にすべての純粋ないし判明な観念を常に持っているからです。しかし思惟は常に何らかの感覚に対応しています。

〔25〕　**フィラレート**　しかし、精神が受動的であるのは認識の基本ないし素材である単純観念の表象においてだけであり、それに対して複合観念を形成する時には精神は能動的です。[14]

テオフィル　すべての単純観念の表象に関してだけ精神が受動的であるなどということがどうしてあり得るのでしょうか。なぜならあなた自身の認めていらっしゃるところによれば、その表象が内省に由来するような単純観念があるし、精神は自分自身に内省の諸思惟を与えるのですから。というのも内省するのは自分自身ですからね。それら〔内省の思惟〕を拒絶できるかどうかは別問題です。何らかの機会が精神をそのように〔つまり拒絶するように〕と仕向けても、踏み留まらせようとする何らかの理由も無く〔すんなりと〕拒絶するというようなことは疑いも無く不可能です。

フィラレート　今まで私たちは公然と言い争ってきたようです。今や私たちは観念についての細かいことへと話を進めようと思います。私たちがもっと意見の一致を見、ほんの特殊なところでしか意見を異にしないことを私は望んでいます。

テオフィル　私が真だと思う意見を学殖豊かな人々が受け容れてくださると嬉しいのですが。というのも彼らはそれらの意見をひきたたせ、明るみに出すのに相応しい人々なのです。

2
単純観念について

〔1〕**フィラレート**　さて、単純観念と複合観念[1]とがあるということに同意して下さるとありがたいのですが。そうして、蜜蠟の暖かさと軟らかさとか、氷の冷たさとかは単純観念をもたらします。なぜなら心がそれについて一様な概念を持つのであり、その概念は異なる諸観念へと区別され得ないからです。

テオフィル　それら可感的観念は見かけの上で単純なのだと言い得ると思います。なぜなら、混雑しているために、それら可感的観念は自分の含んでいる事柄を区別する手段を精神に与えないからなのです。それは、角《かど》を持っている事物も遠くからだと角について何らかの混雑した印象を人は受けとってはいてもそれを識別できないために丸く見えるのと同じです。例えば、緑は青と黄とが混ぜ合わされて生ずるというのは明らかです。こうして緑の観念は更に二つの観念から構成されたものと考え得るのです。それにも拘らず緑の観念は青の観念や熱の観念と同じように単純なもののように私たちには現われてきます。ですから、青の観念も熱の観念もまた見かけにおいてだけ単純であると考えるべきでしょう。しかしながら、これらの観念を単純なものと扱うことには喜んで同意します。なぜなら少なくとも私たちの意識的表象はそれらを分割しないのですから。でも、それらをより理解し易くし得るに応じて、他の経験によってと理性によってそれらを分析しなければなりません。そしてそれによってもまた、人は意識していない表象というものがあるのだ、と分ることでしょう。というのも見かけにおいて単純な観念の表象は、これらの観念を構成している部分の表象から成っているからです。精神はそれに気づきません。なぜならこれら混雑した観念は精神には単純に見えるからです。

3

一つの感官から私たちにやってくる観念について

フィラレート　さて、単純観念はその表象が私たちに与えられる仕方に応じて分類され得るでしょう。というのも単純観念の表象が与えられるのは㈠ただ一つの感官を介してか㈡一つより多くの感官を介してか㈢内省によってか㈣感覚ならびに内省のすべての道によって、だからです。単純観念の内、それを受けとるように特別に準備された唯一つの感官だけによって入ってくるものについて言えば、光と色はもっぱら目から入るし、あらゆる種類の噪音と音声と楽音は耳から、様々な味は味覚を介して、そして匂いは鼻から入ってきます。器官や神経がこれらの感覚を脳に伝えるのですが、もしこれらの器官のいくつかの調子が狂ったりしても、これらの感覚はどこかの裏口から入ることを許され得るような代物ではありません。最も重要な触覚的性質は寒、暖と固性です。他の触覚的性質は、つるつるしていることとかざらざらしていることのように可感的部分の構造によって成り立つか、緻密・柔かい・硬い・脆《もろ》いのように部分の結合によって成り立つかです。

テオフィル　あなたのおっしゃることに大体同意します。でも次のことを指摘しておきましょう。故マリオット氏(1)の、視神経に関する視覚の欠陥についての実験によれば、膜は神経よりもずっと感覚をよく受けとるようです。それに聴覚と味覚については何らかの裏口があります。なぜなら、歯と頭頂《い》は何らかの音声を聞きとらせるのに役立っていますし(2)、器官の連結の故に味は鼻によっても何らかの仕方で知られるのです。しかしこれらすべてのことは、観念の説明に関して実際には何も変化させはしません。触覚的性質について言えば、つるつるしているとか、ざらざらしていること、そして硬いとか柔かいとかは抵抗ないし固性の変様でしかないと言えます。

4
固性について

[1]　**フィラレート**　固性の感覚(1)は、一つの物体が占めている場所に別の物体が現実に入ってきて、その場所を離れるに至るまで当の物体の内に見出される抵抗によって引き起されるということ、そのことにもまたきっとあなたは同意して下さるでしょう。こうして一つの物体が別の物体の方へ動いていく時二つの物体の近接を妨げるものを私は固

性と呼びます。もしそれを不可入性と呼ぶ方が良いという人があれば私は同意します。けれども固性という術語の方が何かもっと積極的なものを持っていると思います。この観念は物体にとって最も本質的で密接に結びついているようですし、物質にだけしか見出され得ないのです。

テオフィル　確かに或る別の物体が私たちの身体に容易に場所を譲らない時、私たちは接触において抵抗を見出します。そして諸物体は同一の場所に見出されることを嫌うというのもまた本当です。けれどもこの嫌悪が逆らい難いものであることを、多くの人が疑っています。物質の内に見出される抵抗は一つ以上の仕方で、かなり異なった理由によって引き出されると考えてもまた良いのです[2]。一つの物体が他の物体に抵抗するのは、その物体が既に占めていた場所を離れなければならない時か、その物体が正に入ろうとしていた場所に他の物体も入ろうとするために入れない時か、です。後者の場合には、一方が他方に譲らないために、両者が止まってしまったり相互にはね返ったりという事態が起り得ます。抵抗というものは、人がそれに抵抗する当の事物の変化において見出されます。その変化とは、その事物が力を失ったり、方向を変えたり、その両方が同時に起ったりすることです。ところで二つの物体が同じ場所にあるのを嫌うことに由来するこの抵抗は、一般に不可入性と呼ばれると言っても良いでしょう。こうして一つの物体がそこに入ろうとする時、その物体は同時に他の物体がそこから出ていくように、あるいはそこに入るのを妨げるようにしている。しかし一方ないし他方あるいは両方ともに譲るようにさせるこの種の非両立性が一度《ひとたび》たてられると、向後、一つの物体が、場所を譲るように強いるものに対して抵抗するようにする多くの理由があることになります。その理由は当の物体の内にあるか、あるいは隣接する諸物体の内にあります。その物体自身の内には二つありますが、一つは受動的で恒常的なもの、もう一つは能動的で可変的なものです。第一のものはケプラーやデカルトに従って私が慣性と呼ぶもので、物質が運動に抵抗するようにさせ、たとえ重力も凝集力[3]もなくとも或る物体を動かすには力を失わねばならないようにさせるものです[4]。こうして一つの物体が他の物体を追いやろうとすると、この慣性の故に抵抗に遭遇しなければなりません。能動的で可変的なもう一方の原因は物体自身の駆動力[5]にあります。そしてその物体固有の駆動力が当の物体を或る場所に持っていく時に、抵抗無しには他に譲らないのです。抵抗する物体が他の諸物体に更に譲らせなくては譲り得ない時、同じ諸理由が隣接した物体に帰されます。しかしその時には更に新たな考察が入り込んできます。それは堅固さ(6)つまり一つの物体と他の物体との凝集の考察です。この凝集は、一つの物体を押すことは同時にそれに凝集している別の物体をも押すことなくしてはできないようにさせます。そしてそれはこの別の物体に関しては一種の牽引を成すものです。この凝集はまた、たとえ慣性や明らかな駆動力を別にしてしまっても、抵抗というものがあるだろうようにするのです。というのも、もし空間が完全に流動的な物質で満ちていると概念され、たった一つの剛体をそこに置いたとしたら、この剛体は（流動体の内には慣性も駆動力も無いものとして）そこにいかなる抵抗も見出すことなく動かされるでしょう。しかしもし空間が小さな立方体で満たされていたら、これら立方体の内を動かされなければならない剛体の見出す抵抗は、硬い小さな立方体が、その硬さの故にあるいは部分相互の凝集の故に、容易には次のようにならないことに由来するでしょう。それは、運動の円を作るのに必要なだけ、そして運動体が出ていく瞬間にその場所を満たすのに必要なだけ、分裂しはしないということです。しかしもし二つの物体が同時に、両側が開いている管の両端から入るとし、その容積を均等に満たすとすると、この管の中にある物質は、それがいかに流動的であり得ようとも、己れの不可入性だけによって抵抗するでしょう。こうして、ここで問題となっている抵抗の内には、物体の不可入性、慣性、駆動力そして凝集、が考察されるべきものとしてあるのです。確かに、思うに、物体のこの凝集は一つの物体が別の物体に向かうもっと微細な運動に由来します。けれどもこれは異論の余地がある点ですので、さしあたりそれを仮定すべきではありません。そして同じ理由でさしあたり仮定すべきでないのは、根源的本質的な固性があってそれが場所を物体にとって常に等しいものとすること、言い換えれば非両立性即ちもっと正確に言えば同一の場所における諸物体の共にはあり得ぬことは完全な不可入性であってそれ以上でも以下でもないこと、です。なぜなら可感的固性は諸物体が同一の場所にあるのを嫌うことに由来し得るにしても、その嫌悪は打ち勝ち難い程ではないと言う人々が多く存在するのですから。というのも、普通のペリパトス学派のすべての人々と他の多くの人々は、同じ物質がより多くの空間やより少ない空間を満たし得ると考えていて、それを稀薄化や濃密化と呼んでいるのです。それも単に見かけにおいてだけでなく（ちょうど、海綿を圧縮してそこから水を出させてしまう時のように）、厳密な意味でそう考えています。ちょうどスコラが空気に関してそう概念しているように。私はこの意見には同意しませんけれども、反対の意見をまず仮定すべきだとも思いません。推論無くして感官は完全な不可入性をうち立てるには十分ではありませんから。私は自然の秩序においては完全な不可入性を本当のものと考えますが、単なる感官だけによってはそれをつかむことはできないのです。そして、圧縮に対する物体の抵抗は、物体がたとえ完全な自由を持ってはいなくとも部分が拡がるようにしている努力に由来するのだ、と人によっては主張するかもしれません。それにこれらの性質を証明するために、目は触覚を助けにやってきて相当の補佐をしています。そして、実際には固性は、判明な概念をそれがもたらす限り、純粋理性によって概念されます。固性が自然の内にあると証明する材料を感官は推論へと供給するにしてもです。

［4］**フィラレート**　少なくとも次の点に関しては私たちは意見の一致をみています。即ち、物体の固性はそれが占めている空間を満たしているという事態を意味していること、従ってその物体が前にあったのではない空間を見出し得るのでなければ(7)自分の占めている空間から他のすべての物体を絶対的に排除すること。それに対して、硬さあるいはむしろ或る人々が堅固さと呼んでいる共在(8)は物質の或る諸部分の強い結合であること。そしてそれは感覚できる大きさの塊《かたまり》を構成し、従って物塊全体が容易には形を変えないこと、です。

テオフィル　この共在は、私が既に指摘したように、物体の一つの部分を他の部分なくしては動かし難いように正にさせるものなのです。従って物体の一つの部分が押されると、他の部分は押されもせず作用線上にありもしないのに、一種の牽引によってそちらへ持って行かれるという事態が生じます。そして更に、もしこの後者の部分が、自分を引きとめるとかあるいは押し返すような何らかの障害物に出会うと、前者の部分を後ろへ引っぱったりあるいは引きとめたりします。ですからそういうことは常に相互的なものなのです。同じことはしばしば、接触していない二物体、二物体が連続体の隣接部分を構成してはいないような場合にも起ります。しかしながら、感官が教え得る限りでは、一つの物体が押されると他の物体を押さないのに行かせることがあります。その例としては磁力(9)や電気的な引力、そしてかつては真空嫌悪に帰された引力です。

フィラレート　硬いものと柔かいものは一般に、私たちの身体の特殊な仕組との関係だけで事物に私たちが与える名前であるように思えますが。

テオフィル　しかしもしそうだとしたら、多くの哲学者は原子に硬さを帰したりはしないでしょう。硬さの概念は感官には依存しないのです。その可能性は理性によって概念できます。硬さが自然の内に現実にあるのを、未だ感官によって私たちは納得させられてはいるのですが。しかしながら硬さという語よりも堅固さという語を（もしこんな意味で使うことが許されるなら）選びたい。というのも柔かい物体の内にだって何らかの堅固さはある〔と私はこの語の意味を考えている〕のです。私はもっと適切で、もっと一般的な語を探してさえいます。共在とか凝集とかのように。こうして私は硬いものと柔らかいものに、堅固なものを流動的なものに対立させたいのです。というのも蜜蝋は柔かいのですが、熱によって融かされないと流動的ではなく自分の形態(10)を保っていますから。それに流動的なものにおいてでさえ普通は凝集があります。水滴や水銀のしずくが示すように。私はまたすべての物体が或る程度の凝集をしているとも思っています。ちょうど、幾らかの流動性をも持たず、その凝集が乗り越えられないような物体は無いと私が思うのと同様に。従って、思うに、どうしようもなく硬いものと仮定されているエピクロスの原子は、デカルト派の人々の言う完全に流動的な微細な物質と同様、あり得ないでしょう。しかしこの意見を正当化したり、凝集の理由を説明することは、今は措いておきましょう。(11)

フィラレート　物体の完全な固性は経験によって正当化されるように思えます。例えば、フローレンスで起ったことですが、水は中空の黄金の球に閉じ込められて圧縮機にかけられると、〔場所を〕譲ることができないので、その黄金の球の孔を通ったのです。

テオフィル　この実験と、水に起ったことからあなたが引き出した結論については少々言っておかなければなりません。空気は水と同様に物体です。しかしながら少なくとも感官的見地にとっては圧縮され得るものです。そして厳密な意味での稀薄化や濃密化を主張する人々は、水が既にあまり圧縮されすぎていて私たちの機械に〔場所を〕譲れないのだと言うでしょう。ちょうど、非常に圧縮された空気もまた更なる圧縮に抵抗するであろうのと同様に。しかしながら反面、水の嵩《かさ》にちょっとした変化が見出された時は、それを水の内に含まれている空気のせいにしても良いと私は思います。純粋な水は、気化する時に膨張が観察されるのですが、それと同様にそれ自身圧縮されるのではないかどうかについての議論に今立ち入るのは止めます。けれども、物体は完全に不可入的であり見かけにおいてしか濃密化や稀薄化は無いと考える人々の意見に私は根底では同意します。しかしこの種の実験がそれを証明し難いのは、トリチェリ(12)の管やゲーリケ(13)の機械が完全な空虚を証明するのには不十分なのと同じです(14)。

〔5〕　**フィラレート**　もし物体が厳密な意味で稀薄化され得たり圧縮され得たりしたら、物体は嵩ないし延長を変え得ることになるでしょう。しかしそういうことは無いのですから物体は常に同一空間に等しいのです(15)。しかし物体の延長はとにかく空間の延長とは別物でしょう。

テオフィル　物体は固有の延長を持ち得るでしょう。しかしだからと言ってその延長が常に同じ空間へと決定されているとか、あるいはそれと等しいということにはなりません。けれども物体を概念する時に確かに人は何らか空間以上のものを概念するとはいえ、空間の延長と物体の延長という二つの延長があるということにはならないのです。というのもそれは、多くのものを一遍に概念する時に何らかの数以上のもの即ち数エラレタモノ（res numeratae）を概念するようなものです。しかし二つの多数性が、即ち一つは抽象的なそれつまり数の多数性もう一つは具体的なそれつまり数えられた事物の多数性が、ある訳ではありません。同様に、一つは抽象的なそれつまり空間の延長、もう一つは具体的なそれつまり物体の延長、という二つの延長を考えてはならないと言って良いのです。具体的なそれは抽象的なそれによってしかそのようなものとしてはあり得ないのですから。そして、物体が空間の一つの所から他の所へ移行するつまり互いに秩序を変えるように、事物もまた秩序の、ないし数の一つの所から他の所へと移行します。例えば第一のものが第二のものとなり、第二のものが第三のものとなる等々という時がそれです。実際、時間と場所は秩序の一種でしかありません。[16] ですからこれら秩序の内にあいている場所（空間に関して空虚と呼ばれるようなもの）がもしあるとすれば、それはただ欠けているものの可能性とそれの現実的なものへの関係とを示すだけでしょう。[17]

フィラレート　物質は嵩を変えないという意見に、とにかく実際上は私と共に賛成して下さって嬉しく思います。けれども二つの延長をお認めにならないというのは行きすぎだと思いますし、空間を物質から区別なさらないのはデカルト派に近づいておられるように思えます。[18] ところで、もし（空間と、空間を満たしている固性との）判明な観念を持たず、それらを混同し二つを一つのものとしか見ない人々がいたら、それらの人々は他の人々とどうやって話が通じ合えるか分らないだろうと私には思えます。それはちょうど一人の盲人がいて、彼に別の人が深紅について語る場合のようなものです。その際この盲人は深紅がトランペットの音と似ていると考えるかもしれません。

テオフィル　しかし同時に、延長や固性の観念は、深紅の色の観念のように何だか分らぬあるものに存するのではないと私は考えます。デカルト派の人々の意見に反して、私は延長と物質とを区別します。[19] しかしながら二つの延長があるとは思いません。延長と固性との差異について議論を戦わしている人々がこの主題に関しての多くの真理について見解の一致を見ていますし、何らかの判明な概念を持っていますから、彼らはそこに意見の衝突から抜け出す手段を見出し得るでしょう。ですから、観念についてのいわゆる相違は議論を永遠化するための口実として用いてはいけません。尤も、或るデカルト派の人々が、他の点ではとても有能なのですが、自分たちが持っていると主張する観念に固執しようとする向きもまた持っているのを私は知っています。けれども、もし真なる観念と偽なる観念を認識するためにかつて公表した手段、[20] それについては追い追い話すことになりましょうが、それを用いれば彼らは守り通せない持ち場から出るでしょう。

5

さまざまな感官に由来する単純観念について

フィラレート　その表象が一つより多くの感官から私たちにやってくるような観念は空間の観念、あるいは延長の観念、あるいは形・運動・静止の観念です。

テオフィル　空間・形・運動・静止の観念のように一つより多くの感官に由来すると言われている観念は、むしろ共通感覚(1)からつまり精神そのものからやってきます。なぜならこれらは純粋知性の諸観念なのです。でもそれらは外部との連関を持っていますし、感官がそれらに気づかせます。それ故それらの観念は定義と証明を容れ得るのです。

6

内省に由来する単純観念について

フィラレート　内省に由来する単純観念は知性と意志との諸観念です。(なぜなら私たちは私たち自身を内省する時にそれらに気づくのですから。)

テオフィル　それらすべての観念が単純であるかどうかは疑えますよ。というのも、例えば意志の観念が知性の観念を含んでいること、そして運動の観念が形の観念を含んでいること、は明らかですから。

7
感覚と内省との双方に由来する観念について

〔1〕 **フィラレート**　感覚のすべての道とそしてまた内省とから精神の内において気づかれるようになる単純観念があります。即ち、快・苦・力能・現実存在・一性です。

テオフィル　感官は理性の助けがなくては可感的事物の現実存在を私たちに納得させ得ないと思われます。ですから現実存在についての考察は内省に由来すると私は思いたい。力能の観念と一性の観念もまた同じ源泉に由来し、快や苦の表象とは全く別の本性を持っています。

8
単純観念に関する補論

〔2〕 **フィラレート**　欠如的性質の観念については、どう言ったら良いでしょうか。静止・闇・寒さの観念は運動・光・熱の観念と同じように積極的であるように私には思えます。けれどもこれらの欠如を積極的観念の原因として呈

示する際、私は通俗的な意見に従っているのです。が、静止が運動であるよりもむしろ欠如であるかどうかを決定するに至るまでは、欠如的原因に由来する何らかの観念が本当にあるのかどうかを決定するのは実際には容易ではないでしょう。

テオフィル　静止の欠如的本性を疑う理由があり得ようなどとは思ってもみませんでした。物体において運動が否定されればそれで静止には十分です。しかし静止を否定しても運動には十分ではなく、運動の程度を決定するために更に何ものかを付け加えなければなりません。なぜなら運動は多い少ないを本質的に容れるものですが、それに対して静止はどれも同じです。第二質料(1)ないし物塊においては積極的であるはずの、静止の原因については話が別ですよ。それに、静止の観念そのものを欠如的である言い換えれば否定でしかない、と私は思いたいのです。否定するという働きは積極的なことであるのは本当です。

〔9〕 **フィラレート**　事物の性質というのは事物が私たちの内に観念の表象を産出する能力を言うのですが、これらの性質を区別した方が良いでしょう。性質には第一性質と第二性質とがあります。延長・固性・数・可動性は物体の根源的で不可分離的な性質です。私はそれらを第一性質と呼びます。〔10〕しかし次のようなものは第二性質と呼びます。私たちの内に或る種の結果を生み出したりする、物体の能力ないし力能がそれです。例えば火が蜜蠟を融かす際に蜜蠟の内に産出する結果のように。

テオフィル　力能が知解できて判明に説明され得る時には、それは第一性質の内に数え入れられるべきだと私は思います。しかし力能が可感的でしかなく混雑した観念しかもたらさない場合には、第二性質の内に置かなければならないと私は思うのです。

〔11〕 **フィラレート**　第一性質は物体がどのようにして互いに作用するのかを示すものです。ところで物体は衝突によってしか作用しません。少なくとも私たちが概念し得る限りではね。というのも、物体が接触していないものに作用し得るとは理解し難いからです。それにそれは存在しない所で作用し得ると考えるのと同じです。(2)

テオフィル　物体は衝突によってしか作用しないと私も思っています、けれどもあなたのたった今おっしゃった証明には少々困難がありますよ。なぜなら、引力というものは必ずしも接触無しで〔生じている〕とは限らないからです。先程硬さについてお話しした際に示しておいたように、(3) 見たところはいかなる衝突も無くとも接触したり引いたりはし得るのです。エピクロスの言う原子がもしあったとして、その一部分が押されれば他の部分はそれと共に引かれるでしょうし、衝突なしに運動状態に置くに際して前者の部分は後者の部分に接触しているでしょう。ですから隣接している事物間の引力においては、〔自分といっしょに他のものを〕引いていく事物が〔自分の〕存していない所で作用するなどと言うことはできません。そういう理由は、遠くからの引力に対してだけ力をもつのです。何人かの優秀な人々によって持ち出された求心力（vires centripetae）と呼ばれるものに関してそうであるように。(4)

〔13〕**フィラレート**　さて、幾つかの粒子が或る仕方で私たちの感官器官を刺激することによって、色とか味とかの感覚、あるいはそうした感覚を産出する力能を持つ他の第二性質の感覚を私たちの内に引き起すのです。そして、苦痛の観念を私たちの身を裂く鉄片の運動に、つまりいかなる仕方においても苦痛とは似ていないような運動に神が結びつけたと概念するのは難しいけれども、神がこのような概念（熱の観念のような）をそれと全然似ていない運動に結びつけ得ると概念することの方がもっと困難だという訳でもありません。

テオフィル　色とか苦とかのようなこれらの観念が恣意的で、その原因との連関ないし連結は無いと考えたりしてはいけません。そのように殆ど秩序も理由も持たぬ仕方で働くというのは神のやり方ではないのです。私はむしろ一種の類似があると言いたい。それは完全で言わば正確な意味での（in terminis）類似ではなく、表出的な、言うなら秩序に関しての類似です。ちょうど、楕円と、放物線あるいは双曲線さえもが何らかの仕方で円に似ているように。それらは平面上への円の射影なのです。射影されるものと射影との間には、一方の各点が或る関係に従って他方の各点に対応していることによって、或る正確で自然的な関係があるからです。これは、デカルト派の人々が十分には考察していないことです。今回は、あなたは何時《いつ》になくそして理由も無くデカルト派の人々に譲歩してしまいましたねえ。

〔15〕 **フィラレート** 〔べつにデカルト派に譲歩しているのではなく〕私は自分にそう思われることをあなたに述べているのです。見たところ物体の第一性質の観念はこの性質に似ているように思われますが、第二性質によって私たちの内に産出される観念は、いかなる仕方によってもそれら性質には似ていないように思われます。

テオフィル 第一性質に関してと同様に第二性質に関しても類似ないし正確な連関がいかにして存するかはたった今示しておきました。結果がその原因に対応するということはとても理に適ったことです。反対だなどとどうして言えましょうか。(例えば) 青の感覚もそれを生み出す運動も判明には知られないのですからね。確かに痛みは針の運動に似てはいませんが、私たちの身体の内にこの針の引き起す運動には痛みはとてもよく似ていて、魂の内にあるこれらの運動を表現することはあり得ます。私はそうであろうことを疑いません。それ故にこそまた、私たちは苦痛が私たちの身体の内にあり針の内には無いと言うのです。しかし私たちは光が火の内にあると言います。[5] なぜなら、火の内には、離れては判明に感覚できないけれども、混雑して、あるいは結合して可感的となり、光の観念によって私たちに表現されるような運動があるのです。

〔21〕 **フィラレート** しかし、もし対象と感覚との間の連関が自然的だとしたら、同じ水が一方の手には熱く他方の手には冷たく思われ得るといったことに実際には私たちは気づくということはどうして生じ得るのでしょう。それはまた、痛みが針の内に無いのと同様に熱も水の内には無いということを示しているのです。

テオフィル それはせいぜい、熱が完全に絶対的な可感的性質ないし感覚させる力能ではなくて、適正な感覚器官に相対的なものであることを証明するだけです。なぜなら手の内にある固有な運動がそれ〔つまり力能の働きかけ〕に混じって現われを変えてしまうことがあるからです。光だって、まずい状態に置かれた眼には現われません。ですから眼が強い光に満たされてしまうと。もっと弱い光は感じられないのです。(あなたの呼び方による) 第一性質でさえ、例えば一性と数でさえ申し分無くは現われ得ません。というのもデカルト氏が既に報告しているように、或る仕方で指に触れた一つの球は二つに思えるし、(6) カットされた鏡やガラスは対象を多数化するからです。それ故、常に同じようには現われない物は対象の性質ではない、ということにはなりませんし、その像が対象に似ていないことにはなりません。そして熱について言えば、私たちの手がとても熱ければ、さほど熱くない水の熱は感じられず、むしろ手の熱さを和らげます。従って水は私たちには冷たく感じられるのです。それはちょうど、バルチック海の塩水がポルトガルの海の水と混ぜ合わされると、それ自身塩辛いにしてもそういう種的な塩辛さは減ってしまうだろうのと同様です。こうして何らかの仕方においては熱が風呂の水に属しているとは言えます。或る人にはそれが冷たく思われようともそうなのです。或る病人には蜜が苦《にが》く、銀が黄色く思われようとも、蜜は絶対的に甘く、銀は白いと言われるのと同じです。なぜなら名づけは最も普通のものによって為されるからです。それでもしかし、感覚器官と環境が然るべく整えられた場合には、内的な運動とそれを心に呈示する観念は、色・熱・苦痛等を生ずる対象の運動に似ているというのは本当です。あるいは、ここでは同じことですが、〔内的運動と観念は〕対象を、十分正確な連関を以て表出しているというのは本当です。尤も、この連関は判明には私たちに現われません。なぜなら、私たちはこの多数の微小印象を、私たちの心においても身体においても外にあるものにおいても識別し得ないからです。

〔24〕 **フィラレート** 太陽が持っている、蜜蠟を白くし柔らかくしたりあるいは泥を硬くしたりする性質を、私たちは単なる力能としか考えないでしょう。〔つまり〕この白さと柔らかさあるいは硬さに似た何ものをも太陽の中には概念しないのです。しかし熱さと光は一般に太陽の実在的性質と見做されています。けれどもよく考えてみると、私の内なる表象であるこれら光と熱という性質は、蜜蠟が白くなり融ける時に生じる変化と別の仕方で太陽の内にある訳ではないのです。

テオフィル 或る人々はそういう学説を極端に押し進め、(7) もし誰かが太陽に触ることができたら、そこにはいかなる熱も見出さないだろうとまで私たちに信じさせようとしました。集光鏡や集光レンズの焦点において感覚され得る偽《にせ》の太陽がこうした学説から人々を解き放ってくれるでしょう。しかし温める能力と融かす能力との比較について言えば、もし融かされ白くなりつつある蜜蠟が感覚を持っていたら、太陽が私たちを温める時に私たちが感覚するのと似た何ものかを蜜蠟もまた感覚するでしょうし、そして蜜蠟がしゃべれたら太陽は熱いと言うでしょう。それは自分の白さが太陽に似ているからというのではありません。なぜなら、〔もしそうなら〕顔が陽焼けした時はその褐色が太陽に似ていることにもまたなろうからです。そうではなくて、蜜蠟の内には運動があり、それを引き起す太陽の運動とそれとが連関を持っているからなのです。蜜蠟の白さは別の原因に由来し得るにしても、太陽からその白さを受けとる際に蜜蠟が持っていた運動は別の原因には由来し得ません。

9 表象について

〔1〕 **フィラレート** さて今度は特に内省に由来する諸観念に話を進めましょう。表象というものが、私たちの観念を相手にする心の第一の能力です。それはまた内省によって私たちが受けとる第一のそして最も単純な観念です。思惟というのは、精神が働いて一つの事物を或る程度の意志的注意を以て考察している時自分固有の観念について為す作用をしばしば意味しています。しかし表象と呼ばれる事態においては一般に精神は純粋に受動的で、その現実に意識的に表象するものを意識的に表象しないではいられないのです。

テオフィル 動物は表象を持つと付け加えても恐らく良いでしょう。しかし思惟を持つという必要は無い。言い換えれば内省ないし内省の対象であり得るものを持つという必要はありません。実際、私たち自身もまた微小表象を持っていて、私たちは現在の状態ではそれを意識的に表象していないのです。もし私たちの精神を分散させてしまうような〔微小表象の〕多数性によって私たちが気を散らされていなければ、あるいはもっと大きな表象によってそれが消されたりないしはむしろ曖昧にされていなければ、私たちは十分にそれに気づき内省し得るだろうというのは本当です。

〔4〕**フィラレート**　或る対象の観想にとても専念してしまっている時には、精神は或る物体が聴覚器官にもたらす印象に、それが十分に強くとも、いかなる仕方によっても気づかないことを認めましょう。しかし、もし心がいかなる意識もそれについては持たないとしたらそこからはどんな表象も出てこないのです。

テオフィル　私は表象と意識することを区別した方が良いと思います。(1) 例えば光や色の表象を私たちは意識しますが、それは私たちが意識しない沢山の微小表象から成っています。それに、私たちが表象を持ってはいても注意してはいない雑音というものも、ちょっとした付加ないし増大で以て気づかれるようになったりします。というのも、もし先行するものが心に何も為さないとしたら、この小さな付加もやはり何も為さないでしょうし、同様に全体も何の影響も与えないでしょう。この点についてはこの巻の第2章(2)〔11〕、〔12〕、〔15〕等で私は既に触れておきました。

〔8〕**フィラレート**　感覚から来る観念は成人では精神の判断によってしばしば変えられてしまっていながらそれに気づかない、ということをここで指摘しておいた方が良いでしょう。一様な色をした一つの球の観念は、種々の仕方で陰影を持ち照らされた平らな円を表現しています。しかし物体の像と物体の表面の形による光の反射の変化とを区別するのに私たちは慣れているので、私たちに現われているもののかわりに像の原因そのものを置き換え、判断と見ることとを混同しているのです。

テオフィル　それは全くその通りです。適切な遠近法という技巧で以て画家に私たちを欺く手段を与えるのもそれです。物体が平らな境界面を持っている場合は、影を用いずに輪郭のみを用いて、中国風の描き方で、しかし彼らのよりもっと適正な描き方で、それら物体は表現され得ます。それはメダルというものが〔彩色されずにただ〕デッサンされる習わしがあるようにです。画家が、古いものの正確な線からなるべく遠ざからないためにそうするのです。

しかしデッサンでは、円の内側をこの円で境界づけられた球の内側から、影の助け無しには正確に区別できないでしょう。一方の内側と他方の内側とは、区別された点も弁別的特徴も持たないからです。そこには、指摘されるべき大きな差異があるのですけれどもね。だからこそ、デザルグ氏は色調と影との力についての原則を提示したのです(3)。それ故画家が私たちを欺く時には、私たちの判断には二重の誤りが存しています。というのも第一に私たちは結果の代わりに原因を置き、像の原因であるものを直接に見ていると信じるからです。その点では、鏡に向かって吠えている犬に私たちは少し似ています。なぜなら、私たちは本当は像しか見ていないのであり、光線によって影響を受けているにすぎないのです。そして光線がとどくには（どんな少しであろうと）時間が必要なのですから、この間に対象が破壊され、光線が目に到達する時にはもはや存続していないこともあり得ます。そしてもはや無いものは視覚の現在の対象ではありません。第二に、私たちは一つの原因を別の原因ととりちがえ、平らな絵からしか来ないものを物体に由来すると信じる時に誤っています。従ってこの場合、私たちの判断の内には全く同時に換喩と隠喩とがあるのです。というのも文彩でさえ私たちを欺く時には詭弁となるからです。結果と原因とのこの混同、それも当の原因は真の原因であったりあるいはいわゆる原因であったりするのですが、そういう混同はしばしばまた他の場面でも私たちの判断に入り込みます。このようにして、私たちが私たちの身体を感覚したりあるいは身体に触れるものを感覚したり、腕を動かしたりするのは、心と身体との交渉を構成すると私たちが判断している直接の自然学的影響による、ということになってしまいます。実際にはこれに反し、そのような仕方によっては私たちの内にあるものをしか感覚しませんし変化させはしないのです。

フィラレート　この機会にあなたに一つの問題を提出したいと思います。それはモリヌークス氏が著名なロック氏に伝えた問題です。モリヌークス氏(4)は科学の進歩に自分の優れた才能をとても有効に使っている学者です。彼の言い分はおおよそ次のようなものです。「生まれながらの盲人で今は成人している人がいるとして、彼に、触覚によって、同じ金属で殆ど同じ大きさの立方体と球とを識別することを教え、双方に触れればどれが立方体でありどれが球であるかを彼は言えるとする。立方体と球とがテーブルの上に置かれ、この盲人の視力が回復するとする。〔そこで〕見はしても触れることなくそれらを識別し得、どれが立方体でどれが球であるかを言い得るだろうか。」これについてあなたはどう考えられるかおっしゃって下さいませんか。

テオフィル　この問題を熟考するためには時間がほしいですね。とても興味深く思えますから。でも即座に答えるようにあなたが急かされるので、ここだけの話として私の思うところをあなたにあえて言うことにしましょう。その盲人が自分の見ているのは立方体と球という二つの図形だということを知っているとすれば、彼はそれらを識別し得るし、触れなくとも「これが球でこれが立方体だ」と言い得るでしょう。

フィラレート　モリヌークス氏にまずい答え方をした人々の内にあなたを入れなければならないのではないかと私は恐れています。というのも、彼がこの問題の書かれている手紙の中で述べているところによれば、ロック氏の『知性論』を機会に、とても洞察力に富んだいろいろな人たちに当の問題を提出したのだけれども、然るべく最初からそれに答えた人は殆んど一人もいなかったそうです。尤も、モリヌークス氏の論拠を聞いた後には自分たちの間違いを認めたそうですが。この洞察力に富み聡明な著者の〔先の問題への〕答は否定的です。なぜなら〔彼は付け加えるのですが〕、この盲人は、経験から彼の触覚に立方体と球がどのような仕方で働きかけるかを学んだとはいえ、だからと言ってこれこれの仕方で触覚に働きかける物がこれこれの仕方で眼を刺激せねばならぬとはまだ知らないし、立方体の頂点は彼の手を不等な仕方で押すけれども、立方体において現われているような仕方で眼に現われねばならないとはまだ知らないのですから。『知性論』の著者は全く同意見だと公言しています。

テオフィル　モリヌークス氏と『知性論』の著者は思ったより恐らく私の意見から遠くありません。モリヌークス氏の手紙に書かれているらしい彼らの意見の論拠、人々を間違いから解き放つのに使われて成功したというその論拠は、読者の精神をもっと鍛えるためにか、『知性論』の著者によって故意に省かれてしまいました。あなたがもし私の解答を慎重に考えて下されば、問題の内に含まれていると考えて良い条件をそこに置いておいたことに気づかれるでしょう。それは、ただただ識別するのが問題であり、盲人は識別しなければならない二つの形をもった物体がそこにあるのを知っており、こうして彼が見る現われの各々は立方体のそれあるいは球のそれである、ということです。こういう場合には、盲人がたった今視力を回復しても、触覚が以前に彼にもたらした感覚的認識と結びついた理性の原理によって彼はそれらの物体を識別できます。なぜなら彼が実際にそして即座に、新しさに目を眩まされ唖然として、あるいはさらに帰結を引き出すことに殆ど慣れていなくて、やってしまうだろうことについて私は言っているのではありませんから。私の意見の基盤は、球においては球そのものの面に特別な点は無く、すべてはそこではなめらかで角《かど》が無いのですが、それに対して立方体においては他のすべての点から区別された八つの点があるということです。もし図形を区別するこういう手段が無かったら、盲人は触覚によって幾何学の基本を学ぶことはできないでしょう。しかし生まれながらの盲人が幾何学を学べるし、自然的幾何学の何らかの基本を常に持ってさえいるのを私たちは知っています。それに、触覚を用いなくてもただ見ただけで幾何学が学ばれることもしばしばあるのを私たちは知っています。麻痺患者やあるいは触覚が殆ど断たれている人々が為し得るしまた為さねばならないようにです。そしてこの二つの幾何学、つまり盲人のそれと麻痺患者のそれは合流し一致し、同じ諸観念に帰着しさえします。尤も共通の像がある訳ではありませんが。そしてそのことは更に、どれほど像を厳密な意味での観念からは区別しなければならないかを明らかにしています。厳密な意味での観念というものは定義に存しているのです。生まれながらの盲人の持つ観念をよく調べ、図形について彼の述べるところを聞くのは確かにとても興味深いことでもあり、有益でさえもあるでしょう。というのも彼は図形について述べることができるし、光学の学説を知解することすら、それが判明で数学的な観念に依存している限りでは、できるのですから。尤も、明晰で―混雑した或るもの即ち光や色のイメージを概念するには至り得ないでしょうが。そういう訳ですから、或る一人の生まれながらの盲人が光学の講義を聞いて十分理解したと思ったのですが、或る人に光とはどんなものだと思うかと問われて、それは砂糖のように何か好ましいものであるにちがいないと思う、と答えたりすることにもなるのです。生まれつき聾で唖の人が形を持たない事物について持ち得る観念を調べるのも同様にとても重要でしょう。そうした事物について普通私たちは言葉で述べるのですが、彼は全く違った仕方の述べ方を持つはずです。尤も、その叙述は私たちのそれと等価ではあり得ます。ちょうど、中国人の文字が私たちのアルファベットという文字と等しい効果を為すようにです。中国人の文字は私たちのとは非常に異なっていて、聾の人によって発明されたようにも思われるのですが。私は偉大な王子[5]のおかげで、パリの生まれつき聾で唖の人の話を知っています。彼の耳はとうとうその機能を果たすまでになり、今ではフランス語を学んでいます（というのも、そのことが最近知らされたのはフランスの宮廷からなのです）。彼は〔聾という〕以前の状態において持った概念についてや、聴覚が働きはじめた時のこれらの観念の変化について、とても興味深い事柄をきっと語ってくれるでしょう。彼ら生まれつき聾で唖の人々は私たちの考える以上に広くものを知り得るのです。そういう人が一人、前伯爵[6]の治世にオルデンブルクにいました。彼は優れた画家になり、更にとても理性的であることを示しました。ブルターニュ生まれの一人のとても博識な人が私に語ってくれたところによると、ナントから十里の所にあるブランヴィルというロアン公爵領に、一六九〇年頃一人の貧乏な人がいたそうです。彼は町の外の城の傍の小屋に住んでいて、生まれつき聾で唖だったそうです。彼は手紙とか他の物を町に持って行き、彼の手を借りるのを常としていた人々が彼のために作ったしるしに従って、家を見つけました。結局その貧乏な人は更に盲目にもなってしまいましたが、それでもとにかく何らかの役目を果たし、触覚で以て、彼に示されたものを頼りに手紙を町に届けたのです。彼の小屋の中には一枚の板があり、それが戸から彼の足のところまで続いていて、誰かがもし彼の小屋に入ってくるとその板の受ける動きでそのことが知らされるのです。こういう人々の考え方について正確な知識を持とうとしないのはとても怠惰だと思います。もし彼はもう生きていないとしても、現場に居合わせた誰かがそのことについてまだ何らかの情報を与え得るし、彼がやるべき事柄がどうやって彼に示されたのかを私たちに分からせてくれるように思えます。ところで生まれつきの盲人の眼が見えるようになって、触れずに見るだけで球と立方体とを判別する話ですが、先程言いましたように、もし誰かが彼に彼の手にするだろう現われないし表象の一方は立方体に他方は球に属すると告げているなら、識別できると私は答えます。しかしこの前以ての教示が無かったら、次のようになってしまうのを認めます。即ち、目の内奥で彼が形成し、テーブルの上の平らな映像に由来し得るこれらの種の映像が、物体を表現していると考えようとはさしあたり思いつかないだろうこと。そんなことを思いつくのは、触覚がそのように彼を納得させるか、光学に従って光線について推論してこれら光線を阻止する事物があり触覚において彼に残されていたものは正にこれにちがいないことを光と影によって理解するだろう時なのです。そうなるのは結局何時《いつ》かというと、それは、この球と立方体が転がるのを見、運動に従って影と見かけとが変るのを見た時か、あるいは、これら二つの物体は静止していて、それを照らす光が場所を変えるとか、彼の眼が位置を変えるといった時でしょう。なぜなら、物体を表現している絵ないし遠近画を本当の物体と区別するのは大体そのようにしてだからです。

[11]　**フィラレート**　表象一般に話を戻しましょう。表象が、動物をそれより劣った存在者から区別します。

テオフィル　植物と動物との間にある偉大な類比のおかげで植物にもまた何らかの表象と欲求とがあると私は考えたいのです。ですから、普通言われているように植物的魂(7)がもしあるなら、それは表象を持っているはずです。けれども、植物や動物の身体内で生じているすべてのことを私は機構《メカニスム》にとにかく帰します。最初の形成時は別ですが。こうして、植物の感覚的と呼ばれている運動は機構《メカニスム》に由来するということに私は同意しますし、植物や動物の現象の細部を説明するのが問題の時に魂に訴えるのには賛同しかねます。

[14]　**フィラレート**　確かに、牡蠣やムール貝のような種類の動物の内にさえ何らかの弱い表象があると私自身信じざるを得ません。なぜなら、偶然が置いた場所にずっと留まるように強いられて、その場所で、やってくるがままに冷たい人や暖かい水、きれいな水やきたない水をかぶる動物には、敏感な感覚などは不都合をもたらすだけでしょうから。

テオフィル　その通りです。それに植物も殆ど同じだと言って良いと思います。しかし人間はどうかと言うと、その表象は内省する力能を伴っていて、内省すべきものが何かある時に働きは始めます。しかし、昏睡状態で殆ど知覚のないような状態に人間が陥っている時には、内省と意識的表象は止み、普遍的真理は思惟されません。けれども、本有的な能力や態勢、獲得された能力と態勢、そしてこの混雑した状態において受けとられた印象でさえ、だからと言って無くなってしまいもせず、消される訳でもありません。忘れてはしまいますが。そうしたものも目につく何らかの結果にいつか貢献するための出番を持っているでしょう。なぜなら、自然の内には無駄なものは何も無く、いかなる混雑さも解消されるはずだからです。愚鈍な状態に至りついてしまっている動物たちでさえ、いつかもっと際立った表象へ立ち返るはずです。単純実体はずっと持続するのですから、幾年かによって永遠について判断してはいけません。

10　把持について

〔1・2〕**フィラレート**　単なる表象によってよりももっと[1]事物の認識を推し進める精神の別の能力を私は把持と名づけます。それは感覚からあるいは内省から受けとった認識[2]を保存するのです。把持は二つの仕方で行われます。現前している観念を現実に保存することによるもの、それを私は観想と呼びます。そしてそれらを精神の前に呼びもどす力能を保持することによるもの、それは記憶と呼ばれるものです。

テオフィル　人はまた本有的認識を把持し観想します。そして本有的なものが獲得されたものから区別され得ないこともしばしばなのです。少々前から既にあるか、あるいは新たに私たちの内に形成されるかする像の表象もまたあります。

［2］ **フィラレート** しかし、像とか観念とかは現実的に意識されるのを止めるや否や何ものかであるのを止めると私たちは思います。それに、記憶の中に観念が保存されているということ、それは既に持っていた表象を多くの機会に呼びおこす力能を魂が持っていることに他なりません。それも、この種の表象を以前に持った時同時に魂を領していた感覚と共にです。

テオフィル もし観念が思惟の形相ないし思惟の仕方でしかなかったら、それは思惟とともに止むでしょう。しかしあなた自身お認めになったように、観念は思惟の内的対象であり、そういう仕方でそれは存続し得るのです。あなたがいつもそういう裸の力能ないし能力で以て満足なさることができるのに驚いています。スコラ哲学者たちがそういったものを使うのに対して恐らくあなたは拒否なさるでしょうに。こうした能力が何に存しているのか、どのようにしてそれが働かされるのかをもう少しはっきり説明しなければならないでしょう。そうすれば、身体の内にと同様魂の内にも過ぎ去った印象の名残りである態勢があると分るでしょう。しかしそうした態勢には、何かの機会に記憶がそれを見出す時にのみ気がつくのです。そして、もはや思惟しなくなるや否や過ぎ去った思惟については何も残らないとすれば、それについての思い出がどうやって保持され得るのかを説明することはできなくなるでしょう。そしてそれ故にあの裸の能力に訴えるとすれば、それは何も知解できることを言ったことにはならないのです。

11

識別について、あるいは観念を区別する能力について(1)

［1］ **フィラレート** 本有的真理として通用している多くの命題の明証性と確実性は、観念を識別する能力に依存し

ています。

テオフィル　これらの本有的真理を思惟し見分けるために識別が必要なことは認めましょう。しかしだからと言ってそれらが本有的でないことにはなりません。

〔2〕 **フィラレート**　才気煥発というのは観念を速かに思い出すことにあります。しかしそれらを鮮明に表現し正確に区別するところに判断というものがあるのです。

テオフィル　恐らく両方とも形象的思惟の鋭敏さですよ。判断というものは理性に従って命題を検討するところにあるのです。

フィラレート　才気〔エスプリ〕と判断力とのそういう区別を私は認めるに吝《やぶさか》ではありません。でも時には判断力をあまり使いすぎてはならないこともあるのです。例えば、或るエスプリに満ちた思惟を真理と正しい推論の厳しい規則で検討するのは、当の思惟を或る仕方で損うことです。

テオフィル　良い指摘です。エスプリに満ちた思惟も理性の内に少なくとも見かけの上での何らかの基礎を持っていなければなりません。けれども、絵をあまり近くから見る必要は無いのと同様に、そういう思惟をあまりに細心綿密に調べる必要は無いのです。こういう点でブーウール神父[2]は、エスプリに満ちた著作について、思惟の仕方を一度ならずやり損いました。神々ニハ勝利ノ原因が気ニイリ、カトーニハ勝タレタ〔失ッタ〕原因が気ニイッテイルというルカヌス[3]の機智を彼が軽蔑している時のように。

〔4〕 **フィラレート**　観念に関しての精神のもう一つの作用は比較です。精神は一つの観念を別の観念と、範囲・程度・時間・場所その他、何かの事情に関して比較します。関係という名の下に包括されるあのとても多くの観念はそれに依存するのです。

テオフィル　私の感じでは関係は比較よりももっと一般的だと思います。というのも関係は比較であるかあるいは協働であるかだからです。前者は一致か不一致に関わり（ここでは言葉を少し広い意味でとっています）、それは類似・相等・不等などを含んでいます。後者は何らかの連繫を含んでいます。原因と結果・全体と部分・位置と秩序、の連繫のように。

[6]　**フィラレート**　複雑観念を作るために単純観念を複合することもまた私たちの精神の作用です。幾つかの単位から一ダースを形成する際のように、同一種の観念を一緒にして、観念を拡大する能力もそれに帰されます。

テオフィル　確かに両方とも同じように複合的です。が、類似した観念を複合するのは異なった観念を複合するより簡単です。

[7]　**フィラレート**　もし子狐たちが牝犬から必要なだけ乳をもらえるようにし、乳がそれらの身体全体に行きわたるほどであるようにできたら、牝犬は子狐を養い、子狐と戯れ、自分の子と同じ程可愛がるでしょう。それに、一度に沢山の子を生む動物は子の数について全然知らないようです。

テオフィル　動物の愛というものは、慣れによって増大するような楽しみに由来しているのです。しかし正確な数に関しては、人間だって何らかの手だてによってしか事物の数を知り得ないでしょう。数えるために数詞を利用したり、あるいは数えずにも何かが欠けているかどうかを知らせるような形の配置を利用したりするようにです。

[10]　**フィラレート**　動物は抽象をしません。

テオフィル　私もそう思います。動物は恐らく白さというものを知っていて、それをチョークの内にも雪の内にと同様認めるでしょう。でもそれは未だ抽象ではありません。というのも、抽象は特殊なものから離れた共通なものの考察を必要とします。ですからそこには普遍的真理の認識が関与してくるのですが、動物にはそういうものは与えられていません。口をきく動物も一般的観念を表出するための言葉を用いている訳ではないし、言葉や語の使用を断たれた人間でもとにかく別の一般的な記号を作りはするのはよく指摘されることです。人間本性の優越性を随所でとてもよく注意されておられるのを見て私は嬉しく思います。

[11]　**フィラレート**　もし動物が何らかの観念を持ち、或る人々[4]が主張したように単なる機械である訳ではないなら、

動物が或る程度における理性を持つことを私たちは否定し得ないでしょう。私にとっては、動物が推理することは、動物が感覚を持っているように思えるのと同じ程明らかに思えます。けれども、動物が推理するのは感官がそれらに提示する特殊的観念についてだけなのです。

テオフィル　動物は以前に感覚した結びつきによって一つの想像から別の想像へと移り行きます。例えば、主人が棒を持つ時、犬は打たれるのが分るように。そして多くの場合子供も大人も思惟から思惟への移行においてこれとは別の手続きをとってはいません。それを、とても広い意味では結論づけや推論と呼んでも良いでしょう。でも私は慣用に従ってそういう語は人間にとっておいて、表象の結びつきの何らかの理由に関わる知識に限定したいと思います。感覚だけではそういうものをもたらすことはできません。感覚の効果というのは、前に見出したと同じ結びつきをもう一度自然に期待するようにしかしません。もしかすると理由はもはや同じではないとしても。そうしてこれが感覚によってしか身を処さない人々をしばしば欺くものなのです。

［13］**フィラレート**　白痴(5)は知的能力における鋭敏さ・活潑さ・運動を欠いていて、それ故理性の使用〔の道〕を断たれています。狂人は反対の端にいるようです。というのも狂人は推理能力を失っているようには見えないけれども、或る諸観念を時にまずく結びつけてそれを真理と考えてしまい、誤った原理に基づいて正しく推論する人々が誤るのと同じ様に誤るのですから。こうして或る狂人は自分を王様と思い込むと、正しい結論づけの末に、自分の尊厳に従い、傅《かしず》かれ、敬われ、服従されるよう要求するのをあなたもご覧になるでしょう。

テオフィル　白痴は理性を働かせていません。頭は鈍いけれども正しい判断はする人とはちがいます。しかし頭の鈍い人は理解が遅いので侮られうるさがられます。上手な人とオンブル(6)をやりたがって、しかもあまりに長くそしてあまりにしばしばどういう手をとろうか考え込む人のようにね。一人の有能な人が、ちょっとした薬を飲んだために記憶を失ってそういう状態に陥ったのですが、それでも判断力はずっと存していたのを私は憶えています。全くの狂人は殆どいかなる場合にも判断力を欠いています。それにも拘らず、形象的思惟が活潑なので彼は快活になり得るのです。しかし特殊な狂人たちがいて、彼らは自分たちの人生の重要な点について誤った仮定を形成しそれについて正しく推論します。あなたが指摘なされたように。そういう有名な人が一人、或る宮廷にいます。彼は自分がプロテスタント問題を再興しフランスを道理に服させる使命を帯びていると信じ込み、神はそのために彼を高めるために、最も偉大な人物たちが彼の身体を通り過ぎていくようにさせたと信じ込んでいます。結婚すべきだと思うすべての王女と結婚するのだと言うのですが、それも彼女たちを神聖化した後にであり、地上を支配すべき聖なる血統を持つためにだと言うのです。彼は、戦争のすべての禍いは彼の意向に敬意をはらわないからだと言います。どんなに高貴な人と話すに際しても、彼は自分の品格を低めないために必要なすべての方策を講じます。そして人が彼と議論を始めると彼はとてもうまく切り抜けるので、私は彼が狂人のふりをしているのではないかと一度ならず疑った程です。というのも彼はそこに何の不都合も見出さないのですから。しかしながら彼をもっと詳しく知る人たちが私に断言するところによれば、彼は正真正銘の狂人なのです。

12

複雑観念について

フィラレート[1]　知性は真暗な小部屋に似ていなくもありません。どんな小部屋かというと、外的で可視的な像[2]が外から入ってこられるためのちょっとした小さな入口があるのみの部屋です。そこでもしこの暗い小部屋に彩りをそえるためにやってくるこれらの像[3]がそこに残り、秩序正しく置かれ、機会に応じて見出され得るとしたら、この小部屋と人間知性との間には大きな類似がありましょう。

テオフィル　その類似をもっと著しいものにするにはその暗室の中に形質を受けとるための幕があると仮定しなければならないでしょう。そしてその幕は平らではなく、本有的認識を表現している襞によって変化がつけられているでしょう。おまけにこの幕ないし膜は、張られることによって一種の弾性力ないし活動力を持ち、過去の襞と同様に形質の印象に由来する新たな襞に応じた作用ないし反作用をさえ持つでしょう。そしてこの作用は或る種の震えあるいは振動に存するのですが、そういったものは張られた弦に触れた時に見られるものです。そうやって弦は一種の楽音を発するのです。なぜなら、私たちは脳の内に像ないし印象を受けとるだけではなく、複雑観念に向かう時には新たなものをまた作りもするのですから。こうして私たちの脳を表現している幕は活動的で弾性的でなければなりません。この喩《たと》えは脳の中で起っていることをかなり良く説明しています。けれども魂に関して言うと、魂は単純実体、言うならモナドであり、それは延長を持たずに、延長している物塊のこの同じ多様性を表現し、それについて表象を持つのです[4]。

〔3〕　**フィラレート**　ところで複雑観念は様態であるか、実体であるか、関係であるかです。

テオフィル　私たちの思惟の対象を実体・様態・関係へとそのように分けることはとても気に入りました。性質は実体の変様でしかなく知性がそこに関係を付け加えるのだと私は思います[5]。ここからは思ったより多くのことが帰結します[6]。

フィラレート　様態は単純であるか（一ダース・一ヴァンテーヌ[7]のように、同じ種類の単純観念つまり単位から成っているもの）、あるいは混合的であるか（美のように）です。混合様態には異なった種類の単純観念が入っています。

テオフィル　恐らくダースとかヴァンテーヌとかは関係でしかなく、知性と関係づけられてのみ構成されるものです。諸単位は別々に存していて、知性はそれらがどれほど散らばっていてもとりあつめるのです。しかし、たとえ関係が知性に由来するとしても、それらが基礎や実在性を持たない訳ではありません。なぜなら第一の知性は事物の起源だからです。それに、単純実体を除いたすべての事物の実在性さえ、単純実体の持つ現象の表象という基礎においてのみ存しているのです。混合様態に関しても事情はしばしば同じです。言い換えれば、混合様態はむしろ関係へと持ち込むべきである場合がしばしばあるのです。

〔6〕**フィラレート**　実体の観念は、自分自身で存立する個々別々の諸実体を表現すると仮定されているような単純観念の一定の集成です。それら観念の内で、実体という曖昧な概念[8]がいつも第一の主要なものと考えられています。それ自身ではどんなものかを認識することもなく、それを仮定しています。

テオフィル　実体の観念は思ったほど曖昧ではありません。それが何であるはずなのか、それに関して他の事物について知られるのは何なのか、について人は知り得るのです。それに、具体的なものについての認識は抽象的なものについての認識より常に先にありさえします。熱よりも、熱いことの方がより〔先に〕認識されるのです。

〔7〕**フィラレート**　実体に関して言うと、そこにはまた二種の観念があります。一つは、一人の人間とか一匹の牝羊とかの観念のように単独の実体で、もう一つは、一緒にされた多くの実体の観念です。こちらの方は、人間たちから成る軍隊とか羊たちの群とかのようなもので、これら集合もまた単一の観念を形成します。

テオフィル　寄せ集まりの観念のそういう統一性は至極尤もなものですけれども、実際にはそういう集合の統一性は連関ないし関係でしかないと言わなければなりません。そしてその基礎は、別々な単独の実体の各々において見出されるものの内にあります。こうしてこれら寄せ集めによる存在者は申し分の無い統一性を持つにしても、それは心的な統一性と別物ではありません。ですから、それらの存在性もまたどうやら心的というか現象のというか、そういった類のものであり、虹の存在性と同じ様なものです[9]。

13

単純様態について、そしてまず空間の単純様態について

〔3〕**フィラレート**　空間は二つの物体を分つ長さに関して考えられると距離と呼ばれます。長さと広さと深さに関して考えられると、それを容積と呼んで良いでしょう。

テオフィル　もっとはっきり言うと、位置づけられた二つの事物（それが点であれ延長物であれ）の距離というのは、一方から他方へ引かれ得る可能な限り最も短い線の長さです。この距離は絶対的にも考えられ得るし、あるいは区別された二つの事物を含む一定の図形においても考えられます。例えば直線は絶対的に〔という意味での〕二つの点の間の距離です。しかしこれら二つの点が同一の球面上にある時には、これら二つの点のこの表面上における距離は、一方の点から他方へ引き得る最も小さい円弧の長さのことです。距離というものは物体間にだけあるのではなく、面・線・点の間にもあることを指摘しておくのもまた良かろうと思います。二つの物体ないし二つの別の延長物間、あるいは一つの延長物と一つの点との間、にある容積あるいはむしろ間隔は、諸点間に引かれ得る最も短い線のすべてによって構成された空間であると言い得ます。この間隔は次の場合を除いては立体です。その場合とは、二つの位置づけられた事物が同一の平面上にある場合、そして位置づけられた事物の点間の最短線がこの平面上にまた落ちるはずであるか、あるいは明らかにそこにおいて引かれるはずである場合です。

〔4〕**フィラレート**　自然にあるものに加えて[1]、人々はプースとかピエというような或る一定の長さの観念を精神の内に定めました。

テオフィル　そんなことはできないでしょう。なぜなら一定の正確な長さの観念を持つなど不可能だからです。私たちは一プースとか一ピエが何であるかを言うことも精神によって理解することもできないでしょう。そして、これらの各々の意味は、変化しないと仮定された実在的な尺度、それによって常に一プースとか一ピエとかを再び見出し得るようなそういう実在的尺度によってしか保持され得ないでしょう。そういう訳なので、イギリスの数学者であるグリーヴズ氏[2]は私たちの尺度を保存するためにエジプトのピラミッドを使おうとしたのです。それらピラミッドの一つに描かれる一定の長さに対する[3]比を子孫に示すことによってです。このピラミッドは十分〔長く〕存続してきましたし恐らくまだしばらくの間存続するでしょう〔からね〕。確かに最近、尺度を永続化するのに振子が役立つことが見出されました。（事物ノ尺度ハ子孫ニ受ケ継ガレネバナラヌカラ）。ホイヘンス氏[4]、ムートン氏[5]、そしてかつてポーランドの造幣局長だったブラティーニ氏のように、私たちの〔尺度の〕長さと振子の長さとの比を提示することによってです。その振子というのは正確に（例えば）一秒を刻むのです。言い換えれば、恒星の回転の、ないし天文学的一日の、八万六千四百分の一を刻むのです。ブラティーニ氏はそれについて特別に一篇の論文を書きました。それを私は草稿で見たことがあります[6]。しかし振子によるこの尺度にはまだ不完全なところがあり、〔その使用は〕一定の国国に限らなければなりません。というのも、赤道上では、同じ時間を振子が刻むには振子はもっと短くて良いからです。それに、更に、基礎的な実在的単位の恒常性を仮定しなければなりません。言い換えると、一日という持続の恒常性、ないし地軸の周りの地球の回転の恒常性、そして重力の原因の恒常性までもが仮定されなければなりません。他の事情については言うまでもないでしょう。

〔5〕　**フィラレート**　〔線分の〕末端がどのように終わるかについて見てみましょう。それが、はっきりとした角を形成する直線によって終わるか、あるいはいかなる角も見出されないような曲線によって終わるかを見てみるのです。〔こういう観察から〕私たちは図形という観念を形成するのです。

テオフィル　平面的図形は一本の線かあるいは何本かの線で輪郭を描かれます。けれども物体の形は定まった線無しにも限界づけられ得ます。例えば球という形のように。たった一本の直線あるいは平面ではいかなる空間も包むことはできませんし、いかなる図形も作ることはできません。しかしたった一本の線でも平面的図形を包み描くことはできます。例えば円・楕円です。同様に、たった一枚の曲面でも立体的図形を包み描くことができるのです。球とか回転楕円体がそれです。しかしながら、多くの直線や平面だけでなく多くの曲線や曲面も一所に集まり、そして一方が他方に接しているのでない場合には相互に角度を形成しさえします。幾何学者たちの慣用に従って図形の定義一般を与えるのは容易ではありません。図形とは限界づけられた延長物であると言ったのではあまりに一般的にすぎます。なぜなら例えば一本の直線は二つの端によって限られているにも拘らず一つの図形ではありませんし、二本の直線でさえ図形を形成しはしないでしょう。図形とは延長物によって限界づけられた延長物であると言ったのでは十分に一般的ではありません。なぜなら、球面全体は一つの図形ですが、それはいかなる延長物によっても限界づけられてはいないのです。図形というのは限界づけられた延長物であり、その内には一つの点から他の点へ行く無数の道があるものだ、とも言い得ます。それは輪郭を描く線を持たない限界づけられた表面を包んでおり、そうした表面は先の定義が含んでいなかったものです。そしてそれは線を排除しています。なぜなら一つの点から他の点へは一本の線においては一本の道かあるいは一定の本数の道しかなく〔無数の道は〕ありませんから。しかし、図形は、延長をもった断面を受け容れ得るような、あるいは幅をもっているような、限界づけられた延長物であると言った方が更にもっと良いでしょう。幅というのは今まで定義を与えられたこともなかった術語です。[7]

〔6〕**フィラレート**　とにかくすべての図形は空間の単純様態に他ならないのです。

テオフィル　あなたによると、単純様態は同じ観念を繰り返しているものですが、図形においては必ずしも同じものが繰り返されている訳ではありません。曲線は直線とはかなり違うものですし、曲線相互でも異なります。ですから、ここで単純様態の定義がどうやって適用されるのか私には分からないのです。

〔7〕**フィラレート**　定義というものをさほど厳密にとる必要はありません。[8]それはともかく、話を図形から場所へ

と移しましょう。チェスの駒のすべてがチェスボードの同じ目に、置いた通りのまま見出される時、ひょっとしてチェスボードが移動されていたとしても、駒は同じ場所にすべてあると私たちは言います。もしチェスボードが船室の同じ部分に留まっていれば、船が出帆していてもチェスボードは同じ場所にあると私たちはまた言うのです。その船は、近くの陸地の諸部分と同じ距離を保っていれば、地球が回っていようと、やはり同じ場所にあると言われます。

テオフィル　場所は、一定の物体に関して考えられるように個別的なものであるか、あるいはすべてに関係し、それに関係づけられて何であろうと或る物に関してのすべての変化が考慮される時のように普遍的であるかです。そして宇宙には不動なものは何も無くとも、もしすべての変化を記録する手段があるか、あるいは被造物の記憶がそれに十分であるかであれば、とにかく各々の事物の場所は推論によって定められます。ちょうど、アラブ人たちが記憶で以てそして馬上でチェスをすると言われているようにです。しかし、私たちが理解できないことも、とにかく事物の真理においては定められているのです。

〔15〕　**フィラレート**　もし誰かが私に空間とは何であるかと問うとして、延長とは何であるかを彼が私に言ってくれさえすれば答える用意はあります。

テオフィル(9)　空間の本性が説明されると私が思っているのと同じ程、熱とは何かあるいは他の何らかの病気とは何であるかを言えたら良いのにと思います。延長は延長物からの抽象です。ところで延長物とは諸部分が共存する、言うなら同時に存在する連続体です。(10)

〔17〕　**フィラレート**　物体の無い空間は実体であるか偶有性であるかと問われても、私はそのことについては何も知らないとためらうことなく答えるでしょう。

テオフィル　あなたがそれについては何も知らないとおっしゃっておられることについて何かを明確にしようと私がすると、己惚れだと言われてしまうのではないかと心配しています。けれども、あなたがおっしゃっておられるより、そしてあなたが考えていらっしゃるよりも多くをあなたは御存知だと言って良いのです。神は諸事物の場所である、と或る人々は信じています。[11] レッシウスとゲーリケ氏[12]は、もし私が思い違いをしているのでなければ、そういう見解を持っていました。しかしその際、場所は、私たちが空間に帰すもの以上の何ものかを含んでいます。私たちは空間からはいかなる活動をも剝奪しているのです。こんな風ですから、空間は、時間同様、実体ではありませんし、もしそれが部分を持つなら神ではあり得ないでしょう。空間は関係、秩序であり、それも現実存在する諸物間のそれだけではなく、あたかも現実に存在するかのように考えられた可能的な諸物間のそれでもあるのです。空間の真理と実在性は神において基礎づけられています。すべての永遠真理と同様に。[13]

フィラレート　私はあなたの見解と殆ど同じです。私たちは神において現実存在し、生き、動いている、という聖パウロの一節をあなたは御存知でしょう。[14] ですから見方の違いによって、空間は神であるとも、秩序ないし関係でしかないとも言えるのです。[15]

テオフィル　ですから、最も良いのは、空間は秩序であるが神はその源泉であると言うことでしょう。

[18]　**フィラレート**　しかしながら空間が実体かどうか知るには、実体一般の本性が何であるのかを知らなければならないでしょう。でもそこには困難があります。もし神と有限な精神と物体とが実体の同一の本性に共同に与《あずか》っていたら、それらはこの実体の異なる変様によってしか異ならないことになりませんか。

テオフィル　もしそういう結論になるなら、神と有限な精神と物体とは、存在という同一の本性に共に与るのですから、この存在の異なる変様によってしか異ならないでしょう。

[19]　**フィラレート**　偶有性というものは結びつけられる何ものかを必要としている実在的存在者の一種である、と考えるのを思いついた初めての人々は、それら偶有性を支えるのに役立てるために実体という語を発明せざるを得なかったのです。

テオフィル　それでは偶有性が実体の外で存続し得るとあなたはお考えなのですか。それとも偶有性は実在的な存在者ではないとおっしゃりたいのでしょうか。理由も無くあなたは困難を作り出していらっしゃるように思えます。

偶有性つまり抽象的なものよりもむしろ実体つまり具体的なものの方が知られる、と先に指摘しておきました。

フィラレート　実体とか偶有性とかいう語は私の考えでは哲学においてあまり有用ではないと思います。

テオフィル　私は別の見解を持っています。実体についての考察は哲学の最も重要で最も豊かな点の一つだと思うのです。

［21］ **フィラレート**　私たちは今のところ、空間が実体であるかどうかを問うに際して、時々しか実体については言及しませんでした。けれどもここでは空間が物体でないということで私たちには十分です。ですから無限な物体を空間であるなどとは誰も言わないでしょう。

テオフィル　デカルト氏と彼の信奉者たちはしかしながら物質が限界を持たないと言いましたよね。世界を無際限とし、従ってそこには果《はて》を考えることが私たちにはできないとすることによってです。そして彼らは無限という術語を無際限という語に変えましたが、それは理由のあることなのです。なぜなら世界の内には無限な全体は決してないからです。一つの全体があればそれより大きな別の全体が常にあり、それが無限に続くのですけれども、宇宙そのものは、先に示しましたように、一つの全体としては通用し得ないのです[16]。

フィラレート　物質と延長とを同一の事物だとする人々は空洞な物体の内壁は〔ぺしゃんこになって〕接触するだろうと主張します。けれども、二つの物体の間に空間があればそれらの相互接触を妨げるには十分なのです[17]。

テオフィル　そうだと思います。というのも私は空虚は認めませんけれども、物質を延長からは区別しますから。もし球の内に空虚があるとしたら、くぼみの両側が接触しないのはそのためだと私は認めます。しかしそれは神の完全性が認容するようなケースではないと思います。

［23］ **フィラレート**　でも、運動というものが空虚〔の存在〕を証明しているように思えますが。分割された物体の最小部分が一粒の芥子《からし》の実と同じ大きさだったら、この物体の諸部分が自由に動くための場所を持つようにするには芥子の実一粒の大きさと同じだけの空虚な空間がなければなりません。物体の諸部分がその十億分の一であっても事

情は同じでしょう。

テオフィル　原子というもので考えられているように硬くて、たわみも分割されもし得ない微粒子でもし世界が満たされていたら、世界には運動が不可能であろうというのは本当です。けれども実を言うと根源的な硬さというものは無いのです。反対に、流動性というものは根源的なものであり、物体は妨げるものが何も無ければ、必要に応じて分割されます。(18) このことは、運動があることから空虚の存在を主張する論法から完全に力を奪い去ってしまいます。

14

持続について、そしてその単純様態について

〔10〕 フィラレート　延長は持続と対《つい》を成します。そして持続の一部分であってそこには観念(1)のいかなる継起も見出されないものを私たちは瞬間《かい》と呼びます。

テオフィル　瞬間についてのその定義は通俗的な知見であると考えなければならない（と私は思います）。点《い》について一般の人が持つ定義と同様に。なぜなら厳密に言えば点と瞬間とは時間や空間の部分ではなく、部分を持ちもしないのです。点と瞬間はただの限界にすぎません。

〔16〕 フィラレート　私たちに持続の観念をもたらすのは、運動ではなく諸観念の恒常的な継起です。

テオフィル　表象の継起は私たちの内に持続の観念を呼び起しますが、それを作るのではありません。私たちの〔持つ〕表象は時間の継起に対応するほど十分に恒常的で規則的な継起をしはしないのです。時間の継起は直線のように一様で単純な連続です。表象の変化は私たちに時間について考える機会を与えます。時間は一様な変化によって

測られます。しかし自然の内には一様なものは何も無いとしても、とにかく時間は決定されます。固定した、言うなら不動の物体は無いとしてもまた場所は決定されるのと同じです。こういう訳ですから、一様でない運動の規則を知って、常にそれを、知解できる一様な運動に人は関係づけ得るし、こういう手段によって、異なる運動が一緒に結びつけられて生じることを常に予見し得るのです。この意味で時間は運動の尺度である。言い換えれば一様な運動が一様でない運動の尺度なのです。

〔21〕 **フィラレート** 持続の二つの部分が等しいということは確実には知られ得ません。観察は大凡《おおよそ》の事に行きつき得るだけと言わなければなりません。精密な研究の後、太陽の日周運動に実は不等性があることが発見されました。年周運動もまた等しくないのかどうかを私たちはまだ知りません。

テオフィル 正午から正午までの一日の不等性を振子が〔私たちにも〕感覚し得、見えるようにしました。彼ハ太陽が嘘ヲツクトイッテ非難ショウトイウノダ。[2] その不等性は既に知られているし、これには規則があるというのも本当です。太陽日の不等性を補償する年周運動に関して言えば、それは時間の継起の内で変化し得るでしょう。地軸の周りの地球の回転、それを第十天[3]に帰属させることが一般に行なわれているのですが、それは今までは私たちの最良の尺度であり、大時計や懐中時計は私たちがその尺度を共有するのに役立ちます。けれども地球のこの同じ日周運動もまた時間の継起の内で変化し得るのです。もし或るピラミッドが十分に持続し得るか、あるいは新しいピラミッドを作り直すかすれば、その変化に気づくことができましょう。そのピラミッドの上に、この〔地球の一回の〕回転の間に或る知られた回数の振りが今起っているような振子の長さを記載しておくことによってです。この回転を別の回転と比較することによってもまた或る仕方で変化は知られるでしょう。木星の衛星の回転と比較したりしてです。なぜなら、双方に変化があるとして、その変化が常に比例しているだろうなどということはありそうもないからです。

フィラレート 時間に関する私たちの尺度は過ぎ去った一日を、やって来る一日一日と比べるために保存し得るならばもっと正しくなるでしょう。空間の尺度が保存されると同じようにできればね。

テオフィル　いや、そのかわりに私たちは殆ど等しい時間内に運動する物体を保存し観察するほかはありません。いずれにせよ、空間の尺度は、例えば木とか金属に記載されている一オーヌ(4)のように、完全に同じに留まると言うことはできないでしょう。

〔22〕 **フィラレート**　ところがすべての人々は明らかに時間を天体の運動によって測っているのですから(5)、とにかく時間を運動の尺度と定義するのはとてもおかしいのです。

テオフィル　それがどう理解されるべきなのかは（〔16〕で）言ったばかりです。時間は運動の数であって運動の尺度ではないとアリストテレスが言ったことは本当です(6)。そして実際、持続は等しい周期的運動の数によって知られると言って良いのです。この周期的運動は一つの運動が終るともう一つの運動が始まるもので、例えば地球とか星のたくさんの回転によって知られるところです。

〔24〕 **フィラレート**　しかしながら、これらの回転を見越して、アブラハムがユリウス周期(7)の二七一二年に生まれたと言うとすれば、それは世界の初めから数えていたとしてと同じように合理的(8)に語ることです。ユリウス周期は、太陽の回転によって区切られた昼や夜や年があったより数百年も前に始まったと想定されていますが。

テオフィル　時間の内に概念され得るあの空虚は、空間の空虚同様、時空が現実存在しているものにも可能的なものにも関わっていることを示しています(9)。それに、すべての年代学的手法の内で年を世界の始まりから数える手法というものが最も不適当なのです。たとえそれが七〇人訳〔ギリシア語訳旧約聖書〕とヘブライ語原典との間にある著しい差異のせいでしかないとして、他の理由には触れずにもです。

〔26〕 **フィラレート**　運動の始まりを考えることはできます(10)。持続の始まりを全面的に抱懐する訳(11)にはいきませんが。同様に、物体に限界を与えることはできますが、空間に関してはそれは不可能です。

テオフィル　それは先程私が言いましたように、時間と空間とが現実存在という前提を超えた諸可能性を示しているということなのです。時間と空間は、可能的なものと現実存在するものとに等しく関わっている永遠真理の本性を持っています。

[27] **フィラレート**　実際、時間の観念と永遠の観念は同一の源泉に由来しています。というのも、私たちは精神の内で、持続の一定の長さを次から次へと気に入るだけ付加できるのですから。

テオフィル　しかしそこから永遠の概念を取り出すには、もっと先に行くために同じ理由が常に存続していると更に考えなければなりません。理由についてのこうした考察こそ、無限の概念とか可能な過程内における無際限の概念とかを完成させるものなのです。感覚だけではこれらの概念を形成させるには十分ではあり得ません。そして実は次のように言って良いのです。即ち、絶対の観念(12)は事物の本性においては、付け加えられる限界の観念より先なるものであること、しかし私たちは限られたものや私たちの感官を刺激するものから始めることによってしか絶対の観念に気づきはしないということです。(13)

15

持続と拡がりとを合わせた考察について

[4] **フィラレート**　場所の無限な拡がりよりも時間の無限な持続の方が容易に認められます。なぜなら私たちは神において無限の持続を概念するし、有限である物質にしか延長を帰さず、宇宙を超えた諸空間を想像的なものと呼ぶのですから。しかし（[2]）ソロモンは神について語る時、別の考え方をしていたようです。天も、いと高き天もあなたをいれることはできません。(1) ソロモンは自分固有の知性の能力についてあまりにも高級な観念を作ってしまい、神が現実存在する場所(2)よりも遠くへ思考を広げ得ると思い込むに至ったのだと私は考えます。

テオフィル　もし神が延長していたら、神は部分を持つでしょう。しかし持続は神の作用にしか部分というものをもたらしません。しかしながら空間に関して言えば、それには広大無辺性を帰属させなければなりません。この広大無辺性は神の直接的作用に部分と秩序とをもまた与えるのです。神は現実存在するもの同様可能的なものの源泉でもあります。可能的なものは神の本質により、現実存在するものは神の意志によるのです。(3)ですから空間も時間も神からしかその実在性を得られません。神は良いと思えば空虚を満たすことができます。こうしてこの点に関して言えば神は至る所にいるのです。(4)

〔11〕　**フィラレート**　諸精神が空間とどんな関係を持つかも、どのように空間に参与するかも私たちは知りません。けれども諸精神が持続に参与しているのを私たちは知っています。

テオフィル　すべての有限な精神は常に何らかの有機体に結びついていて、他の物体を自分の身体との連関で表現しています。ですから、それら諸精神と空間との関係は、身体との関係と同様に明らかです。なおまたこの題材を離れる前に、時間と空間との比較を、あなたのおっしゃったそれに付け加えておきましょう。それは以下のようなことです。もし空間の内に空虚があったら(例えば球が中空であったら)その大きさは決定され得るでしょう。けれどももし時間の内に空虚があったとしても、即ち変化のない持続があったとしても、その長さを決めることは不可能でしょう。このことから、間に空虚が存在する二つの物体は接触すると言う人に反駁はできます。なぜなら中空である球の相対する二つの側は接触し得ないからです。幾何学がそれを禁じています。しかし、相次いで存在する二つの世界が持続に関しては接触すると言う人に反駁することはできないでしょう。ですから一つの世界は別の世界が終ると間隔を置き得ることなく必然的に始まるのです。これを反駁する訳には行かないでしょう。この間隔は決定されないのですから。もし空間が線でしかなく、物体が不動であったら、二つの物体間の空虚の長さを決めることもまた不可能でしょう。

16　数について

〔4〕 **フィラレート**　数においての方が延長においてより観念は正確で、互いに区別されるに適しています。延長においては、等しさや超過分を観察したり測ったりするのが数において程容易ではありません。その理由は、空間においては私たちは、もはやそれ以上は行けないような或る一定の小ささ、つまり数における単位のようなもの、に思惟によって行きつくのが不可能だということです。

テオフィル　それは、整数について、と解されるべきです。というのもそうでなくて分数・無理数・超越数[1]そして二つの整数の間にとられ得るすべてのものを含んだ広い意味での数は線に準じていて、そこには連続的なものにおいてと同様に最小というものが見あたりませんから。それ故、数は単位の集まりであるというあの定義は整数においてしか成り立ちません。延長における観念の正確な区別は大きさには無いのです。なぜなら大きさを判明に認識するには、整数や、整数を介して知られた別のことに訴えなければなりませんからね。こうして、連続量は、その大きさについての判明な認識を持つには離散量に訴えなければならないのです。こうして、延長の諸変様は、数が利用されない場合、形によっては区別され得ません。この形という語をとても広くとって二つの延長を成すすべてのものは互いに似ていないことを意味するとしてで〔もで〕す。

〔5〕 **フィラレート**　単位の観念を反復しそれをもう一つの単位と結合して、私たちはそこから二と呼ぶ集合的観念を作り出します。それができて、更にこれを続けてその最後の集合的観念に常に一を足し得て、それに個々別々に名

前をつける者は誰でも、数えるということができます。一連の名前とそれを保持するに十分の記憶力がある限りはね。

テオフィル そういった仕方だけではさほど遠くまで行けません。なぜなら新たな単位を付加するごとに全く新たな名前を保持しなければならないとしたら、記憶力はあまりに重荷を負いすぎるでしょうからね。そういう訳なのでこれらの名前には、一定の前進に従って再び始まることによる一定の秩序と一定の繰り返しが必要なのです。

フィラレート 数の異なる様態[2]は、多い少ないという差異でしかあり得ません。そういう訳でそれは延長の様態同様に単純様態なのです[3]。

テオフィル そのことは時間や直線については言い得るかもしれませんけれども図形についてはだめです。まして数についてはだめですね。数は大きさにおいて異なるだけではなく、〔相互に〕似てもいないのです。一つの偶数は均等に二つに分けられます。しかし奇数はそうではありません。三と六は三角数ですし、四と九は平方数、八は立方数です、等々。そしてこういったことは図形においてより数についての方がもっと起ることです。というのも等しくない二つの図形が相互に完全に似ているというのはあり得ますが、二つの数ではあり得ませんから。でも人がしばしば以上のことについて間違えても私は驚きません。なぜなら一般に、何が類似しているとか類似していないとかについて判明な観念を人は持っていないからです[4]。それ故、単純な変様とか混合的変様についてのあなたの観念や適用は正される必要が大いにあることがお分りでしょう。

〔6〕 **フィラレート** 記憶に留められるに適した名前を数に与えた方が良いというあなたの指摘はごもっともです。ですから、数えるに際して百万の百万〔million de million〕のかわりに、簡略化するためにビリオン〔billion〕と言ったり、百万の百万の百万、あるいはビリオンの百万、のかわりにトリリオン〔trillion〕とし、こうして次々とノニリオン〔nonillion〕まで行くのが適当であろうと私は思います。なぜなら数を使うときそれ以上には行く必要はありませんから。

テオフィル そういう呼び方はとても良いと思います。xが10に等しいとしましょう。そうするとミリオンはx^6でしょうし、ビリオンはx^{12}、トリリオンはx^{18}……そしてノニリオンはx^{54}です。

17
無限について

［1］ **フィラレート** 最も重要な概念の一つは有限と無限の概念です。それは量の様態と見做されています。

テオフィル 適切に言えば、無数の事物がある、即ちそれについて指定し得るよりも常に多くの事物がある、というのが本当のところです。けれどももし真の全体として考えるならば、無限数も無限の線や他の量もありません。それを論証するのは容易です。スコラの人々がサンカテゴレマティック（syncatégorématique）(1)な全体は認めるけれどもカテゴレマティックな全体は認めないと言っている時、そのことを言いたかったはずだったのです。厳密な意味での真の無限はいかなる複合にも先立ち部分の付加によっては形成されない絶対的なものの内にしかありません(2)。

フィラレート 無限についての私たちの観念を第一の存在者に適用する時、私たちはそれを根源的には第一の存在者の持続と遍在に関して、そしてもっと比喩的にはその能力・知恵・慈愛そして他の諸属性に関して、適用しています。

テオフィル より比喩的ではなく、より間接的にでしょう。なぜなら他の諸属性は、部分の考察が入っている諸属性との関連でその偉大さを知らせるのですから。

［2］ **フィラレート** 精神は有限と無限とを延長と持続との変様(3)と考えているのですが、それは確立されたことだと私は思ってきました。

テオフィル　それが確立されたことだとは私は思いません。大きさとか多数性とがあるところにはどこでも有限と無限との考察は生じます。そして真の無限は変様ではなく絶対です。それに対し、変様されるや否や無限は制限され、言うなら有限が形成されます。

［3］　**フィラレート**　自分の空間観念を新たな付加でもって際限なく広げるという精神の能力が常に同じであって、精神が無限な空間の観念を引き出すのはそこからだと私たちは思っていました。

テオフィル　それは同じ理由が常に存続すると知られているからだということを付け加えた方が良いでしょう。一本の直線をとって、その二倍となるように延ばしてみましょう。ところで、第二の直線は、第一のそれと完全に類似しているのですから同様に二倍化され得て、その第三の直線もまた先立つものに似ています。そして同じ理由は常にあるのですから、それが止められることはあり得ません。こうしてその線は無限に延長され得ます。従って無限についての考察は、類似性についての考察ないし同じ理由についての考察に由来しますし、その起源は普遍的で必然的な真理のそれと同じです。そのことが示しているのは、この観念の理解を完成させるものがいかにして私たち自身の内にあり、感覚の経験には由来し得ないかということです。それはちょうど、必然的真理が帰納によっても感覚によっても証明され得ないのと同じです。絶対の観念は存在の観念と同様に私たちにおいて内的にあります。これら絶対的なものは神の属性に他なりません。そして神が御自身で諸存在者の原理であるのと同様に神の諸属性は諸観念の源泉であると言って良いでしょう。空間との連関での絶対の観念は神の広大無辺性の観念に他なりません。他の諸属性についても同様です。しかし部分から構成された無限な全体であるような絶対空間を思い描こうとして人は誤ります。そんなものはありません。それは矛盾を含んだ概念なのです。そしてこれらの無限な全体と、その反対である無限に小さなものは、幾何学の計算の内においてしか通用しません。ちょうど、代数学での虚根のようにです[4]。

［6］　**フィラレート**　部分の外に部分を考えなくとも、なお大きさは概念されます[5]。最も白い白さについて私の持っている最も完全な観念に、もしそれと等しいかそれより少ない白さの別の観念を付け加えても（というのも私がその

観念を持っている白さよりも白い白さの観念をそこに結合することはできませんからね。私が現実に概念しているものを最も白いものと仮定しているのですから[6]、〔白さについて〕私の〔持つ〕観念をいかなる仕方でも増大させたり拡大したりしません。そういう訳で、白さについてのいろいろな観念は程度と呼ばれます。

テオフィル　その推論の力が私にはよく分りません。なぜなら、現実に概念されている白さよりももっと白い白さの表象が受けとられ得るのを何も妨げはしないのですから。白さが無限には増大され得ないと信じがちである真の理由は、それが根源的な性質でないということです。感官は根源的性質についての混雑した認識しかもたらしません。そして根源的性質について判明な認識を持つであろう時には、それが構造に由来し、視覚器官の構造に制限されていることが分るでしょう。しかし根源的性質ないし判明に認識されるものに関しては、無限に進む手段がしばしば存在することが分っています。それは外延があるところ、あるいはもしそう言いたければ拡散つまり時間や場所においての様に部分ハ部分ノ外ナル部分とスコラの呼んでいる事態のあるところだけではなく、例えば速さに関してのように内包とか程度のあるところにもあります。

［8］　フィラレート　私たちは無限な空間の観念を持っていません。無限数の現実的観念の不合理さ程明らかなものはありません。

テオフィル　私もそう思います。けれどもそれは無限という観念を持ち得ないからではなくて、無限が真の全体ではあり得ないからなのです[7]。

［16］　フィラレート　それ故、同じ理由で私たちは無限な持続の、ないし永遠の実定的観念も広大無辺性[8]の観念も持っていません。

テオフィル　その二つともの実定的観念を私たちは持っていますし、次の条件がそろえばその観念は真であろうと私は思います。その条件というのは、その観念が無限な全体としてではなく絶対として即ち永遠に関して見出される制限のない属性として、神の現実存在の必然性の内で、部分に依存することもなく瞬間の付加によってそれから概念を形成することもなく概念されるという条件です。更にそこから、既に述べましたように、無限という概念の根源が必然的真理の根源と同じ源泉に由来することが分ります。

18

他のいくつかの単純様態について

フィラレート　単純観念から形成される単純様態はまだ沢山あります。それらは、（［2］）滑るとか転がるとかのような運動の様態、音声の様態（［3］）、それは色が程度によって変様されるのと同じように調子や節《ふし》によって変様されます。味や匂いについては言うまでもありません（［6］）。複雑様態における と同様、必ずしも尺度もはっきりした名前もありません（［7］）、なぜなら私たちは慣用に則っているのですから。それについては、語のところに進んだらもっと詳しくお話ししましょう。

テオフィル　様態の大部分は十分に単純ではなく、複雑なものの内に数え入れられ得るでしょう。例えば、滑るとか転がるとは何であるのかを説明するためには、運動以外に、表面の抵抗を考えなければなりません。

19

思惟に関する様態について

〔1〕 **フィラレート**　感官に由来する様態から、内省が私たちに与える様態へと話を進めましょう。感覚《い》とは、感官を介して知性の内に観念が言わば現実に入ることです。同じ観念が、それを初めに生じさせた外的対象が私たちの感官に働きかけることなく精神の内に戻ってくる時、精神の働きは想起《い》と呼ばれます。もし精神がその観念を呼び戻そうと努め、いくらかの努力の後にとうとうそれを見出して現前化すると、それは瞑想《い》です。もし精神が観念を注意深く長い間考察すると、それは観想《い》です。精神の内に私たちが持っている観念が、言わばそれに対する知性の何の注意も引き起すことなく浮動する時、それは夢想《い》と呼ばれる事態です。ひとりでに現われてくる観念を熟考しそれを言わば記憶に留める時には、それは注意《い》です。そして、精神が非常に真剣に一つの観念に固定され、それをあらゆる面にわたって考察し、別の観念が邪魔しに来るにも拘らずそこから遠ざかろうとしない時、それが沈思《い》とか一心不乱と呼ばれる事態です。いかなる夢も伴っていない眠り《い》はこれらすべての事態の停止です。それから、夢見る《い》というのは外感が閉ざされているのに精神の内にこれらの観念を持つことで、従って通常備わっているような生気を帯びた外的対象の印象を感官が受けとるのではありません。それは、外なるいかなる対象によっても、ないしはいかなる既知の機会によっても示唆されることなく、知性によっていかなる仕方でも選ばれも決定されもせずに、観念を持つことなのです。私たちが脱我《い》と呼んでいる事態に関して言えば、それは目を開けたままで夢見ることではないのか、その判断は他の人々に任せましょう。

テオフィル　これらの概念を解明するのは良いことです。私も手助けしましょう。そこで、外的対象が気づかれる時には感覚で、想起というのは対象が再びやってきてはいないのにもう一度それに気づくことであると私は言いたい。でも、その対象〔についての観念〕を持ったことがあるのを知っている場合は、それは思い出です。一般に人はあなたのとは違った意味で瞑想というものを理解しています。即ち、何らかの省察に従事するために面倒な事柄から身を引いている状態のことと理解されているのです。しかしあなたの概念に相応しい語を私は知りませんので、あなたのお使いの語をそれに充てても良いでしょう。注意というものを向けるのは私たちが他の対象と区別し選ぶ対象にです。外的対象が存続しようがしまいが、精神がその対象を見出そうが見出すまいが精神の内に注意が続いている時、それが考察というものです。考察が行動に関わりなく認識へ向かっている時、それは観想でしょう。学ぶこと〔つまり保持するために認識を持つこと〕が目的である注意は勉強です。何らか計画を立てるために考察することは、省察するということです。夢想するというのは、別の目的を持たずに、そこに見出される喜びによって或る思惟に従っていることに他ならないようです。そういう訳で夢想は狂気に至ることがあるのです。我を忘れ、ドコニイルノカを忘れ、夢幻《ゆめまぼろし》や妄想に近づき、空中に楼閣を築いてしまいます。感覚と結びついてはいないという理由でしか私たちは夢を感覚から区別し得ないでしょう。それは別個の世界のようなものです。眠りとは感覚の停止ですし、脱我とは容易に目ざめないようなとても深い眠りで、一時的な内的原因に由来します。そして一時的な内的原因に由来する〔という条件〕は、昏睡状態でのように麻酔とか機能の何らかの持続的傷害に由来するあの深い眠りを排除するため付け加えておきたいのです。脱我は幻〔を見ること〕に時折伴われています。けれども脱我ということなしにもそれはあります。幻は、思うに、対象の真理を私たちに教えるかのようにして、感覚として通用している夢に他なりません。そしてその幻が見神である時には、実際そこには真理があり、そのことは例えば出来事によって正当化される特別な予言をそれが含んでいる時などに知られ得るのです。

〔4〕　**フィラレート**　精神の緊張と弛緩にはいろいろな程度があり、このことから分るのは思惟は活動であって精神

の本質ではないことです。

テオフィル　確かに思惟は活動であって本質ではあり得ません。けれどもそれは本質的な活動で、すべての実体がそういったものを持っています。先に私は、気づかずにも無数の微小表象を私たちが持っていることを示しておきました。私たちは表象を持たないことは決してありませんけれども、しばしば意識的表象を持たないことは必然なのです。つまり際立った表象が無い時はしばしばなのです。この重要な点を考察するのを怠ったために、弛緩した、殆ど高尚でも確固たるものでもない哲学が多くの分別ある人々にも受け容れられもし、魂の内でもっとも美しいところがこれまで殆ど知られてもいなかったのです。そしてそれがまた、魂が滅びるという本性を持つと教えるあの誤謬に相当の尤もらしさを見出させていたのです。

20
快苦の様態について

〔1〕　**フィラレート**　身体の感覚のように、精神の思惟も同様に快苦と無関係かあるいは快苦に伴われているかです。これらの観念は他の単純観念同様に、叙述できませんし、それを示すのに使われる語にどんな定義を与えることもできません。

テオフィル　私たちにとって全く無関係な表象というものは無いと私は思います。けれども表象が無関係と呼ばれ得るためには、その効果が目につかないというので十分ですよね。なぜなら、快とか苦とかは、目につくような助けとか妨げとかにあるようですからね。この定義は名目的などではないことを私は承認しますし、そんなものは与え得ないと認めます。

［2］ **フィラレート** 善とは、私たちの内に快を産出し増大させるか、あるいは苦を減少させ省く(1)のに役立つもののことです。悪とは私たちの内に苦痛を産出するか増大させるか、あるいは何らかの快を減少させるに役立つもののことです。

テオフィル 私もその意見に賛成です。善は高潔・快適・有益に分けられます。けれども実のところ善はそれ自身快適であるか、あるいは私たちに快適な感じを与え得るような誰かの役に立つはずだと私は思います。言い換えれば善は快適であるかあるいは有益であり、高潔さ自身、精神の快にあると思うのです。

［4・5］ **フィラレート** 情念は快苦に由来します。快を産出し得るものには愛を抱きますし、現に有るあるいは無い原因が産出し得る悲しみ(2)とか苦痛という思いは憎しみです。しかし、幸福または不幸であり得る存在者に関わっている憎しみや愛は、しばしば、それら存在者の現実存在とかそれら存在者の享受する幸福とかについての考察によって私たちの内に産出されると感じている不快とか満足なのです。

テオフィル 私もまた愛について大体そういう定義を与えておきました。法の諸原理を説明した時にです。『公文書に基づく国際公法彙典』(Codex juris gentium diplomaticus) の序文ででした。それは、愛するとは愛される対象の完全性・善ないし幸福の内に喜びを感じるようにさせられること〔という定義〕です。そういう訳で、自分の愛する者の善や喜びの内に見出される喜び以外の固有な喜びというものは、考察されも問われもしなかったのです。しかしこの意味では、喜びとか幸福とかを持ち得ないものを私たちは適切に言えば愛していません。そのため、〔喜びとか幸福とかを持ち得ないという〕こういう本性を持った事物を私たちは愛するのではなく享受しているのです。もしそれが擬人化され、完全性をそれら事物自身が享受していると私たちが思い描いたりするのでなければね。ですから、美しい絵から完全性を感じとる喜びによってその絵を愛するという場合、それは適切に言えば愛ではありません。けれども言葉の意味を広げることは許されていますし、慣用というものはその点においては変化するものです。哲学者や神学者だって愛の二つの種類を区別しています。即ち、渇望と呼ばれる愛、と博愛です。前者は、私たちに喜びを与えてくれるものに対して人が持つ欲望ないし感情に他ならず、その際そのものが喜びを受けとるかどうかに私たちは関心を持っていません。後者は、そのものの喜びや幸福によって私たちに喜びを与えるもの、に対して持つ感情です。前者は私たちの喜びを目ざしています。後者は他人に喜びをもたらそうとしますが〔同時に〕私たちの喜びを成す、というよりはむしろ構成しています。なぜなら、もし何らかの仕方で他者の喜びが私たちに波及してくるのでなければ、私たちはそれに関心を持たないでしょう。何と言おうとも、自分自身の善から離れてはあり得ないのですから。こうして、無私の愛つまり欲得ずくでない愛をどのように理解しなければならないか、それもその気高さをよく概念しそれにも拘らず空想的なものに陥ることがないようにするためにどうしたらよいかが分ります。

〔6〕　**フィラレート**　現前していれば喜びを与えてくれるであろう事物の不在によって自分自身の内に人が感じる不安（英語で uneasiness）が欲望と呼ばれるものです。不安は、人間を勤勉と活動へ駆り立てる唯一のとは言わないにしても主要な刺激です。なぜなら、どんな善が人間に呈示されようとも、もしこの善の不在がいかなる不快も苦痛も引き起さず、それを欠いている者が満足していることができ、それを所有せずにも安楽でいられるなら、彼はその善を欲しようとはあえてしませんし、それを享受するための努力をしようなどとはするはずがありませんからね。彼はこの種の善を不完全な意志作用[3]としか感じません。この言葉は欲望の最も低い段階を意味するのに使われています。それは、自分にとって全くどうでもいい事物に関して心が置かれるあの状態に最も近いものです。その時には事物の不在が引き起す不快[4]がとても微々たるものなので淡い願望しか無く、それを手に入れるための手続きをとろうとはしないのです。欲望はまた、望まれた善が獲得できないという考察によって心の不安が癒されあるいは軽減されるという一般の意見によっても、消えたりあるいは軽くなったりします。それにまた、落ちつかなさについてあなたにお話ししたことを私はあの名高い英国の著者の内に見出したのです。彼の見解についてはしばしばあなたにお知らせしました。英語の落ちつかなさ（uneasiness）という語の意味するところが少々私を困惑させました。けれどもとても有能

なフランス人の翻訳者(5)がいて、この用法の解釈をやってのけたのです。その解釈には異論の余地はあり得ないでしょう。彼が欄外（第20章第6節）で指摘しているところによると、この英単語で著者が考えていたのは、安楽でない人間の状態、心における安楽や平静の欠如です。そしてこの点では心は純粋に受動的です。〔この落ちつかなさという〕語を不安（inquiétude）という語に移すべきだと彼は言っています。正確に同じ観念を表してはいないけれどもそれに最も近いと言うのです。この見解は、この種の不安についていろいろと著者が推論しているこの次の章、力能について、との関連では特に必要である（と彼は付け加えています）。というのも、今述べた観念をこの語に結びつけなかったら、この章で扱われている題材を正確に理解することはできないでしょう。これらの題材は著作全体の内で最も重要で最もデリケートなものです。

テオフィル　その解釈者は正しいと思います。私があの卓越した著者のものを読んでもこの不安の考察は主要な点だと思いますし、そこで著者は特に彼の優れていてまた深い精神を露《あらわ》にしています。そうであるが故にこそ私はそれに注目してもいるのです。そしてこの事柄について十分考察したところでは、不安という語がたとえ著者の言う意味を十分に表現していなくとも、それでも思うにその事柄の本性と十分に適合していますし、落ちつかなさという語は、もし不快・いらだたしさ・居心地の悪さ、そして一言で言えば何らかの実際的な苦痛のことだとしたら、その事物の本性には適合しないと大体私には思われます。というのも、欲望それ自身の内には苦痛そのものよりもむしろ苦痛への態勢とか準備があると私は言いたいのです。確かにこの表象は時には苦痛の内にある表象と多いか少ないかでしか異なりません。しかしそれは度というものが苦痛の本質に属するということなのです。苦痛は際立った表象なのですから。そのことはまた食欲と飢えとの差異によっても分ります。というのも胃の空腹感があまりに強くなると不快となりますものね。従ってここでもまた、意識されるにはあまりに微小な表象、という私たちの学説が適用されなければなりません。なぜなら食欲や欲望を私たちが持っている時、私たちにおいて起っているそのことが大きくなりすぎると苦痛をもたらすことになるでしょうからね。そういう訳なので、私たちを存在させた無限に賢い作者〔神〕は、私たちのためを思ってそのようにした〔意識されない表象を置いた〕のです。私たちがしばしば無知と混雑した表象の内にあるように神がしたとしても、それは、本能によってより速かに行動するためにであるし、私たちには殆ど関係がなくて自然が目的を達するためには看過し得るような多くの対象についてあまりに判明な感覚を持つことで不利益を被らないようにするためなのです。気づかぬ内にどれほど多くの微生物を私たちは呑み込んでいることでしょう。鋭すぎる嗅覚を持っているので不利益を被っている人がどれほどいることか。それにしても視覚が十二分に鋭かったらどんなにたくさんの厭なものを見るでしょう。苦痛ないし言わば半−苦痛つまり〔もっと強く表現するために〔言葉の〕乱用ぎみに語るとすると〕意識できない微小な苦痛の基《もと》ないし要素として、欲望の刺激を自然が私たちに与えたのもまたこういう巧妙さによってです。居心地の悪さを味わわずに悪から利益を受けるためにね。なぜなら、そうでなくて、もしこの表象があまり判明であったら善を待ち望みつつ常に惨めな状態に私たちはいることでしょうからね。これに反してこれら半−苦痛に対しての打ち続く勝利、この勝利を感じるのは欲望に従いそして或る仕方でこの欲求とか〔何かをしたくて〕むずむずすることに満足を見出す場合にですが、この勝利は私たちに多くの半−快楽を与えます。その半−快楽が累積し集まると（落下し速度を増している重い物体での衝撃の累積においてのように）結局は全きそして真の快楽になるのです。そして実のところこういう半−苦痛が無かったら快楽は無いでしょうし、私たちを安楽な状態に置くことを妨げている何らかの障害物を取り去るに際して、何ものかが私たちを助け苦痛をやわらげていることに気づく手段は無いでしょう。プラトンのパイドーン(6)の中で足が痒い時にソクラテスが言っているあの快と苦との類似が分るのもまたそういう風にしてなのです。小さな助けについてのこの考察、押し留められている傾向が気づかれ得ない程少しずつ解放され障害物が除去されることについてのこの考察は、結局その解放から際立った快楽が結果する訳ですが、快と苦について私たちが持ちそして持つべき混雑した観念についての何らかのもっと判明な認識を与えるのにもまた役立ちます。即ち、それはちょうど熱とか光とかの感覚が多くの微小な運動から帰結するのと同じようなものなのです。この微小運動は先に〔第9章［13］で〕言いましたように対象のそれを表出していて、見かけの上でしかそれと異なっていませんが、それはこの分析を私たちが意識していないからなのです。それに反して多くの人々が今日、感覚的性質について私たちの持つ観念は運動や対象の内で起っていることとは全く異なるのであって、原始的で説明できない何ものかだと考えています。恣意的なものだとさえ言っています。身体の内に起っていることの代わりに、神が良いと思うことを魂に感じさせるかのようにです。〔でも〕それは私たちの持つ観念についての真の分析からは程遠いものなのです。さて、話を戻して不安、即ち、私たちの気を常にもませる知覚できない程小さな刺激について言えば、それは混雑した決定です。ですから私たちに欠けているものが何なのかをしばしば私たちは知りません。それに反して傾向とか情念とかにおいては、私たちが求めている事柄を少なくとも私たちは知っています。尤も、混雑した表象がそういった行動様式の内にも入っていますし、同じ情念が不安とか〔何かしたくて〕むずむずすることをまた引き起しもしますけれどもね。こうした衝動は小さなバネが緩んで機械を動かすという事態と同じようなものです。私たちが〔何をやるかについて〕最も無差別であるように見える場合、例えば或る道の終点で左よりもむしろ右に曲るといった場合、私たちは決して無差別ではないのはそのせいだということを私は先に既に指摘しておきました。なぜなら、どちらを私たちが選ぶか〔の選択〕は感覚され得ない諸規定に由来しているのです。その規定には、対象の働きと身体の内部の働きとが混ざりあっていて、一方に行く方が他方に行くよりも安楽であることを私たちに見出させるのです。ドイツ語では Unruhe と呼ばれ、つまり不安のことなのですが、時計の平衡輪のことです[7]。私たちの身体も事情は同じと言って良いでしょう。完全に安楽ではあり得ないのです。なぜなら、安楽であるとしても、対象の新たな印象、器官や血管や内臓内の小さな変化、がまず平衡を壊し、そして可能な限り最善の状態へと戻るための何らかの小さな努力をするようにさせるでしょう。そしてそれは言わば私たちの時計の[8]不安を成す不断の戦いを生み出すのです。そういう訳でこの不安〔休み無いこと〕という呼び名はかなり私の気に入っています。

［6］[9]　**フィラレート**　喜びは、或る善を現在あるいは未来において所有するのが確実であると考えられている時、心

の感じる快楽です。私たちが望む時にそれを享受できるような仕方で私たちの能力の内にある時、私たちは善を所有しているのです。

テオフィル　話し言葉は、近接する概念を区別するのに十分相応しい言葉を欠いています。ラテン語の gaudium の方が laetitia よりも喜び (joie) のその定義に恐らく近いでしょう。laetitia もまた喜び (joie) という語で訳されますが。しかしその際、それは快楽が私たちにおいて優勢である状態を意味しているように私には思えます。なぜなら、非常に深い悲しみの間、非常に激しい悲傷の只中において、酒を飲むとか音楽を聞くとかいう何らかの快楽を手にすることが人にはできるのですから。しかし不快が優勢なのです。そして同様に、非常に激しい苦痛の只中においても精神は喜びの内にあり得ます。それが殉教者たちの身に起ったことでした。

〔8〕フィラレート　悲しみは、もっと長く享受できたかもしれなかった失われた善を考えたり、現在現実にある悪に苦しめられている時の、心の不安です。

テオフィル　現実に現前しているだけでなく、将来やってくる悪への恐れも悲しみをもたらし得ます。ですから、今しがた呈示したばかりの、喜びと悲しみの定義が慣用に一番適合していると私は思います。不安について言えば、苦痛の内に、従って悲しみの内にはそれ以上の何ものかがあります。そして不安は喜びの内にさえあるのです。なぜなら、善びは人間を目覚めさせ、行動的にし、もっと遠くまで行くための希望で満たすのですから。喜びはあまりの感動で以て死に至らしめることさえできました。そういう際にもまたそこには不安以上のものがあったのです。

〔9〕フィラレート　希望は、楽しみを与えてくれるに適している或る事物がきっと手に入るはずだ、とその享受を考えて心が喜ばしく思うことです。〔10〕そして恐れは、やって来そうな未来の悪を考えた時の心の不安です。

テオフィル　不安がもし不快を意味するとしたら、それはいつでも恐れを伴っていると私は思います。しかし不安というものは、私たちを駆り立てるあの感覚され得ぬ刺激だと考えるなら、それを希望にもまた適用することができます。ストア派の人々は情念を臆見だと考えていました[10]。ですから、希望というものは彼らにとっては未来の善という臆見でしたし、恐れというものは未来の悪という臆見だったのです。でも次のように言った方が良いと私は思います。即ち、情念は満足とか不快ではなく、臆見でもなく、諸傾向あるいはむしろ傾向の変様だということです。それは臆見や感覚に由来し、快あるいは不快を伴っているのです。

〔11〕 **フィラレート** 絶望は、或る善を手に入れられないと考えることですが、それは悲歎を生み得るし、時には平安を生み出しもします。

テオフィル 情念と考えられた絶望は、全く留められている一種の強い傾向でしょう。それは激しい戦いと多くの不快を引き起します。しかし絶望が平安と怠惰を伴っている時、それは情念というよりはむしろ臆見でしょう。

〔12〕 **フィラレート** 怒りは、何か不当な扱いを受けた後に私たちが感じるあの不安あるいは擾乱で、復讐しようという現在の欲望[11]を伴っています。

テオフィル 怒りは、何かもっと単純でもっと一般的なもののように思えます。危害を加えられてもいない動物たちが怒りを示し得るのですから。怒りの内には、悪から解放されようとする激しい努力があります。復讐しようという欲望は、冷静な状態で怒りよりも嫌悪をむしろ感じている時にも存続し得るものです。

〔13〕 **フィラレート** 羨みは、私たちが望んでいる或る善についての考察に由来する心の不安（不快[12]）ですが、他人がその善を所有し、しかも思うに私たちをさておいて彼がそれを持つはずではなかったというところに由来します。

テオフィル そうした考えでは、羨みはとにかく誉められるべきでしかも正義に基づいた情念となってしまうでしょう。少なくとも私たちの見解ではね。けれども、〔或る人の〕功績を承認していてもしばしば人は羨みの気持ちを持つではありませんか。そしてその羨みの心を御する者であれば、非難される筋合のものではないのではありませんか。人は、自分が持とうという気も無い或る善を持っている人々を羨んだりさえするものです。人は他の人々がその善を欠いているのを見て満足しさえします。その欠いている状態を〔自分がその善を手に入れることに〕利用しようと考えもせずに、それを希望し得ると思いさえもせずにです。なぜなら、或る種の善はフレスコ画のように、壊すことはできても、剝ぐことはできないのです。

〔17〕 **フィラレート**　大部分の情念では、多くの人々において、身体に印象を与え様々な変化をそこに引き起します。けれども、この変化は必ずしも感覚できません。例えば恥ずかしさは、何か見苦しいこと、言うなら他の人々が私たちに抱いている尊敬を減少させ得るようなことをしてしまったと考えるに至った時感じる心の不安ですが、それにいつも赤面が伴っているとは限りません。

テオフィル　情念に伴う外的な動きをもっと観察しようとしていたら、人々はそういう動きを隠すのは難しいでしょう。恥ずかしさについて言えば、上品な人々は恥ずかしさの動きと類似した動きを、時には見苦しい行為を見ただけである場合にも感じる、ということも考えるだけの値打ちがあります。

21

力能について、そして自由について(1)

〔1〕 **フィラレート**　或る事物が存在しなくなり、以前は無かった他の事物が現実存在するに至るのを見て、同じような作用者によって同じような事態が将来起るだろうと結論して、精神は次のように考えるに至ります。即ち、或る事物の内には、その単純観念の一つが変化させられる可能性があり、他の事物の内には、この変化を産出する可能性があると考えるのです。そしてそこから、精神は力能の観念を形成します。

テオフィル　もし力能がラテン語のポテンチアに対応するなら、それは現勢に対立するものです。そして能力〔潜勢〕から現勢への移行が変化です。アリストテレスが運動という語で理解していたのはこれです。彼がそれは現勢、言うなら潜勢にあるものの恐らく現実化であると言っている時のです[2]。それ故、力能一般とは変化の可能性である、と言って良いでしょう。ところで変化、言うならこの可能性の現勢は、或る主体において能動で他の主体では受動なのですから、二つの力能即ち受動的なそれと能動的なそれがあるでしょう。能動的力能は能力と呼ばれ得るでしょうし、恐らく受動的力能は受容力ないし受容性と呼ばれて良いでしょう。確かに、能動的力能は時にはもっと完全な意味で考えられる次のような場合があります。それは、単なる能力に加えて傾向がある時です。私は能動的力能を私の力学的考察においてはそのような意味で理解しています[3]。それに力という語を特別に割り当てることもできましょう。そして力はエンテレケイアであるか努力であるかでしょう。なぜならエンテレケイアは（アリストテレスはそれをとても広くとって、いかなる活動も努力も含むものとしたにも拘らず）、私には原始的能動的力にむしろ一致すると思われますし、努力という語は派生的力に一致すると思われるからです。更に、もっと特別でもっと実在性を担った一種の受動的力能すら存在します。それは物質の内にある受動的力能です。物質の内には、運動の受容力ないし受容性である可能性だけでなく、不可入性と慣性を含んでいる抵抗もあるのです。エンテレケイア言い換えれば原始的ないし実体的傾向は、表象に伴われている時は魂のことです。

〔3〕 **フィラレート**　力能の観念は何らかの関係的なものを表現しています。そもそもどんな観念であれ、何らかの関係を含まないような観念を私たちは持っているでしょうか。延長や持続や数についての私たちの観念はすべて内に諸部分の隠れた関連を含んでいないでしょうか。同じことが、図形や運動においては更にもっと明らかな仕方で指摘されます。可感的性質、それは私たちの表象との関係でのさまざまな物体の力能でなかったら何でしょう。可感的性質はそれ自身、諸部分の大きさ・形・組織・運動に依存しないでしょうか。これらは、部分相互が一種の関連を持つようにしているのです。こうして力能についての私たちの観念は、思うに他の単純観念の内に〔その仲間として〕置き入れて良いでしょう。

テオフィル　実を言うと、今しがたあなたが数えあげられた観念は複合的観念です。可感的性質の観念が単純観念の内に含まれるのは私たちの無知の故でしかありませんし、他の判明に知られる観念は寛大に扱うことによってしか単純観念の内にその地位を保てません。そういう寛大さは持たぬほうが良いのですが。それは通俗的な公理に関しても殆ど同じです。そういう公理は定理に混ざって論証され得るし、論証されるに値します。しかしながら、あたかも原始的真理であるかのように、公理としてまかり通っているのです。こういう寛大さは人が思っているより害になります。確かにそういうものを無しですます訳には必ずしもいかないのですが。

［4］　**フィラレート**　注意深く考えると、私たちの精神の作用についての内省によって得る観念ほど明晰で判明な観念を、物体は能動的力能について感官を介して私たちにもたらしてくれる訳ではありません。活動というもので私たちが観念を持つものは二種類しか無いと思います。思惟することと運動することです。思惟について言うと、物体はそれについていかなる観念も私たちに与えません。私たちが思惟の観念を持つのは内省を介してのみなのです。物体からは運動の始まりについていかなる観念を手にすることもまた私たちはしないのです。

テオフィル　とても優れた考察です。ここでは思惟《い》をとても一般的な仕方で解していかなる表象をも含むものとしておられますが、言葉の用法について異論をさしはさむのはやめましょう。

フィラレート　物体自身が運動状態にある時には、この運動は物体において受動であるよりは能動です。しかし、玉突の球が棒の衝突に従う時には、球の能動ではなく単なる受動です。

テオフィル　それについては少々言うべきことがあります。なぜなら、物体は、双方に既に運動があるのでなかったら(4)、衝突に際して見出される諸法則に従って運動を受けとりはしないでしょうから。でも今はこの問題は措いておきましょう。

フィラレート　同様に、行く手にある別の球を押すに至り、それを運動状態に置く時、球はその別の球に自分が受けとってあった運動を伝達し、その分だけ自分は失うにすぎません。

テオフィル　この誤った説、デカルト派の人々が流行させた説ですが、それはあたかも物体が他に与えたのと同じだけの運動を自分は失うかのように考えるものです。その説は今日では実験と諸理由とによって駆逐され、真理の探求の名高い著者[5]によってさえ捨てられています。彼はその誤った説を撤回するためにわざわざ短い論文[6]を印刷させました。そんな誤った説がまだ、これ程崩れかかった基礎の上に推論を打ち立てようなどと考え違いをする機会を、有能な人々に与え続けているんですねえ。

フィラレート　運動の移転は、物体の内にある運動するという能動的力能についてごく曖昧な観念しか私たちに与えてくれません。とは言え、物体が運動を移転させるのを私たちは見るだけであって、いかなる仕方でも運動を産出するのを見る訳ではありません。

テオフィル　あなたがここで、運動が主体から主体へと移行し、同じ運動（数的ニ同ジ）が移転すると主張なされておられるのかどうか私には分りません。或る人々がそう主張したことは知っています。全スコラ学に対抗して、こともあろうにイエズス会士であるカサーティ神父[7]がそういう道を採ったことを知っています。しかしあなたの見解もあなたの有能な御友人たちの見解もそのような形象的思惟からは概してとても掛け離れておられますから、そんな風にお考えになるとは私は思いません。しかしながら、もし同一の運動が移送されないとしたら、運動を受けとる方の物体内に新たな運動が産出されることを認めなければなりません。こうして、与える方のものは確かに働きかけるのですが、同時にその力を失うことによって働きを受けもするでしょう。というのも、物体は与えるのと同じだけの運動を失うという訳ではなかろうとも、運動を失い、与えるだけの力を失うというのはとにかく本当だからです。それについては他の個所で説明しました[8]。ですから、物体の内に力ないし能動的力能をとにかく認めなければなりません。私は力能というものを、つい先程理解しましたように、もっと高尚な意味で理解しています。傾向が能力に結びついているとそこでは言いましたよね。しかし、能動的力能の最も明晰な観念[9]が私たちには精神からやって来るというあなたの意見には、とにかく同意しています。それ故、能動的力能は精神と類比をもった事物の内、即ちエンテレケイアの内にしかありません。なぜなら適切に言うなら、物質は受動的力能しか示さないからです。

［5］ **フィラレート**　私たちは次のような力能を自分自身の内に見出します。即ち、私たちの心の多くの活動と私たちの身体の多くの運動を、始めるとか始めないとか、続けるとか終らせるとか、の力能です。そしてそれはただ私たちの精神の思惟ないし選択によるだけでなされます。精神がこれこれの特別な活動をせよとかするなとかを決定し、言わば命令するのです。この力能こそ私たちが意志と呼んでいるものなのです。この力能の現実的使用は意志作用[10]と名づけられます。心のそういう命令に従っての活動の停止あるいは産出は意志的と呼ばれ、心のいかなる指導も無しになされたどんな活動も非意志的と名づけられます。

テオフィル　大変結構だと思います。正しいと思います。けれども、もっと率直にそして恐らくもう少し先にまで行くには、次のように私は言いたいのです。即ち、意志作用は善いと思われることに向かい悪いと思われることに逆らう努力ないし傾向（コナートゥス）であり、従ってそういったものについて意識的表象から即座にこの傾向は帰結するのです。そしてこの定義の系はあの有名な公理です。即ち、意志することとできることとが一緒になると活動が結果する、というのもいかなる傾向もそれが妨げられない時には活動が結果するのだから、というあの公理です。こうして、私たちの精神の意志的内的活動がこのコナートゥスから結果するだけでなく、外的な活動即ち私たちの身体の意志的運動も魂と身体との合一のおかげでこのコナートゥスから起ります。その理由は他のところで述べておきました[11]。更に、感覚され得ない表象から結果として生じる努力もあります。それは意識されません。意志作用と呼ぶより欲求と私は言いたいと思います（尤も意識され得る欲求もまたあるのですが）。というのも、意識され得て、善と悪との考察から行動が結果する時にそれについて私たちが内省できるものしか、意志的行動と呼ばれていませんから。

フィラレート　意識的に表象する[12]力能は知性と私たちが呼んでいるものです。〔そこには〕観念の表象、記号の意味の表象、そして最後に、私たちの持つ諸観念の或るものどもの間にある一致とか不一致とかの表象があります。

テオフィル　私たちの内や外にある多くの事物を私たちは知解してはいなくとも意識的に表象しています。それらについて判明な観念を持ち、熟慮反省してそこから必然的真理を引き出す能力を持っている時、私たちはそれらを知解するのです。そういう訳ですから動物は知性を持っていません。少なくとも今言った意味ではね。尤も動物だって、もっと目につきまた際立っている印象を意識的に表象する能力は持っています。〔例えば〕猪が、自分を大声で追い立てようとしている人間に気がつくと、真直ぐにその人に向かってくるようにです。その前には猪はその人について裸の表象、つまり表象ではあるけれども混雑したそれ、しか持っていなかったのです。他のすべての対象が見える範囲にあり、その光線が彼の水晶体を通ってはいても〔気づかないのと〕同様にね。こうして、私の言う意味での知性はラテン民族の間でインテレクトゥスと呼ばれているものに対応します。そしてこの能力の行使は知的理解と呼ばれ、熟慮反省の能力と結びついた判明な表象のことで、それは動物にはありません。この能力と結びついたいかなる観念もが思惟です。思惟を私は動物には認めません。知性は尚更です。ですから、知的理解は思惟が判明な時に生じると言って良いでしょう。なお、記号の意味の表象が意味された観念の表象とここで区別されたところで何の益もありません。

〔6〕 **フィラレート**　知性と意志は心の二つの能力だと通常言われています。この能力という術語は、どんな語を使うのにもそうあるべきなのですが、人間の思惟の内にいかなる混乱も生み出すことのないよう注意しながら使用されれば十分に適切な術語です。ここ、つまり心の中ではそういう混乱が起っていたと私は思います。意志はすべての事物を整え、秩序づける心のあの上位の能力であるとか、意志は自由であるとか自由でないとか、下位の諸能力を決定するとか、知性の命令（dictamen）に従うとか言われる時、これらの表現は明晰判明な意味で知解され得もしましょうが、それでもしかし私たちの内にそれだけの数の別個に働く作用者〔がある〕という混乱した観念を多くの人々にもたらしてしまうのではないか、と私は恐れます。(13)

テオフィル　魂とその諸能力との間に実在的区別があるかどうか、一つの能力が別の能力から実在的に区別されるかどうかは、スコラ哲学で長い間議論された問題です。実在論者たちは区別されると言いましたし唯名論者たちはだめだと言いました。同じ問題が他の多くの抽象的なものの実在性に関して論議されましたが、それらも同じ運命をたどるはずです。しかしこの問題について態度を決めて困難にはまり込むことがここで必要だとは思いません。尤もエピスコピウスがその問題をとても重要だと考え、もし魂の諸能力が実在的なものであったら人間の自由を主張し得ないだろうと思っていたことを私は憶えていますが[14]。しかしながら、たとえそれらが実在的で区別されたものであろうとも、実在的な作用者としてまかり通るなどというのは誤った語り口でしかあり得ないでしょう。作用するのは能力ないし性質ではなく、能力によって実体が作用するのです。

［8］**フィラレート**　人間が自分自身の精神の好みないし選択に従って、考えたり考えなかったり、動いたり動かなかったりする力能を持つ限り、その限りでは人間は自由です。

テオフィル　自由という語はとても曖昧です。権利上の自由もあれば事実上の自由もあります。権利上の自由の説では、奴隷は自由でなく、或る主体が完全に自由であるという訳にはいかないのですが、貧乏な人も富める人と同じ程度に自由ではあるのです。事実上の自由は、望むことをする力能ないし然るべく望む力能に存しています。あなたがおっしゃっておられるのは為すことの自由で、それには程度と多様性があります。一般的に言えばより多くの手段を持つ者が、望むことを為すのにより自由だということになりましょう。しかし自由は個別的には諸事物の使用について理解されています。それを使うことが私たちにできるとされるのが常である事物の使用、特に私たちの身体の自由な使用について理解されています。ですから、牢獄や病気は、私たちが望み、通常与え得るような運動を、身体や四肢に与えるのを妨げ、私たちの自由を奪うのです。こういう訳で、囚人は自由でないし、中風患者は自分の四肢の自由な使用ができないのです。望むことの自由は更に二つの異なった意味で理解されています。一つは、それが不完全性ないし精神の隷属に対立させられている場合のものです。その隷属というのは強制ないし強要ですが、内的なもので、情念に由来するそれのようなものです。もう一つの意味は、自由を必然に対立させた場合に生じるものです。第一の意味でストア派の人々は賢者だけが自由であると言っていました[15]。そして実際、強い情念にとらわれている場合には人は自由な精神を持っていません。なぜならそういう時には、然るべく、言い換えれば必要な熟考を伴って意志することができないのですから。こうして神だけが完全に自由であり、被造的精神は情念を超えている程度に従ってしか自由ではありません。ですからこの自由は言うなら私たちの知性に関わっているのです。けれども、必然性に対立する意味での、精神の自由は、裸のそして知性と区別される限りでの意志に関わっています。これが自由意志と呼ばれるもので、次のことに存しています。即ち、知性が意志に呈示する最も強い諸理由ないし諸印象も意志の働きが偶然的であるのを妨げないし、それに絶対的つまり形而上学的必然性を与えるものではないと認めることにです。そして、知性が意志を決定し得ると私が言うのを常にしているのはこの意味ですし、それは表象と理由の優勢に従ってで、たとえ確実で絶対に間違いのない仕方であろうと、強いずに傾けるという仕方によってなのです(16)。

〔9〕**フィラレート**　ラケットで打たれて動いているにせよ、静止しているにせよ、ボールを自由な行為者にしようとは未だ誰もしなかったこともまた考えてみて良いでしょう。それは、ボールが思惟すると私たちは考えず、静止より運動を選ばせるようないかなる意志作用もボールは持たないと私たちが考えるからなのです。

テオフィル　もし妨げられずに動く者が自由であるというのなら、水平面上で一度《ひとたび》運動状態にボールが置かれれば、それは自由な行為者でしょう。しかしアリストテレスが既にうまく述べたように、行為を自由と呼ぶにはそれが自発的であるというだけでなく、熟慮した上でのものであることを私たちは要求しています(17)。

フィラレート　そういう訳なので、ボールの運動と静止とを必然的な事柄という観念の下に私たちは見ているのです。

テオフィル　必然的なという呼び方は、自由なというそれと同じ位の慎重さを要します。あの条件的真理、即ち、何の妨げもなく水平面上で運動状態にボールが置かれると、そのボールは同じ運動を続けるであろうという真理は或る仕方では必然的として通用し得ます。実際にはこの結論づけが完全に幾何学的という訳ではありませんけれども。それは言わば推定的でしかなく、何らかの理由無しには作用を変えない神の知恵に基づいているのですし、その何らかの理由は今のところ見出されていないとされているのですから。しかし次の絶対的命題、即ち、ここにあるボールは平面上で今運動状態にある、という命題は偶然的真理でしかなく、そしてこの意味で、そのボールは自由でない偶然的作用者です。

〔10〕 **フィラレート**　或る人が熟睡している間に、かねてから会って話したいと思っていた人のいる部屋に運びこまれて、その部屋に鍵がかけられてしまうと仮定しましょう。その人は目を覚まして、この人物といることを嬉しく思い、喜んで(18)その部屋に留まるとしましょう。彼がそこに意志的に留まるということをあえて疑う人がいるとは私は思いません。けれども望んでも出ていく自由はありません。ですから自由は意志作用に属する観念ではないのです。

テオフィル　その例は、或る意味では行動あるいは状態が自由でなくとも意志的であり得ることを示すのにはとてもうまく選ばれた例だと思います。けれども哲学者や神学者が自由意志について議論する場合には全く別の意味を念頭においています。

〔11〕 **フィラレート**　足が麻痺して精神の命令に従わない場合には自由は欠如しています。とはいえ、中風患者だって座ったままでいることが意志的な事柄ではあり得ます。彼が、移動するより座っているのを選ぶ限りにおいてはです。それ故、意志的は必然的と対立するのではなく、非意志的と対立するのです。

テオフィル　表現のそういう的確さはとても私の気に入るのですが、用法が異なっているのですよ。自由を必然性に対立させている人々は、〈自分たちは〉外的活動について語っているのではなく意志するという働きそのものについて語っているのだ、と理解しています。

〔12〕 **フィラレート**　目覚めている人は思惟したりしなかったりする自由はなく、それは彼の身体が何か他の物体に触れずにいられるかいられないかの自由が無いのと同じです。しかし一つの観念から他の観念へ自分の思惟を移していく場合、それはしばしば自分の意のままです。そしてその場合、彼が自分の持つ諸観念に関して自由なのは、よりかかっている物体に関して自由であるのと同様です。勝手気ままに、一つの物体から他の物体に移れるのですから。しかしながら或る運動と同様に、或る状況下ではどんなに努力しようと遠ざかることのできない程精神に固定してい

る諸観念があります。拷問にかけられている人間は苦痛の観念を持たない自由は無い。それに、時には、荒れ狂う風が私たちの身体を動かすように、激しい情念が私たちの精神を動かします。

テオフィル　運動の内にあるのと同様に思惟の内にも秩序と連繫があります。なぜなら一方は他方に完全に対応するのですから。尤も運動においては決定は文字通り決定ですが、思惟する存在者においては自由ないし選択を伴っています。善や悪は思惟する存在者を強いずに傾けることしかしないのです。というのも、魂は身体を表現する際に自分の完全性を保存します。それに、非意志的な活動において（よく考えてみると）身体に依存しているにも拘らず、他の（つまり非意志的ではない）活動においては魂は独立していて身体を自分に依存させるのです。けれどもこの依存は形而上学的でしかなく、一方を規則づける際に他方に対して神がなす考慮、各々の根源的完全性に従って一方よりも他方へより多くなす考慮に存しています。これに対して自然学的依存は一方がその依存する他方から受けとる直接的影響に存していることになりましょう。それに非意志的思惟が私たちにやって来るのは、一部分は私たちの感官を刺激する諸対象によって外から、そしてもう一部分は心の内で、先行の諸表象で残留している（しばしば感覚され得ないところの）印象によってです。この先行的表象は活動を続け、新たにやって来るものと混ざりあうのです。この点では私たちは受動的であり、眠らずにいる時でさえ夢の中でと同様に、呼ばれもしないのにイメージが浮んできます（イメージという語の下に私は形の再現だけでなく音声や他の可感的性質の再現をも考えています）。ドイツ語ではそれを fliegende Gedanken つまり飛びまわってしまう思惟と呼んでいます。それは私たちの自由になりませんし、そこには時として善良な人々の良心に疑懼の念を抱かせるようなおかしいところ、決疑論者や教導者に問題を提起するようなおかしいところが存しています。こういう思惟は、ちょうど、何かが内に入れられるとそれに応じて壁に図形が現われるようにする幻燈で起ることと同じようなものです。しかし私たちの精神は、再び現れてくる何らかのイメージを意識して「止まれ」と言い得、そして言うならそれを止めることができるのです。更に精神は、自分の良いと思う通りに、他の思惟へ導くような思惟の或る前進へ入っていきます。けれども、分り切ったことですが（それは」内的ないし外的諸印象が優勢でない時にです。確かにその点に関しては人々はとても異なっています。その気質によっても、自己の統御について為した訓練によってもです。ですから、或る人が克服できる印象を他の人はそのままにするのです。

［13］　フィラレート　思惟が関わりを持たないところにはどこにも必然性が生じます。そしてこの必然性が、意志作用をなし得る行為者の内に見出され、何らかの行為の開始あるいは継続が行為者の精神の選好に反している時、私はその必然性を強要と名づけます。また、或る行為を妨げたり止めたりすることがその行為者の意志作用に反する時、それを妨害と呼ぶことが許されるでしょう。絶対的に思惟も意志作用も持たない作用者は、いかなる観点からも必然的な作用者です。

テオフィル　意志作用は偶然的であるとはいえ、適切な言い方をするなら［9］で既に指摘しましたように、必然性は意志作用にではなく偶然性に対立させられるべきだと私には思えます。それに、必然性は決定と混同されてはいけません。というのも、思惟の内には運動の内にと同様に連結ないし決定が存しているのです（決定されるというのは強いられるとか強制的に駆り立てられるのとは全く別のことなのですから）。そして、もし私たちを決定する理由、あるいはむしろそれによって私たちが決心をする理由に必ずしも気づいていないとしたら、それは自然が物体において動かしているすべての機構を私たちが殆ど見抜けないのと同様に、私たちの精神とその思惟の働き全体を意識することが殆どできず大抵の場合知覚できず混雑しているということなのです。こうして、もし必然性というもので人間の確実な決定、即ち、その人間の内外で起るすべての状況の完全な認識を以て或る完全な精神が予見をし得るような決定が考えられているのなら、思惟は自分の表現している運動と同様に決定されているのですから、いかなる自由な働きも必然的となるでしょう。しかし必然的なものを、決定されてはいるが偶然的なものから区別しなければなりません。ですから、偶然的真理が必然的でないだけでなく、それらの連繫もまた必ずしも絶対的必然性を持つのではありません。なぜなら、必然的な題材において生じる結論づけと偶然的な題材において生じるそれとの間には決定の仕方に差異があるのを認めなければならないからです。幾何学的で形而上学的な結論づけは強いますが、自然学的で道徳的な結論づけは強いずに傾けます。自然学自身、神との関連で何らかの道徳的なもの・意志的なものを持っています。運動の諸法則は最善なものの必然性以外の必然性を持っていないのですから(19)。ところで、神は最善なものを選ぶように決定されているにも拘らず自由に選びます。そして物体自身は選択というものをしないので（神がそれらのために選んだのですから）、物体は必然的作用者と呼ばれるのが習いでした。私はそれに反対はしません。ただし次の条件でです。即ち、必然的なものと決定されたものとを混同しないこと、それから、自由な存在者は非決定的な仕方で作用するなどと思い込んだりしないことです。後者の思い込みは或る人々の間では優勢だった誤りで、それは最も重要な諸真理、次のような基礎的な公理をさえ破壊します。その公理とは、何ごとも理由無しには起らないというもので、この公理がなければ神の存在も他の偉大な諸真理もうまく証明され得ないのです。強要について言うと、それは二種に分けた方が良いでしょう。一つは自然学的なもので、誰かをその人の意に反して牢獄に入れたり、絶壁から突き落したりする場合のようなものです。もう一つは道徳的なもので、例えば極悪〔な行為〕の強要であり、この行為が何らかの仕方で強いられているのですが、意志的であるには違いないといった場合です(20)。人はより大きな善の考察によってもまた強いられることがあります。過度に大きな利益を示して人を試みる場合のようにです。尤もそれを強要とは通常呼びませんが。

〔14〕　**フィラレート**　さてここで、ずっと以前から騒がれているけれども私の思うには理解はできないのだから全然道理にあわないあの問題、即ち、人間の意志は自由か否かという問題に終止符を打てないかどうか見てみましょう。

テオフィル　誤って考えられた問題を討議することで頭を悩ましているような人々のやり方に反対するのは大いに理由のあることです。彼らは知っている事柄を探求し、何を探しているかを知らないのです。

フィラレート　力能にすぎない自由は行為者にだけ属し、それ自身同じように力能に他ならない意志の一つの属性ないし変様ではあり得ないでしょう。

テオフィル　言葉の適切さから言えばあなたのおっしゃることは尤もです。けれども世間一般に受け容れられている慣用をまあ許しても良いではありませんか。そういう風にして力能を熱とか他の諸性質に、つまりこうした性質を持つ限りでの物体に、普通帰属させるのです。同様に、ここで意図されているのは人間が意志するに際して自由かどうかを問うことなのです。

〔15〕　**フィラレート**　自由とは、或る人間が意志するのに応じて何らかの行為をしたりしなかったりする力能です。

テオフィル　もし人々が自由というものでそれしか理解していないとしたら、彼らが意志ないし恣意は自由かどうかを問うても、その問は本当に馬鹿げたものでしょう。しかし彼らの問うている事柄がやがてお分りになるでしょう。それに、私もその事柄に既に触れてさえいます。別の原理によってですが、確かに彼らは（少なくとも何人かが）ここであえて馬鹿げたことそして不可能なことを問うています。全く空想的で実現できない均衡的な自由を主張することによってね。そんなものは彼らの役に立ちはしないでしょう。もし人々がそういう自由を持つことができたら、言い換えれば知性に由来し得るすべての印象に反して意志する自由を彼らが持つとしたら、それは理性とともに真の自由を破壊し、私たちを動物以下に低めてしまうでしょう。

〔17〕　**フィラレート**　話す力能が歌う力能を指揮するとか、歌う[21]力能が話す力能に服従したり服従しなかったりすると言う人は、普通言われるように、意志が知性を指揮するとか知性が意志に服従したり服従しなかったりすると言う人と同じように適切で納得できる仕方で表現していることになってしまいます。〔18〕けれどもこうした語り方が優勢となることで、私が誤っていなければ、多くの混乱を産んでしまいました。〔実際には〕思惟する力能は選ぶ力能には作用せず、その逆もそうであり、歌う力能は踊る力能には作用しないのですが。〔19〕或る思惟が人間に選ぶ力能を行使する機会をもたらし得ることは私は認めますし、精神の選ぶことが現実に或る事物を思惟する原因であり得ることも認めます。同様に、或る歌を現実に歌うことがこれこれの踊りを踊ることの機会でもあり得ます。

テオフィル　何らかの依存関係があるのですから、機会を与えるというよりはもう少しのものがあります。というのも人は良いと思うことしか望み得ませんし、理解力が増すに応じて意志の選択はより良いものなのです。他面においてちょうど、人は意志する際に力を持つに応じて、非意志的な表象によって決定され導かれたりするかわりに自分の選択に従い思惟を決定するようにね。

フィラレート　力能は関係であって、作用者ではありません。

テオフィル　本質的な能力がもし関係でしかなくて、本質に更に何か付け加えるのではないとしても、性質と、偶有的ないし変化を被る能力とは別物です。そして後者については、〔それらのうち〕或るものがしばしばその機能の発揮に際して他のものに依存すると言い得るでしょう。

〔21〕**フィラレート**　思うに、意志が自由かどうかと問うべきではないのです。それはとても不適切な語り方なのです。そうではなくて人間は自由かどうかと問うべきなのです。そうだとすると、誰かが、自分の精神の指図ないし選択によって、或る行為の存在する方をその行為の存在しない方よりも選び得る、あるいはその逆を選び得る限り、言い換えればこの行為が存在するようにか存在しないようにかを自分の望む通りにし得る限り、彼は自由です。そして、或る存在者が自分の意志することをなし得るということ以上に自由であることなどどうやって考え得るのか、言うことはまずできないでしょう。ですから、その人は自分自身の内に見出すこの能力に依存する行為に関しては、あえて言えば、自由が彼を自由にし得ると同じ位自由であるように思われます。

テオフィル　意志の自由ないし自由意志について論じられる時、人間がその意志することをなし得るかどうかではなく、彼の意志そのものに十分の独立性があるかどうかが問われているのです。その人が自由に脚を動かせるかとか腕を自由に動かせるかが問われているのではなく、彼が自由な精神を持っているかどうか、そして精神の自由は何に存するかが問われています。この点に関しては或る知性的存在者が別の者より自由であり得るでしょう。至高の知性的存在者は完全な自由の内にあり、被造物は決してそういう自由の内にはあり得ません。

〔22〕**フィラレート**　或る人々は生まれつき好奇心が強く、たとえ致命的な必然性の状態より更に悪い状態に陥ろう

とも〔自分に〕罪があるという考えを自分の精神からできるだけ遠ざけようとして、先の考察では満足しません。更にもっと先まで自由が広がっていなければ彼らの気に入らないのです。彼らの意見によると、人間は自分の意志することをする自由と同様に、意志するという自由を持つのでないとしたら、人間は全然自由ではないことの強力な証《あかし》だというのです。〔23〕そうだとすると、人間は自分の力能の内にある或る行為を意志するという特定の働きに関して、自分の精神に一度《ひとたび》この行為が提示されると自由ではあり得ないと私は思います。その理由は全く明白です。なぜなら、彼の意志に依存するその行為は否応なしに存在するか存在しないかで、その存在か非存在かは彼の意志の決定と選択に正確に従わざるを得ず、彼はこの行為の存在か非存在かを意志することを避け得ないのですから。

テオフィル　選択は留保され得ますし、特に別の思惟が熟考を妨げる場合はそういうことがしばしば起ると私は思いたい。ですから、或る行為、それについて熟考される行為が存在するか存在しないかのどちらかでなければならないとしても、その存在・非存在を必然的に決定しなければならないことにはなりません。それはちょうどアレオパゴス裁判官たちが或る人を実際に無罪にしたにはしたのですが、その訴訟は判決を下すにはあまりにも難しく思ったので期日を非常に延期し、それを考えるのに百年を費したのと同じようにです。

フィラレート　そんな風にして人間が自由だとするのなら、私は次のように言いたい。即ち、意志するという行為が彼の意志に依存するとすると、この意志の働きを決定するために先行する別の意志ないし意志する能力(22)がなければならず、そしてそれを決定するのに別の意志がという具合に無限に至ってしまうのです。なぜなら、どこかで止まれば、最後の意志の活動は自由ではあり得ないでしょうから。

テオフィル　意志することを意志するかのように語るとしたら、それは確かに不適切に語っていると言って良いでしょう。私たちは意志することを意志するのでは決してなく、為すことを意志します。ですから、もし私たちが意志することを意志するとしたら、私たちは意志することを意志することを意志するでしょうし、かくて無限に至ります。けれども意志的な活動で以て私たちはしばしば間接的に別の意志的活動に寄与しているのを隠してはいけません。人は、何を意志するかを意志することはできなくとも、何を意志するかを判断することさえできなくとも、それでもしかし、今日意志し得るあるいは判断し得るようにしたいだろう事柄が、時と共に判断されあるいは意志されるようにと前以てしておくことはできます。人は気に入った人々・書物・考え方に執着し、一定の党派に結びつき、反対の党派に由来するものには全然注意を向けません。さしたる意図も無く、考えることもないままに非常にしばしば用いられるこういうやり方、そして別の多くのやり方で以て、次のような結果が生まれます。即ち、人は誤ったり、あるいは少なくとも自分を変え、[23] そして出会うものに応じて悔悛したり堕落したりすることになるのです。

〔25〕　**フィラレート**　人間は意志することを意志するか否かの自由はないのが明らかなのですから、次に問われる第一の事柄は、二つの内自分の好む方を、例えば運動か静止かを、意志する自由が人間にあるか、です。しかしこの問はそれ自身明らかに不合理なので、それについて考える人の誰をも、自由がいかなる場合にも意志には関わらないと納得させるには十分かもしれません。なぜなら、運動か静止かの、話すか黙るかの、好きな方を意志する自由が人間にあるかどうかを問うことは、意志することを意志し得るかどうか、好むことを好めるかどうか、を問うことです。この問いには、思うに、答える必要はありません。

テオフィル　そうは言っても、その人々がここで、解決されるに値する一つの難題を作りあげているのは確かです。すべてを知り、考察した後で、最も気に入るものだけでなくただ自分たちの自由であるのを示すために正反対のことを意志することも更にまたできる、と彼らは言っています。けれども、この気まぐれないし強情、あるいは別の諸理由に従うのを妨げるこの理由、それもやはり勘定に入っていて、それ無くしては彼らの気に入らないだろうものを気に入らせている、と考えなくてはいけません。ですから、選択は常に表象によって決定される訳です。それ故、人は意志したいことを意志するのではなくて、気に入ったものを意志します。尤も、意志は間接的にそして言わば遠くから、何かを気に入るようにかそうでないかにさせるように寄与できることは既に指摘しておいたところです。そして人々はこれらすべての別々な考察を区別しないのですから、多くの隠れた曲折を持つこうした題材についてこれ程混乱させてしまうのも驚くにあたりません。

〔29〕 **フィラレート**　意志を決定するものは何かと問われたら、意志を決定するのは精神であるというのが真の答です。もしこの答で満足しないとしても、この問の意味は次のことに帰着することは明白でしょう。即ち、各々の特定の機会に精神を駆り立てて精神の能力を運動ないし静止に向かわせるような一般的力能を[24]、あれこれの特定な運動あるいは静止に決定するものは何か、という意味です。これに対して私は次のように答えます。即ち、私たちを同じ状態に留まるようにあるいは同じ行為を続けるようにさせるものは、私たちがそこに見出している現在の満足だけだということです。反対に、変化に誘う動機はいつも何らかの不安です。

テオフィル　この不安というものは（前章で）示しておいたように必ずしも不快であるという訳ではありません。安楽の状態にあっても必ずしも満足ないし快の状態にあるとは限らないのと同じです。理由を知り得ることもないまま私たちを別の側よりもむしろ或る側に傾かせるものは、識別もできず見分けもできぬ気づかれぬ程の表象であることがしばしばです。

〔30〕 **フィラレート**　意志と欲望とを混同してはいけません。或る人が痛風の痛みから解放されたいと望んでいるとします。しかしこの苦しみを遠ざけると、もっと生命に関わる部分に有害な体液が移るようにしてしまうかもしれないことを理解しているとしたら、彼の意志はこの痛みを散らすのに役立つかもしれないようないかなる行動へも決定され得ないのです。

テオフィル　この欲望は完全な意志に比べれば一種の不完全な意志作用[25]です。例えば、意志するものを手に入れてもより大きな悪を恐れる必要がない場合、あるいはことによると、それを逃《のが》す方に意志した方がより大きな善を期待できる場合に、人は意志するでしょう。けれども人は痛風の痛みから解放されたいと、意志の或る程度によって、意志しているとは言えます。しかしその意志の程度が最終的な努力にまで必ずしも行きつくとは限らないのです。こういう意志は不完全な意志作用と呼ばれます。〔つまり〕意志が何らかの不完全性ないし無能力を含んでいる場合ですね。

〔31〕 **フィラレート**　しかしながら、ここで次のことを考察しておくのが良いでしょう。即ち、意志を働くようにと決定するものは、通常仮定されているような最大の善[26]ではなくて、むしろ何らかの現実的な不安、そして普通最もさしせまった不安だということです。この不安に欲望という名を与えても良いでしょう。欲望というものは、不在である何らかの善の〔正にそれが〕欠けているために起る精神の不安です。苦痛から逃れたいという欲望は別ですが。不在である善のすべてがその内にあるないしは私たちがそこに認める優秀さの度に応じた苦痛を生む訳ではありませんが、これに反していかなる苦痛もそれに等しいだけの欲望を引き起します。なぜなら善が無いことは、苦痛が現にあることのように常に悪[27]であるという訳ではないからです。それ故、不在である善は苦痛無し[28]に考察され眺められ得るのです。しかしどこかに欲望があるに従って、それだけ不安はあります。〔32〕賢者が希望について言うこと（箴言、一三・一二）を欲望と感じなかった者があるでしょうか。長引けば心を悩ますものを。ラケルは叫びました（創世記、三〇・一）、「私に子供を下さい。さもないと私は死んでしまいます。」〔34〕人間が、自分のいる状態に完全に満足している時とか、いかなる不安からも絶対的に解き放たれている時には、この状態を継続しようという以外にどんな意志が残されていることがあり得ましょう。ですから、私たちの存在の賢き創り主は人間の内に飢えや渇きやその他の自然的欲望という居心地の悪さを置いたのですが、それは人間たちがそうしたものを避けて自分たちの保存と種の存続へと向かうように人間の意志を決定するためなのです。邪欲の燃えるよりは結婚する方が良い、と聖パウロは言っています（コリント人への第一の手紙、七・九）。遠くにあると考えられたより大きな喜びの魅力よりも、ちょっとした邪欲という現にある感情の方が私たちにとってより大きな力を持っているというのは、それほど確かなことなのです。〔35〕意志を決定するのは善、最大の善である、というのはまったく確立された準則であり、確かにそれが不可疑のものとして仮定されていることに何の驚きも感じませんでした。けれども厳密に探究すると私は次のように結論しない訳にはいかなくなりました。即ち、善や最大善は意志を決定するものと考えられ、認められているにも拘らず、その善の素晴らしさに応じた仕方でそれを欲望しこの欲望がその善の欠けているがための不安を私たちにもたらさない内

は、意志を決定しないということです。或る人が徳の有用性を確信するに至り、徳というものはこの世で何か偉大なことをしようと思ったり来世での幸福を希望したりするには必要だと考えるとしましょう。それでもしかしこの人が正しさに飢え渇くのを感じるまでは、彼の意志は彼にこの卓越した善の追求を行なわせるようないかなる行為に決定されもせず、それを妨害しにやってくる何か別の不安が彼の意志を他の事物に引きずっていくでしょう。他方、酒に溺れた人が次のように考えるとしましょう。即ち、このままの生活を続ければ、健康を損い、資産を浪費し、悪評を招き、病気にとりつかれ、終《つい》には赤貧に陥り、これほど好きな酒を飲みたいという情念をさえ満足させられなくなってしまう、と。それでもしかし、飲み仲間がいないと感じる不安が戻ってきて、いつも行っていた時間に彼を居酒屋へと導くのです。その際、彼は健康と財産を失うこと、そして恐らく来世の幸福を失うことをも知っているにも拘らずです。その幸福は、それ自身はとるに足らない善だなどとはとても考えられない代物です。飲む喜びや飲み仲間どもの無駄話よりずっと優れていると彼は認めているのですからね。それ故、彼がこの放埒の内に留まるのは至高[29]の善に目を向けないからではありません。なぜなら彼はそうした善を見て、その素晴らしさを認め、飲むために用いる時間の合い間にはこの至高[30]善を探求しようと決意する程なのです。しかし慣れ親しんでいた喜びの奪われる不安が彼を苦しめにやってくると、飲むという善よりは優れていると彼の認めているこの善は、彼の精神に対する力を失うのです。そして、慣れ親しんだ行為へと意志を決定するのはこの現実的不安であり、その不安はそれによってもっと強い印象を形成して、機会のあり次第また優位に立つのです。尤も、同時に、この酒飲みはもう同じことはすまい、と言わばひとり密かに心に誓い、彼の最も重大な関心に反する行為をするのはこれが最後にしようと思いはするのですが……。こうして時々彼は次のように言わざるを得なくなります。

Video meliora proboque
Deteriora sequor.

私はより善いものを見て賛成するが、より悪いものに従う(31)。この句は真実だと思われますし、不断の経験によって確証されるのですが、今述べてきたように考えれば容易に理解できますし、恐らく他の意味では理解できないでしょう。

テオフィル　そうした考察には優れたところがあり、しっかりしたところがあります。けれどもだからと言ってあの古い公理、即ち意志は最大の善に従う、あるいは意志は感じる最大の悪を避ける、という公理を棄て去るべきだと人が思ってしまうのを私は避けたいのです。真の善をなかなか求めようとしないのは、かなりの部分、次のことに由来します。感官が働かない題材や機会において、大部分の私たちの思惟が言わば盲目的である（そういう思惟をラテン語で cogitationes caecae と私は呼びます）ことに、です。言い換えれば、それらの思惟は表象と感覚を欠き、記号の単なる使用となっているのです。ちょうど、代数の計算をする人々は、問題となっている幾何学的図形には時々しか目を向けない、という場合に起っていることのようにです。語というものはこの点に関しては算術や代数の記号と同じ効果を普通もたらします。人はしばしば、精神の内に対象さえも殆ど持たずに、言葉で推理します。ところがこういう認識は人の心を動かせはしません。感動するには何か生き生きとしたところが無ければならないのです。しかしながら人々が神とか徳とか至福を考えるのは、大抵の場合このような盲目的思惟という仕方でです。人々は、はっきりとした観念を持たずに語り、推理するのです。はっきりとした観念を持ち得ないのではありません。そういう観念は人々の精神の内にあるのですから。しかし人々は分析を推し進めようとはしないのです。時には人々は不在である善悪の観念を持つのですが、とてもぼんやりとです。それ故、そうした諸観念が人の心を動かさなくとも驚くには値しません。こうして、私たちが最悪のものを選ぶとしても、それは、そこにある悪を感じることもなく、反対の側にある善を感じることもなく、その最悪のものが含んでいる善を私たちが感じとっているということなのです。最大の善はより善い側にあり、最大の悪は反対の側にあると私たちは仮定し信じます。あるいはむしろ〔そういう事柄については〕他人の信仰とかせいぜい自分たちの過去の推論の記憶への信頼を語っているだけなのです。しかしそうしたことに注目しないでいる時、感覚に反した私たちの思惟と推論は一種のオウム返しであり、さしあたり精神に何ももたらしません。もしそれを直そうとしないと、そんなものは風が持っていってしまいます。既に第2章［11］で指摘したようにね。賢慮についての最善の諸規則を伴った道徳の最も美しい教訓も、それを感じとれる心にしか効を奏せず（直接的にかあるいは、必ずしもそうでないのですから、少なくとも間接的にです。それについてはやがて述べましょう）、それに反対の者には全く感じとれないのです。キケロは、もし私たちの眼が徳の美しさを見ることができたら私たちはそれを熱愛するだろう、とどこかで述べていました[32]。けれどもそんなことも、それに等しいようなことも起らないのですから、肉と精神との戦いにおいて精神が多くの場合屈してしまうのも驚くに値しません。精神が自分の強みの多くを使わないのですから。この戦いは、混雑した思惟と判明な思惟とから生まれる異なった諸傾向の対立に他なりません。混雑した思惟はしばしば明晰に感じとられますが、私たちの判明な思惟は潜勢的にしか普通明晰ではありません。明晰ではあり得るのです。もし私たちが語や記号の意味を洞察しようと熱心に努力すればの話ですが。しかし怠惰なせいか、それとも時間が無いためか、人はそれをしないので、単なる言葉を、あるいはそう言わないまでもあまりに弱々しいイメージを、生き生きとした感覚に対立させているのです。教会内でも国にとっても重要な地位にある或る人と私は知りあったのですが、彼は持病のため節食しようと決心したけれども自分の部屋の前を通って他の人々に持っていかれる肉の匂いに抗し得なかったとのことです。それは確かに恥ずべき弱さです。けれども正に人々がやっているのはこのようなことなのです。でも、もし精神が自分の強みを利用すれば、見事に打ち勝つでしょう。教育から始めなければならないのでしょう。そしてその教育は、真の善と真の悪が可能な限り感じとれるように整えられるべきです。善悪に関して形成される概念を、この意図により相応しい状況で与えることによってです。こういう卓越した教育を欠いている成人は、遅くはなっても全然〔教育を〕しないよりはましなのですから、啓発的で合理的な快楽を探求することから始めるべきです。混雑しているけれども人の心を動かしてしまう感覚の快楽に対立させるために。実際、神の恩寵だって光明を与えてくれる快楽[33]なのです。こうして、人間は、善良な心持ちで行動している時は、未来への法則と規則とを作りあげているはずですし、厳密にそれらを実行しているはずですし、堕落し得る機会から自分を引き離しているはずです。いきなりにせよ徐々にせよ、事物の本性に従ってね。わざわざ計画して旅に出ることが恋人の心を癒すでしょう。隠退してしまえば、何か悪い傾向に染まっている仲間から私たちは引き離されます。フランソワ・ド・ボルジアはイエズス会の総会長で遂に聖列に加えられた人ですが、上流社会の人であった時大酒飲みであったので、〔聖職へと〕身を引こうと考えた時ほんの少しずつ量を減らしていきました。いつも使っているグラスに毎日一滴の蜜蠟を落とすことによってです。危険な感覚的喜びには何らか別の害にならない感覚的な喜びが対立させられるでしょう。農作業とか庭いじりとかのような。人は無為を避け、自然についてのそして人為についての興味をたくましくするでしょうし、実験と研究をするでしょう。もし職を持っていなかったら何らかの欠くべからざる職に身を投じるか、何らかの有益で楽しい会話とか読書をするでしょう。一言で言えば、神が私たちを呼んでいる声としての善良な心持ちを、実際の決心のために利用しなければならないのです。真の善悪の諸概念を、それが含んでいる快楽や苦痛の表象にまで分析し、それに心が動かされるようにするのは必ずしも常に為され得ることではありませんから、しっかりと次のような法則を作るべきです。即ち、理性から結論が引き出されるのを待ち、一旦それが分ったら以後はそれに従うことです。その結論はそれ以後普通は盲目的思惟だけによって知られるのみであり、可感的な魅力を欠いているとしてもです。そして、こうすることは、理性に従って行動するのに慣れて徳を快くて自然なものとすることで、非可感的な傾向ないし不安へと同様に情念への支配力を終《つい》には獲得するためなのです。しかし、ここでは道徳的な教訓とか、真に敬虔にあるための精神的な指針と手立てとかを与え教えるのが問題なのではありません。ですから、私たちの魂の振舞いを考察することで、私たちの弱さの源を見、そしてその知識が同時に〔その弱さの〕矯正の知識を与えれば十分でしょう。

〔36〕　**フィラレート**　現在の不安こそ、私たちを急き立て意志に働きかけ、（私たちが皆、すべての行動でそこへと向かっている）あの幸福のために意志を自然的に決定するものです。なぜなら、誰でも苦痛や落ちつかなさ（言い換えれば不安、というよりもむしろ居心地の悪さ、それらは私たちを安楽な状態ではいさせません）を至福状態とは両

立しないものと考えています。わずかの苦痛も、私たちが享受しているすべての快楽をぶち壊しにするに十分なのです。それ故、次なる行動へと私たちの意志の選択を絶えず決定しているものは、常に、苦痛から隔たるということでしょう。私たちが何らかの苦痛を感じている限り、この隔たることが幸福への第一段階なのですから。

テオフィル　もしあなたのおっしゃる落ちつかなさ即ち不安を、あなたが本当の不快と考えていらっしゃるとしたら、そういう意味では私はそれが唯一の刺激だとは思いません。刺激となるのは大抵の場合あの感覚できない微小表象なのです。もし苦痛の概念が意識的表象を含んでいないとしたら、それらは意識され得ない苦痛と呼ばれるでしょう。これら無意識的衝動は微小な障害から連続的に解放されるところに存します。こうした障害に私たちの本性は別に考えもせずに働きかけているのです。正にここにこそ、知らず識らずに感じているあの不安というものの本質が真に存在します。そして不安は、情念にとらわれている場合も最も落ちついていると思われる時も私たちを動かします。なぜなら、私たちは何の行為も運動も無いということはなく、行為や運動は、本性が常に自分をもっと安楽なところに置こうと働くということにしか由来しないからです。そして私たちには最も無差別に見える場合にも、いかなる調査もする前にそれは私たちを決定してしまいます。なぜなら私たちは完全に均衡した状態にあることはありませんし、二つの場合の厳密な中間にはあり得ないでしょうから。ところでもし苦痛のこれらの要素が（それらがあまりに増すと、時には本当の苦痛ないし不快になるのですが）真の苦痛であったら、善を追求するに際して不安と渇望を抱いている私たちは常に惨めでしょう。しかしことは全く反対なのです。既に先程（前章の［6］で）言いましたように、自然が勝ちとる連続的で微小な成功の堆積は、善に向かいそのイメージを楽しむことによって、あるいは苦痛の感覚を減じることで、次第に安楽な状態へと自分を持ちこみます。それは既にかなりの快楽ですし、しばしば善の享受そのものよりも良いものなのです。ですから、この不安というものは至福と両立しないものと考えられるべきだなどとはとんでもない話で、私は不安が被造物の至福にとって本質的だと考えています。被造物の至福は完全な所有というものにその本質があるのではありません。完全な所有は被造物を無感覚に、茫然自失したような状態にしてしまうでしょう。そうではなくて、より大きな善へと向かう連続的な継続した進歩に被造物の至福の本質があるのです。そしてそれは欲望ないし少なくとも連続的な不安を伴わないことはあり得ません。けれども、今さっき説明しましたように、それは居心地を悪くするまでには至らず、苦痛の要素ないし基《もと》に限られています。それら要素ないし基は意識はされないのですが、刺激として役立つにも意志を駆り立てるにも十分ではあるのです。健康な人間において食欲というものが、あの居心地の悪さにまでは至らない時に為すのと同じことです。居心地の悪さとは私たちを苛立たせ、私たちに欠けているものの観念に対するあまりに強い執着によって私たちを苦しめるもののことです。これら欲求は、微小なものであれ大きなものであれ、スコラで根源的第一運動 motus primo primi[34] と呼ばれているものです。そしてそれらは、自然が私たちを幸福よりも享楽へと向かわせる真の第一歩です。なぜなら人はそこでは現在しか眼中に無いからです。しかし経験と理性とがこれら欲求を規制し、幸福へと導き得るようにとそれらを抑制することを教えます。このことについては既に幾らか述べました（第I巻第2章［3］）。欲求は石が持っている傾向のようなものです。石は真直ぐ進みますが必ずしも地球の中心への最良の道を採る訳ではありません。岩にぶつかって砕けてしまうことなどは予見し得ないのですから。それに対し、もし石が精神を持ち、迂回する手段を持っていたとしたら、自分の目標にもっと近づいていたでしょう。こうして、現在の快楽に真直ぐに進むことで、私たちは時には悲惨という深淵に陥ってしまうのです。こういう訳ですから理性は来たるべきより大きな善悪のイメージを現在の快楽に対立させますし、事を為す前に思惟するという確固とした決断と習慣を持たせ、最善と認められるだろうものに従うようにさせます。たとえ私たちの結論の可感的な理由がもはや精神の内には無く、弱々しいイメージから成っているか、あるいは盲目的思惟の内にしか殆ど存しないとしてもです。現実的な説明を欠いた語あるいは記号が盲目的思惟をもたらします。従ってすべては、よく考えなさいと銘記シナサイということの内に存するのです。前者は法則を作るための、後者はたとえそれら法則を生まれさせた理由を考えてはいなくともそれに従うためのものです。しかしながら、できる限りそれについて考える方が良い。理に適った喜びと光明に伴われた快楽で満たされた心を持つためにです。

〔37〕 **フィラレート**　そうした用心は事態が次のようであるからには疑い無く必要です。即ち、或る現に無い善の観念は、その善が私たちの内の何らかの欲望を刺激するまでは、私たちが現に苦しめられている何らかの不安や不快の感じと釣り合い得ないだろうからにはです。天国の言うに言われぬ喜びを生き生きとした絵によって表現されて、それを可能であるし確からしくもあると認めながら、それにも拘らずこの世で享受している幸福に喜んで甘んじようとする者たちがなんと沢山いることでしょう。それは、彼らの現在の欲望についての不安が優勢となってこの世の快楽へ忽ちにして向かってしまい、それらを求めるように彼らの意志を決定するということなのです。そしてその間ずっと彼らは来世の善に全く無感覚です。

テオフィル　それは人々がしばしば確信はしていないことに一部は由来します。確信していると言いながら、実際は隠れた不信仰が彼らの魂を支配しているのです。なぜなら、人々は神の正義に相応しくまた真の宗教の基礎でもある魂の不死性を確信する正しい諸理由を理解していなかったり、あるいはそれらの理由を理解したのを憶えていないのですから。しかし確信するためには今のどちらかが必要なのです。真の宗教や真の理性さえもが教えている来世が可能であると概念する人さえわずかです。来世の蓋然性を概念するどころではなく、確実性など言うまでもありません。人々が来世について考えているすべてはオウム返しか、あるいは回教風の粗雑で根拠の無いイメージでしかありません。彼ら自身そんなことはありそうもないと思っているのです。なぜなら人々はアサシン派(35)の頭領つまり山の主人(36)の兵隊たちが心を動かされた（と人が言っている）ような風に、来世に心を動かされるには程遠いのですから。〔アサシン派のことについて言うと〕兵隊たちは深く眠り込んでいる間に歓喜に満ちた場所へと運ばれたのです。そこで彼らは自分たちがマホメットの天国にいるのだと思い、頭領が彼らに望んだような意見を持った天使や聖人に正にその意見を吹き込まれます。そしてそこから、再び眠らされた後に、彼らが連れていかれた元の場所に連れてこられたのです。この出来事が以後彼らをいかなる企てにも大胆にしました。彼らの主人に敵対する頭領たちの生命を奪うまでに、です。私は、人々がこの主人ないし山の老人を不当に扱わなかったかどうか分りません。なぜなら、彼が殺させたという多くの偉大な王子の名は示されていないのですから。尤も、イギリスの歴史家たちの手には彼のものとされている手紙があると言います。それは〔彼ら歴史家が〕、パレスチナの伯爵ないし王子(37)を暗殺したのは王リチャード一世ではないと主張するために示しているものです。〔その手紙で〕山のこの主人は、侮辱されたので殺させたと告白しているのです。たとえそうだとしてもとにかくアサシンのこの頭領が天国について都合の良い観念を人人に与えようとしていたのは、恐らく自分の宗教に対する熱情によってでしょう。彼らには常にこの天国の思いが伴い、彼らを盲目的にしないようにしていたのです。だからと言って、自分たちは天国そのものの内にいたと彼らが信じるはずだなどと言っているのではありません。しかし、たとえ彼らがそのように主張したとしても、もしこうした敬虔な偽りの方がまずく扱われた真理よりも効果をもたらしていたのだとすれば、驚くには値しないでしょう。けれども、真理をよく認識し有効に使えば、真理より強いものは何も無いでしょう。そしてそこにまで人々を強く駆り立てる手段は疑い無くあるでしょう。可感的かつ現在的な魅力を殆ど欠いたこういう生き方に一度身を投じた人々において、どれほどの野心や渇望が満たされるのかと考えてみると、決して失望するに値しないことが分ります。もしいつの日か人類の何らかの幸福な変革が徳というものを行き渡らせ流行のようにしたら、徳は無限により多くの効果をもたらし、多くの確固とした利益を伴うだろうと私は思います。徳を行うことを最大の快楽とするように若い人々を慣らし得るだろうことは確かです。成人たちでさえ定めを作りそれに従う習慣を作り得るでしょう。そしてその習慣は人々をその定めに強く駆り立て、もしそこから外れると、居酒屋に行くのを妨げられた大酒飲みが感じるだろうと同じような不安を伴います。私たちの諸悪を正す可能性そしてそれが容易であるといったこのような考察を付け加えることができてよかったと思います。私たちの弱さの単なる呈示によって、真の善を追求しようという人々を落胆させるようなことにならなくてすむでしょうからね。

〔39〕　**フィラレート**　大切なのはとにかく真の善を粘り強く望むことですね。何らかの欲望が行為に伴っていなければ、いかなる意志的行為も私たちにおいては為されることがまずありません。意志と欲望とが極めてしばしば混同さ

れるのはこのためです。けれども他の諸情念の部分を成す、あるいは少なくとも大部分の他の情念の帰結である不安というものをこの問題から全く排除してしまってはなりません。なぜなら、憎しみ・恐怖・怒り・羨み・恥ずかしさには、それぞれ不安があり、それによって意志に影響しているからです。これら情念のどれも、単独では存在しないのではないかと思います。欲望を伴わない何らかの情念を見出すのは難しいとさえ思います。更に言えば、不安のあるところにはどこでも欲望があると私は確信しています。それに、私たちの永遠は現在の瞬間に依存しないのですから、私たちは現実に享受している快楽がどんなものであろうと、目をその先に向けます。そして欲望には将来についてのこうした前以ての考慮が伴っているのですから、常に意志が付き従っています。それ故、喜びの最中でさえ、現在の快楽が依存するところの行動を支えているものは、この快楽を続けようという欲望であり、それが[38]奪われる恐れです。そしてその喜びよりも大きな不安が精神を捉えるに至るといつでも、たちまちそれによって精神は新しい行動へと決定され、現在の快楽は顧みられなくなります。

テオフィル　多くの表象や傾向が完全な意志作用には協力しています。完全な意志作用はそれらの抗争の帰結なのです。それらの内には離れていたのでは表象され得ず、集まって不安を形成するものもあり、私たちにはどんな理由なのか分らぬままに私たちを駆り立てています。また多くのものが一緒になって何らかの対象へ導いたりそこから遠ざけたりもします。そしてその時それは欲望とか恐れとかいうもので、これもまた不安を伴っていますが必ずしも快あるいは不快にまでは至りません。最後に、実際に快楽と苦痛を伴った衝動があります。これらの表象すべては新たな感覚であるか、または過ぎ去った何らかの感覚の残した想像です（思い出を伴っていようといまいとです）。それらは、先立つこれら諸感覚の内でこれらの同じイメージが持っていた魅力を更新することによって、むかしの衝動もまた想像の鮮やかさに応じて更新するのです。そしてこれら衝動のすべてから終《つい》には優勢な努力が帰結します。それこそ全き意志を成すのです。けれども、意識にのぼる欲望と傾向もまたしばしば意志作用と呼ばれます。完全なという訳ではなかろうとも、そして優勢で駆り立てようがそうでなかろうがです。こうして意志作用は欲望無し、回避無しでは存続し得ないだろうと容易に判断できます。なぜなら、欲望の反対物が名づけられ得ると私が思うのはこのようにしてだからです。不安は、憎しみ・恐怖・怒り・羨み・恥ずかしさのようないやな情念の内にあるだけでなく、愛・希望・鎮静・好意・栄光のような反対のものの内にもあります。欲望があるところにはどこでも不安があろうと言って良いでしょう。しかし反対は必ずしも真ではありません。なぜなら、何を求めているのかを知らずに不安でいることはしばしばですし、その時は欲望は形成されていないのですから。

〔40〕　**フィラレート**　通常はそのとき取り去ることのできる状態にあると思われている不安の内、最もさしせまったものが意志を行動へと決定します。

テオフィル　天秤にかけた結果で最終的な決定が出るように、私は不安の内で最もさしせまったものが優勢にはならないこともあり得ると思います。なぜなら、最もさしせまった不安は対立する諸傾向が別々に考えられればその各各には優勢だとしても、その諸傾向が他のものと一緒になればその最もさしせまった不安を乗り越え得るからです。或る時にこれこれの諸傾向を、そして或る時は別の諸傾向を優勢とするために二分法という手立てを使うことさえ精神はできます。ちょうど、集会において、問題を秩序だてて呈示するに従って、何々派かが投票の多さで優勢とされ得るのと同じです。確かに、精神はこういうことに前以て備えられなければなりません。なぜなら、抗争の最中はこうした技巧を使う暇《いとま》*は無いからです。その際印象を与えるものはすべて天秤にかけられ、複合的な方向を形成するのに貢献します。それは殆ど機械学においてと同様にですし、迅速な方向転換無しにはそれを押し留めることはできないでしょう。

御者ハ馬ニ引キズラレ、(39)
馬ハ手綱に従ワナイ

〔41〕　**フィラレート**　更に、欲望を刺激するものは何かと問われれば、私は、幸福がそれであり他の何ものでもない、

と答えます。幸福と悲惨とは両極端の名前であり、その究極は私たちには知られていません。それは、目が見たことがなく、耳がまだ聞いたことがなく、人の心が理解したことのないものです[40]。けれども、幸福も悲惨も、いろいろな種類の満足と喜び、苦悩と悲しみによって私たちの内に生き生きとした印象で生じています。それらを私は要するに快と苦という名の下に一括しているのです。そしてそれらは共に、精神にも身体にもあります。あるいはもっと厳密に言うと快苦は精神にしか属しません。或る時は一定の思惟を機会として精神の内にその起源を持ち、また或る時は運動の一定の変様を機会として身体の内にその起源を持つのですが。[42] こうして、全き意味での幸福は私たちが味わい得る最大の快楽ですし、それは同じ意味での[41]悲惨が、私たちの感じ得る最大の苦痛であるのと同様です。そして幸福と呼ばれ得る最も低い程度とは、いかなる苦痛からも解き放たれ、それ以下では満足できないような、必要なだけの現在の快を味わっている状態のことです。私たちに快を産むような本性のものを私たちは善と呼び、苦痛を産むような本性のものを悪と呼んでいます。しかしそのようには名づけないこともしばしばあります。それはこれら善とか悪とかのどれかが、より大きな善あるいは悪と協力している場合です。

テオフィル　最大の快楽というものが可能かどうか私には分りません。むしろ快楽は無限に増大し得るのではないかと思います。なぜなら、私たちを待ちうけているこの永遠〔の未来〕全体において私たちの認識と感覚器官がどんなところまで導かれて行き得るのかは見当がつかないからです。ですから、幸福とは持続的な快楽であると私は考えたい。そしてその持続的快楽は、新たな快楽への連続的進展無しにはあり得ないでしょう。こうして、二人の内一方は他方よりも比較にならないほど速くそして大きな快楽によって進む場合でも、双方は各々、自分自身ではそして自分一人だけとってみれば幸福でしょう。彼らの幸福はとても違っているでしょうけれどもね。ですから幸福とは言わば諸々の快楽による一本の道なのです。そして快楽は幸福への一歩・一前進にすぎず、現前する印象に従ってできあがる最も短い幸福であり、私が[36]の終りのあたりで述べたように、必ずしも最善のものではないのです。最短距離を行こうとして真の道を逸することもあり得ます。石が真直ぐ進もうとしてすぐに障害物にぶつかることだってあり、地域の中心へ十分に進めなくなってしまうようにね。こういう事態から分るのは、幸福へと私たちを導くのは理性と意志であって、感覚と欲求は私たちを快楽にしか至らせない、ということです。ところで、快楽は、光ないし色と同様に名目的定義は受け容れ得ませんが、それにも拘らずそれらと同じように因果的定義を受け容れ得るのです[42]。実際、快楽は完全性の感覚であり、苦痛は不完全性の感覚です。それが意識され得るようにする程十分に際立っているとしてですが。というのも、何らかの完全性ないし不完全性についての感覚できない微小表象は、快楽と苦痛の要素のようなものであり、何回もお話ししてきましたが、それら微小表象は傾向と傾向性を形成しはしても情念そのものはまだ形成しないのですから。こうして、感覚されず意識されもしない傾向もあるのです。感覚できる傾向でも、それが現実に存在し対象が何であるかは知られても、その生成については知覚されないものがあります。それは混雑した傾向であり、私たちはそれを物体に帰します。尤もそれに対応する何ものかが精神の中に常にあるのですが。最後に、判明な傾向があります。理性がそれを私たちにもたらします。それについては私たちは力もその生成も知覚するのです。こうした本性をもった快楽は、認識とか調和という秩序の産出において見出されるのですが、最も尊重すべきものです。これらすべての傾向・情念・快楽・苦痛は一般に精神ないし魂にしか属さないというのは尤もです。でも、そうは言っても混雑した思惟は物体に由来するというのも尤もなのです。なぜなら、混雑した思惟に関しては、或る種の形而上学的厳密さにおいて事物を考えれば、それらの起源が魂自身の内にあるとさえ私は付け加えたい。魂についての考察でなく物体についての考察が、判明で説明可能な何ものかをもたらすのですからね。悪が苦痛に加担するものであると同様に、善とは快楽に役立つないし協力するものです。しかし、より大きな善と衝突してしまう場合、それを私たちから奪うような善は実を言えば一つの悪となり得るでしょう。そこから生まれるはずの苦痛に加担するでしょうからね。

〔47〕 **フィラレート** 魂はこれら欲望の幾つかの実現を保留する力能を持っています。従って、それらを順次考察し、比較する自由があります。人間の自由が存するのはその点であり、それが自由意志と私たちの呼ぶものです。そうい

う呼び方は、思うに、不適切ですが。そしてあらゆる種類の迷い・誤謬・過ちが生じるのは自由意志の悪用からなのです。そうしたことに陥るのは、急いでいて私たちの意志をあまりに早く決定してしまうとかあまりにゆっくり決定するといった場合です。

テオフィル　私たちの欲望を実現に移すのを保留するとかあるいは止めるのは、その欲望がさほど強くなくて私たちの心を動かさず、その欲望を満足させるために存する労苦ないし煩わしさを凌駕していない場合です。この労苦は場合によっては気づかれぬほどの怠惰ないし倦怠でしかありません。そしてそれが知らぬまに尻込みをさせるのです。そうした怠惰ないし倦怠は、遊惰に育てられた人々とか無精なたちの人々、そして齢のせいとか失敗とかで尻込みしてしまっている人々において、より大きくなります。けれども、欲望が十分にそれ自身で強くて、もし何ものも妨げなければ心を動かすような時でも、それは対立する諸傾向によって留められ得るものです。それら諸傾向が単なる一つの傾向性に存するにせよ、欲望そのものにまで至っているにせよです。しかしながら、これら傾向・傾向性・欲望は既に魂の内に見出されるはずなのですから、それらは魂の自由にはなりません。従って、魂は理性が関わりを持ち得るような自由で意志的な仕方で〔それらに〕反抗することはできないでしょう。もし魂が更に別な手段を持っていない場合はね。その手段というのは精神を別な方へ向けるという手段なのです。しかし、必要に急き立てられた時にどうやってそうすることを思いつくでしょうか。というのも、正にその点こそ強い情念にとりつかれている場合に特に問題になるのですから。それ故、精神は前以て準備されていて、既に思惟から思惟へと行きつつあるのでなければなりません。滑りやすくて危険な歩みに留まりすぎないためにね。そのためには一般に、諸事物を一通り思惟するだけにして、より良く精神の自由を保持するのに慣れておくのが良いのです。しかし最も良いのは、方法的に行い、偶然(即ち気づかれぬ偶然的な印象)ではなく理性が作る結びつきという思惟の進行を追求することです。そのためには、時折自分の考えをまとめ、諸印象についての現在の混乱を超え出、言わば今ある場所から離れて次のように考えるのに慣れるのが良いのです。即ち、「言エ、何故ニ汝ガココニイルカ。目的ニ注目セヨ。[43]どこまで進んだのだろう。主題に立ち帰ろう。本題に触れよう。」人々は自分を遮って、自分の義務を想い起させてくれる誰かを、それもそういうことを任務としている誰かをしばしば必要とするでしょう（アレクサンダー大王の父、フィリップがそういう役人を使っていたように）。しかしそういう役人がいない場合には、その役目を自分自身でやるように訓練しておくのが良い。ところで、一度《ひとたび》私たちの欲望と情念の効果を押し留めている状態、言い換えれば行動を保留している状態になれば、私たちはそれらと戦う手段を見つけることができるのです。それは、対立する欲望ないし傾向による場合もあり、気晴らし、即ち別の性質を持ったものに心を占められることによる場合もありますが。私たちが自分自身の主人のようになるのはこうした方法と手段によりますし、私たちが意志しようとし理性が命ずることを徐々に考えさせ、為させ得るのもこうしてなのです。しかしながらそれは常に、定められた道によってであり、謂《いわ》れ無しに即ち完全なないし均衡的な無差別という架空の原理によってでは決してありません。そのような無差別の内に、或る人々は自由の本質が存すると考えたがっています。あたかも人は謂れ無しにそしていかなる謂れに反してさえも決心でき、印象と傾向性の優勢さすべてに反して突き進めるかのようにね。謂れも無しに、と私は言いました。それは言い換えれば、他の諸傾向との対立無しに、あるいは前以て精神が方向を変えられていることとなしに、あるいは説明され得る何らかの似たような手段によらずして、という意味です。さもなければ、空想的なものに訴えることになるでしょう。スコラの裸の能力ないし隠れた性質においてのようにです。そういうものは馬鹿げています。

［48］　**フィラレート**　表象と知性との内にあるものによる、意志のそうした知的決定に私も同意します。まじめに検討した末の最終結果に従って意志し行為すること、それは私たちの本性の欠陥というよりむしろ完全性です。そして、そこには自由を抑圧したりあるいは減少させたりするものがあるどころではなく、それは最も完全で最も有益なところなのです。そしてこういう仕方で決定することから遠ざかれば遠ざかる程私たちは悲惨と隷属の近くにいるのです。実際、[44]もしあなたが精神の内に、善ないし悪について精神が為す最終的判断によっては決定され得ない完全で絶対的な無差別を仮定するとしたら、あなたは精神をとても不完全な状態に置くことになりましょう。

テオフィル　私も全くそのように思います。それにそのことは、精神が自分の欲望をいつでも止めるような完全で直接的な能力を持っている訳ではないことを示しています。そうでなかったら、どんな検討を加えることができどんな立派な理由とか効力を持った感覚を持ち得たとしても、精神は決して決定されないでしょう。そして精神は常に不決断の状態に留まり、永遠に恐怖と希望との間で動揺するでしょう。それ故、結局は精神は決定されなければなりませんし、こうして、精神は間接的にしか自分の欲望に対抗し得ないのです。先程説明したばかりですが、必要に応じてそれら欲望と戦う武器を前以て準備しておくということによってです。

フィラレート　しかしながら、自分の手を頭にもっていくかそれとも元のままにしておくかという自由は人間にはあります。こうした事柄のどちらにするかに関しては人は完全に無差別です。こういう能力が人間に欠けているとしたら不完全というものです。

テオフィル　厳密に言えば、例えば右に曲るか左に曲るか、右足を先に出すか（トリマルキオでは右足でなければならなかったように(45)）あるいは左足にするかを問題として提出できはしても、人は決して二つの側に関して無差別ではありません。なぜなら、私たちは考えることなしに一方あるいは他方をしています。それは、内的態勢と外的印象（共に気づかれはしないのですが）との協動が私たちの採る側に私たちを決定している徴《しるし》です。けれどもその優越はとてもわずかなものであり、実際必要な時に、この点に関してあたかも私たちは無差別であるかのようです。というのも、私たちに提出される最小の可感的なものでも何の苦もなく一方よりもむしろ他方へと私たちを決定し得るのですから。そして、手を頭の上にもっていくために腕を上げるのに少々の労力が必要ではあっても、それは苦もなく私たちが乗り越えられる程小さなものなのです。そうでなかったら、それは大きな不完全性となるだろうことを私は認めます。もし人間がそういうことに関してもっと決定されていて、腕を上げるか否かを容易に決定する能力が欠けているとしたらです。

フィラレート　しかし、もし同じ無差別がすべての場合にあるとしたら、それこそ正に大きな不完全性でありましょう。一発なぐられそうな時に、頭とか目を守りたい場合などのようにです。言い換えれば、ついさっきお話しした別のそして殆ど無差別の運動と同じようにこの運動〔つまり一撃を避ける運動〕を止めるのが容易だとしたら、正に不完全というものでしょう。なぜなら、必要な場合に、十分強くも十分速かにもそういう身構えをとれないことになりましょうから。こうして決定は私たちにとって有益ですし、しばしば必要でもあります。もしいかなる機会にも私たちが殆ど決定されておらず、善悪の表象から引き出された諸理由に気がつかないとしたら、私たちは実際の選択をしないでしょう。そして、もし或る行為について私たちが善とか悪とかを判断したのに従って私たち自身の精神の内で形成した最終結果とは別の事物によって決定されるとしたら、私たちは決して自由ではないでしょう。

テオフィル　全くその通りです。別の自由を探し求める人々は自分たちが何を求めているのかを知らないのです。

〔49〕　**フィラレート**　私たちより上位で、完全な至福を享受している存在者たちは、善を選ぶようにと私たちよりももっと強く決定されています。けれども、彼らが私たちよりも自由でないなどと考える理由はありません。

テオフィル　そのことについて神学者たちは、これら至福の実体が善について堅振を授けられ、いかなる堕落の危険からも免れている、と言っています。

フィラレート　もし私たちのように哀れな有限の被造物が無限な知恵と慈愛が行える事柄を推し量ってよいとしたら、神御自身も善でないものを選べず、この全能な存在の自由は、最善のものによって決定されることを妨げないと言い得るだろうとさえ私は思います。

テオフィル　私はその真理を確信しています。私たちはそれが本当であると大胆に断言しても良いと思う程です。私たちがどんなに哀れで有限な被造物だとしてもです。それに、その真理を疑ったら大きな過ちを犯すことにさえなるでしょう。なぜなら、それを疑うこと自身によって私たちは神の知恵と慈愛とその他無数の完全性とに背くことになるでしょうから。しかしながら、選択は、意志がいかにそれへと決定されているにしても、絶対的かつ厳密な意味で必然的であると言われてはなりません。意識されている諸々の善が優勢であっても、それは強いずに傾けるのです。

尤も、すべてを考量すると、この傾向は決定的であり、効果を発揮せずに終ることはないのですが。

〔50〕 **フィラレート**　理性によって最善へと決定されること、それが最も自由であることです。[46] 良識を持った人間よりも白痴の方が賢明な考察によって決定されることが少ないとの理由で、白痴でありたいと望む人がいるでしょうか。もし自由は理性の羈絆を脱することに存するとしたら、狂人・気違いだけが自由な者たちでしょう。けれども、こうした自由を愛して狂人であろうと望む者は、既に狂人である者以外にはいないだろうと私は思います。

テオフィル　当節、理性を攻撃し、それを不快なペダントリーと扱うのが才のある人のすることだと思っている人がいます。無について論じた何冊もの小冊子を私は知っています。そのようなものを論じるのが自慢なのでしょう。これほど誤った思想に使われるにはあまりにも美しい詩を幾度か私は見たことさえあります。実際、もし理性を馬鹿にしている人々が大真面目に語るとしたら、それは過ぎ去った諸世紀には知られていなかった新たな種類の常軌を逸した言行というものでしょう。理性に反して語るとは真理に反して語ることです。なぜなら理性とは諸真理の連鎖なのですから。理性に反して語るとは自分自身に反して、自分の善に反して語ることなのです。理性の主要な点は善を知り、それに従うことにあるのですからね。

〔51〕 **フィラレート**　それ故、知的存在者の最高の完全性は、注意深く絶えず真の幸福を求めることにありますが、同様に、想像上のものでしかない至福を本当の至福と間違えないように気をつけるのが私たちの自由の基礎なのです。私たちの欲望のいかいかいいかい対象であり続けるようないかいかい幸福一般の変らぬ探求に結びついていればいるほど、私たちの意志は次のような欲望によって決定されるという必然性からは自由です。即ち、私たちの真の幸福と一致するか対立するかを検討してしまうに至るまでに私たちを或る特定の善へと差し向けてしまうような欲望です。

テオフィル　真の幸福はいつだって私たちの欲望の対象であるはずでしょうが、疑う余地はあります。というのもしばしば人は真の幸福について何も考えないからです。一度ならず私は、欲求が理性によって導かれなければ現在の快楽へ傾いてしまい、幸福即ち持続する快楽には傾かない、と指摘してきました。尤も現在の快楽を持続させようとはするのですが、この点については〔36〕と〔41〕とを見て下さい。

〔53〕**フィラレート**　私たちの心が何らかの仕方で、例えば拷問の苦痛とかのようなもので乱されてしまう場合には、私たちは自分の精神の主人たり得ません。けれども、可能な限り情念を鎮めるために、私たちは真のそして実際の善悪の鑑識眼を精神が持つようにさせなければなりません。そして、卓越し優秀な善が精神に何らの意欲も残さずに私たちを逃れていってしまうようなことを許さず、その善の卓越さに応じた欲望を私たちの内に喚起し、従ってこの善が無い時は私たちを不安にさせると同様に、その善を享受している時はそれを失うのを恐れさせるまでにすべきです。[47]

テオフィル　それは私が〔31〕と〔35〕でしたばかりの指摘とよく一致しますし、一度ならず知的な快楽について述べたことと一致します。そこでは、感官からの混雑した快楽のようにより大きな何らかの不完全性に陥る危険無しにどのように私たちが完成されるかが理解されるのです。感官からの快楽を私たちは警戒しなければなりません。安全にそれを利用し得ることが経験によって確認されていない時には、特にです。

フィラレート　自分の諸情念を制御できないとか、情念が燃えあがって自分を駆り立てるのを妨げられないとか、ここでは言ってはなりません。なぜなら、王公や偉い人の前でできることは、やろうと思えば一人の時あるいは神の御前でできるからです。

テオフィル　その指摘はとても素晴らしいものですし、しばしば考えてみる価値があります。

〔54〕**フィラレート**　しかしながら、この世で人々が異なった選択をするというのは、同じ事物が各人にとって等しく良いのではないことを証明しています。そしてもし人間の関心がこの世を超えては広がっていないとしたら、この〔選択にまつわる〕相違の理由は、――それは例えば或る人たちは贅沢と放蕩に身を沈め、他の人たちは肉欲よりも節制を選ぶようにさせるのですが――、ただ彼らが自分たちの幸福を異なった事物の内に置くということだけに由来するでしょう。

テオフィル　人々は皆、その眼前に来世の生活という共通の対象を持っているかあるいは持っているはずであるにも拘らず、そういう相違が今もまだ生じています。真の幸福についての考察、それがこの世の幸福についてであってさえ、真の幸福からは程遠い官能的快楽よりも徳を選ぶには十分だろうというのは本当です。その際〔そうしなければならないという〕責務は強くも決定的でもないでしょうが。確かに人々の好みはさまざまですし、好みについては議論すべきではないと言われています。しかし、好みは混雑した表象でしかないのですから、その対象の内には問題となるようなものは無く害をもたらし得ないと分ってでしか、それに身をまかせてはなりません。そうでなかったら、もし誰かが或る魚を好んでいるとして、それが彼を死に至らしめたりあるいは病気にしてしまうとしても、彼の好みであるものについて何か文句を言ってはならぬというおかしなことになるでしょう。

[55]　**フィラレート**　もし死の彼方に何の希望すべきこともないとしたら、次の結論づけは疑いもなく全く正しいのです。即ち、食べそして飲もう、私たちを歓ばすすべてを享受しよう、なぜなら明日は私たちは死ぬのだから。

テオフィル　この結論づけには私としては少々言っておきたい。アリストテレスとストア派の人々そして他の多くの古代の哲学者たちは別の見解を持っていました。実際、彼らは正しかったと思います。たとえこの世の彼方には何も無いとしても、心の平静と身体の健康とが、それとは反対の諸々の快楽よりも好ましいことに変りは無いでしょう。それに、善が必ずしも持続しないからと言ってそれはその善を切り捨ててよいことにはならないのです。けれども、最も中庸を得た事柄がまた最も有益だろうと証明する手段が無い場合があるのは私も認めます。それ故、徳と正義とについての責務を絶対的に不可欠のものとするのは神と不死とについての考察だけです。

[58]　**フィラレート**　善悪について現在私たちがしている判断はいつも正しいように私には思えます。現在の幸福と悲惨が問題で、考察が遠くまで及ばず、全ての結論づけが脇に追いやられている場合、人は決してまちがって選ぶことはありません。

テオフィル　それは言い換えると、もしすべてが現在の瞬間に限られていたら、目前にある快楽を拒む理由が全然無いということですよね。実際、すべての快楽は完全性の感覚だと先程私は指摘しておきました。けれども、より大きな不完全性を伴ってくる完全性もあるのです。例えばアレクサンダー大王が褒美に豆を桝一杯与えるというので、豆を針に投げつけてそれがささるのに失敗しないように習熟するのに一生を費した人のような場合がそれです。この人は或る種の完全性に到達するでしょうが、それは全然取るに足らないもので、ないがしろにしてしまうだろう他のとても必要な多くの完全性に比べるにも値しません。こういう訳ですから、現在の或る快楽の内に見出される完全性は、悲惨な状態に陥らないために必要な完全性に、何よりも道を譲るべきなのです。悲惨とは不完全性から不完全性へ、苦痛から苦痛へと人が行ってしまう状態のことです。しかし、もし現在しか無かったら、現前している完全性即ち現在の快楽に満足しなければならないでしょう。

〔62〕 **フィラレート** 誤った判断に基づかなければ、進んで自分の状態を悪くしようなどとは誰も思わないものです。私が言っているのは考え違いのことではありません。考え違いというのは打ち勝ちがたい誤謬からの帰結であって、誤った判断というには殆ど値しないものです。そうではなくて、それは誤っていると自分自身で告白しなければならないような、そういう誤った判断のことを私は言っているのです。〔63〕それ故、第一に、私たちが現在の快苦を来たるべき快苦と比較する際、それらが私たちに対して持っている異なった距離に従って測定しては考え違いをするのです。浪費家の相続人に似ています。彼は現在のほんの少しの事柄を所有するために、相続するに違いない多くのものを放棄するのです。これが誤った判断だということを誰だって知っているに違いありません。なぜなら、未来は現在になり、その時には近いという同じ利点を持つでしょうからね。盃を手にしている時、もし酒を飲む快楽に、ちょっとしたらやってくる頭痛や胃痛が伴っていたら、唇の端に酒を触れさせることさえ誰も望まないでしょう。時間が少々違うだけでこれ程の思い違いが生じるのだとすれば、まして更に大きな距離が同じ効果をもたらす〔のはあたりまえでしょう〕」。

テオフィル ここには場所の隔たりと時間の隔たりの間での何らかの一致があります。しかしまた、可視的な対象は殆ど距離に比例して視覚にもたらす作用を減じますが、想像力と精神に働きかけるような来たるべき対象に関しては同様ではない、という違いがあります。可視光線は直線を成していて、比例的に遠ざかりますが、一定の距離を置いた後は真直ぐになって、もはや感知され得るようには遠ざからない曲線があります。こうして漸近線ができ、直線との見かけの間隔は消え去ってしまいますが、実際は永遠に隔てられたままなのです。要するに、対象の現れは距離の増大に比例して減少する訳ではないと私たちは思います。なぜなら、隔たりは無限ではないにも拘らず、現れはやがて完全に消え去ってしまうのですから。こういう訳で、少しでも時間が離れると私たちから未来を全く隠してしまうことになるのですが、それはあたかも対象が消失するかのようにしてなのです。対象については精神の内に名前しか残っていないこともしばしばで、この種の思惟は、既にそれについては述べましたが、盲目的であり、もし方法的にそして習態によって準備されていないと心を動かすことができません。

フィラレート　ここで私が言っている誤った判断とは、現に無いものは人々の精神の内では単に減少させられている[48]だけでなく全くの無に帰されている、といった類の判断ではありません。そういう場合には、人々は現在手に入れ得るすべてを享受し、そこから何も悪は生じないだろうと判断するのです。

テオフィル　来たるべき善ないし悪の期待が無に帰されている場合というのは、別の種類の誤った判断です。なぜなら、現在から引き出される帰結を否定しているかあるいは疑っているのですから。しかしそれを除いてなら、未来の感覚を無に帰する誤謬は既に述べた誤った判断と同じものです。それは未来についてのあまりに微弱な表現に由来し、殆ど無いあるいは全く無いと考えられてしまうのです。その上、ここで悪い鑑識眼と誤った判断とを恐らく区別して良いでしょう。というのも、しばしば、未来の善が選ばれるべきかどうかさえ問題にされませんし、人は検討しようと思いつきもせず印象によってしか行動しないのですから。しかし、考えるに至ると次の内二つに一つとなります。即ち、それを十分に考え続けず、手をつけた問題をつきつめることなく行き過ごすか、あるいは検討を続けて結論を形づくるかの、どちらかです。そして時にはどちらの場合でも、多かれ少なかれ後悔を感じ続けます。また時には、反対ヲ恐レルとかあるいは躊躇《ためら》うとかいうことが全く無い場合もあります。精神が完全に〔間違った方向へ〕向けられてしまっているにしろ、先入見によって凝り固まっているにしろ。

［64］ **フィラレート**　私たちの精神の狭い容量が、善ないし悪を比較するに際して私たちが下してしまう誤った判断の原因です。私たちは二つの快楽を同時には十分に味わうことができませんし、まして、苦痛に悩まされている時などどんな快楽も享受し得ないのです。盃にほんの少しでも苦味が混じっていると、もう甘さを味わうのは妨げられます。現実に感じている悪はいつだってすべての内で最悪であり、「ああ、これではなくてむしろ他の苦痛なら何でもいいのに」と叫ぶのです。

テオフィル　そういうすべてのことについては、人々の気質により、感じられる事柄の力により、そして身につけた習慣によって非常な多様性があります。痛風を患らっている人が、莫大な財産が手に入るからという理由で有頂天になることだってあり得ますし、無上の楽しみを享受し自分の領地で安楽に暮らせる人が、宮廷で不興をかったという理由で悲しみに打ち沈むことだってあります。それは、快楽とか苦痛が混合している場合、喜びと悲しみはそれら快苦の帰結あるいは優勢さに由来するということです。レアンドルは愛しいエロの魅力に駆り立てられて、夜の海を泳いで渡る大変さと危険を物ともしなかったのです(49)。不具であったり病弱であるために、飲食や他の欲求を満たすのが大きな苦痛を伴わずには為し得ない人々もいます。そしてそれにも拘らず、彼らはこれらの欲求を、必要以上にそしてあるべき限界を越えて満足させたりします。別の人々は、とても柔弱であったり繊細であったりして、快楽に幾らかでも苦痛が伴ったり幾らかでも不快感や煩わしさが混じっていたりすると、それら快楽を退けてしまいます。現在のそして何ということはない苦痛や快楽などは全く軽蔑してしまって、恐れと希望とによってしか殆ど行為しない人々もいます。別の人々はとても軟弱で、ほんの少しの煩わしさを歎き、現在のほんの少しの感覚的快楽を追うのであり、殆ど子供のようなものです。現在の苦痛や快楽が常に最大のもののように思えるのはこういう人々にとってなのです。彼らはあまり聡明でない説教師ないし称讃演説者のようなもので、彼らにおいては、ことわざによると、自分たちの称讃している聖人が天国で最も偉い聖人なのです。しかしながら、人々には何らかの多様性が見出されるにしても、人々は現在の表象に従ってしか行動しないというのはいつでも本当です。そして未来が現在の表象に影響を与えるとしてもそれは彼らが未来について持つイメージによってか、あるいは単なる名前とか恣意的な他の記号にさえ従って彼らが下した決断と身につけた習慣によってなのであり、自然的な像《イメージ》も徴《しるし》も持たずになのです。なぜなら、既に為された強い決断や特に習慣に反する場合には、必ず不安が、そして時には悲しみの感情が起るでしょうから。

〔65〕 **フィラレート**　人々は未来の快楽を過小評価しがちですし、試してみる時が来ると恐らく期待していた程でも一般に言われている程でもなかろうと勝手に決め込んでしまいがちです。というのも、他の人々が称揚していた快楽が自分たちにはとてもつまらなく思えるだけでなく、或る時自分たち自身に多くの快楽をもたらしてくれたものが別の時には不愉快でもあり気に入らなかったりしたことを自身の経験でしばしば見出したからなのです。

テオフィル　それは主として酒色に溺れる人々の推論です。しかし普通、野心家と吝嗇家は名誉と富に関して全く〔それとは〕別様の判断をしています。彼らはあまり上手にそれら自分たちの持っているものを使って楽しみませんし、殆ど使わないことさえしばしばです。常に、もっと多くということに気をとられているのです。感官に殆ど触れないものに人々をこれほど敏感にしたというのは、建築家としての自然(50)の偉大な発見だと私は思います。もし彼らが野心家や吝嗇家になれなかったとしたら、完全性を目指して働くことを止めさせようとする現在の快楽に逆らってその仕事のために十分に高潔で合理的に彼らがなり得ることは、人間本性の現在の状態においては難しいでしょう。

〔66〕 **フィラレート**　帰結《い》において善いまたは悪いもの、私たちに善または悪を得させる素質で以て善または悪であるようなもの、そういうものについて私たちは種々の仕方で判断します。それは、実際にもたらしている程多くの悪をそれらの事物が本当に私たちにもたらす訳ではあり得ない、と判断する場合。あるいは、帰結は重大だが、事態が別様にはなり得ない程確実ではないか、少なくとも勤勉とか如才無さとか素行を改めるとか悔悟のような何らかの手段によって避けられると判断する場合です。

テオフィル　結論づけの重大さということで、結果として起ることの重大さつまり生じ得る善または悪の大きさが考えられているとすると、それは来たるべき善ないし悪がうまく表現されていないという前者の種類の誤った判断に陥っているはずだ、と私には思えます。ですから、今問題なのは第二の種類の誤った判断しか残りません。即ち、結論づけが疑問視されている誤った判断です。

フィラレート　先程述べた逃げ口上が全くの屁理屈だということを詳細に示すのは容易でしょう。けれども一般的な指摘だけで満足しておきましょう。即ち、小さい方の善のために大きい方の善を危険に晒すとか、小さな善を手に入れるためそして小さな悪を避けるために自分を悲惨な状態に置くこと、それも不確かな推測に基づき、適切な検討をしないうちにそうすること、それは全く理に反して行動することなのです。

テオフィル　結論づけの重大さについての考察と、結果として起ることの重大さについての考察とは二つの異質な（あるいは同日には論じられない）考察なので、それらを比較しようとしてもモラリストたちはどうしてよいか分らなくなってしまいました。確からしさについて述べた人々もそのようです。ここでは、他の異類で異質な言わば二次元以上の値算定法と同様に、問題になっている大きさは双方の評価額から成る比であり、長さと広さという二つの考察が存する矩形のようなものだ、というのが本当のところです。そして、結論づけの重大さと確からしさの度に関して言うと、私たちはそれらの評価を為すはずの論理学の部分をまだ欠いています。確からしさについて書いている大部分の決疑論者たちはその本性について理解してさえおらず、然るべき仕方で真らしさにそれを基づかせる代わりにアリストテレスに与して権威に基づかせようとしています[51]。権威というものは、真らしさを形成する理由の一部でしかないのですが。

［67］　**フィラレート**　こうした誤った判断の通常の原因を幾つか挙げてみましょう。第一に無知であり、第二に不注意、つまり知っているものについて全然考え直してみない場合です。それは見せかけの、当座の無知ですが、判断をも意志をも迷わせます。

テオフィル　その無知は常に当座のものですけれども必ずしも装ったものではありません。なぜなら、必要な場合に知っていること、憶い出さなければならないことに思いを至そうとしても、もしも自分が記憶を意のままにできないと必ずしもそれがうまくはいきませんから。頑迷というものは常に、無知を装っている時でも何らかの注意が混入しているのです。それに引き続いて通常不注意がやって来るというのは本当ですが。知っている事柄を必要な時に思いつく術は、もし発見されれば最も重要なものの一つでしょう。しかし人々がその術の原論を作成する程まで考察を進めているようにはまだ思えません。というのも記憶術[52]については多くの人々が書いていますが、全くそれとは別物だからです。

フィラレート　そこで、もし一方の側の理由[53]が雑然と、しかも急いで寄せ集められ、計算に入ってくるはずの額の幾つかがうっかり見逃されると、この軽率さは、あたかも全く無知であったかのように誤った判断を生み出します。

テオフィル　実際、理由を天秤にかけるのが問題の時、然るべき扱いをするには多くの事柄が必要です。それは商人の帳簿とよく似ています。なぜなら、いかなる額も見逃してはならず、各々の額を別々に査定し、整理し、最後にそこから正確な集計を出さなければならないのですから。しかし、考えが及ばなかったり、深く注意を払わなかったりして幾つかの項目が見逃されます。各項目に適正な値が与えられないこともあります。帳簿係が各頁の列をきちんと計算するだけの注意は払っても各行のないし項目の小計を列に置く前にひどく間違って計算するようにです。そしてそれは、列に書かれているものを主として見る会計検査役を欺くことになります。要するに、すべてをきちんと記入した後に、列の和を集計するに際して、そして和の和が出てくる最終的な集計に際してさえ間違え得るのです。こうして、私たちには、結論づけの術をうまく使うためには、思いつく術と確からしさを算定する術そしてその上善悪の値の認識が更に必要です。そして結論に行きつくためには結局私たちには注意と忍耐とがまた必要でしょう。要するに、結論されたことを実行するための堅く変らぬ決意と、その決意をさせた考察がもはや精神に現前していなくとも引き続いて当の決意を保持するためのしっかりできあがった手立て、方法、個別的な定め、習慣が必要なのです。幸いにも、最も肝腎なもの、主要ナモノハにかかわるもの、幸福と悲惨に関しては、さほど知識も助けも手立ても必要ではないというのは本当です。参事院や軍事会議で、裁判所で、医者の診察で、神学とか歴史の論争で、あるいは数学や機械学の何らかの問題点で、正しく判断するために必要な程のものは、それには要らないのです。けれどもその代わりに、至福や徳といったこの重大な点に関わるものにおいては、良い決意をしそれに従うために、一層の〔精神的な〕堅固さと習態とが必要です。一言で言えば、真の幸福のためには知識は少なくてすむがより一層の良き意志が必要なのです。従って、最も頭の悪い人が、最も博識で有能な人と同じ様に容易に真の幸福に到達し得るのです。

フィラレート　自由が無ければ知性は用を為しませんし、知性が無ければ自由は何の意味も持たないことが分ります。もし或る人が自分に善ないし悪を為し得るものを見ることができたとして、一方に進むかあるいは他方から離れるかするための歩を運ぶことはできないとしたら、見ることが何の足しになるでしょう。彼はより惨めでさえあるでしょう。なぜなら徒らに彼に見えてくる善を待ちあぐね、悪を恐れることでしょうから。[54] そして、完全な闇の中をあちこち走りまわる自由を持つ者は、風のおかげであちこち行くのに比べてましなところがあるでしょうか。

テオフィル　彼の気まぐれがもう少しは満足させられることでしょうが、善に出会い悪を避けるのにより良い状態になるとは言えないでしょうね。

〔68〕　**フィラレート**　誤った判断の別の源泉。それは、私たちの手元にやって来たり、習慣がそれを快くさせているような最初の快楽に満足してしまい、更に先を見ようとしないことです。ですから、人々が実際には自分の幸福に必要なものをそう思わない時もまたまずく判断する機会なのです。

テオフィル　この誤った判断は、結論づけに関して誤る場合、先の種の内に含まれると私には思えます。

〔69〕　**フィラレート**　何か特定の行為に伴う快や不快を変えることが人間の力能にあるかどうかを検討することが残っています。多くの場合、変えることができるのです。人々は自分の味覚を改め、〔今まで嫌いだった食べ物を〕好むようになり得ますし、そうすべきです。心の好みも〔身体の好み同様〕変えられます。正しい検討・練習・専心・慣習がそういう効果をもたらすでしょう。タバコに慣れるのもこのようにしてです。慣用になったり慣習になったり

すると終《つい》には快くなるのです。徳に関しても同じです。習慣は人を強く引きつけ、それを断ち切るのは不安無しではあり得ません。人々は事物や行為は多かれ少なかれ快いものにできるのだ、と言っても恐らく逆説にとられるでしょう。それ程この義務はおろそかにされているのです。

テオフィル　それは［37］の終りあたり、そして［47］のこれも終りあたりで私もまた述べたことです。人は何ものかを望み、好みを形づくるようにできるのです。

［70］　**フィラレート**　本当の基盤の上に立てられた道徳は、徳へと〔人を〕決定せずにはいません。この世の生の後に無限の幸福と不幸とがあり得るというだけで十分なのです。永遠の至福が可能であるという期待に結びついた良い生活の方が、ぞっとするような悲惨という恐れを伴うかあるいはせいぜい無に帰されてしまうという恐ろしくかつ不確実な希望を伴う悪い生活よりも好ましい、と認めなければなりません。これらすべてのことは明々白々です。たとえ、善人たちがこの世で禍いばかり蒙り、悪人たちが恒常的な幸福を味わっているとしてもです。そしてそのこと〔自体〕大抵は全くそうではないのです。なぜなら、すべての事物をよく考察してみると、彼ら〔悪人たち〕の持っているものはこの世の中で最も悪い部分であるとさえ私は思うからです。

テオフィル　こうして、たとえ死の向こうには何も無いとしても、エピクロス的〔快楽的〕生活は最も理に適ったものだという訳ではなくなります。先程［55］であなたは反対のことをおっしゃいましたが、それを訂正なさっておられるのを私は嬉しく思います。

フィラレート　善人の状態にあれば無を恐れるだけであり永遠の至福を望むことができるのに、自分には純粋の無しか手に入れることができないような状態のために、無限に不幸であるかもしれない危険に身を投じることを自ら（十分考えたとして）(55) 決定するほど愚かな人がいるでしょうか。来たるべき状態の確実性あるいは確からしさについて私は語ることを避けてきました。なぜなら、ここでは誤った判断について、即ち各人が自分自身の原理に従ってそれについて責《せめ》を負うていると認めなければならない当の誤った判断について述べたかっただけだからです。

テオフィル　悪人たちは来世というものは不可能だと考えがちです。けれども彼らはそれについて次のような理由しか持ちあわせていません。即ち、感官によって知られることに甘んじなければならないこと、そして来世から帰ってきた人を自分たちは知らないということです。かつて、同じ原理に基づいて、対蹠人[56]という考え方を斥け得た時がありました。通俗的な概念に数学を結びつけようとしなかった頃です。形象的思惟の概念に真の形而上学を結びつけようとしないのなら、今日、来世を拒否し得るための理由と同じ程の理由を先の対蹠人拒否は持っていたのです。というのも、概念、ないし観念には三つの度があるからです。即ち、通俗的概念、数学的概念、そして形而上学的概念です。第一のものは対蹠人を信じさせるには不十分です。第一のものと第二のものでは来世を信じさせるためにはまだ十分ではありません。確かに、それらが既に対蹠人が多分いるだろうと推測させはします。しかし第二のものが、今経験によって知る前にも対蹠人はいると確かに述べていたにしても〔私は〔対蹠点の〕住人について言っているのではなく、場所について言っているのです。少なくとも地球の丸さについての知識によって地理学者や天文学者はそういう場所を彼らに与えていました〕、最後のもの〔形而上学的概念〕は外《ほか》でもない来世についての確実性を今からそしてそこに見に行く前に与えてくれるのです。

〔72〕　**フィラレート**　さて、力能に話を戻しましょう。力能こそ正にこの章の一般的主題で、自由はちょっとした脇道にすぎないのですから。でも脇道の内では最も重要な一つです。力能についてのもっと判明な諸観念を得るためには能動と呼ばれるものについてのさらに正確な知識を持つことが適切であり有益でもあるでしょう。力能についての私たちのお話の初めに、私たちが何らかの観念を持っている能動は二種類しか無い、即ち運動と思惟だ、と私は言いました。

テオフィル　思惟という言葉よりもっと一般的な、つまり表象という言葉を使えると私は思います。そうやって思惟を精神にしか割り当てず、表象をすべてのエンテレケイアに持たせる訳です。けれども、思惟という術語を〔表象と〕同じ一般性において捉えようと誰かがしても一向に私はかまいませんが。私自身、気にせずにそういうことを恐らく時にはやっているでしょう。

フィラレート　ところでこれら二つの事柄は能動という語を与えられているにも拘らず必ずしも完全に相応しくもないし、むしろ受動と認識される事例があることが分るでしょう。というのも、そうした事例において、運動あるいは思惟が見出される実体は印象を純粋に外から受けとります。その印象によって作用が実体に伝えられるのです。その実体は、この印象を受けとるというその受容力だけによってしか働いていません。それは受動的力能でしかないのです。時には実体や作用者は己れ固有の力能によって働きます。そしてそれこそ能動的力能なのです。

テオフィル　能動というものを、自発的に己れ固有の奥底から実体に生じるものと解するとすれば、真に実体であるものはすべて能動しか形而上学的厳密さにおいては持たない、と私は既に言っておきました。[57] なぜなら、実体に起ることは、神からの場合は別として、すべて自分自身に由来するからです。被造的実体が他の被造的実体に影響を与えるのは不可能なのですから。しかし、能動というものを完全性の実現と解し、受動をその反対と解するとすれば、真の実体の内に能動があるのは、その表象（というのもそれを私はすべての真の実体に与えたのですから）が展開し、より判明になる時でしかありません。同様に、受動は実体の持つ表象がより混雑したものになる時だけです。従って、快苦を持ち得る諸実体において、いかなる能動も快への道であり、いかなる受動も苦への道なのです。運動について言えば、それは実在的現象でしかありません。なぜなら、運動が帰属する物質や物塊は適切に言えば実体ではないからです。しかしながら、運動には能動の似像《にすがた》があり、同様に、物塊には実体の似像があります。そしてこの観点からすれば、物体は、自分の変化に自発性がある時には能動的であると言えますし、他の物体によって押されるとかあるいは妨げられる時には受動的であると言えます。真の実体の真の能動ないし受動においては、自分の完全性へと向かう変化を自分の能動と解し得るし、自分に帰属させ得るのとちょうど同じです。そして同様に、反対のこと〔つまり完全性から離れること〕が生じる変化を受動と解して、外部の原因に帰属させ得ます。この原因は決して直接的原因ではありませんが。〔以上のように言えるのも〕第一の場合は実体そのものが、そして第二の場合には外部の事物が、この変化を納得できる仕方で説明するのに役立っているからです。私は物体には、実体と能動との似像しか与えません。なぜなら、部分から複合されるものは家畜の群と同様、厳密に言うと実体としては通用し得ないでしょうからね。しかしながら何か実体的なものがそこにあるとは言えます。その統一性、つまり物体を一つの存在者とする統一性は思惟に由来するのです。

フィラレート　外なる何らかの実体の作用によって観念ないし思惟を受けとる力能は思惟の力能と呼ばれると思っていました。尤も実際にはそれは受動的力能ないし単なる受容力[58]でしかありません。それは、内省と、受けとった像を常に伴っている内的変化とからの抽象と、をしているのです。なぜなら、表出は魂の内にあるのですが、それは生きた鏡の表出のようなものでしょうから。[59]しかし、不在の観念を随意に呼び起し、適当と判断するものを比較する力能こそ、能動的力能です。

テオフィル　それはつい先程私が与えたばかりの考えともまた一致します。というのもそこにはより完全な状態への移行があるからです。けれども、感覚の内にもまた能動があると私は考えたい。感覚がもっと際立った表象を私たちにもたらし、従って考察の機会、そして言わば展開の機会をもたらすとしてのことですが。

［73］　**フィラレート**　さて、原始的・根源的観念は次の少数のものに還元され得るようだと私は思います。即ち、延長、固性、可動性（言い換えれば受動的力能、ないし動かされ得るという受容力）です。これらを私たちは感官を介して物体から受けとります。〔次に〕表象性[60]（つまり知覚ないし思惟する力能）と発動性（つまり動かす力能）。これらは内省という道によって私たちの精神にやって来ます。そして最後に現実存在、持続、数。これらは感覚と内省という二つの道によって私たちにやって来るのです。〔このように原始的・根源的観念は以上の少数のものに還元されます。〕というのも、もし私の思い違いでないとしたら、これらの観念によって、色・音声・味・香りや私たちの持つ他のすべての観念の本性を私たちは説明し得るでしょうから。これらの感覚を産出する微小な物体のいろいろな運動を知覚する程に、もし私たちの諸能力が十分に鋭敏であったならの話ですが。

テオフィル　本当を言うと、ここで根源的・原始的と呼ばれたこれらの観念の多くは必ずしもそういうものではないと私は思います。思うに、更なる分解を容れるのですから。しかしながら、そこにとどめておいて、もっと分析を推し進めなかったからと言って、私はあなたを責めはしません。その上、たとえこの手段によって根源的・原始的観念の数が減らせるとしても、もっと根源的か同程度の他の諸観念を付け加えてその数が増大することもあり得ると思います。根源的観念の序列について言えば、分析の秩序に従って、現実存在は他の諸観念より前、数は延長よりも前、持続は発動性とか可動性よりも前だと私は思います。尤もこの分析的秩序は、私たちにそれら観念を思惟させる機会の秩序では普通ありません。感官は内省の素材を私たちに供給します。もし私たちが他の何らかの事物言い換えれば感官がもたらす個別性を思惟しないとしたら、思惟を思惟することさえしないでしょう。それに、魂と被造的精神は器官無しにそして感官無しには決してありませんし、そのことは彼らが記号無しには推論し得ないのと同様だろう、と私は確信しています。〔心身の〕全くの分離と、分離した魂において思惟する仕方について主張しようとする人々がいます。そうした仕方は私たちが認識しているすべてのことによっては説明がつかず、私たちの現在の経験から遠く隔たっているだけでなく、更に重要な事ですが、事物の一般的秩序から遠く隔たっているのです。〔分離を主張する人々は〕いわゆる自由思想家たちに口実を与えてしまい、最も美しく最も偉大な真理に多くの人々が疑いを抱くようにしてしまいます。これら真理を証明するどんな良い手段をも――それは先の〔分析的〕秩序がもたらすのですが――奪ってしまうのですから。

22　混合様態について

〔1〕　**フィラレート**　混合様態に話を移しましょう。私はそれを、同じ種類の単純観念からしか成っていないもっと単純な様態から区別します。それに、混合様態は単純観念の或る集成ですが、その集成は確固とした現実存在を持つ何か実在的な存在者の特徴を示す徴《しるし》とは見られず、精神が寄せ集めるばらばらで独立した諸観念と見られます。ですからその点で実体の複雑観念と区別されます。

テオフィル　このことをよく理解するには、あなたが先に為された幾つかの区分を思い出さなければいけません。観念はあなたにとっては単純観念か複雑観念でした。複雑観念は実体か様態か関係です。様態は、（同じ種類の単純観念から成っている）単純様態か、あるいは混合様態です。こうして、あなたに従えば、単純観念があり、単純であれ混合されてであれ様態の観念があり、実体の観念があり、そして関係の観念がある訳です。恐らく、名辞ないし観念の対象は抽象的なものと具体的なものとに分けられるでしょう。抽象的なものは絶対的なものと関係を表出するものに分けられるでしょうし、絶対的なものは属性と変様とに分けられましょう。そして双方とも単純なものと複合的なものに分けられるでしょう。具体的なものは実体と、実体的なもの、つまり真の単純な実体から複合されるとかそこから帰結するもの、に分けられるでしょう。

〔2〕　**フィラレート**　精神はその単純観念に関しては全く受動的です。感覚と内省が呈示するままに精神はそれらを受けとるのです。けれども混合様態に関しては精神はしばしば自分自身で働きます。というのも、精神は単純観念を

集めて複雑観念を作ることができるのですが、そういう複雑観念が自然においてもそのように現実存在しているかどうかを考慮せずにも集め得るのです。それ故、この種の観念には思念という名が与えられています。

テオフィル　でも、単純観念を考えさせる内省だってしばしば意志的ですよ。それに、自然が為さない集成が私たちの内で自ずと作られることだってあります。夢とか夢想とかにおいて、記憶だけによってね。単純観念においてよりも精神が働くという訳でもなくてです。思念という語について言えば、多くの人々はそれをすべての種類の観念ないし概念に適用しています。根源的なものにも派生的なものにもです。

〔4〕 **フィラレート**　多くの観念がただ一つの観念に集成されていることのしるしは名前です。

テオフィル　もしそれらが集められるならばそれはあたりまえのことです。〔でも〕集められるどうかで人はしばしば誤るのです。

フィラレート　老人を殺すという罪は親殺しのように名前がありません。前者は複雑観念とされていないのです。

テオフィル　老人を殺すことに名前が無い理由は、法律がそれに特別な罰を結びつけていないので、そういう名前がさして有用ではないからでしょう。しかしながら観念は名前には依存しません。[1] 或る道徳学の著者がこの罪に対して一つの名前を発明し、老人殺しという特別の一章をあてて論ずるとします。そこでは何を老人たちに人々は負うているかを示し、彼らを労《いたわ》らないのがどれ程いけない行為なのかを述べ、私たちに老人を殺すことに対する新たな観念を与えてくれるでしょう。

〔6〕 **フィラレート**　一つの国の風俗・習慣はその国に根づいた〔観念の〕集成[2]を為すので、各々の言葉には逐語訳が必ずしもできない特別な名辞があるというのはやはり本当です。こういう訳でギリシア人の間でのオストラシスム〔陶片追放〕やローマ人の間でのプロスクリプシオン〔氏名公示〕は、他の言語がそれに相当する語で表現できない語なのです。ですから慣習が変わればまた新たな語が作られます。

テオフィル　そこには偶然もまた一役買っています。というのもフランス人は隣接する他の国民と同じように馬を使いますけれども、イタリア人たちが cavalcar と言うのに対応する古い言葉を捨ててしまい、馬で行く (aller à cheval) というパラフレーズで言うことにしてしまったのですから。

〔9〕 **フィラレート** 私たちが混合様態の観念を手に入れるには、二人の男が戦っているのを見〔てレスリングの観念を得〕る時のように観察による場合、それにまた発明（即ち単純観念の意志的な寄せ集め）による場合もあります。印刷術を発明した人はこの術が存在する前にそれについて観念を持っていた訳です。最後に、私たちはかつて見たことのない行動に当てられた言葉の説明によって混合様態の観念を手に入れることもあるでしょう。

テオフィル 夢を見ている時とか夢想している際に、その集成が意志的でない仕方で混合様態の観念を手に入れることだってあり得ます。例えば、以前には考えたこともなかった黄金の宮殿の夢を見ている時などがそれです。

〔10〕 **フィラレート** 単純観念の内で最も多く変様されてきたのは、思惟と運動とそこから活動が生じてくる力能の観念です。なぜなら人類の最大の仕事は活動だからです。すべての活動は思惟かあるいは運動です。或ることをする力能ないし素質が或る人の内に見出され、それは同じことをしばしばすることによって身につけられたものである場合、習態と私たちの呼ぶ観念をそれは構成しています。そして機会ある毎《ごと》にそれが現実し得る場合、それを私たちは態勢と呼ぶのです。こうして優しさとは友情ないし愛情への態勢である訳です。

テオフィル 優しさということであなたはここでは優しい心のことを考えていらっしゃるのですね。でも別のところでは、優しさというのは、愛する際に、愛する人を愛される対象の善悪にとても敏感にさせるような性質と考えられているように思えます。クレリーという素晴らしい小説[3]に出てくる優しさの地図に相応しいのはこれだと私には思えます。そして慈愛に満ちた人々は隣人を何らかの度合の優しさで以て愛しているのですから、彼らは他人の善悪に敏感である訳です。そして一般に、優しい心を持った人は、優しさを以て愛する何らかの態勢を持っているのです。

フィラレート 大胆とは、行いたいことを言いたいことを、まごつくことなく他人の前で行ったり言ったりする力能です。話すことに関わるこの後者に関しての自信は、ギリシア人の間では特別な名前がありました。

テオフィル　大胆という語にここでは割り当てられているけれども、シャルル大胆王について語られる時のように全く別様にしばしば使われる概念には、〔別の〕語を割り当てた方が良いでしょう。まごつかないこと、それは精神の力です。しかしそれを強か《したた》者は悪用して軽率な言動をするに至ります。羞恥は弱さであるけれども、場合によっては無理もないことでも誉められるべきものでさえもあるのと同様です。話す自信（parrhésie）について言えば、あなたは恐らくそれをギリシア語で理解なさっておられますが、恐れずに真理を語る作家たちにもその語は帰属させられます。尤もその際、人々の前で話す訳ではありませんから、まごつく理由は無いのですが。

〔11〕 フィラレート　力能は、そこからすべての活動が生じる源泉ですから、実体が自分の力能を現実化する時、この力能の存している実体には原因という名が与えられます。そしてこの手段によって産出された実体とか、あるいは(4)むしろその力能の実現によって或る主体に取り入れられる単純観念（言い換えれば単純観念の対象）(5)は結果と名づけられます。こうして、新たな実体とか観念（性質）(6)が産出される効力は、この能力を実現させる主体においては能動と名づけられ、何らかの単純観念（性質）(7)が変化させられるとか産出される主体においては受動と名づけられます。

テオフィル　力能がもし活動の源泉だとするなら、先の章でそれによって力能が説明されたところの素質とか力量といったものより以上の何ものかをそれは意味しています。なぜなら、既に一度ならず指摘したように、それは更に傾向を含んでいるからです。それ故、この意味で、私は力能にエンテレケイアという術語を割り当てるのを常にしています。そしてそれは、原始的で何か抽象的なものと考えられた魂に対応するものか、あるいはコナートゥスにおいてそして活力と駆動力において概念されるように派生的かです。原因という術語はここでは作用原因についてしか理解されていませんね。けれども更に目的原因ないし動機についてもそれは考えられます。スコラで更に原因と呼ばれていた質料と形相についてはここでは言わないにしても(8)。同じものが作用者においては能動と呼ばれ被作用者においては受動と呼ばれ、こうして関係として同時に二つの主体に見出されると言われ得るかどうか、それらは一方が作用者に、他方が被作用者にという二つの存在者であると言った方が良いのではないかどうか私には分りません。

フィラレート　何らかの活動を表出しているように見える多くの語は原因と結果しか意味していません。それは、創造と絶滅とがいかなる活動即ち仕方の観念をも含まず、ただ単に原因と産出される事物の観念だけを含むようにです。

テオフィル　創造というものを考えるとき、或る活動の仕方、それも何らかの細部に至るまでのそれが概念されてはいないことは私も認めます。そんなことは起り得さえしないでしょう。しかし神と世界とよりは以上の何ものかが表出されているのですし、神は原因で世界は結果である、あるいは神が世界を産出したと考えられているのですから、活動についても考えられてはいるのは明らかです。

23

実体についての私たちの複雑観念について

〔1〕　**フィラレート**　精神は一定数の単純観念が絶えず一緒にやって来るのに気づきます。そして唯一つの事物に属するものと見られるので、一つの主語に合一されて唯一の名前で呼ばれます。そこから更には不注意から、実際には一緒にされた多くの観念の集まりであるにも拘らず、唯一つの単純観念であるかのように私たちは語るに至るのです。

テオフィル　世間一般に受け容れられている表現の内に、不注意だと非難されるに値するものは何も無いと私は思います。〔というのもそこでは〕唯一つの主体・唯一つの観念が認められても、唯一つの単純観念が認められている訳ではありませんから。

フィラレート　これら単純観念がそれ自身でどうやって存続し得るかを思い描けないので、私たちは何かそれらを支えるもの（基体）を仮定することに慣れ親しみます。そこに単純観念は存続し、そこから単純観念が結果として生じるとされ、このため基体には実体という名が与えられるのです。

テオフィル　そのように考えるのは尤もだと私は思いますし、私たちはそうするのに慣れたりそう仮定したりするしかありません。なぜなら、まず私たちは同一の主語について多くの述語を概念しますし、支えとか基体というこれら隠喩的な言葉はそのことしか意味していないのですから。従って、そこに何故困難が見出されるのか私には分りません。それどころか、私たちの精神にやって来るのはむしろ、学識がある・熱い・輝いているというような具体的なものであって、知・熱・光などといった抽象的なものないし性質ではありません（なぜなら、実体的な対象の内にあり、観念ではないのはこういうものなのですから）。その上こういう抽象的なものは理解するのがなかなか困難なのです。これら偶有性は真の存在かどうかを疑うことさえできます。実際、これらはしばしば関係でしかないのですから。些事にこだわれば、抽象的なものこそ困難を最も多く生み出させるものだということもまた知られています。スコラの煩瑣な議論に精通している人々が知っているようにね。そういう煩瑣な議論の内で手をつけられぬほど厄介なものでも、もし抽象的な存在者を追放し、原則的には具体的なものによってしか話さないと決め、実体的な主語を表現するターム以外は論証において認めないようにすれば、たちまち崩れ去ってしまうのです。こうして、性質とか他の抽象的なタームをより容易なものと考え、具体的なものを何かとても難しいものと考えるのは、あえて言えば灯心草ニ節ヲ探ス[1]ことなのであり、事物をさかさまにすることなのです。

［2］**フィラレート**　純粋な実体一般については、何か分らない主体、全く知られておらず、諸性質の支えと仮定されている主体、という概念以外の概念は私たちは持っていません。私たちは子供たちのように語るのです。子供たちには知られていないようなものについて「それは何か」とたずねると即座に、子供たちは至極満足気に、「それは何かだよ」と答えます。けれども、彼らは、そういう言い回しをしたところで、それが何だか知らないことを意味しているにすぎないのです。

テオフィル　実体において二つの事物を、即ち属性ないし述語と、これら述語の主語というものを区別し、この主語において特別なものを何も概念し得ないとしても驚くには当たりません。そうであって然るべきなのです。というのもすべての属性を既に分離してしまったからです。〔でも〕属性において何らかの細部を概念し得るでしょう。こうして、それは同一のものである（例えば、知解するものであり意志するものである。想像するものであり推論するものである(2)）と概念するのに必要なこと以上の何ものかをこの純粋な主体一般の内に求めようというのは、不可能なことを求め、自分自身の立てた仮定に反することなのです。その仮定は、抽象を行って主体とその性質ないし偶有性とを分離するという考えの下に作られたものでした。同じいわゆる困難を、存在の概念やもっと明晰でもっと原始的なものすべてに当て嵌めることもできましょう。というのも、純粋存在一般を概念する際に考えられている事柄は何なのかを哲学者たちに問い得るでしょうからね。細部はすべてそこでは排除されているので、純粋実体一般が何であるかが問われる時と同じように、殆ど言うべきことが無いでしょうから。こういう訳ですから、ここで為されているように哲学者たちをインドの或る哲学者に準《なぞら》えて茶化すのはどうかと思います。地球を支えているのは何かと聞かれてその哲学者は、それは大きな象だと答え、次にその象を支えているものは何かと聞かれるとそれは大きな亀だと言い、その亀は何に支えられているかを言うようにせまられると終《つい》にそれは何か、私の知らないものだと言うに至ったという訳です。けれども実体についてのこの考察はいかに取るにたらないように見えても思った程空虚でも不毛でもありません。そういう考察から哲学の最も重要な多くの帰結が生じ、哲学に新たな側面を開き得るのです。

〔4〕**フィラレート**　私たちは実体一般についてのいかなる明晰な観念も持っていません。そして〔5〕、私たちは物体についてと同じ位明晰な観念を精神について持っています(3)。というのも、物質における物体的実体という観念は精神的実体の観念と同じ様に私たちの理解(4)からは遠いのですから。それは次の話とよく似ています。学位授与式の時、主査が若い学徒に「法学博士の学位を与える」と言うと、その学徒は「二種類の」と叫んだところ、主査は「その通りです。なぜならあなたは両方とも〔つまり民法と教会法を〕同じ様に知っているのですから」と言ったという話で

す。(5)

テオフィル　私たちの無知というこの意見は、対象が許容しないような認識の仕方が求められていることに由来するように私には思われます。対象の明晰判明な概念の真の徴《しるし》は、アプリオリな証明によってその対象について多くの真理を知る手段のことなのです。それについては一六八四年のライプツィヒ学報に載せた真理と観念についての論文(6)(7)で述べておきました。

[12]　**フィラレート**　もし私たちの感官が十分に鋭かったら、可感的性質例えば金の黄色は消え去って、その代わりに諸部分の讃嘆すべき一定の組織を私たちは見るでしょう。それは顕微鏡によって明らかになっていることです。現時点のこの認識〔つまり通常私たちが持っている認識〕は私たちがいる状態には適しています。私たちを取り巻いている事物についての完全な認識は恐らくいかなる有限な存在の能力をも超えています。私たちの能力は、私たちに創造主を認識させ私たちの義務を知らせるには十分なのです。もし私たちの感官がもっとずっと鋭くなってしまうような変化が起ると、そういう変化は私たちの本性と両立しないでしょう。

テオフィル　全くその通りです。それについては先に私は少々言っておきました。けれども黄色だって虹のように一つの実在であることに変わりはありません。それに、私たちは現在の状態をはるかに超えた状態へと明らかに定められており、無限に進んでいくことさえできるでしょう。なぜなら、物体的本性の内には基本要素などありはしないからです。もし原子があったら——例の著者はあるとどこか他の個所で考えていたようですが——物体についての完全な認識はいかなる有限な存在をも超えているという訳ではないでしょう。それに、何らかの色とか性質が、もっとよく〔機械を〕装備したりあるいはもっと鋭くなった私たちの目には消え去るとしても、きっと他の色とか性質がそこから生まれているでしょう。そしてまたそれらを消すために私たちの洞察力を新たに増大させなければならず、それは無限に進み得るでしょう。物質の現実的分割が実際に無限に至っているようにね。

[13]　**フィラレート**　私たちを超えた或る精神たちが持っている優越した点の一つは、自分たちの意図に正に適する

感覚器官を自分自身に形成し得るという点にあるのではないでしょうか。

テオフィル　そのことを私たちもまた顕微鏡を作ってやっています。しかし他の被造物はもっと先に進み得るでしょう。そしてもし私たちが私たちの目そのものを変えること、それは近くから見たいかあるいは遠くから見たいかに応じて或る仕方で実際私たちはやっているのですが、それには他の被造物よりも私たちにもっと相応しい何ものかが、つまりそれを用いて目を形成する何ものかが必要でしょう。というのも、少なくともすべては機械的に為されなければならないからです。なぜなら精神は身体に直接に作用し得ないのです。尚また、諸霊は事物を私たちが知る仕方と何らかの関連をもった仕方で知るということにも私は同意します。たとえそれら諸霊は、あのシラノが太陽における生命ある或る本性たちに帰属させたようなおかしな長所を持っていたとしても〔私たちの知り方と関連があるの〕です。それら本性は無数の小さな飛行体から成り、支配的な魂の命令によって動き回ってすべての種類の物体を形成するのでした。(8)自然の機構《メカニズム》が産出し得ない程に驚くべきものは無いのです。ですから、学殖ある教父たちが天使に身体を帰属させたのは正当であったと私は思います。(9)

〔15〕　**フィラレート**　思惟するとか物体を動かすという観念、つまり私たちが精神という観念の内に見出す観念は、私たちが物質の内に見出すような延長や固性や可動性の観念と同じ位鮮明にそして判明に概念され得ます。

テオフィル　思惟という観念についてはそう思います。けれども、物体を動かすという観念に関しては同意しません。なぜなら、予定調和という私の説によれば、(10)物体は一度運動状態に置かれると精神の活動が要求するごとく運動し続けるように作られているからです。この仮説は納得できるものですが他の仮説はそうではありません。

フィラレート　感覚の各々の働きは物体的事物と精神的事物を等しく私たちに直面させます。というのも、視覚や聴覚が私の外に何か物体的なものがあるのを知らせるその時に、それよりもっと確実な仕方で、私の内には見・聴く何か精神的なものがあるのを私は知るのですから。

テオフィル　それはとてもうまい言い方です。それに、精神の現実存在は可感的対象の現実存在より確実だという

のは正にその通りです。(11)

［19］　**フィラレート**　諸精神も物体同様それが存在するところでしか作用し得ませんし、いろいろな時間に異なった場所で作用します。ですからすべての有限な精神に場所の変化を帰属させない訳にはいきません。

テオフィル　それは尤もだと思います。場所は共存するものどもの秩序でしかないのですから。

フィラレート　魂の運動というものを納得するには死による魂と身体との分離について考えさえすれば良いのです。

テオフィル　魂は可視的な物体の内で作用するのを止め得ないでしょう。そしてもし、例の著者が先に主張していたように魂は思惟することを全く止め得るとしたら、他の身体と合一することなく身体を離れ得ることになるでしょう。そうするとその分離は運動を伴わないものでしょう。しかし私の考えでは、魂は常に思惟し感覚しますし、常に何らかの身体に合一していて、その合一している身体から完全にしかも突然に離れたりはしないと思います。

［21］　**フィラレート**　誰かがもし精神は或ル場所ニハ無いがドコカニあると言うとしても、そんな言い方に今ではたいした重みは無かろうと思います。(12)けれども、もしそうした言い方が合理的な意味を受け容れ得ると思う人が誰かいるなら、知解できる共通の言語でそれを表現して、続いてそこから精神は運動できないことを示す理由を引き出してほしいと私は思います。

テオフィル　スコラは三種の「どこ性」(ubiété) 即ちどこかに存在する仕方を分けています。第一のものは限界的と呼ばれもので空間の内に点的ニあり、それ故、空間の点に対応して位置づけられた事物の点が割り当てられるに従って物体は測られます。第二の「どこ性」は限定的なものです。そこでは限定がされ得るのです。言い換えると、位置づけられた事物がこれこれの空間にあると決定され得るのです。それも正確な点とか、専らそこにあるものに固有な場所といったものを割り当てなくとも良いのです。このようにしてこそ魂は身体の内にあると考えられた訳で、魂あるいは何か魂のようなものがある正確な点、それも何か他の点にもそれがあるというのではない仕方でのそういう点を割り当て得るなどとは思いもしなかったのです。今も尚多くの有能な人々がそのように考えています。確かにデカルト氏は魂をいわゆる松果腺の内に宿らせることで魂にもっと狭い境界を与えようとしました(13)。けれども排他的にこの腺の一定の点にあるとは彼はあえて言いませんでした。そして一定の点にあるのではないとしたら、デカルト氏は何も〔新しい説の提示を〕したことにはなりません。魂に身体全体が牢獄ないし場所として与えられたとしても、一定の点には無いということに関しては同じ訳ですからね。魂について言われることはだいたい天使についても言われるべきだと私は思います。アクィノ生れの大博士は天使が作用によってしか場所には無いと考えました(14)。その作用は、私の考えるには、直接的なそれではなく予定調和に還元されます。第三の「どこ性」は充溢的なそれです。それは神に帰属されます。神は、精神が身体の内にあるのより更にもっと優越的な仕方で全宇宙を満たしています。なぜなら、神は被造物を連続的に産出することで全被造物に直接に作用しているのです。それに対し、有限な精神は〔他の〕被造物に直接的ないかなる影響ないし作用も及ぼし得ないでしょう。スコラのこの教説は馬鹿にされようとしているようですが、そうされるべきかどうか私は知りません。しかしながら、一種の運動を魂に帰属させることはいずれにしてもできるでしょう。少なくともその魂が合一している身体との繋りで、あるいはその表象の仕方との繋りでね。

〔23〕 **フィラレート**　もし誰かが、自分はどうやって思惟しているのか知らないと言うのなら、物体の固い諸部分が、延《ひろ》がった一つの全体(15)を成すためにどうやって一緒に結びつくかだって彼は知らないのだ、と私は答えるでしょう。

テオフィル　凝集の説明にはかなり難しいところがあります。けれども、諸部分のこの凝集というものは延長した一つの全体を作るのには必要ではないように思えます。なぜかと言うと、完全に微細で流動的な物質は部分が結びつけられるなどということなしに一つの延長物を構成していると言われ得るからです。でも本当を言うと、完全な流動性は第一質料にしか相応しくないとは思います。言い換えれば、静止と同様に抽象においてそして根源的性質のようなものとしてしか相応しくないのです。ですから第二質料即ち実際に見出され派生的な性質を纏った質料には相応しくありません。なぜなら、究極的な微細さを持った物塊は無く、至る所で多かれ少なかれ連繫がある、と私は思うからです。その連繫は協同している限りでの運動に由来します。その協動している運動は分離によって乱されるには違いありませんが。それは何らかの力尽くと抵抗無しには為され得ません。尚また、表象という本性とそれに思惟という本性が最も根源的なものの概念をもたらすのです。しかし、実体的な一即ちモナドの学説がそれを大いに解明するだろうと私は思っています。

フィラレート　凝集について言うと、多くの人々[16]がそれを二つの物体が触れあっている面によって説明しています。囲繞するもの（例えば空気）が一つの物体を他の物体に押しつけるという訳です。[24]確かに囲繞するものの圧力は、二つの磨かれた面をこれと垂直な線の方向に引き離すのを妨げ得ます。けれども、その圧力は、それら二つの面をそれと平行な〔方向の〕運動によって分離させるのを妨げる訳にはいかないでしょう。ですから、もし物体の凝集についての別の原因が無いとしたら、物体のすべての部分を分離するのは容易でしょう。物質の或る塊を切りとるようなお望みの平面をとって、それら全部分を横にずらせばよいのですから。

テオフィル　そうです。その通りです。もし互いに押しあっているすべての平たい部分が同一の平面あるいは平行である諸平面にあるとすればね。しかしそんなことはありませんしあり得もしませんから、或る部分をずらそうとすると、それと角度を持った平面上の無数の別の部分に全く別な風に働きかけることになりましょう。なぜなら、合わさっている二つの面を分離するのは、分離する運動の方向が垂直的である時だけでなく、面に対して斜めである場合も難しいことを知らなければならないのですから。こうしてこそ、自然が鉱物や他のところで形成する多面体においては、すべての方向に互いにくっつきあった薄片があると考えられ得るのです。しかしながら、互いにくっつきあった平面に対する囲繞するものの圧力は、凝集全体の真相を説明するのには十分でないことを私は認めます。なぜなら、その説明に際して、互いにくっついたこれら小平面が既に凝集しているのが暗黙の内に仮定されているからです。

[27]　**フィラレート**　物体の延長は固い諸部分の凝集に他ならないと私は思っていました。

テオフィル　そう考えてしまうと先のあなた自身の説明と適合しないように私には思えますよ。その内に内的運動があり、その諸部分が互いに離れようとしている（私は常に事態はそのようなものだと思っています）物体は延がらない訳がないように私には見えるのです。こうして、延長の概念は凝集の概念とは全く異なっているものと私には思えます。

［28］ **フィラレート** 私たちが物体について持っているもう一つの観念は、衝撃によって運動を伝達する力能であり、他の、魂について私たちが持っている観念は、思惟によって運動を産出する力能です。経験は毎日これら二つの観念を明白な仕方で私たちにもたらします。けれども、後になって、それがどのようにして起るのかを探究しようとすると、私たちはやはり暗闇の中にあることが分ります。なぜなら、運動の伝達に関して言うと、そこでは一方の物体が運動を失い他方の物体がそれと同じだけの運動を受けとる、というのが最も普通の場合ですが、それに際して私たちは、一つの運動が一方の物体から他方の物体に移行することとしか概念しません。そしてそのことは、思うに、私たちの精神が思惟によって私たちの身体を動かしたり止めたりする仕方と同様に曖昧かつ不可解なことです。或る場合には起ると観察され、あるいは信じられている、衝撃による運動の増加を説明するのは尚更難しいのです。

テオフィル 偶有性が一つの主体から他の主体へと移行すると言うのと同じ位不可解な事柄が前提とされているようなところに、どうしようもない困難が見出されても私は驚きません。けれども、主体を持たぬ偶有性というスコラの人々の仮定にその奇妙さにおいて劣らないような仮定を受け容れるべき理由は無いと私は思います。スコラの人々はしかしそれら偶有性を神の全能の奇蹟的な働きにしか帰属させないように気を配っています。それに対してここでのこの移行は普通のことでしょう。それについては既に先に（第21章［4］）少々述べておきました。物体が他の物体に運動を与えるのと同じだけ自分はそれを失うというのは本当ではないこともまたそこで指摘しておきました。運動が何か実体的なもので、水の中に溶けている塩に似ているかのように概念されているようです。もし私が思い違いをしていないとすれば、実際ロォー氏[17]はそういう比喩を用いました。それは最も普通な場合でさえない、とここで付け加えておきましょう。なぜなら、同一の運動量が保存されるのは二つの物体[18]が衝突前に同一方向に進み、衝突後も同一方向に進む時のみであること、を別のところで私は証明しておきましたから。真の運動法則は物質を超えた原因から派生したというのは本当なのです。思惟によって運動を産出する力能について言うと、そういうものについてはいかなる経験も私たちは持っていないと同様、いかなる観念をも持っていないと私は思います。デカルト派の人々は自分たち自身、魂が物質に新たな力を与え得ないのを認めるのですけれども、物質が既に持っている力に新たな決定ないし方向を魂は与えるのだと主張しています。この私はどうかと言うと、次のように主張します。即ち、魂は力においても方向においても物体の何も変えません。どちらも同じように不可解で不合理でしょう。ですから、魂と身体との合一を説明するには予定調和を用いなければならないのです。(19)

フィラレート　能動的力能が精神に固有な属性で、受動的力能は物体(20)に固有な属性であるのかどうか、を知ろうというのは私たちの探究に値する事柄です。被造的精神は、能動的でかつ受動的なのですから、物質から完全に離れている訳ではない、とそこから推測され得ます。なぜなら、純粋精神即ち神は、ただただ能動的であり、純粋質料はただただ受動的なのですから、同時に能動的でも受動的でもあるような他の存在者は両方に与かっていると思われます。

テオフィル　そういう考え方はとても私の気に入る考え方ですし、全く私の意見に沿ったものです。次の条件さえ付ければね。即ち、精神という言葉の意味をとても一般的にとって、それがすべての魂、あるいはむしろ〔更にもっと一般的に言って〕精神と類比を持っているすべてのエンテレケイアないし実体的な単位、を含むとしての話です。

〔31〕**フィラレート**　物体の概念そのものが含むものよりもっと込み入っているか、あるいはもっと矛盾に近い何ものかを、私たちが精神について持つ概念の内に呈示〔できるものなら〕してもらいたいものです。〔物体の〕無限可分性のことを言いたいのです。〔それより込み入ったものがあるでしょうか。〕

テオフィル　精神の本性を物体の本性と同じ程かあるいはそれ以上に良く私たちが理解しているのを分らせるためにあなたがここで更におっしゃっておられることは全く本当です。そして、連続ノ合成ニツイテわざわざ一冊の本を著したフロモンドゥス(21)がそれを迷宮と名づけるのは尤もなことだったのです。しかし、その迷宮は、空間についてと同様に物体的本性について持たれている偽なる観念に由来するのです。

［33］**フィラレート**　神について私たちが持つ複雑観念は、私たちが内省から得、そして無限について持つ観念によって拡大する単純諸観念から成っているのですから、神の観念ですら他の諸観念と同じようにしてやって来るのです。

テオフィル　その点については、次のことを示すために多くの個所で私が述べた事柄を指示しておきましょう。即ち、これらすべての観念そして特に神の観念は根源的に私たちの内にあり、それに注意をすればよいこと、そして特に無限の観念は有限な諸観念の拡大によって形成されはしないこと、それを示すために述べた事柄のことです[22]。

［37］**フィラレート**　実体についての私たちの複雑観念を成している大部分の単純観念は、よく考察してみると力能でしかありません。たとえどんなにそれらを実定的性質と考えるように私たちがなりそうであってもです。

テオフィル　実体に本質的ではなくて、ただ単に素質だけでなく傾向をも含むような力能が、正に実在的性質というもので理解されているかあるいは理解されるべきものであると私は思います。

24
実体の集合的観念について

［1］**フィラレート**　単純実体に続いて、寄せ集まりに進みましょう。軍隊を構成している人々の群の観念は、一人の人間の観念と同じ様に一つの観念だ、というのは本当ではありませんか。

テオフィル　そういう寄せ集まり（スコラ風に言うと、寄せ集メニヨル存在者（ens per aggregationem）が一つの観念を作っているというのは理由のあることです。尤も、適切に言えば実体の群は真に一つの実体を成す訳ではありません。それは結果なのです。その一性の最終的な完結は、魂がその表象と思惟によってもたらします。しかしながら、まあどうやらそれは何か実体的なもの、言い換えれば諸実体を含むものと言っても良いでしょう。

25 関係について

〔1〕 **フィラレート** 関係の諸観念を考察することが残っています。それらは最も少ない実在性しか持っていません。精神が一つの事物を他の事物と比較して考察する時、それは関係ないし連関(1)です。そしてそこから作られる諸規定ないし関係的な言葉は、主体を超えてそれとは別の何ものかへ私たちの思惟を導くのに役立つ徴《しるし》のようなものですし、これら二つのものは関係の主体（関係物 relata）と呼ばれます。

テオフィル 関係と秩序は何か思惟的な存在（être de raison）の類のものを持っています。尤もそれらは基礎を事物の内に持ってはいますが。なぜなら、それらの実在性は、永遠真理や可能性の実在性と同様に、至高の理性に由来するのですから(2)。

〔5〕 **フィラレート** しかしながら、主体にはいかなる変化も生じなくても関係の変化はあり得ます。今日父であると私が考えているティティウスは明日はそうであることを止めるのです。自分には何の変化も無くてもです。息子が死んでしまうというただそのことだけによってね。

テオフィル 意識される事物に従えば確かにそう言えましょう。けれども形而上学的な厳密さにおいては、すべての事物の実在的な結合のおかげで、全く外的な規定（純粋ニ外的ナ規定 determinatio pure extrinseca）は無いというのが本当のところです。

[6] **フィラレート** 関係は二つの事物の間にしか無いと私は思います。

テオフィル いや、多くの事物の間に同時にあるような関係は存在します。秩序という関係とか系統樹という関係のようにね。それらはすべてのタームやメンバーの位置と連結を表出しています。それに、多辺形のような図形でさえすべての辺の関係を含んでいます。

[8] **フィラレート** 関係の観念は、しばしば関係の主体である諸事物の観念よりも明晰であるということもまた考察した方が良いでしょう。そういう訳なので、父という関係(3)は人間というそれよりも明晰なのです。

テオフィル それはこの関係がとても一般的なので他の実体にも適合し得るからです。それに、主体が明晰なものをも曖昧なものをも持ち得るのと同様に、明晰なものにおいて関係が基礎づけられることもあり得ましょう。しかし、関係の形式そのものがもし主体における曖昧なところの認識を包蔵していると、それはこの曖昧さを分有してしまうでしょう。

[10] **フィラレート** 言葉あるいは語が適用されている事物の内に現実に存在していると仮定された観念とは別の諸観念に、精神を必然的に導く言葉は関係的であり、他の言葉は絶対的です。

テオフィル この必然的にを付け加えたのは当を得ています。はっきりとないし直ちにを付け加えても良いでしょう。というのも例えば、原因を考えずにも黒色を考えることはできるのですから。しかしそれは直ちに生ずる認識という限界に留まっていることによってなのです。そういう認識は混雑しているかあるいは判明であっても不完全です。前者は観念の分解が無い時、後者はそれが制限されている時です。そうでなければ(4)、関係を含まぬ程絶対的で孤立していて、その完全な分析が他の事物へそして他のすべての事物へ導かないような言葉はありません。それ故、関係的な言葉はそれが含んでいる関係をはっきりと示していると言って良い。ここで私は絶対的なものを関係的なものに対立させます。そしてそれは先にそれを制限されたものに対立させたのとは別の意味においてです。

26
原因について、結果について、そして他の幾つかの関係について

〔1・2〕 **フィラレート**　原因とは、何らかの単純ないし非複雑観念を産出するもの、そして結果は産出されるものです。

テオフィル　あなたはしばしば観念というもので観念の思念的実在性ないし観念が表現している性質を理解なさっておられるように私は思います。既に先に指摘しましたように、あなたは作用原因しか定義なさっていらっしゃいません。作用原因は産出するものであり結果は産出されるものだと言っても、それはただ同義語を用いているにすぎないのを認めなければなりません。確か、あなたはもう少しはっきりと言っていらしたと思います。原因は別の事物が存在し始めるようにするもの、と。尤も、このするという語も主要な困難をそのまま残してはいます。しかしそれについては別の所でもっとよく説明されるでしょう。

フィラレート　他の諸関係に触れるために、時間を示すのに使われる言葉があることを指摘しておきましょう。それは普通、実定的観念しか意味しないように思われていますが、若い、年老いている等のように、関係的なものです。なぜなら、これらは、その帰属される実体の通常の持続への関係を含んでいるのですから。こういう訳で、人間は二十歳で若いと呼ばれ、七歳ではとても若いと呼ばれます。けれども馬は二十歳で年老いていると言われ、犬は七歳でそう言われます。しかし、太陽や星、ルビーとかダイアモンドのことを年老いているとか若いとか私たちは言いません。なぜなら、それらの持続の通常の期間を私たちは知らないからです。〔5〕 場所とか延長に関しても同じことで

す。或る事物が高いとか低い、大きいとか小さいと言われる時のように。ですから、一頭の馬も、ウェールズ人の考えによれば大きくても、フランドル人にとってはとても小さいでしょう。各々は自分の国で養われている馬を考えているからです。

テオフィル　とても良い指摘です。〔また〕こういう考え方から時々私たちは少し離れてしまうということも本当です。或る事物を同じ種類のものと比べず他の種類のものと比べて、年老いていると言う時などがそうです。例えば、世界あるいは太陽がとても年老いていると私たちは言います。或る人がガリレイに太陽は永遠だと思うかどうか尋ねました。〔すると〕彼は「永遠デハナイガ、トテモ年老イテイル」(1)と答えたのです。

27

同一性あるいは差異性とは何であるか(1)

〔1〕**フィラレート**　関係的観念の最も重要なものの一つは、同一性のあるいは差異性の観念です。同じ種類の二つの事物が同時に同じ場所に存在するのを私たちは見出しませんし、存在できると概念できません。それ故、或る事物が同じか否かを私たちが問う時、それはこれこれの時間にこれこれの場所に存在している一つの事物に常に関わっています。そこから分るのは、一つの事物が存在の二つの始まりを持ち得ず、二つの事物が時間と場所に関してただ一つの始まりを持つこともできないということです。

テオフィル　時間と場所の差異のほかに、区別の内的原理が常になければなりません。そして、同じ種類の多くの事物はあっても、それにも拘らず、完全に同じようなものは無いというのは本当です。こうして、時間と場所（言い換えれば外への関係）は、事物自身によっては私たちが区別しないものを区別するのに役立つとはいえ、とにかく事物はそれ自身において区別し得るのです。同一性と差異性の要点は、それ故、時間と場所にはありません。尤も、事物の差異性は時間ないし場所の差異性を伴っているというのは本当です。なぜなら、それら異なった時間と場所はそれとともに事物についての異なる印象をもたらすからです。或る場所ないし時間を他のそれから区別しなければならないのはむしろ事物によってだと言っても良い位です。というのも、時間と場所はそれ自身では完全に同じようなものですが、しかしそれらはまた実体ないし完全な実在である訳ではないからです。同じ種類の事物においては唯一の仕方としてここであなたが提案なさっておられる区別の仕方は、浸透が自然に相応しくないという仮定に基づいています。この仮定は理に適っています。しかし、区別が問題の時に、ここで私たちがその仮定に縛りつけられている訳でもないことは経験そのものが教えています。例えば、二つの影とか二条の光線が浸透するのを私たちは見ますし、物体が同様に浸透するような想像的世界を心に描くことができます。けれども、光線が交わる時でさえ、とにかくそれらの通路そのものによって一条の光線を他から区別できるのです。

〔3〕 **フィラレート**　スコラ哲学で個体化の原理と名づけられたもの、それが何なのか知ろうとしてとても人々は苦しんだのですが、それは現実存在そのものなのです。現実存在は各存在者を特定の時間と、同じ種類の二つの存在者が分ちあえない一つの場所とに固定します。

テオフィル　個体化の原理は、個体においてはたった今述べたばかりの区別の原理に帰着します。もし二つの個体が完全に同じようなもので、等しくそして（一言で言えば）それら自身では区別できないとしたら、個体化の原理などというものは無いでしょう。そういう条件の下では、個体的な区別とか異なった個体とかは無いだろうとさえあえて私は言います。ですから原子の概念は空想的なものであり、人間の不完全な概念作用にしか由来しません。というのも、もしも原子が、即ち完全に硬くそして完全に不変ないし内的変化をし得ない物体があったら、それは大きさと形でしか相互に異なり得ませんし、それらの形と大きさが同じであることもあり得、その際にはそれ自身では区別され得ず、内的基礎無しに外的規定によってしか識別され得ないのは明らかです。それは理由についての最も偉大な諸原理に反します。けれども本当は、いかなる物体も変化し得ますし、常に現実に変化しており、従ってそれ自身で他のいかなるものとも異なるのです。卓抜した精神の持主である一人の偉大な王妃(2)が或る日彼女の庭を散歩している際に、完全に同じ二枚の葉は無いように思うとおっしゃったのを私は憶えています。散歩に付き従っていた才気のある紳士はそんなものを見つけるのは容易《たやす》いと考えました。しかし、それを探しまわったにも拘らず、そこには常に差異が見出されるのを、彼は自分の目で納得させられたのです。いままでおろそかにされてきたこうした考察によって、哲学において最も自然な諸概念からいかに私たちが遠ざかっていたか、真の形而上学の偉大な諸原理からいかに遠ざかっていたかが分りましょう(3)。

〔4〕**フィラレート** 同一の植物の統一性（同一性(4)）を構成するのは、諸部分の特定の組織を、共通な生命に与かる唯一つ(5)の身体の内に持つということです。そしてその組織はその植物が存続する間は持続します。尤も部分は変わりますが。

テオフィル 組織ないし布置は、私がモナドと呼ぶ存続する生命の原理無しでは、数的同一つまり同一の個体のままであるようにするには不十分です。というのも、布置は、個体的にそのままでなくて種的にそのままでもあり得るからです。ハンガリーの鉱泉の中で蹄鉄が銅に変化する時、種的に同じ形のままではあっても、個的に同じのままではありません。なぜなら、鉄は溶け、水に溶けている銅が付着し、少しずつ〔鉄に〕とってかわるからです。ところで、形は偶有性であり、一つの主体から他の主体へ（de subjecto in subjectum）移り行きはしません。ですから、有機体も他の物体も見かけでしか同一に留まらず、厳密には同一ではないのです(6)。それはちょうど水が常に変わる河のようなもの、あるいはアテナイ人たちがいつも修理しているテセウスの船のようなものです(7)。しかし、それ自身に真で実在的な実体的一性を持っていて、いわゆる生命活動がそれに帰属し得る諸実体に関しては、そして古代の法律家(8)が語っているような一ツノ精神ニ結ビツイテイル実体的な諸存在者、言い換えれば或る不可分な精神が生命を吹き込んでいるような諸存在者に関しては、この魂ないし精神によって完全に同一の個体のままだと言ってよいでしょう。魂ないし精神は、思惟するものの内で自我を成しているのです。

［5］ **フィラレート**　動物の場合も植物の場合もさほど変わりはありません。

テオフィル　もし植物と動物が魂を持っていなかったら、それらの同一性は見かけのものでしかありません。しかしもしそれらが魂を持っていれば、個体的同一性はそこでは厳密に真なるものです。尤もそれらの有機体が同一性を保っているのではありません。

［6］ **フィラレート**　そのことは更に、同じ人間の同一性がどこに存するのかも示しています。即ち、同一の生を享受するというところにのみそれは存するのです。不断の流れの内にあるが、その継起において同一の有機体に生命的に結びついている物質の粒子によって同一の生は連続しています。

テオフィル　そのことは私の言った方向で理解できます。実際、有機体は一瞬以上は同一ではありません。等しいだけです。[9] そしてもし魂と関わりがなければ、そこには同一の生も生命的な結合もないでしょう。ですからその同一性は見かけのものでしかありません。

フィラレート　或る瞬間に十分に有機化された物体、それはその後にそれに合一する物質のさまざまな粒子の継起によってこの生命組織の内で連続するのですが、そういうものとは別のものに人間の同一性を置こうとする者は誰でも、その仮定からセト、イスマエル、ソクラテス、ピラト、聖アウグスティヌス[10]が唯一人の同じ人間だという結果になってしまうことなしには、胎児と老人、狂人と賢人とが同一人物であるようにするのは困難でしょう。更に悪いことには、そうした考え方は、輪廻を認め人間の魂がその不品行の罰として動物の身体に送り込まれ得るという哲学者たちの考えに一致してしまうでしょう。なぜなら、ヘリオガバルスの魂が豚の内に存在すると誰かが確信するとしても、それはこの豚が人間、ヘリオガバルスと同じ人間だと言いたいのではなかろうと私は思うからです。

テオフィル　そこには名前の問題と事物の問題とがあります。事物に関して言うと、同じ個体的実体の同一性は同じ魂の保存によってしか維持され得ません。なぜなら、身体は連続的な流れの内にあり、魂は自分に割り当てられた諸原子の内には住みはしませんし、ラビたちのルス（luz）のような壊れない小骨[11]の内に住む訳でもないからです。しかしながら魂が完全に自分の身体を離れて別の身体に移り行くような輪廻というものはありません。魂は常に、死においてさえ、有機体を保持しています。それは以前の有機体の部分です。尤も、魂が保持するものは常に少しずつ散逸しては修復され、或る時は大きな変化を被りもします。こうして、魂の輪廻の代わりに変態、展開ないし包蔵、そして要するにこの魂の身体の流動がある訳です。ファン・ヘルモント氏（息子の方）[12]は、魂が身体から身体へ移り行くと信じていました。ただし常に同種においてであり、それ故、同一種には常に同じ数の魂がある、と。従って同数の人間や狼がおり、狼がイギリスで減らされ絶滅させられたら同じ数だけ別の所で増えることになります[13]。フランスで出版された幾つかの省察もそう主張しているようです[14]。もし輪廻を厳密にとらず、言い換えれば、魂は同一の微細な身体に留まりながら粗大な身体だけを代えるのだと誰かが考えているのなら、それは可能でしょう。バラモン教徒やピュタゴラス派の人々のような仕方で、異なる種の身体へ同一の魂が移行することさえ可能です。しかし可能なもののすべてが、それだからと言って事物の秩序に適合する訳ではありません。けれども、そのような輪廻が本当であった場合、ラビたちに従って、カイン、ハム、イスマエルが同じ魂を持つと仮定して、彼らが同一人物と呼ばれるに値するかどうかは名前の問題でしかありません。あなたが意見を支持なさっておられるあの名高い著者はそのことを認め、とてもうまく説明しています（この章の最後のパラグラフで）。〔即ち以下のように……。〕実体の同一性はそこにはあるでしょう。しかし、異なった人物の間に同一の魂が作ってしまうような思い出の連結は無いとしたら、それが同じ人格であるというために十分な道徳的な同一性は無いでしょう。そしてもし人間の魂が豚の身体に行き、その際、人間〔であること〕を忘れて理性的な働きをそこでは全然しないように神が望むとしたら、それは人間というものを構成しはしません。しかし獣の身体の内で魂が人間の思考を、そして変化の前に生気を与えていた正にその人間の思考をさえもし持っていたら、アプレイウスの黄金のロバのように、次のごとく言うのに恐らく誰も異論を唱えないでしょう。即ち、自分の友人に会いにテッサリアにやってきた同じルキウスが、意に反してプォティスによってロバに封じ込められ、その中に留まり、主人から主人へ歩きまわり、バラを食べてその自然な形にもどった、ということです。[15]

［9］[16]　**フィラレート**　私たちの内の誰かが次のような被造物を見ても、即ち、自分自身と同じような姿・形をしているけれども猫やオウムより多くの理知をあらわさないような被造物を見ても、それでもやはりその被造物を人間と呼ぶ、とあえて主張し得ると私は思います。オウムが理性的にそして哲学者風に議論するのを私たちの内の誰かが聞いても、それをオウムとしか呼ばないかあるいはオウムとしか考えないでしょう。これら動物の内、前者については、それは粗野で愚鈍で理知を欠いた人間だと言うでしょうし、後者についてはエスプリに満ち良識を持ったオウムだと言うでしょう。

テオフィル　第一の点よりは第二の点の方が私には同意できる所が多くあります。言うべきことはまだありますが。人間の形をしていても理性を持つように見えないような動物を森の中でつかまえたとして、その洗礼にきっぱりと断定的に賛成の結論を出すほど大胆な神学者は少ないでしょう。ローマ教会の何人かの司祭は次のように条件的に恐らく言うでしょう。即ち、もし君が人間であるなら、私は洗礼を施そう、と。なぜなら、彼が人類に属すか、そして理性的な魂が宿っているかは知られないでしょうから。オランウータンだということもあり得ます。外見はとても人間に似ている猿です。トゥルピウス[17]がそれを見たと言っていますし、学識ある一医師[18]がその解剖図を出版した、あの猿のことですよ。人間はオランウータンと同じ位に愚鈍になり得るのは確かです（私はそれを認めます）が、理性的魂の核心部は、理性の行使が中断されているにも拘らず、そこに留まっているでしょう。先に述べておいたようにね。ですから、そこには見かけでは判断し得ない点があります。第二の場合に関して言うと、私たちとは異なる種の理性的動物がいないとは言えません。太陽にある〔と或る物語には書いてある〕、鳥の詩的王国の住人たちのようにね。そこでは、死んだ後にこの世からやってきたオウムが、こちらで良いことをしてくれた旅人たちの命を助けたりもしました[19]。いや、妖精とか[20]マザーグース[21]の世界で起きるように、オウムは変身させられた或る王女で、その事情を話して知らせるなら、この奇妙な形の下に隠れてしまっていても、両親は自分たちの娘としてそのオウムを可愛がり、娘がいると信じるでしょう。とは言え、黄金のロバの内には、同じ非物質的精神のおかげで自我とか個体が留まり、この自我の意識的表象のおかげでルキウス[22]ないし人格が留まっているが、それはもはや人間ではないと言う人がいても、私はそれに反対はしないでしょう。実際、人間は理性的動物だといわれる際の、その人間の定義には何らかの身体の形と仕組を付け加えなければならないようですから。さもないと、思うに、いろいろな霊たちもまた人間になってしまいます。

［9］**フィラレート**　人格という語は、思惟し知性を備えている存在者、理性を用いることができ内省のできる存在者を意味しています。その存在者は自分自身を同一として、異なった時間にそして異なった場所で思惟する同じ事物として考えることができます。そうしたことは、自分に固有の諸活動について彼が持つ知覚によって専ら為されます。そしてこの認識[23]は常に私たちの現在の感覚や表象を伴っています。一度ならず指摘しておきましたように、それらが十分に際立っているとしてです。そしてそれによってこそ、各人は自分自身にとって、自分自身と彼が呼んでいるものなのです。この際、同じ自我が同じ実体の内に存続しているのか、あるいは種々の実体の内にかということは考察されません。なぜなら、意識（consciousness つまり意識性）は常に思惟を伴っていますし、各人が自分自身と名づけるものにさせ他のいかなる思惟する事物からも区別されるのは正にそこにおいてだからです。人格的同一性を成す、あるいは理性的存在者が常に同一であるようにするのもまたそこにおいてだけです。そして、この意識が既に過ぎ去った行為や思考に広がれば広がるだけ、この人格の同一性も広がります。自我はかつてのそれと今とで同じものなのです。

テオフィル　意識性ないし自我の知覚が道徳的つまり人格的同一性を証拠だてているという意見には私も賛成です。そして、動物の魂の存続性を人間の魂の不死性から私が区別するのはそこにおいてです。両者とも自然学的・実在的同一性を保っていますが、人間に関しては、神の摂理の規則に適合させられていて、魂が更に道徳的で私たち自身に明らかな同一性を保つのです。同じ人格を成し、従って賞罰を感得できるように、という訳です。この明らかな同一性は実在的な同一性が無かろうとも保存され得る、とあなたは考えておられるように思えます。神の絶対的力によれば恐らくそういうこともなされ得るでしょうが、諸事物の秩序に従えば、自分を同一と感じる人格自身にとって明白な同一性は、内省ないし自我の知覚を伴う隣接的な各々の移行において、実在的な同一性を前提としています。内的で直接的な表象は自然的には欺き得ないからです。もし人間が機械でしかなく、それとともに意識性を持ち得るとしたら、あなたのおっしゃる通りに違いありません。けれども、少なくとも自然的には、そういう事例は可能ではありません。人格的同一性や自我さえも私たちの内には留まらないとか、私が当時したすべてのことを全然覚えていないという口実で私は揺り籃の内にいたあの私ではないとか言うつもりは全くありません。道徳的同一性を自分自身で見出すには、となりあった状態ないし他と少し離れてさえいる状態との意識性の媒介的な連繫があれば十分です。たとえなんらかの飛躍や忘れられた期間が混じっていようと良いのです。こうして、もし病気が意識性の連繫の連続性を断ち切るに至り、どうして今の状態になったかを覚えていないとしても、それにも拘らず、もっと昔の事柄を覚えていれば、他の人々の証言が私の記憶の空白を満たしてくれるでしょう。もし或る期間中に、熟考した上で何か悪いことをしていたのにこの病気によってその少し後にはそれを忘れてしまっていたとしても、この証言に基づいて私が罰せられることとさえあり得るでしょう。そして、もし私が過去のすべての事柄を忘れてしまって自分の名前や読み書きまで再び教えてもらわなければならなくなっても、以前の状態での過去の私の生活を他の人々から教えてもらうことはいつだってできるでしょう。私を二つの人格に分けたり、私を私自身の相続人にしたりする必要無しに自分の権利を守ったであろうようにね。そして、同一人格を成す道徳的同一性を維持するにはそれで十分なのです。確かに、もし他の人々が私を欺こうと密かに企てれば、（幻想とか夢とか病気によって、夢見たことが実際に起ったと思ってしまい、自分自身で自分を欺くことだってあるように）見かけというものは誤りとなるでしょう。しかし、他人との連関に照らして、真理について心証上は確信し得る場合があります。そして、私たちとの交流が道徳性の主要点を成す神というものにおいては、誤謬はあり得ないでしょう。自我について言うと、それを自我の現れや意識性と区別した方が良いでしょう。自我は実在的で自然学的な同一性を形成します。そして自我の現れは、それが真理に伴われれば、人格的同一性をそれに結びつけます。[24] ですから、人格的同一性は思い出よりも遠くへは広がらないと言いたいのではありませんし、まして、自我ないし自然学的同一性がそれに依存するなどと言いはしません。実在的で人格的な同一性は、現在的かつ直接的な内省によって、事実に関してあり得る限り最も確実に証拠だてられます。それは、普通、期間についての思い出や他の人々の一致した証言によって十分に証拠立てられるのです。しかし、もし神が特別に実在的同一性を変えてしまっても、その人が同一性の見かけを内的にも（即ち意識の現れ）、外的にも、他の人々に現れているものに存するのと同じように保存するならば、人格的には同一のままでしょう。こうして、意識は人格的同一性を構成する唯一の手段ではない訳で、他人との連関とか別の徴《しるし》との関係とかがそれを補い得るのです。けれども、これらいろいろな現れの間に矛盾が見出されると難しいことになります。意識は忘却においてと同様、何も語らないこともあります。しかしもし他の現れに対立することを十分明晰に意識が証言すれば、決定に困ってしまい、私たちの記憶違いか外的な現れに何か欺瞞があるのかという二つの可能性の間で、時には宙ぶらりんになってしまうでしょう。

〔11〕 **フィラレート** 各人の四肢はその人自身の部分であり、こうして身体は不断の流れの内にあるのだから、人間は同一のままではあり得ないという人もいるでしょう。

テオフィル 私とか彼とかは部分を持たないと言った方が良いと思います。なぜなら、同じ実体ないし同じ自然学的な自我が実在的に保存されると言いますし、それは正しいのですが、しかし事物の厳密な真理に従って言えば、部分を失って同じ全体が保存されるとは言い得ないからです。そして、物体的部分を持つものは絶えずそれを失わない訳にはいきません。

〔13〕 **フィラレート**　過去の行為について持つ意識が或る思惟する実体から別の思惟する実体へと移転されることはできないでしょう。そして同一の実体が存続するのは確かでしょう[25]。なぜなら、もしこの意識が唯一・同一の個体的行為だとしたら、言い換えれば、もし内省するという行為が、意識しつつ内省が加えられる行為と同一のものだとしたら、私たちは自分を同一だと感じるのですから[26]。しかし、それは過去の行為の現在的な表現でしかないのですから、実際には決して無かったものが実際にあったものとして精神に表現され得ないのはどうしてかが証明されなければなりません。

テオフィル　或る期間の思い出が誤ることはあります。しばしば経験することです。その誤謬の自然的原因を概念する手立てはあります。しかし現在的なあるいは直接的な思い出、即ちたった今過ぎ去っていったものについての思い出、言い換えれば内的行為を伴っている意識ないし内省は、自然的には誤り得ないでしょう。そうでなければ、これこれの事物を思惟するということさえ確実ではなくなりましょう。なぜなら、そのように言うこと自体は過ぎ去った行為についてでしかなく、言っている行為自体についてではないからです。ところで、もし内的直接的経験が確実でなかったら、人が確信できる事実の真理など無いでしょう。媒介され外的な表象において犯される誤謬には納得できる理由があり得る、と私は既に言っておきました。けれども、直接的で内的な表象においては、神の全能に訴えるのでなければ、そういった理由は見出され得ないでしょう。

〔14〕 **フィラレート**　同一の非物質的実体が留まっていながら、二つの異なる人格があり得るかどうかという問いについて言うと、その問いは次の事柄の上に築かれています。即ち、同じ非物質的存在者が過去の自分の現実存在についてのいかなる知覚[27]をも取り去られてあり得るかどうか、それを完全に失い、もはや決して取り戻せず、従って、新たな時期から言わば新たに数え始めるので、その非物質的存在者はこの新たな状態を超えて広がり得る意識を持たない、というようなことがあり得るかどうかです。魂の先在を信じるすべての人々は明白にこの考えを持っています。自分の魂はソクラテスの魂だったと思い込んでいる人に私は会ったことがあります。彼は卑しからぬ地位を占めた人

ですし、とても理知的な人で通っていましたし、公刊した著作によって才気も学識も欠いていないことを示したことを私は請け合うことができます。ところで、いかなる物質部分であろうと魂はそれには全く構わないのですから、私たちがそのことを魂の本性によって知り得る限りでは、この仮定（異なった身体に移り行く同一の魂という仮定）はいかなる明白な不合理も含んでいません。しかしながら、何であれネストルとかソクラテスがかつて為したないし考えた事柄についていかなる知覚も今は持っていない人は、自分がネストルとかソクラテス(28)と同一人物だと思い得るでしょうか。この二人のギリシア人の行為に彼は関与し得るでしょうか。それらの行為を自分に帰属させ、あるいは、かつて存在した何か別の人の行為よりもむしろ自分たち固有の行為だと考え得るでしょうか。或る人物に今ある魂は、その魂が現在持っている身体を生気づけ始めたその時に創造されたとすれば、もはやその人格は、先の二人のどの一人とも同じではありません。それがその人をネストルと同一人物にし得ないのは、かつてネストルの部分を成していた物質粒子の幾つかが、今、この人の部分を成しているとした場合と同じです。というのも、同じ意識を持たない同一の非物質的実体が或る身体に合一させられても同じ人格を成さないというのは、共通の意識を持たない或る身体に合一した同じ物質の粒子が同一人物を作らないのと同じですからね。

テオフィル　非物質的存在者ないし精神は、自分の過去の現実存在のいかなる表象をも奪いとられていることはあり得ません。彼には、かつて自分に起ったすべてのことの印象が残っていますし、自分に起るであろうすべてのことについての予感さえあります。しかしこれらの知覚は大抵の場合あまりに微小で、識別されたり意識されたりはしません。恐らくいつかは展開し得るのですが。諸表象のこの継続・連繫が実際には同一の個体を作ります。しかし意識的表象（即ち過去の知覚を意識している時）は更に道徳的同一性をも証拠立てますし、実在的同一性を現れさせます。魂の先在は私たちの表象によっては私たちには分りません。けれども、もしそれが本当のことなら、いつかは知られ得るでしょう。そのような訳で、思い出の回復が永久に不可能になるというのは合理的ではありません。気づかれない表象（それについては、多くの他の重要な機会での有用さを私は示しておきました）がここでもまた思い出の回復の種子を保存するのに役立っているのですから。イギリス国教会の神学者故ヘンリー・モア氏は、先在を確信していて、それを支持するために書物を著しました(29)。息子の方の故ファン・ヘルモント氏はもっと説を進め、先程私が言いましたように、魂の輪廻を信じました。けれどもそれは常に同じ種の身体への輪廻であり(30)、彼によれば、人間の魂は常に人間を生かすのです。彼は幾人かのラビたちと同様、アダムの魂が新たなアダムであるメシアの内に移行すると信じていました。そして、他の点ではとても有能な人だったにも拘らず、彼自身が或る古代の人であったなどと信じていたようにも思えます。ところでもし魂のこういった移行が本当だったら、少なくとも私が先に説明した可能な仕方で（しかしそれは尤もらしくはありません）、言い換えると、魂は微細な身体を保持するので一挙に別の粗大な身体の内に移行するという仕方でそういうことがあるとすると、ネストルの内に、ソクラテスの内に、そして或る現代の人の内にずっと同じ個体が存続することになりましょう。そしてその本性を十分に洞察する人には自分の同一性を知らせることさえできるでしょう。自分の本性の内には、ネストルとかソクラテスが為したすべてのことの刻印ないし記号が残っているでしょうからね。そして、十分に鋭い洞察力を持つ或る霊はそれをその本性の内に読むことができるでしょう。しかしながら、もしその現代の人が、自分が何であったかを知る内的ないし外的な手段を全然持っていないとしたら、それは道徳に関しては（古代の人と同一人物）ではなかったようなものでしょう。しかし、道徳に関してさえ、この世ではおろそかにされたものは何も無いように見えます。神が世界の君主であり、その支配は完全なのですから。私の仮説によれば、魂は、あなたが思っていらっしゃるようには、いかなる物質部分（がそれに結びつこうと）構わないという訳ではありません。反対に、魂は、秩序によってそれに合一しているし、していなければならないものを根源的に表出しています。ですから、もし魂が粗大なあるいは感覚され得る（程の大きさの）新たな身体に移行するにしても、それは古い身体で持っていた表象のすべてについての表出をずっと保持するでしょう。そして、新たな身体はその名残りをとどめており、従って個体的な継続は常に実在的な徴《しるし》を持っているに違いないとさえ言えます。けれども、過ぎ去った私たちの状態がどのようなものであれ、それが残す結果は必ずしも私たちに意識できる訳ではないでしょう。あなたが同意見であるという『知性論』のあの有能な著者は、（第II巻第27章・同一性について）次のように指摘しました。即ち、魂の移行という可能だと考えられた仮定ないし虚構の一部は、物質から独立のものとしてだけでなくいかなる種類の物質でも全く構わないものとしても考えられたところの精神、に共通に関わるものに基づいているというのです。けれども、私があちこちでこの主題についてあなたにお話ししたことがこの疑問を解明するのに役立ち、自然的に起るのが何であるかをもっと良く教えてくれるのに役立つでしょう。それによって、意識されないにも拘らず、古代の人の行為が同じ魂を持つであろう現代の人にどのようにして属するかが分ります。しかしもしその魂を知るに至ったら、更にまた人格的同一性もそこから帰結するでしょう。尚また、或る身体から別の身体に移行する物質部分は決して同一の人間的個体を作りませんし、自我と呼ばれるものも作りません。魂がそれを作るのです。

〔16〕　**フィラレート**　でも、私が一瞬前にしたばかりのことと同様に、千年前にした行為も、それが私自身によって為されたものとして意識(31)（自己─意識）によって自分に現在負わされたものとして私は気にかけ、また正当に責任を持つというのは本当です。

テオフィル　何かしたというこの思いは遠い昔の行為については誤り得ます。夢見たこととか、反復して考えたこととかを本当のことだと人は思ったりするものです。この誤った思い込みが人を当惑させることもあります。しかし、他のものとそれが適合していないのなら、責任を問うにはあたらないでしょう。その一方、たとえ忘れていても、別の仕方で検証されるなら、為した行為について責任があり得ます。

〔17〕　**フィラレート**(32)　誰でも毎日経験しているように、私の小指はこの意識に包まれているのですが、それが自分自身の（彼の）部分を成すのは、最大の部分が部分を成すのと同じです。

テオフィル　何故私の指が私〔自我〕の部分であると主張したくないかは（〔11〕で）言いました。けれども、確かに、指は私の身体に属し部分を成してはいます。

フィラレート　別の意見を持った人々は次のように言うでしょう。即ち、この小指が身体の残りの部分から分離されても、もしこの意識が小指に伴っていき、身体の残りの部分を捨て去るならば、その小指が人物・同一人物であろうこと、そしてその時自我は身体の残りの部分と何の関わりもないことは明らかだ、と。

テオフィル　自然はそのような虚構を容認しません。そんな虚構は調和の説即ち魂と身体との完全な対応という説によって打ち砕かれてしまいます。

〔18〕　**フィラレート**　でも、もし身体が生き続け、小指が関わりを持たない別個の意識を持つとしたら、そしてそれにも拘らず魂は指の内にあるとしたら、指は身体の残りの部分のいかなる活動をも自分のものとは認め得ないでしょうし、指にその責任を負わせる訳にはいかないでしょう。

テオフィル　ですから、指の内にあるだろう魂はこの身体には属さないのです。意識性というものをもし神が別の魂に移行させるとしたら、道徳的な知見に従えば、それらをあたかも同一のものとして扱わなければならないのを私は認めます。けれども、それは謂れもなく諸事物の秩序を乱すことでしょうし、意識できるものと気づかれない表象によって保存されている真理との間に背反をもたらすことでしょう。それは不合理です。なぜなら、現在は気づかれ得ない表象も何時《いつ》か展開することはあり得ますからね。それというのも、無駄なものは何も無いのですし、永遠というものが変化に広大な場を与えているからなのです。

〔20〕　**フィラレート**　人間の法は、正気の人がする行為の故に狂気の人を罰せず、狂気の人がした行為の故に正気の人を罰することもありません。従って人間の法は彼らを二つの人格とするのです。そんな訳で、彼は自分を失っている、と言われるのです。

テオフィル　悪い行為を妨げ、良い行為を推し進めるために、法律は、罰するといっては威《おど》かし、報いを約束するものです。ところで、狂人には威しや約束が十分な作用をしないこともあり得ます。理性が統率力を欠いているのですから。とすれば、弱さというものを考慮して苛酷な苦痛〔を与えるの〕はやめるべきです。他方、更に罪を犯されるのを恐れて、人は罪人が自分のした悪の結果を感じとるのを望みます。けれども狂人はそれを十分に感じとれませんから、判決を執行するのを或る期間待って、正気の時に、したことを罰した方が良いのです。こうして、こういう際に法律とか裁判官がすることは、そこに二人の人格が考えられていることから由来する訳ではありません。

〔22〕 **フィラレート** 実際には、私が意見を代弁している立場において次のような反論が生じてきます。即ち、もし或る人が酒に酔ってそれから酔いが醒めたとしたら、同じ人格ではなく、酔っぱらっている時にしたことの故に罰せられるべきではない。というのも彼はそれについていかなる知覚をもはや持っていないから、という反論です。しかしそれに対しては、眠っている間に歩き、多くの別のことをする人間は、その状態でしたすべての悪に責任があるのと同じ意味でやはり同一人格だ、と答えます。

テオフィル 酔っぱらいの行動と、本当の認定された夢遊病の行動との間には大きな違いがあります。酔っぱらいは罰せられます。なぜなら彼らは酔いを避け得るのですし、酔っている間の苦痛の何らかの記憶をさえ持ち得るのですから。しかし、同じ様に夢遊病者たちが自分たちの夜の散歩や自分たちのすることを差し控えられる訳ではないのです。けれども、歩き始めるその刹那に鞭打つことで彼らをベッドに留まらせ得るというのが確かなら、そうして良いでしょうし、間違いなくそうすべきでしょう。尤もそれは罰というよりはむしろ薬でしょうが。実際に、この薬が使われたということです。

フィラレート 人間の法は、人間が事物を知る仕方に相応しい正義を以て、どちらの場合も罰します。なぜなら、こういう場合には、真実のものと偽りのものとを定かに区別し得ないからです。ですから、酔っているとか眠っている際にしたことなので知らないと言っても認められません。事実はそれをした者に不利に証明され、意識の欠如は彼の有利なように証明されることはできないのです。

テオフィル 問題はそういうところにあるよりもむしろ、酔っぱらいや夢遊病者が自分を失っているということが十分に証明された時——そういうことはあり得ます——どうすべきかというところにあります。そういう場合、夢遊病者は狂人としてしか考察されませんが、酔うことは意志的であって病気ではないのですから、酔っぱらいは罰せられますが、夢遊病者は罰せられません。

フィラレート　しかし、あらゆる心の秘密がさらけ出されるあの大いなる恐ろしい日には、自分の全く知らないことに責任を誰も負いはせず、自分の良心が責めるか赦すかで然るべき審判を受けるだろうと思って良いのです。

テオフィル　〔最後の〕審判の日に自分が忘れていたすべてを思い出すようにと人間の記憶が昂揚されなければならないのかどうか、そして、他の人々の認識、特に誤り得ない正しい裁判官の認識では十分でないのか、私には分りません。真理に殆ど相応しくありませんが、少なくとも可能な次のような一つの虚構を作ることができます。即ち、或る人が審判の日に、自分は悪人だったと思い、判断のできるすべての他の被造的精神にもそう思われるが、実際にはそうでないという場合です。唯一人反対のことを知っている至高で正しい裁判官が、この人を処罰したり、自分の知っていることに反して判決を下せる、とあえて言うべきなのでしょうか。道徳的な人格性についてあなたのおっしゃる考え方からはそういうことが帰結するように思えます。もし神が、見たところに反して審判を下すとしたら、神は十分に称《たた》えられるに値しないし他の者たちを苦しめるだろう、と恐らく言われるでしょう。しかし、神は自分自身唯一で至高の法であり、こういう場合、他の者たちは自分たちが誤っていると判断すべきだ、と答えて良いでしょう。

〔23〕　**フィラレート**　二つの別個で伝達しあえない意識が同一の身体において代る代る一方は絶えず昼間にそして他方は夜間に働くと私たちは仮定でき、そしてそれとは別に、同一の意識が二つの別個の身体の内で時々働き得ると仮定できるとしましょう。その時、第一の場合では昼の人と夜の人とは、あえて言えば、ソクラテスとプラトンと同じように別個の二人の人物なのではないでしょうか。第二の場合には、同一人物が二つの別個の身体にいるのではないでしょうか。そして、二つの異なる身体に作用するこの同一の意識、異なる時に同一の身体に作用するこれらの意識は、これら種々の意識をそれらの身体に導入するような一方は同一の非物質的実体にそして他の二つは二つの別個の非物質的実体に属す、と言っても何にもなりません。人格の同一性は、この意識が何らかの非物質的な個体的実体に

結びつけられていようがいまいが、いずれにせよ意識によって決定されるでしょうからね。その上、思惟する非物質的な事物は、時には自分の過去の意識を見失い再び呼び起すはずです。そこで、これら記憶と忘却の間隔をすべて昼と夜とに帰着させてみましょう。そうするや否や、あなたは同一の非物質的精神を伴った二人の人物を手にすることになります。ここから帰結するのは、自我というものが実体の同一性とか差異性とかによって決定されるのではないことです。そんなものについては確信を持てません。そうではなくて、自我は意識の同一性によってのみ決定されるのです。

テオフィル　もしすべての現れが変化させられ或る精神から別の精神へと移行させられるか、あるいはもしも神が或る精神の持つ可視的な身体や現れや意識を別の精神に与えることで二つの精神の間に交換を施したりしたら、人格の同一性は実体の同一性に結びつけられる代りに恒常的な現れに付き従うことでしょう。そういう現れこそ人間の道徳が考慮しなければならないものになります。けれども、これらの現れは、それらの意識だけに存するのではないでしょう。神は問題の個体の意識的表象ないし意識についてだけ交換をするのではなく、これらの人物に関して他の人たちに生じる現れをもまた交換するはずです。さもないと、或る人々の意識と他の人々の証言との間に矛盾が生じてしまいます。そしてそれは道徳的な事柄の秩序を乱してしまうでしょう。しかしながら、気づかれない感覚的世界と意識できる感覚的世界との乖離、言い換えると、同じ諸実体に留まる気づかれない表象と変化させられる意識的表象との間の背反は、神が空虚を作ったと仮定される時のように、奇蹟となろう、と人はまた私に言うに違いありません。というのも、空虚といったものが何故自然の秩序に適合しないかは先に述べておいたのですから。ここに更にもっと相応しい別の仮定があります。即ち、宇宙の別の場所か別の時に、私たちが住んでいるこの地球と見たところ全然違わない天体があり、そこに住んでいる人間の各々はそれに対応する私たちの各々と見たところ全然違わないことがあり得ます。こうして、同時に一億組以上の似かよった人物のペアがあることになります。つまり、同じ現れと意識とをもった二人の人物の組がね。そして神は、精神だけであれあるいは身体を伴ってであれ一方の地球から他方の地球へ彼らが気づかぬ内に移すことができましょう。ところで、それらが移されるにせよ止めおかれるにせよ、彼らの人格ないし自我について、あなたのおっしゃるような著者たちはどのように言うでしょうか。彼らは二つの人格なのでしょうか、あるいは同一人格なのでしょうか。これら地球の人々の意識や内的そして外的な現れは区別できないのですからね。確かに、神と諸精神は、時間と場所との外的な隔たりと連関そして二つの地球の人々には気づかれ得ない内的な仕組さえも眼前に見ることができ、それらを識別できるでしょう。けれども、あなたがたの仮説によれば、実体の実在的な同一性ないし差異性とか他の者たちに現れる事柄にさえ気をわずらわす必要もなく、ただ意識性だけが人物を区別するのですから、類似してはいるけれども互いにとても離れている二つの地球に同じ時にいるこれら二人の人物が唯一人の同じ人物でしかないということ、それは明らかに不合理ですが、そういうことを言うのをどうやって妨げるのでしょうか。尚また、自然的にあり得ることについて言うと、それら相似た二つの地球とそこに住む二つの相似た魂はしばらくの間しか似てはいないでしょう。なぜなら、個体的な差異があるのですから、この差異は少なくとも感覚されない仕組の内になければならず、それは時間継起の内で展開されるはずですから。

〔26〕 **フィラレート**　或る人が、別の世で為したことのために、しかもそれについて絶対にいかなる意識も持たされ得ないままに今罰せられると仮定しましょう。すると、そのような仕打と彼が不幸の下に創造されるのといかなる違いがありましょう。

テオフィル　プラトン主義者たちやオリゲネス主義者たち、そして幾人かのヘブライ人たち、それに魂の先在の擁護者たちは、この世の魂たちは不完全な身体に閉じ込められたのであり、それは前世で犯した罪の故に苦しむためだ、と考えました。しかし、自分の記憶の喚起によっても、いかなる痕跡によっても、他人の知識によっても、もしその罪について知らず、それについて本当のことを知らされないとしたら、それは普通の意味での罰とは呼べないことは確かでしょう。そうは言っても、罰一般について語る際、次の点に疑う余地があります。即ち、苦しむ人々が自分たち自身いつかはその理由を知る必要が絶対にあるのかどうか、もっと事情に通じている別の諸精神がそこに神の正しさを誉め称える素材を見出すことでしばしば十分なのではないかどうか、ということです。しかしながら、苦しむ人人がその理由を少なくとも一般的には知る方がより尤もらしいとは思います。

〔29〕 **フィラレート**　私の言っている著者が当面の問題について同一性についての章で結論づけていることに、要するに恐らくあなたは同意して下さるのでしょう。つまり、同一人物であり続けるのかどうかは名前の問題だということです。人間というもので理性的な魂だけを理解するのか、人間的と呼ばれる形をした身体だけと解するのか、それとも要するにそのような身体に合一している精神を理解するのかに従ってね。第一の場合、離存する（少なくとも粗大な身体から離れた）精神でもなお人間でしょう。第二の場合、私たちに完全に似ているオランウータンは、理性を欠いていますが人間だということになるでしょう。そしてもし人間が理性的魂を奪われ、動物の魂を受けとっても、人間であり続けることになりましょう。第三の場合、両者が合一して存続しなければなりません。同一の精神と、また部分的には同一の身体もが、あるいは少なくとも可感的な物体的な形に関しては等しいものが、です。こうして、自然学的にないし道徳的に同一の存在者、言い換えれば同一実体と同一人格とを存続させることができましょう。それも先程の意味に従ってそういう形を人間に本質的として考えた場合には、人間というものであり続けることなしに〔同一実体と同一人格を存続させることができるの〕です。

テオフィル　そこに名前の問題があることは認めますし、第三の意味では、それはちょうど同じ動物が或る時は毛虫とか蚕でありまた或る時は蛾であるのと同じようなものですし、この世での天使は前世では人間だったと或る人々が考えるのと同じようなものです。しかしこうして話しあっている内に私たちは言葉の意味の議論よりももっと重要な議論に巻き込まれたようです。自然学的な真の同一性の源泉を私はあなたに示しました。そして次のことも示しました。即ち、道徳がそれに反しないこと、そのことは思い出も同様であること。それら道徳と思い出は問題となっている人物そのものにも、それと関わりのある人々にも、自然学的な同一性を必ずしも呈示はできないこと。しかしそれにも拘らずそれらは自然学的同一性に反することもないこと。それとの完全な背反を形成することもないこと。それが何であるかを知っているか知り得る被造的精神が常にあること。しかし、当の人物たち自身に対して無差別なところがあっても、それはしばらくの間しか無差別ではあり得ないと判断する余地があること。

28

他の諸関係について、特に道徳的関係について(1)

［1］ **フィラレート** 私たちが先程まで話していたような、時間・場所・因果性に基づいた諸関係に加えて、無数の他の関係があります。幾つかを掲げてみましょう。いかなる単純観念も、それが部分や度というものを容れる場合、その見出される諸主体を比較する機縁をもたらします。例えば、より一層（あるいはより少なくあるいは等しく）(2)白いものという観念がそれです。こういう関係は比率的と呼ばれてよいものです。

テオフィル しかし、比をもたなくとも超過ということはあります。私が不完全なと呼ぶ量に関してそういうことがあるのです。半径が円の弧と為す角が、直角より小さいとか言われる時がそれです。なぜなら、これら二つの角の間に、ないしそれらの一方とそれらの差異、つまり接続角、との間には比はあり得ないのですから(3)。

［2］ **フィラレート** 比較の別のきっかけは起源にまつわる事情がもたらします。それが、父と子・兄弟・いとこ・同胞、という関係を基礎づけます。この牡牛はこういう仔牛の祖父だとか、この二羽の鳩は本いとこだとか私たちはあえて言おうとはしません。言語は有用さに準じるからです。しかし、自分たち人間自身の血統よりも馬の血統に関心を持っていて、個々別々の馬の名前だけでなく、馬の血統関係の異なる度のための名前までも持つ国があります。

テオフィル 血統関係の観念や名前には、更に家族の観念や名前を付け加えても良いでしょう。確かに、シャルルマーニュの支配の下で、そしてそれよりかなり以前も以後も、ドイツには家族の名というものがあったとは言われていません。北方の人々の間では、名前を持たぬ家族というものがあり、或る人をその生地で同定するには、彼の名と父の名を呼ぶことでそれをし、他の所では（つまり移住した時には）自分がやってきた場所の名をそれに付け加えることで同定していた、というのはさほど昔のことではありません。アラブ人たちやトルコマン人たちはまだ同じようなやり方をしています（私はそう思います）。個別的な家族名を持たず、人を父や祖父等の名で呼ぶことで満足しているのです。そして彼らは名馬を誉める際に、その名と父の名そして更に前の名で以て呼ぶのです。カルロヴィッツの和約後にトルコの王様が皇帝に送った馬たちについてもそんな風に言われています。故オルデンブルク伯爵(4)は、その伯爵家の末裔でしたが、その家系の所有する種馬は有名でした。彼はとても長生きをした人です。自分の馬の系統樹をもっていました。それ故、その馬たちの血統の良さを証明できましたし、その馬たちの先祖の肖像（imagines majorum）までも手に入れるに至ったのです。それはローマの人々の間でとても珍重されたものです。ところで、人間の話にもどりますが、アラブ人たちとか韃靼《だったん》人たちには、大きな家族と同じようなものである部族の名というものがありました。部族は時間がたつに従ってとても大きくなりました。そしてこれらの名前は、モーゼの頃のように先祖からとられたり、居住地からとられたり、何らかの別の事情からとられたりしました。ワースリ氏(5)という、観察眼の鋭い旅行家で、アラビアの砂漠地帯の現状について良く知っている人がいます。彼はそこにしばらくいたのですが、彼の言うには、エジプトとパレスチナの、モーゼが歩いた国全体の内には今日三つの部族しかいないということです。それらは全部で五千人にまで達するのだそうです。これら部族の内一つはサリと呼ばれますが、それは先祖（の名）からきているのでしょう（そう私は思います）。子孫であるアラブ人たちはその墓を聖人のもののように敬い、自分たちの頭やらくだの頭にそのほこりをふりかけたりします。関係が問題となっている者たちに共通の起源がある時には、なおまた（父系）血族関係というものがあります。しかし、同一人物との血族関係は持つけれども、そうだからと言って自分たち同士ではそういうものが無い二人の人物の間には姻族関係ないし姻戚関係があると言えます。それは結婚を媒介にしています。けれども、自分たちの結婚が他の人々にとっては姻戚関係の原因を成しているにも拘らず夫と妻との間に姻戚関係があるとは普通言いませんから、姻戚関係は夫と妻とが同一人物と見做されたら血族関係が生じるであろう人々の間にあると言った方が恐らく良いのでしょう。

［3］ **フィラレート**　関係の基礎は、時には慣習的権利であったりします。陸軍大将とか市民という関係のようにです。これら諸関係は作った人々の間の合意に依存するので、意志的とか制度的な関係であり、自然的な関係からは区別されます。時には、二つの関係項がそれぞれ主人と客とか、将軍と一兵卒というように名前を持っています。けれども、必ずしもそういう訳ではありません。例えば法官に対して関わりを持つ人々の場合がそうです。

テオフィル　道徳的な何らかの関係によって補強され豊かにされた自然的関係を人々が持つことが時にはあります。例えば子供たちが自分の父母の財産の正当な分与を要求する権利がそれです。若人たちには或る種の義務的拘束がありますし、老人たちには或る種の免除があります。しかし、自然的関係ではないものをそうであるかのように考えてしまうこともまたあります。法律によると父親というものは、母親に子供を授かり得るようにする時期に母親と結婚した者のことを言う、というような場合がそれです。自然なものの代わりに制度的なものをこうして置き換えることは、時によると推測でしかありません。言い換えると、恐らく真ではないものを、その虚偽であることが証明されない限り、真として通用させようという判断でしかないのです。そしてこのような訳で、「婚姻ノ告グル者ガ父ナリ」[6]という格率がローマ法では採られていますし、それを受け容れる大部分の人々のところでもそうです。しかし聞いたところによると、イギリスでは、三つの王国の内の一つに居れば自分のアリバイを証明したところで無駄だそうです。従ってそういう場合、推測は虚構に、あるいは或る博士たちが法ノソシテ法的ナ推測と呼ぶものに変わります。

［4］ **フィラレート**　道徳的関係とは、人間の意志的諸行為と、それらが道徳的に善いか悪いかが判断されるようにさせる規則との間に見出される一致あるいは不一致のことです。［5］ そして、道徳的な善とか道徳的な悪とは、意志的諸行為と或る法則との間にある合致とか対立のことです。そしてそれは立法者の（あるいはその法を維持しよう

と望む者の[7]意志と力によって、（自然〔学〕的な[8]）善や悪を私たちに引き起すのであり、それこそ私たちが賞罰と呼んでいる事柄なのです。

テオフィル　あなたが意見を代弁なさっておられる著者ほど有能な人々なら、適切だと自分たちが判断するように術語を整理することも許されて良いでしょう。でも、さっきのような考え方に従うと、同じ行為が、異なる立法者の下では、同時に道徳的に善くも道徳的に悪くもあるようになってしまうのもまた本当です。それは私たちの有能な著者が先に徳を誉められるものと解し、それ故、同一の行為が人々の意見に従って有徳であったりなかったりするのと全く同じです。ところが、それは、道徳的に善く高潔な行為に与えられている通常の意味ではありません。ですから、私としては、神が維持しようとしている理性の不変の規則こそ道徳的な善と徳との尺度であると考えたいのです。それ故、その規則によれば、いかなる道徳的善も自然学的となる、あるいは、古代の人々が言っていたように、正直は有益なのです[9]。これに反して、例の著者の考え方によると道徳的な善悪は、権力を手中に収めている者が賞罰によって従わせたり避けさせたりしようとする、課せられたないし制度的な善悪だと言わなければなりません。結構なことには、神による一般的制度づけに由来し、自然や理性に適合するという奇妙なことになります。

〔7〕**フィラレート**　三種類の法があります。神法、市民法、そして世論ないし世評の法です。第一のものは罪ないし義務の規則、第二のものは犯罪的行為か無罪かについての規則、そして第三のものは徳か悪徳かについての規則です。

テオフィル　言葉の通常の意味に従えば、徳と悪徳とが義務や罪と異なるのは、習態が行為と異なるようなものでしかありません。それに徳や悪徳は世論に依存するものとは考えられていません。大罪は罪悪（crime）と呼ばれます。罪なき人（l'innocent）が対立させられるのは、〔宗教的な〕罪人（le criminel）にではなく犯罪人（le coupable）にです。神法には二種類あります。自然的なものと実定的なものです。市民法は実定法です。世評の法が法という名に値するのは不適切な仕方によってでしかありません。あるいは、健康法、倹約法というようなことを言う仕方で自然法の下に含まれています。行為が自然に何らかの善ないし悪、つまり他人の賛同・健康・利害といったもの、も引き寄せるような場合です。

〔10〕 **フィラレート**　実際、どこでも、徳と悪徳という言葉は行為の本性上善いとか悪いものを意味すると言われています。そして現実にこの意味で言葉が用いられる限りは、徳は神法（自然法）に完全に一致します。けれども、人が何と言おうと、これらの名前が、個々の事柄においては、各国ないし各社会で好評ないし悪評である行為にいつもそして専ら帰属させられるのは明らかです。さもなければ、人々は互いに非難しあうことでしょう。ですから、徳と悪徳と呼ばれることの尺度は、賛同とか軽蔑、〔良い〕評価とか非難であり、それは密かな暗黙の同意によって形成されるのです。というのも、政治的社会に集まった人々は自分たちのすべての力の処理を公共の手に委ねてしまい、従って法によって許されているものを超えては同市民に対して力を行使できないにも拘らず、それでも常に、善ないし悪を思惟する力能、承認ないし反対する力能を人々は保持しているのですから。

テオフィル　そんな風に例の有能な著者が説明し、あなたはそれに同意見だということですが、彼は徳や悪徳という名に先の恣意的で名目的な定義を与えることが自分の気に入ったのだと言ったとしても、恐らく他の術語が無いので理論においては表現の都合上そういうことが彼には許されているという位のことしか言えません。けれども、そのような意味は慣用には合致しませんし、教化のために有益でさえもないと言い添えなければなりません。そして誰かがそれを生活と会話の実践の内に導入しようとしても多くの人々には耳障りに感じられるとも言い添えるべきです。あの著者が序文[10]で自分自身認めておられるようにね。しかしここではもっと先まで〔あなたは〕行ってしまうのであり、不変の法則に従って自然に有徳であるとか邪悪であるものについて人々は語ろうとしているのだとあなたはおっしゃるのにも拘らず、実際は人々は世論に依存するものについてしか語ろうとしていないとあなたは主張なさっておられるのです。でも、同じ理由で、更に真理や理由そしてもっと実在的と言い得るすべてが世論に依存すると主張できてしまうだろうと私には思えます。なぜなら人々はそういうものについて判断する時誤るのですから。それ故、真理というものと同様に徳というものによって人々は自然に合致するものを理解しているのだけれども、その適用においてしばしば誤りを犯すと言う方がいかなる点でも良いのではないでしょうか。それに、人々は思ったよりは誤りを犯しません。なぜなら、人々が誉めるものは概してある点においてはそれに値するものなのです。飲酒の徳、言い換えれば酒を飲んでも酔わないということは、ボノスス(11)には蛮族と和解し彼らの秘密を聞き出すのに役立った利点です(12)。ヘラクレスの夜の力、同じボノススがヘラクレスと似ていると言っているところですが、それもやはり完全性です。盗賊たちの細心さはラケダイモンの人々の間では称讃されていました。非難すべきなのは抜け目の無さではなく、悪い時にその抜け目の無さを使うことなのです。全く平和時には車責めの刑に処されるような者たちも、戦時には時によると優れた遊撃隊員として役に立つかもしれません。こうして、それらいかなるものも適用にかかっているのであり、持っている利点の使用が善いか悪いかにかかっているのです。ですから、確かにしばしば人々は互いに非難しあいますが、それはさほど奇妙なことと考えるべきではありません。自分たちが非難する事柄を他の人々の内でやってしまう時のようなものです。行為と言葉との間には矛盾があるものなのです。それが世間を騒がせます。行政官や教説師が為したり禁じたりすることが〔矛盾を含むのが〕一目瞭然な時がそれです。

〔11〕(13) **フィラレート** どこでも、徳として通用するものは称讃に値すると判断されたものそのものです。徳と称讃とはしばしば同じ名で呼ばれます。「ココデモ称讃ハソノ報イヲ受ケル」とヴェルギリウスは言い（アエネイス第一巻四六一）、キケロは「自然ハ、誠実・称讃・品位・徳ニ優ル何モノモ持タナイ」（トゥスクルム論集第二巻第二〇章）と言い、その少し後でそれに「コレラ複数ノ名ハ同ジ事物ヲ意味シテイルト私ハ言イタイ」と付け加えています。

テオフィル 確かにむかしの人々は徳を誠実という名で呼びました。彼らが高貴ナ徳ヲ身ニツケタ心(14)を称讃した時のようにね。そして誠実は名誉とか称讃という名を持っているというのも本当です。けれども、それは徳とは誉められるもののことだという意味ではありません。そうではなくて、徳は称讃に値するものだということ、そしてそれは真理に依存するのであって、臆見に依存するのではないという意味です。

フィラレート　多くの人々は神の法について真面目に考えません。あるいは、その法の作者にいつか罪の許しを乞おうと望んでいます。そして、国家の法に関しては、罰せられないことを彼らは密かに期待しているのです。けれども、自分が交わり推挙されたいと思う人々の意見に反する何かをする者は、彼らに非難され軽蔑されるという罰を免れ得るなどとは思っていません。自分固有の本性についての何らかの感覚が残っている者なら、誰一人として、絶えず軽蔑されながら社会生活を営むことはできません。そしてそれが、世評の法の力です。

テオフィル　行為が自ずと引き起すのは、法による罰ではなくむしろ自然的な罰だ、と私は既に言っておきました。しかしながら、確かに多くの人々はそれを全然気にかけません。なぜなら、一般に、もし人々が非難される何らかの行為の故に或る人々に軽蔑されるとしても、別の何らかの面からすれば少しばかりは推奨に値するとすれば、彼らを軽蔑しない共犯者あるいは少なくとも支持者を彼らは見出すからです。人々は最も恥ずべき行為ですら忘れてしまいますし、すべてを見逃すには、あのテレンティウス[15]のプォルミオのように、大胆で恥知らずであれば大抵は十分なのです。破門がもし恒常的で一般的な真の軽蔑を生まれさせるとしたら、それは例の著者の語っているようなあの法の力を持つでしょう。そして実際、初期のキリスト教徒においてはそういう力を持っていましたし、罪人を罰するのに欠けている権限の代りをしていました。それはちょうど、職人たちが自分たちの間で存続させている或る慣習のようなもので、守らない者は軽蔑されることで、法に向こうをはって、維持されているのです。命令に反して決闘が存続したのもまたこういう訳でなのです。称讃においてや非難において、公衆が自分自身とそして理性と一致することが望まれます。そして、悪人たちが悪い行為をするのをお偉方たちが笑って見守るようなことのないように特に望みたいのです。そういう場合、軽蔑によって罰せられ馬鹿にされるのは、大抵は、悪の行為をした者ではなく被ったものの方であるようです。それ故、一般に人々は弱さや不幸ほど悪徳を危険と思わないことが分るでしょう。ですから、世評の法は改良される必要があり、またもっと守られる必要があるのです。

［19］　**フィラレート**　関係についての考察を離れる前に指摘しておきたいのは、私たちが普通、関係の概念を、その

基礎の概念と同じかあるいはより明晰に持っているということです。人が子供たちによく言うように、センプロニアがティトゥスをキャベツの下(16)から取り出し、次いでカイウスを同じようにして取り出したともし私が信じれば、私は、助産婦の全知識を持っているとした時と同じ程明晰な概念をティトゥスとカイウスという兄弟間の関係について持つでしょう。

テオフィル　しかしながら、子供が、生まれたばかりの自分の弟は井戸からとってきたのだと或る日言われて（これはこういう事柄に関しての子供の好奇心を満足させるためにドイツで用いられている答です）、その子供は自分があまり泣いて母親を困らせた時に同じ井戸に投げ返さなかったのが不思議だったと答えたといいます。それは、この説明が子に対して母の表わす愛情のいかなる理由も彼には知らせなかったからです。それ故、関係の基礎を知らない者たちは部分的には盲目で、不十分な思惟と私が呼んでいるものしか関係について持ってはいないと言って良いのです。尤も、こういう思惟は、或る点ではそして或る場合には十分であり得ますけれどもね。

29

明晰な観念と曖昧な観念、判明な観念と混雑した観念について

［2］　**フィラレート**　観念の差異に今度は話を進めましょう。私たちの単純観念は次のような時に明晰です。即ち、それら観念の得られる対象自身が、よく整った感覚ないし表象に要求されるすべての状況を備えて、それら観念を呈示するか呈示し得るような時です。記憶がそのような仕方で観念を保存する場合、観念は明晰です。それら観念にそういう根源的正確さが欠けているか、あるいは言うなら最初の新鮮さを失って時間と共に色褪せ変色しているといっ

た場合、その限りにおいて観念は曖昧です。複雑観念は、それを構成する単純観念が明晰で、それら単純観念の数と順序が一定である時、明晰です。

テオフィル　一六八四年にライプツィヒ学報[1]に掲載された、真あるいは偽なる観念、明晰なあるいは曖昧な観念、判明なあるいは混雑した観念についての小論で、ここであなたがおっしゃっていることを説明する明晰な観念についての定義を与えておきました。事物をあれだなと認め区別するのに十分な時、観念は明晰だと私は言うことにしています。一つの色について十分に明晰な観念を私が持っていれば探しているのとは別の色を取ることはないでしょうし、一つの植物について明晰な観念を持っていれば、他の隣接したものの内でそれを私は識別するでしょう。そうでない時、観念は曖昧です。可感的事物について私たちは完全に明晰な観念を持つことができないと私は思います。記憶によっては識別され得ない程似かよってはいても、近くに置いてみる時には識別され得る色もあります。そして、私たちが一つの植物を十分に記述したと信じている時でも、そういう記述のすべてを満たし、しかもそれにも拘らず異なった種類だと知られる植物をインド諸国から持ってこられるでしょう。そういう訳ですから、私たちは最終の種(species infimae) を完全に決定することはできないでしょう。

〔4〕 **フィラレート**　明晰な観念は、よく整えられた感覚器官に適正に作用する外なる対象から精神が受けとる際に、完全で明白な表象を精神がそれについて持つものです。それと同じように、判明な観念とは、それを他のいかなる観念からも区別する差異を精神が見出しているような観念のことです。そして混雑した観念とは、区別されるべき他の観念から十分に区別され得ないような観念です。

テオフィル　判明な観念についてあなたが提示しておられる考え方に従うと、私はそれをどうやって明晰な観念から区別するのか分りません。ですから、私はここではデカルト氏の言葉に従うのを常としています。彼にとっては観念は同時に明晰かつ混雑してあり得るのです。色とか熱とかの観念のように、諸器官に割り当てられた可感的性質がそれです。それらは明晰です。というのもそれらは互いに容易に再認され識別されるからです。しかしそれらは判明ではありません。なぜなら、それらが含むものは区別されないからです。とすると、それらについては定義を与え得ないでしょう。例によってしかそれらを知らせられませんし、その上、それらの組織が何であるか見抜くまでは何か分らないものと言わなければなりません。こうして、私たち〔の説〕によれば、判明な観念は対象を別の対象から区別します。しかし明晰な観念だってそれ自身は混雑していてもそういうことをするのですから、私たちは、弁別的なものないし対象を区別する観念のすべてを判明と名づけるのではなく、十分に区別された観念即ちそれ自身判明でありそして対象を知らせる徴《しるし》を対象において区別するような観念を判明だと呼びましょう。そしてそういうものが対象について分析ないし定義を与えるのです。そうでない時には、私たちはそれら観念は混雑していると言いましょう。そしてこういう意味では、観念において支配している混雑状態は非難を免れ得るでしょう。私たちの本性の不完全性なのですから。なぜなら私たちは例えば匂いや味の原因を識別し得ないでしょうし、これらの性質が何を含んでいるかを識別し得ないでしょう。尤も、この混雑状態が非難され得る時もあります。判明な観念を持つことが重要でしかもそれが私たちにできる時です。例えば黄金の特性を明らかにするのに必要な試験をせずに、偽の金を本物と取り違えるとしたら、そういう時です。

〔5〕 **フィラレート**　しかし、それ自身で混雑した（あるいはむしろあなたの意味では曖昧な）観念など無いと人は言うでしょう。なぜなら、それは精神によって知覚されるようなものでしかあり得ないし、そのことがそれを他のすべての観念から十分に区別するのですから。〔6〕そして、この難点を取り除くには、観念の欠陥は名前に関わっているということを知らなければなりません。観念を欠陥のある(2)ものにするのは、その観念を表現するのに用いられる名前とは別の名前で当の観念が呼ばれるような時です。

テオフィル　それを名前に依存させるべきではないと私は思います。アレクサンダー大王は、リュシマコス(3)の病気を治すために良い植物を夢に見た（と言われています）(4)。その植物は以後リュシマキアと呼ばれています。実際、王のこの友人をそれは治したからです。アレクサンダーが沢山の植物を持ってこさせ、その内に夢で見たものを見出した時、不幸にしてもしその植物を再認するために十分な観念を持っていなくて、自分の夢そのものを思い出すのにネブカドネザルと同様にダニエル(5)のような人を必要としたとしたら、アレクサンダーがそれについて持っていたであろう観念は曖昧で不完全であったことは明らかです。（ですからそういう観念を、混雑していると呼んだ方が良いと私は思うのです。）それは何らかの名前への正しい顧慮を欠いているからではありません。というのも名前は無かったからです。そうではなくて、その事物、つまり治るはずの植物への顧慮を欠いているのです。この場合、アレクサンダーは或る状況においては思い出すでしょう。しかし他のものではなかったかと疑うでしょう。そして、名前というものは何らかの事物を指定するのに私たちが用いるものなのですから、名前への顧慮を人がいい加減にする時、この名前が約束する事物に関して普通、人は誤るということにはなります。

［7］**フィラレート**　複合観念(6)がそういう不完全性に最も陥りやすいところからみて、この不完全性は観念があまりに少ない単純観念から複合されているということに由来するのでしょう。例えば、毛皮に斑点のある動物という観念のようにです。その観念はあまりに一般的すぎて、山猫や豹ないしパンサァを区別するには十分ではありません。それらは〔今掲げた〕独自の名前で区別される訳(7)ですが。

テオフィル　アダムが動物に名前をつける前の状態にもし私たちがいたとしても、この欠陥はあったでしょう。なぜなら、斑点のある動物の内に非常に良い眼をしているものがいるとして、しかしそれが虎だか山猫だかあるいは別の種類のものだか知らないとしたら、それを区別できないのは不完全性だからです。ですから、問題なのは名前をつけるきっかけとなり得て、その動物が特定の名称に相応しくするものの方です。そこからまた分るのは、斑点のある動物という観念はそれ自身では良いのであり、それが類として役立つはずだというだけならば混乱も曖昧さも無いということです。けれども、よく憶えていない何か別の観念に結びつけられて、種を区別しなければならないとなると、そこから複合された観念は曖昧で不完全のように思われます。

［8］**フィラレート**　複合観念を形成する単純諸観念が数に関しては十分でも、混同され込み入っている時に、反対

の欠陥があります。ちょうど、雲に覆われた空を表現しているだけのように混雑して見える絵があるようにです。そういう場合でも混雑しているとは言われないでしょうし、もしそれがこの絵を模写した別の絵であろうと同じことです。けれども、この絵が或る肖像を現わそうとしていると言われれば、混雑していると言われても仕方がありません。なぜなら、それは人間の肖像なのか猿の姿なのかそれとも魚の姿なのか言えないからです。しかしながら、円筒鏡を通して見ると混雑状態が消え、ユリウス・カエサルだと見えることもあります。こうして、いかなる心的な絵（もしあえてこのように言うなら）も、その諸部分の結びあわされる仕方がどのようであろうとも、混雑しているとは言われ得ないのです。なぜなら、これらの絵はあるがままの他のいかなる絵とも明らかに区別され得ます。それらが或る通常の名前の下に類別され、違う意味を持った或る別の名にむしろ属するとは見えない限りはね。

テオフィル　諸部分がその帰結に注目されずに或る仕方で眺められ判明に見られるような絵は、沢山の石という観念に似ています。それは、その数と他の諸固有性が判明に概念されるまでは、あなたの意味でも私の意味でも、混雑しています。（例えば）石が三六個あるとします。（配列されずに一緒に山積みされているのを見て）それらの石が三角形とか四角形を形づくり得ることは知られないでしょう。実際にはそれができます。なぜなら三六は正方形数でありまた三角形数だからです。こういう風にして、千面体を見る際、面の数――それは十の三乗です――が知られるまでは人がそれについて混雑した観念しか持たないことになります。ですから、問題は名前ではなくて判明な固有性であり、それは観念から混雑状態が取り去られれば観念の内に見出されるはずのものです。時にはその鍵を見出すのは難しいですし、知解できる固有性を知らせる対象の見方、ニスロン神父[8]がその技巧を教えた絵のように[9]或る点から見たりあるいはそれを作った者の目的を知るために或る鏡とかレンズを介在させる仕方を見出すのは困難なことがあります。

［9］　**フィラレート**　しかし、観念には更に第三の欠陥があるという[10]のを否定できないでしょう。それは、名前の誤用に本当は依存するのですが、私たちの観念が不確実ないし非決定の時のことです。こうして、いつでも次のような

人々が見つかります。即ち、正確な意味を学んでしまう前に母国語の通常の語を使うのを差し控えないので、自分たちの言説にそれらの語を入れる殆どその度毎にその語に結びつける観念を変えてしまうような人々です。〔10〕 こうして、名前が、どれほど判明な観念や混雑した観念の規定に寄与しているか分りますし、区別された事物の記号として考えられた区別された名前の考察無くしては混雑した観念とは何であるかを言うのは容易ではないでしょう。

テオフィル　でも、私は名前の考察無しにそのことを説明したばかりですよ。混雑状態とは曖昧さと私の呼んでいることだという仕方であなたに同意した場合にせよ、混雑状態は私の言う意味で、〔つまり〕持たれた概念の分析の欠如と考えられる場合にせよ、です。そして、いかなる曖昧な観念も実際、非決定か不確実であることもまた私は指摘しておきました。先程の斑点のある動物の例においてのようにね。この例では、判明に記憶してはいなくとも、この一般的概念にまだ何かを付け加えなくてはならないことは分っています。ですから、あなたが分けた第一の欠陥と第三の欠陥とは結局同じものなのです。しかし言葉の誤った使用が誤謬の大きな源泉であるというのは全く本当です。なぜなら、その際或る種の計算間違いが起るからです。数える時に数え札をきちんとした場所に置かなかったり、数字を雑に書いてしまい2と7とが識別できなかったり、不注意にそれらを落したり入れ替えてしまったりする時のようにです。言葉のこうした誤用は、言葉に諸観念を全然結びつけなかったり、〔複数の〕言葉を一つの不完全な観念に結びつけてしまいその観念の一部が空虚であり言うなら空白に留まっていることによったりします。この二つの場合、思惟には何か空虚で盲目的なところがあります。思惟は名前によってしか満たされていないのです。〔以上の二つか〕あるいは結局欠陥というものは言葉を異なった諸観念に結びつけることであるか、です。どの言葉が選ばれるべきなのかが不確実で、そのことが、観念の一部が盲目的である時同様、観念を曖昧にする場合もそれですし、次の場合もそうです。即ち、諸観念を代る代る選び、誤謬を引き起し得るような仕方で同一の推論の内で同一の言葉のために或る時は一方を他の時は他方を使う場合です。これらの観念が一致しないのだということを考えもしないでね。こうして、不確実な思惟とは、空虚で観念を持たないものか、あるいは一つより多くの観念の間で浮動しているもののことです。この不確実な思惟は、何か或る決定したものを指定したい場合にせよ次のような場合にせよ障害になります。即ち、既に私たちが用いたような意味に対応するとか、あるいは他の人々が通常の言葉づかいにおいて皆にか職人にかに共通な意味に対応する或る意味を言葉に与えたい場合にせよ、です。そしてそこから、会話でも講堂でも本の中でも無数の漠然としていて空《むな》しい論争が生じます。時に人はそれを区別によって解決しようとしますが、大抵の場合それは更に事態を紛糾させるのに役立つだけです。漠然として曖昧な名辞の代りに別の更にもっと漠然としてもっと曖昧な名辞を——それはしばしばちょうど哲学者たちが、良い定義を持っていないのに区別する時に使う名辞なのですが——置くだけなのですから。

〔12〕 **フィラレート**　名前との隠れた関係を持っているのとは別の何らかの混雑状態が観念にあるとしたら、少なくともそういう混雑状態は他のいかなる混雑状態よりも人間の思惟と言説の内に混乱をもたらします。

テオフィル　それはそうだと思いますが、名前を使うに際しては、事物や目的についての何らかの思いが関わり合っています。例えば教会について語られる時、多くの人々は支配を思い浮べますが、他の人々は教義の真理性を思うようにです。

フィラレート　この混雑状態を避ける手段は、固定した数でかつ確定した秩序の下に合一された単純諸観念の或る集まりに同一の名前を揺ぎなく当てはめることです。けれどもそうしたことは人々の安逸にも己惚れにも合いませんし、真理の発見や擁護にしか役立たず、真理というものは必ずしも人々の目指す目標ではないのですから、そういう正確さは期待されるというよりも願望されるべき事柄の一つなのです。不確定で、(盲目的思惟の内で)[11] 殆ど純粋な無であるような観念に名前をいい加減に当てはめることは、一方で私たちの無知を蔽い隠すのに役立ち、他方では他の人々を混乱させ当惑させるのに役立ち、真の知識として、認識に関する優越性の徴《しるし》として通っています。

テオフィル　エレガントさや美しい言葉を好むこともまた言葉のこの困った状態に拍車をかけています。なぜなら、考えたことを美しく快い仕方で表現するために、或る種の比喩で以て易々と普通のとは少々違う意味を言葉に与えてしまうからです。その意味というのが或る時はより一般的ないしより限定されており、それは提喩と呼ばれます。また或る時は事物の関係に従って名前が交換され意味が移し替えられたりします。換喩においては関係は協力的なものであり、隠喩においては比較の関係です。反語法については言うまでもないでしょう。他方の代りに反対のものを使うのです。こうして、それらが分る時にはこうした交換が為されるのですが、分ることはまれです。語の意味を規制する一種の法則を欠いている言語のこうした非決定においては、ローマ法の法規全集の項目語ノ意味ニツイテにもそういうものがありますが、最も聡明な人々も、一般の読者のために書く場合、名辞の固定した意味に厳密に気を配ろうとすれば自分たちの表現に装飾や力を与えるものを使わないでしょう。彼らは表現のヴァリエーションが誤謬や誤った推論を生じさせないようにただただ注意すべきなのです。公教的な即ち通俗的な書き方と、真理を発見することに専念する人々のための奥義を伝える[12]書き方との間に古代の人々が置いた区別はここにあるのです。ですから、もし誰かが数学者として形而上学とか道徳学において書こうとしても、厳密にそのことを行なうのを妨げるものは何もありません。何人かの人々がそういうことをやってみると公言し、数学以外の所で数学的論証をやると約束しました。でも、それに成功するのはとてもまれです。思うに、それはほんの少数の読者のためにしなければならない労苦を厭うたのです。ペルシウスにおいてのように「誰ガコレヲ読ムダロウ」と問うて、「二人カ、アルイハ誰モ読マナイカモシレナイ」[13]と答え得る程の少人数なのですから。それにも拘らず、然るべき仕方でそれを企てれば後悔するにはあたらないと私は思います。私はそれを試みたことがあります。

[13]　**フィラレート**　しかし、複合観念が一面ではとても明晰判明で、他面ではとても曖昧で混雑していることがあり得るのをあなたは認めて下さいますよね。

テオフィル　それについては疑う余地はありません。例えば、人体の可視的な固体的諸部分の大部分についてはとても判明な観念を私たちは持っていますが、それに入っている体液については全然持っていないのです。

フィラレート　或る人が千面体について語るとして、この図形の観念はその人の精神の内でとても曖昧[14]であり得ます。千という数の観念がそこにおいてとても判明であってもです。

テオフィル　その例はここでは全然相応しくありません。千の辺を持った正多辺形は千という数と同じ位判明に知られます。なぜなら、そこではいかなる種類の真理をも発見し、証明し得るのですから。

フィラレート　でも、千面体の正確な観念を人は持っていません。それ故、千面体の観念は九九九面体の観念からは区別され得ないのです。

テオフィル　その例で、ここであなたが観念を心像《イマージュ》と混同なされているのが分ります。誰かが私に正多辺形を呈示するとして、見たところと形象的思惟とによってはそこに千の辺があるとは私には理解できないでしょう。その図形とその数について、数えることで数を区別するまでは、混雑した観念しか私は持っていないのです。けれども、区別を見出しさえすれば、呈示された多辺形の本性と固有性とがとてもよく分ります。それら固有性が千辺形のものであり、従ってそれについて観念を私が持っている限りはね。しかし私は千辺形の心像は持ち得ないでしょう。千角形をより少ない辺の多辺形から区別するには、より繊細でより鍛えられた感覚と形象的思惟が必要でしょう。しかし、図形の認識も数の認識も形象的思惟には依存しません。形象的思惟はそれに役立ちはしますが。ですから、或る数学者が九辺形の本性と十辺形の本性を、彼がそれら図形を作って検討する手段を持つので、正確に知り得ても、見ただけではそれらを識別できないこともあるかもしれません。それら多辺形の本性を恐らくは十分に知らない職人や技師が大幾何学者より優越性を、即ち測りもせずにただ見ただけでそれらを識別し得るという優越性を、持ち得るというのは本当です。ちょうど、自分が背負わなければならぬものの重さを一リーヴルも間違えずに言う人足や行商人がいるようにです。彼らはその点においては世の中で最も有能な静力学者を凌駕しています。確かに、こうした経験的で長い訓練によって獲得された認識が、敏捷に働くために大きな有用さを持ち得るのです。或る技師にとっては、止まると起ってくる危険の故にとてもしばしば敏捷に働くことが必要なように。そうは言っても、正十辺形とか九九リーヴルの重さといったものについて持ち得るこうした明晰な心像ないし知覚も、混雑した観念でしかありません。というのも、それはこの重さとか正十辺形の本性と固有性を発見するのには役立たないのですから。それには判明な観念が必要なのです。ですから、この例は諸観念の差異を、というよりむしろ観念と心像との差異をよりよく理解させるのに役立ちます。

〔15〕**フィラレート**　別の例を掲げましょう。私たちは永遠について実定的で完全な観念を持つと信じがちであるということです。そしてそれは、私たちの観念の内で明晰に知られないようなこの〔永遠という〕持続のいかなる部分も無いと言うのと同じです。しかし、限界の無い延がりについてと同様に、思い描かれる持続がいかに大きなものであろうと、思い描かれているところを超えている観念の部分が常に残り、それは曖昧で非決定に留まります。そこから分ることとは、永遠や他の何か無限なものに関する議論や推論においては、明白な不合理の中に陥りがちだということです。(15)

テオフィル　その例はあなたの意図に合致していないと私には思えます。〔むしろ〕私の意図にとても相応しいのです。私の意図というのは、この点に関してのあなたの考え方の混乱を正すことですが。というのもそこには心像と観念とのあの同じ混同が支配しているのですから。私たちは永遠について完全なあるいは正しい観念を持っています。それについていかなる心像も持ってはいなくとも、それについて定義を私たちは持っているのですから。しかし、諸部分の複合によっては無限の観念は形成されません。無限について推論する際に人の犯す誤謬は心像の欠陥には由来しないのです。

〔16〕**フィラレート**　でも次のことは本当ではないでしょうか。即ち、私たちが物質の無限可分性について語る時、私たちは分割については明晰な観念を持ってはいても、その微粒子については曖昧で混雑した観念しか持っていないのではないか、ということです。なぜなら、或る人がかつて見たことのある最小の埃をとるとして、この細かい埃の十万分の一の小片と百万分の一の小片との間に、はっきり区別された何らかの観念を持っているのかどうか私は問いたいのです。

テオフィル　それは心像を観念と取り違えるというあの同じ間違いです。これ程までに混同されるとは驚きました。そのように小さなものの心像を持つことがここで問題なのではありません。私たちの身体が現今の仕組ではそれは不可能です。それにもしそんな心像を持ち得たとして、それが今私たちに意識されるような諸事物の心像と殆ど同様になったら、しかしその代わりに今私たちの形象的思惟の対象であるものは私たちから逃れ、形象的に思惟されるにはあまりに大きなものになってしまうでしょう。大きさというものはそれ自身で心像を持っている訳ではありません。人がそれについて持つ心像は、感覚器官や他の対象との比較に依存するだけです。ですから、ここで形象的思惟を用いるのは無用です。こうしてここで更にあなたが私に言って下さったすべてのことから次のことが明らかです。即ち、必要以上のことを要求することで、人は謂れなしに困難を作り出しがちだ、ということです。

30
実在的観念と空想的観念について[1]

〔1〕 **フィラレート**　事物との関連で、観念は、実在的か空想的か、完全であるか不完全であるか、[2] 真なるものか偽なるものか、です。実在的観念というものを、私は次のようなものと考えます。即ち、自然の内に基礎を持つ観念。実在的存在者に、諸事物の現実存在に、ないし原型に、合致しているような観念です。そうでない場合、観念は幻想的ないし空想的です。

テオフィル　その説明には少し曖昧なところがありますね。観念が自然の内に基礎を持ってはいても、その基礎に合致していないということもあり得ます。色や熱について私たちが持つ知覚は根源ないし原型には似ていないと言われる時のように。観念はまた、現実存在するものが一つもそれに対応しなくとも、可能であるなら実在的でしょう。そうでなければ、一つの種のすべての個体が失われたらその種の観念は空想的になってしまうでしょう。

〔2〕 **フィラレート** 単純観念では皆、実在的です。なぜなら、多くの人々に従えば(3)、白さや寒さは苦痛と同様に雪の内には無いにも拘らず、それでもそれらの観念は私たちにおいては外なる事物に結びついている力能の結果ですし、これら恒常的結果は、事物そのものの内に現実に存在しているものの正確な似像であるのと同じように事物を区別するのに役立つのですから。

テオフィル そういった点については検討してみたことがあります。けれども、そこでは原型との合致が必ずしも要求されてはいないようです。それに、類似も自然的連関さえも無く対象の性質を示すように定められた諸観念を神が私たちに勝手気ままに割り当てたと考える人々の意見（私はそれに与《くみ》しませんが）に従えば、そこでは、私たちの観念と原型とが殆ど合致しないのは言語において人為的に作られて使われている語が観念ないし事物そのものと合致しないのと同じ程のことになってしまうでしょう。

〔3〕 **フィラレート** 精神はその単純観念に関しては受動的ですが、それから複合観念を形成するために為す集成——そこでは多くの単純観念が同一の名の下に包括されるのですが——については何か意志的なところを持っています。なぜなら、或る人が金とか正義とかについて持つ複雑観念の内に認める単純諸観念を、他の人はその内に入れるのを認めないのですから。

テオフィル 精神は単純諸観念に関してもまた能動的ですよ。単純諸観念を別々に考察するためにそれらを互いに引き離す時には。そしてそれは幾つもの観念の集成と同様に意志的で〔さえもありま〕す。精神がそういう集成を、当の集成から帰結として生ずる複合観念に注意を促すために為すにせよ、当の集成に与えられた名前の下にそれら諸観念を包括しようと意図するにせよ、です。そして、精神は次のようにすればその際間違えることはあり得ないでしょう。即ち、非両立的な諸観念を絶対に結びつけないこと、先の名前が言わば無垢（vierge）であること、言い換えると当の名前に既に何らかの概念が結びつけられてしまってはいないことです。そうした概念は、新たに結びつけられる概念との混同を引き起しかねませんし、一緒にはあり得ないものを結合してしまって不可能な概念を生じさせたり、あるいは一方の観念を論証によって他方の観念から派生させられるしそうすべきであるような諸観念を結合してしまって、余計でしかも何らかの真実の隠蔽を含む諸概念を生じさせたりし得るのです。

［4］　フィラレート　混合様態と関係は、それらが人々の精神の内で持つ実在性以外の実在性を持たないのですから、[4] こうした種類の観念が実在的であるとするために要求されるすべてのことは一緒に現実存在するないし両立する可能性です。

テオフィル　関係は諸真理としての精神に依存する実在性を持ちますが、人間の精神に依存するそれを持つのではありません。それら諸関係のすべてを常に決定している至高の知性的存在者があるのです。関係とは区別された混合様態は実在的な偶有性であり得ます。しかしそれらが精神に依存するにせよしないにせよ、それらの観念の実在性のためにはこれら様態が可能であること、あるいは同じことですが、判明に知解できることで十分です。そしてそのためには、成分が共可能的である、言い換えれば共にあり得なければなりません。[5]

［5］　フィラレート　でも、実体の複合観念は、すべて私たちの外にある事物との関連で作られ、実在する通りの実体を表現するためにあります。ですから、実体の複合観念は単純観念の次のような集成である時、即ち私たちの外に共在している諸事物において実際に合一し共在しているような単純観念の集成である時だけ、実在的です。これに反して、実際には決して合一されておらず、いかなる実体の内にも一緒には決して見出されないような単純観念のそうした集合から成るものは空想的です。たとえば、ケンタウロスを構成する諸観念とか、金に似ているけれども重さが違って水より軽い物体を構成する観念とか、感官との関係では〔諸部分が〕類似しているけれども表象と意志的運動ができる物体、等です。

テオフィル　そんな風に、実体的事物を構成する観念についてとは別の仕方で様態の観念について実在的とか空想か的という術語を理解してしまうと、実在的なあるいは空想的な観念にあなたがお与えになっている〔実体の観念と様態の観念の〕両方の場合に共通な観念はどんなものなのか私には分りません。というのも、様態は、可能であるならばあなたにとって実在的な訳ですし、実体的事物は、現実存在している時にしかあなたによれば実在的観念を持たないのですから。けれども、現実存在に関わろうとすることで一つの観念が空想的であるか否かを決定することなどできないでしょう。なぜなら可能的なものは、私たちのいる場所ないし時間には見出されないとしても、かつて現実存在したことはあり得ますし、いつか現実存在するかもしれませんし、別の世界においてあるいは人知れず私たちの世界においてさえ現在もう存在してさえいるかもしれません。ちょうど、デモクリトスが銀河について持っていた考え(6)を望遠鏡が検証したようにです。従って可能的観念は、化金石(7)を欲しがる人々や、あるいはケンタウロスの国があったと信じる人々がするように、当の観念に事実的な現実存在の観念が理由もなく結びつけられた時だけ空想的になると言うのが一番良いように思えます。さもないと、現実存在に則ることとしかないために、一般に受け容れられている言葉使いから不必要に離れてしまうでしょう。冬にバラやカーネーションについて語る者は、自分の庭にそれらを見出し得ると考えるのでなければ、空想を語っているのだなどというのは一般に受け容れられている言葉(8)が許すところではありません。そういう〔常軌を逸した〕言葉使いは、アルベルトゥス・マグヌスとか他の何人かのいわゆる魔術師について伝わっているところですが。

31 完全な観念と不完全な観念(1)

〔1〕**フィラレート** 原型を、即ちそこから実在的観念が取り出されると精神が想定し、当の観念がそれを表現し、精神が当の観念をそれに関係づけるようなそういう原型を完全に表現する時、実在的観念は完全です。不完全な観念は原型の一部分しか表現しません。〔2〕私たちの単純観念はすべて完全です。砂糖の中に認められる白さや甘さの観念は完全です。なぜなら、そのためには、こうした感覚を生むために神がこの物体の内においた力能とこの観念とが完全に対応すれば十分だからです。

テオフィル あなたは、あなたのお気に入りの著者が十全ないし不十全な観念と呼んでいるものを完全ないし不完全な観念と呼んでいらっしゃるのですね。それらは完足的ないし非完足的な観念と呼ばれても良いでしょう。私はかつて十全な観念（完足的観念）を定義して、すべての成分が判明であるほど判明な観念であるとしました(2)。数の観念がほぼそのようなものです。しかし或る観念が判明で対象の定義あるいは必要十分な徴《しるし》を含むとしても、その観念は不十全ないし非完足的であり得るでしょう。つまり、それら徴《しるし》ないし成分が皆さほど判明に知られない場合です。例えば、金は灰吹法と硝酸には持ちこたえる金属だ、というのは判明な観念です。というのも、それは金の徴《しるし》ないし定義を与えているからです。しかしその観念は完足的ではありません。というのも灰吹法の本性や硝酸の作用の本性は私たちに十分には知られていないからです(3)。そこから帰結するのは、非完足的観念しか無い時は同一の主語が互いに独立な幾つもの定義を受け容れ得るということです。従って一つの定義から他の定義を引き出すことが必ずしもできませんし、同じ主語に属するはずだと予見することも必ずしもできません。ですからそういう時は、経験だけが、それら定義が同じ主語に皆同時に属するのを私たちに教えてくれるのです。こうして、金は私たちの〔知っている〕物体の内で最も重いあるいは最も展性があるものという風に更に定義され得るでしょう。他の定義も作れるでしょうが、そういうものについて語るまでもなくです。しかしそういう風に定義して良いのは、試金係のこの二つの試験に持ちこたえるということがどうして金属の内で最も良いものに属するのかが分る程に、後ほど人々が事物の本性への洞察を得た時でしかないでしょう。これに反して、私たちが完足的観念を持っているところの幾何学においては話は別です。というのも、一つの平面によってできる円錘と円筒との切断面は同じであり、つまり楕円であることを私たちは証明できるのですから。そのことは私たちが注意しさえすれば知られずにはおかないのです。それについて私たちが持つ諸概念は完足的だからです。私の考えでは、観念を完足的なものあるいは非完足的なものに分けるのは判明な観念の再分割でしかありません。ですから、あなたがおっしゃっている甘さについて私たちが持っている観念のような、混雑した観念がその名に値するとは私には思えません。というのも、それら混雑した観念は感覚を生み出す力能を表出してはいますが、全き仕方で表出している訳ではないのです。あるいは少なくとも私たちはそのことを知り得ません。なぜなら、私たちの持っている甘さのこの観念の内にある事柄をもし私たちが抱懐したら、経験が甘さにおいて気づかせることのすべてを説明するためにその観念が十分かどうかを私たちは判断し得るでしょう。

〔3〕 **フィラレート**　単純観念から複雑観念へ話を移しましょう。複雑観念は様態の観念であるかあるいは実体の観念であるかです。様態の観念は単純諸観念の意志的な寄せ集めです。精神がそれら単純観念を結び合わせるのです。一定の原型とか実在《レエル》的で現実的に存在するモデルなど考慮に入れずにです。様態の観念は完全であり、そうでない訳にはいきません。なぜなら、それらは模写ではなく、事物を一定の規定の下に整理するのに役立てようと精神が作る原型なのですから、それらに欠けるものは何も無いのです。なぜなら、様態の観念の各々は、精神が形成しようと正に意志したような集成、従って精神が観念に与えようと意図したような完全性を含んでいるのですから。誰の知性で

あれ、三つの辺と三つの角という観念より完全無欠な、三角形の観念を持ち得るなどとは考えられません。危険・恐怖からの乱れが無いこと(4)、何をすれば理に適うかについての冷静な考察、危険によって怯えてしまうことなく実行に移すこと、これらの諸観念を寄せ集める者は勇気の観念を形成します。望んだものを手にしたのです。即ち、自分の恣意に適合した完全観念をです。実体の観念については話は別です。そこでは実際に存在するものを私たちは提出するのですから。

テオフィル　三角形や勇気の観念は金の観念と同様、事物の可能性の内に原型を持っています。それに、観念が経験以前に考え出されたかどうか、自然が為した集成の知覚の後に観念が把持されたのか、ということは観念の本性に関してはどうでも良いことです。様態を作る集成にしたところで完全に意志的ないし恣意的という訳ではありません。というのも、非両立的なものが結び合わされることもあり得ましょうからね。ちょうど、永久運動機械を考えている人々がしているように。これに反して、他の人々は、発明者の持つ観念以外の原型を私たちが持たないような立派で実現可能な機械を考え出すかもしれません。そして発明者の持つ観念は、それ自身、原型として事物の可能性ないし神的観念を持っているのです。とにかくこれらの機械は何らか実体的なものです。不可能な様態がでっちあげられることもまたあるかもしれません。放物線の並行論が目論まれる時などがそれです。二つの直線あるいは二つの円のように二つの互いに並行する放物線が見出され得ると考えてしまうのです。それ故、一つの観念は、それが様態の観念であれ実体的な事物の観念であれ、その全体的観念を形成する部分的観念がよく知解されるか否かに従って完全あるいは不完全であり得るでしょう。そして、完足的観念の徴《しるし》はその観念が対象の可能性を完全に認識させることなのです。

32

真なる観念と偽なる観念について

［1］ **フィラレート**　真理とか虚偽とかは命題にしか属しませんから(1)、観念が真とか偽とか言われる時には、何らかの暗黙の命題ないし肯定(2)があるのです。［3］ それは何らかの事物とそれら観念との合致の暗黙の仮定があるということです。［5］ 特に、他の人々がこの名で呼ぶ事柄と合致する場合とか（彼らが正義について語る時のように）、また実際に存在するものに合致する場合とか（人間であって、ケンタウロスではないというように）、また事物の諸固有性が依存するところの本質に合致する場合などがあります。そしてこの意味では実体について私たちが通常持っている観念は偽です。もし私たちが或る実体形相を思い浮べているのならね。それに、それら観念は真あるいは偽というよりもむしろ正しいあるいは誤っていると呼ばれる方が良いでしょう。

テオフィル　真なるあるいは偽なる観念をそのように理解することもできるだろうと私は思いますが、これら異なった意味は互いに一致しませんし、一つの共通な概念の下にうまく整理され得ませんから、私は真なるあるいは偽なる観念を別の暗黙の肯定に関連づけて呼ぶ方が良いと思います。その肯定をそれら観念はすべて含んでいます。可能性の肯定がそれです。こうして可能な観念は真なる観念であり、不可能な観念が偽なる観念な訳です。

33 観念の連合について

〔1〕 **フィラレート** 人々の推論の内に何かしら奇妙なところがあるのはしばしば指摘されることですし、誰もがそういうことを免れ難いものです。〔2〕 それは強情とか己惚れだけである訳ではありません。というのも、しばしば立派な心掛けを持った人がこの過ちを犯すのですからね。この過ちを教育や先入見のせいにすることさえ必ずしも十分ではありません。〔4〕 むしろそれは一種の狂気です。もしいつもそんな風に振舞うとすればそれは狂人でしょう。〔5〕 この過ちは諸観念の不自然な結びつきに由来します。そしてその起源は偶然あるいは慣習です。〔6〕 傾向や関心がそこには入っています。動物精気の頻繁な流れによる或る痕跡は踏みならされた道になります。或る歌を知っている時は、それが始まるや否や分るものです。〔7〕 私たちに生まれつきではない共感とか反感はそこに由来します。子供の頃にいやと言うほど蜂蜜を食べて不快になった人は、それから大人になって蜂蜜という名前を聞くとむかつきを抑えられないでしょう。〔8〕 子供というものはこうした影響をとても受けやすいものですから、注意した方がいいのです。〔9〕 観念のこうした正規でない連合は自然的なそして道徳的な私たちのすべての能動・受動に大きな影響を持っています。〔10〕 聞かされた物語のおかげで、暗闇は子供たちに化物の観念を呼び起します。〔11〕 或る人を嫌悪していれば、その人が私たちに与えたあるいは与え得る害悪を考えずにはその人のことを考えないものです。〔12〕 友が死ぬのを見た部屋を人は避けます。〔13〕 最愛の子を失った母親は時としてその子供と共に、自分の喜びのすべてを失ってしまいます。子供が死んでしまったという思いからの影響を時が消し去るまでそれは続きますし、

往々にしてそういう時は訪れないのです。〔14〕極端に痛い手術によって狂気から完全に癒された或る人は、この手術をしてくれた人に生涯恩を感じていましたが、〔苦痛を思い出してしまうために〕その人を見ることができませんでした。〔15〕或る人たちは、学校で本のために苦しめられたことで生涯本を嫌いになります。人によっては、或る機会に他人に対して支配力を一度でも持つとずっとそれを保持するものです。〔16〕ダンスを立派に習得したのだけれども、習得した部屋にあったと同じようなトランクが部屋に無いと踊れなかったなどという人もいました。〔17〕こうした不自然な結びつきは知的な慣習の内にもみられます。あたかも非物質的なもの[1]は何も無いかのようにして、物質と存在とが結びつけられたりするのです。〔18〕これらの意見は哲学や宗教や政治の流派に結びつけられています。

テオフィル　そういう御指摘は重要ですし、私の意にも完全に沿うものです。それに、無数の例で補強できますね。デカルト氏は少年の頃、斜視の人にちょっとした愛情を抱いたので、この欠陥を持った人々に生涯幾らかの好みを禁じ得ませんでした。[2]ホッブズ氏[3]――彼も偉大な哲学者ですが――は化物のイメージに脅えるような精神を持ってはいないのですけれども、暗い所に一人ではいられなかった（と言われています）。そんな化物なぞ信じてはいないにも拘らず、子供の頃に聞かされたお話がそういう影響を彼に残した訳です。学識があり、とても良識を持っていて迷信などからは程遠い人々でも、一三人で食事をしようと決めるには相当躊躇せずにはいられないでしょう。その内の一人が一年経たぬ内に死ぬに違いないという想像によって彼らがかつて影響を与えられていたためです。子供の頃恐らく変な風にとりつけてあったピンによってケガをしたのでしょう、ピンがとりつけてあるのを見ると気絶しそうになってしまう貴族もいました。或る首相などは、主君の宮廷でプレジダン（président）の肩書きを持っていたのですが、オッタヴィオ・ピサーニ[4]の本のタイトル――それはリュクルゴスという名です――に気分を害しこの本に反論を書かせました。なぜなら、著者〔ピサーニ〕は法務官など不必要だと思っているのですが、それについて語る時にまたプレジダンという名を使っているのです。そしてこの首相の〔心の〕内でもこの〔法務官としてのプレジダンという〕

言葉は〔自分の肩書とは〕全く別のことを意味してはいたのですが、その言葉が彼の人格にあまりに結びついていたもので、この語で傷つけられてしまったのです。それに、曖昧さがあっても言葉を事物に結びつけてしまうのは、不自然で誤りかねない連合の最も普通なものの一つです。観念の不自然な結びつきの源泉をもっと良く理解するには、動物の推論について語った際に既に先に（第11章の〔1〕）指摘したことを考察しなければなりません。動物同様に人間も、自分の表象や経験において結びついているのを見出した事柄を、記憶や想像力によって結合しがちだ、と私は指摘したのでした。動物の推論全体――もしそんな風に〔推論という風に〕呼んで良ければですが――、そしてしばしば人間の推論も、経験的である限りのもので感覚と事例によってのみ支配されていて、同じ理由がまだそこにあるかどうかの検討無しの場合は、正にそんなところです。それに、諸理由はしばしば私たちには知られないものですから、事例はそれが頻繁であるに応じて考慮に入れなければなりません。というのも、そういう時は、或る表象がそれと通常結びついている他の表象に際して期待されたり思い出されたりするのは尤もなことなのですからね。用心することが問題である場合は特にそうです。しかし、とても強い一つの印象の力は、しばしば、大したことのない多くの印象がたびたび繰り返されて長い間に為し得るのと同じ効果を一挙に為すのですから、この力は空想の内に、長い経験が刻み得るのと同じ位深く強烈なイメージを刻むこともあります。そこから分るのは、偶然ではあるが強烈な何かの印象は、私たちの想像力や記憶の中にその時一緒にあった二つの観念をとても強く、持続的に結びつけるということ。そして、それら二つの観念を結びつけ、一方の次に他方を期待する傾向性を私たちに与えるということです。こうして、〔しかも〕その傾向性はあたかも長い習慣がその連結を確かめたかと思われる程〔に強いもの〕なのです。同じ理由がある訳ではないのにそこには連合に関する同じ結果が見出されます。権威、党派、慣習もまた経験や理性と同じ効果をもたらします。こうした傾向性から解放されるのは容易ではありません。けれども、真理を見出すことは重要であると認め、真理の探求に十分真面目に取り組む、つまり方法的に行うならば、これら判断においてそういうものに騙されないように警戒するのはさほど困難ではないのです。

Ⅲ　言葉について

1　言葉ないし言語一般について

［1］ **フィラレート**　神は、人間を社交的な被造物であるようにしたので、人間に、同類たちと共に生きようという欲望を吹き込み、その必然性の下に置いただけではなく、話す能力(1)もまた与えました。この能力はこの社会の主要な道具ですし、共通の絆の筈なのです。言葉というものはそこに由来します。そして言葉は観念を表現するのに役立つし、説明するのにも役立ちます(2)。

テオフィル　ホッブズ氏の見解からはあなたが遠く隔たっていらっしゃるのを知って嬉しく思います。彼は人間が社会に向けて造られていることに同意しませんでしたものね。人間は必然性によって、そして同類の者たちの悪意によって、ただ社会〔を作るよう〕に強いられるだけだ、とホッブズ氏は考えていたのですから(3)。しかし彼は、最良の人々が、いかなる悪意も持たずに、自分たちの目標をより良く達成するために協力することを全く考慮していないのです。ちょうど、鳥たちが集まって一緒により良く旅するように、またビーバーが何百匹も一緒になって大きな堤防を作るように〔協力することを、です〕。ほんの少数のビーバーたちではそうした堤防は作れません。そうした堤防はビーバーたちには必要なのです。それで以て貯水池ないし小さな湖をつくり、その内に自分たちの小屋を建て、魚を獲って生きているのですからね。そこに動物たちに固有の社会の基礎があるのであり、同類のものたちへの恐れ〔が社会の基礎である訳〕では決してありません。そもそも動物たちにおいてはそんな恐れなど無いのです。

フィラレート　なるほど、私たちが言葉と呼んでいる分節音を形成するのに相応しく拵えられた器官を自然に人間が持つというのは、この社会を、より良いものにするためなのだという訳ですね。

テオフィル　器官について言えば、猿は見たところ私たちと同じ位に言葉を形成するのに相応しいものを持っています。けれども、〔言葉をしゃべる方へと〕進む様子は全くありません。だとすれば、何か目に見えないものが猿には欠けているに違いありません。それにまた、分節音を形成せず口笛の音によって話す、言い換えれば自分を理解させることはできるのだということも考慮しなければなりません。この効果のために音楽的な音調が利用されれば、できるのです。けれども、音調の言語を発明するにはかなりの技巧が必要でしょう。それに対して言葉の言語は、〔技巧的でない〕自然な素朴さの内にある人々によって少しずつ形成され完成されたのかもしれません。しかしながら、中国人のように、少数しかない言葉を音調とアクセントによって変化させる民族もいます。それ故、名高い数学者で、かつ諸言語の権威であるゴリウス[4]の考えるところによると中国人の言語は人工的なものなのです。即ち、私たちが中国と呼んでいるあの大きな国に住む多くの異なる民族間に言葉による交流を打ち立てるために、だれか有能な人物によって一時に発明されたのだというのです。尤もこの言語は、長い間使われて変わってしまっているでしょうけれどもね。

〔2〕　**フィラレート**　オラン・ウータンや他の猿たちは器官を持ってはいても言葉を形成しないように[5]、オウムや他の何種類かの鳥は言葉を発してはいても言語は持っていないと言って良いでしょう。というのも、これらの鳥たちや他の多くのものが十分に判明な音声を形成するように訓練はできるのですが、だからといってそれらが言語を操り得る訳ではありませんからね。これら音声を、内的な概念の記号として使用できるのは人間だけなのです。

テオフィル　なるほど自分を理解させようという欲望無しには言語を私たちは形成しなかっただろうと私は思いま

す。けれども、形成されてしまえば、言語は更に〔そうした欲望を離れて〕それだけでも人間が推論をするのに役立ちます。言葉が人間に抽象的な思惟を思い出せるようにするという手段によってや、記号とか盲目的思惟を使って推論する際に見出される効用によって、役立つのです。なぜなら、すべてを説明し、名辞の代わりに常に定義を置き換えなければならなかったら、あまりに時間がかかりすぎるに違いありませんからね。

〔3〕 **フィラレート** しかし、個々の事物を指示するために別々の名前が必要であったとしたら、言葉が増えて、その使用法は混乱してしまったでしょうから、一般的名辞が使われ、それが一般的観念を意味表示するに至って、言語は完全なものになりました。

テオフィル 一般的名辞は言語の完成に役立つだけでなく、言語の本質的な仕組にとって必要でもあります。なぜなら、特定の事物というもので個体的なものが理解されているとして、もし固有名詞(6)しか無く総称名詞が無いとしたら、言い換えれば個体についての言葉しか無かったら、話すことは不可能でしょう。個体、偶有性、そして特に働き(最も頻繁に指示されるのはこれですが)が問題の時、絶えず新たなものの言葉がやって来てしまうのですからね。しかし、もし特定の事物というもので最低種(species infimas)が理解されているとしたら、それを決定するのが非常にしばしば困難であることは別としても、それは既に、類似性に基づいた普遍であるのは明らかです。それ故、人が類や種について語る場合、類似性がどれほどの広さにわたるのかだけが問題なのですから、類似ないし適合のいかなる種類を指摘するのも自然なことですし、従ってすべての程度の一般的名辞を使うのも自然なことなのです。そして最も一般的なものでさえ、それの含む観念ないし本質に関してはより少ないので(尤もそれに適合する諸個体に関してはより多く含んでいますが)、形成するのは大抵は容易であり、しかも最も有益なのです。ですから、子供とか、話したい言葉ないし話す題材を少ししか知らない者たちが、ものとか植物とか動物というような一般的名辞を、自分たちに欠けている固有名辞の代わりに使うのも頷けますよね。そして、すべての固有名詞ないし個別的名詞がもともと総称名詞ないし一般名詞であったことは確かなのです。

［4］　**フィラレート**　何らかの観念ではなくて、無とか無知とか不毛といった、或る観念の欠如ないし不在を意味表示するために人々が用いる言葉さえありますよね。

テオフィル　否定的真理があるように（なぜなら否定するという働きは積極的なのですから）欠如的観念がある、とは言えない〔とあなたがお考えになる〕のは何故だか分りません。それについては既に少々[7]述べておきましたよね。

［5］　**フィラレート**　その点について争わないで、感覚から全く離れた作用や概念を形成するのに使われる言葉がどうして可感的観念に起源（ここから可感的観念はより難解な意味へ移されるのですが）を持つかを観察する方が、私たちのすべての概念や認識の起源にもう少し近付くには、もっと有益でしょう。

テオフィル　それは私たちの生活の必要が、観念の自然な秩序を離れることを私たちに余儀なくさせたからです。というのもこの秩序は天使にも人間にもすべての知性的存在者一般にも共通でしょうし、私たちが自分の利益を考慮に入れなければ私たちを導いている筈でしょうから。そういう訳で、私たち人間に付き物の機縁や偶発事が私たちにもたらす秩序に気を配らなければならなかったのです。でもこの秩序は諸概念の起源を与えはせず、言わば私たちの発見の歴史を与えるのです。

フィラレート　なるほど。ところで言葉の分析こそが名前そのものによってこの連鎖を、〔つまり〕概念の分析ではあなたのおっしゃった理由によって与えられないこの連鎖を、私たちに教えることができます。ですから、次の言葉、即ち想像する・理解する・専念する・概念する・注ぎ込む・うんざりさせる・乱れ・平静などは、すべて可感的な事物の作用から採られて、思惟の幾つかの様態に応用されたものなのです。精神という言葉はその最初の意味では息のことであり、天使という言葉は使者を意味します。ここから、これらの言葉を最初に話した人々がどんな概念を持っていたのか推測できますし。人々のすべての認識の起源と原理がどれほど思いがけず自然に示唆されたかを推測できるのです。

テオフィル　ホッテントット〔語〕の使徒信経において、聖霊が、彼らの所では、穏やかで心地よい風のそよぎを意味する言葉で呼ばれたことについて、既にあなたの注意を向けていただきましたよね。[8] 大部分の他の言葉についても同じことなのですよ。〔でも〕そのことは必ずしも知られてさえいません。大抵の場合、真の語源は分らなくなっていますから。あまり宗教というものを重んじていない或るオランダ人[9]がこの真理（神学や道徳や形而上学の術語がもともとは俗な事物から採られたのだという真理）を悪用して、フランドル語の小さな辞典で神学とキリスト教信仰を茶化したことがありました。その辞典の中で彼は、用法が要求するような定義ないし説明を与えずに、言葉のもともとの意味を担っているように見える定義ないし説明を与え、悪ふざけをしたのです。そしてその他にも不敬虔な行いをしていたものですから、牢獄（Raspelhuys）に入れられたという話です。しかし、可感的事物と非可感的事物との類比を考察するのは良いことでしょう。それは比喩の基礎付けに役立ちました。そのことは前置詞の用法が与えてくれるようなとても広く行きわたった例を考察するともっと良く分ります。に（à）、共に（avec）、から（de）、の前で（devant）、において（en）、の外で（hors）、によって（par）、に向かって（pour）、の上に（sur）、の方へ（vers）といった前置詞はすべて場所、距離、運動から採られ、その後、あらゆる種類の変化、秩序、結果、差異、適合へと移し入れられたのです。に（à）は近付くことを意味します。ローマに（à）行く、という場合のようにね。しかし、一つの事物を結び付けるには、それを結び付けたいものに近付ける訳ですから、私たちは、一つの事物が他の事物に（à）結び付けられる、と言うのです。そしておまけに、或る事物が精神的諸理由[10]によって他の事物に従う時には、言わば非物体的な結び付きがあるので、誰かの運動や意志に従うものはこの人物に（à）属すないしこの人物に（à）由来する、と私たちは言います。あたかもそのものがこの人物の傍らにあるいは共に行くために当の人物に（à）狙いをつけるようにです。或る物体が他の物体と同じ場所にある時、それらは共に（avec）あります。しかし、或る事物は、同じ時に、同じ秩序に、あるいは同じ秩序の部分にある事物と、あるいは同じ活動に協力している事物と、共に（avec）あります。或る場所から（de）やって来る場合、その場所はそれが私たちにもたらす可感的事物によって私たちの対象でした。そしてそういうもので一杯になっている私たちの記憶の対象でまだあり続けています。対象が前置詞 de で意味されるのはこのことに由来するのです。そのことが（de）問題だ、そのことについて（de）語っている、とか言う時がそれで、言い換えれば、あたかもそこからやって来ている訳なのです。そして、或る場所ないし全体に閉じ込められているものは、それに支えられそれと共に取り除かれてしまうのであり、偶有性は同じように主体の内に（dans）あるとして考えられます。主体ノ内ニアル、主体ニ内在スル。不変化詞 sur も対象に応用されます。これこれの題材について（sur）考察するとか言われますが、それは殆ど職人が自分の切ったり形作ったりする木や石の上にいるのと同じようなものです。そして、こうした類比は極めて変わりやすいものであり、何らかの決定された概念に依存するのではないので、不変化詞や格の用法において言語は非常に変化することになります。それらを前置詞が支配したり、あるいはそれらの内に前置詞が言外に含まれていたり潜在的に含まれていたりするのです。

2　言葉の意味について

〔1〕 **フィラレート**　言葉というものは観念の記号として人々に用いられるのだとすると、今度は、これらの言葉がどうやってまず決定されるのだろうかと問うて良いでしょう。そして、それは特定の分節音と特定の観念との間にある自然的な連結などといったものではなく（なぜならそういう場合には人々の間にただ一つの言語しかないでしょうからね）、これこれの言葉がそれのお陰で意志的にこれこれの観念の記号であるような恣意的な設定(1)によるのだ、という点で人々は一致しています。

テオフィル　言葉の意味は恣意的である（制度的デアル）と学院や他の至るところで言われるのが常であることは

知っています。そして確かに言葉の意味は自然的必然性によって決められる訳ではありませんが、偶然が関わりを持つところでは自然的理由によって、選択が関与しているところでは道徳的理由によって、とにかく決定されるには違いありません。すべて選択により、全く恣意的であるような人工的な言語(2)も恐らくありましょう。中国語がそうであったと考えられているようにね。あるいはゲオルギウス・ダルガルヌスやチェスターの司教の故ウィルキンス氏(3)の言語がそうであるように。しかし、既に知られている言語から作り出されたということが分っている言語は、その前提としている言語の内の自然的なところや偶然的なところと選択とが混ざっています。盗賊が自分たちの仲間にしか分らないように作った言葉はそうした類のものです。それをドイツ人は隠語（Rothwelsch）(4)と呼び、イタリア人は lingua zerga と、フランス人は narquois(5) と呼びます。けれども、彼ら盗賊は、大抵、自分たちが知っている普通の言語に基づいて一般に受け入れられている意味を隠喩によって変えたり、自分たち流に複合や派生によって新しい言葉を作ったりしているのです。異なる諸民族の交流によって言葉が作られることもあります。近隣の言語が無頓着に混ぜ合わされたり、よくあることですが一つの言語を基本にした上で、それが台無しにされ、変化させられ、混ぜ合わされ、そしてそれの守ってきた事がいいかげんにされ、変えられ、他の言葉が継ぎ足されさえして損なわれたりするのです。地中海の交易で使われている lingua franca(6) はイタリア語から作られています。その言葉では文法の規則など考慮されません。パリで話したことのある或るアルメニア人のドミニコ会士(7)は一種の lingua franca を作りあげたか、あるいは恐らく同胞から教わったかしていました。それはラテン語から作られた言葉でした。格も時も他の屈折も無いのですが十分に理解できましたし、慣れているので流暢に彼はしゃべっていたものです。フランスのイエズス会士で、とても博識で、他の多くの著作で知られているラベ神父は、ラテン語を基礎にした言葉を作りました(8)。それは私たちのラテン語よりも易しくて、規則に縛られることがもっと少ないのですが、lingua franca よりは規則正しいものでした。彼はそれについてわざわざ一冊の本を著しています。久しく以前に作られたものであることが分っている諸言語に関して言えば、今日非常に変化してしまっていないものは殆どありません。それは、残存している古い書物や遺物と比較してみれば明らかです。古フランス語はもっとプロヴァンス語やイタリア語に近いものでした。チュートン語は、[9] フランス語あるいはロマンス語（かつては lingua romana rustica と呼ばれた）の紀元後九世紀の形と共に、ルイ寛厚王の子息の宣誓文に記されています。彼らの血族のニートハルト[10]がそれを保存していてくれたのです。他ではこれほど古いフランス語やイタリア語やスペイン語は見当りません。けれどもチュートン語ないし古ドイツ語については、当時のヴァイセンブルクの修道士オトフリートの福音書[11]があります。フラキウスが出版し、シルター氏が再び刊行しようとしたものです。そして大ブリテン島の昔のサクソン人たちは更にもっと古い本を私たちに残してくれました。カドモンによって作られた、創世記の冒頭や聖書の他の幾つかの部分の翻訳ないしパラフレーズがそれで、既にベーダがそれについて言及しています。[12]しかし、ゲルマン語だけでなく、ギリシア語とラテン語を除くすべてのヨーロッパ語で書かれた本の内で最も古いものは、黒海のゴート人たち[13]の福音書です。それは銀字文書（Codex Argenteus）[14]の名で知られていて、非常に特殊な文字で書かれています。見付かったのはヴェストファリアのヴェルデンの古いベネディクト派修道院の中で、それからスウェーデンに持っていかれ、当然のことながら、フィレンツェのローマ法原本と同じように大事に保存されています。尤もこの翻訳は東ゴート人のために作られていて、スカンディナヴィアのゲルマン語とはかなり隔たった方言で書かれています。しかし〔こんなに大事に保存されたのも〕それは黒海のゴート人たちはもともとスカンディナヴィアか、あるいは少なくともバルト海起源であったらしいと信じられているからです。ところで、古ゴート人たちの言語ないし方言は、近代ゲルマン語とは、同じ基調があるにも拘わらず非常に異なっています。古ゴール語は、真のゴール語やコルヌアーユ[15]の言葉や低地ブルターニュ語から判断しても、更にもっと近代ゲルマン語とは異なっています。しかしアイルランド語[16]はそれとは一層著しく異なっていて、更にもっと古い英語、ゴール語、ゲルマン語の名残を私たちに見せてくれます。しかしながらこれらの言語はすべて一つの源に由来しケルト語と呼ばれる同一の言語の変化したものだと考えて良いのです。だから、古代の人々はゲルマン人をもゴール人をもケルト人と呼んだのですよ。そしてケルト語と、ラテン語とギリシア語[17]（これらはゲルマン諸語ないしケルト諸語と共通の語根を沢山持っています）との起源を知るために更に遡ると、スキチア人の血を引くこれらすべての民族の共通の起源にそれが由来すると推測できます。彼らは黒海からやって来てダニューブ河とビスワ河を渡り、その一部は恐らくギリシアへ行き、他の者たちはゲルマニアとガリアとに広がったのでしょう。ヨーロッパ人はアジアから来たのだとする仮説の帰結はこうなります。サルマチア語（それはスラヴォニア語[18]であると仮定して）は、その少なくとも半分はゲルマン語起源かあるいはゲルマン語と共通の起源を持っています。フィン語においてさえ事情は似たようなものです。フィン語はスカンディナヴィアの言語の内でも最も古いものに属し、ゲルマン民族たち、即ちデンマーク人・スウェーデン人・ノルウェー人が、海に最も近くて最も良い場所を占有してしまう前のものです。フィン人たちの言語、ないし私たちの大陸の北西の言語、ラップ人の言語もそうですが、それはゲルマン海、というよりはむしろノルウェー海からカスピ海まで広がっていますし、（尤もその二つの間に入り込んだスラヴォニア民族によって遮断されてしまっていますが）ハンガリー語と関連があります。この言葉は今は一部分ロシア人たちの下にある諸国に由来するのです。しかし、アジアの北東部を占めたタタール語とその変異形態は、ウズベク人ないしトルコ人、カルムイク人、そしてモンゴル人たち[19]の言葉と同様、フン族やクマン族[20]の言語であったようです。ところで、スキチアのこれらすべての言語は互いに共通の多くの語根を持っていますし、私たちの言語とも共通の多くの語根を持っています。アラビア語でさえ（アラビア語というものの下には、ヘブライ語、古フェニキア語、カルデア語、古典シリア語、アビシニア人たちのエチオピア語が含まれるべきです）相当多数の共通な語根と非常に明らかな一致とを私たちの諸言語と共有していることが認められます。そのことは単なる偶然のせいにも単なる交易のせいにもできず、むしろ諸民族の移住のせいにできるでしょう。ですから、そこには、すべての国家が共通の起源を持つという意見、根源的で原始的な言語があるという意見と相容れなかったり、そういう意見を支持しなかったりするような何ものもありません[21]。たとえヘブライ語ないしアラビア語が原始的言語に一番近いとしても、それは少なくともかなり変わってしまっている筈であり、チュートン語の方が自然的なものを、そして（ヤコブ・ベーメの言葉を使えば[22]アダムの言語を、より多く保存しているように思えます。[23] なぜなら、もし私たちが原始的言語をその純粋な形で持っているか、あるいは再認するには十分な程にそれが保存されていたら、そこには自然的な連結にしろ賢く第一の作者に相応しい任意の設定による連結にしろ、そうしたものの諸理由が現れているに違いないでしょう。しかし私たちの諸言語がたとえ派生的なものであるとしても、それでも根底においては何か原始的なところをそれ自身の内に持っています。この原始的なところは、偶然ではあるけれども自然学的な理由に基づいて後に形成された新たな根本語に関連して、私たちの諸言語に加わったものなのです。動物の鳴き声を意味する言葉やそれに由来する言葉などがその例を与えてくれています。そういうものとして例えば蛙に割り当てられた coaxare（ケロケロ鳴く）というラテン語がありますし、この言葉はドイツ語の couaquen ないし quaken と関連を持っています。ところでこれら動物の出す音はゲルマン語の他の言葉の本源的な根になっているようです。なぜならこれら動物はとても騒がしいので、今日ではその言葉が愚にもつかぬ話やおしゃべり〔を表すの〕に使われて指小辞を伴った quakeler という形で言われます。しかし恐らくこの quaken という同じ言葉が良い意味にかつては使われ、口で出されるすべての音声、弁舌さえ例外ではないすべての音声を意味していたのです。そして動物のこれらの鳴き声ないし騒音は生命の証しであり、見る前でもそれによって何か生きているものがいると知られるので、古いドイツ語で quek とは生命ないし生物を意味することにもなりました。最も古い書物の中にその例は見出され得ますし、現代語にもその名残があります。というのも Quecksilber は水銀（vif-argent）のことですし、erquicken は力づけること、何等かの衰弱ないし大仕事の後に元気を回復させる、あるいは元気づけるようなことですから。また低地ドイツ語では或る雑草を Quäken と呼びます。それは、〔普通の〕ドイツ語で言えば、元気が良くて殖える雑草で、容易に畑に伸び広がりはびこって穀物の生長を妨げます。それに、英語では quickly とは早くということ、そして勢いよくということを意味しています。こうしてこれらの言葉に関してはゲルマン語が原始的と考えられる、と判断して良いのです。蛙に似た声を、他の所から借りてくる必要は古代の人々には無かったのですからね。同じような例は他に幾らでもあります。というのも、どうやら自然的な本能によって、古代のゲルマン人たちやケルト人そして彼らと類縁を持つ諸民族はRという文字を激しい動きとこの文字の音のような噪音を意味するのに用いたようだからです。それが現れているのは次のものです。[24]即ち ῥέω fluo、rinnen、rüren（fluere）、rufir（fluxion）、[25] le Rhin〔ライン河〕、Rhône〔ローヌ河〕、Ruhr〔ルール河〕、（Rhenus〔ライン河〕、Rhodanus〔ローヌ河〕、Eridanus〔ポー河〕、Rura〔ルール河〕）、rauben〔奪いとる〕（rapere ravir）、Radt〔車輪〕（rota）、radere〔剃り落す〕（raser）、rauschen〔ざわめく〕（フランス語には訳しづらい言葉です。風とか動物が通って起る葉や木の音のような雑音を意味し、裾を長く引いた着物でも生じます。）、reckken（乱暴に広げる）、ここから reichen とは達することだということになりますし、der Rick は、この辺の低地ドイツ語つまりブラウンシュヴァイクのあたりでしゃべられている低地サクソン語では、何かをぶら下げるのに役立つ長い棒とか竿を意味していることになるのです。rige〔隊列〕、reihe〔系列〕、regula〔定規〕、regere〔正しく導く〕、は長さとか真っすぐな進行に関係しています。そして reck は、とても広くて長い事物ないし人物を、特に巨人を、それから有力者・金持ちを意味しました。ドイツの言葉では reich、ロマンス語系では riche とか ricco という言葉に現れています。スペイン語で ricos hombres とは貴族とか有力者を意味します。そしてそのことは同時に、どれほど隠喩や提喩や換喩が言葉を一つの意味から他の意味へ移行させたかを理解させます。しかもその〔移行の〕足跡は必ずしも辿れないのです。同時にこの激しい音と動きは、riss（引き裂くこと）という言葉の中に見出されますし、ラテン語の rumpo、ギリシア語の ῥήγνυμι、フランス語の arracher、イタリア語の straccio はそれと結び付きを持っています。ところでRという文字が自然に激しい動きを意味するのと同様に、Lという文字はもっと穏やかな動きを示します。ですから、Rを発音するのが余りに厄介で難しい子供や他の人たちは、その代わりにLという文字を置き換えてしまうのが分ります。例えば、神父様〔mon lévélend pèle〕といった具合に。この穏やかな動きが現れているのは次のような言葉です、即ち、leben（生きる）、laben（力づける、養う）、lind〔穏やかな〕、lenis〔平静な〕、lentus（緩慢な）、lieben（愛する）、laufen（速く進む、流れる水のように）、labi（滑る〔舟体に油を塗られた〕[26] 滑ラカナ舟ガ波ノ上ヲ滑ルヨウニ進ム）、

legen（穏やかに置く）、そしてそこに由来する liegen（寝かせる）、lage ないし laye（床、岩床、lay-stein、岩層、板岩）、lego、ich lese（置かれたものを私は集める、それは置くこととの反対。そして、私は読む、そして最後にギリシア人たちの言い方では、私は語る）、laub（葉。容易に動くもの。lap〔ひざ〕、lid〔まぶた〕、lenken〔御す〕がそれに関連を持っている）、luo、λύω（解く）、leien（低地サクソン語で）、溶ける、雪のように溶ける、そしてそこに Leine というハノーヴァーの川の名は由来するのです。山国に源を発し、溶けた雪でとても増水する川なのです。言葉の起源には何か自然なもの、事物と音声や発音器官の動きとの間にある連関を示す何か自然なもの、があると証拠だてる別の同じような呼び方を無数に掲げるには及ばないでしょう。とにかくそういう連関の故にLという文字は、他の名と結びついて、指小辞をラテン諸語・ロマンス語・南ドイツ語では作ります。けれども、こういう理由がどんな場合にでも指摘できると主張してはなりません。なぜなら、le lion〔ライオン〕も le lynx〔大山猫〕も le loup〔狼〕も、全然穏やかではありませんからね。しかし別の偶然な出来事に頼ることはできます。それは速さ（lauf）であり、怖がらせたり全速で逃げるように強いるものです。そのような動物が来るのを見た人が他の人々に Lauf（逃げろ！）と叫ぶようにね。その他にも多くの偶発事と変化によって大部分の言葉はその元々の発音や意味から甚だしく変わってしまい遠ざかってしまったのです。

フィラレート　更に例を挙げて分りやすくして下さいませんか。

テオフィル　かなり明らかで、他の多くのものを含んでいる例がありますよ。oeil〔目〕という言葉とその親族語がそれに役立ち得るのです。そのことを示すために少し遡ったところから話を始めましょう。短い気音を伴ったA（アルファベットの最初の文字）は Ah となり、それは空気の放出であり、初めに十分にはっきりしていてそれから弱くなっていく音声を発するものなので、aとhとが決して強くはない時にはこの音声は自然に小さな息（spiritus lenis）を意味します。ἄω〔息を吐く〕、aer〔空気〕、aura〔微風〕、haugh〔息〕、halare〔吹く〕、haleine〔息〕、ἀτμός〔息〕、athem〔息〕、odem〔呼吸〕（ドイツ語で）は、起源をそこに持っています。しかし水もまた流体であり音を発するので、Ah

が重複によってもっと荒い音になると、つまり aha ないし ahha になると、水と見做されたのはここに由来する（と思われます）。チュートン民族と他のケルト民族は、その動きをもっとよく示すために、両方の言葉の前にWを置きました。wehen、wind、vent が空気の動きを示し、waten、vadum、water が水の、ないし水の中での動きを示すのはこのためです。話を Aha に戻しますが、それは、（私が言いましたように）水を意味する語根の一種であるように思います。アイルランド人は、スカンディナヴィア系の古いチュートン語の言い回しを幾分か保存している人々ですが、気音を落としてしまって aa と言っています。Aken[27]（Aix[28]、Aqua grani[29] を意味する）と言う人々は気音を増加させているのです。ちょうどまたラテン民族が aqua という言葉においてやっていたり、或る地方のドイツ人たちが合成語において水を指すのに ach と言っていたりするようにです。Swarzach が黒い水を意味し、Biberach がビーバーの水を意味している時がそれです。そして Wiser ないし Weser の代わりに古い公文書では Wiseraha[30] と言われていましたし、昔の住人たちの間では Wisurach でした。そこからラテン民族たちは Visurgis という名を作ったのですが、それは Iler、Ilerach から Ilargus を作ったのと同様です。aqua、aigues、auue からフランス人は eau を作りました。それを oo と発音しているので、語源がもはや全然残っていないのです。ゲルマン人での Auwe、Auge とは今日で言うと、しばしば浸水する場所のことで、牧場に適した場所、locus irriguus, pascuus のことです。しかしもっと特殊な意味では、それは、Reichenau (Augia dives) という修道院の名や多くの名においてのように、島を意味しています。そしてこういうこと〔意味の特殊化〕は多くのチュートン系やケルト系の民族のところで起っているに違いありません。というのも、一種の平面上で孤立しているようなすべてのものが Auge ないし Ooge、oculus と名付けられるのはそこに由来するからです。ドイツ人は、水に浮かんだ脂肪玉をそんな風に呼んでいます。そしてスペイン人の言う ojo は穴のことなのです。しかし Auge、ooge、oculus、occhio などはもっと限定されて特に oeil に、即ち顔の上でのあの孤立し輝いている穴をなしているものに適用されました。フランス語の oeil〔目〕も疑い無くそこに由来するのですが、今私が述べてきた脈絡に沿って行くのでなくては、その根源は全く再認できません。ギリシア人たちの言う ὄμμα と ὄφις も同じ源に発するようです。Oe ないし Oeland は北欧人たちの所では島ですし、ヘブライ語にもその名残があって、אִי (Ai) は島のことなのです。ボシャール氏[31]は、フェニキア人たちがエーゲ海、つまり多島海という名をやはり以上のような根源からとったと考えました。Augere〔増大する〕、augmentation〔増加〕も auue ないし auge つまり水の流出に由来しています。ちょうどまた古サクソン語では ooken、auken は増大することでしたし、augustus という語が皇帝を意味している時には ooker と訳されていました。ハルツの山地に源を発するブラウンシュヴァイクの川、従って突然増水しやすいのですが、その川はかつて Ocker とか Ouacra と呼ばれていました。ついでに言っておくと、川の名というものは、普通私たちの知る限り最も古い時代から伝わっているものなので、古い言語や昔の住人のことを最も良く示しています。それ故、川の名は特別な研究に値するのです。それに言語というものは一般に文書や芸術以前の人々の最も古い遺物なので、血族や移住の根源を最も良く示しています。ですから当を得た語源探索は興味深く、また重要でしょう。しかし幾つもの民族の言語を結び付けなければならず、きちんとした確証無しには一つの国から他のかなり離れた国への安易な飛躍はしてはいけません。確証には両者の間の諸民族が証人として役立ちます。そして一般に、互いに符合する多くの証拠がある時しか語源探索に何等かの信を置いてはなりません。そうでなければ、それはゴロピゼ（goropiser）することです。

フィラレート　ゴロピゼですって。どういうことですか。

テオフィル　一六世紀の博識な医者であるゴロピウス・ベカーヌス[32]のやった奇妙でしばしば馬鹿らしい語源探索のことですよ。そういうやり方が〔ゴロピゼという言葉で〕諺となったのです。その他の点では、彼がキムリー語[33]と呼んだゲルマン語がヘブライ語よりさえも多いか同じ程の何か原始的なものの徴《しるし》を持っているという、さして誤っていない主張をしていたのですが。卓越した哲学者であった故クラウベルク氏[34]がゲルマン語の起源について小さな試論を書いたのを私は覚えています。彼がこの主題について〔書くと〕予告していたことが果たされなかったのは惜しまれます。私自身それについて少々思う所を述べましたし[35]、ブレーメンの神学者のゲルハルト・マイヤー氏[36]にそれについて書くように促しておいてもあり彼はそれに手を着けたのですが、死がその仕事の完成を妨げてしまったのです。けれどもまたいつか世の人々は彼の仕事を利用するだろうことを期待します。ストラスブールの名高い法学者でしたが、やはりつい先頃亡くなったばかりのシルター氏(37)の類似した業績も同じように。チュートン系の言語や遺物がヨーロッパの起源・慣習・遺物の研究の大部分に入り込んでくることは少なくとも確かです。ワルーン語(38)・バスク語(39)・スラヴォニア語・フィン語・トルコ語・ペルシア語・アルメニア語・グルジア語やその他の言語について学識のある人々が同じようなことをするのを私は願っています。それらの間にもっと調和を見出せば、諸国の起源を明らかにするのに、先程言いましたように、特に役立つでしょう。

〔2〕 **フィラレート**　その目論見は重要です。でもそろそろ言葉の質料的なところを離れて形相的なところへ、言い換えれば異なった諸言語に共通なものである意味というものへ話を戻す時が来たと思います(40)。ところで、或る人が他人に話をするとき、徴を与えたいのは自分自身の持つ観念についてだ、ということにはまず同意して下さるでしょう。自分の知らない事物に言葉を当てはめる訳には彼はいきませんからね。そして自分自身の内奥から観念を手にするまでは誰もそれら観念が事物の諸性質(41)や他人の概念と合致していると仮定することはできないでしょう。

テオフィル　でも、自分の頭で考えていることよりも他の人々が考えていることの方をしばしば〔言葉は〕指す、と言われるのも本当です。信仰というものが絶対的であるような平信徒に非常にしばしばあるようにね。しかしながら、思惟がいかに盲目的で洞察を欠いていても、常に何か一般的なものは理解されていることを私は認めます。それに少なくとも他の人々の慣習に従って言葉を並べることには人は注意していますし、必要があればその意味を教われると信じて満足しているのです。こうして人は時によると思想の代弁者ないし言葉の運搬人でしかありません。手紙のようなものです。自分の思っているよりもずっとしばしばそうでありさえします。

〔3〕 **フィラレート**　どんなに馬鹿な人でも常に何か一般的なものを理解しているものだ、とあなたが言い足されるのは尤もです。子供は、金と呼ばれるのを聞いたことがあるものの内に、輝く黄色しか気にとめないので、孔雀の尾

の内に見るこの同じ色に金という名を与えます。他の人々は非常な重さや可溶性や展性を付け足すでしょう。

テオフィル　それはそうです。でも、語られている対象について人々が持っている観念はしばしばそういう子供の観念よりも一般的でさえあります。盲人は色について適切に語り得ること、そして自分の知らない光というものについて長々と讃辞を述べ得ること、それを私は疑いません。なぜなら光の効果と条件を学んでいるからです。

［4］ **フィラレート**　あなたのご指摘は全く以て尤もです。人々が事物よりも言葉に自分たちの思惟を傾けることはしばしば起ります。そしてそれは言葉の意味表示している観念を知るよりも前にこれらの言葉の大部分を教わってしまうからで、子供だけでなく大人だってオウムのようにしばしば語るものなのです。(42)［5］ けれども人々は自分たち自身の思想を表現しているのだと普通は主張するものです。おまけに他人の持つ諸観念や事物そのものとの秘密の連関を言葉に付与したりもします。なぜなら、もし私たちの話している相手によって別の観念へと言葉が結び付けられていたら、それは二つの言葉を話してしまうことになりましょう。確かに人は他の人々が持つ観念はどんなものかなどと検討をあまりしませんし、私たちの観念は世間や学殖豊かな人々が同じ言葉に結び付けている観念であると仮定しているのです。［6］ 以上のことは特に単純観念と様態に関してでしたが、実体についてはもっと特別に、言葉は事物の実在もまた意味表示すると考えられています。

テオフィル　実体と様態とは等しく観念によって表現されます。事物も観念もいずれにせよ言葉によって表されるのです。ですから、実体的事物の観念と可感的性質の観念とがより確固としたものであるという以外には、そこには何の差異もありません。そのうえ、私たちの観念と思惟とが私たちの話の題材であったり、意味表示したい事物そのものを成していたりするのは時折起ることですし、反省的概念は思ったよりも事物の概念の内に入り込んでいるものなのです。言葉について質料的に語られることさえ時にはあります。そんな場合にも、言葉の代わりに意味を、つまり観念ないし事物への関係を置き換えることは正確にはできません。そしてそれは人が文法家として語る時だけでなく、名前に説明を与える際に辞書編纂者として語る時にも起ることです。

3　一般的な名辞について

〔1〕 **フィラレート**　個別的な諸事物しか存在しないにも拘わらず、大部分の言葉はとにかく一般的名辞です。なぜなら、〔2〕 それぞれの事物が個々別々の名前を持ち得るなどは不可能ですし、その上そのためには驚異的な記憶力が必要でしょう。それに比べればすべての兵士を名で呼べたような幾人かの将校の記憶力など何物でもないような程のね。事態は無限にさえ至ってしまうでしょう[1]。もし各々の動物、各々の植物、そして植物の各々の葉まで、各々の穀粒、更には各々の砂粒といった、名を呼ぶ必要があるかもしれない〔すべての〕ものが名を持たなければならないとしたらです。それに、水とか鉄といったものの部分のように、感覚的には一様な諸事物の部分はどうやって名付けたら良いのでしょう[2]。〔3〕 言葉の主要目的は私の言うことを聞いてくれる人の精神に私のと類似した観念を喚起することなのであれば、そういう個別的な名前は無用だろうことは別としてもです。こんな訳で類似があれば十分なのです[3]。そしてそれは一般的な名辞によって表されます。〔4〕 それに、個別的な言葉だけでは私たちの知識を拡大するのに少しも役立たないし、過去によって未来を、一つの個体によって他の個体を判断させるには少しも役立たないのです[4]。〔5〕 けれども、或る個体に言及する必要は特に私たちの種〔人類〕についてはしばしばなので、固有名詞が用いられるのです。固有名は国にも、町にも、山々にも、そして他の諸地域にも与えられます。そして馬商人は自分たちの馬にまで固有名を付けています。アレクサンダー〔大王〕がブーケファラスという名を自分の馬に与えたようにです。それは自分たちの視界から遠く離れてしまった時に、特定のこれこれの馬を区別し得るようにと思ってな

のです。

テオフィル　尤もなご指摘ですし、私のつい今し方した指摘と一致するものもありますね。でも付け加えたいことがあります。既に見てきたところによれば、固有名詞は普通その起源においては総称名詞つまり一般名詞でした。ブルートゥス、カエサル、アウグストゥス、カピトー、レントゥルス、ピーソー、キケロ、エルベ、ライン、ルール、レーヌ、オカー、ブーケファラス、アルプス、ブレンナー、あるいはピレネーのようにね。というのも、最初に言ったブルートゥスがこの名を持ったのは見たところ愚鈍[5]だったからであるのは周知のことですし、カエサルは帝王切開[6]によって生まれた子であったのですし、アウグストゥスは敬称[7]でしたし、カピトーは大頭、ブーケファラスもそうでした。レントゥルス、ピーソー、キケロは、初めは或る種の野菜を特に栽培していた人々に与えられた名だったのです。ライン、ルール、レーヌ、オカーといった川の名が何を意味しているのかは既に言っておきました。それに、スカンディナヴィアではすべての川が未だにエルベと呼ばれているのは周知のことです。最後に、アルプスは雪に覆われた山々（album blanc はそれに合致する）ですし、ブレンナーないしピレネーはかなりの高さを意味しています。なぜなら bren はケルト語で高いとか（Brennus のように）首領でしたし、低地サクソン語でもまた brinck といえば高さのことです。ピレネーがガリアとスペインとの間にあるように、ブレンナー峠はドイツとイタリアとの間にあります。こういう訳なので、殆どすべての言葉はもともとは一般的な名辞であると私はあえて言いたいと思います。なぜなら、特定の個体を指定するために理由も無くわざわざ名を発明するなどということは非常に稀にしか起らないでしょうからね。ですから、個物の名は種の名であったと言って良いでしょう。その名は最も高い程度であるいは他の仕方で或る個体に与えられたのです。ちょうど大頭という名が街中で最も大きな頭である人や、知られている限り頭の大きさで最も目立つ人に与えられたようにね。こうして類の名が種に与えられることさえあります。言い換えれば、差異を全然気にしない時には、より特殊な種を指すために[8]より一般的かより曖昧な名辞でもって人は満足するものなのです。例えば、ニガヨモギにはボーアン家の学者の一人がそれについて特別の著作を書いた程多くの種類があるにも拘わらず、ニガヨモギという一般的な名で人は満足してしまうようにです。

［6］**フィラレート**　固有名の起源についてのあなたの考察は全く正しいと思います。でも、総称名詞ないし一般的な名辞の起源に行き着くためには、あなたは次のことに疑いも無く同意なさるでしょう。即ち、言葉は一般的観念の記号である時に一般的になるということ、そして観念は時間、場所、ないし他のいかなる状況からも抽象によって切り離された時に一般的になるということです。それらの状況は観念を特定のこれこれの存在へと決定し得るものなのです。

テオフィル　抽象というもののそういう使い方を否定しはしませんが、それは個体から種へ遡るというよりむしろ種から類へ遡ることです。なぜなら、（いかに逆説的に聞こえようとも）私たちにとっては、個体の認識を持ったり、何らかの事物の個体性を正確に規定する手段を見出したりすることも、その事物自身を保持しないことには不可能だからです。というのもすべての状況は再びやって来ることがあり得ますし、あまりに小さな差異は私たちには気付かれませんからね。場所や時間はそれら自身によって規定されるどころか、それらが含んでいる諸事物によって規定される必要があるのです。そのことにおいてもっと重要なのは、個体性が無限を含んでいるということ、これこれの事物の個体化の原理について認識を持ち得るのは無限を抱懐し得る者だけであること、そしてそれは宇宙の全事物が互いに（正しい意味で理解されれば）影響しあっていることに由来すること、です。確かに、デモクリトスのアトムがもしあるとしたらそんな風にはならないでしょう。けれどもそんな場合にはまた同じ形で同じ大きさの異なった二つの個体の間には差異は全く無くなってしまうでしょう。

［7］**フィラレート**　そうは言っても、子供が自分の交わる人物について作る観念（この例だけにとどまるにしても）は人物そのものに類似していて、特殊でしかないのは全く明白です。乳母や母親について子供が持つ観念は子供の精神にとてもしっかりした痕跡を残し、子供が使う乳母とか母親という名はそういう人物にもっぱら結び付けられます。その後、時がたって父母に似た他の多くの者がいるのを見せられると、子供はこれらすべての個々の存在者が

等しく与ると思う観念を形成し、他の人々同様に人間という名を与えます。〔8〕同じ仕方で子供はもっと一般的な名や概念を獲得するのです。例えば、動物という新しい観念は、何か付け加えて形成されるのではなく、ただ人間の姿や特性を取り除いて、生命と感覚と自発的な動きを伴った身体だけを留めておいてできるのです。

テオフィル　なるほど。でもそれは今さっき私が言ったことですよね。というのも、抽象によって人間という観念の観察から動物という観念の観察へと行くのと同様に、子供は母親や父親そして他の人物で観察するもっと種的な観念から人間性という観念に到達したのですから。なぜなら、個体の正確な観念を子供が持っていなかったと判断するには、ちょっとした類似が容易に彼を欺き、母親ではない別の女性を母親と思わせてしまうことを考えれば十分なのです。偽マルタン・ゲールの話(9)をご存知でしょう。彼は本物のマルタン・ゲールの妻自身や近親者をも類似によって巧みに欺き、本物がやって来るまで長い間、裁判官をてこずらせたのです。

〔9〕**フィラレート**　こうして、スコラであれほど騒がれはしても、スコラ以外では正当にも殆ど騒がれなかった類と種のこの神秘全体は、多かれ少なかれ広がりを持った抽象的観念が形成され、それに或る名が与えられるということに、ただただ還元される訳です。

テオフィル　諸事物を類や種に整理する術はなかなかの重要性を持っていますし、判断にも記憶にも大いに役立ちます。植物学においてそれがどんなに重要かはご存知でしょう。動物や他の諸実体は言うまでもありませんし、或る人々が名付けたような道徳的存在や概念的存在(10)についても言うまでもないでしょう。秩序というものの相当な部分はその整理術に依存していますし、何人もの有能な作家が自分たちの論述が区分ないし再区分へと還元され得るように書いています。類と種とに関連を持ち、事物を保持するだけでなく事物を見出すためにさえ役立つ方法に従ってです。そこで、すべての種類の概念を、再分割された或る項目ないし範疇の下に配列した人々は何かとても有益なことをした訳です。

〔10〕**フィラレート**　言葉を定義する際に私たちは類を、即ち最も近い一般的名辞を用います。それは、その類の意

味表示する異なる単純諸観念を列挙する労を省くためか、あるいはことによるとその枚挙をし得ない恥ずかしさを免れるためかもしれません。しかし定義をするということの最短の道は論理学者の言うように類と種差による仕方ではあっても、思うにそれが最良の道かどうかは疑わしいと思います。少なくとも唯一の道ではありません。人間は理性的動物であるという定義（恐らく最も正確という訳ではないけれども、当面の目的には十分に役立つ定義）において、動物という言葉の代わりにその定義を置くことはできましょう。そしてそのことは、定義は類と種差から成らなければならない、という規則[11]の必然性があまり無いこと、その規則を厳格に守る利益はあまり無いこと、を知らせています。それに言語も各名辞の意味が二つの別の名辞によって正確に明晰に表現され得るという程には必ずしも論理学の諸規則に従って形成されている訳ではないのです。ですから、この規則を作った人々は、規則に合致した定義をほんの少ししか私たちに与えないという誤りを犯したことになります。

テオフィル　尤もだと思います。とはいえ定義が二つの名辞で下され得るとしたら多くの点で都合が良いでしょう。疑いも無く定義はかなり短くなるでしょうし、すべての区分は二分法に還元され得るでしょう。二分法は区分の内で最良の種類のもので、発明、判断そして記憶に大いに役立ちます。けれども類や種差がただの一語で表現されることを論理学者が常に要求しているとは私は思いません。例えば、正多角形という名辞は正方形の類として通用できます。そして円という図形では類は曲線的平面図形であり得るでしょうし、種差は、周となっている線上の諸点が、中心となる或る点から同じ距離にあるということです。それに、類が種差に種差が類に変化させられ得るのもしばしばであることもまた指摘しておいた方が良いと思います。例えば、正方形は四辺を持った正図形(un régulier quadrilatéral)であるか、あるいは辺が同じ長さで角も等しい四辺形（un quadrilatère régulier）であるかです。従って、類と種差とは実詞〔名詞〕と形容詞との違いでしかないようです。人間は理性的動物（un animal raisonnable）であると言う代わりに、人間は動物的な理性的存在者（un rational animable）[12]、言い換えれば動物的本性を備えた理性的実体であるということを言語は許しているように。それに対して、諸霊はその本性が動物的でない、即ち動物と共通の本性ではないような理性的実体です。そして類と種差とのこの交換は再分割の秩序の多様性に依存しています。

〔11〕 **フィラレート**　先程私の言ったことからして、一般的とか普遍的とか呼ばれるものは事物の現実存在に属するのではなく知性の作品(13)であるということになります。〔12〕 そして各々の種の本質は抽象的観念でしかありません。

テオフィル　どうしてそういう結論になるのかよく分りません。なぜなら、一般性は個々の事物相互間の類似にあるのですし、この類似は一つの実在なのですからね。

〔13〕 **フィラレート**　私も、これら種というものは類似(14)に基づいていると言おうと思っていたところです。

テオフィル　それでは一体どうしてそこに類や種の本質をも探そうとなさらないのですか。

〔14〕 **フィラレート**　異なった人物の精神の内でしばしば単純諸観念の異なった集合であるような複雑観念が少なくとも存在し、従って或る人の精神の内では吝嗇であるものも他の人の精神においてはそうでないことを考えてみれば、これら本質というものは知性の作品なのだと私が言うのを聞いてもさほど人は驚かないでしょう。

テオフィル　この点ほどあなたの結論付けの力が理解できない点はあまり無いと言わなければならず、困ってしまいます。たとえ人々が名前について異なっていようと、それが事物の類似性を変えてしまうでしょうか。もし一人の人が吝嗇という名を或る類似性に適用し、他の人が別の類似性に適用したら、それは同じ名で指された別々の二つの種になってしまいます。

フィラレート　最も(15)私たちに親しくて、最も親密な仕方で私たちが認識するような実体の種においても〔同じ様なことが起ります。〕或る女性から生まれた子供が人間であるかどうかは幾度も疑われたことがありますし、育てて洗礼を施すべきかどうか議論するに至ったこともあるのです。もし、人間という名に相応しい抽象的観念ないし本質が自然の作品であって、知性が寄せ集めそして抽象という道を介して一般化した後に名(16)を結び付けたような、単純諸観念の変わりやすくて不確実な集合ではないとしたら、そんなことはあり得なかったでしょう。ですから、実を言うと、抽象によって形成された別々の各観念は別々の本質なのです。

テオフィル　申し訳ありませんが、あなたのおっしゃることには当惑してしまいます。〔話の〕結び付きが分らないのです。内部の類似性を外から判断することが必ずしもできないからといって、自然においては尚更できないなどということになるでしょうか。奇形な者が人間であるかどうか疑われる時は、理性を持っているかどうか疑われているのです。理性を持っているのが知られたら、神学者は洗礼を施すよう命ずるでしょうし、法律家は養育するよう命ずるでしょう。確かに、論理的な意味で解された最低種について議論になることもありましょう。それらは自然学的な同一種ないし血統の内で、偶有性によって異なっています。けれどもそんな最低種など決定する必要など無いのです。それを無限に多様化することさえできます。オレンジやライムやレモンの非常な多様性に見られるようにね。専門家はそれらを名付けて区別する術を知っています。チューリップやカーネーションが流行していた時にはそれらにおいてさえそういうことがありましたよ。それに、人々がこれこれの諸観念を結合するか否か、自然がそれらを実際に結合するか否かは本質とか類とか種には何の関わりもありません。そこでは私たちの思惟から独立の諸可能性が問題だからです。

〔15〕　**フィラレート**　各々の事物の種[17]の実在的な仕組は通常前提されますし、この事物における、単純諸観念ないし共存する諸性質[18]の各集合が基づくはずの実在的な仕組があるに違いありません。けれども、事物は一定の抽象的観念と、つまり私たちが名を結び付けた一定の抽象観念と、合致する時にのみ、その名の下に類ないし種に整理されることは明白なのですから、各類ないし各種の本質は、一般的ないし種的な名によって意味される抽象的観念に他ならないということになります。そしてこれこそ、本質という言葉がその最も普通に使われる仕方で意味するものだということが分るでしょう。これら二種の本質を、二つの異なる名で指し、第一のものを実在的本質、第二のものを名目的本質と呼ぶのも、思うに悪くはないでしょう。

テオフィル　あなたの言葉使いは表現方法として相当に革新的だと思います。人は今まで名目的定義や因果的ないし実在的定義については多く語りましたが[19]、実在的本質以外の本質については私の知る限りでは語りませんでした。

名目的本質ということで、偽で不可能な本質、つまり本質であるように見えるが実際は違うもの、例えば正十面体の、言い換えれば十の平面ないし表面で囲まれた正立体の本質のようなもの、が理解されてはいましたが。本質というものは、実際は、呈示された事柄の可能性に他ならないのです。可能であると前提されている事柄は定義によって表出されます。けれどもこの定義は、同時に可能性を表出するのでなければ名目的にすぎません。というのも、そういう場合、この定義が何か実在的なもの即ち可能なものを表出しているかどうかを疑い得るのです。経験が手助けをしてその実在性をア・ポステリオリに、その事物が実際に世界の内に見出される時に、知らせてくれるまではね。定義された事物の原因ないし可能な生成を述べることでア・プリオリに当の実在性を知らせてくれるような理由を欠いている場合にはそれで十分です。それ故、私たちの良いと思う通りに諸観念を結び付けることは、その集成が可能であることを示す理由によってか、あるいはそれが現実的であり従ってまた可能でもあることを示す経験によって正当化されない限りは、私たち次第ではありません[20]。本質と定義とをもっとよく区別するには、事物の本質は一つしかなくとも同じ本質を表出する幾つもの定義があることを考えなければなりません。同一の構造ないし同一の都市も、異なった側から眺められるに従って異なった遠近図によって表現され得るようにね。

［18］　**フィラレート**　単純観念と様態の観念とにおいては[21]、実在的なものと名目的なものとは常に同じだけれども、実体の観念においては常に全く異なっているということに[22]、あなたは同意して下さいますよね。三つの直線によって空間を輪郭づける図形と言えば、それは三角形の実在的でも名目的でもある本質です。というのも、それは一般的な名が結び付けられる抽象的観念であるだけでなく、当の事物の本質ないし固有の存在、あるいはその固有性がそこから発しそこに結び付けられているような基礎でもあるのですから。しかし、金に関しては話は全く別です[23]。色・重さ・可溶性・不揮発性などが依存している、金の諸部分の実在的な仕組は私たちには知られていませんし、それについての観念を持っていないのですから、観念の記号であるような名も私たちは持っていないのです。そうは言っても、この物質が金と呼ばれるようにするのはこれらの性質であり、これらの性質は金の名目的な本質であり、その金とい

う名に値するようにする当のものなのです。

テオフィル　私はむしろ世間一般に受け容れられている語法に従って、金の本質とは金を構成するもの、金に先の可感的諸性質を与えるもの、金であることを知らせてくれるもの、名目的定義を成すものであると言いたい。それに対して、もし私たちがこの内的な組織ないし仕組を説明し得るとしたら、実在的で因果的な定義を手にすることでしょう。しかしながら名目的定義はここでは実在的であることが分ります。それ自身によってではなく（なぜならそれは物体の可能性ないし生成をア・プリオリに知らせる訳ではありませんからね）経験によって分ります。これらの性質が一緒に見出されるような物体があるのを私たちは経験するのですから。そうでなければ、これほどの重さがこれほどの展性と両立するものかどうか疑われ得るでしょう。自然において、冷たいままで展びるガラスが可能かどうか未だに疑えるようにね[24]。それから、あたかも述語の（言い換えれば様態の、そして単純観念の対象の）定義は常に同時に実在的かつ名目的であり、実体の定義は名目的でしかないかのように考えて、実体の観念と述語の観念との間にここでは差異があるとするあなたの考えには同意できません。実体的存在者である物体の実在的定義を手にするのはもっと難しいという点には同意しますよ。その組織は可感的ではありにくいですからね。でもすべての実体について同様という訳ではありません。というのも、大部分の様態について持っているような認識と同じ位正確な認識を真の実体ないし統一体（神とか魂のような）について私たちは持っているのですから。それに、物体の組織と同じ位少ししか知られない述語もありますよ。なぜなら、例えば黄色とか苦いとかは単純な観念や表象像（fantaisies）の対象ですけれども混雑した認識しかそれについて人は持っていません[26]。数学においてさえそうですよ。そこでは同じ様態が名目的定義も実在的定義も持ち得るのです。これら二つの定義の差異はどういうところかを十分に説明した人は少ししかいません。その差異は本質と固有性とをもまた選り分けます。私の見解では、この差異は、実在的定義は定義されたものの可能性を知らせるが、名目的定義はだめだということです[27]。二本の平行線の定義は、それが、同じ平面上にあって無限に延ばされても交わらないというものなら、名目的でしかありません。そうしたものが可能かどうかがまず疑い得るでしょうからね。けれども、平行線を描くペンの先が与えられた直線と常に等しい距離を保つよう注意しさえすれば、与えられた一本の直線に平面上で平行する一本の直線を引き得るのを理解した時には、それが可能であるのを同時に人は知りますし、決して交わらないということの固有性を何故それら平行線は持つのかを知ります。この固有性が当の平行線の名目的定義を成していますが、二本の線が直線である時しか平行の徴《しるし》ではありません。これに反して、少なくとも一本の線が曲線であったら、決して交わり得ないという本性を持ち得るでしょうが、（一本が曲線であるという）そのために平行線ではなくなってしまうでしょう。[28]

［19］ **フィラレート**　もし本質というものは抽象的概念に他ならないとしたら、本質は生成できず朽ちることもないでしょう。一角獣もセイレンも厳密な円も恐らくこの世にはありません。

テオフィル　本質は恒常的であると既に申し上げましたよね。本質は可能的なものにしか関わらないからです。

4
単純観念の名について

［2］ **フィラレート**　正直に言って、様態を形成することなど自由にできるとずっと私は思っていました。けれども単純観念と実体の観念に関しては、可能性に加えて実際の存在をも意味表示するはずだということを確信するに至りました。

テオフィル　そこには何の必然性も無いと私は思います。それらの観念の対象を創造するまえに神はそれについての観念を持っていますし、そういう観念を知的な被造物に伝達することもまたできるのを妨げるものは何もありません。私たちの感官の対象、そして感官が私たちに提供する単純諸観念の対象が私たちの外にあると証明する厳密な論証さえありません。(1) そしてそのことは、特に、デカルト派の人々やあの名高い著者に同意して次のように考える人々にとっては重要なのです。即ち、可感的性質についての私たちの単純観念は、私たちの外の対象の内にあるものと何の類似性も持たないと考える人々にとっては。それ故、これら観念が何らかの実際の存在において基礎づけられるよう強いるものは何も無いでしょう。(2)

［4、5、6、7］**フィラレート**　単純観念と複合観念との差異、つまり単純観念の名は定義され得ないのに対して複合観念の名はされ得るということは少なくとも認めて下さいますよね。定義というものは一つより多い名辞を含む筈ですし、その各々が一つの観念を意味表示しているのですから。こうして、何が定義され得、何が定義され得ないか、何故定義は無限には進み得ないかが分ります。そしてそのことは、私の知る限り、今まで誰も述べなかったことです。

テオフィル　二十年程前のライプツィヒ学報に掲載された諸観念についての短い試論で、(3) 私も、単純な名辞は名目的定義を持ち得ないと述べておきました。けれどもそれと同時に、暑いとか寒いとか黄色いとか緑色だとかのように、(それを構成している要素的表象へと到達するための分析をなす手段を私たちが持たないために) 私たちにとってしか名辞は単純でない場合、それらの名辞はその原因を説明する実在的定義を受け容れることもあり得ると付け加えておきました。こういう訳で緑の実在的定義は青と黄がよく混ぜられてできるもの、ということになります。尤も、青や黄よりも緑の方をよく認識させるような名目的定義を緑が受け容れるという訳ではありませんが。それに対して、それ自身単純な名辞、つまりその概念が明晰かつ判明なものは、名目的であろうと、実在的であろうと、一切の定義を受け容れ得ないのです。ライプツィヒ学報に載った短い試論の内に、知性についての概略的に説明された学説の多くの部分の基礎を見付けだして下さるでしょう。

［7、8］**フィラレート**　そういう点を説明し、何が定義され得、何がされ得ないかを述べるのは良いことです。そ

して、そのことに思いを致さないために、しばしば大きな論争が起き、人々の言説の内に多くの訳の分らない話が入ってしまうのだと私は思いたいのです。スコラであれほど騒がれたあの有名なくだらない議論は、観念にあるこの差異に注目しなかったことに由来したのです。〔定義を下すという〕術に最も長けた偉大な先生方も、単純観念の大部分を定義せずに置かざるを得ませんでしたし、定義しようとしても全然成功しませんでした。例えば、運動とは可能態にある限りでの可能態的存在者の現実態であるというアリストテレスのあの定義(4)に含まれているものよりも結構な戯言を発明し得る手段を、人間の精神は持つものでしょうか。〔9〕 そして、運動を定義して、それは一つの場所から他の場所への移行であるとする現代の人々だって、一つの言葉の代わりに他の同義語を置くことしかしていません。

テオフィル 私たちの今までのお話の一つに際して既に、単純ではない観念を単純であるとあなたは考えてしまっていることを私は指摘しておきましたよね。運動もその内の一つです。それは定義され得ると思います。運動とは場所の変化のことだという定義は馬鹿にすべきものではありません。アリストテレスの定義だって人の思うほど不合理ではないのです。〔不合理に思えるのは〕ギリシア語のキネーシス(κίνησις)は彼においては、私たちが運動と呼ぶ事柄ではなく変化という言葉で表現するだろうような事柄を意味していて、それで彼はそれに、あれ程抽象的で形而上学的な定義(5)を与えたのだということ、それに対して私たちが運動と呼ぶ事柄はアリストテレスではフォラ(φορά)、ラーツィオー(latio)と呼ばれ、変化の諸種の内に(τῆς κινήσεως)に見出されるということを理解しないからです(6)。

〔10〕 **フィラレート** でも、同じ著者〔アリストテレス〕の光についての定義、つまりそれは透き通っているものの現実態(7)であるという定義は少なくともあなたは弁護なさらないでしょうね。

テオフィル それは私もあなた同様全く無益だと思います。彼はあまりに現実態という術語を使いすぎます。それでいて、それは私たちにたいしたことを教えてくれないのです。透明であるというのは、彼によれば、それを通して見ることができる媒質であり、光というのは、彼に従えば、実際の進行のことだというのです。結構な説明です。

〔11〕 **フィラレート** ですから私たちの単純観念は名目的定義を持ち得ないという点では私たちは意見の一致をみて

います。事物を耳で味わうことができるのでなければ旅行者の言う事を[8]聞いたところでパイナップルの味を私たちは知り得ないように。サンチョ・パンサが噂でドゥルシネアを見る能力を持っていたり、[9]あるいは、深紅の鮮やかさについて語られるのを熱心に聞いていて、それはトランペットの音に似ているに違いないと考えたあの盲人のようにね。

テオフィル　そうですね。そして世界中の旅行者が報告によって知らせようとしても、この国の或る紳士に私たちが負うていることを知らせてくれる訳にはいかないでしょう。その人はハノーヴァーから三里《リュー》の、ほぼヴェーゼル川の畔の所でパイナップルの栽培に成功し、恐らくいつかはポルトガルのオレンジと同じ位たくさんのパイナップルを収穫できるでしょう。尤も、きっと味の点では幾らか劣るでしょうけれどもね。

[12、13]　**フィラレート**　複雑観念については話は全く別です。盲人だって彫像とは何であるか知り得るし、虹をかつて見たことがない人でも、虹を構成する種々の色を見たことがあれば、虹とは何かを理解し得るでしょう。[15] しかし、単純観念は説明不可能だからと言っても、疑わしさが最も少ないものであることには違いありません。なぜなら、経験は定義以上のことをするのですから。

テオフィル　しかしながら、私たちにとってしか単純でない観念についてはちょっとした困難があります。例えば、青と緑との境界を正確に示したり、一般にかなり近い色同士を識別するのは難しいでしょう。それに対して、算術や幾何学において用いられる術語については正確な概念を私たちは持つことができます。

[16]　**フィラレート**　単純観念は更に次のような特殊なところ、即ち、最低種から最高類に至る論理学者たちが[10]賓辞線と呼ぶものにおいて、従属の位置にくることが非常に少ないという特殊なところを持っています。それは、最低種はただ一つの単純観念でしかないので、何もそこから取り去れないということです。例えば、白と赤との観念から取り去ることができて、それらがそこで一致するような共通の現れを保持するようなものなど何もありません。それ故、それらは黄や他のものと共に色という類ないし名の下に包括されるのです。そして、音や味や触覚的性質をも包括す

る更にもっと一般的な名辞を形成しようという時には、性質という一般的名辞は次のような意味で使われます。即ち、これら性質を、一つ以上の感官によって精神に働きかけ、そこに観念を導き入れる延長・数・運動・快そして苦から、区別するために通常その名辞に与えられる意味でね。

テオフィル　そのご指摘に対しても少々言っておきたいことがあります。〔反論ばかりしているように思われるかもしれませんが〕それは反抗心からではなく、題材がそれを要求しているのだということを、ここの例でも他の所のでも分って下さると良いのですが。可感的性質の観念が〔賓辞線での〕従属位置にあることはとても少なく、再分割も殆ど受け容れないというのは、利点ではありません。というのも、それは私たちがそれらを殆ど知らないということに由来するのです。そうは言っても、すべての色は共通なものを持つこと、眼によって見られ、すべて物体に入り込み、そのうち幾つかは通り抜けること、それを通さない物体の光沢のある表面からは反射されてしまうこと、それらのこと自体私たちが色について持っている諸観念から何ものかを取り除き得ることを示しています。色が反対のもの（その一方は積極的な色、即ち白であり、他方は欠如的な色、即ち黒であるような）に、そして中間的なものに分たれたりさえするというのも大変尤もなことです。それは特別な意味でやはり色と呼ばれますし、屈折によって光から生じます。そしてそれは更に屈折した光の凸面の色と凹面の色とに再分割され得ます。色のこの分割・再分割はかなり重要なものです。

フィラレート　でも、これら単純観念の内にどうやって類が見付かるというのですか。

テオフィル　これらの単純観念は見かけの上でしか単純ではないのですから、それらと結び付きを持っている諸事情を伴っています。尤もこの結び付きは私たちには知られませんけれどもね。でもこれらの諸事情は、何らかの説明可能なもの、分析を容れるものをもたらしてくれますし、それがまたいつの日かこれら現象の諸理由が見出され得るという幾らかの希望を与えてくれるのです。こうして、私たちが可感的性質について持つ諸表象にも可感的物塊について持つ諸表象においても、一種の冗語法があることがあります。この冗語法というのは同じ主語について一つより多い概念を私たちが持っているということです。金は幾つもの仕方で名目的に定義され得ます。金は私たちの知っている物体の内で最も重いものであるとも定義され得ますし、最も展性があるもの、灰吹法や硝酸には犯されないような可溶性物体である、などと定義され得ます。これら特性の各々は、適切なものですし、少なくとも仮のものとして、そして私たちに知られている諸物体が今の状態であるなら、[11] 金を再認するには十分です。幾人かの化学者が化金石はそうだと主張しているような、もっと重い物体が見付かるまでは、あるいはあのルナ・フィクサ、[12] すなわち銀色で金の他の殆どすべての性質を持つ金属でボイル閣下が作ったと言われているようなものを見せてもらうまではね。ですから、経験的にしか私たちの知らないものについては私たちが下す定義はすべて仮のものでしかないと言うことができます。それについては先に既に述べておいたと思います。それ故、屈折無しにただ反射だけを以ては一つの色も産出され得ることはできないかどうか、通常の屈折角の凹面に今までは見出されてきた色が今まで知られていなかった屈折の仕方では凸面に見出され得ないかどうか、そしてその逆はどうか、を論証的に知ってはいないのは本当です。こういう訳で青の単純観念は、私たちが経験によって与えた類〔という規定〕を奪い取られることになりましょう。でも、私たちが手にしている青とそれに伴う諸事情に心を留めるのが賢明です。それらが類や種を形作るのに必要なものをもたらしてくれるというのは満更でもないことなのです。

〔17〕 **フィラレート**　でも、事物の存在から単純観念はとられているのだから少しも任意ではないのに対して、混合様態の観念は全く任意であり、実体の観念は幾らか任意である、という指摘についてはどう思われますか。

テオフィル　任意性は言葉においてだけあるのであり、観念には無いと私は思います。なぜなら、観念は可能性しか表出しないのですから。それで、親殺しが全然無かったとして、またすべての立法者たちがソロンと同じ程それについて語るのに慎重であったとしても、親殺しは可能な罪でしょうしその観念は実在的でしょう。[13] というのも、私たちの初めの頃のお話で述べておきましたように、[14] 諸観念は神において永遠にあり、私たちがそれを現実に考える前に私たちの内に有りさえするからです。観念のことを人間の現実的思惟と解したいという人がいるなら、それは許されますが、でも、一般に受け容れられている言葉使いに謂れも無く対立することになります。

5 混合様態と関係の名について

［2、3以下］ **フィラレート** でも、精神は実在的なモデルを必要とせずに適当と思うように単純観念を寄せ集めて混合様態を作るのに対して、単純観念は選択の余地無く事物の実在的存在によってもたらされるのではないのですか。事物が現実存在する前に精神はしばしば混合的観念を見るのではありませんか。

テオフィル もし観念というものを現実的思惟と解するなら、あなたは正しいと思います。でも、あなたのなさる区別をこれら思惟の形相そのものないし可能性に関わるもの、に適用する必要があるというのが私には分からないのです。それは現実存在する世界と区別された観念的世界で問題の事柄です。必然的ではない存在者の実在的な存在は事実ないし歴史の問題ですが、可能性や必然性（必然的とはその反対が可能でないことなのですから）の認識は論証的な知を成しています(1)。

フィラレート すると、殺すという観念と牝羊の観念との間よりも、殺すという観念と人間という観念の間の方が結び付きがあるとおっしゃるのですか。親殺しというのは子殺しというものよりも結び付いた概念からできているのでしょうか。イギリス人たちが stabbing と呼んでいる事柄、言い換えれば剣先で突いて殺すこと(2)、つまり切先で突くことで殺すこと、それは剣の刃で斬られた時よりも彼らにとっては重大なことですが、それがより自然であって例えば牝羊を殺すとか斬って人を殺すという行為には認めなかった名や観念に値したというのでしょうか。

テオフィル もし可能性しか問題でないなら、これらすべての観念は等しく自然的です。牝羊を殺すのを見た人々は、思惟の内にこの行為の観念を持ちます。それに名を与えたり注意を向けるに値しはしないと思いはしてもです。だとすれば、観念そのものが問題である時に何故名を問題にするだけでやめてしまったりするのでしょうか。これら観念一般が問題である時に、混合様態の観念の値打ちにばかりどうして目を注ぐのでしょうか。

［8］ **フィラレート** 人々は任意にいろいろな種類の混合様態を形成するのですから、或る言語の内には他の言語にはそれに対応するものが全然無い言葉が見付かることにもなります。ローマ人たちの言う versura[3]〔借り入れによる支払い〕とかユダヤ人たちの使う corban〔供え物〕とかに対応する言葉は他の言語にはありません。ラテン語の hora、pes、libra は heure、pied、livre に大胆にも訳されますが、ローマ人の〔それらについて持っていた〕観念は私たちのものとはとても違ったものでした。

テオフィル 観念そのものやそれの種類が問題である時に私たちが話し合った多くの事柄が、これら観念の名のお蔭で今や舞い戻ってきているのが分ります。名に関してや、人々の慣習に関してのご指摘は尤もです。でもそれは知識や事物の本性においては何も変えません。普遍的文法を書く人は諸言語の本質からそれらの現実存在へ移行し、多くの言語の諸文法を比較することをよく為し得るだろうことは確かです。同様に、理性から引き出された普遍的法学を書こうとする著作家は、そこに法律と国民の慣習との並行関係をうまく結び付けるでしょう。そしてそれは実践にだけでなく観想にも役立ちますし、それ無しには考えもしなかったであろう多くの考察に著作家自身を直面させる機会を与えるでしょう。けれども、学そのものにおいては、〔つまり〕その歴史とか現実存在とかから離されているのなら、理性の命ずる事柄に民衆が合致しているか否かはどうでもよいことです。

［9］ **フィラレート** 種という言葉の意味が疑わしいために、混合様態の諸種は知性によって形成されたというのを聞いて或る人々はショックを受けてしまいました。けれども各々の sorte〔種〕とか espèce〔種〕の限界を定めるのは誰なのか考えてもらいましょう。というのもこの二つの言葉は私には全くの同義語なのですから。

テオフィル　諸々の種の限界、例えば人間と動物との限界、剣先と刃との限界を定めるのは普通は諸事物の本性です。けれども、本当に任意なところのある概念があることは認めます。例えば、一ピエを定めるのが問題の時などはそれです。というのも、直線は一様であり不定なので、自然はそこに何の限界も示さないからです。臆見の入りこんでいる漠然としていて不完全な本質もあります。禿でないためには人間には少なくともどれくらい髪が残っていなければならないかを問う場合などがちょうどそれです。これは古代の人々が論敵を

　堆積物ハドコカラハ堆積物デナクナルカトイウ論議ニヨッテ足ヲスクワレテ降参スルマデ(4)

追い詰める時に用いた詭弁でした。しかし本当の答は、自然はこの概念を決定しないということ、臆見が関与しているということであり、禿であるか否か疑われ得る人々もいるし、或る人々の考えによれば禿であり他の人々の考えではそうではないといった曖昧な場合もあるのです。オランダでは小さいと言われる馬がウェールズでは大きいと言われるだろう、とあなたも言っておられたようにね(5)。単純観念の内に何かこうした本性を持ったものがありさえします。というのも、色の最終的な限界は疑わしいのを私たちは先ほど観察したばかりですからね。本当に半名目的な本質もあります。名が事物の定義の内に入ってくる場合で、例えば、博士や騎士や大使や王といったものの位や質は人がこの名を使ってよいという権利を獲得した時に知られるのです。ですから外国の大臣も、信任状がその名を保証しなければ大使としては通用しないでしょう。でもこれら本質と観念は、あなたがおっしゃったのとは少し違う意味で漠然とし、疑わしく、任意であり、名目的なのです。

〔10〕**フィラレート**　しかし名はしばしばあなたが任意ではないとお考えの混合様態の本質を保持しているように思われます。例えば凱旋式という名が無かったら、そういう場合にローマ人たちのところで行われることの観念を私たちは持たないでしょう。

テオフィル　事物に注意を向けたり、事物の記憶や現実的知を保存したりするのに名が役立つことは認めます。で

もそのことは論点には全然響きませんし、本質を名目的にする訳でもありません。どうしてあなたがたは本質そのものが名の選択に依存すると強硬に主張したいのか私には分りません。例の名高い著者が、そんなことに固執する代わりに、観念とか様態の更にもっと細部に入り込み、それらを整理して多様性を発展させてくれたらどんなに良かったでしょう。私は喜んでその道に従い、成果を上げたでしょう。なぜならそれは疑いも無く私たちに多くの光明をもたらしてくれるでしょうからね。

〔12〕**フィラレート**　馬とか剣とかについて語る時、私たちはそれらを、私たちの持つ観念の根源的な型をもたらしてくれる事物と考えています。けれども私たちが混合様態、あるいは少なくともこの様態の内最も重要なものである精神的存在者、例えば正義とか感謝、について語る時には、私たちはその根源的なモデルが精神の内にあると考えます。それ故、私たちは正義の思念、節制の思念とは言いますが、馬の思念、石の思念とは言わないのです。

テオフィル　それらの内、一方の観念の型も他方の観念の型と同じ様に実在的です。精神の諸性質は物体の諸性質に劣らず実在的なのです。確かに正義は馬のように目に見える訳ではありませんが、それに劣らず知解されますし、あるいはむしろより良く知解されます。考察されようがされまいが、直進性や傾斜性が運動の内にあるのに劣らず正義は行為の内にあるのです。そして、人々が私と同意見であること、人間的な事柄について最も有能な人々も経験豊かな人々でさえそうであることをあなたに分っていただくには、ローマの法律家たち、他のすべての法律家たち[6]によって従われたローマの法律家たちの権威に訴えさえすれば良い。彼らはこれら混合様態ないし精神的存在者をもの、そして特に非物体的なものと呼ぶのです。というのも、例えば地役権[7]（隣の人の土地を通るという地役権のように）は彼らによれば res incorporales〔非物体的ナモノ〕であり、それの所有権があり、それは長い間使用していたことによって得られ、所有することも返還を請求することもできます。思念〔概念〕という言葉について言うと、とても学識のある人々がこの言葉を観念という言葉と同じ位広い意味にとっています。ラテン語の用法もそれに反対しません。イギリス人たちやフランス人たちの用法がそれに反しているかどうか私は知りません[8]。

〔15〕 **フィラレート**　人々は混合様態の観念よりも前に名を知ることも更に指摘しておくべきです。名はこの観念が観察されるに値することを知らせるのですからね。

テオフィル　良いご指摘だと思います。尤も、今日では、用語集のお蔭で子供たちは普通、ものよりも前に、様態の名だけでなく実体の名をも知りますし、それどころかむしろ様態の名よりも実体の名を知りさえします。というのも名詞だけが載っていて動詞が載っていないのがこれら用語集の欠陥なのですから。動詞というものは、様態を意味するにも拘わらず、特定の諸実体を表す大部分の名よりも会話においては必要だということを考えていないのです。

6
実体の名について

〔1〕 **フィラレート**　実体の類〔ゲヌス〕と種〔スペキエス〕は、他の存在者のそれと同様、〔英語での〕sort〔種類〕に過ぎません。例えば太陽は星の一種です。言い換えれば恒星です。適正な距離に位置した人には各々の恒星が太陽であることが明らかになる、と考えるのは理由の無いことではないのですから。〔2〕 ところで各々の種を限定するのはそれの本質です。本質は、構造の内部によってか、あるいは外的な徴《しるし》によって知られます。それら徴が本質を知らせ、一定の名で呼ばせるのです。こういう風にして、ストラスブールの時計は、それを作った時計技師としてか、あるいはその結果を見る見物人として知る得ることになります。

テオフィル　そういう風におっしゃりたいのなら、反対することは何もありません。

フィラレート　私たちの論議を蒸し返さないような仕方で言ってみましょう。今回付け加えておきたいのは、本質は種にしか関わらないこと、個体に本質的なものは何も無いことです。事故あるいは病気が私の顔色や姿を変えるかもしれません。高熱や〔高い所からの〕落下だって私から理性と記憶を取り去ってしまうかもしれず、卒中は私が感覚も知性も生命も持たぬようにしてしまうかもしれません。もし誰かが私に、理性を持つことが私にとって本質的かどうか尋ねたら、否と私は答えるでしょう。

テオフィル　個体には何か本質的なものが、人の考えるより多くのものがある、と私は思います。作用するということが実体には本質的ですし、被造的実体には作用を被るということが、精神には思惟するということが、物体には延長を持ち運動するということが、本質的です。言い換えると、個体が一度《ひとたび》そうなると、自然の内にどんな変動が起ろうとも、(少なくとも自然的には) そうであることを止め得ないような、個体の種《ソート》ないし種《スペキエス》があるのです。でも、そうであることが個体にとっては偶有的であるような種《ソート》ないし種《スペキエス》があり (そのことを私は認めます)、個体はその種《ソート》であることを止め得るのです。ですから、健康であったり美しかったり物知りだったりすることは止み得ますし、可視的で可触的であることさえ止み得ますが(1)、生命と器官と表象を持つことを止める訳にはいきません。生命と思惟がとにかく持続し結果を持っているにも拘わらず、人にはそれが時折止んでいるように見えるのはどうしてか、について私は先に十分言っておきましたよね。

〔8〕**フィラレート**　共通の名の下に整理され、唯一の種に属するものとして考えられた多くの個体は、それでも(個々の) 実在的な仕組に依存するとても異なった諸性質を持っています。このことは自然の諸物体を調べる人のすべてが容易に観察することですし、化学者はアンチモンや硫酸や硫酸塩の一片の内にこれら鉱物〔同士〕の他の部分に見出した諸性質を探して見出せず、そのことをしぶしぶ認めるのはしばしばあることです。

テオフィル　それほど確かなことは他にはありません。それについて私自身も新しいことをお伝えできますよ。それに、化学ノ実験ノ不確実ナ成果ニツイテ(2)という特別に書かれた本もあります。でもそれは物体は思ったよりずっと混合されているのに、類似的だとか一様であると考えるために間違うということなのです。というのも、異種の物体においてなら、個体間に差異が見出されても驚きはしませんし、医者たちは人体の体質や素質がどれほど異なっているかをいやというほど知っています。一言で言えば、論理的な最低種は、先に既に指摘しましたように、見出されないでしょうし、同じ種の実在的なないし完全な二つの個体は完全には同じではないのです(3)。

フィラレート　私たちはこれらすべての差異に気付く訳ではありません。なぜなら小さな部分を私たちは認識しませんし、したがって事物の内的構造も認識しないのですから。従って、事物の種《ソート》ないし種《スペキエス》を決定するのに、それを私たちは使いません。そしてもし私たちがこれら本質によって、あるいはスコラが実体的形相と呼ぶものによって、その決定を為そうとするなら、私たちは色によって物体を整理しようとしている盲人のようなものになってしまうでしょう。〔11〕　多くの種類の精神があるに違いないということはよく分っていても、私たちは精神の本質さえ知りませんし、天使についての種的に異なった(4)観念を形成することもできません。ですから、私たちの持つ観念においては、私たちは、単純観念のどんな数によっても、神に無限を帰属させること以外は、神と諸精神との間にどんな差異も置いてはいないように思えます。

テオフィル　私の説では、神と被造的精神との間には更に別の差異があります。思うに、すべての被造的精神は身体を持つのですよ。私の魂もそれを持っているようにね(5)。

〔12〕　フィラレート　少なくとも私の思うには物体と精神との間にはあの類比が、即ち、物体界の多様性の内には空虚が無いのと同様に知的被造物の多様性においても無いという事態があります。私たちから始めて、最も低い事物に至るまで、それはとても小さな程度によって、そして事物の連続的系列によって生じる降下なのです。そしてその系列は、各々の隔たりについては互いに本当に少ししか異なっていません。翼を持ち空と無関係でない魚もいますし、水に住み魚のように血が冷たくて、肉の味が魚にとても似ているので、精進日にもそれを食べるのを、疑い深い人も許すような鳥もいます。鳥の種類と獣の種類と〔の双方に〕とても近くて双方の中間を占める動物もいます。両棲類

は陸棲動物と水棲動物を繋ぎます。アザラシは陸にも海にも住みます。イルカ（その名は海の豚を意味しています）[6]は血が温かく豚のもののような内臓を持っています。人魚について報告されている事柄については言うまでもありません。人間と呼ばれる動物と同じ位の知識と理性を持つように思われる動物もいます。動物と植物とはとても近いので、動物の最も不完全なものと植物の最も完全なものとの間には著しい差異は無いのです。こうして、物質の最も低くて最も非有機的な部分に到達するまで、私たちは至る所で種が繋がりあっていて殆ど感知できない程度にしか異ならないのを見出します。そして、すべての事物の作者の無限な知恵と力能を考える時、私たちから創造主の無限な完全性に向かって少しずつ上ってもいく被造物の異なる諸種は、宇宙の壮大な調和と至高の創造主の大いなる意図並びに無限の慈愛とに相応しいものだ、と私たちは考える理由があります。ですから、私たちの上にある被造物の種は下にあるものよりもはるかに多いと信じて良いのです。なぜなら、私たちが完全性の程度において神の無限の存在から掛け離れているのは、無に最も近いものからよりももっとだからです。それにも拘わらず、これら異なる種のすべてについて明晰判明な観念を全然私たちは持っていません。

テオフィル　今あなたがおっしゃったのと近いことを他の所で言おうと私は思っていました。でも、私がやろうと望んでいたよりもうまく事柄を述べて下さるのを見ると、先を越されて良かったと思います。有能な哲学者たちが[7]形相ノ空虚ハアルカドウカという問い、言い換えれば、現実存在しておらず、自然が忘れてしまったようにも見える可能的な諸種があるかどうかについて論じてきました。可能的種のすべてが宇宙において共可能的なのではないと信じるべき理由があります。いかに宇宙が、同時に存在する事物に関して大きいだけでなく、事物の系列全体に関しても大きいとしてもです。言い換えれば、神の選んだ被造物のこの系列と両立しないために、かつて存在しなかったしこれからも存在しないであろう種が必然的にあると私は思うのです。しかし、宇宙の完全な調和が受け容れ得るすべての事物が、その系列の内にはあると私は思います。隔たった種の間の中間的被造物があるということ、それはこの同じ調和に相応しい事柄です。尤もそれがこの同じ地球ないし〔太陽〕系の内に必ずしもある訳ではありませんが。

それに、二つの種の中間にあるものも、或る事情に関してはそうであっても、他の事情に関してはそうではないということが時々あります。鳥たちは、他の点においては人間とかなり違っていますが、言葉についてはよく似ています。でも、猿がオウムのようにしゃべれたら、もっとずっと人間に似ていたでしょう。連続律は、自然がその従う秩序において空虚を残しておかないことを語っているのです(8)。しかしいかなる形相ないし種もが、いかなる秩序にもあるという訳ではありません。諸精神ないし諸霊について言うと、すべての被造的な知性的存在者は有機的身体を持ち、その完全性は、予定調和のお蔭でこの身体の内にある知性的存在者ないし精神の完全性に応ずると私は考えているので、私たちより上位にある諸精神の完全性について何事かを概念しようとすれば、私たちの身体を超えた身体の諸器官の内に更に完全性を思い描くことが大変役立つだろうと思います。それは、私たちを私たちより上に高めるために、最も活発で最も豊かな想像力、他にうまく表現できないのですがイタリア語の invenzione la più vaga を使って言えるようなことが、最も相応しい場所でしょう。それに、私の調和の説を正当化するために語ったこと(9)、その説は人の思っていたよりももっと神の完全性を称揚するものですが、それは今まで持たれてきたよりも比較にならないほど偉大な観念を被造物について持つのにも役立つのです。

[14](10) **フィラレート**　実体においてさえ種というものがいかに実在性を持たないものかという話に戻って、私はあなたに、水と氷とは異なる種かどうかお聞きしたい。

テオフィル　私の方は私の方で、るつぼの中で溶けた金と冷たくなった金塊は同じ種に属するかどうかお聞きしたい。

フィラレート　それは答になりませんよ。別の問を立ててしまうのですから。

争イヲモッテ争イヲ解決スル者。(11)

しかしながら、事物を種へ還元することは、私たちが種について持っている観念にだけ関わるのであり、名によってそれら種を区別するにはそのことで十分であることはこれで分って下さるでしょう。けれども、この区別は種の実在的で内的な仕組に基づき、私たちが私自身あれこれの名称で事物を種に区別するのと同じ仕方で自然が現実存在する事物をその実在的本質によって種に区別する、と想定してしまうと、私たちは大きな見込み違いをすることになりましょう。

テオフィル　種という術語、ないし異なる種に属すという言葉の内には幾らかの両義性があります。そしてそれらがそういった面倒を引き起こすのです。ですからその両義性を私たちが取り除けば、恐らく名についての争いしか無いでしょう。種は数学的にも自然学的にも解されることができます。数学的な厳密さにおいては、二つの事物がいかなる点においても似ているという訳ではなくしてしまうほんの小さな差異も、それらを種において異なるようにしてしまいます。こういう訳で、幾何学においては、すべての円は同じ種に属します。なぜなら、それらはすべて完全に似ているのですからね。同じ理由で、すべての放物線もまた同じ種に属します。けれども、楕円と双曲線についてはそういう訳にはいきません。というのも、それらには無限の種《ソート》ないし種《スペキエス》があるからですけれども、その各種《スペキエス》にもまた無限のものがあるのです。焦点間の距離の、頂点間の距離に対する比が同じような無数の楕円はすべて同じ種に属します。けれども、これら距離の比は大きさにおいてしか異なりませんから、楕円のこれらの無限の種のすべては唯一の類しか成さず、再分割はもはや無いことになります。それに対して、三つの焦点を持つ卵形(12)はそうした類を無限に持つとさえ言えるでしょうし、種の数は無限に無限でしょう。各々の類は種を無限数だけ持っているのですから。こうして、自然学的な二つの個体は決して完全に似てはいませんし、更に言えば、同一の個体が種から種へと移り行きます。なぜなら、それは一瞬を超えて自分自身にいかなる点においても似ているという訳ではないからです。しかし、自然学的種を立てるに際して人々はそういう厳密さに固執しはしませんし、初めの形に戻し得る物塊はその人々にとって同じ種にとどまる、と言うことはその人々次第なのです。ですから、水、金、水銀、食塩は同一種にとどまり、通常の変化においてはただ装いを変えるだけだと私たちは言うのです。けれども、有機体において、あるいは植物や動物の種においては、私たちは種を発生によって定義します。従って、同じ起源ないし種子に由来しているか由来し得るあの相似たものは同じ種に属すでしょう[13]。人間においては、人間的発生の他に、理性的動物という性質に頼ります。そして、一生の間動物に似たままにとどまる人々がいるとは言え、それは能力ないし原理が欠けているのではなく、この能力の発現を妨げる障害によるのだ、と見做されるのです。しかし、この推定を下すのに十分だと考えたい外的条件のすべてに関しては、まだ決定されていません。けれども、どんな規則を人々が自分たちの使う規定と名に結び付いた権利とに設けようとも、人々の規則が首尾一貫しているか脈絡があって知解できるなら、実在に基づいていることでしょう。自然が、可能性までも含んだ自然が、人々以前に作らなかったかあるいは区別しなかった種を、人々が思い描くことはできないでしょう。内部について言うと、内的仕組に基づいていないような外的現れは無いにも拘わらず、それでも同じ現れが異なる二つの仕組から帰結することも時にはあり得ます。しかしながら何か共通なものはあるのであって、それこそ哲学者たちが形相的近接原因と呼ぶものです。しかし、たとえそうではなくて、マリオット氏[14]に従って虹の青はトルコ石の青とは全く違った起源を持ち、共通の形相原因は無いとしても（この意見に私は同意しませんが）、そして私たちに名というものを付けさせる見かけの或る本性は、何ら共通の内部を持たないということにたとえ同意したところで、私たちの定義が実在的種に基づいていることには変わりありません。というのも現象そのものが実在なのですから。それ故、私たちが区別したりあるいは真理と比較対照するすべてのことを、自然もまた区別し、あるいは適合させるのです。尤も自然は、私たちが知りもせず、私たちのするものよりも優れているかもしれない区別や比較対照をもっているでしょうが。ですから、自然に十分近い仕方で類や種に限界を設けるために更に多くの注意と経験が必要なのです。現代の植物学者たちは、花の形から採られた区別が自然の秩序に最も近いと考えています[15]。しかしそうは言っても、そこにはまだ多くの困難があるのです。だから、今私の言った根拠、即ち花から採られ、恐らく学ぶ者たちにとっては容認でき、便利な説として今までは最も相応しい唯一の根拠に従うだけでなく、植物の他の部分や事情から採られた別の諸根拠にも従って比較や整理をするのが適当でしょう[16]。比較の各根拠がそれぞれ目録〔を作られる〕に値するのであり、それ無くしては、多くの下位の類や多くの比較、区別、有益な観察が見落とされてしまうでしょう。けれども、種の発生がもっと深く窮められ、整理に際して、必要な条件に従えば従う程、人は自然の秩序に近付くでしょう。それ故、もし洞察力のある何人かの人々[17]の次のような推測が正しかったら、即ち、植物には、種子つまり動物で卵に相当することが知られている配偶子以外に、男性の名に値する別の配偶子があるという推測、言い換えればそれは粉であり（花粉、大抵の場合目に見えますが、時には恐らく目に見えないこともあるでしょう。種子でも或る植物では見えないことがありますから）、風や、あるいは別のありふれた出来事によってばらまかれ種子と結び付くのですが、この種子は時には同一の植物のものであり、時には更に（大麻がそうであるように）同じ種であるが別の隣のものであり、花粉をばらまく植物は従って雄と類比を持っていること、尤も雌〔に相当する方の植物〕も恐らくこの同じ花粉を全く持っていない訳ではないという推測、これが正しかったとしたら、そして植物の発生の仕方がもしもっと知られるようになったら、そこに見出されるだろう多様性はとても自然な区分の基礎をもたらしてくれるだろうことを私は疑いません。そしてもし或る上位の諸霊の持つ洞察力を私たちが持ち、十分に諸事物を認識したら、恐らくそこに私たちは各々の種にとっての確固とした属性を見出すでしょう。それはその種のすべての個体に共通であり、どのような変化ないし変形がやって来ようと常に同じ有機的生命体の内に存続しています。自然学的種の内で最も知られているもの、つまり人間という種においては、理性がそういう確固とした属性であり、個体の各々に適合し、常に失われること無くあるのです。尤も必ずしもそれが気付かれる訳ではありませんが。しかしこうした認識を欠いているため私たちは事物を区別し比較するのに、そして一言で言えば事物の種《スペキエス》ないし種《ソート》を認めるのに最も便利に見える属性を用います。そしてこれら属性はその実在的基礎を常に持っています。

〔14〕 **フィラレート**　事物の一定の正確な本質ないし形相があって、それによってすべての現実存在する個体は自然に種に区別される、とするありふれた想定に従って実体的存在者[18]を区別するにも次のことが確定されていなければな

らないでしょう。第一に、[15]事物の産出に際して常に、モデルに与えるように、事物が一定の規則立ち確立された本質に与えるように自然は意図していること、そして第二に、[16]自然は常にこの目標に到達していること。しかし奇形は以上双方について疑う理由を私たちに与えています。[17]第三に、これら奇形が実際に別々で新しい種でないかどうかを決定しなければならないでしょう。というのも、これら奇形の内の或るものは、その起源に由来し生まれから言ってそれに属すると思われる種の本質から結果すると想定される諸性質を、ほんの少ししか持たないかあるいは全く持たないからです。

テオフィル　奇形が一定の種を成すかどうかを決定するのが問題の時、人はしばしば推測を余儀なくされます。そしてそのことは、その際、人は外面だけに〔議論を〕限っていないことを示しています。というのも、そういう種に属する個体に共通の内的本性（例えば人間では理性といったもののような）が、この種において普通見出される外的特徴の一部を欠いた個体にも（出生が推定させるように）適合するかどうか人は推測したいのですから。しかし私たちの不確実性は事物の本性にはどうでもよいことです。そのような内的共通本性があったら、私たちがそれを〔今〕知っているにしろいないにしろ、奇形の内に見付かるか見付からないかでしょう。そしていかなる種の内的本性もそこには見出されないとしたら、奇形はそれ固有の種なのかもしれません。しかし、もし問題の種の内にそういう内的本性が無く、出生をも気にかけないとしたら、その時は、外的特徴だけが種を決定するでしょうし、奇形は、少々漠然とした仕方で或る自由度を以て解するのでなければ、そこからはずれた当の種には属さないでしょう。そしてそういう場合にはまた種を推測しようという私たちの苦労も空しいことになってしまうでしょう。恐らくそのことこそあなたが内的実在的本質から採られた種に反対しておっしゃるすべてのことでおっしゃりたいことでしょう。それ故、種的に共通な内面というものは、外面全体が共通であるのでなければ、無いということをあなたは証明しなければならないでしょう。けれども、人間種においては反対のことが見出されます。何らかの奇形を持っている子供が或る年齢になって理性の働いていることを示すことも時々あるのです。だとすると他の種において何か似たことがあり得ないなどとどうして言えましょう。確かにそれら内面を知らないので種を定義するためにそれらを用いる訳にはいきませんが、外面がその代わりになります。尤も、正確な定義を持つにはそれでは十分でなく、こうした場合には、名目的定義さえ推測に基づくにすぎないのは認めなければなりませんが。名目的定義というものが時にはどんなにただただ仮のものであるかを既に私は言っておきました。例えば、偽金を作る手段を見付けて、その偽金が今まで知られているすべての吟味に耐えることもあるかもしれません。しかし試験の新たな仕方もまたその時発見できるでしょうし、それが自然の金を人工の金から区別する手段を与えてくれるでしょう。古文書はこの両方[19]をザクセン選挙侯のアウグスト[20]に帰しています。けれども私はこの事実を保証する立場にはありません。とはいえ、もしそれが本当なら、私たちが現在持っているよりももっと完全な定義を金について持ち得るでしょうし、もし、錬金術師たちが主張するように、人工の金が大量にしかも安く造れたら、この新たな試金法は重要でしょう。というのも、その手段で以て、自然の金がその稀少性の故に通商に際して私たちに与えてくれる利益を人類に残してくれるでしょうからです。耐久性があり、一様で、分割したり再認したりするのが容易で、少量で高価な物質を私たちにもたらすことによってです。私はこの機会を一つの困難を解決するのに使いたいと思います（『知性論』の著者では実体の名についてという章[21]の第五〇節を見て下さい）。次のような反論がされているのです。いかなる金も不揮発的であると言う時、金の観念で以て、不揮発性がその内に含まれているような何らかの性質の集まりが理解されているとしたら、不揮発的なものは不揮発的であると言われる時のように、自同的で空疎な命題しか作っていない。しかしもし、一定の内的本質を持ち、不揮発性はその本質の帰結であるような実体的存在者が理解されているとしたら、人は知解され得るようには語っていない。というのも、この実体的存在者は全く知られていないから、という訳です。私は次のように答えます。即ち、そういう内的仕組を持った物体は不揮発性が含まれていないような別の外的諸特徴によって示される。次のように誰かが言ったように。すべての物体の内で最も重いものはまた最も不揮発的なものの一つである、と。しかしそのことはすべて暫定的な事柄です。というのも、いつの日か揮発性を持った物体が見付かるかもしれませんからね。ちょうど、金よりも重く、鉛が私たちの知っている水銀に浮くように金がそこでは浮いてしまう新たな水銀があるかもしれないように。

［19］　**フィラレート**　金そのものの本質を知っているのでなければ、この仕方では、金の実在的本質に依存する諸固有性の数を正確に知ることは[22]私たちにはできないのは確かです。［21］けれどももし正確に一定の諸固有性に制限しておくなら、現時点で私たちに役立つ正確な名目的定義を手にするには十分でしょう。ただし、もし何らかの有用な新しい区別が見出されたら、[23]名の意味を変えることが私たちに許されていなければなりません。でも、少なくとも、この定義は名の用法に対応し、それにとって代わり得るのでなければなりません。そしてそのことは、延長が物体の本質を成すと主張する人々を反駁するのに役立ちます。というのも、一つの物体が他の物体に衝撃を与えると言われるとき、〔物体の〕代わりに延長を置いて、延長が衝撃によって他の延長を動かす、ともし言われたら、明らかに不合理でしょう。更に固性[24]が必要なのですからね。同様に、理性、ないし人間を理性的にするもの、が会話をする、などとは言われないでしょう。なぜなら、理性が人間の本質全体を成すのではなく、互いに会話するのは理性的動物だからです。

テオフィル　正しいと思います。なぜなら抽象的で不完全な観念の諸対象は、事物の全作用の主体を与えるには不十分だからです。そうは言っても、会話というものはすべての精神に相応しいものだと思います。それらは自分たちの考えを互いに伝達できるのです。天使がどうやってそれをするのかスコラの人々は大分頭を悩ませました。しかし、古代の人々に従って私がするように、天使に精妙な身体を宛てがえば、そこにはもはや困難は残らないでしょう[25]。

［22］　**フィラレート**　私たちと姿は似ているけれども、毛がはえていて、言語と理性とを使えない被造物がいます。私たちの内にも、白痴がいて、姿は完全に私たちと同じですが、理性を欠いていて、彼らの内の或る者たちは言語さえ使えません。人の言うには、言語を操り、理性を持ち、他の点では私たちと似た姿をしていて、〔ただ〕毛のはえた尾を持つ被造物がいるというのです。少なくともそういう被造物がいることは不可能ではないでしょう。他の被造

物では男性にはあごひげがなく、別の被造物では女性にあごひげがある〔というのです〕。これらすべての被造物は人間であるのか否か、人間という種に属するのか、を問われれば、問題はただただ名目的定義に[26]、あるいはこの名で指定するために私たちの作る複雑観念に[27]、関わるだけであるのは明らかです。というのも、内的本質は私たちには絶対に知られないからです。尤も、能力とか外的形姿があまりに異なれば、内的な仕組も同じではないと考える余地はありますが。

テオフィル 人間の場合には、実在的であると同時に名目的な定義を私たちは持っている、と私は思います。というのも、理性よりも人間に内的なものは何も無いでしょうし、普通それは十分知られるからです。それ故、あごひげや尾は理性と同日には論じられないでしょう。森の人は[28]、毛がはえていますが、人間として認められるでしょう。尾無し猿が毛むくじゃらだからといって人間から排除する理由にはなりません。白痴は理性を使っていません。けれども、理性が結び付いていて、しかも現れてこられないこと、そのことは理性の働きを示していたとか示すであろう人人においても起ることであるのは、経験によって私たちは知っていますから、白痴についても、別の諸指標に基づいて、言い換えれば身体的な形に基づいて、同じ判断を多分下せます。子供たちが人間であり、理性の働きを示すだろうことが推測されるのは、出生と結び付いたこれらの指標によってでしかないのです。そしてその点で誤ることはめったにありません。けれども、私たちのとは少々異なる外的形姿を持った理性的動物がもしいたら、私たちは困惑してしまうでしょう。そしてそのことは、物体の外面に依存している時には定義というものは不完全であり、仮のものであることを示しています。もし誰かが、自分は天使であると言い、諸事物を私たちよりずっと良く知っているかあるいは知らせるとしたら、自分のことを信じさせ得るでしょう。もし他の誰かが、ゴンザレスのように[29]、或る驚くべき機械を使って、月からやって来たばかりであると言い、自分の生まれ故郷について信ずるに足る事柄を私たちに話して聞かせれば、彼は月の住人としてまかり通るでしょう。そしてそれにも拘わらず、彼に住居権を与えて、人間であるという名の下に市民権を与えるかもしれません。私たちの地球にとってはよそ者だとしてもです。しかし、もし彼が洗礼を望み、新信者(30)として受け容れてほしいということになると、神学者の間に大議論が起るだろうと私は思います。そして、ホイヘンス氏に従って(31)私たちと十分に近い惑星のそういう人々との交流がもし開かれたら、私たちの地球の外にまで信仰を伝える仕事を広げなければならないかどうかを知るために、その問題は公会議を開くに値する程のものでしょう。何人かの人々は、疑い無く、この国々の理性的動物は、アダムの子孫ではないのだから、イエス・キリストの贖罪には関わりが無いとそこで主張するでしょう。しかし他の人々は恐らく、アダムがずっとどこにいたのかを私たちは十分に知らないし、アダムの全子孫から何が生じたのかも知らない、と言うでしょう。月が天国の場所だったと信じる神学者たちさえいたのですからね。(32)そして恐らく、多数決によって、最も確実なことが結論されるでしょうが、それは洗礼できるかどうか疑わしいという条件を付けながらもこれらの人々に洗礼を施すことでしょう。けれども、彼らをローマ教会内の司祭に他日しようとするかどうかは疑問です。なぜなら、彼らの神聖化はずっと疑わしいでしょうし、この教会の仮定によれば、それは人々を質料的な偶像崇拝の危険にさらすことになるだろうからです。幸いにして、諸事物の本性はこれらすべての困惑から私たちを免れさせてくれています。しかしながら、こうした奇妙な虚構は、私たちの観念の本性を良く知るための思弁においては有用なのです。

[23]　**フィラレート**　神学的な問題においてだけでなく別の機会にも、或る人々は恐らく血筋に則って次のように言いたいと思うでしょう(33)。即ち、動物においては雄と雌との交尾による繁殖が、そして植物においては諸配偶子を介した繁殖が、別個の、(34)実在的と仮定された種を、しかも全体として、保存するのだ、と。しかし、それは動物や植物の種を定めることにしか役立たないでしょう。他の場合にはどうしたら良いでしょう。動物に関してさえそれは（つまり配偶が可能であることが実在的種を定めるには）十分でないのです。というのも、記録を信じなければならないとしたら、人間の女性が尾無し猿によって妊娠してしまったからです。そしてそこには新たな問題があるのです。そうして生まれたものはどの種に属さなければならないのか、という問題です。騾馬とかジュマール（メナージュ氏の語源事典を見て下さい(35)）とかはしばしば見掛けます。騾馬は驢馬と牝馬から生まれ、ジュマールは牡牛と牝馬から生ま

れたものです。私は、猫と鼠の子で、この両方の動物の明らかな特徴を持つ動物を見たことがあります。それに奇形で生まれたものを付け加えれば、人は発生〔生殖〕による種の決定というものがかなりまずいということに気付くでしょう。そして発生〔生殖〕によってしか種の決定ができないとしたら、虎の父と母を見たり、紅茶を作る植物の配偶子を見に、インドまで行かなければならないのでしょうか。インドから来た諸個体がそういう種に属するかどうか別の仕方で判断できないのでしょうか。

テオフィル　生殖あるいは血筋は少なくとも強い推測をもたらします（言い換えれば、暫定的な証明を）。それに既に私は、私たちの知っている特徴というものは、大抵、推測に基づくものだと言っておきました。血筋は時によると姿形によって欺かれます。子が父や母に似ていない時がそれです。姿形が混ざっていても必ずしも血筋が混ざっていることの徴ではありません。というのも、雌が、別の種に似ているような動物を世に生み出すこともあるかもしれませんし、母親が想像しただけでもこういう逸脱が生ずるかもしれません。奇胎[36]と呼ばれていることについては言うまでもないでしょう。しかしそうは言っても、血筋によって種を仮に判断するのと同様に、種によって血筋を判断することもまたなされています。というのも、ポーランド王ジャン・カジミール[37]の御前に、熊に混じって捕まえられた森の子供が連れてこられた時、彼は熊のような振舞いをかなりしてはいたのですが、結局、理性的動物であることが知られたので、人はためらわずに彼をアダムの血筋を引くものと信じ、ジョゼフという名の下に洗礼を施したのでした。尤も、恐らくローマ教会の慣例に従って、汝ガ未ダ洗礼ヲ受ケテオラヌノナラという条件の下でです。なぜなら、洗礼の後に熊に連れ去られたかもしれませんからね。動物の交雑の結果についてはまだ十分に知られていません。人はしばしば奇形の者を育てないで殺してしまいます。〔確かに〕それらは短命なのですが、それは別としてもです。交雑された動物は繁殖しないと思われています。けれどもストラボン[38]はカッパドキアの騾馬は繁殖すると言っていますし、近隣のタタール地方には純血種の騾馬がいると中国から私に知らせてくれた人がいます[39]。それにまた、植物を交配しても新しい種が保存され得るのを私たちは知っています。動物において種というものを最も決定づけるのは雄なのか雌なのか、両方なのか、どちらでもないのかを、十分に知ることは必ずしもできません。故ケルクリング氏(40)が有名にした、人間の女性の卵についての学説は、男性の方のものを、植物にとっての雨天という条件〔のごときもの〕に、還元しているようです。その条件が、種子に発芽し地上に立つことができるようにするのです。プリスキアヌス主義者たち(41)が掲げるウェルギリウスの詩句に従えば、

全能ノ父ナルエーテルハ
豊饒ナル雨ニテ歓喜セル妻ノ胸ニ下リ来タリテ
ソハ大イナルママ、コノ大イナル身体ト交ワリ
スベテノ種子ヲ育ムトキ(42)

一言で言って、この仮説に従えば、雄は雨がするより多くのことをしない訳です。しかし、レーヴェンフーク氏(43)は男性〔の役割〕を復活させ、もう一方の性〔の役割〕を今度は貶めました(44)。種子に場所と養分を供給するという土の役割しか、あたかもしていないかのようにね。その役割は、卵子論をたとえ採用しても言えることです。けれども、だからと言って女性の想像力が胎児の形姿に大きな影響力を持たないということにはなりません。たとえ、動物は既に雌の方からやって来ていると仮定してもです。なぜなら、それは通常の大きな変化が予定されている状態であり、更にもっと大きな通常でない変化にさらされることもあり得る状態なのですから。人の言うには、不具者を見てショックを受けた或る身分の高い婦人が、出産間近に、想像で胎児の手を切ってしまい、この手が後産《あと》の中にその後見付かったというのですが、このことはとにかく確認してみるだけの価値はあります。次のように言いに来る人も恐らくいるでしょう。即ち、魂は一方の性からしかやって来得ないにも拘わらず、両方の性が何か有機的なものをもたらし、二つの身体から一つのものができるのだ、と。蚕は二つからなる動物のようなもので、毛虫という姿の下に、飛ぶことのできる昆虫を含んでいるのだと私たちは見るのと同様に、という訳です。これほど重要な問題について私たちは

まだこんなにも蒙昧な状態にあるのです。植物〔と〕の類比が恐らくいつの日にか私たちに光明を与えてくれることでしょう。しかし現時点では植物自身の発生について〔さえ〕良く知っている訳ではないのです。男性側配偶子に当たるだろうと考えられている花粉についての推測も、未だ十分に解明されていません。それに、木はかなりしばしば〔さし木によって〕新しい完全な植物を生えさせ得るのですが、動物ではそれに似たことはまだ見付かっていません。ですから、木の各枝は別々に実を結び得る植物らしく思われるようには、動物の足は動物であるという訳にはいかないでしょう。更に、種の交雑、そして同じ種の内での諸変化も植物ではしばしばかなりの成功を収めます。恐らく何時か宇宙の何処かに、現在私たちと共にいる動物たちよりも変化しやすい動物たちがいるか、いたか、あるいは生まれてくるでしょう。何か猫のようなところを持つ多くの動物、ライオンや虎や山猫は同じ種族であったのかもしれず、猫の古い種の新たな再区分として今あるのかもしれません。こうして常に私は、一度ならず言いました〔あの、〕自然学的種について私たちの持つ規定は暫定的なものであり私たちの知識に比例するということに舞い戻って来ます。(45)

〔24〕 **フィラレート**　少なくとも、種の区分をするに際し、人々は実体的形相などというものを考えもしませんでした。私たちがいる(46)この世界のこの辺りで〔つまりヨーロッパで〕スコラの言葉を学んだ人々を除いてはね。

テオフィル　近頃、或る人々の考えでは実体的形相という名は評判が悪くなって、口にすることも恥ずかしいもののようです。けれども、恐らくそういう考えの内には理性によるというよりは流行によるものもまたあります。スコラは個々の現象を説明するのが問題の時に、理由無く一般的概念を使ってしまいました。けれどもこの濫用が事物〔そのもの〕を壊してしまう訳ではありません。人間の魂というもの〔についての議論〕が、私たち現代の者たちの内の或る人々の〔当の魂に関する〕確信を少々揺るがせています。人間の魂は人間の形相であることを認める人々もいます。けれどもまたそれは知られた自然の唯一の実体的形相だと彼らは言いたいのです。デカルト氏はそれについてそんな風に語り、レギウス氏(47)が魂に実体的形相というこの性質を認めず、人間が unum per se、真の一性を持つ存在者であるのを否定したのに対して、修正を促しました。(48)この優秀な人物〔デカルト〕は外交辞令的にそんなことをしたのだ、と或る人々は信じています。私は少々それについては疑いを持っています。なぜならその点ではデカルト氏は正しかったと思うからです。しかし、人間だけにこの特権を与えることはなかったのです。あたかも自然が、思い付いたように〔人間だけに〕そうしたと考えるようにはね。無数の魂、あるいはもっと一般的に言えば、無数の原始的エンテレケイアがあり、それらは表象と欲求とに類比的な何ものかを持つこと、そしてそれらはすべて常に身体の実体的形相に留まること、そのように判断することが必要です。確かに、真に unum per se（言い換えれば真の一性ないし全体的活動原理を作る不可分な存在者、を持った物体）ではない種は恐らくあります。風車や時計が per se でないようにね。諸塩、鉱物、金属はこうした本性を持ったものでしょう。言い換えれば何らかの規則性がある単なる組織ないし塊でしょう。けれども、どちらの物体も、言い換えれば生命のある身体も生命を持たぬ組織も、内的構造によって種別化されるでしょう。生命のあるものにおいてさえ、魂と機械は、各々別々に、決定されるには十分なのです。というのも、それらは完全に一致し、一方が他方に直接的影響を与えないにも拘わらず、互いに表出しあうからです。一方は、他方が多に分散したすべてのことを完全な統一において集中することによってです。こうして、種の整理が問題の時、実体的形相について議論するのは無用です。尤もそれがあるかどうか、どのようにしてあるのか、を知るのは、別の理由からして良いことですが。というのもそれ無しでは人は叡知的世界とは無縁でしょうからね。それに、ギリシア人やアラブ人たちもヨーロッパ人同様これら形相について語りました。一般の人々がそれについて語らないとしても、それは彼らが代数や無理数について語らないのと同じことです。

〔25〕　**フィラレート**　諸言語は学問〔の成立する〕よりも前に形成されてしまいましたし、無知蒙昧な人々が事物を種に還元したのです。

テオフィル　その通りです。でもそうした題材について研究している人々が通俗的な概念を正します。分析試験士は金属を識別し選り分ける正確な方法を見出しました。植物学者は植物についての学説を驚くほど豊かにしましたし、虫についてやった実験が、動物についての認識の何らかの新たな緒を私たちに与えてくれました。しかしながら私たちはまだ道程の半分にも遠い所にいるのです。

［26］**フィラレート**　もし種[49]というものが自然の作品だとしたら、異なる人々でこれ程異なって受け取られる筈は無かったでしょう。人間というものは、或る人には、羽が無く、二本足で、平たい爪の動物ですし、別の人はもっと深く検討してそれに理性を付け加えます。しかしながら、多くの人々は生まれによってよりもむしろ外的な姿形によって動物の種を決定します。というのも、或る人間の赤ん坊[50]が洗礼を施さなければならないかどうかということが、その外的形が子供の普通の姿形とは異なるという理由だけで、別の〔ごく普通の〕形に生まれついた子供たちと同じように理性の働きを現せないかどうかを知ること無しに、一度ならず問題にされたのですからね。後者の内の或る者たちにだって、是認された姿形をしていても、猿や象にも見出されるような程の理知の働きを一生を通じて現すことが決してできず、理性的な魂によって導かれているどんな徴も与えない者がいるのです。ここから明らかなのは、ただただ人が難癖をつけた外的な姿形こそが人間種に本質的だとされたのであって、時期が来ても欠けているかどうかなどは人の知る由もない推理の能力が本質的とされたのではない、ということです。そしてこういう場合、学殖豊かな神学者や法律家は理性的動物という神聖な定義を拒否し、人間という種の何か別の本質を置き換えなければならなくなります。メナージュ氏（Menagiana、第一巻、一六九四年のオランダ版の二七八頁[51]）はサン・マルタンの或る修道院長の、注目に値する例を私たちに提供しました。彼が言うには、サン・マルタンのこの修道院長が生まれた時、むしろ奇形と言った方が良い程、人間の形をしていなかったそうです。洗礼を受けさせるべきかどうかしばらく討議されたのです。けれども、洗礼を施され、仮に、言い換えると時がたって彼が何であるのか分かるまで、人間であると宣言されました。彼は自然によってそれほど不恰好に造られたので、一生涯 Malotru〔不恰好な〕修道院長と呼ばれました。彼はカンの人でした。この通り、ただその姿形だけの理由で人間という種から排除されかかった子供がいる訳です。辛うじて排除を免れましたが、もうちょっとでも奇形であったら、〔洗礼を受けるという特権を〕奪われ、人間として通用する筈のない存在者として殺されてしまっただろうことは確かです。けれども、顔付きがもう少し変更されていた

ら理性的魂が何故彼には宿れなかったか、もう少し長い顔付き、低い鼻、裂けた口、他の醜い形と同様に、どんなに異形であってもそれが、何故教会内で高位を持ち得るように彼をさせた魂や素質と共にあり得なかったか、についてはどんな理由も与えられ得ないでしょう。

テオフィル　今までのところ、私たちと非常に異なる外面的な形をした理性的動物は見付かっていません。それ故、子供に洗礼を施すことが問題の時、血筋とか形というものはそれが理性的動物であるか否かを判断するための指標としてしか考えられませんでした。ですから、神学者や法律家は、そのために、自分たちの神聖な定義を放棄する必要は無いのです。

［27］**フィラレート**　しかし、もし、リケトゥス(52)が第一巻第二章で語っている化け物、即ち、人間の頭と豚の身体を持った化け物、あるいは人間の身体に犬や馬などの頭を持った別の化け物が生きながらえて、話すことができたら、困難はもっと増大するでしょう。

テオフィル　それは認めます。そしてもしそんなことが起ったり、或る作家、ハンス・カルプ（ジャン・ル・ヴォー）と呼ばれた昔の修道士のような人がいたら、〔というのも〕彼は牛の頭を持ち、手には羽が生えた自画像を自分の書いた本に載せていて、それが奇妙にも何人かの人々をこの作家が実際に牛の頭をしているのだと思わせたのですが、もしそんなことがあったら、今後、人は奇形の者を殺すのをもっと思い止まることでしょう。というのも、形や、解剖学が医者たちにもたらす差異にさえ拘わらず、神学者や法律家のところでは理性が勝っているようですからね。解剖学的差異が人間の性質を少しも損なわないのは、私の知人がパリで見た解剖での人体では内臓が逆の位置にあったのを見ても分ります。パリではかなり話題になりました。父親の方の故アリオ氏(53)（有名な医者です。癌の手術に長《た》けていました。）が彼なりの仕方でこの奇蹟について私に示してくれた詩句の幾つかを私がきちんと覚えていれば良いのですが、そこでは自然は

《殆ど賢くもなく、疑い無く道を外し、
肝臓を左側に置き
そして同じように反対に
心臓を右側に置いたのだ》

という風に言われていたように思います。理性的動物において〔身体の〕構造の多様性がさほどでもなく、動物たちがしゃべっていた時へと逆戻りするのでない限りは、それは分り切ったことです。というのも、その時には私たちは理性を優先的に受け継いでいるという特権を失うでしょうし、それ以後、生まれや外面にもっと注意深くなるでしょう。アダムの子孫を、アフリカの猿の王ないし或る地域の族長の血統を引いているのかもしれない者たちから識別し得るようにです。例の有能な著者が（第29節で）指摘していることは尤もで、もしバラームの牝驢馬が、その主人と一度談話したように、[54] 一生涯理性的に談話したとしても（それは予言的見神でなかったとしてですが）、婦人たちの仲間として認められることは、[55] いつだって困難を伴うでしょう。

フィラレート　冗談を言っておられますね。恐らくあの著者も冗談を言っていたのですよ。でも真面目な話、種の確固とした境界を定めることは必ずしもできませんよね。

テオフィル　それは先に認めておきました、というのも、虚構や、事物の可能性に関わる場合、種から種への移行は気付かれない程かもしれませんし、それらを識別するのに、人間は禿でないためにはどれだけ毛が残っていなければならないかを決められないのと殆ど同じ事態に、時としてなってしまいますからね。こうした非決定は、たとえ問題となっている被造物の内面を完全に知っているとしても、やはり本当でしょう。けれども、この非決定は、事物が知性から独立に実在的本質を持つことを、そして私たちがそれらを知ることを、妨げ得るとは私は思いません。確かに種の名や境界は時には単位や重さの名のようなものであって、そこでは確固とした境界を持つには選択の必要があります。そうは言っても、とても近い諸種が一緒に見出されることは殆ど無いので、通常はそんなに心配することは何も無いのですが。

［28］ **フィラレート**　言葉は少々違っても、私たちはここでは実際には一致しているようですね。というのも、実体の規定においては、複合様態[56]の名においてよりも、恣意的なところが少ないともまた言っておきたい。というのも、羊の声を馬の姿と結び付けたり、鉛の色を金の重さや不揮発性と結び付けたりはしようとせず、自然に倣って模写をした方が良いと考えられるからです。

テオフィル　それは、実体においては実際に存在するものだけが考慮されるからというよりは、自然学的諸観念（それは十分には理解されていません）においては、典拠として現実的存在が無い時には、当の観念の結合が可能で有益かどうか確信が無いからなのです。けれども、それは様態の場合も起ることです。自然学において時折起るようにその曖昧さが私たちには窺い知れない時だけでなく、幾何学にかなりの例があるように、洞察するのが容易でない時にも起ります。というのも、これら両方の学問においては、私たちの思うままに〔観念の〕集成を作ることはできないのです。そうでなければ、正十面体について語る権利を持つでしょうし、半円には重心があるのと同様に大きさの中心を探してしまうでしょう。なぜなら前者はそれにはあるのに後者はあり得ないというのはなるほど意外なことですからね[57]。ところで、様態において集成が必ずしも任意ではないように、反対に、実体においては時によると、任意であることがあります。経験に先立って実体的存在者をも定義しようとして諸性質の集成を作るのはしばしば私たちに依存することなのです。集成の可能性を判断するために、これらの性質が十分に理解されている時にはね。こうして、オレンジ栽培の専門家は、合理的にかつ成功裡に何等かの新たな種を作り出そうとし、前以て名を付けることができるでしょう。

［29］ **フィラレート**　種を定義しようとする時、集成される諸観念の数は、この集成を為す者の様々な勤勉・没頭・思い付きに依存することは、とにかく認めて下さいますね。植物や動物の種を決定するために最も頻繁に規準となる

のは形ですし、同様に、種子によっては産出されない自然物[58]の大部分に関しては、人が最も頼りにするのは色であるようにね。[30]実を言うとそれらは、多くの場合、混雑し粗雑で不正確な概念でしかなく、そういった種や名に属する単純観念とか性質とかの正確な数について人々の意見が一致するには程遠いのです。というのは、恒常的に合一している単純諸観念を見出すには、骨折り、巧妙さ、時間が必要だからです。けれども、これら不正確な定義を構成するほんの少しの性質でも、通常、会話には十分です。しかし、類とか種について大騒ぎしたにも拘わらず、スコラで[59]あれほど語られた形相が空想でしかなく、種的本性の認識に私たちを立ち至らせるのに全然役立たないのです。

テオフィル　誰であれ可能的集成をする者はその点では誤らず、名を与えるに際しても誤りません。しかし自分の概念していることは、もっと専門の人々が同じ名の下に、ないし同じ物体において、概念しているすべてのことである、と考える時に誤るのです。彼は恐らくより種的な別の概念の代わりに、あまりに共通すぎる類を概念しています。こうしたすべてのことにはスコラと対立するものは何もありません。ここで類や種や形相について反対する主張を何故あなたが繰り返されるのか私には分かりません。あなた自身、類や種や内的本質ないし形相をさえ、認めなければなりません。それらをまだ知らないのに、事物の種的本性を知るためにそれらを使うと言われている訳ではないのですから。

[30]　**フィラレート**　私たちが種に設ける限界が、自然によって定められた限界と正確には一致しないことは少なくとも明らかです。というのも、私たちは現在使うために一般名を必要としているのであって、それら〔種〕の性質を発見するのに努めている訳ではないのです。それら性質は事物の最も本質的な[60]差異と合致とをより良く知らせてくれるものなのですが。そして私たちは他の人々ともっと容易に伝達ができるようにと、皆の目をひく一定の現象に従って、私たち自身事物を種に区分するのです。

テオフィル　もし私たちが、両立する諸観念を集成すれば、私たちが種に設ける限界は常に自然に正確に一致しています。もし私たちが、実際に一緒にある観念を集成するように注意すれば、私たちの持つ概念は経験にもまた一致します。そして、実際の物体について、既に為された経験か、為される筈の経験がそれについて更に発見させてくれることを除けば、それらをただただ仮のものとして考え、その名で公に理解されていることに関して何か正確なことが問題の時、専門の人々に頼れば、私たちはそこでは誤らないでしょう。こうして、自然はより完全でより適切な観念をもたらし得るのですが、私たちが持っている観念を否認することはないでしょう。私たちの持つ観念は、最善のものでも最も自然なものという訳でも恐らくないでしょうが、良いものであり自然なものなのです。

〔32〕 **フィラレート**　例えば金属の観念のように、実体について私たちの持つ類概念は自然によって提示されたモデルに正確には従いません。展性と可溶性とだけを含み他の性質を持たぬようないかなる物体も見付からないでしょうからね。

テオフィル　そのようなモデルを人は問いませんし、問う理由も無いでしょう。そういうものは最も判明な概念の内にもまた見出されません。多一般しか述べることのないような数というものも、延長しか持たない延長物も、固性だけしか持たず他の性質を持たない物体も見付かりません。種差が積極的かつ対立している時は、それら種差の間で類が選択をしなければなりません。

フィラレート　人間・馬・動物・植物などは自然によって作られた実在的本質によって区別されると考える人がもしいるとしたら、彼は次のように考えなければならないでしょう。即ち、自然は実在的本質についてとても気前が良く、物体のために一つの実在的本質を作り、動物のために別なものを作り、馬のために更に別なものを作り、これらすべての本質を気前良く自然はブケファラスに与えた、と考えなければならないでしょう。これに反して、類や種は多かれ少なかれ広がりを持った記号でしかありません。

テオフィル　もしあなたが実在的本質をこれら実体的モデルと解し、これらモデルは物体でありそれ以上の何ものでもなく、動物でありもっと種的な何ものでもなく、個体的性質無しの馬であるとするなら、それらを空想物として扱うのは正しいと思います。そして、思うに、かつての最大の実在論者でさえ、類があるのと同じだけ実体が、たとえ類的なものに限ったところでそれだけ多くの実体があると主張した人は誰もいませんでした。けれどもたとえ一般的本質はそういうものではないとしても、だからと言ってそれらが純粋に記号であるということにはなりません。というのも何度もあなたに注意を向けていただきましたように、一般的本質は類似の可能性だからです。それは、色というものが必ずしも実体ないし〔実体から〕剝ぎ取られ得る染料ではないからと言って、それらが仮想のものではないのと同様です。それに自然を気前が良すぎると考えるべきではありません。自然は私たちが考え出し得るすべてを超えて気前が良いものなのです。そしてすべての両立する可能性は優先的に自然の表現の偉大な劇場の上で実現されています。かつて哲学者たちの間には二つの公理がありました。実在論者たちの公理は、自然を浪費的であるとするようでしたし、唯名論者たちの公理は、自然は吝嗇であると宣言するもののようでした。一方は自然は空虚など許容しないと言いましたし、他方は自然は何も無駄なことをしないと言うのです。正しく理解されさえすれば、これら二つの公理は正しいものです。というのも、自然は良い倹約家のようなもので、時間と場所において壮大であるために、然るべきところで倹約するのです。自然は結果において壮大で、そのために使う原因においては倹約的です。

〔34〕 **フィラレート**　実在的本質についてのこの論議にこれ以上かかずらわなくとも、言葉の目的と語の用途は私たちの考えを手短に物語ることだということを把握するには十分です。身長が三ないし四ピエで、皮膚は羽と毛の中間であるような何らかのもので被われ、暗褐色をし、翼は無いがその代わりにエニシダの枝に似た二、三の小枝のようなものを持ち、それが長く大きな脚をした身体の下の方へ垂れ下がり、三つの爪だけが脚についていて、尾が無い、そういう一種の鳥について私が誰かに話したいとしたら、私はこういう記述をしなくてはならず、それで以て私は他の人々に自分の言うことを理解させるのです。けれども、この動物の名はヒクイドリだと言われると、私はそれからはこの名を使って、この複合観念全体を言説の内で指すことができます。

テオフィル　恐らく、皮膚がどう被われているかについての十分に正確な観念、あるいは何か他の部分のそれであっても、それだけでこの動物を他の知られているすべての動物から識別するには十分でしょう。ちょうど、ヘラクレスはその残した足跡で十分に分るし、ラテン語の諺に従えば、ライオンはその爪を見ても分るようにね。しかし、諸事実が集められれば集められる程、定義が暫定的である割合は少なくなるのです。

［35］ **フィラレート**　そういう場合には、事物に逆らうこと無く、私たちは幾つかの観念を取り除くことができます。けれども自然がそれを取り除く場合、種が元のままであるかどうかは問題です。[61] 例えば、展性以外の、金のすべての性質を持つような物体があったら、それは金でしょうか。それを決定するのは人々に掛かっています。ですから、事物の種を決定するのは人間なのです。

テオフィル　決してそんなことはありません。人々は名しか定めることはないでしょう。けれども〔金に関しての〕そんな経験をしたら、展性というものが、一緒になっている金の他のすべての性質とは必然的な連絡を持たないことが私たちには分ることになるでしょう。その経験は、それ故、新たな可能性、従って新たな種を、私たちに教えてくれるでしょう。金が脆く砕けやすいことについて言うと、それは添加物にしか由来しませんし、金の他の諸試験には耐えません。というのも、灰吹法とアンチモンとが金からこの脆さを取り除いてしまうのですから。

［36］ **フィラレート**　私たちの学説から、とても奇妙に見えることが生じてきます。一定の名を持つ各抽象的観念は別々の種を形成する、ということです。しかし、もし自然がそれをそういう風に望むのだとしたら、どうしたら良いのでしょう。顔の隠れるほど長いちぢれ毛の小犬とグレーハウンドとが、スパニエル犬と象とが別々なのと同じように別々な種であると何故言ってはいけないのか、知りたいものです。

テオフィル　種という言葉の異なった意味を先に私は区別しました。種という言葉を論理的ないしむしろ数学的に採るならば、ほんのちょっとした相違でも、〔種が異なると言うには〕十分です。ですから、各々の異なった観念は別の種を与えるでしょうし、その観念が名を持つか否かはどうでも良いことです。しかし、自然学的に言うならば、すべての相違が注目される訳ではありません。〔種は、〕現象しか問題でない時にはきっぱりと語られますし、事物の内的真理が問題である時には、事物の内に人間において理性がそうであるような本質的で不変な何らかの本性を仮定して、推測的に語られます。それ故、偶有的変化によってしか異ならないものは、同じ種であると仮定します。水と氷、流動的な形における水銀と昇華したそれ、とのようにね。有機体においては、発生〔生殖〕とか血統とかの内に、同一種の暫定的な徴が普通置かれます。最も似通ったものたちにおいては再生産というものにそれを見出すようにです。確かに、それについて正確に判断することはできないでしょう。事物の内奥を知らないのですから。しかし、一度ならず言いましたように、人は暫定的に、そしてしばしば推測的に判断するものなのです。そうは言っても、確実なこと以外何も言いたくないとして[62]、外面についてだけしか語ろうとしないとしたら、そこにはまだ為すべき余地を残してしまっています。その時、差異が種的であるか否かを論議するのは名について争うことです。この意味では犬の間にもかなりの差異があって、イギリスの番犬とブローニュの犬たちとは別々の種だと言うのも大変尤もなことなのです。しかしながら、それらの犬たちが隔たった同一ないし類似する血統を持つというのは不可能ではありませんし、もしかなり遡り得たなら、それらの祖先は似ていたか、あるいは同一であったことが見出されるということも不可能ではありません。けれども、大きな変化の後に、子孫の幾らかはとても大きくなり、他のものはとても小さくなったのです。それらが共通に、一つの内的、恒常的、種的本性をもっていたと、理性に反することなく、信じることさえできます。そうして、当の本性は再分割されず、あるいはここで他の多くのそういう本性の内に見出される訳でもなく、従って偶有性によってしか変化させられないのです。尤も、私たちが最低種（species infimas）と呼ぶすべての事柄において、必然的にそのようでなければならないと判断させるものもまた何も無いのですが。しかし、スパニエル犬と象とが同じ血統を持つということ、そしてそれらがそのような共通の種的本性を持っているということ、はありそうにもありません。ですから、いろいろな種類の犬においては、現象について言えば諸種が区別され得ますが、内的本質について言えば〔区別を〕ためらうかもしれません。けれども、犬と象とを比べるなら、そこには、それらを同一種に属すると考えさせる余地は、外面的にも内面的にも無いのです。ですから、その推定に対してどっちつかずの状態にある理由は何もありません。人間においてもまた、論理学的に言うと諸種を区別できますし、もし外面に注目するのなら、自然学的に言って、更に、種的として通用し得るだろう差異が〔つまり種差が〕見出されるでしょう。だからこそ、黒人、中国人、そしてアメリカの原住民たちまでも、互いに同一種ではなく、また私たち〔ヨーロッパ人〕に似ている民族たちとも同一種ではないと考えた旅行者もいたのです。けれども、人間の本質的内部、即ち理性、は同じ人の内に留まりますし、すべての人々の内に見出され、更なる分割を形成するような確固とし内的なものは私たちには何も見出されないのですから、内部の多様性に従って本質的種差が人々の内にあると判断する理由を私たちは持っていません。それに対して、人間と獣との間には本質的種差が見出されます。先に私が説明したことに従って、獣は経験的でしかない〔つまり理性を用いない〕と仮定すればです。実際、体験するところでは別様にそれについて判断する余地は私たちにはありませんからね。

〔39〕 **フィラレート**　内的構造が私たちに知られている人工物を例に採ってみましょう(63)。時を示すだけの時計と音を出す時計とは、それらを指すのに一つの名しか持たぬ人にとっては(64)唯一の種しか属しません。しかし、前者を指すのに懐中時計、後者を意味表示するのには掛け時計、という名を持っている人にとっては、別々の種です。新たな種を作るのは名であって、内的態勢ではないのであり、そうでなければ種があまりにも多くあることになりましょう。四つの歯車を持った時計もあり、五つ歯車を持っている時計もあります。或る時計は紐と円錐滑車があり、別のものにはありません。或る時計は平衡輪が(65)自由で、他の時計はひげぜんまいの弾性力によって動き、他の時計は豚の剛毛による。これらの事物の内のどれかが種差をなすのに十分でしょうか。私は十分でないと言いたい。それに対し、これらの時計は名において一致しているのです。

テオフィル　私は十分だと言いたいですねえ。名に拘泥せずに、いろいろな技巧、そして特に平衡輪の差異について私は考察したいのです。というのも、ぜんまいが応用されて、それが自分の振動に従って平衡輪の振動を制御し、それ故振動をより等しくして以来、懐中時計は面目を一新し、比較にならない程、より正確になったのですから。時計に応用され得るだろう別の等しさの原理を、かつて私は指摘したこともあります(66)。

フィラレート　内的な布置における差異を知っている人がいて、それに基づいて区分をしたいと言うのなら、それは構いません。けれども、そういう構造を知らない人々にとっては、それは別々の種ではないでしょう。

テオフィル　徳とか真理とか種といったものを、私たちの臆見とか認識に依存させようとどうしてあなた方はいつもなさるのか、私には理解できません。それら〔徳など〕は、私たちが知ったり承認したりしようがしまいが、自然の内にあるのです。そうでないと〔つまり自然の内には無いと〕言うとすれば、それは事物の名を変え、一般に受け容れられている言葉を理由無しに変えることです。今まで人々はいろいろな種類の掛け時計や懐中時計があるとは思っていましたが、どんな風になっていて、どのように呼んだら良いのか、よく知らなかったのです。

フィラレート　でも、現象によって自然学的種を区別したい時、適当と思われる任意の仕方で、言い換えれば、多かれ少なかれ重要と思われるものに従って、そして目的に応じて、限界を画すということ、そのことをあなたは大分前に認めておられましたよね。それに、あなた自身、重さや単位についての喩えを用いられましたが、それらは人々の恣意に従って定められ、名を与えられるのです。

テオフィル　やっとあなたのおっしゃることが分ってきました。どんなに偶有的なものであれ、与え得る定義のほんの小さな変異でもあれば十分な、純粋に論理的種差と、本質的なものないし不変なものに基づいた、純粋に自然学的である種差との間には、中間を置き得ます。けれども正確にそれを定めることはできません。完全には不変でなくとも容易に変わらないような最も重要な諸現象〔現れ〕に人は則ります。或る現象は他の現象よりも本質的なものに近いからです。そして専門家はまた他の人々よりずっと先まで行き得るので、事物が任意のもののように見えますし、人々に相関的であることになります。そこで主要な差異に従って名もまた定めるのが適当なようです。それ故、私が先に名目的定義と呼んだ事柄と混同してはならないものとして、常用的（civil）種差と名目的な種というものがあるし、それらは論理的種差においても自然学的種差においても生ずるのだ、と言って良いでしょう。なおまた、通俗的用法以外に、法律さえもが言葉の意味を正当化することができますし、その時には種は法律上のものになるでしょう。

nominati、つまり特定の名で指された取り決めにおいてのようにね。そして、言い換えれば、ローマ法では一四歳を以て成人とするようにです。こうした考察はすべて馬鹿にすべきものではありません。けれども、ここではさほど役立たないと思います。というのも、有用性が無い所に時折あなたはそういう考察をなさっているように私には見えるということは別にしても、もし再分割を適当と思うままに遠くまで施すのは人々次第であるとか、究極的差異を抽象することは人々次第であってそういう差異を否定する必要は無いと考えられたり、また、名を与えることで何らかの概念と単位を定めるために不確実なものの代わりに確実なものを選ぶのは人々次第だなどと考えられたとしても、人は殆ど同じ結果を手にすることになりましょうからね。

フィラレート　ここでは思ったより見解が相違していないので嬉しく思います。［41］何人かの哲学者の意見には反しますが(67)、人工的な事物にも自然物と同様に種があることに、きっとあなたは同意して下さいますよね。［42］しかし、実体の名〔という話題〕を離れる前に付け加えておきたいのは、私たちの持っている色々な観念の内でも、固有名ないし個体名を持つのは実体の観念だけだということです。というのも、何らかの個体的性質とか偶有的な何か別の個体について(68)頻繁に言及する必要が人々にあるということは稀にしか起らないからです。個体の活動は直ちに消滅してしまうとか、そこでなされる諸事情の集成は実体においてのように存続しないとかいうことは別にしてもです。

テオフィル　そうは言っても、個体的偶有性を思い出す必要があり、それに名を付けたという場合もあります。ですから、あなたの規則は普通には良いのですが、例外を容れるのです。宗教がその例外を掲げています。毎年私たちはキリストの生誕を祝いますが、ギリシア人たちはこの出来事を Théogénie と呼び、東方の三博士による礼拝を Epiphanie(69) と呼びます。そしてヘブライ人たちは特別に天使の通過を Passah〔過ぎ越しの祭り〕と呼びます。その天使が、ヘブライ人たちの長男には手も触れずに、エジプト人たちの長男たちを殺させたのです。彼らヘブライ人たちが毎年儀式を行って祝うことに決まっているのは、この記憶についてなのです。人工的事物の種について言うと、スコラの哲学者たちはそれらを自分たちの言う範疇のうちに入れさせるのに難色を示しました。けれどもそんなに慎重である必要はなかったのです。これら範疇表は私たちの持つ諸観念の一般的な吟味をするのに役立つに違いないからです。しかしながら、完全な実体と実体の寄せ集まり（aggregata）との差異を認識しておくのは良いことです。後者は、自然によってかあるいは人工的手段によって複合された実体的存在者なのです。というのも、自然もまたそういう寄せ集めをしているのですから。身体はそれであり、哲学者たちの言葉を借りれば、その混合は不完全であり（imperfecte mixta）、unum per se〔それ自身による一〕を成さず、完全な一性を自分たちの内に持たないのです。哲学者たちが元素と呼び、単純であると信じている四種の物体と、諸塩、金属、そして他の諸物体、それらを彼らは完全に混合されていると考え、自分たちの気質をそれらに結び付けるのですが、(70)それらも unum per se を成しはしません。それらは見かけだけでしか一様で類似してはいないし、類似した物体でさえとにかく集まり〔に他ならない〕と判断すべきなのであれば尚更です。一言で言えば、完全な一性は生命ある身体、ないし原始的エンテレケイアを持つ身体に、とっておくべきなのです。というのも、これらエンテレケイアは魂と類比を持ち、魂と同様に不可分であり不滅でもあるからです。それに、それらの有機的身体は実は機械であるということを、別の所で言っておきました。(71)けれどもそれらは私たちの発明による人工的な機械を超えていますが、それは自然的な機械の創作者が私たちを超えているのと同じです。というのもこれら自然の機械は魂自身と同様に不滅であり、魂を伴った動物がずっと存続するのですからね。（奇妙ではあってももっと通りの良い事柄で説明すると）それは次のピエロのようなものです。即ち、舞台の上で服を脱がせようとしても、いつまでたっても終わりにならないようなピエロです。なぜなら彼は沢山の衣服を重ね着しているのですから。とは言え、一つの動物において、有機的身体の入れ子状態は無限に至るのであり、自然の技巧は全く別の精妙さを持っているので、衣服のようには互いに似ている訳でもなく、一方が他方の上に重なっている訳でもないのですが。こうしたすべてのことは、哲学者たちが人工物と、真の一性を持った自然物との間に、これほどにも距離を置くということが、必ずしも間違いでないことを示しています。けれども、この神秘を開き、その重要さと、自然神学や精神学と呼ばれているものを首尾よく打ち立てるため〔に役立つ、その神秘からの〕帰結を理解させることは私たちの時代に固有のことです。それも、真に自然的で私たちが経験によって確かめたり知解したりし得るような仕方によって打ち立てるのであり、それらがもたらす筈の重要な考察の内の何物をも私たちに失わせてはならず、むしろそれらを高めるものでなければならないのです。予定調和の説がするようにね。そして、実体の名についてのこの長い議論をそれより良く終わらせることはできないと私は思います。

7
不変化語について

[1]　**フィラレート**　観念に名を付けるのに役立つ言葉の他に、諸観念や諸命題の連結を意味する言葉も必要です。である、でない、は肯定ないし否定の一般的な徴です。けれども、精神は、命題の部分以外に、文あるいは命題全体をも結び付けます。(1)[2]色々な肯定と否定の結び付きを表出する言葉を用いてです。そしてそれらの言葉は不変化語と呼ばれ、うまく語る術は主にそれら不変化語の正しい使い方にあるのです。連結・制限・区別・対立・強調などを表す言葉が必要なのは、推論が整然としていて方法的であるためになのです。そこで間違えてしまうと、聞く者を当惑させてしまいます。

テオフィル　不変化語がとても有用であることは認めますが、うまく語る術が主としてそこにあるかどうかは分りません。アフォリズムしか語らなかったり、あるいは大学でとか法律家たちが逐条的通達書と呼ぶものでとか証人に提示される条項とかにおいてしばしば作られるような箇条書しか述べない人がもしいたら、その時、これら命題がうまく整理されれば、それらを連結し不変化語を置いたらそうなるのと殆ど同じ効果を、自分のことを分らせるのに際して持つことでしょう。というのも読者が補うからです。しかし、不変化語のまずい使い方は、不変化語を省くよりももっと混乱をもたらすのは認めます。不変化語は諸命題から成る言説の諸部分や、諸観念から成る命題の諸部分を結び付けるだけでなく、他の諸観念の集成によって多くの仕方で複合される観念の諸部分をも結び付けるようにも思えます。そしてこの最後の結び付きは前置詞によって示されますが、それに対して副詞は動詞の内にある肯定ないし否定に影響を与えます。そして接続詞は色々な肯定ないし否定の結び付きに影響を与えます。しかし、あなた自身がそういうことすべてについて指摘なさっているのを私は全く疑いません。尤もあなたのおっしゃる言葉は別のことを述べているようには見えますが[2]。

[3] **フィラレート** 不変化語を扱う文法のこの部分は、格・性・法・時・動名詞・to 付き不定詞を秩序立って叙述していく部分よりも等閑に付されてきました。確かに或る言語では不変化語もまた非常に正確そうにみえるはっきりした再分割によって色々な項目の下に整理されたのです。けれども、これらの範疇をざっと調べるだけで十分ではありません[3]。自分自身の思惟を反省して、語るに際して精神がとる形態を観察しなければならないのです。なぜなら、不変化語はすべて精神の働きの徴なのですからね。

テオフィル 本当に、不変化語についての学説は重要です。それについてもっと詳しいところまで踏み込んでみたいと思います。というのも、知性の様々な形態を知らせることよりも役立つことは何もありませんからね。〔文法上の〕性は哲学的文法においては何の役割も果たしていません。しかし格は前置詞に対応し、そしてその際しばしば前置詞は名詞に含まれ、飲み込まれているかのようです。他の不変化語は動詞の屈折に隠れています。

[4] **フィラレート** 不変化語をうまく説明するには、(普通、辞書でなされるように[4])それらを最も近い別の言語の言葉で言い表すのでは十分ではありません。なぜなら、或る言語でも別の言語でも正確な意味を理解するのは同じように難しいものなのですから。それのみならず、二つの言語での近い言葉の意味表示するものが必ずしも正確に同じものではなかったり、同一の言語においても変化したりするのです。ヘブライ語で、たった一つの文字から成る不

変化語で五〇以上もの意味を持つものがあったと記憶しています。

テオフィル　学識ある人々が、ラテン語やギリシア語やヘブライ語の不変化語について特別の論文を書こうとしました。著名な法律家のストラウキウス[5]は法学における不変化語の用法について一冊の本を著しました。法学では〔不変化語の〕意味表示するものがかなり重要です。しかしながら、それらを説明しようという時、別々の諸概念によるよりも例とか同義語によってすると、普通は思われています。ですから、故ボーリウス氏[6]が名付けたような一般的で形相的な意味、すべての例に当てはまり得るような意味を必ずしも見出せる訳ではありません。けれども、それにも拘わらず、一つの言葉のすべての用法は一定数の意味に常に還元できるでしょう。そしてそれこそ為されなければならないことなのです。

〔5〕[7] **フィラレート**　実際、意味の数は不変化語の数を大きく越えています。英語では but という不変化語はとても異なった幾つもの意味を持ちます。(1) but to say no more（しかし、それ以上言わずに）と私が言う時、精神がその道筋で、行くべき所に着く前に止まることを、この不変化語は示しているかのようです。しかし(2) I saw but two planets. 言い換えると、「私は二つの惑星だけ見た」、と言う際には、他のすべてのものを排除して、言いたいことの意味を、表出されたものだけに制限しています。そして(3) You pray, but it is not that God would bring you to the true religion, but that he would confirm you in your own. 言い換えれば、「あなたは神に祈る、しかし真の宗教を知ることに神があなたを導いているのではなく、あなたの宗教を堅固なものにするように彼はしているのだ」、と私が言う時、これら but つまり「しかし」の最初のものはあるべきものとは別のような精神の内での想定を指し、第二のものは帰結となるものと先行するものとの直接的対立を精神が置くことを示します。(4) All animals have sense, but a dog is an animal. 言い換えると、「すべての動物は感覚を持つ。ところで、犬は動物である。」ここでは、第二の命題と第一の命題との連結を不変化語は意味しているのです。

テオフィル　フランス語の mais は、第二の場合を除いて、それらすべての個所に置き換えられることができました。けれども、不変化語として解された、ドイツ語の allein は、何か mais と seulement とが混ぜられたものを意味し、最後の例以外のそれらすべての例における but の代わりに置き換えることが疑い無くできます。最後のものは少々疑う余地のあるものです。Mais はドイツ語で、或る時は aber に、また或る時は sondern に翻訳されますが、後者は分離ないし隔離を示し、allein という不変化語に似ています。不変化語をうまく説明するには、ここでやってきたような抽象的説明をそれについてするのでは十分でなく、定義が定義されたものの代わりに置かれ得るように、代置され得るパラフレーズにまで行き着かなければなりません。できる限りのすべての不変化語において、そうした代置できるパラフレーズを探しあてることに気を配ったその時には、不変化語の意味を整理できるでしょう。先の四つの例でそこに近付く努力をしてみましょう。第一の例で言おうとしているのは、「そのことについて語られるのはここまでだけで、それ以上は語らない (non piu)」ということ。第二の例では、「私は二つの惑星だけを見たのであり、それ以上ではない」こと。第三の例では、「あなたは神に祈り、それだけであって、即ち、あなたの宗教において堅固にされるのであって、それ以上ではない、など」ということ。第四の例では、次のように言われるようなものです。即ち、「すべての動物は感覚を持ち、それだけ考察すれば十分であり、それ以上は必要でない」ということです。犬は動物であり、それ故、犬は感覚を持つのです。こうして、これらの例のすべては限界を、そして non plus ultra (究極) を示しているのです。それが事物においてであれ、言説においてであれ。but はまた目的、道程の終わりでもあります。「止まろう。着いた。目的地に到達した」と言われる時のように。But, bute はチュートン系の古い言葉で、何かある固定したもの、住居を意味します。Beuten (古くて使われなくなった言葉ですが、教会の幾つかの歌にはまだ残っています) は滞在することです。Mais は magis という起源を持っています。次のように誰かが言いたい時などがそれで、即ち、「余分に関しては、残しておかなければならない」というのは「それ以上は必要ない。十分だ。他のものへ行こう。あるいはこれは別物だ」と言うのと同じことです。しかし、言語の用法は奇妙な仕方で変化しますから、不変化語の意味を十分に整理するには色々な例の細かい点にまで深く立ち入ってからでなければならないでしょう。フランス語では、mais を繰り返すのを避け、cependant で代えます。「あなたは祈る。しかしながら (cependant) それは真理を獲得するためにではなくて、(mais) あなたの意見を確固としたものにするためである」、と言うことになるでしょう。ラテン人たちの sed は、かつては ains で以て表現されていました。それはイタリア人たちの anzi です。フランス人たちはその言葉を棄ててしまって、一つの有用な表現を自分たちの言語から奪ってしまったことになります。例えば、「何も確実なものは無かった。しかしながら (cependant) 私があなたに知らせた事柄は確信していた。なぜなら人は望む事柄を信じたいものだからだ。けれども (mais) そうでないことが分った。いや (ains) むしろ、云々」、という表現がです。

［6］ **フィラレート**　この題材についてはほんのちょっとしか触れるつもりはありませんでした。不変化語は、恒常的にか一定の構文においてかで、しばしば文全体の意味を含むものだということを私は付け加えたい。

テオフィル　しかし、それが完全な意味である時には、一種の省略によるものだと私は思います。そうでなければ、思うに、それは単なる間投詞であって、それ自身で存立し得て、ah! hoi me! (痛い) といった一つの言葉ですべてを語っているのです。というのも、mais と言われ、何も付け加えられないなら、それは省略で、「しかしちょっと待ちましょう。糠喜びをしないようにしましょう」と言う時のような場合の省略です。ラテン人たちの nisi にもそれと似通ったものがあります。即ち、si nisi non esset、「もし、しかし (mais) が無かったらなあ」といった具合に。不変化語の用法に見事に現れている気質というものの細部にもう少し立ち入って下さったら良かったのにと私は思います。しかし、言葉についてのこの探求を終えて、事物に立ち返るために急ぐ理由もありますから、これ以上あなたを引き留めるのは止しましょう。尤も、言語は人間精神の最良の鏡であり、言葉の意味の正確な分析は知性の諸作用を何よりも良く知らせるものだ、と私は心底思っていますが。

8　抽象的名辞と具体的名辞について

〔1〕 **フィラレート** 名辞は抽象的か、あるいは具体的かであることもまた注意しておくべきでしょう。各々の抽象的観念は別々であり、従ってその二つの内の一つはもう一方であることは決してありません。精神はそれらの間にある差異をその直観的認識によって見付けなければなりません。従って、これら〔抽象的〕観念の内の二つが相互に肯定されることは決してありません。そういう命題の虚偽性は誰にでも直ちに分かります。〔例えば〕人間性は動物性あるいは理知性である、〔という命題の虚偽性のように〕。それは、これと同じほど一般的に受け容れられている準則は無い位に大きな明証性を持っています。

テオフィル しかし、少々言っておきたいことがあります。正義は徳であり習態（habitus）であり、美点であり、偶有性であるなどなど、は皆の意見の一致しているところですよね。ですから、二つの抽象的名辞は互いに述定され得るのです。それに私は二種の抽象的なものを区別することにしています。論理的な抽象的名辞があり、実在的な抽象的名辞もあります。実在的な抽象的なものは、あるいは少なくとも実在的であると概念された抽象的なものは、本質と本質の部分か、あるいは偶有性、言い換えれば実体に付加されたものです。論理的な抽象的名辞は名辞へと還元された述定です。人間であること、動物であること、と私が言うように。そしてこの意味で、「人間であること、それは動物であることである」という風に、それらは相互に述定され得るのです。しかし現実の事物ではそんなことは起りません。というのも、人間全体の本質である人間性ないし（もし次のようにおっしゃりたければ）人間であること性（hommeïté）が、動物性であるとは言えないからです。動物性は〔人間性という〕この本質の一部でしかないのです。しかしながら、実在的な抽象的名辞で以て意味されたこれらの抽象的で不完全な存在者もまた類や種を持ち、それもまた実在的な抽象的名辞で以て表出されます。ですから、正義と徳との例で示しましたように、それらの間には述定があるのです。

〔2〕 **フィラレート**　とにかく、実体は抽象的な名をほんの少ししか持たないとは言えます。かろうじて、スコラで、人間性・動物性・物体性が語られた位です。けれども、それは一般に受け容れられてはいません。

テオフィル　それは、例として利用したり、一般概念を説明したりするために、これらの名辞が殆ど必要無かったということであって、それらを全く蔑ろにしてしまってはなりません。古代の人々が、スコラの意味での人間性（humanité）という言葉を使っていなかったとしても、彼らは人間本性（nature humaine）と言っていたのであり、それは同じことなのです。彼らが神性、ないし神的本性について語っていたのも確かです。そして神学者たちはこれら二つの本性と実在的偶有性について語る必要があったので、哲学的なそして神学的な学派はこれら抽象的存在性に頼りました。恐らく度を越してそれに頼ったのです。

9

言葉の不完全性について

〔1〕 **フィラレート**　既に私たちは言葉の二つの用途についてはお話ししてきました。一つは、私たち自身の考えを記録し、記憶を助けるためであり、それは自分自身に対して語らせるものです。もう一つは、言葉という手段によっ

て他人に私たちの考えを伝えることです。これら二つの用途が私たちに言葉というものの完全性と不完全性とを知らせてくれます。[2] 私たちが自分自身にしか語らない時には、どんな言葉が使われようと、その意味が思い出され、それが変化しないのなら、構いません。けれども [3] 伝達という用途には更に二種あります。常用的と哲学的という二種です。常用的なもの (civil) は市民生活の会話と慣用におけるものです。哲学的な用法は、正確な概念を与え、確実な真理を一般的命題で表現するために、言葉を作らなければならないような使用法です。

テオフィル　なるほど。記号というものが他のものにとっての徴 (notae) であるのと同様に、言葉は私たちにとって（数とかあるいは代数学の記号がそうであり得るだろうように）徴なのです。記号としての言葉の用法は、一般的原則を日々の生活や個人に適用することに関わる時にも、これらの原則を見出したりあるいは確かめたりするのに関わる時にも、あります。記号の第一の用法は常用的であり、第二のものは哲学的です。

[5] **フィラレート**　ところで次の場合には殊に、各々の言葉が意味する観念を学び把握するのは困難です。(1) これらの観念が非常に複合的な場合、(2) 新たな一つの観念を複合するこれら諸観念が相互に[1]自然な結び付きを持たず、従って自然の内にはそれら観念を修正したり規整したりするためのどんな確固とした手段もモデルも無い場合、(3) そのモデルが容易には知られない場合、(4) 言葉の意味と実在的本質とが正確には同じでない場合。様態の規定が疑わしくかつ不完全になるのは前の二つの理由であることがより多く、実体の規定は、後の二つの理由であることが多いのです。[6] 道徳的な術語の大部分の観念のように、様態の観念が非常に複雑な場合、異なる二人の人物の精神において正確な同じ意味を持っていることは稀です。[7] モデルが欠如していることもこれらの言葉を曖昧にしています。[2] brusquer 〔ぞんざいに扱う〕という言葉を最初に作り出した人は、自分が適当だと考えたことをそれで理解したのであり、彼と同様にその言葉を使う人々が彼の正確に言いたかったことを良く知っている訳でもなく、彼はその人々に恒常的な何らかのモデルを提供した訳でもなかったのです。[8] 共通の使用法が、日常会話のためには、言葉の意味を十分に規制しますが、正確なものは何もありません。そこで、言葉の適切さに最も相応しい意味について

毎日議論されるのです。多くの人々が栄光について語ります。そして或る人が他の人と同じ様〔な意味〕にそれを理解することは殆ど無いのです。［9］これらのものは多くの人々の口にあっては単なる音に過ぎないか、あるいは少なくとも意味がとても不確実です。そこで、名誉・信仰・恩寵・宗教・教会について語られる言説ないし対話において、そして特に論争において、人々は異なった概念を持ち、それを同じ名辞に当てはめているのが直ちに気付かれます。そして、同時代の人々の〔使う〕術語の意味を理解するのが難しいならば、古い書物[3]を理解するのは尚更です。私たちが信じたり、為したりしなければならないことを含んでいる場合以外は、それら〔古い書物〕は無しですまされて良いのです。

テオフィル　良いご指摘です。でも、古い書物についてはどうでしょうかねえ。特に聖書を理解する必要はありますし、ローマ法はヨーロッパの相当に広い地域で未だにとても役立っているのですし、そのこと自身が私たちに他の多くの古い書物を繙き、ラビたちや教父たちや世俗の歴史家たちの見解を参照するよう私たちに勧めているのです。それに、古代の医者たちの見解もまた耳を傾けるに値するものです。ギリシア人たちの医学がやっていたことはアラブ人たちから私たちに伝わりました。〔ギリシア人たちという〕泉の水はアラブ人たちの小川の内で濁らされたのであり、私たちがギリシアの源流に遡り始めてやっと、多くの事柄において純化されたのです。けれども、アラブ人たちだって有益なことをしました。例えばエベンビタル〔イヴン・エル・ベイタル[4]〕は、薬草についての自分の本の中でディオスコリデス[5]を引用していて、それが当のディオスコリデス〔の思想〕を解明するのにしばしば役立っているのは確かです。宗教と歴史に次いで、書き残された古代の人々の伝統や一般に他の人の観察が役立ち得るのは、とりわけ、経験的である限りの医学においてだともまた私は思います。それ故、古代文明にも精通した医者たちを私は常にとても評価してきました。このどちらの分野においても卓越していたレイネシウス[6]が、自然について古代の人々の持っていた知識の一部を取り戻すよりも、彼らの風習や歴史の解明へと向かってしまったのはとても残念でした。彼のしたことから考えても、自然についての知識の奪回は更に見事に成功できた筈なのです。ラテン人、ギリシア人、ヘブライ人、アラブ人〔たちの知識〕が、いつの日にか汲み尽くされたとしても、まだ古い書物を持っている中国人の出番でしょうし、当代の批評家たちの好奇心に素材をもたらしてくれるでしょう。ペルシア人やアルメニア人やコプト人やバラモンたちの幾つかの古い書物は言うまでもありません。それらは時と共に発掘され、古代文明が学説の伝承とか諸事実の歴史によってもたらし得るいかなる光もおろそかにしないですむでしょう。そして、検討すべき古い書物がもはや無くとも、言語がその代わりになるでしょう。言語は人類の最も古い記念物なのです。世界のすべての言語が時と共に記録され、辞書や文法書に書かれ、相互に比較されるでしょう。そしてそのことは、名がしばしば事物の固有性に対応している（様々な民族における植物の名称でも分るように）ことからしても、事物の認識に大変役立つのと同様に、私たちの精神の認識そして精神の働きの驚嘆すべき多様性の認識にも役立つでしょう。諸民族の起源については言うまでもありません。諸言語の比較が最も良く呈示してくれるしっかりした語源学を介してそれは知られるでしょう。しかし、それについては既にお話ししましたよね。そしてこうしたすべてのことは批評というものの有用さと射程を分らせてくれます。批評というものは、他の点ではとても有能な幾多の哲学者たちには軽んじられているものです。彼らはラビたちの書いた本による知識や一般に文献学というものを堂々と軽蔑しているのです。批評家たちは、まだ当分の間、成果を上げるに足る題材を見出すでしょうし、あまり些細なことにこだわりすぎないだろうとも思います。もっと問題にすべき対象は沢山あるのですから。尤も、些細なことだって、もっと重要な知識を発見するために批評家たちのところではかなりしばしば必要であることは私もよく知っています。そして、批評というものは、大部分、言葉の意味や作家たち、特に古代の作家たち、の〔原文の〕解釈が中心ですから、言葉についてのこういう議論は、古代の人々についてあなたのなさった言及と相俟って、重要なこの点に触れることを私に促したのです。けれども、名付けについてあなたの指摘された四つの欠陥に話を戻すと、私は、それらすべては直し得ると言いたい。文字が発明されて以来特にね。それら欠陥は私たちの不注意によってしか存続しないのです。というのも、意味を確定することは、少なくとも学問語においては、私たちに依存していますし、あのバベルの塔を壊すためにその学問語を認めるのは私たち次第なのです。しかし、直すのがもっと難しいような二つの欠陥があります。一つは、経験が諸観念を同一の主体の内にすべて集成されたものとしてもたらしてくれない時、それら諸観念は両立し得るかどうか疑わしいこと。もう一つは、可感的事物についてもっと完全な定義を持つために十分な経験を人が持っていない時、当の事物の暫定的な定義を作る必要があること。しかしこれらの欠陥のどちらについても一度ならず私はお話ししましたよね。(7)

フィラレート　今あなたが指摘された欠陥をどうにか説明するのにも役立つ事柄をお話ししようと思います。私が呈示した欠陥の内の第三のものが、定義というものを暫定的にしているように思われるのです。それは私たちが可感的モデルを、言い換えると物体的本性を持つ実体的存在者を、十分には認識しない場合です。この欠陥はまた、自然が集成しなかった可感的諸性質を集成することが許されるかどうか、私たちには分らないようにしてしまいます。なぜならそれら可感的諸性質はとことんまで知解されてはいない訳ですからね。(8) ところで、複合様態のために役立つ言葉の意味が、その同じ複合を見て確かめさせるモデルの欠けているために、もし疑わしいとしたら、実体的存在者の(9)名の意味は全く反対の理由で疑わしいことになります。なぜなら、それらは事物の実在に合致していると仮定されたものを意味表示しなければならず、自然によって形成されたモデルに関わらなければならないからです。

テオフィル　そのことは実体の観念にとって本質的ではないと、一度ならず、今までのお話の中で既に私は指摘しておきました。でも、自然に倣って作られた観念が最も確実で最も有用なのは認めます。

〔12〕**フィラレート**　ところで全く自然によって作られたモデルに人が従い、想像力はそのモデルの表現を保持するだけでよい時でも、(10) 実体的存在者の名は、(11) 普通の用法では既に指摘しましたように二重の関連を持っています。第一には、実体的存在者の名は事物の内的実在的仕組を意味するのですが、(12) このモデルは知られることができませんし、従って意味を規正することもできないことです。

テオフィル　ここではそれは問題になりませんよ。私たちがモデルを手に入れている観念についてお話ししているのですからね。内的本質は事物の内にあります。でも、それが雛形として役立ち得ないことについては意見が一致していますよね。

〔13〕 **フィラレート** 第二の関連はそれ故、実体の内に同時に現実存在している単純諸観念に、実体的存在者[13]の名が直接に持っている関連です。しかし同じ主体の内に合一しているこれら観念の数は大きいので、この同じ主体について人々が語ろうとする際、とても異なった諸観念を形成してしまいますが、それは人々が単純諸観念の異なる集成を作ることにもよりますし、物体の性質の大部分が、他の物体の内に変化を産出したり他の物体から変化を受け取ったりする力能であるからでもあります。卑金属の一つが火の作用によって被り得る変化とか、その卑金属が他の諸物体を用いることで化学者の手で更にもっと受けるような変化とかが、その証拠です。それに、或る人は金を認識するのに重さと色で満足してしまいますが、別の人は更に可延性、不揮発性をも入れさせますし、第三の人は王水中で溶けることも考慮させたがるのです。〔14〕また物体はしばしば相互に似ていますから、厳密な差異を指摘するのは時によると困難です。

テオフィル 確かに物体は変質させられ、偽装され、変造され、偽造されやすいので、それらを識別したり再認したりし得ることは肝腎なことです。金は溶けてしまうと隠れてしまいますが、沈澱させたり水を蒸留したりして取り出すことができます。偽造されたりあるいは混ぜものをした金は、分析試験士の技術によって再認されたり純化されたりするのです。そうした技術が皆に知られている訳ではありませんが、人々がすべて金についての同じ観念を持っていなくともおかしいことではありません。また、通常、物質についての十分に正確な観念を持っているのは専門家だけなのです。

〔15〕 **フィラレート** しかしながら、こういう多様性は日常的な交流においても哲学的探求においてもさほど混乱をもたらしません。

テオフィル 実生活への影響が全然無かったらもっと我慢できることでしょう。実生活では、思い違いをしないことや、従って事物の徴を知っていること、あるいは事物を知っている人々が身辺にいること、がしばしば肝腎です。そしてそのことは高価で、重要な機会に必要になるかもしれない薬品や材料に関しては特に重要です。哲学的な混乱はむしろ、もっと一般的な術語の用法において露になるでしょう。

［18］ **フィラレート**　単純観念の名が曖昧[14]になることはもっと少ないのです。白いとか苦いなどという言葉について思い違いをすることは稀です。

テオフィル　そうは言ってもそれらの言葉が完全に不確実さを免れている訳ではないことは確かですよね。既に、隣接する色の例を私は掲げておきました。それらは二つの種類の境目にあり、その種類が疑わしいものです。[15]

［19］ **フィラレート**　単純観念の名の次には、単純様態の観念が疑わしさの最も少ないものです。例えば形とか数の観念のようなものがそれです。しかし、［20］複合様態と実体とがすべての面倒を引き起します。［21］これらの不完全性を言葉のせいにするよりも、むしろ私たちの知性のせいにすべきだと言われるでしょう。でも、言葉というものは私たちの精神と事物の真理との間に相当入り込んでいるので、言葉は、可視的事物からの光線が通過する媒質に喩え[16]られることができ、そしてそれはしばしば私たちの目を雲で覆ってしまうのです。それで、もし言語の不完全性がもっと徹底的に検討されたら、大部分の論争はひとりでに止んでしまい、認識への道そして恐らく平和への道も、もっと人々に開かれることだろうと、私は信じたい気になっています。

テオフィル　文書による議論でなら今すぐにでもそういうことはうまくできると思いますよ。人々がもし一定の規則に関して合意して、それを注意深く実行するならば。しかし、口頭でしかも即座に正確にやるためには、言語の変革が必要でしょう。この試みを私は他のところでやっておきました。[17]

［22］ **フィラレート**　そうすぐには準備ができないだろう[18]そういう改革を待つ際に、言葉のこの不確実さは私たちに、穏健であるよう教えるに違いありません。特に、古代の著者たちに私たちが与える意味を、他の人々に押し付けることが問題の時はです。ギリシアの著者たちは、その殆どが別の言語を語っていることが見出されるのですから。

テオフィル 私はむしろ、ホメロス、ヘロドトス、ストラボン、プルタルコス、ルキアノス、エウセビオス、プロコピオス、プォティオスといった、時と場所に関してこれほど互いに隔たったギリシアの作家たちがずいぶん似ているのを見て驚いたものです。それに対して、ラテンの作家たちは大分変化してしまっていますし、ドイツ人、イギリス人、フランス人たちは更にもっと著しい。けれども、それは、ホメロスの時代以来、そしてまたアテナイのポリスが栄えていた時にも、ギリシア人には良い作家が輩出し、後代の者たちが少なくとものを書く時にモデルとして採用できたということなのです。というのも、疑いも無く、ローマ人たちの支配下では既に、ギリシア人の俗用語は大分変化してしまわざるを得なかったからです。そして同じ理由から、イタリア語はフランス語ほど変化していません。なぜなら、イタリア人たちには、早くから定評のある作家がいたので、その人々を模倣し、今だにダンテ、ペトラルカ、ボッカチオや他の作家たちを尊重しているのですが、同じ時代のフランスの作家はもはや問題にもならないからです。

10
言葉の誤用について

〔1〕 **フィラレート** 言語の自然な不完全性に加えて、意志に関わり、不注意に由来する不完全性があります。言葉をそれほどまずく使用することは、言語を誤って使用することです。第一の、そして最も明白な誤用は、〔2〕言葉に明晰な観念を結び付けないことです。これらの言葉には、二つの種類があります。(1) その一方は、その起源においても通常の用法においても、定まった観念を全然持たないものです。大部分の哲学の学派や宗教の諸派はそういう言葉を

持ち込んで、何らかの奇妙な意見を支えたり、自分たちの説の弱点を隠したりしたのです。しかしながら、それらは党派の人々の話によれば弁別的特徴なのです。［3］別の言葉で、第一の共通した用法においては何らかの明晰な観念を持っていたのですが、それ以来、いかなる定まった観念にも結び付けられずにとても重要な題材に当てはめられるものがあります。知恵・栄光・恩寵といった言葉がしばしばひとびとの口に上るのはこんな風にしてなのです。

テオフィル　意味の無い言葉というものはそれほど多くはないと私は思いますし、少々注意し、熱意を以てすれば、その空白を埋めたり不決定性を除くことはできると思います。知恵は至福の知に他ならないようです。恩寵とは、それに値せず、それを必要としている者たちに与えられる善です。そして栄光とは或る者の素晴らしさの評判のことです。

［4］**フィラレート**　そうした定義について何か言うべきことがあるかどうかを今は検討したくありません。むしろ言葉の誤用の原因を指摘したいのです。第一に、言葉は、それに付き物である観念を学ぶ前に教えられてしまいます。揺り籃の時代から子供たちはそのことに慣れ、一生、言葉を同じように使うのです。会話においてとにかく自分を理解させようとして、自分たちの観念を確固としたものにしないまま、自分の言いたいことを他人に概念させるために色々な表現を使ったりするものですから、尚更です。けれども、そのことは人々の言説をしばしば多くの空しい音声で満たしてしまいます。殊に道徳的主題において。人々は自分たちの隣人が使っている言葉を採用し、その意味するところを知らないと思われないように、一定の意味をそれらに与えることもなく、自信を持ってそれらを使うのです。そしてこうした言説では、彼らが正しいということは稀ですが、誤っていると納得することも稀です。ですから、そういう人々を誤謬から救い出すのは、浮浪者から持ち物を奪おうとすることなのです。

テオフィル　実際、名辞ないし言葉を理解するのに必要であろう労苦を厭わないことはとても稀ですし、子供があまりにも早く言語を学び得るということに一度ならず私は驚きましたし、大人もまた非常に正しくしゃべることに驚きました。だって、子供に母国語を教えることに人は気を配りもせず、別の人々ははっきりした定義を手に入れようなどと殆ど思いもしないの〔に正しくしゃべっているの〕ですからね。それに、学院で教わる定義は、普通、世間一般に使われている言葉には関わりませんから。その上、真面目に議論をしている時でさえも誤りを犯し、感情にまかせて語ってしまうということは人間にはよくあることだというのも認めます。しかしながら、人々の精神の領域に属する題材についての思弁に関わる議論に際しても、人々は皆、両方とも正しいのであり、ただ互いに対立して相手方の見解を悪く取ってしまうところだけは除かなければならない、とも私はかなりしばしば指摘してきました。そして相手の見解を悪く取るということは、名辞の悪い使用法や、時にはまた反抗心や、優位に立とうという心の動きに由来するのです。

〔5〕　**フィラレート**　第二に、言葉の用法が時として変わりやすいことがあります。そういうことが学者の間であまりにも多すぎます。しかしながら、それは明らかな欺瞞であり、もしそれが意志して為されるなら、愚行ないし悪意です。もし勘定に際してそんな風に（五のところを一〇にするような）言葉を使ったら、誰がそんな人を相手にするでしょうか。

テオフィル　そういう誤用は学者の間だけでなく上流社会でもかなり普通に見受けられることなので、私は、そういうことをさせるのは悪意というよりもむしろ悪い習慣とか不注意だと思います。普通、同一の言葉の様々な意味は何らかの類似性を持っています。そのことが一つのものを別のものとして通用させてしまうのであって、語ることについて望ましいだけの全き厳密さを以て、自分の語ることを考察する時間を人は費やさないのです。転用（tropes）や比喩（figures）に慣れていますし、エレガントな語り口とか誤った飾り立てが私たちを信じ込ませてしまいます。というのも、大抵の場合、真理よりも快さや楽しみや見かけを人は求めるものなのです。それのみならず、虚栄もそこに混じっています。

〔6〕　**フィラレート**　第三の誤用は、わざと装った曖昧さであり、慣用的な術語に通常用いられない意味を与えることによってか、説明もせずに新しい術語を導入することで生じます。ルキアノスが正当にも嘲っているような古代の

ソフィストたちは、すべてについて語るのだといって、自分たちの無知を言葉の曖昧さという覆いの下に隠したのでした。ペリパトス学派の哲学ではこの欠陥が目立ちます。けれども、他の学派が、現代の学派でさえ、この欠陥を全く免れているという訳ではありません。例えば、延長という術語を誤用して、物体という術語と一つにする必要があるという人々がいるのです(2)。〔7〕論理学、即ち論争術は、とても評価されてきましたが、それが曖昧さを助長してきたのです。〔8〕そういう事柄に夢中になっている人々は国には無用、というよりむしろ有害です。〔9〕それに対して、学者からは蔑まれている職人たちこそ人々の生活に有用だったのです。しかしながら曖昧な〔言葉使いをする〕これらの博士たちは無学な人々から尊敬されてきました。博士たちを取り巻く〔曖昧な言葉使いという〕イバラやトゲのお蔭で、そこに入り込むのが不快であり、難攻不落と思われたのです。不合理を防衛するには曖昧さしかあり得ないのですからね。〔12〕困ったことに、言葉を曖昧にするこういう術は、人間の活動の二つの大きな規則、即ち宗教と正義とを混乱に陥れてしまいます。

テオフィル　あなたのお嘆きの大方は正しいと思います。しかしながら、稀ではありますが、許せる曖昧さ、そして称讃すべきでさえある曖昧さがあることも本当です。謎めいていることを自認し、謎が時宜に適っている時がそれです。ピュタゴラス(3)は謎をそんな風に使いましたし、東方の人々のやり方も正にそんな風なのです。自分は奥義を極めたと言っている錬金術師たちは、秘術の子たちにしか分らないように望む、と言明しています。けれどもいわゆる秘術の子たちが暗号の鍵を持っているならばそれは良いでしょう。一定の曖昧さは許されます。けれども、解かれるに値する何かを曖昧さが隠していなければなりませんし、謎は解かれ得るのでなければなりません。しかし、宗教と正義とは明晰な観念を要します。それらを教える際に、秩序が欠けていると、それらについての教説は混乱したものになってしまうようです。そして、術語の不決定が恐らくそこでは、曖昧さよりももっと有害です。ところで、論理学は思惟の秩序と連係を教える術なのですから、私は論理学を非難する理由が分りません。それどころか、人々が誤るのは論理学が欠けているからです(4)。

〔14〕 **フィラレート** 第四の誤用は、言葉を事物と見做すこと、言い換えれば、名辞が実体の実在的本質に対応すると考えることです。ペリパトス学派の哲学の内で育てられて、範疇を意味する一〇個の名が事物の本性と正確に一致すると思わない者がいるでしょうか。実体的形相・植物的霊魂・真空嫌悪・指向的形質などが何か実在的なものであると思わない者がいるでしょうか。プラトン主義者たちは世界霊魂を持ち、エピクロス派は静止時における原子の運動への傾向を持っています。モア博士[5]の空気状媒質ないしエーテル状媒質が、世界のどこかで受け容れられていたら、それは同じ様に実在的と信じ込まれたでしょう。

テオフィル 適切に言うと、それは言葉を事物と見做すことではなくて、真でないものを真であると思うことです。範疇〔を取り出そう〕という構想はとても有益です。それらを放棄するよりも修正することを考えるべきです。実体・量・質・能動ないし受動、そして関係、言い換えれば存在者の五つの一般的な標題は、それらの複合から形成されるものにとっては十分であり得ます。それに、あなただって、観念を整理する際に、それらを範疇として掲げようとしたではありませんか。実体的形相については先にお話ししました。そして、植物的霊魂を棄ててしまうことが十分に基礎付けられた行為かどうか私は分りません。かなりの経験を積み、聡明な人物たちが、植物と動物との間に大いなる類比を認めていますし、あなたは動物の霊魂を認めておられるようですからね。真空嫌悪は正しく理解することができます。言い換えれば、自然がかつて諸空間を満たしていて、物体は不可凝縮的であると仮定すると、自然は空虚を認める訳にはいかないでしょう。私はこの三つの仮定は良く基礎付けられたものと考えます。けれども心と身体との交渉をさせる筈の、指向的形質[6]は基礎付けられていません。尤も、恐らく可感的形質は承認され得るでしょう。それは対象から出て、離れたところにある器官にまで行きますが、運動の伝達がそこで言外に含まれているのです。プラトンの言う世界霊魂は無いことを私は認めます[7]。というのも、神は世界を超えている extramundana intelligentia[8]（世界外知性体）、ないしむしろ supramundana intelligentia（超世界的知性体）なのですから。エピクロス派の原子の運動への傾向というもので、彼らが原子に帰属させた重さをあなたが考えておられるのかどうか分りませんが、もしそうなら〔彼らの主張は〕確かに基礎を持っていません。物体はすべて自ら同じ方向へ進むと彼らは主張しているのですからね。イギリス国教会の神学者の故ヘンリー・モア氏は、とても有能な人物でしたが、知解できもせず明白でもない仮説を少々安易に立てすぎました。物質の原質料的原理（principe hylarchique）[9]がその証拠です。それは重さの原因、弾性力の原因、そこで起る他の不思議なことの原因なのです。彼のエーテル状媒質については言うべきことが何もありません。その本性について私はまだ検討していないのです。

〔15〕 **フィラレート**　物質という言葉に例を採ってみれば私の考えにもっと入っていただけるでしょう。物質というものは自然の内に実際に存在し、物体[10]とは別の存在者だと考えられています。そのことは実際に非常な明証性を持っているのです。そうでなかったら、これら二つの観念は一方の代わりに他方を無差別に置けたでしょう。というのも、〔その置き換えができないのは〕ただ一つの物質がすべての物体を構成するとは言えますが、ただ一つの物体がすべての物質を構成するとは言えませんからね。それにまた、思うに、一つの物質が他の物質より大きいとは言われないでしょう。物質は、物体の実体と固性を表現しています。ですから、私たちは様々な物質というものを概念しないのですが、それは様々な固性というものを概念しないのと同じです。そうは言っても、こういう厳密さの下に存在する何ものかの名として物質が解されるや否や、そういう思惟は第一資料に関しての不可解な言説や混乱した議論を生み出してきたのです。

テオフィル　その例はペリパトス派の哲学を非難するよりもむしろ弁護するのに役立つように私には思えます。もしいかなる銀も自然によってか人為によってか形付けられているという理由で、銀は自然の内に実際に存在するし、（厳密な意味で採って）皿やお金と区別された存在者であると言うことが許され難くなってしまうでしょうか。そういう理由で銀はお金の何らかの性質に他ならないなどとは言わないでしょう。ですから、一般自然学において第一質料について論じることや、その本性を明らかにして、それが常に一様かどうか、不可入性以外の何らかの性質を持つかどうか（実際私はケプラーに従って、慣性と呼ばれ得るものを更に持っていることを示したように[11]）、などを知ることは人の思うほど無益ではありません。尤も第一質料は全く裸の状態では決して見出されませんが。それは、あなたの所に純銀が無く、銀を精錬する手段を私たちが持たない時でも、純銀について論じることが許されるだろうのと同じです。それ故、私はアリストテレスが第一質料について語ったことを非難しません。けれども、あまりにそれに拘泥しすぎた人々、この哲学者の言葉を誤解して空想物を捏造した人々は非難せざるを得ません。彼らこそが恐らくまた、軽蔑や訳の分らない話に陥る機会を時として与えたのです。しかし、この名高い著者の過ちを強調しすぎてはなりません。なぜなら、彼の著作の多くは彼自身によって完成されたり出版されたりした訳ではないのですから。

［17］ **フィラレート** 第五の誤用は、言葉をその意味表示しないか、いかなる仕方によっても意味表示できない事物の代わりに置くことです。それは、実体の名で以て次のこと、即ち、私が金と呼ぶものには（実際にはその時、金は展性のあるもの以外の何も意味していないのに）展性があること以上の何かを言いたい時のことです。それは展性が金の実在的本質に依存することを理解させたいと思ってなのです。こういう訳で、アリストテレスに従って、人間を理性的動物というもので定義するのは良いことだし[12]、プラトンに従って、毛が無くて二本足の平たい爪をした動物という定義の仕方はまずいと、私たちは言うのです[13]。［18］そうした固有性が依存している実在的本質を持った事物を、これらの言葉が意味表示しているのだと仮定しないような人は殆どいません。けれどもそれは明白な誤用です。この言葉で意味表示された複雑観念の内にはそれは含まれていないのですから。

テオフィル 私の方はむしろ、この共通の用法を非難するのが間違っているのは明白だと思いたい。金の複雑観念の内には、それが実在的本質を持つ事物であり、展性というような諸性質がその本質に依存するということの他には詳しくは私たちに知られていないこと、そういったことが含まれているのですからね。しかし、自同的命題に陥らず、同語反復の誤り（le défaut de coccysme ou de répétition）[14]（第8章［18］参照）に陥らずに、金について展性というものを述べるには、この事物を、色とか重さとかのような別の諸性質によって再認しなければなりません。そしてそれは、可溶性で、黄色く、とても重くて金と呼ばれる物体が、ハンマーで簡単に展ばされ極端に薄い板にされ得る性質をもそれに与える本性を持っている、という風にしてです。プラトンに帰せられる人間の定義についてですが、それは練習のために作られただけのようですし、思うに、あなた自身、一般に受け容れられている定義と本気で比較しようとは思っておられないでしょう。〔プラトンの〕その定義が少々外面的にすぎ、暫定的にすぎることは明白です。というのも、先程あなたがお話しになったヒクイドリ（第6章［34］）で平たい爪を持ったものがもし見付かったら、それは人間になってしまうでしょう。[15] なぜなら、伝えられているようにディオゲネスがプラトン的人間にしようと思った鶏のように、羽をむしりとる必要などヒクイドリには無いでしょうからね。

［19］　**フィラレート**　複合様態においては、そこに入る一つの観念が変わるや否や直ちに別物であることが認められます。それは以下の幾つかの言葉によって明らかに思えます。即ち、殺人［murther］は、英語で、計画的に人を殺すことを意味し（ドイツ語ではMordtです）、故殺［manslaughter］（語源においては人を殺すという言葉に対応する言葉です）は、殺意は持ってはいても計画的ではない人殺しの行為を意味し、過失致死［chancemedly］（言葉の意味に従えば、偶然に起った格闘です）は図らずも為された人殺しなのです。というのも、それらの名で表現される事柄と、事物の内にあると私が思っている事柄（以前、名目的本質と実在的本質と私が呼んだもの）とは同じものなのですから。しかし、実体の名においては話が違います。というのも、或る人が金の観念には入れないものを他の人が入れたとしても、例えば不揮発性とか王水の中で溶けるということなどがそれですが、そうだからといって種が変わったとは人々は思わず、彼らが金という名に帰している隠れた実在的本質を成すものについて、一方の人が他方の人よりも完全な観念を持っていただけなのです。尤も、この秘密の連関は無用であり、私たちを当惑させるのに役立つだけですが。

テオフィル　そのことは既に私は言ったと思います。でもここでもう一度、あなたが今し方おっしゃったことは実体的存在者においてと同様に様態にも見出されること、内的本質へのこの連関は非難するにはあたらないこと、を明らかに示しておきましょう。ここに一つ例があります。放物線は、幾何学者たちの使う意味あいでは、一定の直線に平行なすべての光線が反射によって一定の点つまり焦点に集まるような図形のことである、と定義できます。しかし、この観念ないし定義によって表出されているのはむしろ外面であり結果なのであって、この図形の内的本質あるいはこの図形の起源を直ちに知らせ得るものではありません。人が望み、そしてこの結果をもたらす筈のそうした図形が可能なものなのかどうかを初めは疑うことさえできます。そしてそれこそ〔疑うこと〕私の考えでは、一つの定義がただただ名目的であって、諸固有性から採られたものなのか、それとも実在的でもあるのかを認識させるものなのです。しかしながら、放物線という名を口にし、私が今しがた言った定義によってしかそれを知らない者でも、それについて語る際に、とにかく一定の構造ないし仕組を持つ一つの図形を理解します。それを彼は知りはしませんが、学んで、描きたいと望むのです。それについてもっと深く窮めている別の人は何か別の固有性を付け加えるでしょう。そして例えば、問題の図形においては、縦座標と、曲線の同じ点に引かれた垂線で切り取られた軸の部分とは、常に一定であって、頂点と焦点との距離に等しいことをその人は発見するでしょう。こうして彼は初めの人よりも完全な観念を持ち、たとえまだその図形を描くには至っていなくとも、初めの人よりはそれを描くのは容易となるでしょう。しかしながらそれが同じ図形であることは認めても、その仕組はまだ隠れたままです。ですから、実体的事物を意味表示する言葉の用法の内にあなたが見出し、そして部分的には非難なさっておられるすべてのことは、複合様態を意味表示する言葉の用法の内にも見出され、明らかに正当なものとされていることはお分りですね。けれども、実体と様態との間には差異があるとあなたに思わせたのは何かというと、それは難しい議論を伴った叡知的様態についてここであなたが全然考慮なさっておられないことであって、そういう様態は難しい議論を伴うという点では物体に似てはいますが、物体を認識するのは更にもっと難しいのです。

〔20〕**フィラレート**　だとすると、私が誤用だと信じていたことの原因について言おうと思っていたことを、言わずにおかなければならないのかもしれませんね。自然は常に規則的に働き、種というものに言外に私たちが想定し、常

に同じ種的な名を伴うあの種的な本質ないし内的な仕組によって、自然は種の各々に限界を設ける、と私たちが誤って信じていたことにそれは因るかのように〔私は思っていました〕。

テオフィル　ですから、幾何学的様態を例に採れば、内的で種的な本質というものを引き合いに出すことはさほど間違っていないことがあなたにもよくお分りでしょう。尤も、確かに、私たちが名目的で暫定的な定義しかそれについては持っておらず、実在的定義を持つことがそう簡単には望めないようなもの、実体であれ様態であれそういう可能的な事物と、難しい議論を伴った叡知的な様態との間に差異はあります。私たちは、最後には、幾何学的図形の内的な仕組に到達できるのですからね。

〔21〕**フィラレート**　内的な本質や仕組への連関付けは私たちの言葉を無とか未知なものとかの記号にしてしまう、という口実でこの連関を非難するのは間違っていたようだ、ということがようやく分りました。というのも、ある観点からは未知であるものも、別の仕方で知られ得るし、内的なものもそれから生じる現象によって部分的には知られますからね。そして奇形に生まれた子は人間であるか否かという問について言うと、直ちにそれが決定できないとしても、種がそれ自身で十分に確定されていることには変わりはありません。私たちの無知が事物の本性を変える訳ではありませんからね。

テオフィル　実際、とても有能な幾何学者たちであっても、主語〔の内容〕を汲み尽くしていると思われる幾つもの固有性を自分たちが認識してはいながら、当の図形が一体何なのかを十分に知らなかったということもありました。例えば、真珠線(16)と呼ばれる曲線があり、その求積法や表面積の求め方や回転してできる立体さえも判ったのですが、それは当の曲線が幾つかの三次放物面の複合でしかないということが知られる前のことでした。こういう訳ですから、これら真珠線が別個の種として以前考えられていた際には、それらについて暫定的な認識しか持たれていなかったのです。そういうことが幾何学において起り得るのだとしたら、それより比較にならないほど込み入っている物体的自然の種を決定するのが難しくても驚くにあたるでしょうか。

〔22〕 **フィラレート**　せっかく始めた枚挙ですから、続けて第六の誤用に進みましょう。尤も、その内の幾つかは削除した方が良いことはよく分りました。この誤用は一般的ですが気付かれることは殆どありません。長い間使うことで一定の観念と一定の言葉が結び付いてしまい、人々はこの連結が明白なものであって皆がそれについては合意していると思い込んでしまうのがこの誤用です。そこで、人々が使っている言葉の意味を問われると、その問いが絶対に必要な時でさえ、とても奇妙に思ったりすることになります。生命について語るとき何を理解しているのかをもし問われたら、〔そういう問を立てること自体が〕無礼であると考えない人は僅かしかいません。けれども、生命についての人々が持っている〔程度の〕漠然とした観念では、種子の内に既に形成されている植物は生命を持つかどうか、まだ孵っていない卵のなかにいる雛はどうなのか、失神して感覚も運動もしていない人間はどうなのか、などを知ることが問題の時には十分ではありません。そして、人々は、使われている言葉の説明を求める必要があるほど自分の知力が劣っているとかあるいは〔言葉というものに〕喧しいとは思われたくなく、使われる言葉の用法について他人を絶えず(17)正すほどうるさく批判的ではないにも拘わらず、それでも、厳密な探求が必要な時には、説明にまで行き着かなければなりません。異なる派に属する学者たちが互いに論争するに際して弁じたてられる推論においては、異なる言語を話しているだけであり、考えていることは、観点は恐らく違っていても同じである、というのはしばしばのことです。

テオフィル　生命の概念については十分に私は説明したと思います。生命は魂においては常に表象を伴っている筈です。さもないと、それは見かけにしかすぎなくなってしまいます。アメリカの原住民が懐中時計や掛け時計に帰属させた生命とか、あるいは町で最初に操り人形の見世物興行をかけた人物を魔女として罰しようとした時、悪魔によって吹き込まれたと信じて、あの司法官たちが操り人形に帰属させた生命のようにです。

〔23〕 **フィラレート**　結論的に言って、言葉が使われるのは(18)、（１）私たちの考えを理解させるため、（２）それを容易にやるため、そして（３）事物の認識への緒を与えるため、です。第一の点において人が失敗するのは、言葉の確

定的で恒常的な観念を持たないか、あるいは他人に受け容れられたり理解されたりしない観念を持っている時です。[23](19)〔自分の考えを伝えるのが〕容易にはできないのは、非常に複雑な観念を持ちながら、はっきりした名を持たない時です。それは〔そういう〕名を持たない言語自身の欠陥であることもしばしばですが、またその名を知らない人間の欠陥であることもしばしばあります。そういう時には長ったらしいパラフレーズが必要になります。(20)[24](21)しかし、言葉によって意味された観念が実在するものと一致しない時には、第三の点で失敗します。[26]（1）観念無しに言葉を持つ人は、本のカタログしか持たないようなものです。[27]（2）非常に複雑な観念を持つ人は、書名も付かぬままの未製本の書物を沢山持っている人のようなものでしょう。[28]（3）記号の使い方において一定していない人は、同じ名の下に異なる諸事物を売る商人のようなものでしょう。[29]（4）一般に受け容れられている言葉に特殊な観念を結び付ける人は、自分の持ち得る知識によって他人を照らすことはできないでしょう。[30]（5）かつて存在したことのない実体の観念を頭で思い描く人は、実在の認識に関して前進できないでしょう。[33]第一の人は、タランチュラとか愛とかを口にしても空しいでしょう。第二の人は新しい動物を見ても容易に他人にそれを知らせることができません。第三の人は、物体を、或る時は固体と、或る時は延長しか持たないものと、解するでしょう。そして質素というもので、彼は或る時は徳を、また或る時はそれと隣りあった悪徳を指すかもしれません。第四の人は、牝驢馬を馬と呼ぶかもしれませんし、皆が浪費的と呼ぶものは彼には気前が良いということなのかもしれません。そして第五の人は、ヘロドトスを典拠として、(22)タタール地方に、一つの目しか持たない人々から成る国家を探すかもしれません。(23)初めの四つの欠陥は実体にも様態にも共通ですが、第五のものは実体に固有であることには注意しておきましょう。

テオフィル　あなたのご指摘はとても為になりました。偶有性とかあるいは存在の仕方について持たれる観念の内にも、空想的なものがあるように私には思えるとだけ付け加えておきましょう。(24)ですから、第五の欠陥もまた実体と偶有性とに共通のものだということになります。風変わりな羊飼いが風変わりであったのは、木の中に隠れているニンフがいると信じたからだけでなく、いつでも数奇な冒険を心待ちにしていたことにもよるのです。

〔34〕 **フィラレート** そろそろ結論にしようと思っていたのですが、第七のそして最後の誤用を思い出しました。それは比喩的な言葉ないし引喩の誤用です。けれども、それを誤用とは考えにくいでしょう。なぜならエスプリとか想像とかは、無味乾燥な真理より受け容れやすいからです。楽しむことしか求められていない言説ではそれはうまくいきます。しかし、実際には、秩序と明瞭さとを除いて、修辞学のすべての技術、言葉の人工的で比喩的な適用は、偽なる観念をほのめかし、情念を刺激し、判断を誤らせることにしか役立たず、従って欺瞞でしかないのです。それにも拘わらず、第一級の地位が与えられ、報酬が与えられてきたのは正にこの、人を欺く技術になのです。それは、人間というものが真理など気に懸けず、欺いたり欺かれたりすることをとても好んでいるということです。このことが正に本当であるが故に、私がこの技術に反対して今しがた言ってきたことは非常に大胆な所業と見做されるだろうことを私は疑いません。というのも、雄弁術は、女性に似て、あまりに強い魅力を持っているので、それに反対する余地など無い〔かのようなの〕ですから。

テオフィル 真理へのあなたの情熱を非難するつもりなど私には全く無く、〔むしろ〕その情熱は正当なものだと思います。そして、その情熱はきっと人を動かすことができるでしょう。そのことについて私は絶望しきってはいないのです。なぜなら、あなたは雄弁と戦うのに雄弁自身の武器を以てなさっておられるようですし、あなたは、この、人を欺く雄弁より優れた、別種の雄弁を持っておられるようにさえ見えます。そしてそれはちょうど、神的愛の母であるウラニア・ヴィーナスがいて、それを前にしては、盲目的な愛の母であるあの劣等な別のヴィーナスは目隠しをされた自分の子供と共に敢えて現れたりしなかったのと同様になるでしょう[25]。けれども、そのこと自身が、あなたのテーゼは幾らか緩和される必要のあること、雄弁の幾つかの飾りはエジプト人たちの器のようなものであって、真の神を礼拝するのに使われても良いこと、を示しています。それは誤用された絵画や音楽も同じです。その内、絵画はしばしばグロテスクで有害でさえもある空想を表現しますし、音楽は心を柔弱にしてしまうのです。そして二つとも徒らに〔人を〕楽しませます。しかし、それらは有益に使われることもできるのです。或るものは真理を明晰にするために、別のものは真理を感動的なものにするためにです。そして最後の効果はまた詩の効果でもあるに違いありませんし、修辞学や音楽にも相通じるところがあります。

11

今しがた述べられた不完全性と誤用とに施され得る矯正策について

〔1〕**フィラレート**　今は真の雄弁の使い方についてのそういう議論に深入りする場合ではありませんし、あなたの親切なお言葉に応える訳には尚更いきません。言葉というものについて指摘してきた不完全性の矯正策を探して、この主題を終えることを考えなければならないのですからね。〔2〕言語を改革しようなどと試みたり、自分たちが認識を持っているものについてしか語らないよう人々に強制しようとしたりするのは馬鹿げているでしょう。〔3〕しかし、真理の真面目な探求に関わっている場合には、哲学者が厳密に語るように求めるのは行き過ぎではありません。さもなければ、すべてが誤謬と強情と空しい議論で満たされてしまいます。〔8〕第一の矯正策は、いかなる意味も結び付けずに本能・共感・反感といった言葉がしばしば使われているのに対して、観念を結び付けずにはいかなる言葉も使わないということです。

テオフィル　良い規則です。でもその例は相応しいでしょうか。本能というもので皆が理解しているのは、理由を概念することも無く自分に相応しいものへと向かう、動物の傾向のように思えます。それに人間だって尚更、自分たちの内にまだ見出されるこうした本能をおろそかにしてはいけないでしょう。尤も、不自然な生き方が、それを大部分殆ど消してしまってはいますが。自己療法は[1]、そのことをうまく述べています。感応あるいは反撥は、感覚というものを持たない物体において、動物に見出されるような結び付いたり離れたりする本能に対応するものです。そして、これらの傾向ないし傾きの原因が知解できたら良いのですが、それができなくともその原因について知的に語るには十分の概念を持ってはいます。

〔9〕 **フィラレート** 第二の矯正策は、様態の名の観念が少なくとも確定されていること、そして〔10〕実体の名の観念が、現実存在するものともっと合致すること、です。正義というものは他人の財産について法に適った管理をすることだと言う人がいても、法と呼ばれることについての判明な観念が持たれていないのなら、この〔正義という〕観念は十分に確定されている訳ではありません。

テオフィル 法は知恵の掟、ないし至福の知であると、ここで言っておいても良いでしょう。

〔11〕 **フィラレート** 第三の矯正策は、可能な限り、一般に受け容れられている用法に合致して言葉を用いることです。〔12〕第四の矯正策は、言葉をどういう意味で解しているかを宣言することです。それが、新しい言葉を作る時や、あるいは古い言葉を新しい意味で用いる時であれ、用法が意味を十分には定めていない時であれ、です。〔13〕でも、〔そこには〕差異があります。〔14〕定義され得ない単純観念の言葉は、同義語でもっと知られているものがあればそれで説明されるでしょうし、あるいは事物を呈示することによっても説明されます。田舎者に、枯れ葉色とはどんな色かを分らせ得るのはこういう手段を以てであり、秋に落ちる枯れ葉の色だと述べることによってです。〔15〕複合様態の名は定義によって説明されるべきです。というのも、それができるのですから。〔16〕道徳が論証を容れるのも正にその故にです。そこでは人間は物体的で理性的な存在者と解され、外面的な姿形は気に懸けないでしょう。〔17〕というのも、道徳的な主題が明晰に扱われ得るのは定義という手段によってだからです。精神の内にある観念に従って正義を定義する方が、アリステイデスのように[2]私たちの外にモデルを探してそれに基づいて正義を形成しようとするより良いでしょう。〔18〕それに、大部分の複合様態〔を形成するもの〕はどこにも一緒には存在しませんから、分散

しているものを枚挙することによってそれらを定義してしか確定できません。〔19〕実体には普通、主導的性質ないし特徴的性質があり、それを私たちは種を区別するのに最も適した観念だと考えています。そしてそれに、種の複雑観念を形成する他の諸観念が結び付いていると想定しているのです。それは、植物や動物では形であり、生命のない物体では色であり、或るものでは色や形を一緒にしたものです。それ故、〔20〕プラトンによって与えられた人間の定義はアリストテレスのものよりも特徴的です。そうでないなら奇形に生まれた子たちを決して殺してはなりません。〔21〕そしてしばしば、見ることは別の吟味と同様に役立ちます。というのも、金を調べるのに慣れている人はしばしば、見ただけで、本物か偽物か、純粋なものか不純なものかを区別してしまいますからね。

テオフィル　原始的観念にまで行き得る定義に、疑い無く、すべては帰着します。同一のものが幾つもの定義を持つことはできます。けれどもそれら定義が同じ物に適合するのを知るには、理性に従って一つの定義を他の定義で証明することによってか、あるいは経験に従ってそれら諸定義が常に一緒にあることを確かめることによって、知るのでなければなりません。道徳について言うと、その一部は完璧に理性に基づいています。けれども、経験に依存し、〔人々の〕気質に関わる別の部分もあります。実体を知るために、形や色、言い換えれば見えるものが私たちに第一の諸観念を与えます。なぜなら事物が遠くから知られるのはそれらによってなのですから。でもそれら諸観念は、普通、あまりに暫定的であり、私たちにとって重要な事物においては、もっと近くから実体を認識するよう私たちは努めるのです。それに、プラトンに帰される人間の定義へ、まだあなたが戻られようとなさることに私は驚いています。あなた自身、〔16〕で、道徳においては人間を、外面的な姿形にこだわらずに、物体的で理性的な存在者と解すべきだとおっしゃったばかりなのですから。それに、豊富な実践は、他の人が難しい分析試験によってやっと知り得るような事柄を、見ただけで識別するのに大いに資することは確かです。ですから、豊富な経験を持った医師は、とても良い見立てと記憶をしていて、別の医師が問診をしたり脈をとったりしてやっと引き出す病名を、一目でしばしば見て取ってしまうのです。しかし、持ち得るだけのすべての指標を一緒にするのが賢明です。

〔22〕 **フィラレート**　優れた分析試験士が金のすべての性質を教えた者は、見ただけでは持ち得ないようなより良い認識を金について持つだろうことを私は認めます。しかし、もし私たちが金の内的な仕組を学び得たら、金という言葉の意味は、三角形という言葉の意味と同じ位に容易に決定されるでしょう。

テオフィル　金という言葉の意味は全く同じように決定されるでしょうし、そこには何の暫定的なものももはや無いでしょうが、そんなに容易に決定されはしないでしょう。というのも、金の組織を説明するには少々長ったらしい区別が必要だろうと私は思うからです。幾何学においてだって、長い定義を持った図形があるのと同じです。

〔23〕 **フィラレート**　身体から離れてある諸精神は疑い無く私たちより完全な認識を持っています。尤も、そういう精神が獲得し得る認識の仕方についていかなる概念も私たちは持っていませんが。とは言え、私たちが三角形について持っている観念と同じ位明晰な諸観念を、それらは物体[3]の根源的な仕組について持つことができるでしょう。

テオフィル　身体を完全に離れてある被造的精神は無いと判断する理由を私が持っていることは既に言いましたよね。そうは言っても、私たちの器官や知性より比較にならないほど完全なものを持ち、私たちのいかなる理解をも超えている精神は疑い無く存在します。フレニクル氏[4]や、先にお話ししたスウェーデンの少年が、常人を超えているのと同じかそれ以上の超え方で、です。

〔24〕 **フィラレート**　名を説明するのに役立ち得る実体の定義が、事物の認識に関しては不完全であることに、既に私たちは留意しておきました。というのも、普通、私たちは事物の代わりに名を置くからです。それ故、名は定義以上のことを語ります[5]。ですから、実体を巧く定義するには、自然誌を探究しなければなりません。

テオフィル　ですから、例えば金という名は、それを発音する者がそれについて知っている事柄、例えばとても重い黄色いものを意味するだけでなく、その者が知らず別の人が知り得るような事柄をも意味していることが分っていただけるでしょう。言い換えればそれは内的な仕組を持った物体で、その仕組に色や重さは由来するし、専門家にはもっと良く知られているということをその者が認めているような別の諸固有性もがそこから生まれてくるということを分っていただけるでしょう。

[25]　**フィラレート**　こうなると、自然学的探究に精通している人々が、各々の種の諸個体がそこにおいては恒常的に一致していると観察する単純観念を呈示してくれることが望ましいでしょう。しかし、この種の辞書を編纂するには、それが言わば自然誌を包含するので、一つのそうした作品を作るのには多すぎる人手と時間と労苦と明敏とが必要でしょう。そうは言っても、外面的な姿形によって知られている事物に関しては、言葉に小さな挿絵を添えるのも良いでしょう。そういう辞書は後代の人々にとても役立ち、将来の批判をかなり免れさせてくれるでしょう。セロリ(apium)とかブクタン（ibex、野性の山羊の一種）とかの小さな挿絵は、この植物や動物の長い記述よりもずっと良いでしょう。そしてラテン人たちが strigil、sistrum、tunica そして pallium と呼んでいたものを知るには、欄外に書かれた挿絵の方が、馬ぐし・シンバル・長上衣・上衣・外套といった、それらを全然知らせてくれないいわゆる同義語よりも比較にならない位良いでしょう。それに私は言葉の誤用の第七の[6]矯正策、即ち同じ言葉は同じ意味で常に用いること、ないし変える時は知らせること、についてくどくど話すつもりはありません。というのもそれについては十分に私たちは話してきましたから。

テオフィル　ペキンの数学協会の会長であるグリマルディ神父[7]が言うには、中国人は絵入りの辞典を持っているそうです。各々の言葉にそういう絵がついているような、ニュールンベルクで印刷された用語集[8]があり、それはかなりしっかりしたものです。そういう絵入りの普遍的辞典が望まれていますし、作るのはさほど難しくないでしょう。種の記述に関して言うと、それは正に自然誌であって、段々と手が付けられましょう。戦争（王立協会や王立アカデミーの最初の創立以来、ヨーロッパの秩序を乱してきた）が無ければ、順調に行って、既に私たちの仕事を利用する状態にあったでしょう。しかし、お偉方は大抵は、そういうことの重要性を理解しておらず、確固とした認識を促進することを怠ればどれほどの利益が失われるかを知らないのです。それのみならず、彼らは普通、自分たちの関心をさしあたっては引かない事物について考察するには、あまりに平和の喜びないし戦争の心配によって心を乱されてしまっているのです。

IV　認識について(1)

1

認識一般について

〔1〕 **フィラレート**　今まで私たちは観念と、それら観念を表現する言葉についてお話ししてきました。今度は、それら観念がもたらす認識に話を移しましょう。というのも、認識は私たちの観念によるものでしかないのですから。

〔2〕そして認識とは、私たちの持つ二つの観念(1)の間に見出される結びつき・一致、あるいは対立・不一致の知覚に他なりません。想像するにしろ推測するにしろ、あるいは信ずるにしろ、何時だってそれなのです。例えばこの手段を以て私たちは、白は黒でないとか、三角形の内角と、その内角の和が二直角に等しいということが必然的な結びつきを持っていることに気づくのです。

テオフィル　認識はもっと一般的にも解されます。命題とか真理にまで行く前に、観念とか名辞の内にも認識は見出されるのです。ですから、植物や動物の絵とか、機械の図面とか、家や砦の描写や絵とかを注意深く見れば見るほど、優れた小説をより多く読み、珍しい話をより多く聞くほど、その人は他の人よりも多くの認識を持つと言えます。人が彼に描写したりしてみせたすべてのものの内に真理という語〔に当てはまるもの〕は一つも無いとしてもです。というのも、沢山のはっきりしていて現実的な諸概念ないし諸観念を精神の内で表現してきたという彼の習慣は、人が彼に呈示するものを概念する場合に役立ちます。それに、そういう話や絵において、真実でないものを真実だと取りさえしなければ、何も見ず何も読まず何も聞かなかった人[2]よりも彼の方が事情に通じているし慣れているし有能であろうことは確実ですし、その上それら印象は彼が実在的なものを想像的なものから、現実存在するものを可能的なものから識別するのに役立つのは確かです。こういう訳なので、改革の世紀の或る論理学者たち、ラムス[3]の信奉者たちの一派から何らかのものを受け継いでいる論理学者たちが次のように言うのも決して誤りではありません。即ち、トピカつまり発見の場所（彼らが呼ぶところの argumenta（拠点））は、単純なテーマ言い換えれば事物とか観念のとても詳細な説明ないし描写にも、複雑なテーマ言い換えると文、命題、ないし真理の証明にも役立つ、と言うのです[4]。一つの文は意味や力を十分に知らせるために、その真理性とか証明とかに関わることなく、説明され得ることさえできます。聖書の幾つかの件《くだり》を説明する説教とか福音書講話の際とか、あるいは真理性が前提とされている市民法ないし教会法の幾つかのテキストについての注釈[5]あるいは講義の際に見られるようにです。観念と命題との中間に位置するテーマがあるとさえ言えます。問がそれです。問には、然りか否かだけを尋ねているものもあり、それが命題に最も近い問です。しかし、有り様、状況などを尋ねていて、そこから命題を作るにはもっと補うべきものがあるような問もまたあります。確かに描写においては（それが純粋に観念的な事物の描写であっても）可能性の暗黙の承認がある、と言って良い。しかしまた、虚偽であることの説明と証明を企てることができ、それが時には虚偽性を暴くのに最も役立つのと同様に、描写の術はまた不可能に陥ることもあり得るというのもまた確かです。そういったことは、スカンディアノ伯爵[6]の作り話にも見出されますし、アリオスト[7]もそういうものを書きました。ガリアのアマディス[8]や他の古い小説の内にも、仙女物語の内にもあります。後者は先頃再び流行になりました。ルキアノスの本当の物語[9]の内にも、シラノ・ド・ベルジュラックの旅行記[10]の内にも見出されます。画家たちの描くグロテスク模様は言うまでもないでしょう。こういう訳で、修辞学者たち[11]によれば寓話は progymnasmata 即ち予備練習に入っているのは周知のことです。しかし認識というものをもっと狭い意味で採れば、真理が諸観念の一致ないし不一致に常に基礎づけられているのは確かですが、真理についての私たちの認識がこの一致と不一致の知覚であるとは一般的には言えません。というのも、真理を経験的にしか知らない時、真理を体験したからといって、体験した事柄の内にある諸事物の連結と理由を私たちは知らないのであって、この一致ないし不一致を意識せずに混雑した仕方で感覚するといった風にでも解釈されるのでなければ、そういう一致・不一致の知覚を私たちが持っていることにはなりません。でも、あなたの掲げられている例は、連結あるいは対立がそこでは意識されているような認識をいつもあなたが要求なさっていることを示している（ように思えます）。そこが同意し難いところなのです。その上、複雑なテーマは、真理の証明を求める際にだけでなく、既に見たように論題(12)の場所に従って真理を説明したり別様に解明(13)したりする際にも論ずることができます。最後に、あなたの定義についてもう一言述べておきたい。それはあなたの定義が主語と述語という二つの観念があるという定言的真理にだけ当てはまるようだということです。しかし、前件命題と後件命題との間の結び付きがあるような仮言的真理や（選言的真理その他のように）仮言的真理に還元できるものの認識もあるのです。そこには二つよりも多くの観念を入れることができます。

［3］**フィラレート**　ここでは真理の認識に限っておいて、諸観念の結び付きについて言われるだろうことを命題の結び付きにも応用しましょう。そうすれば、定言的命題と仮言的命題をそこにすべて一緒に含ませられます(14)。さて、私はこの一致あるいは不一致を四種類にまとめて良いと思います。それは（1）同一性あるいは差異性、（2）関係、（3）共存あるいは必然的連結、（4）実在です。［4］というのも、精神は一つの観念は他の観念ではないこと、白は黒ではないことを、直接に知覚するからです。［5］それらを比較対照して関係を知覚するのですから。例えば、底辺が等しくて二つの平行線の間にある三角形は等しいといった具合に。［6］その他に共存（あるいはむしろ連結(15)）があります。不揮発性が金の他の諸観念に常に伴っているように。［7］最後に、精神の外なる実在があります。神あり、と言われる時がそれです。

テオフィル　結び付き（liaison）とは、一般的な意味で採られた連関（rapport）ないし関係（relation）に他ならないと言って良いと思います。それに、いかなる連関も比較（comparaison）であるか出会い（concours）という連関であるかだ、と先に私は述べておきました。比較の連関は、全体的にかあるいは何らかのものに関してかの差異性と同一性とをもたらします。それが、同じものあるいは違うもの、類似のものあるいは類似していないもの、を成すのです。出会いはあなたが共存と呼ぶこと、つまり現実存在の連結を含んでいます。しかし或る事物が現実存在する、あるいはそれが実在を持つと言われる時、この現実存在ですら述語です、言い換えれば現実存在はそれが問題となっているものの観念と結びついた一つの概念を持っているのであり、これら二つの概念の間に連結があるのです。或る観念の対象の現実存在はまた、この対象と私との出会いとして考えられても良い。こうして、比較と出会いとしか無いと言い得ると私は思いますが、同一性あるいは差異性を示す比較というものと、事物と私との出会いというものが、他の諸関係の内で際立たせられるに値するものだと言っても良いと思います。もっと正確でもっと深遠な探究も恐らくできるでしょうが、ここではちょっとした注意だけで満足しておきます。

〔8〕**フィラレート**　観念の関係を現に知覚している現実的認識があり、また習慣的認識というものもあります。後者は、精神が観念の一致あるいは不一致をとても明証的に意識して記憶の内に位置づけるので、その命題について考えるに至る度毎に直ちにそれの含む真理性を確信し、少しも疑うことがないといったものです。というのも、一度にはただ一つの事物しか明晰かつ判明に思惟することはできないので、もし人々が自分たちの思惟の現実的対象しか認識しないとしたら、最も多く認識する人もただ一つの真理しか認識しないことになるでしょう。

テオフィル　確かに私たちの知識は、最も論証的なものでさえ、大抵は推論の長い連鎖によって獲得されなければならないので、過ぎ去った論証の記憶を包蔵しているに違いないのですが、結論が出た時にはそういうものを最早はっきりとは考えていません。そうでなければ、常にこの論証を繰り返すことになってしまうでしょう。それに論証が続いている間でさえ、それを一度に全部理解などできないでしょう。だって、論証のすべての部分が同時に精神に現前する訳にはいきませんからね。従って、以前の部分を常に思い浮かべていたのでは、結論を完成する最終的部分にまで決して進まないのです。そしてそのことがまた、文字無しでは学問をきちっと打ち立てるのを難しくする訳です。記憶はそれほど確実ではないからです。しかし、長い推論も、例えばアポロニウス[16]のそれのように、書いておいて、あたかも鎖の輪を一つずつ点検する場合のように、部分毎にすべて見直すことで、人々は自分たちの推論に確信が持てるのです。験算もまたそれに役立ちますし、成功が最終的には全体を正当化します。しかしながらそこから分るのは、いかなる信念も、過去に見たこと、証明、理由といったものの記憶から成り立っているので、信じるか信じないかは私たちにはどうすることもできず、私たちの自由意志の及ぶところではないのです。記憶は私たちの意志に依存するものではないのですからね。

〔9〕**フィラレート**　確かに私たちの習慣的認識には二種ないし二つの程度があります。時によると、記憶に蓄えられた真理は、精神がその真理の内に入っている諸観念間にある関係を見るや否や現前します。しかし時によると精神は確信したという記憶で満足してしまって、その証明を記憶に留めておらず、好む時にそれら証明を思い出すこともできぬままでいることさえしばしばあります。それは問題になっている真理を実際に認識しているというよりはむしろ自分の記憶を信じていると考えて良いでしょう。それは臆見と認識との中間であり、他人の証言に基づく単なる信念を超えた確信だ、と以前は私には思われました。けれども、よく考えてみると、この認識は全き確実性を含んでいることに気付きます。三角形の内角の和が二直角であるというあの命題の真理性をかつて確信していたということを私は思い出す、言い換えれば認識します（想起というのは過ぎ去った事柄[17]が蘇ってくることでしかないのですから）。ところで同じ変わらぬ事物間の同じ関係の不変性が、この場合、かつてもしそれらが等しかったなら今も等しいだろうと思わせる中間的観念なのです。こういう根拠に基づいてこそ数学において個々の論証が一般的認識をもたらすのです。そうでなければ幾何学者の認識は論証する際に描かれた個々の図形を超えて広がりはしないでしょう。

テオフィル　あなたのおっしゃる中間的観念は私たちの記憶の正確さを前提としていますが、時には記憶が私たちを欺くことも起りますし、必要な行き届いた注意のすべてを払わなかったということもあります。尤もそれを払ったと今は思ってはいるのですが。験算をしてみるとそれは明らかになります。私たちのハルツ鉱山においてのように、時には公の検査役が置かれることもあり、個々の坑の管理人をもっと注意深くするために、計算間違いをする毎に罰金を科したりしました。それにも拘わらず、間違いはあります。しかしながら、注意を払えば払う程過去の推論に信頼を置くことはできます。私は計算を書く場合の一種の書き方を考案しましたが、それは欄の合計をする人が自分の推論の手続きの跡を紙に残して、無駄なことをしないですむようにとの考えからやったのです。いつでも見直しが効き、最初の方〔の計算〕に影響を与えることなく最後の方の誤りを直せます。他人が見直しをしようとする時も、このやり方なら殆ど苦になりません。一目で同じ跡を検討できるのですからね。その上、各項目の計算を確かめる手段もそれは与えてくれます。とても便利な一種の験算によってです。こうした考察が計算の労力を著しく増大させることなく[18]。そしてこうしたすべてのことから良く分るのは、人々は紙に書けば厳密な論証を持ち得るし、疑いも無く無数のそうしたものを持っていることとです。しかし全き厳密さを用いたと記憶しているのでなくては、こうした確実性を精神の内には持ち得ないでしょう。この厳密さというのは規則にあります。各部分についてその規則を守ることが全体に関しての保証となるのです。鎖を輪の一つ一つから検査する場合などがちょうどそれで、そこでは、各々の輪がしっかりしているかどうかを見て点検し、一つも飛ばさないよう手で以て検査して、鎖の上等さを確信するに至るのです。そしてこういう手段で以て人間的事物が持ち得るすべての確実性は手に入れられます。けれども、数学においては、描かれる図形についての個別的論証があの一般的確実性をもたらすなどと私は認める訳にはいきません。あなたはそう思っていらっしゃるようなのですが、だめです。というのも、幾何学者たちに証明をもたらすのは図形ではないことを知らねばならないからです。尤も、〔彼らの〕説明の仕方はそう思わせてしまうのですけれどもね。論証の力は描かれた図形からは独立です。当の図形は、言いたいことや注意を促したいことの理解を容易にするためだけのものです。推論を成すのは普遍的命題、言い換えれば、定義、公理、既に論証された定理であり、[19]たとえ図形が推論には無かろうとも、〔それらが〕当の推論を支えているのです。そういう訳なので、シェウベリウスのように学識ある幾何学者はユークリッドの図形をそれに添えられた論証と結び付け得る文字を書かずに呈示しましたし、ヘルリヌス[20]のような人は、この論証を三段論法や前三段論法に還元しました。

2 私たちの認識の程度について

［1］ **フィラレート** そこで、認識は、二つの観念の一致を直接的にそれら観念自体によって、他の観念が介在してくることなしに精神が知覚する時、直観的認識です。この場合、真理を証明したり検討したりするのに何の苦労も精神は必要としません。目が光を見るように、精神は、白が黒でないこと、円が三角形でないこと、三は二足す一であること、を知るのです。こうした認識は人間の弱さを以てしてもできる最も明晰で最も確実なものであり、抵抗できない仕方で働き掛け、精神には躊躇する余地など残されていません。それは、知覚される通りに観念が精神の内にあると認識することです。これ以上の確実性を求める者は、何を自分が求めているのか分っていないのです。

テオフィル 直観によって知られる原始的真理は、派生的真理と同様、二種類あります。それらは、理性の真理か事実の真理かのどちらかに属します。理性の真理は必然的であり、事実の真理は偶然的です。理性の原始的真理は一般的な名で言うと自同的と私が呼んでいる真理です。なぜならそれらは同じことを繰り返すのみであり、何も私たちに教えないように思われるからです。それらは肯定的なものかあるいは否定的なものです。肯定的な自同的真理は次のようなものです。即ち、「各々の事物はそれがそれであるところのものである」、それから、どんな例を採っても、「AはAである」、「BはBである」もそうですし、「私は私がなるであろうものになるであろう」、「私が書いたものは私が書いたものである。」そして、「無は、詩においても散文においても、無である、ないしつまらぬものである」、「等辺矩形は矩形である」、「理性的動物は常に動物である」もそうです。そして仮言的真理の内にも「もし四つの辺を持つ正図形が等辺矩形であるなら、その図形は矩形である」、といった例があります。繫合的な（copulatives）命題や選言的な命題や他の諸命題もまたこの自同的なとらえ方を許しますし、「非Ａは非Ａである」といったものまで私は肯定命題に含めます。そして仮言的命題としては、「もしＡが非Ｂなら、Ａは非Ｂであることが帰結する」、同様に、「もし非ＡがＢＣなら非ＡはＢＣであることが帰結する」、「鈍角を持たない図形が正三角形であり得るならば、鈍角を持たない図形は正図形であり得る」、といったものを掲げておきましょう。さて、次は否定的な自同的真理ですが、それは矛盾の原理かあるいは異類なもの（disparates）の原理かに属します。矛盾の原理は一般的に「一つの命題は真であるか偽であるかである」といったもので、次の二つの真なる陳述を含んでいます。一つは「同一の命題では真と偽とは両立しない」、即ち、「一つの命題は同時に真でありかつ偽であることはできない」、であり、もう一つは「真と偽という対立ないし否定は両立しない」、即ち「真と偽との中間は無い」、あるいは「一つの命題は真でも偽でもないことはない」、というものです。ところでこうしたすべてのことは、想像し得る個々の命題のすべてにおいても真です。例えば、「ＡであるものはＡではあり得ない」とか、また、「ＡＢは非Ａではあり得ない」、「等辺矩形は非矩形ではあり得ない」、更に、「いかなる人間も動物であることは真だから、動物でない人間が見出されるということは偽である」、がそれです。これら陳述はいろいろな仕方で変形できて、繫合的命題や選言的命題その他にも応用できます。異類のものについて言いますと、それは、或る観念の対象が他の観念の対象ではないことを述べた次のような命題です。「熱は色と同じ物ではない」、また、いかなる人間もが動物ではあっても、「人間と動物とは同じではない」、といったものがそれです。こうしたすべてのことは、これら観念が十分に理解されていてここでは分析が必要とされていない時には、いかなる証明からも、あるいは対立や矛盾の原理への還元からも独立に確定され得ます。これら観念が十分理解されていないと、間違いが起りやすい。というのも「三角形と三辺形とは同じではない」

などと言って誤ったりするのですからね。よく考えれば、三つの辺と三つの角は常に一緒にあることが分るのですから。「四辺矩形と矩形は同じものではない」と言ってもまた間違いです。というのも、四つの辺を持った図形だけがすべての角が直角であり得ることが分るからです。しかしながら、抽象的なものにおいては、「三角形は三辺形ではない」とか、哲学者たちが言うように、「三角形と三辺形との形相的理由は同じではない」と言うことは何時だってできます。これらは同一の事物への異なる関わり方なのです。

今まで私たちが言ってきたことを辛抱強く聞いた後で、結局それが分らず、私たちはつまらない陳述を弄んでいるだけで、自同的真理など何の役にも立たない、という人がきっというでしょう。しかしこうした事柄について十分に考えてこなかったのでそんな誤った判断をすることになるのです。（例えば）論理学的な推論は自同的原理によって証明されますし、幾何学者は証明に際して矛盾の原理を必要とします。帰謬法において使うのです。ここでは推論の帰結の証明においての自同的なものの有用さを示すことで満足しておきましょう。そこで私が言いたいのは、三段論法の第二格と第三格を第一格で論証するには矛盾の原理だけで十分であることです。例えば、第一格、バルバラ〔式〕で次のように結論を引き出せます。

即ち、

すべてのＢはＣである、
すべてのＡはＢである、
従って、すべてのＡはＣである。

結論が偽（即ち或るＡはＣでないというのが真である）と仮定しましょう。すると前提のどちらかも偽ということになります。第二前提が真だとしましょう。すると、すべてのＢはＣであると主張する第一前提は偽です。それ故、それに矛盾するものが真となります。つまり或るＢがＣではなくなります。そしてそれが結論の虚偽性とそれに先立つ前提の一つの真理性とから引き出される新たな論証の結論になるのです。以下に掲げるのが新たな論証です。

或るAはCでない。

これは偽と仮定された先の結論の反対命題です。

すべてのAはBである。

これは真と仮定された先の前提です。

従って或るBはCでない。

これは偽である先の前提とは反対の、真である今度の結論です。

この議論は第三格ディサミス式(1)にあり、それが、矛盾の原理しか用いずに、第一格バルバラ式からこうして明らかにそして一目で論証されるのです。まだ若い頃、こうした事柄を私は細かく調べた時、第二格と第三格のすべての式は次のようにすればこの方法だけで第一格から導き出せるのに気づきました(2)。即ち、第一格の式は正しいと仮定し、従って、結論が偽即ち結論に矛盾するものが真と考えられ前提の一つがまた真とされた時、もう一つの前提に矛盾するものは真でなければならないと仮定すれば良いのです。確かに論理学教程においては、主要な格である第一格からそれほど主要でない格を導くのによく換位が使われます。学ぶ者にはその方が便利に思えるからです。しかし論証的理由（そこではできる限り少ない仮定で済まさなければならないのですが）を求める者たちは原始的原理だけによって論証され得るものを換位という仮定によって証明しはしないでしょう。原始的原理というのは矛盾の原理であり、そしてそれは何も前提しません。私はまた注目すべき考察を展開したことがあります。それは、直接的と呼ばれる主要でない格、つまり第二格と第三格、だけが矛盾の原理だけによって論証され得るのであって、間接的である主要でない格である第四格（ガレノス(3)のものとして残っている著作の中にも他のギリシア人著作家の内にも見出されないのに）アラブ人たちがその発明をガレノスに帰している格である第四格は、この方法だけによっては第一格即ち主要格から導き出され得ず、更に別の仮定、つまり換位を用いなければならないという不利な条件を持っている、ということです。従って、第四格は第二格と第三格とからより一段と第一格から離れており、第二格と第三格とは同じ水準にあって第一から等しいだけ離れているのに対して、第四格は論証されるためには更に第二格と第三格を必要としているということ。それというのも第四格が必要としている換位そのものが、今しがた示したように、換位からは独立に論証可能な第二格あるいは第三格によって論証されるというのが、実に適切であること。そういう考察を私はしたことがあります。[4] これら〔第二と第三〕格による換位の論証可能性についてのこの指摘を既にしているのはピエール・ド・ラ・ラメーです。[5] そして(もし私が誤っていなければ)彼は論理学者たちがこれらの格を論証するのに換位を使うことの循環を論駁しました。尤も、彼が論理学者を論難すべきだったのは循環というよりはむしろ(というのも彼らはこれら格を今度は換位を正当化するために使った訳ではないのですから)ヒュステロン・プロテロン即ち〔順序が〕逆であったのです。なぜなら、これらの格が換位によって論証されるよりもむしろこれらの換位が格によって論証されるに値したのですから。しかしこの換位の論証はまた肯定的な自同的命題の有用さを示しているものでもあり、そういう命題を全く取るに足らないものだと考えている人が多いのですから、ここでその証明をやっておくのもかなり適切なことでしょう。私は換質換位を伴わない換位だけについてお話ししたい。ここではそれで十分だと思うのです。それは単純換位あるいは偶有的換位と呼ばれています。単純換位には二種類あります。全称否定のそれ、例えば「いかなる正方形も鈍角的ではない」、それ故「いかなる鈍角的なものも正方形ではない」といったものと、特称肯定のそれ、例えば「或る三角形は鈍角三角形である」、それ故「或る鈍角三角形は三角形である」といったものです。しかし偶有的換位と呼ばれているものは全称肯定に関わります。例えば「いかなる正方形も長方形である」、それ故「或る長方形は正方形である」といったもの。ここでは長方形とは正四辺形のことと解されています。さて問題は次の三種類の換位の論証です。

即ち、

（1）　いかなるAもBでない、故にいかなるBもAでない。

（2）　或るAはBである、故に或るBはAである。

（3）すべてのAはBである、故に或るBはAである。

第二格ケザーレ〔式〕における一つめの換位の論証は次の通りです。

いかなるAもBでない、

すべてのBはBである、

故にいかなるBもAでない。

第三格ダティシィ〔式〕における二つめの換位の論証は次の通りです。

すべてのAはAである、

或るAはBである、

故に或るBはAである。

第三格ダラプティ〔式〕における三つめの換位の論証は次の通りです。

すべてのAはAである、

すべてのAはBである、

故に或るBはAである。

こうしたことは最も純粋で最も無益に見える自同的命題が抽象的で一般的なものにおいて非常に有用であることを示しています。それはどんな真理も馬鹿にしてはいけないことを私たちに教えてくれているようです。あなたが更に直観的認識の一例として掲げておられる「三は二足す一に等しい」という命題はどうかと言うと、それは三という言葉の定義にすぎないと私は言いたい。というのも、数の最も簡単な定義は次のようにして形成されるのですから。即ち、二は一足す一であり、三は二足す一であり、四は三足す一であり、こうして次々に……。確かにその中には隠された主張が入っています。既に指摘しましたように、それらの観念が可能であるとされているのです。そしてそれはここでは直観的に認識されます。ですから、直観的認識は、諸定義の可能性が直ちに明らかである時には当の定義の内に含まれている訳です。こうした仕方で、すべての十全な定義は理性の原始的真理と、従って直観的認識を含んでいます。結局、理性のすべての原始的諸真理は諸観念の直接性[6]という性格からして直接的なのだ、と一般的に言って良いのです。

事実の原始的真理はどうかというと、それは意識の直接性[7]の内的直接的経験です。デカルト派の人たちや聖アウグスティヌスの第一真理、即ち「我思う、故に我あり」、言い換えると「私は思惟する事物である」、が生じるのは正にここです。[8]けれども、自同的なものが一般的であるか特殊的であり、その内に或るものは別のものと同じように明晰である（AはAであると言うことも、或る事物はそれがそうであるところのものである、というのと同じように明晰なのですから）のと同様に、事実の第一真理もまたそのようなものだということは知っておくべきです。というのも、「我思う」が私には直接的に明晰であるだけでなく、「私が異なった幾つもの思惟を持つ」、つまり、或る時は私はAを思惟し、また或る時は、私はBを思惟する、などなどというのも全く同じように私には明晰だからです。[9]従ってデカルトの原理は立派なものですが、その種の唯一のものという訳ではないのです。以上のことから分るのは理性の、あるいは事実のすべての原始的真理は、もっと確実な何ものかによって証明され得ないという共通点を持っていることです。

［2］ **フィラレート** 直観的認識についてちょっと触れただけのことを大分推し進めて下さってとても嬉しく思います。ところで論証的認識は介在観念の全連結における直観的認識の連鎖でしかありません。というのも、しばしば精神は観念を互いに直接的に結合したり比較したり当てはめたりできないのであり、求めている一致あるいは不一致を発見するためには（一つのあるいは幾つかの）別の中間観念を使わざるを得ないのです。そしてこれが推理すると呼ばれることです。三角形の内角の和が二直角に等しいと論証する際にも、三角形の三つの角にも二直角にも等しい別の幾つかの角を人は見つける[10]のです。［3］介在させられるこれらの観念は論拠（preuves）と名づけられ、それらを見つける精神の態勢は聡明というものです。［4］それにこれら観念が見出されたとしても、こうした認識が獲得され

得るのは何の苦労も無く、注意せずにもという訳ではないし、ほんの一瞥だけによってでもありません。というのも、諸観念の少しずつ段階的に生ずる進展に入り込まなければならないのですから。[5]そして論証の前には疑いがあった訳です。[6]そういう認識は直観的認識ほど明晰ではありません。ちょうど多くの鏡に反射しあっている像のようなもので、反射するごとにだんだん弱まり、特に目の弱い人には一見してはそれと分らなくなります。論拠の長い系列によって生み出された認識も同じようなものです。[7]それに、論証の際に理性の歩む一歩一歩は直観的即ち一目で分る認識だとしても、それにも拘わらず、論拠のこの長い系列の内では諸観念のこの連繫をさほど正確に記憶が保存しないので、人間はしばしば論証の代わりに虚偽を受け容れることになるのです。

テオフィル　自然的な、あるいは訓練によって獲得された聡明さに加えて、中間観念（le medium）を見出す仕方があります。それは分析です。さて、問題は与えられた命題の真理を見出すことなのか、そうならAnということ、つまりそうであるかないかという問に答えることが問題です。それとも、（他のことは同じとして）もっと難しい問に答えることなのかです。例えば、誰によってどのようにと問われるとか、もっと補うべきものがあるとかという場合です。そして数学者が問題と呼んでいるのは、命題の一部が空白のままであるこういう問だけです。太陽光線をすべて一点に集める鏡を見出したい時、その鏡の形とかどうやって作ったら良いのかが問われる場合などがちょうどそれです。真偽だけが問題であり、主語と述語とに何も付け加えるものが無い、先の初めの方の問に関しては、発見は少ないですが、あることはあります。判断力だけではそれには十分ではないのです。確かに判断力のある人、即ち注意と警戒ができ、必要な精神的なゆとり、忍耐、自由を持っている人なら然るべく提出されれば最も難しい論証も知解はできます。けれども、他の助けを借りずには、地上で最も聡明な人でも必ずしもこの論証を見出せはしないでしょう。ですから、それには更に発明というものがあるのです。幾何学者たちにおいては、昔は今よりもずっとそういうものがありました。というのも、分析がさほど開拓されていなかった時には、論証にまで至るにはより多くの聡明さが無ければならなかったのです。正にそれ故にこそ、未だに昔かたぎの何人かの幾何学者たちや新しい方法への理解をまだ十分には持っていない他の幾何学者たちは、他の人々が既に発見していた何か或る定理の論証を見出すと素晴らしいことでもしたかのように思うのです。けれども、発見術に長けている人々なら、どういう時にそれが評価されるべきであるか否かを知っています。例えば、もし誰かが、或る曲線と或る直線とに囲まれた空間の求積法を出版し、その方法はすべての切り取り部分で成功し一般的と私が呼ぶものなら、私たちの方法に従えば、労を惜しみさえしなければその論証を見出すことは私たちには何時だってできます。しかし一定の部分の特殊的求積法が存在し、そこでは事柄はとても込み入っていて、事柄を展開するのが今のところ必ずしもできないということもあるでしょう。一般的理由がまだ発見されていない数や図形において、帰納が真理を私たちに呈示することもまた起ります。[11] というのも、幾何学や数において完全な分析に至るにはまだ程遠いのですから。他の点では優秀である何人かの人々の大風呂敷を真に受けて完全な分析というものを思い描く人もいますが、あまりに時期尚早であるかあるいはあまりに野心的すぎるのです。

しかし、他人が発見した真理の論証を見出すことより、重要な真理を見出すのはずっと難しいですし、正に探求が行われている時でさえ、探求されている事柄を作り出す手段を見出すのは更にずっと難しいのです。単純なものから複合的なものへ向う際の総合によって美しい真理に到達することもしばしばです。しかし呈示されたものを作る手段を正に見出すのに関わる時でも、普通、総合では不十分であり、求められているすべての集成を為そうとすることはしばしば容易ならぬ仕事です。排除法で、無用な集成の大部分を取り去ったとしてもです。そしてしばしば自然は他の方法を許容しないのです。しかし、この方法にうまく従っていく手段が必ずしも手中にある訳ではありません。それ故、この迷宮において〈導きの〉糸を私たちにもたらしてくれるのは分析なのです。それが可能ならの話ですが。というのも、問の本性そのものが至るところ手探りで行くことを要求している場合もあるからです。簡略化が必ずしも可能である訳ではありませんからね。

［8］ **フィラレート**　ところで、論証の際、常に直観的認識が前提とされること、思うに、それが「いかなる推論も

既に認識された事柄と既に同意された事柄に由来する（ex praecognitis et praeconcessis）」というあの公理が出てくるきっかけとなっています(12)。けれども、この公理の内にある誤りについて私たちはお話しする機会があるでしょう。公準が私たちの推論の基礎として考えられるのでないことについてお話しする時にです。

テオフィル　これほど理に適っているように思える公理にあなたはどんな誤りを見出し得るのか教えて頂きたいものです。常にすべてを直観的認識へと還元しなければならないとしたら、論証はしばしば耐え難い程長ったらしくなってしまうでしょう。そういう訳なので、数学者たちは難題を分割し、媒介をする諸命題を別個に論証するといううまいやり方を手に入れたのです。これにもまたこつがあります。というのも、中間的諸真理（主題からずれているように思える時には補題と呼ばれます）はいろいろな仕方で割り当てることができるのですから、理解と記憶とを助けるために、それらの内で推論を短くするもの、覚え易いもの、それ自身論証されるに値するものを選ぶと良いのです。しかしもう一つ障害があります。それは、すべての公理を論証することと、論証を完全に直観的認識に還元することは容易ではないことです。そういうことを待っていたかったら、恐らく、私たちはまだ幾何学についての知識を持っていなかったでしょう。けれどもこれについては初めの会話の時に既にお話ししましたし、もっと詳しくお話しする機会もありましょう。

［9］　**フィラレート**　じきにそういうことになるでしょう。今は、既に一度ならず触れてきたことについてまた注意を向けておきたいのです。即ち、論証的確実性を持てるのは数学的諸学(13)しか無いというのが一般的見解であるということ、しかし、直観的に認識(14)され得る一致と不一致は数と図形との観念だけに与えられた特権ではなく、数学だけが論証に到達しているのは私たちの側で適用を恐らくしていないためだということ、これです。［10］いろいろな理由がそれには関わっています。数学はとても一般的な有用性を持っていますし、ほんのちょっとした差異もごく簡単に数学では分る(15)のです。［11］他の単純観念、それは私たちの内に産出される現れ、つまり感覚(16)なのですが、そういうものはその異なる程度についての正確な尺度を持っていません。［12］けれども、これら可視的性質(17)の差異が例えば青の観

念と白の観念のように明らかに区別される諸観念を精神の内に喚起する程十分に大きい場合、それらは数の観念や延長の観念と同じように論証可能なのです。

テオフィル　数学以外でもかなり重要な論証の例があります。アリストテレスが分析論前書で既にそういうことをやったと言って良いのです。実際、論理学は幾何学と同様に論証を受け容れます。幾何学者たちの論理、即ちユークリッドが命題について語る際に説明し打ち立てた立論の仕方、は一般的論理学の特別な拡張ないし発展と言って良いのです。[18] アルキメデスは、私たちが手にしている書物の内では、自然学に入って行こうという際に論証の術を実行した最初の人です。彼は平衡の書の中でそれを実行したのです。[19] それに法律家も多くの立派な論証を遺していると言って良い。特にローマの昔の法律家はそうで、その断片はローマ法典の内に取り入れられて私たちに伝わっています。私は全くロレンツォ・ヴァラ[20]と同意見で、これら〔法典の〕著者をどれほど評価してもしきれない程だと思っています。とにかく彼らは皆とても正しくかつとても明瞭に語っていて、実際、論証的な仕方にとても近い仕方で、そしてしばしば完全に論証的な仕方で推論している程なのです。ですから、ローマ人たちがギリシア人たちから受け継いだものに何か重要なものを付け加えたとすれば、法律学と軍事に関わる学の知識以外には私は知りません。

ローマ人ヨ、汝ハ力ヲ以テ民衆ヲ治メルコトヲ忘レルコトナカレ、
平和ノ道ヲ課シ、敗者ノ命ヲ許シ与エ、傲レル者ヲ打チクダク、
ソレハ汝ノ術デアロウ[21]

自らの見解を述べるこの正確なやり方が、ローマ法典のあのすべての法律家が時代的に互いにかなり隔たっているにも拘わらず、皆ただ一人の著者ででもあったかのように思わせ、抜粋文の冒頭に書いた者の名が無かったら識別するのにかなり骨が折れるだろう程にしているのです。ちょうどユークリッドとアルキメデスとアポロニウスが共に触れている題材について各々の論証を読んでも識別するのに骨が折れるだろうのと同様です。ギリシア人たちは数学に

おいて可能な限りの正確さを以て推論し、人類に論証の術のモデルを遺したことは認めなければなりません。というのも、もしバビロニア人たちやエジプト人たちが経験を少々超えた幾何学を持っていたとしても、少なくともそれについては何も残っていないのですから。しかし驚いたことに、この同じギリシア人たちが、哲学に行くために数や図形からほんの少しでも離れるや否や、直ちにこの高みから落ちてしまいます。というのも、奇妙なことに、プラトンや（分析論前書は除いた）アリストテレスや他の古代の哲学者たちの内には論証の影すら見えないのですから。プロクロスは立派な幾何学者でした[22]。けれども彼が哲学について語る時は別人のようです。数学において論証的に推論するのがより容易であるようにしたのは、大方は、そこでは経験が推論を絶えず保証し得ることによるのです。ちょうど三段論法の格においても起るようにね。しかし、形而上学や道徳においては、理由と経験とのこの並行論はもはや見出されませんし、自然学においては経験は労苦を要求し出費を要求します。ところで、人々は注意を緩めると直ちに道に迷ってしまいます。人々をその歩みにおいて助け、支えていた経験の忠実なあの導きを欠いた場合です。子供が転ばないようにするあの小さなヨチヨチ車がやっているような手助けをです。何か代用[23]になるものもあったのですが、気付かれてもいませんし、十分に考察されてもまだいません。それについては然るべき所でお話ししましょう[24]。その上、青とか赤は私たちがそれについて持っている観念によっては、論証への素材を決して提供できません。なぜなら、これらの観念は混雑しているからです。これらの色は何らかの判明な観念に伴われていることが経験によって見出される限りにおいてしか推論に素材を提供しないのですが、そこではそれ固有の観念との連結は明らかではありません。

［14］ **フィラレート**　私たちの認識の二つの程度である直観と論証以外の、残りのすべては所信（foi）ないし臆見（opinion）であり、認識ではありません。少なくともすべての一般的真理に関してはそうです。しかし、私たちの外にある有限な存在者の個々の存在に関わるもう一つの完全性をも精神は持っています。感覚的認識です。

テオフィル　真らしさ（le vraisemblable）に基づいた臆見は恐らく認識という名に値します。そうでなければ殆どすべての歴史的認識や多くの他の認識が崩れ去ってしまいます。けれども、名前についての議論はしないとして、確からしさ（probabilité）の程度の探究が非常に重要で、しかもまだ私たちには欠けていると思いますし、それは私たちの論理学の重大な欠陥なのです[25]。というのも、常に所与カラ真らしさの程度を決定するのは可能であり、従ってどういう方針を採るのが一番良いのかを合理的に判断することはできます。そして、当代のモラリストたち（この言葉で私が理解しているのは最も賢い人々、イエズス会の今の総会長[26]といった人のことです）が最も確実なものと最も確からしいものとを結び付け、確からしいものより確実なものの方を選びさえする時でも、実際には最も確からしいものから遠ざかってはいません。というのも、確実さの問題はここでは差し迫った悪の確からしさが殆ど無いことの問題なのです。この問題について言を左右しているモラリストたち[27]の誤りは、大部分、確からしいことについてのあまりに制限されてあまりに不十分な概念を持っていたことであり、それをアリストテレスのエンドクサ[28]即ち一般的な見解に対応したものと混同したのです。というのも、アリストテレスはトピカの中では、他の人々の見解に合わせたかっただけだからです。ちょうど雄弁家やソフィストがやったようにね。アリストテレスにとってエンドクサというのは大多数の人にあるいは最も権威ある人々に受け容れられている事柄です。彼が自分のトピカの題材をそういうものに限ったのはまずかった。そういう見方をしたので彼はそこでは世間一般に受け容れられている公準、大方は漠然としているのですが、そういうものにしか心を配らなかったのです。あたかも人は冗談や諺によってだけ推論したいとでも思っているかのようにね。しかし確からしいもの、ないし真らしいものはもっと広い範囲に及んでいます。諸事物の本性からそれを引き出さなければなりません。その道の権威の意見は一つの臆見を真らしくするのに貢献し得る事柄の一つです。でもそれは本当らしさ全体を完成するものではありません。ですから、コペルニクスが〔地動説という〕自分の見解をもっている殆どただ一人の者であったとしても、それでもその見解は人類の残りすべての人々〔が統一して持つ〕見解よりも比較にならないほど真らしかったのです。ところで、本当らしさ（les verisimilitudes）を見積もる仕方を確立することが、私たちの論証的知識の相当な部分よりも役に立つのではないかということは私には分りません。それについては何度も考えているのですが(29)。

フィラレート　感覚的認識、即ち私たちの外にある個々の存在者の現実存在を確立する認識は、単なる確からしさを超え出ています。しかしそれは、先程お話しした認識の二つの程度と全く同じ確実性を持ちはしません。外的対象から受け取る観念が私たちの精神の内にある。このことより確実なことはありません。これは直観的認識です。けれども、そこから、この観念に対応して私たちの外にある何らかのものの現実存在を確実に推論し得るかどうか知ること、それには疑問を投げかけ得ると考える人もいます。なぜなら、現実にはそういうものは何も存在しない時に、精神の内にそういう観念を人々は持ち得るからです。この私はと言えば、そうは言っても私たちにそういう疑念を超え出させるような或る程度の明証性がある、と思っています。昼間に太陽を見る時に持つ知覚と夜にこの〔太陽という〕天体を考える時に持つ知覚との間には大きな違いがあるということは納得せざるを得ません。記憶の助けを借りて呼び起される観念は、感覚を介して現実に私たちにやって来る観念とは非常に異なっているのです。夢が同様の結果をもたらし得ると言う人がいるかもしれません。それに対しては、まず第一に、そういう疑念を私が取り除くことはさして重要ではないとお答えしましょう。なぜなら、もしすべてが夢でしかなかったら、推論は無益だからです。真理も認識も全く何ものでもないのですから。第二に、思うにその人だって火の中にいると夢見ることと火の中に現実にいることとの間にある相違は認めるでしょう。もし彼が懐疑的に振舞うことに固執するなら私は次のように言いたい。快苦は一定の対象が私たちに働きかけることに続いて起るのを私たちが確実に見出すことで十分であり、当の対象が本当の対象であろうと夢に見られたものであろうと構わない。この確実性は私たちの幸不幸と同じ位大きなものであって火、幸不幸というもの二つの事柄を超えては私たちはいかなる関心も持たない。こう言いたいのです。従って、直観的認識・論証的認識・感覚的認識という三種(30)の認識を私たちは数え上げることができると私は思います。

テオフィル　正しいと思います。確実性のこれらの種類、あるいは確実な認識に、真らしいものの認識を付け加えても良かったとも思います。ですから、二種類の証明があるように、二種類の認識があるでしょう。その一方は確実性を生み出し、他方は確からしさにしか到達しないものです。しかし、私たちの外なる事物の現実存在について懐疑論者が独断論者に吹っかける論争に話を移しましょう。それについては私たちは既に言及しましたが、ここで立ち戻ってみなければなりません。私は以前この主題について亡くなったフシェ師[31]と口頭でも書簡によってもかなり議論したことがあります。彼はディジョンの教会参事会員で学識があり頭の回転の速い人でしたが、少々アカデメイア派に夢中になりすぎており、この学派を復興したかったようです。ガッサンディ氏がエピクロス派を再び登場させたようにね。真理の探求についての彼の批判そしてそれに続いて印刷させた他の小論は彼の十分な資質を現しています。彼はまた学芸雑誌に、私の予定調和説への論駁を載せました。私は何年もの間その説の公表を差し控えていて、やっと公表したところでした。しかし彼が亡くなってしまったので私の答弁に対して答えてもらう訳にはいかなくなりました。彼はいつも、先入見を排し厳密に事柄を運ばなければならないと人に言っていました。けれども彼自身、自分の薦めていることに取りかかってはいなかった（それについてはまあ無理も無いことでした）のみならず、他の人がそれをするかどうか注意を払ってもいないように思えました。誰もそんなことはしはしないと、疑いも無く、先入見を抱いていたのです。ところで私が彼に知らせたのは、可感的事物の真理は諸現象の結び付きにしかなく、この結び付きは理由を持つ筈であり、これが現象を夢から区別するものだということ、しかし私たちの現実存在の真理と諸現象の原因の真理はそういったものとは別の本性を持つこと、なぜならそれは実体を立てるからであること、懐疑論者は良いことを言っているのにあまりに極端化しすぎてそれを台無しにしていること、これです。直接的経験や（フシェ氏はやりませんでしたが）幾何学的真理にも、そして（フシェ氏が少々やりすぎたのですが）理性の他の諸真理にまで懐疑を広げようとすることによってです。まあしかしお話をあなたの方に戻しましょう。感覚と想像との間には一般に相違があるとあなたがおっしゃっておられるのは正しいと思います。けれども懐疑論者は、程度問題であって種としては異ならない、と言うでしょう。それに、感覚は想像よりも生き生きとしているのが常であるにも拘わらず、それでも、想像力の豊かな人は他の人が事物の真理によって受けるのと同じかあるいはもしかするとそれより大きな印象を自分の想像から受け取る場合もあることは知られています。それ故、感官の対象についての真の基準は諸現象の結び付き、言い換えると異なる場所と時間に、そして異なる人々の経験において生ずるものの連結です。この異なる人々というのもこの問題についての互いにとても重要な現象です。そして、私たちの外にある可感的事物に関する事実の真理を保証する諸現象の結び付きは、理性の真理を介して検証されます。(32)ちょうど、光学の現象が幾何学によって解明されるように。しかしながら、あなたが十分に認めていらっしゃるように、こうしたすべての確実性は最高度のものではないと認めなければなりません。というのも、形而上学的に言えば、一人の人間の生涯と同じ程度長く続く夢があることは不可能ではないからです。けれども、それは、活字をバラバラに投げて偶然に本ができるなどという虚構と同じ位に理性に反した事柄です。それに、また、諸現象が結び付けられている限り、それが夢と呼ばれようがそうでなかろうがたいしたことではないのは確かです。経験は、諸現象が理性の真理に従って把握された時には、現象に対して採られた処置に関して私たちが誤らないことを教えているのですから。(33)

［15］　**フィラレート**　それに、観念が明晰であっても、認識は必ずしも明晰ではありません。三角形の三つの角について、また二直角との等しさについて、世のどんな数学者とも同じ位に明晰な観念を持っている人でも、それらの一致についてはとても曖昧な知覚を持っていることもあり得ます。

テオフィル　普通は、諸観念が徹底的に知解されれば、それらの一致や不一致は明らかです。しかしながら、時には、あまりに複合的なため、そこに隠されているものを展開させるには多くの注意が必要なことがあるのは私も認めます。この点では或る一致ないし不一致が曖昧なままに留まり得るのです。あなたのおっしゃる例について言うと、想像の内に三角形の三つの角を持っているからと言って、それについて明晰な観念が持たれている訳ではありません。想像力は鋭角三角形と鈍角三角形に共通な像を私たちにもたらしてはくれません。しかし三角形の観念はそれらには共通なものです。ですから、この観念は像の内にある訳ではないのです。三角形の三つの角を徹底的に知解することは、考えることができるというのと同じ程に容易な訳ではありません。

3　人間的認識の範囲について

〔1〕 **フィラレート**　私たちの認識は私たちの観念を超え出はしませんし、〔2〕諸観念の一致あるいは不一致の知覚を超え出ません。〔3〕私たちの認識は必ずしも直観的ではあり得ません。なぜなら諸事物を直接的に比較することが必ずしもできないからです。例えば、同一の底辺上にある〔面積は〕等しいが非常に異なる二つの三角形の大きさがそうです。〔4〕私たちの認識はまた必ずしも論証的でもありません。というのも中間観念が必ずしも見付かる訳ではないからです。〔5〕最後に、私たちの感覚的認識は、現実に私たちの感官を刺激する(1)諸事物の現実存在にしか関わりません。〔6〕こうして、私たちの観念が制限されているだけでなく、私たちの認識は観念よりももっと制限されているのです。そうは言っても、もし人々が真理を完成する手段を見出す(2)ことに真面目に携わろうとしていたら、人間的認識はもっとずっと遠くまで達することができたろうことを私は疑いません。精神の完璧な自由を持ち、虚偽を粉飾するとか支持するためや、自分が賛意を表した説とか自分が加担している或る党派や利害を擁護するために用いているようなすべての顧慮と努力を以てすればです。しかし結局、私たちの認識は、私たちが持っている観念に関して認識することを望むかもしれないことのすべてに及ぶ訳にはいかないでしょう。例えば、正方形と〔面積が〕等しい円を見出すとか、そういうものがあるかどうか(3)を確かに知るといったことは恐らく決して私たちにはできないでしょう。

テオフィル　混雑した観念というものがあり、そこでは私たちには完璧な認識は期待薄です。可感的諸性質の観念はそういうものです。しかし観念が判明な時には、十分期待が持てます。円に〔面積が〕等しい正方形について言うと、そういうものが存在することを既にアルキメデスが証明しています。[4] というのも、それは一辺が半径と半円周との比例中項であるような正方形のことだからです。そしてアルキメデスは渦巻き線への接線という手法によって円周の長さに等しい線分を決定しさえしました。他の人々が quadratrix[5] の接線によってやったようにです。この円積法にクラウィウス[6]は完全に満足していました。円周上に糸を這わせ、それから伸ばすとか、円周がサイクロイドを描くために転がされ、そして直線に変わるとか、そういうことまで言うことは止めましょう。作図は定規とコンパスとを使ってのみ為されるよう要求する人々もいます。けれども幾何学の問題の大部分はその方法では作図できません。それ故、問題はむしろ正方形と円との間の比を見出すことです。けれども、この比は有限の有理数では表され得ないので、有理数しか使わないのなら、有理数の無限級数によって表さなければなりませんでした。そのかなり簡単なやり方を私は作ってみたことがあります。[7] 今度は、この無限級数が表し得る何らかの有限な量、たとえそれが無理的なものでしかないか、あるいは無理的なものを超えるとしても、そういう級数の正に要約であるものが見出され得ないかどうかをお知りになりたいでしょう。けれども、有限な表現は、無理的なものなら尚更、もし無理的なものを超えるとしたらあまりにいろいろな仕方があるかもしれなくて、それを枚挙し可能なすべてを容易に決定するなどできない相談です。もしこの無理性が次のようなもので説明され得るはずであるなら、それを成し遂げる手段も恐らくあるでしょうが。即ち、この無理性が普通の方程式か、あるいは指数に無理数や未知数まで入ってくるような特別の方程式によって説明され得る筈なら、です。[8] 尤も、それを更に完成させるにはかなりの計算が必要でしょうし、そこから逃れるための簡略法がいつか見出されるのでなければ、容易に解決はしないでしょう。しかし無限[9]な表現をすべて排除することはできません。私自身そのことは知っています。そしてその内で最良のものを決定することは大仕事です。そういったすべてのことが示しているのは、人間精神は、特に無限が入ってくる場合など、とても奇妙な問題を立てるので、その真相を究明するのに苦労したところで驚くにはあたらないということです。こうした幾何学的題材においてはしばしばすべては簡略法に依存しているのですし、そういうものがあると必ずしも常に期待できはしないのですから尚更です。分数を約分したり、約数を見付けたりするのは必ずしもできる訳ではないのと全く同じなのですからね。確かに、枚挙が有限で済むので可能な場合はそういう約数を手にすることはできます。しかし検討すべきものが無限に可変的であって、どんどん増えていく場合、人は思う通りにはできませんし、更に先まで進む必要性の無い簡略法とか数列の規則に到達しようと方法的に試みるために為すべきすべてをするのはとても大変なことです。それに有用性は労苦に対応していないので、成功は後世の人に委ねられます。時が経って新たな準備や突破口がこの労苦ないし長ったらしさを減じた時に後世の人は成功を味わうことでしょう。時折こういう研究に従事する人々が先に進むために必要なことを頃合いを見てやってみようとするなら、少々の時間でも結構前進を期待して良いのです。それに、すべては為されているなどと考えてもいけません。普通の幾何学においてさえ、問題が少々込み入ってくると、最良の作図を決定する方法もまだ無いのですから。それをもっとうまくやるには私たちの分析が総合の一定の進展に結び付けられるべきでしょう。こういうことについてウィット宰相[10]がちょっとした考察を遺していると聞いたことがあります。

フィラレート　純粋に物質的な存在者は思惟するか否かを知る[11]、というまた全く別の困難があります。物質と思惟との観念を持っているにも拘わらず、恐らくそれを認識することは私たちにはできないでしょう。啓示無しに私たち自身が持っている観念を観想することによっては、神が、適切だと思ったように配置された或る物質の塊に、知覚し思惟する力能を与えなかったかどうか、あるいはそういう風に配置された物質に、思惟する非物質的実体を合一し結び付けなかったかどうかを発見することは私たちにはできないのですから。というのも、私たちの思念に関しては、望むなら、神には物質についての私たちの観念[12]に思惟する能力を付加することもできると考える方が、神は物質に思惟する能力を伴った別の実体を結び付けたと解するよりも困難だという訳では私たちにはないからです。私たちは思惟が何に存するかを知りませんし、この全能の存在者がどんな種類の実体にこの力能、創造主の恣意と慈愛のお蔭でしかいかなる被造的存在者の内にもあり得ないこの力能、を与えるのが適当であるかを知らないのですから。

テオフィル　その問題は疑いも無く先の問題よりも比較にならない程重要です。でもあえて言えば、魂を動かして善へと導くとか身体を病気から回復させるとかが、この問題を解明することが私たちにできると思っているのと同じ位容易であったら良いのになあと思います。私がそのことを穏当を欠かず横柄な語り口をせずに主張し得ることは少なくとも認めていただけると思います。というのも、私は一般に受け容れられている共通の見解に従ってしかお話ししていないのみならず、並外れた注意をそこに注いできたと私は思っているのですから。第一に、思惟と物質とについて混雑した観念しか人が持っていない時、通常はそうですが、そういう問題を解く手段が見付からないとしても驚くにはあたらないことは認めましょう。それは三角形の三つの角についての観念を人が共通に持っている仕方でしか持っていない人は、それが二直角に常に等しいとは見出さないだろうと先程私が言ったのとちょうど同じです。次のように考えなければなりません。即ち、欠けるところのない存在者と考えられた物質（言い換えれば、純粋に受動的な何ものかであり従って不完全であるような第一質料に対立する第二質料と考えられた物質[13]）は集まりか、あるいはそれから帰結するものでしかないこと。そしていかなる実在的な集まりも単純諸実体即ち実在的一を前提としていること。そしてこの実在的一の本性に属するもの即ち表象とその継起を更に考察する時には、言わば別の世界即ち諸実体の叡知的世界へと移行させられるのに対してその前には感覚の現象の内にしか無かったということ。これです。そして物質の内部についてのこの認識は、物質は自然的には何ができるのか、そして神が物質に、推論を表出するに相応しい器官を与える度毎に、推論をする非物質的実体もまた、諸実体の自然的帰結であるあの調和のお蔭で、物質に与えられないことはないことを十分に分らせてくれます。非物質的実体無しには、即ち一なるもの無しには、物質は存続し得ません。そうだとすれば、物質にそういうものを与えるか否かが神の自由であるかどうか、などと最早問うべきではないのです。そしてもしこれら諸実体が、今し方お話しした対応ないし調和を自らの内に持っていなかったら、神は自然的秩序に従っては働かないことになるでしょう。全く単純に、いろいろな力能を与えるとか宛てがうと言われる時、それはスコラの裸の能力に立ち返り、ハト小屋からハトが出たり入ったりするような具合に出たり入ったりする小さな自立的存在者を思い描いているのです。それは知らず識らずの内に力能を実体にしてしまうことです。原始的力は実体そのものを構成しています。そして派生的力あるいはもしお望みなら能力と言っても良いのですが、それは存在の仕方でしかなく、実体から派生するのでなければなりません。ですから、それは機械でしかない限りでの物質から、言い換えれば第一質料という不完全な存在者、即ち全く純粋に受動的なものとしか抽象によって考えられていない限りでの物質からは派生させられはしないのです。だからこそ、表象・感覚・理性を生まれさせることは全く裸の機械にはできないことはあなたも認めて下さると私は思うのです。従ってそれらは何か別の実体的なものから生まれるはずです。神はそれとは別の仕方で働き、存在の仕方即ち諸実体から派生した変様ではないような偶有性を事物に与えるとしたいとすれば、それは超自然的高揚という仕方で、奇蹟に訴え、スコラが服従的力能と呼んだもの(14)に訴えることです。ちょうど、或る神学者たちが、地獄の火は離存的魂を焼くと主張する時のように。そういう場合には、働きかけるのは火なのかどうか、神御自身が火の代わりに働きかけて結果を生み出すのではないかどうか、と問うことさえできます(15)。

フィラレート あなたの説明には少々驚きました。私たちの認識の限界についてお話ししようと思っていた多くのことを先取りしておられる。私がお話ししたかったのは、私たちは神学者の言うような見神の状態(16)にはないこと、信仰と確からしさで以て多くの事柄、特に魂の非物質性に関しては私たちには十分とすべきであること、道徳や宗教の偉大な目標のすべては哲学から採られたこの非物質性の証明という助け無くしても十分に立派な基礎に基づいていること、そしてここに〔この世に〕私たちを感覚的で叡知的な存在者として存続させ始めてその状態に何年も保った者が、別の世でも同じような感覚的喜びの状態を私たちに享受させ得るしそう望み、この世での行いに従って人々に定めた報酬を受け取れるようにし得るし、そう望むであろうこと、最後に、以上のことから、魂の非物質性の賛否を決定する必要は自分の説を認めさせようと躍起になる程大きいものではないと判断し得ること、これです。私はこうしたすべてのことをあなたにお話ししようと思っていましたし、この方向で更にお話ししようと思っていました。けれども、自然的に私たちが感覚を持ち思惟し不死であると言うのと、奇蹟によってしかそうでないというのがどれ程異なることなのかが今は分っています。もし魂が非物質的でなかったら、実際、奇蹟を認めなければならないと私も思います。しかし、奇蹟についてのこういう見解は、基礎を持たないのみならず、多くの人々の精神の内にあまり良い結果をもたらさないでしょう。それから、あなたのような事柄のとらえ方をすれば、この問題について合理的に決定を下すのに見神の状態に入るに至る必要は無く、あの上位の諸霊、事物の内的仕組をずっと深く洞察し、その鋭敏で見通すような視覚と認識の広い領野がどれ程の幸福を彼らが享受しているに違いないかを私たちに推測的に思い描かせ得るあの諸霊が伴う必要も無いことも良く分ります。感覚というものを延長している物質と結び付け、現実存在というものを全く延長を有しない事柄に結び付けること[17]など私たちの認識を遥かに超えている、と私は信じていました。そういう訳なので、ここで一方の立場を採る人々が次のような人々の非合理的な方法に従っていることが分りました。即ち、或る一面から考察して事物が不可解であると思ったために、反対の立場の軍門に降る人々です。この立場だって理解し難いことには変わらないのですけれどもね。そしてそれは私の思うには、或る人々は、あまりに言わば物質にかまけていて物質でないものにいかなる現実存在も認めることを知らず、他の人々は、物質の自然的能力の内には思惟が含まれていないことを見出してそこから神でさえ何らかの非物質的実体を置かずには固体的実体に生命や表象を与え得ない[18]と結論する、ということに由来しています。それに対して、もし神がそういうことをするとしてもそれは奇蹟によってであろうこと、魂と身体との合一の不可解さ即ち感覚と物質との結び付きの不可解さは、異なる諸実体間に予め立てられた一致というあなたの仮説で以て無くなってしまうようだ、とやっと私は分りました。

テオフィル　実際、この新仮説には理解し難いものは何もありません。この仮説は、私たちにおいてそして魂と身体において私たちが経験している変様しか魂と身体に帰属させていませんし、今まで人が考えていたより規則的でより結び付いたものとして魂と身体とを立てるだけなのですからね。叡知的でしかないものを形象的に思惟したいと思っている人々にしか困難は残っていません。音を見たり、色を聞いたりしたいような人々にしかね。延長していないすべてのものに現実存在を拒否するのはこういう人であり、そのことが彼らをして神自身にも現実存在を拒絶せしめるでしょう。言い換えれば、原因や変化の理由そしてこれこれの変化の理由[19]を拒絶せしめるでしょう。これら理由は延長や純粋に受動的な本性に由来し得ないし、至高な実体の純粋で普遍的な作用無しに個別的で下位の能動的本性に由来する訳でも全くないからです。

フィラレート　物質にとって自然的にできる事柄についてまだ一つ反論があります。私たちが概念し得る限りでは、物体は物体に刺激を与え変状させることしかできません。運動は運動以外のものを産出できないのです。従って、物体は快苦とか色や音の観念を産出すると私たちが概念する時、私たちは私たちの持っている理性を放棄し、私たち自身が持っている観念を超え出て、この産出を私たちの創造主の恣意だけに帰さざるを得ないように思われます[20]。だとしたら、どういう理由で、物質の内の知覚はそうでないという結論に達したら良いでしょう。あなたがお答えになるかもしれないことは大体分りますし、あなたは一度ならず既にそれについて何程かのことをおっしゃいました。でも今ならずっと良く分ります。しかし、この重要な機会にもう一度、あなたがお答えになる事を聞けたら良いのですが。

テオフィル　物質は快苦即ち感覚を私たちの内に産み出せないと私が言うだろう、とあなたは良く分っておられます。物質の内で起っていることに適合して魂が自分自身でそれらを産出するのです。当代の人々の内でも有能な何人かの人々[21]が機会原因を私のようにしか理解していないと公言し始めています。ところでそうだとすると、次のことを除いて知解できないものは何もありません。即ち、私たちは私たちの持つ混雑した表象の内に入っているすべてのものを区別はできないということを除いてです。それら表象は無限に通じており、物体の内で起っていることの細部の表出なのです。それから創造主の恣意について言うと、それは事物の本性に従って規則づけられていると言わなければなりません。従って創造主はそれらに相応しいもの、少なくとも一般的にはそれらの本性によって説明され得るものしか産出しませんし、保存しません。というのも、細部はしばしば私たちを超えているからです。砂山の砂つぶを形の秩序に従って並べる仕事や能力と同様です。尤も、多いということしか理解に困難なことはそこには何も無いのですが。そうではなくてもしこの認識がそれ自体において私たちを超えていたり、魂と身体との関係一般の理由が私たちには概念さえできなかったり、神が諸事物にその本性から離れていて従って理由一般から掛け離れている偶有的な力能を与えたとしたら、それはいかなる精神にも知解することのできないあまりに隠れた性質や、理由を持たない能力を持ったあの小さな妖精、

　ソシテ何デアレスコラノ捏造シタ無用ノモノハ

を呼び戻す裏門となってしまうでしょう。劇場での〔機械仕掛けの〕神々のように、あるいはアマディスの仙女のように現れてきて、必要に応じて哲学者が望むすべてのことを造作も無くやってのける救いの妖精をです。しかしそういうものの起源を神の恣意に帰するのは、そこではすべてが規則立っていてすべてが結び付いているような至高の理性である者〔としての神であるなら〕あまり相応しくないように思えます。この恣意（bon plaisir）は、神の力と知恵との間の不断の並行論が無かったら、善く（bon）も喜び（plaisir）でもないでしょう。

〔8〕　**フィラレート**　同一性と差異性とについての私たちの認識は私たちの観念と同じ位遠くにまで及ぶのですが、私たちの観念の結び付きの認識は〔9、10〕同一の主語の内での共存に関してはとても不完全で殆ど何もありません。〔11〕特に色・音・味といった第二性質との連結を知らないのですから。〔13〕言い換えればどうやってそれら第二性質が形の大きさとか運動とかに依存するか知らないのですからね。〔15〕これら第二性質の非両立性についてはもう少し私たちは知っています。というのも、一つの主体は例えば同時に二つの色を持てません。ですからオパールとか白檀ノ煎ジ汁の内に二つの色を同時に見ているように思える時も、それは対象の異なった部分になのです。〔16〕物体の能動的力能と受動的力能についても同様です。私たちの探求はこういう場合、経験に依存しなければなりません。

テオフィル　可感的性質の観念は混雑しています。従ってまたそれらを産出するはずの力能も混雑したものが入っている観念しかもたらしません。ですからこれらの観念の結び付きは、経験によってとは別な風に、つまりそれらに

伴っている判明な観念に還元する限りでしか認識できないのです。(例えば) 虹の色とプリズムに関して為されるようにね。そしてこの方法は分析の何らかの端緒を与え、それは自然学において大いに役立ちます。それに従っていけば、時と共に医学が著しく進歩することは疑いありません。特に世間の人々が今までよりもう少しそれに関心を持てばです。

[18] **フィラレート**　関係の認識について言うと、それは私たちの認識の内で最も広い領域であり、どこまで広がり得るのか決めるのは困難です。その進展は中間観念を見出す聡明さに懸かっています。代数学を知らない人々は、この学によって行われるこの種の驚嘆すべき事柄を想像できません。それに、私たちの認識の他の諸分野を完成させるどんな新たな方法が優れた精神によって更に発明され得るのか決定するのは容易ではないと思います。少なくとも、量に関わる観念だけが論証可能[22]という訳ではありません。恐らく私たちの観想の最も重要な部分[23]である他の諸観念にも論証はあるでしょう。悪徳や情念そして支配的な利害関心が直接にそうした企ての実行に対立[24]しなければ、そういう観念について確実な認識は導き出され得るでしょう。

テオフィル　ここであなたのおっしゃっていることは全くもって正しいと思います。そうだとしたら、私たちが以下のことについて確定したと思っている事柄より重要なことがあるでしょうか。即ち、実体の本性について、一と多について、同一性と差異性について、個体の仕組について、空虚と原子の不可能性について、凝集の起源について、連続律について、自然の他の諸法則について、しかしとりわけ事物の調和・魂の非物質性・魂と身体との合一・死を超えての魂の、そして動物さえもの、保存について、です。それらすべてについて私が論証したか論証し得ると思わないものは何もありません。

フィラレート　確かにあなたの仮説は極めて緊密な脈絡を持ち、しかもとても単純なもののようです。フランスでその仮説を論駁しようとした或る有能な人[25]も、それには驚かされたと公言しています。見るところそれは極めて豊かな単純性です。追い追いこの学説を公表したら良いと思います。ところで私たちにとって最も重要な事柄という時、私は道徳を考えていました。あなたの形而上学はその素晴らしい基礎を提供しているようですね。しかしそこまで深く掘り下げなくても道徳は十分しっかりとした基礎を持っています。尤もその基礎は、あなたのもののような自然神学がその根底に無ければ、(確かあなたがそうおっしゃったように)恐らくさほど広まらないでしょうが。しかしながら、この世の善を考慮しただけでも既に人間の社会を規則立てるための重大な結論を打ち立てるには役立ちます。数学においてと同じ位に議論の余地無く、正と不正について判断は下せます。例えば次の命題、「所有権の無いところには不正はあり得ない」というのはユークリッドの内にあるどんな論証とも同じくらいに確実です。所有権(26)は或る事物への権利であり、不正は権利の侵害なのです。「いかなる統治も絶対的自由を容認しない」という命題も同じことです。というのも統治とは執行を要求する一定の法律を立てることであり、絶対的自由とは各人が何でも勝手なことをする能力のことだからです。

テオフィル　あなたは所有権という言葉を普通とは少々違う意味で使っておられます。というのもあなたはそれを事物についての或る人の権利、しかも他の人の権利の排除を伴ったものとして、と理解しておられます。ですから、もし所有権など無く、すべてが共有だとしても、それでも不正はやはりあり得るのです(27)。それに、所有権の定義の内で事物というもので働きをもあなたは理解しなければなりません。というのも、そうでないと、事物についての権利が無い時でも、人々がしたいと思っている行為を妨げるのは常に不正であることになりましょうからね。しかしこの説明では所有権が無いということが不可能になるのです。統治と絶対的自由との非両立性という命題について言うと、それは系の類です。つまり留意しておけば十分です。法律学にはもっと込み入った命題があります。例えば添加法(28)と呼ばれているものに関してとか、条件や他の多くの題材についてです。若い頃、私は条件(29)について論文を公にして、その中でその幾つかを論証しました。もし暇があったらその仕事をやり直したいのですが。

フィラレート　それは興味のある人には嬉しいことでしょうし、やり直していないのにそれらを誰かが再版してしまわないようにもできるでしょう。

テオフィル　そうなんです。そういうことが私の結合法について起ったんですよ。[30] 全く厭になってしまいました。あれは私のごく若い頃の作品でした。それなのに、もう大分たっているのに、私に相談も無く、再版であるとも断らずに、翻刻されてしまったのです。そのため、迷惑なことですが、ああいう作品をこの歳になって私が出版し得たなどと何人かの人に思わせることになってしまいました。というのも、〔あの中にも〕私が今でも同じ見解であるちょっとした思想は含まれていますが、そうは言っても、若い学徒にしか相応しくなどあり得ない思想もまた含まれているのですから。

〔19〕　**フィラレート**　図形というものが、言葉の不確実性に対するかなり有効な対策だと思いますが、道徳的観念ではそういう訳にはいきません。それに、道徳的なものについての諸観念は、数学で普通考察される図形よりも込み入っています。従って精神が、道徳的観念に入ってくるものの正確な集成を、長い演繹をしなければならない時に必要なだけの完全な仕方で保持するのは大変です。それに、もし算術において、異なった項目が、既に意味の正確に知られている徴によって指定され、視野に留まるようになっているのでなければ、大きな計算など殆ど不可能でしょう。

〔20〕　定義が道徳学で恒常的に用いられるなら、それは〔不確実性などに対する〕或る救済策をもたらしてくれます。それに代数学とかこの種の別の手段によって、他の難点を取り去るために、どんな方法が思い浮かび得るか予見するのは容易ではありません。

テオフィル　チュービンゲンのイエナの数学者だった故エルハルト・ヴァイゲル氏[31]は道徳的な諸事物を表現する図形を巧みに考案しました。そして、彼の弟子であった故ザミュエル・プフェンドルフ氏[32]が普遍法学の原理を出版した時、それがヴァイゲル氏の思想に十分適合していたので、イエナ版にはこの数学者の道徳的球体が添えられました。しかしこういう図形はケベスの表[33]と同じような一種のアレゴリーです。尤も、さほど通俗的ではなく、また論証的認識を獲得するための判断によりもむしろ観念を保持し整理するための記憶に役立つものです。それでもとにかく精神を呼び覚ますために役立ちはします。幾何学的図形は道徳的な事柄よりも単純に見えますが、実はそうではありません。なぜなら連続的なものは無限を含み、そこから選ばなければならないからです。例えば、一つの三角形を、互いに垂直な二本の直線で四つの等しい部分に分けるというのは、簡単なようですがかなり難しい問題です。道徳的問題なら、それが理性だけによって決定される時には、それほど難しくないのです。それに、論証的知ハ未開拓領域ヲ耕スコトニツイテとか、ここまでは数学の国境と殆ど同じであったその古い国境を越えて論証の術を広げる真の手段を呈示するといったことについて、お話しする場所ではここはありません。もし神が私にそれに必要な時間を下さるなら、私はいつかそれについて何か書いてみたいし、原則に留まらず実際にその手段を用いてみたいのです。(34)

フィラレート　あなたがもしその計画を然るべく実行なさったら、私のようなフィラレートたち即ち真理を知ろうと心から望んでいる人々に非常に恩恵を与えて下さることになります。そして真理は精神にとって自然に快いものであり、嘘ほど知性にとって醜く相容れないものは何も無いのです。しかしながら、そういう発見が非常に注目されるなどと期待してはなりません。欲望とか富や権力の重視が、人々を流行によって権威づけられた説に与するようにさせ、それから、そういう説を立派なものとして通用させるための、あるいは飾り立てて醜さを覆うための議論を探させてしまうのです。そして、異なる諸党派が自分たちの権力下に置き得るすべての人々に自分たちの意見を、その真偽を検討する(35)こともなく、受け容れさせる間は、道徳に属する知識においてどんな新しい(36)光明が期待できるでしょうか。もし主の光、〔即ち〕人間の全能力を以てしても消し去ることのできない聖なる光が、それ自身によって人間の精神に現前しているのでなかったら、屈従状態にある人類のこの部分は、世界の大部分の場所で、道徳のこの新しい光の代わりに、エジプトの闇と同じ位深い闇に到達するに違いありません。(37)

テオフィル　いつかもっと静穏な国で、人々がもっと理性を使い始めることに私は絶望していません。というのも実際、何も絶望する必要など無いのですから。善悪についての大きな変化が人類には用意されているでしょうが、それは結局は悪よりも善へと向かうと私は信じています。いつの日か或る偉大な王子が、アッシリアやエジプトの古代の王とかもう一人のソロモンのような王子が、現れると仮定しましょう。そしてこの王子は、徳と真理を愛し、偉大で堅固な精神を持っていて、人々をもっと幸福に、互いにもっと友好的にそして自然に対してもっと支配力を持つようにしたいと考えていると仮定しましょう。そうしたらどんなに素晴らしいことが僅かの年月で起ることでしょう。というのも、そういう場合、事柄が普通の進行状態にあったら百年、いや恐らく千年かかることより多くを十年でやってしまえることは確実なのですから。しかし、そうでなくても、もし一度でも道が開かれれば、幾何学者たちがそうであるように多くの人々がそこに入っていくでしょう。たとえ、自分たちの楽しみと栄誉のためでしかないとしてもです。文明がもっと浸透すれば、いつの日か人々は今までよりずっと医学の進歩に心を向けるようになるでしょう。すべての国で、博物学〔自然誌〕が、年鑑としてとか Mercure galant〔新聞〕[38] として出版されるでしょう。どんな良い観察も記録されずにあることはなくなりましょう。それに関わりを持つ人には助けになり、そういう観察をする技術は完成され、アフォリスムを立てるためにそれら観察を使う技術も完成されるでしょう。立派な医師の数がもっと多くなり、その頃にはあまり必要ではなくなる職業の人の数はそれに比例して少なくなり、自然の探究や特に医学の進歩を人々が奨励する時がやって来るでしょう。その時が来れば、やがてこの重要な学が今よりもずっと高い水準に達し、見る見る内に発展するでしょう。実際、私が思うには、行政のこの部門は、徳の対象に次いで、統治者の最大の関心の対象に違いありませんし、人々が今までになく賢明になり始め、お偉方が幸福のために自分たちの富と権力をもっとうまく使うことを学べば、立派な道徳学ないし政治学の最大の収穫の一つは私たちを最良の医学へと導くことになるでしょう。

〔21〕　**フィラレート**　（認識の第四の種類である）実在的存在〔existence réelle〕の認識について言うと、私たちは私たちの存在についての直観的認識を持ち、神の存在についての論証的認識を持ち、他の諸事物〔の存在〕については感覚的認識を持っている、と言わなければなりません。以下に詳しくお話ししましょう。

テオフィル　実に尤もなことです。

〔22〕　**フィラレート**　認識についてお話ししてきたのですから、今度は、私たちの精神の現在の状態をもっとよく把

握するために、精神の暗い側面を少し考察し、私たちの無知について調べてみるのが適当ではないかと思います。というのも、私たちの無知は私たちの認識より無限に広いのですからね。この無知の原因は次のようなものです。（1）私たちが観念を欠いていること、（2）私たちが持っている観念の間の連結を私たちが発見できないこと、（3）諸観念を辿って正確に[39]検討するのを私たちが怠っていること。［23］観念の欠如について言うと、単純観念では私たちは（内的あるいは外的[40]）感覚に由来するものしか持っていません。従って、宇宙にいる無数の被造物やその性質に関しては、私たちは盲人が色に関してそうであるようなものです。それらを認識するために必要であろう能力さえ持っていないのですから。すると恐らく人間は知的存在者のすべての内で最下位[41]を占めているのでしょう。

テオフィル　私たち以下にも知的存在者がいないものかどうか私には分りません。なぜあなたは必要も無く私たちを低く見ようとなさるのでしょうか。ひょっとしたら私たちは理性的動物の内でかなりの位置を占めているのかもしれませんよ。というのも、上位の諸霊は違う感じの身体を持っているかもしれず、従って動物という名はそれらには相応しくないかもしれないのです。私たちの太陽が、多くの太陽の内で、自分よりも上位のものの方が下位のものの方より多いかどうか、といったことなど語り得ませんし、私たちは私たちの太陽系内で良い位置に陣取っているのです。というのも、地球は〔太陽系の〕惑星の間で中間を占め、その距離は観想的動物がそこに住むにはもってこいのように思われるからです。その上、私たちの境遇を嘆くよりも喜ぶ理由の方を比較にならない程多く私たちは持っています。私たちの悪の大部分は私たちの過ちのせいなのです。そして特に、私たちの認識の欠陥を嘆くなど大きな誤りでしょう。私たちは、慈愛に満ちた自然が私たちに提供してくれる認識の内のほんの少ししか役立てていないのですから。

［24］　**フィラレート**　しかしながら、私たちの視野にある世界の殆どすべての部分が非常な距離を持っていることが、それら諸部分の認識を阻んでいますし、明らかに、可視的世界などこの広大無辺な宇宙の小さな部分でしかない、ということは確かです。私たちは宇宙の小さな隅に、つまり私たちの太陽系の中に閉じ込められていて、しかもそれに

も拘わらず、私たちは私たちの地球と同じくこの太陽の周りを回っている他の惑星で起っていることも知らないのです。[25] こうしたことの認識は、大きさや[42]遠さの故に私たちには見逃されています。しかし別の物体はその小ささの故に私たちから隠されてしまっています。そしてこういうものこそ認識するのが最も私たちには大切なものなのです。[43]というのも、それらの組織から私たちは可視的なものの有用さと作用を推理することができ、なぜ大黄は下痢を起させ、毒ニンジンは殺し、阿片は眠らせるのかといったことを知ることができるでしょう。従って [26] 人間の勤勉が自然学的事物についての経験的学問をどれほど推進させようと、これらの題材について学問的認識には決して到達し得ないだろうと私は思いたいのです。

テオフィル　望むほど遠くまでは決して達し得ないだろうとは確かに思います。しかし、何らかの現象の説明においては時と共にちょっと重要な進展を見るだろうとは私は思っています。なぜなら私たちが為し得る多数の経験が十二分なデータをもたらしてくれ、従って欠けているのはそれらを使う技術だけだからです。そしてそれだって諦めることはないのであって、無限小解析が幾何学と自然学を結びつける手段を私たちに与え、動力学が自然の一般的法則を私たちに提供して以来、ささやかですが始まっているのです。

[27] **フィラレート**　諸霊は私たちの認識から更に程遠いところにあります。私たちはそのいろいろな位階についていかなる[44]観念も形成し得ません。しかしながら、叡知的世界は物質的世界よりも確実に大きいし、一層美しいのです。

テオフィル　この二つの世界は作用原因に関してはいつも完全に並行しているのですが、目的原因に関してはそうではありません。というのも精神が物質を支配しているのに応じて、精神は物質に素晴らしい秩序を産み出すのですから。そのことは人間が地球上を美しくするためにやった変化を見れば明らかです。宇宙の偉大な建築家を模倣している小さな神としての人間がね。尤も、それは物体とその法則を使ってでしかないのですが。私たちを超えている厖大な数の諸精神について何が推測できないと言うのでしょう。諸精神は皆一緒になって神の下で一種の国家を形成し、その統治は完全なのですから、私たちはこの叡知的世界の統一的全体を抱懐することや、最も厳格な理性に従って各人がそれに値すべく準備されている罰や報酬を概念すること、そしていかなる目が見たこともなくいかなる耳が聞いたこともなく人間の心に入ってきたことのないものを思い描くこと、からは遠く隔たっています。しかしながら、そうしたすべてのことが知らされているのは、私たちが物体と精神とを認識するために必要なすべての判明な観念は持っていても、諸事実の十分な細部を認識するためのものは持っておらず、混雑した諸観念を解きほぐすだけ十分に透徹した感覚、あるいはそれらすべてを意識するだけ十分に広汎な感覚を持ってはいないことです。

［28］　**フィラレート**　私たちが持っている諸観念の内にありながら私たちには認識が欠けているあの連結については、物体の力学的変状は色・音・匂い・味・快苦というものの観念とはいかなる結び付きも持っておらず、それらの連結は神の恣意と自由意志にしか依存していない、と私は言いたかったのです。しかしあなたは完全な対応があると考えておられたと記憶しています。尤もそれは完璧な類似では必ずしもないようですが。しかしながら、あなたはそこに入り込んでくる小さな事物があまりにも細部にわたるのでそこに隠れているものを識別することは私たちにはできないと認めていらっしゃいます。尤も、大分それに近付くこと位はできると、まだ希望を抱いていらっしゃいますが。ですからあなたはあの名高い著者に同意して次のようにおっしゃりたくはないのでしょう。即ち［29］そのような探求に関わりを持つのは労力の無駄である、と。そういう信念が学問の発展に水を掛けるのを恐れてのことですね。魂と物体との間にある連結を説明するに際して今まで起ってきた困難についてもお話ししたかった。思惟が物体の内に運動を産み出すことも運動が精神の内に思惟を生み出すことも概念し難いのですから。でも、予定調和というあなたの仮説を理解して以来、諦めかかっていたこの難点が一挙に、そして魔法のように私から取り払われてしまったようです。［30］そこで私たちの無知の第三の原因が残ります。それは、私たちが持っているか持ち得る諸観念を辿らず、中間観念を見出そうとしないためであり、そのため、私たちの能力の内にはいかなる不完全性も無く、事物そのものの内にもいかなる不確実性も無いのに、数学的真理を知らないことにもなるのです。言葉の誤用が、諸観念の一致・不一致を見出すのを妨げるのに最も貢献してきました。そこで数学者たちは、名前から[45]独立に自分たちの思惟を形成

し、音の代わりに観念そのものを自分たちの精神に現前させるのに慣れることで、大部分の障害を避けてきました。もし人々が物質的世界の諸発見において、叡知的世界に関する諸発見においてやってきたようなことをし、不確実な意味をもった名辞の混沌の内にすべてを混同してしまったら、地帯・潮汐・船の建造・航路について際限なく議論したでしょうし、赤道を越えはしなかったでしょうし、対蹠人など、そんな人がいると主張するのは異端であると言明された時と同じ位、今もなお知られていなかったでしょう。

テオフィル　私たちの無知のこの第三の原因だけは非難すべきものです。もっと遠くまで進むことについての絶望がそこには含まれているとあなたは思っていらっしゃいます。そういう失望感はとても有害です。学殖豊かで優秀な人々が、骨所り損などという誤った信念を吹き込んで医学の進歩を妨げてきたのです。むかしのアリストテレス主義の哲学者たちが例えば虹といった大気現象について語っていることをご覧になれば、彼らはこの現象をはっきりと説明しようと考えることすら駄目だと思っていたのが分るでしょう。そしてマウロリュクス(46)の研究やそれに続くマルク＝アントワーヌ・ドミニス(47)のそれでは、虹はイカロスの飛行のようなものでした。しかし後の人々が誤りを正しました。確かに言葉の誤用が私たちの認識の内にある混乱の大部分を引き起しているものです。道徳や形而上学即ちあなたが叡知的世界と呼んでおられるものにおいてだけでなく、医学においてもです。それに医学においては言葉の誤った使用はますます増大しています。私たちは幾何学においてのように常に図形の助けを借りる訳にはいきません。しかし、事物の観念そのものに常に訴えずにも大きな発見を為し得ることを代数学は示しています。対蹠人についてのいわゆる異端の件でついでに言っておけば、確かにメイアンスの司教ボニファキウスがこの件でザルツブルクのウィルギリウスを法皇に告発した手紙(48)の中で書きましたし、法皇はそれに対して、ボニファキウスの意見にどちらかと言えば賛同を与えているような仕方で答えてはいます。けれどもこの告発が何かを引き起した様子はありません。ウィリギリウスはその地位にずっと留まっています(49)。この二人の敵対者は共に聖人と考えられていますし、バヴァリアの学者たちは、ウィリギリウスをカリンシアとその隣接諸国の伝道者と見做して、その記憶を大切にしています。

4　私たちの認識の実在性について

〔1〕**フィラレート**　良い諸観念を持ちその一致・不一致を知解することにある重要性を理解しない人は、それらについてあれほど注意深く推論しながら私たちは空中楼閣を築いてきたのであって、私たちの説全体には観念的なものと想像的なものしか無い、と考えるでしょう。想像力が常軌を逸して働く人が、より生き生きとした観念をそれもより多く持つ点で優れていて、またより多くの認識を持つことになるだろう。狂信家の幻想の内には、彼が首尾一貫して語る限り、良識を持った人間の推論の内にと同様な確実性があるし、ハルピュイアがケンタウロスでないと言うのと、正方形が三角形でないと言うのは、同じ様に真なのだ〔と言うのです〕。〔2〕それに対して私は、私たちの持つ観念は諸事物と一致する、とお答えします。〔3〕でもその基準は何だとあなたはおっしゃるでしょう。〔4〕更にお答えしますと、まず第一に、この一致は、私たちの精神の単純観念に関しては明らかです。というのも、精神は自分自身ではそれらを形成し得ないので、それらは精神に働き掛ける諸事物によって産出されなければならないからです。そして第二に〔5〕私たちの持つ複雑観念のすべては（実体の複雑観念は除いて）精神が自分自身で形成する原型であって、何かあるものの模写であるようにはなっておらず、その起源としてのいかなる事物の現実存在へと関連づけられてもいないので、実在的認識に必要な事物との(1)すべての合致を欠いている筈がないのです。

テオフィル　私たちの確実性が、感覚に由来する単純観念の基礎以外のものを持たなかったとしたら、その確実性は小さなもの、否、むしろ確実性など無いと言った方が良い。観念は根源的には私たちの精神の内にあり、私たちの思惟でさえ、他の被造物が魂に直接的影響を持ち得ることなく、私たち自身の奥底からやって来るということをどうやって私が示したか、あなたはお忘れですか。その上、普遍的で永遠の真理に関わる私たちの確実性の基礎は観念そのものの内に、感覚から独立してあるのです。純粋で叡知的な諸観念、例えば存在・一・同などといった観念もまた感覚に依存しないようにね。しかし色・味などという（実際にはそれらは幻影でしかありません）可感的性質の観念は感覚から私たちにやって来ます。即ち混雑した表象に由来するのです。そして、偶然的で単一的な事物の真理の基礎は次のような成功の内にあります。即ち、感覚の諸現象が、正しく叡知的諸真理の要求するように結び付いているようにできるということにです。(2) しなければいけないのは以上のような区別であって、あなたがここで単純観念と複合観念との間になさっている区別は基礎付けを持っているようには思えません。すべての叡知的観念はその原型を事物の永遠の可能性の内に持っているのですから。

［5］ **フィラレート** 確かに私たちの持つ複合観念は、実際に私たちの外でこれら複雑観念やそれを構成している単純観念を連合させている筈の現実存在する実体と関係付けられる時しか、原型を必要としていません。数学的真理についての認識は実在的です。尤もそれは私たちの観念にしか基づいていませんし、厳密な円などどこにも見当たらないのですが。しかしながら、原型において仮定されているものの現実存在することが見出されるに応じて、現実存在する諸事物が私たちの原型に一致するだろうことは確実です。［7］そしてそれがまた道徳的な事柄(3)の実在性を正当化するのに役立ちます。［8］そしてキケロの義務論は、キケロが描いてくれたような善き人のモデルに正確に則って自分の生活を律する人など世間には一人もいなくとも、真理に合致していることには変わりありません。［9］しかし、もし道徳的観念が私たちの発見によるものだとしたら、正義や節制についてどんなに奇妙な概念を持つことになるだろう（とあなたはおっしゃるでしょう）。［10］不確実性は言語の内にしか無いとお答えします。なぜなら人は自分の言っていることを必ずしも理解していないかあるいは必ずしも同じようには理解していないからです。

テオフィル あなたは次のようにも、そして思うにもっとうまく答えられたでしょう。即ち、正義や節制の観念は私たちが発明したものではないのは、円や正方形の観念がそうでないのと同じだ、と。それについてはもう十分お話ししした(4)と思います。

〔11〕 **フィラレート**　私たちの外に現実存在している実体の観念についてはどうかと言うと、私たちの認識はこれら原型と一致する限りで実在的です。そして、この点で、精神は諸観念をかってに集成してはならないのであり、感覚的な観察によって現れるものを超えて自然の内で現実に一緒に存在し得るか否かを私たちが確信し得る単純観念が非常に少なければ少ない程尚更そうです。

テオフィル　それは、一度ならず言いましたように、これら諸観念は、理性がその両立性ないし連結を判断し得ない時には、混雑しているからなのです。ちょうど感覚の個々の性質の観念のようにね。

〔13〕 **フィラレート**　また現実存在している実体に関しては、名あるいは名によって既に定められてしまった種に極限しない方が良いでしょう。それは人間の定義に関してかなりしばしば私たちが議論してきたことに私を立ち戻らせます。というのも、理性の徴を少しも現すことなく四十年間生きた白痴について言うと、彼が人間と獣との中間を占めるものだと言うことはできないでしょうか。そう言うことは恐らくかなり大胆な逆説、あるいはとても危険な帰結をもたらす虚偽だと考えられるでしょう。しかしながら、私もかつて思っていたし、いまでも私が誤りを正せないでいる友人の何人かの思うには、それは、人間と獣という二つの名が、自然の内の実在的本質によってきっぱりと区別されているので他のどんな種も介入してこられず、すべての事物が正にこの本質の数だけの鋳型にはめ込まれているかのような、別々の種を意味しているというあの誤った想定に基づいた先入見のお蔭でしかないのです。〔14〕そういう友人たちにこれら白痴はどんな種類の動物なのかと尋ねると、彼らはそれは白痴なのであって、それで十分だと答えます。更に、来世では彼らはどうなのかと尋ねると、そんなことを知ったり探求したりするのは重要ではないと答えます。彼らが立つのも倒れるのも、その主人によるのである（ローマ人への手紙、一四・四）。そしてその主人は立派で信頼に足る者であり、彼の被造物を私たちの狭い思惟あるいは特殊な思いに従って処理せず、私たちの好みで想

像している名や種に適合するようにそれら被造物を区別している訳ではない。教えを受け容れ得る者が自分たちの行いの精算に呼び出され、各々その身に為した事に従って（コリント人への第二の手紙、五・一〇）報いを受け取れば、それで私たちには十分だ「、と友人たちは答えるのです」。[15] 更に彼らの言い分の残りをご紹介しましょう。白痴から来世の状態を奪わなければならないかどうかという問題は、二つの等しく誤った仮定に基づいている[5]（と彼らは言います）。第一の仮定は、人間の外的姿形を持っているいかなる存在者も、この世の後に不死の状態へと定められている、というもの。そして第二の仮定は、人間の生まれであるものは何でもこの特権を享受する筈であるというもの。こういう想像を取り去れば、この種の問題は滑稽であり、根拠の無いことが分るだろう「、と言うのです」。実際、第一の仮定は認められないと私は思いますし、永遠の生命が物質塊の何らかの形のお蔭であり、従ってその塊は永遠に感覚をもつ筈である、なぜならそれはこれこれの形に拵えられたのだから、などと信ずるに至る程物質を十分に洞察する精神を人は持たないと私は思います。[16] しかし第二の仮定が助けにやって来ます[6]。この白痴は理性的な両親の子である、従って理性的魂を持っているに違いない、という訳です。どんな論理の規則によってそんな結論を出し得るのか私には分りません。それに、そう言いながらどうして、欠点のある形・でき損ないの姿で産み出された者を殺そうとなどするのでしょう。ただ、それは化け物だ、とあなたはおっしゃるでしょう。そうだとしましょう。でもそれでは常に手に負えないあの白痴は何なのでしょう。身体の欠陥が化け物を作って、精神の欠陥は作らないと言うのでしょうか。だとしたら外的なもので十分だという、既に論駁した第一の仮定に戻ってしまいます。姿の良い白痴は人間で、思うに理性的魂を持っているけれどもそれが現れていない。しかし耳を少しばかり長くして尖らせ、鼻を通常より少し平たくしてみましょう。するともうあなたは「人間であると言うのを」ためらい[7]始めるのです。顔をもっと狭く、平たく、長くしてみましょう。するとあなたは立ち止まる。そしてもし頭が完全に何らかの動物の頭だとすると、もう疑いも無く化け物であり、理性的魂をそれは持たず、殺すべきだ、というのがあなたにとって論証された事柄になっています。そこでお尋ねしたいのですが、正しい尺度、理性的魂を伴うぎりぎりの限界はどこにあるのでしょう。人間の胎児には、半分は獣で半分が人間である者もいましたし、四分の三の部分が一方で、他の四分の一が他方である者もいたのです。どこからは理性を認めるという正しい線引きをどうやって決めたら良いのでしょう。それに、この化け物は人間と獣との中間種ではないのでしょうか。そして問題の白痴は正にそういうものなのです。

テオフィル　その問題にまた立ち戻られるのには驚きました。十分にもう私たちは検討してきたのですよ。一度ならず。あなたの友人をうまく納得させておられないのですね。もし私たちが推論する能力によって人間を獣から区別するなら、中間はありません。問題の動物はそれを持つか持たないかであるに違いないのです。でもこの能力は時として現れないので、この理性が現れてくるまでは、真理に関しては決定的でない指標によってそれを判断するのです。というのも、理性を失ったり、あるいは訓練によって終にそれを手に入れたりした人々の経験から、理性の働きは一時中断していることもあり得るのを私たちは知っているからです。生まれや姿形は隠れているものの推定はさせてくれます。しかし、生まれによる推定は人間とはあまりに異なった姿形をしていれば消されてしまいます（eliditur)。レウィヌス・レムニウスの本（第I巻第8章）[8]にあるゼランド[9]の或る婦人から生まれた動物がそうでした。鉤形に曲った鼻、長くて湾曲した首、ギラギラした目、ピンとしている尾、〔生まれて〕すぐに部屋を走り回るだけの非常な敏捷さを、それは持っていました。しかし、人間の姿形にもっと近い化け物即ちロンバルディアの兄弟（ロバンルディアの婦人たちがこの種の出産をしやすいと言われたのでかつて医者たちがそう呼んだのです）があるとあなたはおっしゃるでしょう。結構です。そこで、一体、人間として通用すべき姿形の正しい限界をどうやって定めたらよいのか（とあなたはおっしゃいます）。推測に基づく事柄においては正確なものは何も無いと私はお答えします。それで終わりです。白痴は理性の働きを現さないにも拘わらず人間として通っているとあなたは反論なさいます。しかしもし彼が化け物様の姿形をしていたら、人間として通用せず、従って理性よりも姿形を考慮なさる訳なのでしょうか。疑い無く、否です。ですから白痴よりも欠陥を持ってはいる訳です。理性の訓練の欠陥はしばしば一時的なものですが、犬の頭を持っている者では終ることがありません。その上、もし人間の姿形をしているこの動物が人間でないとしても、その運命について不確実である間それを保護してやってもさして不都合ではないのです。そしてそれが理性的魂を持っていようが理性的でない魂を持っていようが、神は徒らにそれを作ったのではないのであり、常に生まれたばかりと似た状態に留まる人々の魂について人は、それらの運命は揺り籃の中で死ぬ子供たちの魂の運命と同じものかもしれないと言うでしょう。

5　真理一般について

〔1〕**フィラレート**　真理とは何であるかを何世紀も人は問うてきました。〔2〕私の友人たちは事物そのものが相互に一致するあるいは一致しないのに従って記号を結合あるいは分離することだと考えています。記号の結合あるいは分離で以て理解されなければならないのは、別様には、命題と呼ばれるものです。

テオフィル　しかし形容語は命題を作りません。例えば、賢い人という風に。しかしながら〔そこには〕二つの名辞の結合はあります。否定もまた分離とは別物です。というのも「人間」と言ってその後しばらくして「賢い」と発音しても、それは否定ではないのです。また一致や不一致も必ずしも厳密には命題によって表現されているものではないのです。二つの卵は一致を持ちますし、二人の敵は不一致を持ちます。ここでの問題は一致あるいは不一致の全く特殊な在り方です。ですから、この定義は問題の点を説明していないと思います。しかし、真理のあなたの定義の内で賛同し難いと私の思うのは、あなたがその定義で、真理を言葉の内に探していることです。[1] ですから、同じ意味も、ラテン語・ドイツ語・英語・フランス語で表現されると、同じ真理ではなくなり、ホッブズ氏に同意して真理は人間の恣意に依存すると言わなければならなくなるでしょう。それは実に奇妙な言い方です。神にだって真理は帰属させられます。そして神には記号は必要無いとあなたは認めて下さった（と私は思います）。要するに、本質・種・真理を名目的なものと見做して楽しんでいるあなたの友人たちの気持ちには一度ならず既に私は驚いているのです。

フィラレート　そう急がないで下さい。記号というもので彼らは観念を理解しています。ですから、真理は記号の種類に従って心的であるか、あるいは名目的であるかです。

テオフィル　だったら更に文字的真理も私たちは持つことになりましょう。そして真理を記号によって区別しなければならないとしたら、それを〔更に〕紙のあるいは羊皮紙の真理、普通のインクの黒の真理、あるいは印刷用インクのそれ、に区別しても良いでしょう。それ故、真理は、観念の対象間の関係に位置付けた方が良いのです。その関係のお蔭で一つの観念が他の観念の内に含まれるかあるいは含まれないかとなるのです。それは言語に依存しません。神や天使を含めて私たちに共通なのです。ですから神が私たちに真理を知らせる時、私たちは神の知性の内にある真理を獲得するのです。というのも、神の持つ観念と私たちの持つ観念との間にはその完全性と広がりに関して無限の差異があるにも拘わらず、確かに常に同じ関係において一致しているのですから。それ故真理を位置付けるべきなのはこの関係になのであり、私たちの恣意から独立している真理というものと、私たちが良しと思うように発明する表出というものとの間には区別を設け得るのです。

〔3〕[2]　**フィラレート**　人々が、精神の内でさえ、事物[3]の代わりに言葉を置く、特に観念が複雑で未決定の場合はそうである、というのは全く当たり前のことです。しかし確かにまた、あなたがお気付きのように、その時精神は差し当たり知解することなく真理を述べるだけで満足しており、好きな時にそれを知解するのが彼の意のままだと思い込んでいるのです。その上、肯定したり否定したりする際に為されることは、私たちの内で起っていることについて内省して概念する方が、言葉で説明するよりは容易です。ですから、一緒にするとか分離するとか言われる時、もっとうまい言い方が無いからと言って責めないでいただきたいのです。〔8〕命題は少なくとも言辞的と呼ばれ得ること、そ

して命題が真である場合にはそれは言辞的でもまた実在的でもあることもあなたは認めて下さるでしょう。というのも、〔9〕虚偽性は、諸観念が一致するあるいは不一致であるのとは別様の仕方で名を結び付けることにあるからです。少なくとも〔10〕言葉は真理の主要な伝達手段です。〔11〕心的真理(4)というものもあり、それは私たちの精神の信条に従って事物について話すことです。最後に、形而上学的真理があり、それは私たちが事物について持っている観念(5)と合致する、当の事物の現実の存在です。

テオフィル 心的真理は何人かの人によって真実〔véracité〕と呼ばれてきました。形而上学的真理は一般に形而上学者によっては存在者の属性と考えられてきましたが、それは無益で殆ど意味の無い属性です。真理を、精神の内にある命題とそれが関わる事物との対応に求めることで私たちは満足しましょう。確かに、観念が真あるいは偽であると言って、観念にも私は真理を帰属させました。けれどもその時、私は実際には観念の対象の可能性を肯定する命題の真理を理解しているのです。そしてこの同じ意味で、或る存在者は真であるとも言えます。言い換えればその存在者の現実的存在あるいは少なくとも可能的存在を肯定する命題が真である訳です(6)。

6

普遍的命題、その真理性と確実性について

〔2〕 **フィラレート** 私たちの持ついかなる認識も、一般的真理であるか、あるいは特殊的真理であるかです。一般的真理は、最も重要なものなのですが、言葉で概念され表出されている限りにおいてでなければうまく知解させることができず、私たち自身とても稀にしか理解していません。

テオフィル　他の徴でもこの効果を出し得るだろうと私は思います。中国の文字でそれが分ります。そして、彼らのよりもずっと通俗的で良い普遍的記号を導入することもできます。言葉の代わりに小さな図を用いれば良いのです。それらの図は見える事物をその特徴で表現し、見えないものはそれを伴う見えるものによって表現するのです。そして〔文法上の〕屈折や小辞を知解させるのに相応しい一定の付加的な徴を結び付けてね。それは、まず遠く隔たった国々と容易に伝達を行うのに役立つでしょう。しかし、通常の文字を棄てずにそういう図が私たちに導入されたとしても、そういう書き方は、想像力を豊かにしたり、盲目的な度合いが少なく言辞的であることも少ない思惟をもたらすのに大いに有用でしょう。確かに図を描く術は皆に知られている訳ではないので、こういう仕方は印刷された本(その読み方は皆すぐ覚えるでしょう)を除いて、一種の印刷によってとは別の仕方で皆がその図を使える訳ではないでしょう。つまり、紙に〔印鑑のように〕押すために彫りあがっている図を使い、押した後で屈折や小辞の徴をペンで書き加えるのです。しかし時と共にこの図文字の便利さを身につけようと皆が若い頃からデッサンを習うでしょう。その図文字は本当に目に語りかけることになり、人々の意にかなり沿うものとなるでしょう。実際、農民たちは自分たちの知りたいことのかなりの部分を言葉無しで教えてくれる或る暦を既に持っています。銅版刷りの諷刺的な印刷物を見たことがあるのを私は覚えていますが、その中には、言葉と混じって、それ自身で意味のある図が書かれていました。それに対して、私たちの文字や中国の記号は人間の意志によって(ex instituto)しか意味を持ちませんよね。

〔3〕　**フィラレート**　あなたのお考えはいつか実現するだろうと思います。そういう文字は私には好ましく、また自然に思えますからね。そういう文字は私たちの精神の完全性を増大させ、私たちの概念を実在的にするのに大いに役立ちそうです。でも話を一般的認識とその確実性に戻してみると、真理の確実性と認識の確実性とがあることを指摘しておいた方が良いでしょう。言葉が、実際にそうである一致あるいは不一致(1)を正確に表出する、ような仕方で命題の内で結合される時、それは真理の確実性です。認識の確実性は、観念の一致あるいは不一致を、それが命題の内に

表出されている限りで、知覚することにあります。これは、普通、私たちが、或る命題が確実であると呼んでいることです[2]。

テオフィル　実際には、この後者の確実性は言葉を使わなくても十分でしょうし、真理の完全な認識に他なりません。それに対して前者の確実性は真理そのもの以外ではないようですね。

〔4〕 **フィラレート**　ところで、一般的命題を構成している名辞の意味の正確な限界を認識しなくては、当の命題の真理性について私たちは確信が持てないのですから、各々の種の本質を知ることが必要でしょう。単純観念と様態に関してはそれは難しくありません。しかし、名目的本質とは別の、実在的本質が種を決定するものと考えられている実体においては、一般名辞の範囲がごく不確実なのです。なぜなら、この実在的本質を私たちは知らないからです。従って、この意味では、これら実体に関して作られたいかなる一般的命題についても私たちは確信[3]が持てないでしょう。しかし、実体の種というものは、いろいろな一般名の下に類別された一定の種類への実体的個体の還元であり、しかも私たちがそれらの名で指している異なった抽象的諸観念にそれら種類が一致するのに従ってだとすれば、然るべく十分に認識されている命題が真か否かを疑うには及ばないのです。

テオフィル　十分に私たちが議論し、もう片が付いたと思っていた点に、またどうしてあなたが立ち戻られるのか私には分りません。まあ、でも良いでしょう。再びあなたの誤りを正すのにとても適切な（と私には思われる）機会を与えて下さったのですから。そこで私が言いたいのは、例えば金、即ちその内的本質がこの世で知られている内で最大の重さあるいは最大の可延性あるいは他の徴によって知られる物体、に関する数知れぬ真理について私たちは確信が持てるということです。というのも、知られている限りで最大の可延性を持つ物体はまた知られている物体の内で最も重い、と私たちは言えるからです。確かに、金について今まで言われてきたすべてのことが、別の新しい性質によって識別できる二つの物体においていつか見出され、従ってそれは今まで仮に見做されていたように最低種である訳では最早なくなることも不可能ではないでしょう。それにまた〔先の二つの物体の内〕一方は稀少で、他方はありふれていたら、稀少な種だけに真の金という名をとっておくのが適当だと判断することもあり得ます。それに相応しい新しい試験法を用意しておいて通貨として使い続けるためにね。そうすれば、これら二種のものの内的本質が異なっていることを疑う人はいないでしょう。そして、現実に存在する実体の定義がたとえすべての点で十分に決定されていなくとも(実際、人間の定義は外的な姿形に関しては決定されていないように)、それでも、その実体について無数の一般的命題を持つことができ、それらは理性や当の実体において認められる他の諸性質から出てくるものなのです。これら一般的命題について言われ得るすべてのことは、人間を最低種と考え、人間をアダムの子孫と限定した場合、人間について第四の仕方と呼ばれている固有性[4]、即ち、仮にではあっても、「人間は唯一の理性的動物である」と言う時のように、可逆的ないし単に換位できる命題で人間について述べられ得るようなことです。そして人間を私たちの種族と考えれば、言外に仮に言われていることとは、人間とは私たちに知られているものの内で唯一の理性的動物であるということです。というのも、今まで指摘してきているすべてのことを今の人間の子孫と共有しながら別の起源を持つような、別の動物がいつか現れることもあり得るでしょうから。それはちょうど想像上のオーストラリア人が私たちの地方にやって来るといったような場合ですが、その時でも彼らを私たちから区別する何らかの手段は見付かりそうです。しかしそうではない場合、神がこれらの種族の混淆を禁じイエス・キリストが私たちの種族の罪を贖ったのでしかなかったと仮定したら、それら種族相互の区別のための人工的な徴を作るよう努力しなければならないでしょう。疑い無く内的差異はあるでしょうが、それは認識できないので、生まれという外的規定だけに還元されるでしょう。そしてそれに、内的規定と私たちの種族を他のそれから識別する恒常的手段とを与えてくれる持続的な人工的徴を伴わせようと努力するでしょう。こうしたことすべては虚構です。というのも、私たちはこういう区別に訴える必要はないのです。この地球上で唯一の理性的動物なのですから。しかしながらこうした虚構は実体の[5]観念の本性とそれら実体についての一般的真理を認識するのに役立ちます。しかし、もし人間というものを最低種と解さず、アダムの血を引いた理性的動物の最低種とも解さず、その代わりに、幾つもの種に共通の類を意味するとして、それらの種が今は知られている唯一の種族に属しているけれども他の種族にも属し得て、例えばあのオーストラリア人のように、生まれによってか他の自然的な徴によって区別され得るとしたら、その時には、この類は可逆的命題を持つでしょうし、人間の今の定義は仮のものではなくなるでしょう。金についても同様です。というのも、いつの日にか識別できる二つの種類があることになり、一方は稀少で今までも知られており、他方はありふれていて恐らく人工的で、時間がたてば見付かるものだとしましょう。その時、金という名は金貨の当の物質の稀少性に基づいた便利さを保つために、今の種つまり自然的で稀少な金に取っておくべきだとすると、内的規定による今まで知られてきたその定義は仮のものでしかなかった訳であり、稀少な金即ち古い種の金を新しい人工的な金から区別するために、発見されるだろう新しい徴によって〔定義は〕増補されなければならないでしょう。しかしもし金という名がその時でも二つの種に共通のままであるべきなら、即ち、もし金で以て、再分割を今まで知らず、今、最低種と解している（しかし、再分割が知られるまで仮にだけである）類を考えているとして、新しい種つまり作るのが容易で、共通のものとなり得る人工的金をいつの日にか見付けるとしたら、この意味ではこの類の定義は仮のものと判断されてはならず、恒常的なものと解されるべきだと私は言いたいのです。それに、人間とか金といった名にこだわることはなく、類あるいは既知の最低種に与えられるどんな名であろうと、そしてたとえそういうものに名を与えなくとも、今しがた言ってきたことは観念、類、あるいは種について常に真でしょうし、種というものは時として類の定義によって仮にしか定義されないでしょう。しかしながら、可逆的命題によって、類にであろうが種にであろうが属す内的実在的本質があると解するのは何時だって許されていますし合理的でもありましょう。そしてその本質は普通は外的な徴によって認識されます。今までのところ私は、種族というものが特徴を失ったり変化したりしないと仮定してきました。しかしもし同一の種族が他の種へ移行したりしたら、血筋に注意を集中せずにますます他の徴と内的あるいは外的規定に訴えざるを得なくなるでしょう。

〔7〕**フィラレート**　実体の種に私たちが与えている名が意味表示している[6]複雑観念は、私たちが実体と呼んでいる

不知の基体の内に共存しているのに気付いている一定の諸性質の観念[7]の集合です。しかし、他のどんな諸性質がそういう集成と必然的に共存するかは、第一性質に対してのそれらの依存関係を発見し得るのでなくては、確実に認識はできないでしょう。

テオフィル 同じことは偶有性の観念にも見出されることを、以前既に私は指摘しました。偶有性の本性は少々難解です。例えば幾何学での図形がそうであるようにね。というのも例えば、焦点として一点にすべての平行光線を集める鏡の形が問題の時、その図形を知る前にこの鏡の幾つかの固有性を見出すことはできますが、それが持ち得る多くの他の変状については不確実でしょう。それの内に、実体の内的仕組に対応するものが見付かるまで、言い換えれば、鏡のこの形をどうやって作図するかが見付かるまではね。そしてこの作図こそその後の認識の鍵となるでしょう。

フィラレート しかしたとえ私たちが物体の内的仕組を知った時でも、私たちは第一性質、つまりあなたが明白なと呼んでいる性質が持ち得る依存関係をしかそこに見出さないでしょう。即ち、どんな大きさ、どんな形、どんな運動力がそれに依存するかは認識されるでしょう。けれども、第二性質つまり混雑した[8]性質、言い換えると色・味などといった可感的性質との間で第一性質が持ち得る連結は決して認識され得ないでしょう。

テオフィル それは、これら可感的性質ないし当の性質について私たちの持っている観念が自然的に形と運動には依存せず、それら観念を私たちに与える神の恣意にしか依存しないと、更にあなたが仮定なさっておられるからです。とするとこの意見に反対して一度ならず私がお話しした事柄をあなたはお忘れのようですね。これら可感的観念は形や運動の細部に依存しそれらを正確に表出していること、尤も私たちの感官を打つ機械的な働きかけのあまりの多さや小ささによる混雑性においてこの細部を識別する訳にはいかないことを、むしろあなたに分っていただきたかったために言ったのですが。しかしながら、もし私たちが幾つかの物体の内的仕組に到達することにでもなれば、それら物体は何時これらの性質を持つに違いないのかも私たちは見ることになりましょう。そしてこれら性質はそれ自身その叡知的諸理由に還元されます。たとえそれら叡知的諸理由をこれら感覚的観念の内に可感的な仕方で見出すことは私たちにはできないとしてもです。例えば今私たちは緑を青と黄とに完全に分析しており、それについてはこれら成分に関してしかもはや問うべきものはありません。そうは言っても、私たちの持っている緑の感覚的観念が正に混雑した観念であるが故に、私たちには当の観念の内において青と黄との観念を識別することはできないのです(9)。それは歯車の歯の観念を識別できないようなものです。言い換えると、人工的な透明の表象の内にある原因の観念を識別できないようなものです。それは時計師のところで気が付いたことですが、歯車が速く回ると起ることで、速い回転が歯を消えさせて、その代わりに想像的な連続的な透明を現出させるのです。この透明は歯とその間隔の継起的な現れから成っていますが、その継起があまりに速くて私たちの想像(10)がそれを区別できないのです。それ故、これらの歯はこの透明の判明な概念においては見出されますが、この混雑した感覚的表象において見出されません。後者の本性は混雑しておりそれに留まることにあるのですから。そうでなければ、もしその混雑性が止むと（動きがゆっくりになってその部分とその継起が観察し得るようになるような場合）もはや同じものではない、つまりあの透明という幻影ではもはやないでしょう。そして神が自分の恣意によって私たちにこの幻影を与えていて、この幻影は歯車の歯とその間隔の動きから独立しているなどと思う必要は全然ありませんし、反対にそれはこの動きにおいて生じていることの混雑した表出、継起的な事物が見かけの同時性において混同されることに存する表出でしかない、と考えられているのですから、色や味などといったさほど完全な分析を私たちがまだ持っていない他の感覚的幻影に関しても同じだろうと容易に判断できます。というのも、実を言えば、それらは性質とかあるいは観念といった名よりもむしろ幻影という名に値するものだからです。そしてそれらをあの人工的透明と同様に理解すればいかなる点でも十分であり、更に知ろうとすることは合理的でもなければ可能でもないのです。というのも、これら幻影は混雑したままに留まっており、それにも拘わらず想像そのものによってそこに諸成分が識別されるなどと望むのは、自家撞着しています。それは、気に入った展望で以て欺かれて快い気持ちでいたいと思うことであり、そして同時に眼が欺きを見ることを望むことであり、できぬ相談です。要するに

理性的ニ狂オウトイウハデナケレバ
先ヘハ君ハ進メナイ(11)

ということです。でも、灯心草ニ節ヲ探して(12)、ありもしない困難を作ることが人々にはしばしば起ります。あり得ないことを要求してその後自分たちの無力と自分たちの光の限界を嘆いたりするのです。

〔8〕 **フィラレート**　「いかなる金も不揮発的である」というのは、その真理を私たちが確実には認識し得ない命題です。というのも、もし金が自然の与えた実在的本質によって区別された或る種の事物を意味するとしたら、どんな個々の実体がこの種に属するかは知られず、従って何であれ金について確実に肯定できないでしょう。そこでもし金を、一定の黄色をしていて展性を持ち、溶けやすく、他の既知の物体より重い物体とするなら、何が金であるか金でないかを知るのは難しくありません。しかしそれにも拘わらず、他のいかなる性質もこの観念と連結を持つか(13)あるいは発見され得る非両立性を持つかするのでなければ、確実性を以て肯定されたり否定されたりはできないのです。ところで、不揮発性は、色や重さそして金について私たちの持っている複雑観念を成していると私が仮定している他の単純観念とはいかなる既知の連結(14)ももっていないので、いかなる金も不揮発的であるというこの命題の真理性を確実に認識することは私たちにはできません。

テオフィル　この世で知られているすべての物体の内で最も重いものは不揮発的であるということは、明日夜が明けるのを確実に知っていると殆ど同じ位に確実に私たちは知っています。それはそのことが数知れぬ回数経験されてきたからであり、経験的で事実的な確実性であるからです。尤も、私たちは不揮発性と、この物体の他の諸性質との連結を認識している訳ではありませんが。それに、一致し、同じものに帰する二つの事物を対立させてはならないのです。私が或る物体を考え、それが黄色で溶けやすくしかも灰吹法に耐えもする時、私はその種的本質が、その内部は不知であっても、その根底からこれら性質を出させ、少なくともそれらによって自分を混雑して知らせるような物体を考えているのです。そこには何のまずいこともないと私は思いますし、あなたがそんなにもしばしば反論を繰り返すに値するものは何も無いと思います。

〔10〕 **フィラレート**　物体の内で最も重いものの不揮発性の認識は、観念の一致あるいは不一致によっては私たちにはできないということで今のところ私には十分です。そして、思うに、物体の(15)第二性質とそれに関する力能の内で、白いものは黒くないと言われる時のように、同じ感覚に属し互いに必然的に排除する性質を除いては、必然的共存あるいは非両立性が確実に知られ得る二つのものを名指すことはできません。

テオフィル　そうおっしゃいますけれど、恐らく見付かると思いますよ。例えば、いかなる可触的（つまり触覚によって感覚され得る）物体も可視的です。いかなる硬い物体も空気中でたたけば音を発します。弦ないし糸の音はその張力を起す重みに対して一対二の比にあります。あなたが要求なさっておられることは混雑した感覚的観念に結び付いた判明な観念が概念される限りでしか成功しないというのは確かですが。

〔11〕 **フィラレート**　物体が他のものから独立してそれ自身で性質を持つと考える必要は必ずしもありません。一片の金が、他のいかなる物体からの圧迫や影響からも離されてしまえば、即刻その黄色や重さを失うでしょうし、恐らくまた砕けやすくなり展性を失うでしょう。植物や動物がどれほど大地と空気と太陽とに依存しているかは周知のことです。とても遠い所にある恒星だって私たちに影響を与えないとどうやって知るのでしょう。

テオフィル　非常に適切なご指摘です。或る物体の組織が私たちに知られても、それに触れ、それを貫くものの内部を知らなくては当の物体のもたらす結果を十分に私たちは知り得ません。

〔13〕 **フィラレート**　しかし私たちの判断は私たちの認識よりも遠くにまで及ぶことができます。というのも、観察しようと努めている人々はもっと先まで洞察し得て、正確な観察と適切に集められた幾らかの現象から得られた(16)或る程度の蓋然性を以て、経験がまだその人々に発見させていないことについて、正しい推測をしばしばするものなのです。しかしそれは常に推測することでしかありません。

テオフィル　でも経験がこの結論付けを恒常的な仕方で正当化するならば、それで以て確実な命題を手にすることができるとは思われませんか。確実な、と私が言うのは、例えば私たちの知っている物体の内で最も重いものは不揮発的である、その次に重いものは揮発的である、といったことを主張する命題が少なくともそれです。というのも、経験だけによって、そして観念の分析と結び付きによってでなく知られたこれら命題の確実性（道徳的、あるいは自然学的と考えられた）は、私たちのところでそして理に適った仕方で立てられても、必然性（即ち形而上学的確実性）は駄目なようですからね[17]。

7

公準あるいは公理と名付けられる命題について[1]

［1］　**フィラレート**　公準あるいは公理という名の下に学問の原理として通用している一種の命題があります。そしてそれらはそれ自身で明証的であるため、人は本有的と呼んで満足してきました。私の知る限りでは、それらの言わば私たちに同意を強要する程[2]の極度の明晰性の理由と基礎を示そうとは誰もせずにです。そうは言っても、この探求に入り、この大いなる明証性がこれらの命題だけに特別なものかどうかを見て、またそれら命題がどこまで私たちの他の認識に貢献する[3]のかを検討するのは、無益なことではありません。

テオフィル　そういう探求はとても有益ですし重要でさえあります。しかし、その探求が全く怠られてきたという訳でもありません。スコラの哲学者たちがこれらの命題は名辞カラシテ（ex terminis）明証的、名辞が知解されるや否や明証的であると言っている個所を幾らでも見付け出せます。ですから彼らは確信の力は名辞の知解、言い換えればそれらの観念の連繋の内に基礎付けられていると信じていた訳です。でも幾何学者たちはもっと先まで行きました。それらの命題を論証しようとしばしば試みたのです。プロクロスは既に、[4] ユークリッドが以前から明証的として仮定していた命題を論証しようとした業績を、最古の有名な幾何学者の一人ミレトスのタレースに帰しています。アポロニウスが別の公理を論証したと言われ、プロクロスもまたやっています。亡くなったロベルヴァル氏は、[5] 既に八十歳位の時に、新しい幾何学原論を出版しようとしていたのは既にお話ししたと思います。[6] そのころ評判になっていたアルノー氏の新しい原論が恐らく影響を与えています。[7] 彼はその内の幾らかを王立科学アカデミーに提出しましたが、何人かの人は難癖をつける口実を見出しました。「もし等しいものに等しい量を加えると等しいものが生じる」というあの公理を仮定して、同等の明証性を持つと思われているあの「もし等しいものから等しい量を引けば等しいものが残る」という別の公理を彼は論証しようとしていると言うのです。二つとも仮定するか二つとも論証すべきだという訳です。しかし私は賛成しませんでした。公理の数は少ないにこしたことはないのです。それに加法の方が減法よりも疑いも無く先にあり、しかもより単純です。なぜなら二つの名辞は加法では同じように使われていますが、減法ではそうではないのですから。アルノー氏はロベルヴァル氏の反対のことをしたのです。アルノー氏はユークリッドよりも多くのことを仮定しました。公準について言うと、それは時によると既定の命題と考えられ、明証的であろうとなかろうと構わないのです。それは細心綿密だと立ち往生してしまう初学者にとっては良いこともありましょう。でも学問の確立が問題の時は話が違います。そういう訳なので、それらはしばしば道徳においてや、論理学者の間でさえトピカにおいては採用されるのです。そこにはそうした命題のかなりの貯えがありますが、部分的にはかなり漠然としていて曖昧なものを含んでいます。それに、大分前から公に[8]も個人的にも私が言っていることですが、私たちの二次的公理を論証するのは重要なことです。普通それは、原始的な即ち直接的で論証不可能な公理に還元されて使われます。後者は先頃他の所で自同的なものと私が呼んだものです。

〔2〕　フィラレート　諸観念の一致あるいは不一致が直接に知覚される時、認識はそれ自身で明証的です。〔3〕しか

し、公理とは認められなくとも、それ自身で明証的な真理はあります。少し前に（第1章［3］と第3章［7］）で私たちのお話しした四種の一致、つまり同一性・連結・関係・現実存在(9)がそういうものを私たちにもたらしてくれるかどうか見てみましょう。［4］同一性あるいは差異性については、私たちは判明な観念を持つのと同じだけ多くの明証的な命題を持っています。というのも、私たちは一つのものを他のものについて否定することができるからです。例えば、人間は馬ではないとか、赤は青ではないという場合がそれです。それに、有るものは有るというのは、人間は人間であるというのと同じくらい明証的です。

テオフィル　確かに、既に私が指摘しましたように、AはAであるという風に実例的に個別的に言うことは、人は〔正に当の〕人がそうであるところのものである（On est ce qu'on est）と一般的に言うのと同じ位に明証的です。けれども、これもまた既に指摘しましたが、異なる観念の主体を互いに否定することについては必ずしも確実ではありません。例えば、誰かが三辺形（即ち三つの辺を持つもの）は三角形ではないと言おうとした場合がそれです。なぜなら、実際、三辺性は三角性ではないからです。同様に、もし誰かが、スルシウス氏の真珠線(10)（それについては少し前にお話ししました）は三次放物線ではない、と言ったら、それは誤りです。しかしながら、多くの人々には彼の命題は明証的に思えたでしょう。パリのシャトレ裁判所の判事だった故アルディ氏(11)は優秀な幾何学者・東方学者でもあり、古代の幾何学に精通しており、ユークリッドの与件についてのマリヌス(12)の注釈を出版しました。その彼が、円錐の斜めの切断面で楕円と呼ばれているものが円柱の斜めの切断面とは違うと思い込んでしまって、セレヌス(13)の論証は彼には誤謬推理に思えたのです。幾ら違うと言っても無駄でした。それに私が彼に会った時、彼はもう殆どロベルヴァル氏と同じ位の歳であり、私はと言えばまだほんの若造でした。これだけ違うと私の意見が彼にはやはり説得的ではあり得なかったのです。尤も、他の点ではとてもうまくいっていたのですが。因みにこの例を見ても、先入見というものが有能な人に対してまでもたらし得る力が〔どれほど大きいか〕が分ります。というのも、実際に彼は有能な人物でしたし、デカルト氏の書簡の内でアルディ氏は尊敬を以て語られています。しかし私が彼を引き合いに出したのは、一つの観念を他の観念について否定する際、必要なだけ十分に深くそれらを掘り下げないと、どれほど間違い易いかを示したかったからというだけのことです。

［5］ **フィラレート** 連結ないし共存については、それ自身で明証的な命題をほんの少ししか私たちは持っていません。そうは言ってもあることはあります。二つの物体が同じ場所にあることはできない、というのはそれ自身で明証的な命題であるように思えます。

テオフィル 既にお話ししましたように多くのキリスト教徒はそれを認めません。実在的で厳密な濃密化を認めているアリストテレスとその信奉者たちも。その濃密化というのは或る同一の物体がそのままそっくり、以前に満たしていた場所よりも小さな場所に閉じ込められてしまうとするものです。そして亡くなったコメニウス氏(14)が特別な小冊子の中でしたように、空気銃の実験で以て当代の哲学を覆そうとしている人々も、あなたの意見に同意する筈はないでしょう。もしあなたが物体とは不可入的な〔物〕塊のことだとするのなら、あなたのおっしゃることは正しい。なぜならそれは自同的な陳述あるいは殆どそういうものなのですから。しかし実際の物体がそのようなものだとは人は認めないでしょう。少なくとも、神はそうでないようにもできる、と人は言うでしょう。従ってこの不可入性は、神が立てて経験が私たちに確信させた事物の自然的秩序に適合するものとしてのみ認められるでしょう。尤も、その上、それは理性にもとても適合していることは認めなければなりません。

［6］ **フィラレート** 諸様態の関係については、数学者たちは等しいという関係だけについても幾つもの公理を作りました。あなたがつい先程お話しになった、もし等しいものから等しいものを取り去れば残りは等しい、という公理のように。しかし、私が思うには、一足す一は二に等しい、というのもそれに劣らず明証的ですし、手の五本の指から二本を取り去り、もう一方の五本の指から二本を取り去れば、残りは等しいだろう、というのもそうです。

テオフィル 一足す一は二であるというのは厳密に言えば真理ではありません。二の定義なのです。尤も、それが可能的事物の定義であるという真であり明証的なところはあるのですが。手の指に適用されたユークリッドの公理について言うと、あなたが指について言っておられることを概念するのはAやBについて見るのと同じ位に容易であることを私は認めたいと思います。しかし同じことを何回もやらないですむように、一般的にそのことを述べておいて、後で包摂をすれば十分なのです。そうでなかったら、それは普遍的規則よりも個々の値計算を好むというようなもので、私たちが手に入れるものは〔普遍的な規則などという手続きで〕可能であるものよりも少ないでしょう。なぜなら、和が一〇であり差が六である二つの数を探すだけよりも和が与えられた数に等しく、差もまた与えられた数に等しい二つの数を見出すという一般的問題を解いた方が良いからです。というのも、もし第二の問題を文字を用いた代数的手法で処理してみると、計算は次のようになります。$a+b=10$ で $a-b=6$ であるとせよ、左辺同士、右辺同士を加えると $a+b+a-b=10+6$ 言い換えると（$+b$ と $-b$ は相殺するので）$2a=16$ 即ち $a=8$。そして左辺同士、右辺同士を引くと（$a-b$ を引くのは $-a+b$ を足すことなので）$a+b-a+b=10-6$ 言い換えると $2b=4$ 即ち $b=2$。こうして、求められているaとbが実際には8と2であり、問題に適っていて、言い換えれば和が一〇で差が六であることが分ります。けれども、その際、私は一〇や六の代わりに置きたいし置かれ得るだろう何か別の数にも当てはまる一般的方法を持ってはいません。そうは言ってもその方法を見出すのは10と6という数の代わりにxとvを置けば8と2というこの二つの数と同じ位易しいのです。というのも先程と同じように処理して $a+b+a-b=x+v$ 言い換えれば $2a=x+v$ 即ち $a=(x+v)/2$、そして更に $a+b-a+b=x-v$ 言い換えれば $2b=x-v$ 即ち $b=(x-v)/2$ となります。そしてこの計算は次のような定理即ち一般的公式を与えてくれるのです。即ち、和と差が与えられている二つの数を求める時、求められている数の内で大きい方を知るには、与えられている和の値と差の値との和の二分の一をとればよく、小さい方を知るには、与えられている和の値と差の値との差の二分の一をとればよい訳です。〔xとかvという〕文字を使わなくてもできたこともまたお分りでしょう。数を文字のように扱えばよかったのです。言い換えると $2a=16$ で $2b=4$ とする代わりに $2a=10+6$ そして $2b=10-6$ と書けば、$a=(10+6)/2$ そして $b=(10-6)/2$ となった訳です。こうして、個別的な計算においてさえ、一般的計算ができたのです。10と6という数字を、あたかも*x*と*y*という文字であったかのごとく、一般的数と解することによってね。もっと一般的な真理ないし方法を手にするために、そして10と6というこれら同じ記号を普通それが意味している数としても解することで、一つの可感的な例を出してみましょう。それは験算にも役立ち得ます。ウィエタ[15]がより多くの一般性を得るために数を文字に置き換えたように、私は数字を再び導入したかったのです。文字の入ってくる代数学においてさえも、数の方が文字より有用なのです。大きな計算において多くの有用性をそれが持っているのに気付いたのです。誤りを避けたり、それから験算をするためにもね。文字の代わりに数しか無い時に、結末を待たずに計算の途中で9による験算[16]ができるようにです。〔数字〕の位置がうまく利用できる時にはしばしばそういうことができます[17]。従って仮定の真であることが、個々の例で見出される訳です。それに文字だけでは必ずしもうまく精神には見抜けない結び付きや秩序を見付けるのに有用なのです。他の所で述べましたように[18]、私の見たところでは良い記号法は人間精神の最も大きな助けの一つです。

〔7〕**フィラレート**　観念において指摘され得る第四種の一致として私が掲げた現実の存在に関して言うと、それはいかなる公理も私たちにもたらしません。というのも神だけを除いて、私たちの外にある存在者の論証的認識さえも私たちは持っていないからです。

テオフィル　私は現実存在している、というこの命題は、他のいかなる命題によっても証明され得ない命題即ち直接的真理なので、究極的な明証性を持つと常に言って良いのです。ですから、私は思惟する、故に私はある、と言うことは厳密に言うと思惟によって現実存在を証明することではありません。思惟することと思惟する存在者とは同じことなのですから。そこで、私は考えていると言えば既に私は存在すると言っている訳です。しかしながら、あなたがこの命題を公理の数に入れまいとしてもそれはそれなりの理由を持ちます。というのも、それは事実の命題であって直接的経験に基づいており、必然性が諸観念の直接的一致の内にあるような必然的命題ではないからです。反対に、私と現実存在ということの二つの言葉がどうやって結び付いているのか、言い換えれば何故私は現実存在するのかを見ていることは神だけしかいません。しかし、公理というものをもっと一般的に採って直接的ないし証明不可能な真理とするなら、私は存在するというこの命題は公理だと言って良いでしょう。いずれにせよ、それは原始的真理、あるいは複雑ナ言葉ノ内デ最初ニ認識サレルモノノ一ツであることは確信できますし、言い換えれば、それは最初に知られた陳述の一つであり、私たちの認識の自然的秩序の内で理解されるものです。というのも、或る人がこの命題をあからさまに形成しようなどと考えなかったということはあり得るのですから。そうは言ってもそれは彼に本質的ではあるのです。

［8］**フィラレート**　公理というものは私たちの認識の他の部分に少ししか影響を与えないと私はずっと思っていました。けれどもあなたがその誤りを正して下さいました。自同的なものの重要な用法をあなたは示してさえ下さったのですから。でもこの問題について私が心に抱いていることを述べるのをお許し下さい。というのも、あなたの解明は他の人々を誤謬から抜け出させるのにも役立ち得るでしょうから。［8］いかなる推理も既に知られ認められたものから（ex praecognitis et praeconcessis）出てくるというのはスコラでの有名な規則です。この規則は、これら公準を他のものの前に精神に知られる真理と見做させ、私たちの認識の他の部分を諸公理に依存している真理と見做させるように思えます。［9］私は（第Ｉ巻第１章で）これら公理は最初に知られるものではないことを示したと思うのですが。私が見せる鞭は、食べたことのある砂糖ではない、ということを子供は、あなたの気に入るいかなる公理よりも早く認識するのですから。ところであなたは、個々の認識つまり諸事実の経験と、普遍的で必然的な認識の諸原理（そしてそこでは公理に訴えなければならないことを私は認めます）とを区別され、また偶有的な秩序と自然的な秩序をも区別なさいました。

テオフィル　私はそれに付け加えて、自然的秩序においては、或る事物が他の事物でないと言うことよりも、或る事物はそれがそれであるところのものであると言う方が先だ、と言っておきました。というのも、ここで問題なのは、人の異なるに従って異なる私たちの発見の歴史ではなくて、常に同じものであるところの諸真理の結び付きや自然的秩序だからです。しかしあなたのご指摘、即ち子供が見るものは事実でしかない、ということはもっと考えてみるに値します。というのも、感覚の経験は絶対に確実な真理をもたらしませんし（少し前にあなた自身がそう観察なさったようにね）、いかなる思い違いの危険からも免れているという訳ではありませんから。なぜならもし形而上学的には可能な虚構を作って良いなら、悪い子供である場合、子供を叱るために砂糖が気が付かない仕方で鞭に変わることもあり得るのです。良い行いをしていたらクリスマス・イヴに水がブドウ酒に私たち〔大人〕にも変わるようにね。しかしいずれにしても鞭が起す苦痛は砂糖がもたらす快ではないだろう（とあなたはおっしゃいます）。それにお答えすると、子供がはっきりした命題を作ることを思い付くのは、存在するものが同時に存在しないと真に言うことはできないというあの公理に気付くのと同じ位に遅いのです。尤も、快と苦との差異にも、また知覚する知覚しないという差異にも十分に気付き得るでしょうが。

〔10〕　**フィラレート**　でも、これら公準と同様にそれ自身で明証的な多くの他の真理があります。例えば、一足す二は三に等しいというもの、それは、全体は一緒にされたそのすべての部分と等しいというあの公理と同じ位に明証的な命題です。

テオフィル　一足す二は三であるというのは三という言葉の定義でしかなく、従って一足す二は三に等しいと言うことは或る事物がそれ自身に等しいと言うことである、と一度ならずどれほどあなたにお知らせしようとしたか、覚えていらっしゃらないようですね。「全体は一緒にされたそのすべての部分に等しい」というあの公理について言うと、ユークリッドはあからさまにはそれを用いていません[19]。それに、この公理には制限が必要です。というのも、これら部分がそれ自身で共通部分を持ってはならないと付け加えなければならないからです。なぜなら七と八は一二の部分ですがそれらが合わされば一二より大きくなってしまいます。上半身と胴体が合わされると人間よりも多くなってしまいます。胸部が二つに共通だからです。しかしユークリッドは「全体は部分よりも大きい」と言っています。これは問題ありません。そして身体は胴体よりも大きいと言うことは、ユークリッドの公理の方は厳密にそうでなければならないものに限られているということにおいてしか、ユークリッドの公理と異なりません。けれども実例を掲げ、肉付けすることで、叡知的なものがまた可感的にもなるようにできます。というのも、これこれの全体はそのこれこれの部分よりも大きいと言うことは、実際、全体はその部分よりも大きいという命題なのですが、その表現の仕方が何らかの彩り、ないし付加を担っている命題なのです。それはＡＢと言う人はＡと言っているのと同じです。従って、ここで公理と実例とをこの点で異なる真理として対立させる必要は無く、公理が実例の内に受肉し、実例を真なるものとすると考えれば良いのです。明証性が実例そのものの内には見出されず、実例の肯定が帰結であって単なる普遍的命題の包摂だけではない場合は話が別です。そういうことは公理に関しても起り得ますが。

フィラレート　例の有能な著者はここで次のように言っています。（事実的なものではない）[20]他のいかなる認識も本有的でそれ自身によって明証的な一般的原理に依存すると主張する人々に私は問いたいのだが、二足す二が四であるということを証明するためにどんな原理が必要なのか、と。というのも、（彼に従えば）この種の命題の真理はいかなる証明の助け無しにも知られるのですから。あなたはそれについてどうおっしゃるのでしょう。

テオフィル　待ってましたと言いたい位です。たとえ四は三足す一を意味するとしても、二足す二が四であるというのは全く直接的な真理だという訳ではありません。それ故、それは論証できます。次のようにしてです。

定義

（１）　二は一足す一である。

（２）　三は二足す一である。

（３）　四は三足す一である。

公理

等しいものを置き換えても等しいままである。

論証

二足す二は二足す一足す一である（定義（1）による）……二＋二
二足す一足す一は三足す一である（定義（2）による）……二＋一＋一
三足す一は四である（定義（3）による）……三＋一
四

それ故（公理により）
二足す二は四である。そしてこれが論証されるべきことであった。

二足す二は二足す一足す一と言う代わりに二足す二は二足す一足す一に等しい、そして他もそのように置き換えることも私はできました。けれどももより速やかに事を運ぶためにそれを至る所で言外に含ませておけたのです。そしてそれは或る事物はそれ自身に等しい、即ち同じものは等しい、ことを意味している別の公理のお陰です。

フィラレート　その論証は、そのあまりにも知られすぎている結論との関係ではいかに必要性が少ないとは言え、真理というものがどれほど定義や公理に依存しているかを示すのには役立ちます。ですから、公理の有用性に対してなされる幾つかの反論にあなたがどうお答えになるかは予想しています。数えられない程多くの公理があることになろうと人は反論するのです。でも、それは、何らかの公理の助けを借りて定義から出てくる系をも原理の内に数えた場合です。そして、定義あるいは観念は無数にありますから、この意味では原理もまた無数です。たとえあなたに同意して、論証できない原理とは自同的公理のことだと仮定してさえもそうです。実例を掲げることによってもまたそれは無数になってしまいます。けれども実際にはAはAであるとかBはBであるというのは同一の原理がさまざまな仕方で表現されているのだと見做して良いのです。

テオフィル　それからまた明証性の内にある、程度のこの差異を考えると、私は、原理と呼ばれるすべてのこれらの真理、証明不可能な第一の諸公理にとても近接しているのでそれ自身で明証的であるとされている真理が、互いに完全に独立していていかなる光も証明も受け容れない、というあの名高い著者の意見には同意できません。というのも、それらはいつでも公理そのものか、あるいは公理にもっと近接している他の諸真理へ還元され得るからです。二足す二は四となるというあの真理でご覧にいれたようにね。そしてロベルヴァル氏がユークリッドの諸公理の数を時には一つを他のものに還元するというやり方でどのように減少させたかはお話ししたばかりです[21]。

〔11〕 **フィラレート**　私たちの討論のきっかけを作ってくれたあの聡明な著述家は公準が有用性を持つことには同意していますが、それは学問を打ち立てるのに有用というよりはむしろ頑固な人たちの口をつぐませるのに有用だと考えています。こうした一般的公理に基づいて立てられ、公理無くしても支持されると示す訳にはいかないような学を一つでも示して貰えたら良いのだが、と彼は言っています。

テオフィル　幾何学が疑い無くそういう学の一つです。ユークリッドは論証の中であからさまに公理を使っています[22]。そして、「二つの同質的な大きさは、一方が他方より大きくも小さくもないとき等しい」というあの公理は曲線の大きさについてのユークリッドとアルキメデスの論証の基礎です。アルキメデスはユークリッドが必要としなかった公理を用いています[23]。例えば、各々が常に同じ側に凹面を持つような二つの線は他方を包む方が大きい方であるといったものです。それにまた幾何学では自同的な公理、例えば矛盾律即ち不可能に導く論証の原理といったもの、を無しですませる訳にはいきません。そして論証可能な他の諸公理については、絶対的に言えばそれを無しですませることはでき、結論を自同的なものと定義から直接に引き出すこともできます。けれども、もしいつでも初メカラ（ab ovo）やり直さなければならないとしたら、論証が長ったらしくなり、際限の無い繰り返しに陥って恐ろしい混乱が引き起されるでしょう。それに対して、既に論証された中間的命題を仮定すれば、容易にもっと遠くまで行けるのです。それに、既に知られた真理をこうして仮定することは公理に関して特に有用です。というのも、それら公理はとてもしばしば立ち戻ってくるので幾何学者たちは絶えず引用無しにそれを使わざるを得ない程なのですから。従って、恐らく必ずしも余白に引用されている訳ではないからと言ってそれら公理がそこでは使われていないと考えると誤ることになるのです。

フィラレート　でも、彼が反論しているのは神学の例なのです。この聖なる宗教の認識が私たちのところにやって来るのは（あの著者の言うには）啓示からなのであり、啓示の助けを借りずには公準が私たちにその宗教を知らせることは決してできなかったというのです。光はそれ故事物そのものに、即ち直接的に神の絶対に間違いの無い誠実に由来するのです。

テオフィル　それでは「医学は経験に基づいている。それ故理性はそれには何の役にも立っていない」と言ってしまうようなものです(24)。魂の医学であるキリスト教神学は啓示に基づいており、啓示は経験に対応しています。けれどもそこから完足的全体を作るには、それに自然神学を結び付けなければなりません。自然神学は永遠な理性の諸公理から引き出されるものです。誠実は神の属性であるというこの原理そのもの、啓示の誠実性がそれに基づいているとあなたがお認めになっている当の原理そのものが自然神学から採られた公準ではないでしょうか。

フィラレート　あの著者は、認識を獲得する手段とそれを教える手段、あるいは教えることと伝達することとが区別されるよう望んでいるのです。学院が建立され、他人の発見した学問を教えるための教授という職ができると、これら教授たちは、学生の心に学問を刻み込むため何らかの個別的真理について公理という手段によって納得させるために、これら公準を用いました。それに対して、個別的真理というものは、第一の発見者たちには一般的公準無しに真理を見出すのに役立ったのです。

テオフィル　そのいわゆる手続きを何らかの個別的真理の例を以て正当化して頂けたら良かったのですが。しかし事柄をよく考察してみると、学問が打ち立てられるに際してそういう手段が実行されてはいないことが分ります。そしてもし発見者が個別的真理しか見出さないとしたら、彼は半分しか発見者ではありません。もしピュタゴラスが、辺が三、四、五である三角形は斜辺の平方が他の二辺の平方の和に等しい（言い換えれば9＋16が25である）という特性を持つと観察しただけだったら、そのためにあの偉大な真理、すべての直角三角形を包括し、幾何学者の間で公準として通っているあの真理の発見者であったでしょうか。確かに偶然に出会われた一つの例がしばしば聡明なひとに一般的真理を探求することを思い付く機会を与えることはあります。けれどもそれを見出すことはまだしばしば至難の技なのです。それに発見のこの道は最善のものではなく、秩序に従って方法的に手続きをとる人々に最も用いられているものでもありません。彼らは最善の方法が行き詰まった場合にしかそれを利用しないのです。それはちょうど或る人々が、アルキメデスは放物線状に削った木片を測ることで放物線の求積を見出したのであり、この個別的経験が彼に一般的真理を見出させた、と考えるのと同じです。けれども、この人物の洞察力を知っている人々は彼がそんな助けを必要としなかったことがよく分っています。しかしながら、たとえ個別的真理のこの経験的な道がすべての発見の機会ではあったとしても、当の発見をもたらすに十分ではなかったのです。発見者たち自身が公準や一般的真理に到達できた時、それらを見出して嬉しかったのであり、そうでなければ彼らの発見はとても不完全なものであったでしょう。それ故、学院や教授たちに帰されてもよいすべてのことといったら公準や他の一般的真理を取り集めて整理したことでした。更にもっとそして念を入れ取捨選択してやってくれたら、学問はこれほど散乱しも混乱しもしなかったでしょう。なお、学問を教えるために使われる方法と学問を見出させる方法との間にはしばしば違いがあることを私は認めます。けれどもそれは問題の点ではありません。時には、既に見たことですが、偶然というものが発見に機会を与えてきました。もしこういう諸機会が留意され、その記憶が後の人に保存されていたら（それは非常に有益だったでしょう）、この細部は技術の歴史のとても重要な部分になっていたでしょうが、そこから諸体系を作るのには適してはいなかったでしょう。また時によると発見者は合理的なやり方で真理に赴いたのですが、とても回り道をすることによってでした。重要な物事にあたる場合に、もし著者たちが自分たちの試みの後を自分たちの書いたものの中に誠実に記そうとしていたら、皆の役に立ってはいたでしょう。でも、もし学の体系がそういう足場の上に造られていなければならなかったとしたら、それはあたかも出来上がった家の内に建築家がそれを建てるのに必要とした用具のすべてをとっておきたいと思うようなものです。教えるのに良い方法とは、学がその方法の道筋に沿って確実に見出され得るようなそういう方法のことです。そしてその際、もし当の方法が経験的なものではなく、言い換えればもし諸真理が理由によって即ち諸観念から引き出された証明によって教えられるとすれば、それは常に公理・定理・公式そして他のそのような一般的命題によってでしょう。真理が、ヒポクラテス[25]のそれのようにアフォリズムである場合、言い換えると事実のないし一般的な真理、あるいは少なくとも大抵は真であって、観察から採られるか経験に基づいていて、完全に説得的な理由を持ちはしない場合は、話が別です。でも、それはここでは問題ではありませんよね。というのも、それらの真理は観念の結び付きによっては知られないのですからね。

フィラレート　あの工夫のうまい著者が、公準が必要になると考えるのは次のようにしてです。即ち、学院は討論を人々の才能の試金石としてしまったので、論争の場に留まり最後に発言する者に勝利を宣言しました。しかし執拗な人々を打ち負かすには、公準を立てなければならなかったのです。

テオフィル　哲学の学院は、医学や化学や数学の学院がやったように理論に実践を結び付けて、最も良く発言する者によりもむしろ、特に道徳において、最も良い行いをした者に賞を与える方が、疑いも無く良かったでしょう。しかしながら、言説自身が一つの結果であるような題材もあり、形而上学的な題材においてのように、時には人の才能を知らせ得る唯一の結果であって傑作である場合もあるのですから、場合によっては討論会における成功によって人の才能を判断するのは尤もな話なのです。宗教改革の初めの頃、プロテスタントは論敵を討議や討論に来させ、時にはその討論に成功することが人々を改革に賛成させたことさえ知られています。また、話術や、理由に光と力を与える術、そしてもしこんな言い方をして良ければ論争術が、どれほどのことを議会や軍事会議、裁判所、医師の診察、そして会話においてさえできるかは周知のことです。そしてこの手段に訴えてこの場合事実の代わりに言葉で満足せざるを得ないのですが、それはその際問題となっているのが未来の出来事ないし事実であって、結果によって真理を学び得るという理由そのものによってです。従って理由（ここでは権威を引き合いに出したりすることや実例を含んでいます）によって討論するないし戦うという術はとても重要だし、とても意味のあることです。けれども不幸にしてその術はうまく規則立てられておらず、それ故にまたしばしば結論に達せないとか、あるいはまずい結論が出ることにもなるのです。そういう訳なので、私たちに関係のある神学者たちの討議について所見を述べようと何回も私は思いました。そこに指摘され得る欠陥とそれに使える救済策を示そうと思ったのです。重要な事柄の協議においても、もし最も権力を持つ人々がしっかりした精神を持っていないと、権威ないし雄弁が普通は勝利を収めてしまいます。たとえそれらが真理に反している場合でもです。一言で言えば、討議したり論争したりする術は完全に作り直される必要があるでしょう。最後に発言する者の優位ということについて言うと、自由な日常会話においてしか殆どそれはありません。というのも、会議や賛同ないし賛否表明は、地位の一番低いものから始めるにせよ終わるにせよ、秩序立って為されるものなのですから。確かに、始めたり終わらせたり、言い換えると提議したり結論を出したりするのは、普通、議長の権限です。けれども彼は投票数の多さに従って結論を出します。アカデミックな討論においては、最後に発言するのは受験者即ち〔学位論文の〕提出者であり、議論の場は確立された慣習によって殆どいつでも彼には残されているのです。問題は試すことであって、やり込めることではありません。そうでなければ、敵として振舞うことになりましょう。それに実を言えば、こういう場合、真理も殆ど問題ではありません。ですから、時が異なれば同じ壇上で反対の主張を支持したりするのです。[26]ソルボンヌの広間を見せられて、「ここが何世紀ものあいだ討論の行われてきた場所です」と言われて、カソーボンは「それでどんな結論が出たのですか」と答えたそうです。

フィラレート　そうは言っても、討論が無限に続くのは避けたかったし、討論が三段論法の無限の系列に陥らないように、共に専門家である二人の論敵の間の決着をつける手段が欲しかったのです。そしてこの手段というのが、一般的で大抵それ自身で明証的な一定の命題を導入することでした。その命題は完全な同意を以てすべての人々に受け容れられるという性質のものであり、真理の一般的な尺度として考えられるべきであり、原理（論争者たちが他の原理を提出しない時）の代わりとなるべきものであり、それを超えて行くことはできず、双方共がそれを守らざるを得ないものです。従って、これら公準は、討論の内で否定することができず問題を終わりにしてしまう、原理という名を受け取るので、（あの著者に従えば）誤って認識の源泉であり学問の基礎であると考えられてしまう訳です。

テオフィル　公準が討論に際してそんな風に使われていたらどんなに良いでしょう。申し分無かったでしょう。何らかの決着がつくでしょうからね。論争つまり異議を申し立てられた真理を明証的で議論の余地の無い真理に還元するより良いことがあり得ましょうか。それは真理を論証的な仕方で打ち立てることではないでしょうか。そして真理を打ち立てるに際して討論を終わらせるこれら原理が同時に認識の源泉であることを誰が疑い得るでしょう。というのも、推理が正しくさえあれば、それを黙って書斎の中でやろうが、公に壇上で弁じ立てようが、構わないからです。そしてたとえこれら原理が公理というよりもむしろ要請であるとしても、要請というものをユークリッド[27]のようにではなくアリストテレスのように解して、それらを証明する必要があるまでは認めてほしい前提とするならば、これら原理はそれらによってすべての他の問題が少数の命題に還元されるというあの有用さを常に持つでしょう。ですから、何だかよく分らない先入見によって〔これほど〕称讃すべき事柄を非難するのを見て、言いようもなく驚いています。あの著者の例でも分るように、非常に有能な人でも注意を欠いていることがあるものなのですねえ。不幸にして、アカデミックな討論においては全く別のことが行われています。一般的公理を立てる代わりに、空疎で殆ど当を得ていない区別によって公理というものを弱め得るすべてのことをやっているのです。そして一定の哲学的な規則が好んで用いられるのですが、それについて何冊もの大著が書かれても殆ど確かでも決定的でもなく、それらを区別することで問題をうまくごまかして喜んでいるという始末です。それは討論を終わらせる手段ではなく、際限無くし、論敵を飽き飽きさせる手段です。それはあたかも論敵を暗い場所に導いて、でたらめに殴るのですが、誰も殴っていることが分らないようなものです。こういう発明は或る提題を支持しようと決めた〔論文〕提出者（respondentes）にとっては素晴らしいことなのです。それは彼らを不死身にするウュルカンの楯であり、彼らを見えなくするプルートーの兜（Orci galea）[28]です。もしそれを以てしてもつかまえられ得るとしたら、余程彼らがへまで不運であるに違いないのです。確かに、例外を持つ規則があり、法律においてのように多くの事情が入ってくる問題においては特にそうです。けれども、その用法を確実なものとするためにはこれら例外が数と意味とに関して可能な限り決定されていなければなりません。その際、例外がそれ自身更なる例外即ち複例外（réplications）を、そして複例外が重例外（duplications）を持つ等々ということも起り得ますが、結局は、これらすべての例外と更なる例外が十分に決定されて規則と結び付き普遍性を完成しなければなりません。それについては法律家がとても注目すべき例を与えてくれています。しかしもし例外と更なる例外を担ったこの種の規則がアカデミックな討論の内に入らなければならないとしたら、常にペンを手に持って、双方の述べることを記録に採りながら討論しなければなりません。そしてそういうことは他の所でも必要でしょう。幾つもの三段論法によって、終始、形式的に討論する際、それは時には区別と混じりあっており、世界で一番良い記憶力の人でも混同するに違いないのです。しかし人はこういう労苦を厭い、形式的な三段論法を十分に推し進めようとせず、それなりの報いが無い時には真理を発見するためにそれら三段論法を記録しようともしないのです。それに、しようと思っても、区別が排除されていたりより良く規制されているのでなければ最後まで至り着かないのです。

フィラレート　そうはおっしゃいますが、あの著者が見てとっているように、屁理屈屋を黙らせようと、スコラの方法が学院の外の会話にも導入されて、有害な効果をもたらしたのです。というのも、中間観念を持ちさえすれば、公準の助け無しに、公準が提出される前に、それら観念(29)の結び付きを手にすることができ、誠実で素直な人々にとってはそれで十分なのです。しかしスコラの方法は、人々が自己矛盾に陥るまで、ないし確立された原理と戦うに至るまで、明証的な真理に対立し抵抗することを容認し奨励してしまったのですから、日常の会話に際して、彼らが学院で栄光のきっかけとなり徳と考えられていることをするのを恥ずかしく思わないのは驚くに値しません。あの著者は次のように付け加えています。即ち、この世界の残りの部分に散らばっていて、〔スコラの〕教育で損なわれなかった理知的な人々(30)は、そんな方法が真理を愛することを誇りとしている人たちや宗教とか自然を研究して暮らしている人たちによって採用される、などとは考え難いでしょう、と。どれほどこうした教育の仕方が若い人々の精神を真理への愛と誠実な探求からそらしてしまって、むしろこの世に何らかの真理が、あるいは少なくとも固執するに値するものが実際にあるのかどうか疑わせてしまいそうかについては、ここでは検討しない（と彼は言っています）。だが、ペリパトス学派の哲学が学院に入ることを許された所、そしてそこで何世紀ものあいだ討論の術以外のものを世に教えずに当の哲学が君臨した所、を除けば、どこでも、これら公準を学問の基礎とも事物についての認識を前進させる大きな助けとも人は考えなかった（と彼は付け加えています）。

テオフィル　あの有能な著者は、スコラだけが公準を形成するに至ったとでも言いたいようですが、公準を形成するというのは人類の一般的でとても理に適った本能なのですよ。それはすべての国で使われている諺を見ればお分りでしょう。諺は普通、公衆の一致して認める公準でしかないのです。しかしながら、判断力のある人々が真理に反すると私たちには思われる何か言っている場合、彼らの見解よりも表現の方により多くの欠陥があるのではないかと公平な態度で考えてみなければなりません。そしてそれはあの著者においてもここで確認されることです。公準に反対するよう彼を動かしている動機が私には何となく分り始めています。それは、学院においてのようにやることが問題ではないような日常の話においても、実際、納得させられて譲歩することを望むよりは揚げ足取りをすることが為されているということなのです。それに大抵の場合、分りきった大前提は喜んで削除してしまって、省略三段論法で満足してしまうものですし、前提を形成しもせずに、単なる媒介的名辞ないし中間観念を置き、精神がそれらの結び付きを十分に理解すれば、それらを表現しなくともしばしば満足してしまうものです。そしてそれはこの結び付きが議論の余地の無い時にはうまくいきます。けれども、あなたもお認めのように、そういう結び付きをしばしばあまりに早く仮定しすぎて、誤謬推理を生んでしまうものですから、簡潔さやエレガントさを選ぶよりも、表現することで確実を期した方が良いことはしばしばあります。しかしながらあの著者が公準に対して抱いている先入見は、真理を打ち立てるためのそれら公準の有用性を彼に放棄させてしまい、会話の混乱を助長するものと考えさせてしまっています。確かに、アカデミックな訓練に慣れている若者たちは、訓練をすることに少し没頭しすぎて、訓練から引き出すべき最も大事な成果である認識に十分気を配らないので、〔アカデミーの外の〕世界でそういう訓練〔の癖〕からなかなか解放されないものです。それで、彼らの困ったことの一つは、真理が彼らに完全に明白にされる時にしか真理に赴こうとしないということであり、誠実さや礼儀さえもがそんな極端にまでいかないようにすべきだとしているにも拘わらずそうするので、不都合が生じ、悪い風評が立つようになるのです。そしてそれは文人にしばしば見られる悪習であることは認めなければなりません。しかしながら、誤りは真理を公準に還元しようとすることにあるのではなく、時宜に適ってもおらず必要でもないのにそれをやろうとすることにあるのです。というのも、人間精神は一ぺんに多くのことを目の前にするのであり、自分の記す一歩一歩を気に懸けて自分の考えているすべてのことを無理にでも表現しようとすればたまったものではありません。正にそれは商人あるいはお客との間で清算をする際に、より確実にやろうとして指を折ってすべてを数えることを強いようとするようなものです。そんなことを要求するのは、馬鹿か気まぐれでなければならないでしょう。実際、時にはペトロニウスが若者ハ学校デコソ愚鈍ナモノトナル[31]と言うのが分る気がします。若者は知恵の学校であるべき場で愚鈍にそして時には軽率にさえなるのです。最良ナルモノノ腐敗ハ最悪ナリ。しかし更にしばしばなのは、彼らが傲慢になったり、喧嘩好きになったり、頭が混乱してしまったり、気まぐれになったり、うるさ型になったりすることで、それはしばしば彼らが師としている人々の性質によるのです。その上、会話においては、明晰性を求めすぎる誤りよりもずっと大きな誤りがあると私は思います。というのも、普通、人は正反対の悪習に陥っていて、明晰性を十分に与えも要求もしないのです。もし一方〔誤り〕が煩わしいものとすれば、他方のは困ったことであり危険です。

〔12〕 **フィラレート**　公準が、偽で曖昧で不確実な概念に結び付けられると、公準の有用性もまた時にはそんなものに変わってしまいます。というのも、その時、公準は私たちの誤謬を固めてしまうのに役立つのですから。例えば、デカルトと共に、[32]物体と自分が呼んでいるものの観念を、延長でしかない事物の観念として形成する人は、有るものは有るというあの公準によって、空虚は無いこと、つまり物体の無い空間は無いことを容易に論証できます。というのも、彼は自分の持っている観念を知っており、その観念がその観念であって他の観念でないことを知っているから

です。こうして、延長・物体・空間は彼にとっては同一の事物を意味表示する三つの言葉であり、空間は物体であると言うことは物体は物体であると言うのと同じように彼にとっては真なのです。〔13〕しかし、物体は固体的な延長物を意味すると考える別の人は、同じようにして、空間は物体でないと言うことが、「一つの事物は同時に有りかつ有らぬことはできない」というあの公準によって証明され得るいかなる命題とも同じように確実だ、と結論するでしょう。

テオフィル　公準の誤用があってもそれで公準の使用一般を非難すべきではありません。すべての真理は、それが誤りと結び付くと誤ったことをあるいは矛盾したことをさえ結論し得るというあの不都合を免れません。そして〔今あなたの掲げられた〕この例でも、あなたが誤謬と矛盾の原因を負わせておられるあの自同的公理など全然必要無いのです。定義から、空間は物体である、あるいは空間は物体でない、と結論すれば、「それは自ずと分ります。「物体は延長していて固体的である。それ故 extension つまり延長しているものは物体ではなく、延長は物体的な事物ではない」という結論付けには何か言いすぎのところがあります。というのも、既に指摘しましたように、観念の、余分な、つまり事物を増やしはしない表現というものがあるのです。誰かが「triquetrum で私は三辺の三角形を理解している」と言って、そこからいかなる三辺形もが三角形である訳ではないと結論するようなものです。ですから、固体的な延長物という観念[33]はそういう性質のもの、つまり余分なものが入っているものだ、とデカルト派の人は言うかもしれません。実際、延長を何か実体的なものと解するのなら、いかなる延長も固体的となる、あるいはまたいかなる延長も物体的となるのですからね。空虚について言うと、デカルト派の人はこの観念ないし観念の仕方から、たとえ観念は良いとしても、空虚などは無いと結論する権利を持つでしょう。しかし他の人が自分の持つ観念から直ちに空虚のあり得ること[34]を結論する訳にはいかないでしょう。実際、私はデカルト派の見解に賛同する者ではありませんが、それでも空虚は無いと思っていますし[35]、この例の内で、公準の誤用よりももっとまずい観念の誤用が為されていると思います。

〔15〕 **フィラレート**　言辞的命題の内で公準についてどんな用法をしようとも、それら公準は私たちの外に現実存在する実体についての些かの認識も私たちにもたらしてくれないように少なくとも思えます。

テオフィル　私は全く違う見解を持っています。例えば、自然は最短の道を辿る、あるいは少なくとも最も決定された道を辿る、というあの公準は、それだけで光学・反射光学・屈折光学の殆ど全体について、つまり私たちの外で光の作用において起ることについて説明するのに十分です。そのことは以前述べたことがありますし(36)、モリヌークス氏が彼の屈折光学(37)の中でとても褒めて下さったことです。彼の屈折光学はとても良い本です(38)。

フィラレート　そうは言っても、自同的原理(39)を人間とか徳といった複合観念を意味する言葉が入っている命題を証明するために使う時、その用法はとても危険で、人々に虚偽を明白な真理と考えさせたり受け容れさせたりするものだ、と言われています。それは、同じ名辞が保持される場合、それら名辞が意味表示する観念が異なっていても、命題は同じ事物についてであると人は考えるからであり、従って、人々が普通やるように、言葉を事物と解するなら、これら公準は矛盾する命題を証明するのに普通役立つのです。

テオフィル　名辞の誤用や曖昧な使い方のせいである筈のことで公準を非難するなんて正しくありません。同じ理由で三段論法だって非難されるでしょう。なぜなら、名辞が曖昧なとき、まずい結論が出るのですから。でも、それは三段論法のせいではありません。実際、その際には、三段論法の規則に反して四つの名辞が使われているからです。同じ理由でまた算術家や代数学者も非難されることになりましょう。なぜなら、うっかりして、〔ローマ数字の〕XをVの代わりに置くとか、aをbの代わりに置くことで、誤っていて矛盾している結論をそこから引き出すこともあるからです。

〔19〕 **フィラレート**　私たちが明晰で判明な観念を持っている時には、公準というものは殆ど無用であると少なくとも私は考えたい。他の人なら、そういう時には、公準など絶対的に何の有用性も持たないとさえ言いたがるでしょうし、誰であれ、そういう場合に先の種類の諸公準無しには真理と虚偽とを区別できない者は、それら公準を介したと

ころでやはり区別できないでしょう。例の著者は（［16］と［17］で）或る者が人間であるか否かを決定するのにそれらが役立たないことを示してさえいます。

テオフィル　もし真理がとても単純で明証的であり自同的なものや定義にとても近いものである場合、これら真理を引き出すために公準をあからさまに使う必要は全然ありません。なぜなら、精神はそれら公準を潜在的に使っていますし、滞りなく一挙にその結論を作り出しているからです。しかし、公理や既に知られている定理無しに、数学者が前進するのは至難の技でしょう。というのも、長い推論においては、時々止まって道の真ん中に里程標を立てて、道を示すのにも役立つようにする方が良いのです。そうしないと、これら長い道はあまりに煩わしくなってしまい、混雑して曖昧なものとさえ見えるでしょう。何も識別できず、どこにいるかも分らないのではね。それは、闇夜に羅針盤も持たずに、海底も岸も星も見ずに、海を行くことであり、木も丘も小川も無い広野を歩くことであり、また次のような数珠のようなものです。即ち、長さを測るためのものであって、何百という同じような輪が一列に並んでいるのですが、それに区別が無い、即ちより大きな珠とかより大きな輪とか他の区分のようなピエ、トワーズ、ペルシュ等を示し得るようなものが無いものです。多の内の統一を愛する精神はそれ故推理の内の幾つかを結び合わせて中間的な結論を形成します。そしてそれが公準や定理の有用性なのです。この手段を用いれば、喜び・明確さ・記憶・応用といったものは増大し、繰り返しが少なくてすみます。あの二つの幾何学的公準、即ち、「斜辺の平方は直角を挟む二辺それぞれの平方の和に等しい」と「相似な三角形の対応する諸辺は比例的である」というもの、これら二つの定理はそれが含む諸観念の結合による証明を持ち得るのだからそれら定理の代わりに当の諸観念そのものを置くことで容易に無しで済ませ得るだろうと考えて、それらを計算の際に仮定したがらない解析学者がいるとしたら、全然当て外れであることに気付くことでしょう。でも、これら公準というものの上手な利用法が単に数学的諸学問の範囲に限られていると思ってしまわないで、法律においてもそれに劣らないことを見出していただきたい。それは法律をより簡単なものとし、法律の大海を海図上で見渡す主要な手段の一つであり、多くの個別的な判決をより一般的な原理へと還元することなのです。例えば、多くの法律、ローマ法の法規、訴訟あるいは抗弁、事実ニ関ワル[40]そうした事柄が次の公準に依存しているのが分るでしょう。ne quis alterius damno fiat locupletior[41]、即ち、誰も他の人に損害をもたらすことで利益を得てはならない、というのがそれですが、もう少し正確に表現しなければならないでしょう。確かに法律の規則の間にはしなければならない重大な区別があります。私は良い規則のことを言っているのであって、博士たちによって導入された或る種の力強い簡潔な形式で表された法規（brocardica）[42]のことを言っているのではありません。後者は漠然としていて曖昧です。尤もこうした規則だって改善すればしばしば良い有用なものになり得るでしょう。反対に無限の区別を以てしては（cum suis fallentiis）事を紛糾させるのに役立つだけです。ところで、良い規則というのはアフォリズムかあるいは公準であり、公準というものに私は公理と同様に定理も含めています。もしそれがアフォリズムだとして、帰納と観察によって形成され理性によってア・プリオリに形成されるのでなく、現行法の吟味によって有能な人々が作り上げたものだとしたら、法の規則について語っているローマ法全集の項の内に……[43]という法律家の次のようなテキストがあります。non ex regula jus sumi, sed ex jure quod est regulam fieri、即ち、より良く記憶するために、既に知られている法律から規則は引き出されるが、これら規則に基づいて法律を人は定めない。しかし、法律そのものを構成し、訴訟・抗弁・再抗弁等を形成する基礎的公準があり、それらは、純粋理性によって告げ知らされ、国家の恣意的な権力に由来するのではない場合、自然法を構成します。そしてそれこそ私が先にお話しした〔他人に〕損害をもたらす〔ことによる〕利益を禁じる規則なのです。例外が稀で、従って普遍的なものとして通用する規則もあります。ユスティニアヌス帝の法学提要の中の訴訟に関する第二節にある規則はそういったものです[44]。その意味するところは、物体的事物が問題の場合、訴訟人が所有者でないことですが、皇帝がローマ法全集に述べられていると言っている場合だけは除いての話です。けれどもその例外の場合というのをまだ探している最中なのですが。確かに或る人たちは sane uno casu（一ツノ場合ヲ除イテ）でなく sane non uno（幾ツモノ場合ニ）と読んでいます。それに一つの場合から時には多くの場合を作り出すことができます。医者の間でも、故バルネ氏[45]は、彼の先駆〔という本〕をもたらしてくれることで新たな Sennertus[46]、即ち新発見や新説を取り入れた医学説というものを私たちに期待させたのですが、医者たちが普通自分たちの治療の説の内で守っていることと言えば治療法を説明することだと主張しています。人体の諸部分の順序かあるいは他の順序で次々に病気を取り上げて説明するのですが、普遍的で幾つもの病気と症候に共通な治療の教訓を呈示しなかったという訳です。そしてそのことが医者たちに際限の無い繰り返しをさせているのだと彼は主張しています。従って、彼に従えば、Sennertus の四分の三は省略し得て、一般的命題特にアリストテレスの第一ノ普遍（*καθόλου πρῶτον*）に一致する諸命題[47]つまり可逆的命題かそれに近いものによって非常に簡略化できるでしょう。彼がこの方法を勧めるのは尤もだと私は思います。特に、医学は推論を容れると考えられて立てられた教訓に関してはそうです。けれども、教訓が経験的であるに従って普遍的命題を作るのはさほど容易でもないし確実でもありません。それに、普通、個々の病気には併発症があり、諸実体の模倣のようなものを形作り、それ故、病気は植物とか動物のようなものであって、独自の記述を要します。即ちそれは存在の様態ないし仕方であり、物体とか実体的事物について私たちの言った事柄がそれに当てはまるのです。四日熱もまた金や水銀と同じように究めるのは難しいのですから。従って、普遍的教訓にも拘わらず、いろいろな種類の病気の内に、治療法や幾つもの症状と諸原因の併合とに対する薬を探し、そして、特に、経験が権威づけたそれらのものを受け容れるのは良いことなのです。そういうことを Sennertus は十分にはやりませんでした。というのも学識ある人々が指摘しているように、彼が出している処方箋の書き方はしばしば、経験によって権威づけられているというよりは頭デ考エテあてずっぽうに書かれているのですから。自分のやる事にもっと確信を持っているためには、経験によって権威づけられなければならないのですが。それ故私は最も良いのは二つの道を結び付けることであり、医学といったとてもデリケートで重要な題材においては繰り返しを厭わないことだと思います。医学では、私たちが法律においては思うにあまりにも多く持ちすぎていること、つまり個々のケースについての書物や既に観察されたことの事例といったものが、欠けていると思います。というのも、法律についての本は〔今の〕千分の一でも私たちには十分ですが、医学という題材では十分に詳しい観察が更に一千倍持っていても多すぎるということはないと思うからです。それは、法学が、法律あるいは慣習によってあからさまに述べられていないものに関しても全く理性に基づいているということなのです。なぜなら、そういうものを、法律や、法律が無い場合には自然法から、理性を介して引き出すことはいつでもできるからです。そして各国の法律は有限で決定されているか、あるいはそうなり得ます。それに対して医学では経験の諸原理つまり観察は、自然が私たちに中途半端にしか教えてくれないことを解読する機会をもっと理性にもたらすのに多すぎるということはあり得ないでしょう。なおまた、あなたのおっしゃる有能な著者が（［16］と［17］で）やらせているような仕方で公理を使っている人など一人も私は知りません。黒人が人間であることを子供に論証してやるために、「有るものは有る」という原理をあたかも誰かが使っているかのように思っています。「黒人は理性的魂を持っている。ところで理性的魂と人間とは同じものである。従って、もし理性的魂を持っていながら人間でないとしたら、有るものは有るということが偽になるか、同一の事物が同時に有りかつ有らぬことになるだろう」という風にしてです。というのも、こうした公準は時宜に適っておらず直接に推論の内には入ってこないのであり、また何の役割も担っていないので、それ無しに次のように推論することで皆満足しています。即ち、「黒人は理性的魂を持っている。誰であれ理性的魂を持っている者は人間である。故に黒人は人間である。」そしてもし、理性的魂というものは私たちに現れていない時には無いのだという先入見を抱いた人が、生まれたばかりの子供や白痴は人間という種に属していないと結論する（実際それを否定するような、とても理知的な人と論議したことが著者にはあると報告しています）としても、或る事物が有りかつ有らぬことは不可能であるという公準の誤用が彼らをそうさせたとは私は思いませんし、その推論をする際にそんな公準を考えてさえいないと思います。彼らの誤りの源泉は、魂の内には意識されない何ものかがあることを否定するあの著者の原理の拡張でしょうが、これらの人々はそれに対して、他の人々が知覚していない限り魂自身を否定するにまで至るのです。

8 取るに足らない命題について

フィラレート 理知的な人々は、あなたの今し方おっしゃった仕方では自同的公理を使わないように、とても注意していると思います。(1) [2]ですから、純粋に自同的なこれら公準は、スコラの人々でさえもがそう呼んでいるように、取るに足らないあるいは無価値ナ命題(2)でしかないようです。もし自同的なものを介しての換位の論証(3)というあなたの驚くべき例が、何ものかを軽く見ようと思っている時には今後慎重であるように私にさせるのでなかったら、そのようだなどということで私は満足しなかったでしょう。しかし、それらが全く取るに足らないと断言するために人はどう言っているか、をあなたにお知らせしておきましょう。それは、[3]、時に或る人が不条理に陥っているのを分らせる以外は、一見して、何の知識の増加も含んでいないことが分るということです。

テオフィル それは何の役にも立たないとお思いですか。或る命題を不条理に還元することは、その命題の矛盾命題を論証することだとはお認めになりませんか。確かに、同じ物を同時に否定しかつ肯定してはならないと言って或る人の知識を増やす訳にはいかないと私は思いますが、彼が考えずにやっている結論付けの力を借りて示すことで、彼の知識を増加させることはあると思います。私の思うには、こうした間接帰謬法的論証つまり不条理に還元する論証をあくまで無しにすませ、すべてを人の言う明示的論証で証明するのは困難です。幾何学者たちはこういうことにとても興味を持っており十分にそれが身に染みています。プロクロスはユークリッド以後の古代の或る幾何学者たちが自分の論証よりももっと直接的（と思われる）論証を見出しているのを見て、時々そう指摘しています。(4) でも、この古代の注釈家の沈黙は人が必ずしもそういうことをしないことを十分に示しています。

〔3〕 **フィラレート**　ちょっと考えればできるけれども殆ど有用でもない無数の命題が形成され得ることは少なくとも認めて下さいますよね。例えば、牡蠣は牡蠣であるとか、それを否定すると、牡蠣は牡蠣でないと言うことは誤りであると指摘することは、取るに足らないことではないでしょうか。このことについて例の著者は冗談めかして次のように言っています。即ち、この牡蠣から或る時は主語をまた或る時は属性ないし述語を作る人は、牡蠣を一方の手から他方の手へ投げて遊んでいる猿と同じようなものだろう、そしてそれは猿の飢えを、これら命題が人間の知性を満足させるのと全く同じだけ、満足させ得るだろう、と。

テオフィル　エスプリも判断力も十分にお持ちのその著者が命題をそんな風に使う人々に反対して語っておられることは全く以て尤もだと私は思います。でも、命題を有益なものにするにはどんな風に自同的なものを使わなければならないかは十分あなたにはお分りです。確立したい真理を推論と定義との力を借りて自同的なものに還元してみせることによってなのです。

〔4〕 **フィラレート**　それは認めます。そして、取るに足らないように思え、〔実際〕多くの場合取るに足らないものである諸命題、つまり「鉛は金属である」と言う時のように複雑観念の一部がこの観念の対象について述語付けられる(5)場合など尚更適用しやすいと私は思います。これら名辞の意味を知っていて、鉛はとても重くて可溶的で展性を持っている物体を意味すると知っている人の精神においては、金属と言うことで、幾つもの単純観念を一つ一つ数え上げる代わりに、一挙に指定できるという有用さがあるだけです。〔5〕「すべての金は可溶的である」のように、定義される言葉について定義の一部が肯定される時も同じです。金は黄色く重く可溶的で展性を持つ物体であると定義されているとしてのことですが。同様に、三角形は三つの辺を持つとか、人間は動物であるとか、(フランス古語の)儀仗馬はいななく動物であるとか言うことは、言葉を定義するのに役立つのであり、定義以外に何事かを学び知るのには役立ちません。しかし、人間は神の概念を持つとか、阿片が人間を熟睡させるとか言うことで私たちは何事かを

学び知るのです。

テオフィル　全く自同的であるものについて私が言いましたことの他に、半分自同的であるものもまた特定の効用を持っていることが見出されるでしょう。例えば、「賢い人間は常に人間である」ということは、彼が不可謬ではないこと、彼が可死的であること等々を知らせています。誰かが危険に直面していてピストルの弾丸が必要であり、自分の持っている型に流し込む鉛が無いとしましょう。友人が彼に「あなたが財布の中に持っている銀貨が溶けるものだということを思い出してご覧なさい」と言うとすると、この友人は彼に銀の性質を教えるのではなく、この差し迫った必要に際してピストルの弾丸を手に入れるために銀が為し得る用途に思いを至らせる訳です。道徳的真理や著述家たちの最も美しい文章の相当な部分はこういった類のものです。それらは大抵の場合何も教えはしないのですが、人の知っていることに適切に思い至らせる訳です。ラテン悲劇のあの六脚詩句

cuivis potest accidere, quod cuiquam potest,(6)

は、優美さは減ってしまいますが次のように表現できるでしょう。即ち一人の人に起り得る事柄はどの一人の人にも起り得るのである、と。それは、人間的ナモノハ何デモ私タチニ無縁ダト思ッテハナラナイ(7)という人間の条件について私たちに思い出させているだけなのです。qui jure suo utitur, nemini facit injuriam(8)（自分の権利を行使する人は、何人にも損害を加えず）、という法律家たちのあの規則は取るに足らないもののように思えます。しかしながら、或る場合にはとても良い用途をそれは持っており、どうしなければならないのかを正に考えさせるものなのです。例えば誰かが法規と慣習によって許されている限り高い家を建て、隣の人の見晴らしを悪くしてしまった場合、この隣人があえてそれを訴えるなら、法律のこの同じ規則によって直ちに賠償を支払うことになりましょう。それに、阿片は眠気を催させるという命題のような事実の命題ないし経験は、私たちの持つ判明な観念の内にあるものを決して超えさせ得ない純粋理性の真理よりも私たちをずっと遠くまで連れて行きます。いかなる人間も神の概念を持つという

あの命題について言えば、概念というもので観念を意味している時、それは理性に属しています。というのも、私の見解では、神の観念はすべての人に本有的だからです。しかしもしこの概念というものが、現実に思惟されている観念を意味するのなら、それは事実の命題であり、人類の歴史に依存しています。［7］最後に、三角形は三つの辺を持つということは思ったほど自同的でないと言いたい。というのも、多角形は角と同じ数だけの辺を持つ筈だと知るには多少の注意が必要だからです。それにまた、もし当の多角形が閉じていると仮定されていなければ、辺は角より一辺多いことになりましょう。

［9］**フィラレート**　実体に関して形成される一般的命題は、もしそれらが確実なものであるなら、大方は取るに足らないもののようです。実体・人間・動物・形相・植物的魂・感覚的魂・理性的魂といった言葉の意味を知っている者は、そこから幾つもの不可疑な命題を形成するでしょうが、それは無益な命題です。特に魂についての命題はそうで、しばしば魂とは実際何であるかを知らずに魂について語られているのです。誰でも、形而上学・スコラ神学そして或る種の自然学の書物の中にそういった類の無数の命題・推論・結論を見出せるでしょうが、それを読んだところで、これらの書物を一読する前に知っていた以上のことを神・精神・物体について学び知ることはないでしょう。

テオフィル　確かに形而上学の概論や普通に見られる他のそういった類の書物は言葉しか教えてくれません。例えば、形而上学は存在一般の学であり、その原理とそこから流出してくる変状を説明すると言うこと、存在の原理は本質と現実存在であると言うこと、そして変状は原始的即ち一・真・善であるかあるいは派生的即ち同・異・単純・複合的などであると言いこれらの名辞の各々について語る際に曖昧な概念と言葉の区別しか与えないこと、それは正に学という名を濫用することなのです。しかしながら、もっと深遠なスコラの人々、例えば（グロティウス[9]が大いに重んじている）スアレス[10]などは正当に評価しなければなりません。彼らの間では時によると、連続・無限・偶然性・抽象的なものの実在性・個体化の原理・形相の起源と空虚・魂とその能力・被造物と神との協力など、そして道徳においては意志の本性・正義の原理といったものについて、優れた議論が展開されていることを認めなければなりません。

一言で言えば、これら鉱滓の中にはまだ金があるけれども、それを利用できるのは知識の豊かな人しかいないことは認めなければなりません。良いものはそこここにあるのですから、若者たちに山積みの無益なものを担わせるのは、すべてのものの内で一番大切なものつまり時間を無駄にすることです。それに、実体についての確実で知られるに値する一般的命題が私たちに全く欠けている訳ではありません。神や魂についての偉大で美しい真理があり、それをあの著者は自分の頭で考えてか、あるいは一部は他の人に倣って述べました。私たちだって恐らく何ものかを付け加えました。そして物体に関する一般的認識については、アリストテレスが残した認識にかなり重要なものが付け加えられていますし、自然学はその一般的なものでさえ、いぜんよりずっと実在的になりました。実在的形而上学に関しては、それを私たちは殆ど確立し始めており、理性に基づき経験によって確証された実体一般に関わる重要な諸真理を私たちは見出しています。魂と精神についての一般的認識も少々進めたのではないかと私は思います。そういう形而上学はアリストテレスが求めていたものであり、それは彼によれば *Ζητουμένη*[11] と呼ばれる学、望まれた学即ち彼が探していた学なのです。そしてそれは他の理論的知に対して、至福の知がそれに必要な技術に対して持つ関係、建築家が職人に対して持つ関係に立っています。それ故、アリストテレスは他の諸学問が最も一般的な学問としての形而上学に依存しており、それら学問の諸原理が形而上学から借りてこられなければならず、形而上学の内でそれらは論証されると言っているのです。従って、真の道徳が形而上学に対してある関係は、実践が理論に対してある関係であると知らなければなりません。なぜなら、諸精神の認識、特に神と魂との認識、それが正義と徳とに正当な広がりを与えるのですが、それは実体一般についての学説に依存しているのですから。というのも、他の所で指摘しましたように、もし摂理も来世も無かったら、賢人は徳の実行法においてもっと制限されていたでしょう。彼はすべてを現在の満足にしか結び付けないでしょうし、この満足、既にソクラテス、マルクス・アウレリウス帝、エピクテトスや他の古代の人々において見られるこの満足にしたところで、宇宙の秩序と調和が私たちに際限の無い未来に至るまで開いてくれるあの美しく偉大な展望無くしては必ずしもそれほど基礎付けられはしないでしょうからね。そうでなければ、魂の平穏は無理やりの忍耐と呼ばれるものでしかないでしょう。従って、理論的なものと実践的なものという二つの部分を含む自然神学は、実在的形而上学と最も完全な道徳とをともに含んでいると言って良いのです。(12)

〔12〕 **フィラレート**　そこには、取るに足らないとか純粋に言葉上のものといったものとは程遠い認識が疑い無く存在します。しかし、取るに足らなかったり純粋に言葉上のものというのは、二つの抽象的なものが互いに肯定される認識のことのようです。例えば「倹約とは質素である」(13)とか、「感謝は正義である」とかです。これらの命題や他の命題が一見したところでは時にいかに尤もらしく見えようとも、それでも、もしその力を考量して(14)みれば、そうしたすべてのものは名辞の意味以外のものを持っていないことに私たちは気付きます。

テオフィル　でも、名辞の意味つまり定義は、自同的公理と結び付いて、すべての論証の原理を表現します。そしてこれら定義は観念とその可能性とを同時に知らせ得るのですから、それに依存するものは必ずしも純粋に言葉上のものではないことは明らかです。「感謝は正義である」あるいはむしろ正義の一部であるという例について言うと、それは馬鹿にすべきものではありません。というのも、actio ingrati(15) と呼ばれるもの即ち恩知らずな人々に対して為され得る訴えは法廷でおろそかにされることがもっと少なくて然るべきだ、ということをそれは知らせているのですから。ローマ人たちは自由民つまり奴隷から解放された人に対するこういう訴訟を扱っていましたし、今日でも贈与の取り消しに関してそれが生じるに違いありません。それに他の所で既に言いましたが、(16)抽象的諸観念だって一方が他方に属させられる、類が種に属させられることができるのです。例えば、「持続は連続性である」、「徳は習態である」と言う時のように。しかし、普遍的正義は単に徳であるだけでなく、人倫的（morale）徳全体のことでもあるのです。

9　私たちの現実存在について私たちが持つ認識について(1)

〔1〕**フィラレート**　これまで私たちは事物の本質しか考察してきませんでした。そして、私たちの精神はそれらを抽象によってしか認識しないので、それらを私たちの知性の内にある存在とは別のすべての個別的存在から引き離してしまい、それらはいかなる現実の存在についての認識も私たちに絶対に与えないのです。そして私たちが確実な認識を持ち得る普遍的命題は存在には関わらないのです。その上、或る命題によって或る類や或る種の個体に何ものかが帰属させられる時はいつでも、仮にもし同じものが類や種一般に帰属させられたところで当の命題は確実ではないだろうが、そういう命題だけが存在に相応しいものであり、それだけが個々の存在する諸事物における偶有的結び付きを知らせるのです。例えば「これこれの人間は博識である」と言われるように。

テオフィル　尤もです。哲学者たちもまた、たびたび本質に属するものと現実存在に属するものとを区別して、偶有的ないし偶然的なものはすべて現実存在に関わらせているのですが、それはその意味でなのです。私たちが経験によってしか知らない普遍的命題はもしかしたら偶有的でもあるのではないかどうかさえ、大抵の場合知られていません。私たちの経験が限られているからです。例えば、水が凍ることのない国で、水は常に液体であるという命題が作られても、それは〔当の水というものにとって〕本質的ではありません。そのことはもっと寒い国に行けば分ります。しかし、偶有的なものはもっと狭い仕方でも解されることができ、そういう時には、偶有的なものと本質的なものとの中間があるのです。そしてその中間というのは自然的なもの、言い換えれば当の事物に必然的に属すのではないけれども、もし何も妨げなければ自ずとその事物に適合するもののことです。こうして、実を言えば、液体であることは水にとって本質的ではないが自然的ではあると主張する人がいても良いでしょう。そう主張しても良いのですが、そうは言ってもそれは論証された事柄ではありません。もし月に住民がいたら、ひょっとすると水にとって凍っていることが自然的であると言い難いとは思わないかもしれませんからね。しかしながら自然的なものというものの疑わしさがもっと少ない別の場合があります、例えば、光線は、それを反射する何らかの表面にたまたまぶつかることがなければ、同じ媒質の中では常に直進する、というのがそれ。それから、アリストテレスは偶有的な諸事物の源泉を物質に帰するのを常としていました。[2] しかしその際そこでは第二質料、即ち物体の堆積ないし固まりが理解されているのでなければなりません。

〔2〕**フィラレート**　既に指摘したことですが、[3]『知性論』を書いたあの英国の優秀な著作家に従えば、私たちは私たちの存在を直観によって、神の存在を論証によって、そして他の事物の存在を感覚によって知るのです。〔3〕ところで、私たち自身に私たちの存在を知らせるこの直観は、全き明証性を以てそれを知らせるのであり、〔当の存在は〕証明されることもできず、その必要もありません。私がすべての事物を疑おうとする正にその時に、当の疑いそのものが私の存在について疑うのを許さないようなものです。結局、上述の点については私たちは考えられ得る最高度の確実性を持っているのです。

テオフィル　それらすべてに全く同感です。私たちの存在と私たちの思惟の直接的な意識的表象は、私たちにア・ポステリオリなつまり事実の第一の諸真理即ち第一の諸経験をもたらしてくれ、それは自同的諸命題がア・プリオリなつまり理性の第一の諸真理即ち第一の知識を含んでいるのと同じだ、と付け加えておきます。双方とも証明され得ず、直接的と呼ばれ得るものです。前者は知性とその対象との間に直接性があるからであり、後者は主語と述語との間に直接性があるからです。

10　神の存在について私たちが持つ認識について

〔1〕 **フィラレート**　神は魂に美しい装いとなる諸能力を授けたのであって、神は〔自分の〕証拠となるものをしっかりと置いたのです。というのも、感覚と知性(1)と理性が私たちに神の存在の明らかな証拠をもたらしてくれるのですから。

テオフィル　神はご自分の存在を知らせるのに適した諸能力を魂に与えただけでなく、その存在を示す文字をも魂に刻印なさったのです。尤もこれらの文字を意識的に表象するための能力が必要ですが。しかし、本有的な観念や真理について私たちの間で議論したことを繰り返したくはありません。神の観念と神の存在の真理を私は本有的なものの内に数えているのです。まあ本題に入ることにしましょう。

フィラレート　さて、神の存在は理性によって証明するのが最も容易な真理であり、その明証性は、もし私が間違っていなければ、数学的論証の明証性に等しいのですが、そうは言っても注意を必要としています。〔しかしそれには〕私たち自身と、私たち自身の不可疑な存在について内省してみることしかまずは必要無いのです。〔2〕ですから、各人は自分が現実に存在している何ものかであるのを知っていて、従って実在的な存在者があることを、私は前提としています。自分自身の存在について疑い得るような人がいるとしたら、私はその人にお話しするつもりは無いと言明しておきます。〔3〕それから、私たちは単純な直観的認識によって、純粋な無は実在的な存在者を産出できないことを知っています。そこから数学的(2)な明証性を以て出てくるのは、何ものかが永遠に存在してきたということです。

始まりを持つものはすべて何か他のものによって産出された筈ですからね。［4］ところで、自分の存在を他から引き出すすべての存在者は、自分が持つすべてのものと自分のすべての能力を当の他のものから引き出しています。それ故、すべての存在者の永遠な源泉はまたそれら存在者のすべての力能の原理でもあり、従ってこの永遠な存在者は全能でもある筈です。[3]［5］その上、人間は自分自身の内に認識を見出します。ですから知的存在者がいる訳です。ところで、認識と知覚を絶対的に欠いている事物が知的存在者を産出することは不可能であり、感覚を持たない物質というものが自分自身の内に感覚を産出するなどというのは当の物質の観念に反しています。それ故、諸事物の源泉は知的なものであり、永遠の昔から知的存在者がいた訳です。［6］非常に力があり非常に知的である永遠な存在者が神と呼ばれるものです。人間は認識と知恵とを持つ唯一の存在者であるが、それは純粋の偶然によって作られたのであり、宇宙の残りすべてを導いているのはこの同じ盲目的で認識など持たぬ原理だ、と仮定するほどに分別の無い人がもしいたら、私はキケロの非常に堅固で強い語調の戒め（『立法論』第二巻）[4]を暇を見付けて検討するように言いたい。彼は次のように言っています。自分の内には知性と理性があるけれども天とこの広い全宇宙を支配する知性的存在者はいない、などと考えるほど決して誰も馬鹿げて傲慢であってはならないであろう、と。こうして今まで述べてきたことから、私たちは私たちの外にある何か他の事物についてよりも確実な認識を神について持っていることが帰結します。

テオフィル　その論証について少々文句のようなものを言わなければならないのは、全く本当に残念なことなのですが、ただただその論証に含まれている空白を満たす機会をあなたに差し上げるためにだけ言うことにします。それはとりわけ、何ものかが永遠に存在してきたとあなたが結論なさる点（［3］）に対してです。そこには曖昧さがあると思うのです。もしそれが、何も存在しなかったような時間など無いという意味なら、私は同意します。それは先行する諸命題から全く数学的結論付けによって実際に出てくることです。というのも、もしかつて何も無かったら、ずっと何も無かったでしょう。無は決して存在者を産み出せないのですから。それ故、私たち自身もいないことになりましょう。そしてそれは経験の第一の真理に反しています。しかし〔あなたの〕結論は、何ものかが永遠に存在してきたと言うことで、あなたが永遠なものを理解しておられることを直ちに示しています。しかしながら、あなたがここまで主張なさってきたことからは、もしずっと何ものかがあったとしても、一定の事物がずっとあったということ、言い換えれば永遠な存在者があるということにはならないのです。というのも、この私というものは他の事物から産み出され、当の事物もまた他の事物から産み出されたのだ、と反対者たちは言うでしょうからね。その上、もし或る人々は永遠の存在者たちを認めはしても（エピクロス派の〔複数の〕原子のように）、だからと言って彼らはそれだけがすべての他のものの源泉であるような一つの永遠な存在者を認めざるを得ないとは思わないでしょう。というのも、彼らは、存在を与えるものは事物の他の諸性質と力能をも与えると認めるとしても、唯一の事物が他の事物に存在を与えることは認めず、各事物は多くの他の事物と協力しなければならないとさえ言うでしょうから。従って、私たちはそれだけでは、すべての力能の唯一の源泉に到達しないでしょう。しかしながら、そういう源泉が一つあり、宇宙は知恵によって支配されているとさえ判断することはとても理に適ったことです。でも、物質が感覚を産出し得るとするのも不可能ではないと考えたくなるかもしれません。少なくとも、それが絶対にできないことを同時に示す証明を呈示するのは困難でしょう。そして、私たちの思惟が思惟する存在者に由来するとして、論証を損なうことなく、それが神に違いないということを認め得るでしょうか。

［7］**フィラレート**　この論証の出所であるあの優秀な人はそれをきっと完成できないと思うので私がやってみましょう。そうするより公の利益になることはあり得ないでしょうからね。あなた自身それをお望みです。それであなたが、無神論者たちの口をふさぐためには私たちの内にある神の観念の存在にすべてを基づかせるべきだ、などと考えてはおられないのが分ります。〔神の観念の存在という〕このお気に入りの発見にあまりに強く心を奪われて、神の存在の別のすべての論証を棄ててしまおうとしたり、あたかもそれらが無力あるいは誤りであるかのように少なくともそれらの力を弱く考えようとしたがったり、使うことを禁じたりする人々のように〔はあなたはなさらないのが分

ります」。実際にはそれらは私たち自身の存在と宇宙の可感的部分の考察によって私たちにとても明晰にそして説得的な仕方で至高の存在者の存在を知らせるので、賢い人なら一人としてそれに逆らう筈のないものと私が思っているほどなのですけれどもね。

テオフィル　本有的諸観念、特に神の本有的観念があると私は認める一人ですが、神の観念から引き出されたデカルト派の人々の数々の論証が完全なものだとは私は思いません。他の所で（ライプツィヒ学報やトレヴー紀要の中で）私はデカルト氏がカンタベリの大司教アンセルムスから採った論証[5]が、実際とても美しくとても巧妙ではあるけれども満たすべき空隙のあることを詳しく示しておきました[6]。この名高い大司教は疑いも無く当時で最も有能な人の一人であり、結果に訴えることなく神自身の概念によってア・プリオリに神の存在を証明する手段を見出したと自負しましたが[7]、尤もなことです。彼の議論の力は大略以下のようなところにあります。神は最も大なるものないし（デカルトの言うように）存在者の内で最も完全なもの、あるいは至高の大きさと完全性を備えた存在者でありそのすべての度を含むものである。そこに神の概念というものがある。現実存在しないより現実存在する方が何かより大なるものである、あるいは、現実存在は大いさないし完全性に度を付け加える。そしてデカルト氏の言うように、現実存在はそれ自身一つの完全性なのである。それ故、大いさと完全性のこの度、ないし現実存在ということに存するこの完全性は、この至高で完璧に大であり、完璧に完全である存在者の内にある。というのも、そうでなければ何らかの完全性がその存在者には欠けていることになり定義に反するからである。従ってこの至高の存在者は現実存在する。〔という議論です。〕スコラ哲学者たちは、天使博士さえ例外でなく、この議論を軽視しましたし、誤謬推理と見做しました[8]。その点彼らは大きな間違いをしたのであり、ラ・フレーシュのイエズス会の学院でスコラ哲学を十分に研究したデカルト氏がこの証明を再興したのは尤もなことだったのです。その証明は誤謬推理ではなく完全な論証ですが、それに数学的明証性を持たせるにはまだ証明しなければならないことを前提してしまっています。それは、完璧に大である、ないし完璧に完全である存在者の観念は可能であり矛盾を含んでいないと暗黙の内に前提されているのです。

ですから、この指摘に基づいて、神が可能だとするなら神は現実存在する、そしてそれは神だけの特権である、と証明されれば既にたいしたことなのです。[9] いかなる存在者の可能性も、そして特に神の可能性は、その反対を誰かが証明するまでは仮定する権利があります。従って、この形而上学的証明は既に論証的な道徳的結論を与えてくれているのであり、その結論は私たちの認識の現在の状態によれば神が存在すると判断しそれに適合して行為しなければならないと語っています。しかしそうは言っても、数学的明証性という厳密さの内でその論証を有能な人々が完成するのは望ましいでしょうし、それに役立ち得ることを私は他の所で言っておいたつもりです。[10] 神の存在を証明するためにデカルト氏が企てた別の証明、神の観念が私たちの魂の内にあり、それはもとのもの〔l'original〕に由来したに違いないという証明[11]は更にもっと説得力は少ないものです。というのも、第一に、先の証明と同じことですが、この証明はそうした観念が私たちの内にある、つまり神は可能であると前提しているという欠陥を持っています。なぜなら、デカルト氏の言うには、神について語る際私たちは私たちの言っていることを知っていて、従って私たちは観念を持っているというのですが、それは間違いやすい指標です。例えば力学的な永久運動について語る際、私たちは私たちが言っていることを知ってはいますが、それでもこの運動は不可能な事柄であり、従ってそれについては見かけでしか観念を持ち得ないのですからね。そして第二に、もし神の観念を私たちが持っているならそれはもとのものに由来する筈であることを当のこの証明は十分に証明していません。しかし今はその点にこだわることはしたくありません。私たちの内に神の本有的観念を認めておきながら、そういうものがあるかどうか疑いを差し挟み得るなどと言ってはならないとあなたはおっしゃるでしょう。でも、私がこの疑いを許すのは、全く観念だけに基づいている厳密な論証に関してだけです。というのも、神の観念と存在は別の理由から十分に確実なのですから。それに、諸観念が私たちの内にどのようにして存するかを私が示したのをあなたは覚えておいででしょう。それは必ずしもそれらが意識的に表象されているという風にではなく、それらをその奥底から引き出して意識的に表象することがいつでもできるという風にでした。そしてそれはまた私が神の観念について考えていることでもあり、神の可能性と現実存在は幾つもの仕方で論証されると考えています。そして予定調和自身その論証の、反対し難い新たな手段をもたらします。その上私は、神の存在を証明するために用いられる殆どすべての手段は立派なものであって、改良すれば使えると思っていますし、諸事物の秩序から採られた証明を決しておろそかにしてはならないと思っています。

〔9〕 **フィラレート**　思惟する存在者は、思惟せずいかなる感覚も認識も持たない存在者、物質がそうであるような存在者、に由来し得るかどうかというこの問題に少々留まっても恐らく良いでしょう。〔10〕物質の一部分は自分自身では何も産み出せず、自分に運動を与えることもできないのは十分に明らかでさえあります。だとすると、その運動は永遠にあるか、あるいはより力能のある存在者によって物質に伝えられたのでなければなりません。この運動が永遠のものであるとしても、認識を産み出すことはずっとできないでしょう。物質を好きなだけ小さな諸部分に分割して下さい。精神化するためといった風に。好きなだけそれに形と運動を与えて下さい。そしてそれから球・立方体・角柱・円柱などを作って下さい。その直径が一グライの百万分の一しかないようなやつを。ところで一グライは一リーニュの十分の一、一リーニュは一プースの十分の一、一プースは学問的一ピエの十分の一、学問的一ピエは一振り子の三分の一、一振り子は緯度四十五度において時間の一秒に等しいのです。いかに小さいものであろうと、この物質の微粒子がそれに相応した大きさの他の物体に作用する仕方は、直径が一プースあるいは一ピエの物体が相互に作用する仕方と別の仕方ではないでしょう。もしこの世界に存在する物質の最小部分によって〔感覚・思惟・認識を産めるなら〕、一定の形と一定の運動を持った物質の粗大な部分を寄せ集めることによって、同じ理由から、感覚・思惟・認識を産み出すと期待しても良いのです。最小の部分も、粗大な部分と全く同じように、相互にぶつかりあい、押し合い、抵抗し合います。そしてこういうことこそ、それら物質ができること[12]〔のすべて〕なのです。しかしもし物質が自分の内奥から、直接に何の機構も無しに、あるいは形と運動の助け無しに、感覚とか知覚とか認識を引き出せたら、そういう場合、それは物質とそれが持ち得るすべての部分から分離できない固有性である筈です。次のように付け足しても良い。即ち、物質について私たちの持っている一般的で種的な観念は物質というものが数において唯

一の事物であるかのように語らせるけれども、物質全体は適切に言えば個体的な事物ではなく、私たちが知っている、あるいは概念し得る物質的な存在者、即ち単一の物体のように存在している訳ではないのです。従ってもし物質が永遠で思惟する最初のものであったら、永遠で無限[13]で思惟する唯一の存在者があるのではなく、無数の永遠で無限で思惟する存在者があることになりましょう。そしてそれらは相互に独立であり、その力は制限されており、別々の思惟を持っているでしょう。従ってそれらは自然の内に見出されるあの秩序、あの調和、あの美を決して産み出せないでしょう。ここから必然的に、永遠な第一の存在者は物質ではあり得ないことになります。先の論証のあの名高い著者から採ったこの推論に、当の著者の論証に満足なさったのよりももっと、あなたが満足して下さると良いのですが。

テオフィル　その推論はこの上なく堅固なものであり、厳密であるだけでなく深遠で著者に相応しくもあると私は思います。いかに小さなものであっても、表象を産出し得るような物質部分の集成や変様は無い、という著者の意向には完全に同意します。粗大な部分が（明らかに認められるように）表象を与え得ないのだし、小さな部分ではすべては大きな部分で起り得ることに準じて起るのですからね。それにまた、著者がここで物質について行っている指摘は重要な指摘です。物質が数的に唯一の事物と解されてはならない、即ち（私がいつも使う言い方では）物質が真の完全なモナドないし統一体と解されてはならないという指摘です。物質は無数の存在者の集まりでしかないからです。この優秀な著者が私の説に到達するにはあと一歩だけしかここでは必要無かったのです。というのも、実際、私はこれら無限な存在者のすべてに表象を与えており、これら存在者の各々は動物のようなものであって、魂（あるいはそれを真の統一体となす何らかのそれに類比的な能動的原理）を持ち、それにこの存在者が受動的で有機体を持つために必要なものを備えているのですから。ところで、これら存在者は自分たちの能動的本性と受動的本性（つまりそれらが持っている非物質的なところと物質的なところ）を、一般的で至高の原因から受け取ったのです。なぜなら、そうでなければ、著者も十分に指摘しておられるように、それらは相互に独立なために、自然の内に見出されるあの秩序、あの調和、あの美を決して産出できないでしょうからね。しかし、道徳的確実性をしか持たないように見えるこの議論は、私が導入した新たな種類の調和、つまり予定調和、によって全く形而上学的な必然性にまで至り着きます。というのも、これら魂の各々は外で起る事柄を自分の流儀で表出するのであり、他の個々の存在者のいかなる影響もあり得ず、むしろ、この表出を自分の本性の固有の奥底から引き出す筈なので、必然的に各々はこの本性（即ち外にあるものの表出のこの内的理由）を普遍的原因から受け取ったのでなければならず、これら存在者はすべてその普遍的原因に依存し、この原因が、一つのものが他のものに完全に一致し対応するようにするのですから。そしてそれは無限な認識と力無くしては生じ得ないことであり、特に、機械と理性的魂の作用との自発的な一致に関して非常な技巧があってこそ生じることなのです。それで或る名高い著作家は、その優れた辞典の中でそれに反対論を唱えて、それはすべての可能な知恵を超えているのではないかと疑ったのです(14)。神の知恵でさえそういう結果のために大きすぎるようには彼には思えないと言うことによってです。でも彼は、私たちが神の完全性について持つ貧弱な概念をこれほど際立たせた人は誰もいなかったことは少なくとも認めました。

[12]　**フィラレート**　あなたの意見があの著者の意見とそんな風に一致しているなんて何と喜ばしいことでしょう。この問題についての彼の推論の残りもお話しして良いですよね。第一に、他のすべての知的存在者がそれに依存し、（もっと強力な理由で他のすべての存在者が依存している）思惟する存在者は物質的か否かを彼は検討しています。[13] 思惟する存在者は物質的であるかもしれないという反対論を彼は自分で立ててみています、けれどもそれに答えて、もしそうだとしても、それが無限な知と力を持つ永遠な存在者であるというだけで十分だと言っています。その上、もし思惟と物質とが分離され得るとしたら、物質の永遠な存在は思惟する存在者の永遠な存在の帰結ではないでしょう。[14] それに、神を物質的とする人々に、人は物質の各部分が思惟すると考えるかどうか尋ねるでしょう。もし物質の各部分が思惟すると考えるなら、そこから、物質の微粒子と同じだけ神々がいることになるでしょう。けれども、もし物質の各部分が思惟しないとしたら、今度は、思惟しない部分から構成された思惟する存在者があることになるが、それは既に論駁したところでした。[15] もし物質の或る原子だけが思惟し、他の諸部分は、等しく永遠で

はあっても、思惟しないとしたら、それは、理由モ無ク、物質の一つの部分が他の部分より無限に優れていて、永遠でない思惟する存在者たちを産出していると言うことになります。［16］もし思惟し永遠で物質的な存在者が物質の特定の集まりであり、その諸部分は思惟しないものだと言いたいのだとしたら、私たちは既に論駁してしまったことにまた陥ることになります。というのも、物質の諸部分は結び付けられたところで無駄であり、それらはそこから新しい位置関係を獲得し得るだけでしかなく、この位置関係がそれらに認識を伝えることはできないのですから。(15)［17］この集まりが静止しているか動いているかはどうでも良いことです。もしそれが静止していたら、それは作用しない一つの物塊(16)にすぎず、一つの原子に優る特権を持ってはいません。もしそれが動いているなら、それを他の諸部分から区別するこの運動が思惟を産み出す筈なのだから、これらすべての思惟は偶然的で制限されているでしょう。別々の各部分は思惟を持たず、自分の運動を規制するものを何も持たないからです。従ってそこには、盲目的な単なる物質の内に無いのと同様に、自由も選択も知恵も無いでしょう。［18］或る人々は物質は少なくとも神と同じように永遠だと考えるでしょう。でもそれが何故だか彼らは言わないのです。彼らが認める思惟する存在者の産出は、それより不完全である物質の産出よりもずっと難しいのです。そして恐らく（と著者は言っています）もし私たちが通俗的な観念から少々遠ざかろうとし、私たちの精神に跳躍を与え、諸事物の本性について為し得るだろう最も深いところまでの検討をしてみるなら、不完全な仕方ではあっても、あの永遠な第一の存在者の力によって物質がどのようにして最初に作られ得て、存在し始めたかを概念するにまで至れるでしょう。しかし、同時に、精神に存在を与えるということは、永遠で無限で到底理解することのできないあの力の結果だということが分るでしょう。けれども、それは恐らくあまりに（と彼は付け加えています）世の現今の哲学が基づいている概念から私を遠ざけてしまうでしょうから、そうした概念からそんなに遠く離れること、即ち、文法の許す限り、一般に受け容れられている意見が根底においてあの特殊な見解に対立するかどうかを探究すること、は許されないでしょう。特に、一般に受け容れられている学説が私の目的に十分に適ったものであるということの辺では、そういう議論に立ち入るのは誤りでしょう。その学説は、もし一度どんなものであれ実体の無[17]からの創造あるいは始まりが認められれば、創造主自身を除く他のすべての実体の創造は同じ容易さで想定できるというのは疑い無い事柄だとしているのですから。

テオフィル　例の有能な著者の深い思索の一端を話して下さって本当に嬉しく思います。彼のあまりに細心な注意がその全体を呈示することを妨げていたようですね。もし彼が自分の思索を伏せておいて、私たちの〔知りたい〕欲望を大いにそそった後で置き去りにするのだとしたら、それはとても残念です。こういった謎の下に何らかの美しいもの、重要なものが隠されていると私は思っています。それは断言しても良い。実体が大文字で書かれているのは、彼が物質の産出を偶有性の産出と考えていることを推測させるでしょう。偶有性を無から引き出すのに何の困難もありません。そして彼独特の思想を、世で、あるいは地球のこの辺りで、現今、基礎付けられている哲学から区別する[18]際、彼は〔自分の味方として〕プラトン主義者を念頭に置いていたのではないでしょうか。彼らは物質を何か逃げ去るもの、束の間のもの、偶有性のように解しており、精神や魂については全く別の観念を持っていたのです。

〔19〕**フィラレート**　最後に、無から事物が作られる創造というものは概念できないからと言って否定する人々がいても、あの著者は、魂と身体との合一の理由についてのあなたの発見を知る前に、次のように反駁しています。即ち、魂の意志によってどうやって身体の内に意志的な運動が産出されるのかは理解せずにも、経験に説き伏せられて、そのことを彼らは信じている、と。新たな運動を産出はできないので、魂は動物精気の新たな決定を産出するだけだと答える人々に彼が反駁するのも尤もです。どちらも同じように概念し難い、と彼は反駁しているのです[19]。この機会をとらえて彼が付け加えていることは、他に類を見ないほど素晴らしい。神が為し得ることを私たちが理解し得ることに限ろうとすることは、私たちの理解力に無限の広がりを与えるか、あるいは神自身を有限とすることだ、と言うのです。

テオフィル　今となっては、魂と身体との合一についての困難は私の思うには一掃されていますが、他の所には困難が残っています。すべてのモナドがその起源を神に持ち、神に依存していることを、私は予定調和によってア・ポステリオリに証明しました。しかしながら、それがどのようにしてかを詳しく理解することはできません。そして、実際のところ、モナドの保存は連続創造(20)に他ならず、そのことをスコラの人々はとてもよく認識していました。

11

他の事物の存在について私たちが持つ認識について

［1］**フィラレート**　こうして、神の存在だけが私たちの存在と必然的な結び付きを持っているのですから、何ものかについて私たちの持ち得る諸観念が当の事物の存在を証明しないのは、或る人の肖像画がこの世での彼の存在を証明しないのと同じです(1)。［2］しかしながら、感覚を介してこの紙の上の白や黒について持つ確実性は、〔今こうして文字を書いている〕私の手の動きについての確実性と同じ位大きいのであり、それは私たちの存在や神の存在についての認識に劣るにすぎません。［3］この確実性は認識という名に値します。というのも、誰だって自分が見たり感じたりする事物の存在について不確実であるとするほど真面目に懐疑的である筈はないと私は思うからです。少なくとも、それほどまで自分の懐疑を推し進め得る人は、私といかなる論争を構えもしないでしょう。彼の見解に反対して私が何を言おうと彼は〔私が何か言っていることを〕確かだと決して思えないでしょうからね。可感的事物の知覚は、［4］外なる原因によって産出されます。その原因は私たちの感覚を変状します。というのも、私たちは感覚器官無しにはこれら知覚を獲得しないでしょうし、もし感覚器官だけで十分なら、それら〔感覚器官〕はいつだってそうした知覚を産出するでしょうから。［5］その上、私は時折、そうした知覚が私の精神の内に産み出されるのを避けられないことを経験します。例えば、日の光が入り得る場所で目を開けていれば、光〔を知覚せざるを得ない〕ように。そ

れに対して、記憶の内にある諸観念なら私は避けることができます。それ故、この生き生きとした印象[2]には何か外なる原因があり、その効果を私は乗り越えることができないのに違いないのです。［6］これら〔外なる原因による〕知覚の幾つか[3]は私たちの内に苦と共に産み出されます。けれども、その後、私たちは些かも厭な思いをせずにそれを思い出したりします。それにまた数学的論証は感覚には依存しませんが、それでも図形を使って論証を検討することは私たちの視覚の明証性を証明するのに大いに役立ちますし、論証自身の確実性に近い確実性を視覚の明証に与えるように思えます。［7］私たちの諸感官はまた多くの場合、相互に立証しあいます。火を見る者は、それについて〔火かどうか〕疑うならそれ〔その熱さ〕を感覚〔して確かめる〕こともできます。これを書くことで私は紙の現れを変えることができ、どんな新しい観念を紙が精神に現前させるだろうかを前以て言うことができるのを私は知っています。しかしそうした文字が書かれてしまえば、そういうものとしてそれら文字を見ない訳にはいきませんし、それに、これらの文字を見れば他の人も同じ音を発音するでしょう。［8］そうしたすべてのことは長い夢にすぎないと考える人がもしいるなら、望む通り、感官の証言に基づいた私たちの確実性は、私たちの本性が許し私たちの条件が要求するのと等しいだけ完全だと私が答えるのを夢見て良いでしょう。ロウソクが燃えているのを見て、〔指を差し込み、〕もし手を引っ込めなければ火傷を負うことになる炎の熱さを経験する者は、自分の行動を統御するためにより大きな確実性を要求しないでしょう。もしこの夢見る人がそれ〔手を引っ込めること〕をしなければ、彼は目覚めることになるでしょう。ですからこういう確信で私たちには十分であり、それは快苦と同じ位確実ですし、この〔快苦という〕二つのものを超えては事物の認識と存在において何の関心も私たちは持ちません。［9］しかし私たちの現実の感覚を超えては、認識というものは全然ありません。それは真らしさでしかないのです。ちょうど、この世界には人々がいると私が思う時のように。今、ただ一人書斎にいて、誰一人として人間を私は見ていないにも拘わらず、世界に人々がいるというのには極度の確からしさがあるのです。［10］ですから、各々の事物に論証を期待し、論証し得ない限り明晰で明証的な諸真理[4]に従って行動しないなどというのは狂気の沙汰でしょう。論証をそんな風に用いようという人は、ほどなく死ぬこと以外には確信を持てないでしょう。

テオフィル　先の議論の際に、可感的事物の真理はそれら事物の結び付きによって証明されることを既に指摘しておきました(5)。その結び付きは、理性に基づく知的な諸真理と可感的事物自身における恒常的な観察に依存するのです。たとえ諸理由が露にならない時でさえ。そしてこれら理由と観察は私たちの関心との関わりで将来を判断する手段を私たちに与えてくれますし、成功は私たちの合理的な判断に対応しているので、これら対象についてのより大きな確実性など私たちは要求することも持つことさえもできないのです。ですから、私たちは夢そのものを説明できるのであり、他の諸現象との結び付きが少ないと言うことができるのです。しかしながら、認識とか確実性という名称を現実的な感覚を超えて広げることができると私は思っています。確実性の一種だと私が考えている明晰性とか明証性はもっと先にまで行けるのですから。私たちが人々を見ていない時に、この世に人々がいるかどうか真面目に疑うのは間違い無く馬鹿げたことでしょう。真面目に疑うというのは、実践に関して疑うということです。確実性は真理の認識と解されて良いでしょう。実践に関してそれを疑うことは狂気無しにはできないことです。そして、時によるとそれは更にもっと一般的に解され、強く非難されることなしには疑えないような場合にまで適用されます。しかし、明証性はまばゆいばかりの確実性でしょう。言い換えると、諸観念の間に見られる結び付きのお陰で私たちが何の疑いも持たないような場合です。確実性のこの定義に従えば、コンスタンティノープルがこの世にあり、コンスタンティヌスやアレクサンドロス大王やユリウス・カエサルが生きたことに私たちは確信が持てます。確かに、情報不足から、アルデンヌ県の或る農夫がそのことについて疑うこともなるほどあるかもしれません。でも、文人や上流階級の人なら、精神が非常に錯乱しているのでなければ、そんな疑いを持つ筈はないでしょう。

〔11〕　**フィラレート**　私たちは、記憶によって、過ぎ去った多くの事物について〔それが存在したことを〕確信しています。けれども、それらがまだ存続しているかどうかを私たちは判断できないでしょう。私は昨日水を見ましたし、この水の上にできる泡の上に一定の数の美しい色を見もしました。今、私はこれらの泡も水も存在したことを確信し

ていますが、水や泡が現に今存在していることをもはや確かには知りません。尤も、水の存在は飛び抜けて確からしい。なぜなら、水は長く存続できることが観察されてきましたが、泡は消えてしまうのが分っているからです。[12] 最後に、私たちと神とは別として、私たちは他の諸霊については啓示によってしか知りませんし、それらについては信仰の確実性しか持ちません。

テオフィル　記憶は時として私たちを欺くことは既に指摘しておきましたよね。ですから私たちは、記憶がどれほど生き生きとしているかどうか、私たちの知っている諸事物とどれほど結び付いているかで、記憶に信を置いたり置かなかったりするのです。主要な点については確信を持っていても、細かいことについてはしばしば疑うことが私たちにはあり得ます。或る人を私は知っていたのを覚えています。というのも、その姿形が私には新しいものとは感じられないし、声もそうだからです。この二つの指標は私にとってその内一つだけよりも良い拠り所ではありますが、どこで彼を見たのか私は思い出せないのです。しかしながら、稀にですが、実際に会う前に夢で人を見ることもあります。或る有名な宮廷の令嬢が、自分の結婚する相手と婚約の式の祝われる広間とを夢で見、友達に描いてみせたそうです。その男性も場所も見も知りもする前にね。何か或る不思議な予感のせいだと言われています。けれども偶然がそんな結果を産み出すことだってあり得ます。そういうことが起るのは非常に稀ですし、それに夢の像は少々曖昧なのですから、後に何か他のものにそれら像を関係付けることだってできるのです。

[13]　**フィラレート**　二種類の命題がある、と結論しましょう。一方は特殊的なもので現実存在に関するものです。例えば象が現実存在しているというように。他方は一般的なもので、諸観念の依存に関わります。例えば、人間は神に服従すべきであるというのがそれです。[14] 一般的で確実なこれら諸命題の大部分は永遠真理[6]という名を持っていますし、実際そうでもあります。〔しかし〕それらは実際にどこかで永遠の昔に形成されたとか、常に存在している何らかのモデルに従って精神の内に刻み込まれたというのではなく、必要な能力と手段を手にした被造物が思惟をそれら観念の考察に向ければこれら諸命題の真理を見出すだろうからなのです。

テオフィル　あなたの区分は、事実の命題と理性の命題という私の区分に帰着するように思えます。(7) 事実の命題もある仕方では一般的になり得ますが、それは帰納ないし観察によってです。従ってそれは、いかなる水銀も火の力で気化するのが観察される時のように、似たような諸事実が多数であることにすぎず、完全な一般性ではありません。必然性がそこには見出されないからです。理性の一般的命題は必然的です。尤も、理性だって絶対的に一般的ではなく尤もらしいにすぎない命題をもたらします。例えば、私たちは、或る観念を、その反対がより厳密な探求によって見付かるまでは、可能であると仮定します。最後に混合的命題があります。それは、その前提の内或るものが事実や観察に由来し、他の諸前提が必然的命題に由来するものです。そういうものとしては、多くの地理学的結論や地球とか天体の運行についての天文学的結論があり、それらは旅行家や天文学者の観察と、幾何学や算術の定理との組み合わせによって生まれます。しかし論理学者たちの習慣に従えば、結論は前提の内で一番弱いものに従うのであり、諸前提よりも大きな確実性は持ち得ないのですから、これら混合的命題は観察に属する確実性と一般性しか持ちません。永遠真理について言うと、実際にはそれらはすべて条件的であることに注意しなければなりません。実際それらは、「これこれの事物が立てられれば、他のこれこれである」と言っているのです。例えば、「三つの辺を持ついかなる図形もまた三つの角を持つだろう」というもので、私は、三つの辺を持つ或る図形があると仮定すれば、この同じ図形が三つの角を持つだろうということ以外のことは言っていません。「この同じ」と私は言います。実際には条件的であるにも拘わらず条件無しで語られ得る定言的命題が、仮言的と呼ばれる命題と異なるのはここにおいてです。仮言的命題は次のようなものです。即ち、もし或る図形が三つの辺を持つなら、その内角の和は二直角に等しい。そこでは前件命題（即ち三つの辺を持つ図形）と後件命題（即ち三つの辺を持つその図形の内角が二直角に等しい）とは、同じ主語を持っていないのです。先の場合だと、前件は「その図形は三つの辺を持つ」であって、後件は「その図形は三つの角を持つ」（という風に同じ主語を持っていた）のと同じようにはね。仮言的なものもしばしば定言的なものに変形され得ますが、しかしそれは少々言葉を変えることによってです。先の仮言的なものの代わりに、「三つの辺を持ついかなる図形の内角〔の和〕も二直角に等しい」と私が言う時のようにです。スコラの人々は彼らの言う真なる項（constantia subjecti）について、つまり或る主語について作られた命題はもしこの主語が存在しないとしたらどのようにして実在的真理を持ち得るかについて、相当議論しました。実際のところは、その真理は条件的なものでしかなく、主語が存在しない場合でも、当の真理はそのようなものとして見出されるだろうということになります。けれども、この連結は何に基づいているかを更に問われるでしょう。その内には欺きようのない実在性があるのですから。諸観念の連繋に基づいている、というのが答えとなるでしょう。しかしそれに対して、もし精神が存在しなかったらこれら観念はどこにあり、その際、永遠真理のこの確実性の実在的基礎は何になるのか、と問われるでしょう。そのことが私たちを結局、真理の究極的基礎へ、つまり至高で普遍的なあの精神へと導きます。それは存在しない訳にはいかず、それの知性は、本当を言うと、永遠真理の領域です。聖アウグスティヌスが認め、十分に生き生きとした仕方で表現したようにね。[8] そして、それに訴える必要など無いと考えたりしないためには、これら必然的真理が、現実存在そのものの決定理由と規制的原理を含む、一言で言えば宇宙の法則を含むと考えなければなりません、こうして、これら必然的真理は偶然的存在者たちの現実存在に先立つのですから、必然的実体の現実存在に基づいているのでなければなりません。私たちの魂の内に刻み付けられている観念と真理との根源を私が見出すのはまさにそこにです。命題という形においてでなく、源泉としてです。適用とか機会とかがそこから現実的陳述を生まれさせるのです。[9]

12　私たちの認識を増大させる手段について(1)

〔1〕 **フィラレート**　私たちは自分たちの持っている認識の種類についてお話ししてきました。今度は、認識を増大させる、あるいは真理を見出す、手段に話を移しましょう。公準はすべての認識の基礎であり、各々の学はそれぞれ一定の既に知られた事柄（praecognita）に基づいている、というのが学者たちの間で受け容れられている意見です。〔2〕数学がこの方法で以て立派な成功を収めたのでそれを奨励しているようだということは認めますし、あなたもかなりそれに頼っていますよね。しかし、数学でのこの成功に役立ったのは初めに立てられた二、三の一般的公準であるよりもむしろずっと、結び付けられてその際に用いられた諸観念ではないのか、と未だに人は疑っています。子供は自分の身体が自分の小指よりも大きいと知るのですが、それは「全体は部分より大きい」というあの公理によってではありません。認識は個別的命題から始まったのです。しかしその後、一般的概念を用いることで、あまりに沢山の特殊的観念から記憶を解放しようとしたのです。もし言語がとても不完全で、全体とか部分といった関係的名辞が無かったら、身体は小指よりも大きいことが知られ得ないでしょうか。ともかくこうやってあの著者の理屈を私は代弁してみます。尤も、あなたが既におっしゃったことと整合的にどんなことをそれに対してあなたが言い得るかは何となく分りますが。

テオフィル　またしても攻撃なさろうとする程どうして公準のことをそうあなたは目の敵に思われるのか私には分りません。あなたも認めておられるように多くの特殊的観念〔という重荷〕から記憶を解放するのに役立つならば、別の用途が無くとも、公準はとても有益である筈です。しかし公準がそれら多くの特殊的観念から生まれるのではないことを注意しておきましょう。なぜなら公準は諸事例からの帰納によっては見出されないからです。一〇は九より大きいこと、身体〔全体〕は指よりも大きいこと、家はとても大きくて戸から〔家自身が〕逃げ出せはしないこと、を認識する者は、これら特殊的命題の各々を、それに受肉させられ色付けされて入っている同じ一般的理由によって認識するのです。ちょうど、色の付いたデッサンを見る時、色がどんなものであれ、釣り合いとか布置とかは正に線の問題であるように。ところでこの共通の理由は、言わば暗々裡に認識される公理そのものです。尤も、直ちに抽象的で分離した仕方で認識される訳ではありませんが。諸事例は自分たちの真理を、受肉させられた公理から引き出すのであり、公理は基礎を事例の内に持っているのではありません。そして、これら特殊的真理のこの共通な理由はすべての人間の精神の内にあるのですから、それに貫かれている者の言語の内に全体とか部分とかいう語が見出されることが当の理由によって必要でないことはお分りでしょう。

〔4〕 **フィラレート**　でも、公理という名の下に、仮定を権威付けるのは危険なのではありませんか。或る人は古代の何人かの哲学者に同意してすべては物質であると仮定するでしょうし、別の人はポレモン[2]と共に世界は神であると仮定し、第三の人[3]は太陽は最上位の神であると主張するでしょう。もしそれが認められたらどんな宗教を私たちが持つことになるか考えてみて下さい。検討することなしに原理を受け容れるのはそれほど危険なことなのです。特に道徳に関わることではそうです。というのも、幸福になるには徳で十分だとするアンティステネスの生活よりは、むしろ、身体的快楽に幸福を置くアリスティッポスの生活に似た別の生活を人によっては期待するでしょうから。正と不正、正直と不正直はただ法によってのみ決定されるのであり自然によってではない、ということを原理として立てるだろうアルケラオス[4]なら、疑いも無く、責務を人間の仕組に先立つものと認める人々とは別の道徳的善悪の尺度を持つでしょう。〔5〕それ故、原理は確実でなくてはなりません。〔6〕けれども、この確実性は観念の比較にしか由来しないのです。ですから、私たちは別の諸原理を必要としませんし、この規則だけに従っても、他人の思いのままに私

たちの精神を従わせるよりも遠くにまで行けるでしょう。

テオフィル　あなたが公準に、言い換えれば明証的な原理に反対なさっておられるのには驚きです。それは根拠無シニ仮定された原理に反対できるし、そうすべきだということですよね。諸学問の内で既ニ認識サレタモノを、つまり学問の基礎を置くのに役立つ先なる認識を求める時、知られている原理が求められているのであり、真理性の知られていない恣意的な定立が求められているのではありません。アリストテレスでさえそのように要求しています(5)。下位の、従属的な諸学はその原理を上位の別の学から借りてくるのであり、そこにおいて原理が証明されているというのです。諸学の内の第一のもの即ち形而上学と私たちが呼ぶものは除いてですが。アリストテレスによれば形而上学は他の学を全然必要とせず、他の学に必要な原理をもたらしているのです。弟子は師を信じなければならない（δεῖ πιστεύειν τὸν μανθάνοντα）(6)と彼が言う時、彼の見解は、上位の学にまだ通じていない間はさしあたってそうすべきだということであり、従ってそれは仮のことなのです。こうして、根拠の無い原理を受け容れることからは遠く隔たることになります。確実性が完全なものではないような原理だって、それに基づいて論証によってしか事を進めないなら、それなりの有用性を持ち得ると付け加えなければなりません。というのもこういう場合、全結論は条件的でしかなく、この原理が真であると仮定してのみ妥当するのですが、それでも、この結び付きそのものと条件的陳述は少なくとも論証されるでしょうからね。従って、読者や学生が条件について知らされていればいかなる誤謬の危険も無いような、そういう仕方で書かれている多くの書物を私たちが手に入れるのは望ましいことです。そしてこれら結論に基づいて実践をする場合は、仮定が別の所で確かめられるのを見出すに応じてでしかないでしょう。この方法はまたそれ自身、仮定や仮説を確かめるのにもしばしば役立ちます。他の所で真理性が知られているような多くの結論がそこから生じる場合にです。そして時によると、仮説の真理性を論証するに足る完全な帰還をもたらすこともあるのです。コンリング氏(7)は、医者ですが、恐らく数学を除くすべての種類の学問において有能な人です。彼は或る友人(8)に手紙を書きました。その友人というのは、論証とかアリストテレスの分析論後書とかを説明しようとしていたペリパトス派の尊重すべき哲学者ウィオットゥス[9]の書物をヘルムシュテットで再版する仕事をしていた人です。この手紙はその書物に付録として添えられました。コンリング氏はその手紙の中でパッポスを非難しました。パッポスが[10]、分析は未知のものを見出すのに当の未知のものを仮定し、そこから結果づけによって既知の真理に到達すると言っている場合にです。そしてそれは論理に反する（と彼は言うのです）。虚偽なるものから真理を結論することはできないと教えている論理に反する、と。しかし、その後、分析が定義や他の可逆的命題に役立ち、それらが帰還を為す手段とか総合的論証を見出すとかいうことの手段をもたらすのだと、私は彼に知らせて差し上げました[11]。そして、自然学においてのように、この帰還が論証的なものではない時でさえ、とにかく時として大きな真らしさを持ちます。仮説が容易に多くの現象を説明する時であり、それ無しでは説明が難しく、また現象相互がとても独立している場合です[12]。諸原理の内でも原理なのは、まあどうやら観念と経験との良い使用であるというのは本当だと私も思います。けれども、それを推し進めれば、観念に関しては、それは自同的な公理を介して諸定義を結び付けることに他ならないのが分ります。しかしながらこの究極的な分析に至るのは必ずしも容易なことではなく、それをやり遂げたいとどれほど幾何学者たちが望もうとも、少なくとも古代の幾何学者たちはそう望んだのですが、彼らにはまだとても為し得なかったことなのです。『人間知性論』の名高い著者がこの探求をもし完成したら彼らにはとても喜ばしいことでしょうが、それは思ったよりは少し難しいのです。例えばユークリッドは、二本の直線が一度しか交わり得ないということになる事柄を公理の内に数えました[13]。感官の経験から採られた形象的思惟は、二本の直線が一度より多く交わるなどと思い描くことを私たちに許しません。しかし、学問が基づくべきなのは形象的思惟にではありません。この形象的思惟が判明な諸観念の結び付きをもたらすなどと信じている人が誰かいるとしたら、その人は真理の源について十分に知ってはいないのであり、他の先なる諸命題によって論証され得る多くの命題が彼にとっては直接的なものと考えられているのです。これはユークリッドを非難する多くの人々が十分に考察しなかった事柄です。この種の心像は混雑した観念でしかなく、そういう手段によってしか直線を知らない人はそこから何も論証などできないでしょう。だからこそユークリッドは、判明に表出された観念言い換えれば直線の定義を欠いていたので（というのも彼が仮にあたえておいた定義は曖昧で、論証においては役立ちませんから）[14]、定義の代わりになり論証の内で彼の使う二つの公理に立ち戻らざるを得なかったのです。一つの公理は、二本の直線が共通部分を持たない[15]というもの、もう一つはそれらが空間を囲まない[16]というものです。アルキメデスは、直線とは二点間の最短の線であると言うことで直線の一種の定義を与えました[17]。しかし、アルキメデスは（私が今しがた言及した二つの公理に基づいた、ユークリッドの原理のような原理を論証に際して用いることで）これら公理について語られる性質は自分の定義する線に適合すると、暗黙の内に仮定しています。ですから、観念の一致・不一致〔を求める〕という口実の下に、心像が私たちに語ることを幾何学において受け容れることは許されてきたし今も許されているなどと、あなたがお友達と共に考えているとしても（思うに、多くの人が情報不足のためにそう判断するのでしょうが）、それがこの学において古代の人々の要求していた厳密性、つまり定義や公理による論証の厳密性を探求しないでだとしたら、今あるままの実践的幾何学にしか心を配らない人々を満足させることはできても、実践を完全なものとするのにも役立つ学問を手に入れたいと思っている人々を満足させる訳にはいかないだろうと思います。そしてもし古代〔ギリシア・ローマ〕の人々がこういう見解にあって、この点についてうるさいことを言わなかったら、彼らは全く前進せず、経験的幾何学、即ちエジプト人たちの幾何学が明らかにそうであり、中国のそれもまたそうであるような幾何学しか、私たちに残さなかったでしょう。そしてそうだとしたら、幾何学が私たちに見出させた自然学的で機械学的な最も美しい認識も持てなかったでしょう。そういうものは、私たちの幾何学を知らない所では知られていないのです。それにまた感覚とその心像に従っていくと誤謬に陥るように思えます。ちょうど、厳密な幾何学で学ばなかったすべての人々は、連続的に近づく二本の線が終には交わるということを、形象的思惟を信用して、不可疑の真理として受け容れてしまうようにです。ところが幾何学者たちは或る線ではそれとは反対の事例を与えています。漸近線と彼らが呼んでいるものがそれです。その上、幾何学の内で観想に関して最も私の評価する事柄も私たちは手に入れられなかったでしょう。それは、永遠真理の真の源を垣間見させ、その必然性を私たちに理解させる手段を垣間見させるものです。それを、感覚の心像という混雑した観念は判明に示すことはできないでしょう。そうは言っても、ユークリッドは或る幾つかの公理に〔話を〕限らざるを得なかったし、その公理の明証性は心像という手段によって混雑してしか示されないのだ、とあなたはおっしゃるでしょう。彼がそういう公理だけに限っていたことは認めますが、こういった本性を持ち彼に最も単純に思われる少数の真理に〔話を〕限り、そしてそこから厳密さのより少ない他の人ならまた論証無しに確実だとしてしまうような他の諸真理を演繹した方が良かった。それらの内の多くを論証せずにおいておくよりはね。しかし、もっと悪いのは、気分に従ってその〔厳密さを〕和らげる範囲を広げる自由を人々に残してしまうことです。ですから、あなたが友人と共に、真理の真の源として諸観念の結び付きについておっしゃったことは説明を要することがお分りでしょう。もしあなたがこの結び付きを混雑した仕方で見ることに満足なさりたいのなら、論証の厳密性を弱めることになります。そしてユークリッドの方がすべてを定義と少数の公理に還元することで比較にならぬ程うまく事を運んだことになります。観念のこの結び付きが判明に見え、表出されることを望むとしたら、あなたは定義や自同的公理に訴えざるを得ないでしょう。私がそれを要求しているようにね。ことによると、ユークリッドやアルキメデスがやったように、より原始的でない幾つかの公理で以て満足せざるを得なくなるでしょう。容易に完全な分析に到達できず、彼らの手段で以て既に見出し得る幾つかの見事な発見を、見逃すか先に延ばすよりは良い場合です。実際、既に先に申しましたように、もし古代の人々が、自分たちの使わざるを得なかった公理の論証をしてしまう前には先に進もうと望まなかったら、私たちは幾何学（私は論証的学のことを考えているのです）を手に入れなかったと思います。

〔7〕**フィラレート**　判明に知られた諸観念の結び付きとは何であるか分り始めてきました。そしてこうしたやり方では公理というものが必要なのもよく分ります。それにまた、観念を検討することが問題の時に私たちが探究に際して従う方法はどうして数学者たちの例に則らなければならないのかもよく分ります。数学者たちは非常に明晰で非常に易しい一定の基礎から（それは公理と定義に他ならないのです）[18]ほんの少しずつ推理の連続的な連なりによって、

初めは人間の能力を超えているように思われる真理の発見と論証へ登っていくのです。証明を見出す技術、中間観念を見分け、秩序付けるために数学者たちが発明した賛嘆すべき方法、それがあれほど驚くべきで、あれほど期待していなかった発見を産み出したものなのです。しかし、時がたつにつれて、大きさに属する観念と同様に他の諸観念に役立つ似たような方法が発明され得るかどうか、私は決定しようとは思いません。ともかく、もし他の諸観念が数学者たちには普通である方法に従って検討されれば、それら観念は私たちが恐らく思い描くよりもずっと遠くまで私たちの思惟を導くでしょう。[8] そしてそれは道徳において特に為され得るでしょう。一度ならずお話ししましたようにね。

テオフィル 尤もだと思います。それに私はあなたの予言を成就すべくずっと以前から努力してきました。

[9] **フィラレート** 物体の[19]認識に関しては、全く反対の道を採らなければなりません。というのも、物体の実在的本質についてはいかなる観念も持っていないので、私たちは経験に訴えざるを得ないからです。[10] しかしながら、合理的で規則正しい経験に慣れた人間は、そうでない人に比べて、物体のまだ知られていない固有性についてより正しい推論を下すことができるのを否定する訳ではありません。けれども、それは判断・臆見であって、認識や確実なことではないのです。だとすると、自然学は私たちにおいては学問になり得ないのではないでしょうか。しかしながら、経験と記述的な観察は、私たちの健康と生活の便宜に関しては役立ちます。

テオフィル 総体としての自然学が私たちにおいては完全な学問とはならないことは認めます。しかしとにかく何らかの自然学的学問は持ち得ますし、私たちは既にその見本を持ってさえいます。例えば、磁気学はそういう学問として通り得ると思います。というのも、経験に基づいたほんの少しの仮定を設けることで、そこから、起ると理性が私たちに知らせるような正にそういう仕方で実際に起る多くの現象を、確かな結論付けを以て論証できるのですから。すべての経験を説明しようなどと私たちは望んではなりません。幾何学者たちだってまだすべての公理を証明している訳ではないのですからね。しかし彼ら幾何学者たちが、少数の理性的原理から沢山の定理を演繹することに満足していると同様に、自然学者たちは経験的な幾つかの原理を介して多くの現象を説明し、実践的な場面でそれら現象を予見できさえすれば十分なのです。

[11]　**フィラレート**　私たちの能力は物体の内的構造を私たちに識別させるようには態勢づけられていないのですから、私たちの能力が神の存在を発見させ、私たちの義務と、特に永遠に関しての最大の関心事について教えてくれるための私たち自身についての十分に偉大な認識を発見させることで十分だ、と判断すべきです。そしてそこから次のように結論して良いと思います。即ち、道徳は本来の学であり、人類一般の重大事であるが、同様にまた他方では自然の異なる諸部分に関わる種々の技術は個々の人々の持ち分である、と。例えば、鉄の使用について無知であることが、あらゆる資源に恵まれた自然がありながら、アメリカの国々で生活の便宜の殆どすべてが欠けている原因です。ですから自然についての学問を軽んじたりなど私は全然しておらず、[12] この研究が然るべく進められれば、今まで為されてきたすべてよりも大きな効用を人類にもたらすと私は思います。印刷術を発明した人、羅針盤の使用法を発見した人、キナの薬効を知らしめた人、彼らは学校や病院や大金を投じて建てられた他の最も称讃すべき愛の記念物の創設者よりも一層、認識の普及や生活に有用な便宜の進歩に貢献し、一層多くの人々を墓から救ったのです。

テオフィル　本当に私の意に沿うご意見です。それ以上に私の意に沿う意見はあり得ないでしょう。真の道徳ないしは信仰心は諸技術を磨くよう私たちを後押しする筈であり、何もしないでいる何人かの静寂主義者たちの怠惰を奨励しなどはしません。かなり前に言いましたように、より良い政策[20]はいつの日にか、今の医学よりもずっと良い医学へと私たちを導き得るでしょう。徳についての考慮の後には、医学は推奨してもしすぎることのない事柄なのです。

[13]　**フィラレート**　経験を勧めはしますが、確からしい仮説を私は軽んずる訳ではありません。そうした仮説は新たな発見へと至らせることもありますし、少なくとも記憶の大きな助けになります。しかし私たちの精神はあまりに早く事を運びがちであり、多くの現象にそれら仮説を適用するのに必要な労苦と時間を採らないため、幾つかの皮相な現れに満足してしまいがちなのです。

テオフィル　現象の原因あるいは真の仮説を発見する術は、暗号解読の術のようなものであり、そこでは巧みな推測がしばしば大いに道を短縮します。ベーコン卿(21)は実験の技術を規則の形で呈示し始めた人です。そしてボイル閣下はそれを実行に移す見事な才能を持っていました。しかし、経験を利用する術と経験から結論を引き出す術とをもし結合させないなら、国家予算〔に匹敵する程の支出〕を以てしても深い洞察力を持つ一人の人間が直ちに発見し得ることにも到達しないでしょう。デカルト氏は確かにそういう洞察力の鋭い人であり、英国の大法官の方法に関して彼の手紙の一つの中で(22)同じような指摘をしています。スピノザ（彼が良いことを言っている時には、ためらうことなく私は引用します）は、英国の王立協会の秘書だった故オルデンブルク氏(23)への手紙の一つの中で、ボイル氏の著作に関してよく似た考察をしています。それはこの細心なユダヤ人の遺著の中に印刷されてあります。有り体に言えば、ボイル氏は無数の立派な実験から、原理として採り得るような結論以外の結論を引き出さないようにするためにあまりに時間を取りすぎました。その結論というのは、自然においてはすべてが機械的な仕方で生じるというもので、理性だけによって確実だとされ得るような原理であり、どれほど多くのものであれ経験によっては確実とされ得ないような結論です。

〔14〕　**フィラレート**　明晰かつ判明な観念が一定の名を伴って立てられた後、私たちの認識を広げる主要な手段は、隔たっている諸観念の連結ないし非両立性を私たちに知らしめ得る中間観念を見出す術です。少なくとも公準はそういう中間観念をもたらすには役立ちません。或る人が直角について正確な観念を持っていないと仮定しましょう。彼は直角三角形について何事かを論証しようと心悩ましても無駄でしょう(24)。そして、どんな公準を使おうとも、その助けを借りて、直角を囲む二辺の二乗が斜辺の二乗に等しいことを証明するに至ることは難しいでしょう。人間は、数学〔的な真理〕について〔何かを〕より明晰に見ることなどなくとも長い間これら公理を熟考することはできるでしょう。

テオフィル　適用するものも持たずに公理について思い巡らすことは何の役にも立ちません。公理はしばしば諸観念を結び付けるのに役立ちます。例えばちょうど次の公準のようにです。即ち、第二次元と第三次元の相似な延長体は第一次元の対応する延長体の二倍と三倍の比率を持つ、というのは非常に有用です。例えば、円〔という延長体〕の場合においてヒポクラテスの月形の求積法(25)が直ちに出てきます。もし与えられた位置がそれを許すなら先の公準とこれら二つの図形の互いの適用とを結合することでです。それらの既知の比較は求積法に光を投げ掛けるのですから。

13

私たちの認識についての他の考察

〔1〕 **フィラレート** 私たちの認識は、他の点においてもそうですが、完全に必然的ではなく完全に意志的でもないという点で、視覚とかなり似ている、と付け加えておくのもまた恐らく適切なことでしょう。光の中で目を開ければ見ない訳にはいきませんが、一定の対象の方へ向き直ることはできますし、〔2〕それら対象を考察するのにどれほど専念するかは自由になります。ですから、その能力が一度用いられれば、認識を決定することは意志には依存しませんし、人間には自分の見ているものを見ないでいることはできません。けれども、人間は自分の諸能力を自ら学ぶために然るべく使わなければならないのです。

テオフィル 私たちは前にこの点についてお話ししましたね。それで、現在の状態においてこれこれの感覚を持つということは人間には依存しないけれども、後々これこれの感覚を持つか持たないかのために準備することはその人に依存することであり、従って意見というものは間接的な仕方でしか意志的でない、ということを明らかにしておきました。

14　判断について

〔1〕 **フィラレート**　確実な認識が欠けているために行動の指針など何も無いとしたら、人間はその生活の大部分の行為において非決定に留まることでしょう。〔2〕しばしば、確からしさという単なる薄明かり〔の状態〕で満足しなければなりません。〔3〕そして、それを利用する能力が判断というものです。必要に迫られてしばしば判断で満足しますが、しばしばそれは勤勉とか忍耐とか巧妙さとかが欠けているということなのです。〔4〕判断は同意かあるいは拒否と呼ばれます。それは、何ものかを推定する時、言い換えれば証拠を手にする前に何ものかを真と考える時に生じます。それが諸事物の実在に適合して為される場合、それは正しい判断です。

テオフィル　判断というものは、原因についての何らかの認識に従って賛否を決める時にいつでも為される行為のことだ、という人々もいます。判断を臆見から区別する人々さえいるのです。臆見ほど不確実であってはならぬという理由からです。しかし言葉の使い方について誰を責めたい訳でもありません。判断をあなたが確からしい意見と解そうと、それは構わないのです。法律家たちの術語である推定的認定について言うと、彼らの間での正しい用語法では、それは臆測とは区別されています。それは何か臆測以上のものであり、反対のことが証拠立てられるまでは仮に真理として通用すべきものなのです。それに対して、指標・臆測はしばしば別の臆測と比較考量されなければなりません。こういう訳なので、他人から金銭を借りたことを認める者は、それを支払わなければならないと推定的に認定されます。既に支払ったか、あるいはこの負債が何か他の法的根拠によって消滅していることを示すのでなければね。

推定的認定を下すとはそれ故、この意味では、証拠を手にする前に承認するということではなく、反対の証拠を待ちながらも、前以てしかし根拠があって承認することなのです。

15
確からしさについて

［1］**フィラレート**　論証というものが、諸観念の結び付きを示すとすれば、確からしさは、不変な連結が見出されはしないような論拠に基づいたあの結び付きの現れに他なりません。［2］同意には、確実から、推測、疑い、不信に至るまでの多くの程度があります。［3］確実性を手にしている時には、推論の全部分に直観があり、それが諸部分の結び付きを示しています。けれども、私を信じさせるものは何か外なるものです。［4］ところで、確からしさは、私たちの知っているものとの合致に基づくか、あるいはそれを知っている者たちの証言に基づいています。

テオフィル　確からしさは、真らしさあるいは真理との合致に常に基づいていると私はむしろ主張したい。他人の証言とはまた、手の届く範囲の諸事実に関して、真なるものがそれ自身にとって持つのが常であるような事物のひとつです。ですから、確からしいものと真なるものとの類似性は事物そのものからか、あるいは何か外なるものから採られると言って良いのです。修辞学者たちは二種の論拠を立てました。人工的な論拠というのは、推理によって事物から取り出されたものであり、非人工的な論拠というのは、人間のか、あるいは恐らくまた事物そのものの、はっきりした証言にしか基づいていないもののことです。しかしまた混合的な論拠もあります。というのも、証言がそれ自身事実をもたらすこともあり、そしてそのことが人工的論拠を形成するのに役立つのですから。

〔5〕**フィラレート**　私たちの知っていることに近いものを何も持たないものを私たちが容易に信じないのは、そこに真なるものとの類似が欠けているからです。ですから、シャムの王様に或る大使が「私たちのところでは冬に水が堅く〔氷に〕なって象が沈むことなくその上を歩けるのです」と言うと、王様は次のように彼に言ったのです。即ち、「今まではわしはそなたを誠実な男だと信じてきた。が、今そなたは嘘をついている」、と。〔6〕しかし、もし他人の証言が或る事柄を確からしいようにできるにしても、他人の臆見はそれ自身では確からしさの真の根拠として通用する訳ではありません。というのも、人々の間には認識よりもずっと多くの誤謬があるのですから。もし、私たちが知り、評価する人々の信仰が同意の正当な根拠なら、日本では異教徒であることが、トルコでは回教徒であることが、スペインでは教皇派であることが、オランダではカルヴァン派であることが[1]、そしてスウェーデンではルター派であることが、理に適っていることになりましょう。

テオフィル　人々の証言は、人々の臆見よりも疑いも無くしっかりとしたものです。ですから、それについてより多くの考察が為されるのもまた正当です。しかしながら、裁判官が時折、軽信についての宣誓というものをさせる〔つまり軽々しく信じているのではないと誓わせる〕ことがあるのは知られていますし、尋問に際してしばしば証人たちに、彼らが見たことだけではなく判断したことをも、判断の理由を同時に尋ねることで、聞き出し、それに相応しいだけの考察を加えるのです。また、裁判官は、各分野の専門家の見解・意見をとても尊重します。個々人だって、自分で検討するに至るのが相応しくない限りはとにかくそうせざるを得ません。ですから、子供や、この点に関して〔子供〕より良い訳ではないような状態にある人は、彼がかなりの身分にあるとしても、国の宗教に従わざるを得ないのです。そこにどんな悪いものも見出さず、それより良いものがあるかどうか探究する状態にない限りはね。子供の養育掛は、自分がどの派に属すにしろ、各々の若者が〔自分の属すと〕公言する信仰を持った人々の通う教会に行かせなければならないでしょう。ここでニコル氏[2]と他の人々の間で信仰に関して為された、人数が多いことによる論証についての論争を参照しても良い。一方はあまりにそれを尊重しすぎていますし、他方はそれについて十分に考察していません。同じような先入見は他にもあり、それによって人々は議論を免れておいて涼しい顔をしているのです。テルトゥリアーヌスが或る特別の論文[3]の中で規則と呼んでいるのはそれです。昔の法律家たち（彼らの言葉をテルトゥリアーヌスは知っていました）がいろいろな種類の抗弁ないし先行的な異議申し立てを意味すると解していた言葉を彼は用いています。けれどもその言葉は、今日では、法律に定められた時間内に為されなかった他人の要求の却下を請求する際の時効としか理解されていませんが。こういう訳なので、ローマ教会の側からもプロテスタント教会の側からも正当な推定とでもいうものが出版できたのです[4]。例えば双方ともに或る点に関しては改革を非難する手段は見付かっています。例えば、プロテスタントが大方、聖職者の昔からの任命の形式を放棄してしまっている場合とか、ローマカトリックが旧約聖書の古い宗規を変えてしまっている場合などのように。それについては手紙で繰り返しモーの司教と交わした議論の中に私は十分明らかに示しておきました。彼は、つい数日前に来た便りによると、先頃亡くなったようです[5]。こうして、これら非難は相互的なものなのですから、改革というものはこうした題材について誤謬のちょっとした疑いを惹起するものではあっても、誤謬の確かな証拠ではありません。

16

同意の程度について

［1］ **フィラレート**　同意の程度について言うと、私たちの持っている確からしさの根拠は、そこに見出されているかあるいは検討した時に見出されたような現れの程度を超えては作用しないことに注意しなければいけません。というのも、同意というものは、精神を領した諸理由を現実に眺めることに基づいていることは必ずしもあり得ないこと

を認めなければなりませんし、たとえ驚嘆すべき記憶の持ち主であっても、或る同意をした際のすべての論拠を常に保持するなどとても困難でしょう。そんなことをしたら時としてただ一つの問題について一巻の書物ができあがってしまうかもしれません。事柄を真摯に、入念に一度細かく調べ、精算してしまった、ということで十分です。［2］そうしないと、人々はひどく懐疑的であるか、あるいは絶えず意見を変えるかしなければならないでしょう。その結果、つい最近問題を検討したばかりなので次のような議論を提出できる人、つまり人々が記憶や暇の無いために[1]即座に完全に答えられない議論を提出できるような人、に譲歩することになってしまいます。［3］そのことがしばしば人々を誤謬に関して頑固にしてしまうのは認めなければなりません。しかし誤りは、記憶に頼るということにあるのではなく、前にまずい判断を下したということにあるのです。というのも、しばしば人々は、検討とか理由とかの代わりに、別様には考えなかったという指摘をするだけなのですから。しかし、概して自分の意見を検討することが少ない人ほど自分の意見に固執するものなのです。しかしながら、自分が見たものに固執するのは構いません。でも信じたことに固執するのは必ずしも良くないのです。[2]なぜなら、すべてを覆し得るような何らかの考察を見逃してきたかもしれないからです。自分が何らかの意見を抱いている問題についてあちこちに散らばっているすべての論拠を集めるだけの暇と忍耐と手段とを持っていて、これらの論拠を比較し、もっと詳しい教示のために知るべきであるようなものなどもはや何も残っていない程まで確実に結論を出す人など、この世には恐らくいないのです。しかしながら、私たちの生活への気遣いと、もっと大きな関心事への気遣いは猶予を容れ得ないでしょうし、私たちの判断は、私たちには確実な認識に至り得ないような点に基づいて下されることは絶対的に必然なのです。

テオフィル　あなたが今し方おっしゃったことは正しくまた確固とした事柄ばかりです。けれども人々は重大な何らかの見解に自分を至らせた諸理由の文書による要約を（備忘録という形で）場合によっては取っておくことが望ましい。後々しばしば自分たち自身や他の人々に対して弁明しなければなりませんからね。その上、裁判においては普通下された判決を撤回することは許されておらず、評定を再び行うことも許されていないのですが（そうでなかったら、いつまでも不安でなければならず、それは、過ぎ去った事柄についての略述が必ずしも保持され得ないのであってみればますます耐え難いことでしょう）、それにも拘わらず時には新たな知見に基づいて裁判に訴え、決定されてしまったものに反して全面的ナ復権[3]と呼ばれることさえ獲得することが許されています。そして同様に、私たち自身の事柄、特に、まだ手を出すか手を引いておくかの選択が許されており、実行を延期したり慎重に振舞ったりしても害が無いようなとても重要な題材においては、私たちの精神の確からしさに基づいた決定は法律家たちの言うような既決の事柄[4]として通用してしまってはなりません。言い換えれば、新たな重大な諸理由がそれに反対して現れる時にも推論を検査する必要が無いとする程、確立した事柄と考えてはなりません。しかし、熟考するだけの時間がもはや無い時には、下された判断に、それがあたかも絶対間違いが無いのと同じ位の確信をもって従わなければなりません。同じ位の厳格さをもってという訳では必ずしもありませんが[5]。

〔4〕**フィラレート**　人々は判断の際に誤謬に身をさらすのを避け得ないでしょうし、同じ側面から事物を眺めることができない時には様々な見解を抱くことを避け得ないでしょうから、様々の臆見の中にあっても互いの平和と人類の務めとを保持すべきです。他人は、私たちの反駁に基づいて、凝り固まった臆見を速やかに変えなければならぬ、などと言わずにです。特に、相手が、利害とか野心、あるいは何か別の特殊な動機によって動いていると思われるなら尚更です。それに、他の人々を自分たちの見解に従うように強制したがる人々は、大抵事柄を十分に検討していないものです。というのも、疑いから抜け出るために十分に議論に入り込んだ人々はとても少数だし、他の人々を非難するだけの理由など殆ど見出さないのですから、そういう人々の方から何ら高圧的な態度も覚悟する必要は無いのです。

テオフィル　実際、人々において最も非難しても良いのは、彼らの臆見ではなくて、他の人々の臆見を非難するという向こう見ずな判断です。あたかも、自分たちとは別様に判断するなど馬鹿げているか有害であるかでなければならないかのようなのです。そしてそれは、こうした情念と嫌悪の張本人でありそれらを公に広めようとする人々においては傲慢で公正を欠く精神の結果であり、そういう精神が〔人を〕支配したがり食い違いを許容しないのです。それは、他の人々の臆見を非難する理由がしばしば本当に無いというのではなく、公正な精神を以てそれをし、人間の弱さに対しての寛大さを以てでなければならない、ということなのです。確かに、間違った学説には注意して良い。そういう学説は、風俗や信仰心の実践に大きな影響を持ちます。けれども、正しい論拠を持たないでそういう学説を人々に先入見だと言って帰してはなりません。公正さが人々を許すよう望むとしたら、信仰心は彼らの教義が有害である場合には、その悪い効果を適当な場所で説明するよう命じます。完全に賢く、善良で、正しい神の摂理に反対する説、魂が自分の正しさの結果を手にし得るようにする当の魂のあの不滅に反対する説、などがそれです。道徳や公安に関して危険な他の説については言うまでもありません。そうした理論的見解は思うほど実践に影響を持たない、と優秀で善良な人々が言っているのは知っています。それに、優れた性格を持ち、それら〔誤った〕説が当の人々に相応しくないことなど全然させないような人々がいるのも私は知っています。それに、思弁で以てこうした誤謬に至り着いた人々は、大多数の人々が染まり易い悪徳からは、自然に、より隔たっているのが常であり、自分が創始者である派の品位に気を配っているものです。例えば、エピクロスとスピノザが全くその典型的な生涯を送りました。しかしこうした分別は彼らの弟子や模倣者たちにおいては大抵消えて無くなってしまいます。彼らは、監督している摂理とか〔悪いことをすると地獄落ちだぞというような〕脅迫的な未来といった煩わしい気遣いを免れたと思い込み、自分たちの粗野な情念の手綱を緩め、他の人々を唆して堕落させる方へ精神を向けさせるのです。そしてもし彼らが野望を持ち少々粗暴な性格の持ち主である場合、自分の楽しみや立身のために、いろいろな所に火を投じたりすることもあるのです。死ぬまでそんな性格を持ち続けた人を私は知っています。これに近い諸説が、段々と、他の人々を規正する〔地位にある〕かなりの数の精神、公務が彼らに依存しているようなそういう人々の精神に染み込んでいき、流行の本にいつの間にか入り込んでいって、ヨーロッパが脅かされている一般的な革命にすべての事物を準備し、古代ギリシア人やローマ人たちの高邁な感情の世界にはまだ残っているもの、財産そして生命さえよりも国や公共の善といったものへの愛や子孫への配慮をするギリシア・ローマの人々には残っているもの、の破壊を完成するとさえ私は思います。こうした、公民精神（publiks spirits）と英国人たちが呼ぶものは、極端に弱まっており、流行りではありません。それは、自然な理性さえもが私たちに教えてくれている立派な道徳や真の宗教によって支えられなくなったらもっと消えて無くなってしまうでしょう。反対の性格の持ち主で、支配を始めつつある人々の内で最良の者でも、名誉（honneur）と彼らの呼ぶもの以外の原理をもはや持っていません。しかし彼らにとって、立派な人（l'honnête homme）・名誉ある人（homme d'honneur）の徴とは、野卑と思われることをしないというだけのことです。そして、重大なことのためにか、あるいは気まぐれに、誰かが多量の血を流すことがあっても、すべてをひっくり返すようなことをしたなら、それは何にもならないと見做されてしまいます。そして古代の人々の内ではヘーロストラトス(6)のような人、あるいは石像の宴のドン・ジュアン(7)のような人が英雄だと考えられてしまいます。祖国への愛は公然と嘲笑され、公のことを気遣う人々は馬鹿にされ、善良な人が後々どうなるのだろうなどと言うと「その時はその時さ」という答えが返ってくるのです。しかしこの人たちだって、彼らが他の人々のために取っておいてあると思っている悪を、自分たち自身で経験することになるかもしれないのです。もし悪い結果が見え始めているこの流行性の精神の病からまだ人が立ち直るなら、恐らくそういう悪は避けられるでしょう。けれども、もしそれが高じれば、それから生まれてくるに違いない革命そのものによって摂理は人々を正すでしょう。というのも、何が起り得ようとも、すべては一般に最善のものの方へ結局いつだって向かうでしょうからね。尤も、それは、当の善へと自分たちの悪い行いによって貢献しさえした人々が罰せられずには、起る筈も無いし、起り得ないでしょうが。しかし、有害な説と、そうした説を非難する権利についての考察が私を連れてきたこの脇道から戻ることにしましょう。ところで神学においては他の所よりも更に遠くまで検閲が及びますし、自分たちの正統性を主張する人々はしばしば反対者たちを非難し、しかもそれに反対者たちから混合主義者たちと呼ばれる人々が同じ派内においてさえ対立するのですから、そうした説は同一派内での厳格な人々と寛容な人々との間に内乱を生じさせたのです。しかしながら、別の説を信奉する人々に永遠の救済を拒むことは神の権利を侵害することなのですから、非難する人々の内で最も賢明な人々は、迷える魂たちが陥っていると考えられる危険の意味にしかそれを解さず、その悪さが神の個々の慈悲を受け容れることができないほどには達していない魂は神の当の慈悲に委ね、彼らは彼らでそれほど危険な状態にあるそういう人々を救い出すために考えられ得る全努力をする義務があると考えているのです。もし、他の人々の危険をそのように判断するこうした人々が適切な検討の後にこの見解に達し、彼らを迷いから醒ます手立てが無いとしたら、彼らが温厚なやり方しか使わない限り彼らの振舞いを非難することはできません。けれども彼らがそれを超えて進むや否や、公正さの法則を犯すことになります。というのも他の人々だって彼らと同様に確信していて、自分たちの見解を主張し、もしその見解が重要なものだと信じるならそれを広めたりすることさえする権利を等しく持っていると考えるべきだからです。許すべからざる罪悪を教え込む説は除外しなければなりません。そういう説を主張する人が自分でそこから抜け出ることができない時は、厳正なやり方でその説を撲滅して良いのです。有毒な虫を、別に罪がある訳ではないのに、殺しても良いのと同じです。しかし、私は派を撲滅することについて言っているのであって人を殺せと言っているのではありません。彼らが害を及ぼしたり独断的な議論をするのが妨げられればそれで良いのですから。

[5]　**フィラレート**　同意の根拠と程度に話を戻して、命題(8)には二種あるということを指摘しておくと良いと思います。一方は事実に関するもので、観察に依存し、人間の証言に基づき得るものであり、他方は思弁に関するもので、私たちの感官が発見できない事物に関わるので、そうした証言ができないものです。[6] 一つの特殊的事実が私たちの恒常的観察と他の人々の一様な報告に適合する場合、私たちはそれが確実な認識であったのと同じように断固としてそれに頼りますし、その事実がすべての時代におけるすべての人々の証言、知られ得る限りでの証言に適合する場合、それは確からしさの第一のもの、最高度のものです。例えば、火が温め、鉄が水底に沈むといったことがそれです。こうした根拠の上に建てられた私たちの信念は確信にまで高まります。[7] 第二に、すべての歴史家が、これこれの人は個人の利益よりも公共の利益を選んだ、ということを報告していますし、それが大部分の人々の習慣であることは常に観察されてきたのですから、これら歴史に対して私が与える同意は自信というものです。[8] 第三に、事

物の本性が味方もしないし反対もしない場合、信頼に足る人々の証言によって支えられている事実、例えばユリウス・カエサルが生存したこと、は確固とした信念を以て受け容れられるものなのです。［9］しかし、証言が自然の通常の経過に反するとか、それら証言相互の間で反すると見出される場合、確からしさの程度は無限に変わり得て、そこから、信用・推測[9]・疑い・不確実・不信[10]と私たちの呼ぶ程度が出てきます。正しい判断を形成し、私たちの同意を確からしさの程度に応じさせるための正確さが必要なのは正にそこなのです。

テオフィル　法律家たちは、証明・推定的認定・推測・徴憑を扱うに際して、この主題について多くの優れた事柄を語りましたし、かなり詳細にまで至りました。彼らは証明の必要が無い周知の事実から始めます。その後、完全な証明、ないしそういうものとして通る証明へ至ります。そしてそれに基づいて、少なくとも民事においては、判決を下しますが刑事においては時としてもう少し控え目です。そして、そこでは満足できるという以上の証明、事物の本性に従う特に罪体〔犯罪の要点〕と呼ばれるものを求めても間違いではありません。それ故、満足できるという以上の証明があり、通常の満足できる証明もまたあります。次に、推定的認定というものがあり、それは仮に、つまり反対のことが証明されない限りで、完全な証明として通用します。（適切に言うなら）半分満足できるというよりはましな証明もあり、それに頼る者に補充のための宣誓が許されます（それが補充ニ関スル誓イです）。半分満足できるまでいかない別の証明もあり、そこでは全く反対に、事実を否認する者に宣誓させるのです。無罪の証のためにです（これが無罪ノ証ノ誓イです）。それ以外に、推測や徴憑の多くの程度があります。特に刑事においては、拷問（これ自体、判断次第で程度があります）に至るまでの（ad torturam）徴憑があり、拷問の器具を見せあたかも拷問をする準備をさせるに十分な（ad terrendum）徴憑があります。容疑者を突き止めるための（ad capturam）徴憑があり、密かに音も無く吟味するための〔つまり拷問には値しない、審問のための〕（ad inquirendum）徴憑があります。そしてこれら差異は更にそれらに準じる別の諸々の場合にも役立ち得ます。裁判における諸手続きの全形式は、実際には、法律問題に適用された一種の論理学に他なりません。医者たちもまた、彼らの本を読んでみると分かりますが[11]、症状や症候の多くの程度と差異[12]を知っています。今日の数学者たちは賭に際しての偶然さを算定し始めました。メレ閣下[13]、彼の『楽しみ』や他の諸著作が印刷されていますが、彼は深い洞察力を持った人であり賭事好きであり、しかも哲学者でした。彼は、勝負事についての問題を作って勝負を止めたら賭はどれだけ儲かるかを知るきっかけを数学者たちに与えました。それで以て彼は友人のパスカル氏にこうしたことについて少々考えてみるよう誘いました[14]。その問題は評判になり、ホイヘンス氏が賭ニツイテという論文を書くきっかけとなりました[15]。他の学者たちもその問題に参入してきました。幾つかの原理が確立され、それがまたウィット宰相[16]が終身年金についてオランダで出版した小論の中で使われました。その基礎はプロスタファイレシス、言い換えると、等しく受け容れ可能な幾つもの仮定の間の算術平均を採ることに帰着します。農民たちはずっと前から自分たちの自然的数学に従ってそれを用いてきました。例えば、遺産とか土地が売却されなければならない時、農民たちは三組の評価人たちを作ります。こうした組は低地サクソン語で Schurzen と呼ばれ、各組は問題の財産の評価をします。そこで、一つの組が一〇〇〇エキュ値打ちがあると評価し、別の組が一四〇〇、第三の組が一五〇〇と評価するとします。この三つの評価額の和を取ると三九〇〇です。そこで組は三つですから、それを三等分すると一三〇〇で、これが求められていた平均価格です。あるいは同じことですが、各評価額の三分の一の和です。これは aequalibus aequalia〔等シイモノカラハ等シイモノガ〕という公理であり、等しい仮定からは等しい考察が出てこなければなりません。しかし、仮定が等しくない場合は、それらは相互に比較されます。例えば、二つのサイコロで、或る人はもし七が出たら勝ち、もう一人の人は九が出たら勝ちとすると、彼らの勝つ見込みは互いにどの程度のものでしょう。後者が勝つ見込みは前者のそれの三分の二でしかないと私は言いましょう。というのも前者は、二つのサイコロで七を出すのに三つの仕方、即ち一と六、二と五、三と四があり、もう一方の人が九を出すのには三と六、四と五という二つの仕方しかあり得ないからです。そしてこうした仕方は皆同じように可能です。それ故、等しい可能性の数としての見込みは、三が二に対するもの、一が三分の二に対するものと同じです。一度ならず私は、新たな種類の論理学、確からしさの程度を扱う論理学が必要になると言ってきました。アリストテレスはトピカの中で全然それをやらず、共通の場所に従って配分された幾つかの通俗的な規則をちょっと秩序立てることに満足してしまったのです。それら規則は、話を誇張したり、話に尤もらしさを与えるのが問題であるような場合には役立つことがあります。見込みを測りその上に確固とした判断を形成するために必要な考量をするだけの骨折りをせずにもです。こうしに題材を扱いたい人は運任せの勝負事についての研究を追ってみると良いでしょう。そして一般的に、有能な数学者がすべての種類の遊びについて詳細で十分に理論的な大著を書いてくれると良いのですが。それは発見の術を完成するために大いに役立つでしょう。人間精神というものは最も真面目な題材においてよりも遊びにおいての方がより広く現れるのですから。(17)

〔10〕 **フィラレート**　英国の法律では次の規則が守られています。即ち、証人によって本物だと認められた証書の写しは良い証拠であるが、写しの写しは、いかにそれが〔本物だと〕認められようが、最も信用のある証人たちによってであれ、裁判において証拠として認められない、という規則です。私はこの賢明な用心を非難する人を未だかつて聞いたことがありません。そこから次の観察が少なくとも引き出せます。即ち、証言は根源的真理から遠ざかれば遠ざかる程その力を減ずるということです。根源的真理は事物自身の内にあります。それに対して或る人々の間では全く反対の仕方でそれが用いられており、臆見が古くなると力を得てしまうのです。千年前にそれを最初に保証した人と同時代の合理的な人には全然確からしく見えなかったものが、その証言について幾人かの人が報告してきたということで確かなこととして現今は通っているのです。

テオフィル　歴史についての批評家たちは事柄の同時代の証人を大いに重視します。しかしながら同時代人でさえ、主として公となった出来事についてしか信じられるのに値せず、彼が動機・秘密・隠された動機そして議論の余地のある事柄、例えば毒殺だの暗殺だのといったことについて語る時には、多くの人々が何を信じたかが少なくとも知られるだけです。プロコピウス(18)がヴァンダル族とゴート族とに対するベリサリウスの戦いについて語る時、非常に信頼できます。しかし、逸話の中でテオドラ妃に対してひどい悪口を言っている時、信じる人ぞ信じる、とでもいうところです。一般に諷刺というものを信じるのは極力控えておいた方が良い。現代においても、それにも拘わらず無知な人々によって熱狂的にそういうものが受け容れられてしまったのを私たちは見ています。恐らくいつか次のように言われることになりましょう。即ち「もし何らかの明白な根拠が無かったら、どうしてその時こんなものをあえて出版しようとしたなどということがあり得よう」、と。でも、いつかそういうことが言われるとしたら、とてもまずい判断をすることになるでしょう。しかしながら世は諷刺家に有利な方に動いています。一つ例を掲げるだけにしておきますが、息子の方の故デュ・モーリエ氏(19)は何年か前に出版した手記の中で、何の拍子かフランス駐在のスウェーデン大使の、並び無きフーゴー・グロティウスに対して全く根拠の無い事柄を公にしたのですが、恐らくデュ・モーリエ氏の父がこの著名な友人について持っていた記憶に何か分りませんが気に障ることがあったのだと思います。〔ところが〕私は多くの著作家たちが競ってそれを繰り返すのを見ました。この偉大な人物と会ったり手紙を見ても、反対のことを知らせるには十分なのにも拘わらずです(20)。歴史においては作り話を書くにまで至っていて、クロムウェルの最新の伝記を書いた人(21)は、その題材を面白いものにするために、この有能な王位簒奪者の私生活について語る際、彼をフランスに旅行させてしまい、自分がクロムウェルにパリの宿屋までついていき、あたかも彼の旅行の世話人だったかのように書いてもよいものと信じました(22)。しかしながら、事情に通じていたキャリントンが書き、彼〔クロムウェル〕の息子リチャードがまだ護民官をしていた時に捧げられた『クロムウェルの話』(23)によると、クロムウェルはイギリス諸島を出たことはなかったのです。どんなものでも詳細は確かではありません。戦闘について正しい報告など殆ど私たちは持っていません。ティトゥス・リウィウスの報告の大部分は想像によるもののようですし、クウィントゥス・クルティウスのそれも同様です。双方から正確で有能な人々の報告を手に入れ、ダールベルク伯の地図に似た地図(24)を作成しさえしなければならないでしょう。ダールベルク伯(25)はスウェーデン王カール・グスタフの下に卓越した働きをしており、リヴォニアの総督として先頃リガを守り、この君主の行軍と戦闘を印象付けました。しかしながら、君主や大臣の一言に基づいて立派な歴史家を直ちにけなすにはあたりません。君主とか大臣が何らかの機会にか、あるいは自分の意に沿わない何らかの事柄について、本当は自分に恐らく誤りがあるのにその歴史家に反対していることがあるのです。カール五世がスライダンのもの[26]を何か読ませようとして、「あの嘘つきを持ってきてくれ」と言ったといいますし、当時かなり重く用いられたサクソン人の貴族カルロヴィッツ[27]が、スライダンの歴史は古代の歴史に関して持っていたすべての良い見解を自分の精神の中で破壊してしまったと言ったというのです。それは、事情に通じた人々の心の内では、スライダンの歴史の権威を失墜させる何の力も無いでしょう。その歴史の大部分は国会や議会の公式の議事録とか、君主によって権威付けられた文書によって織り成されているのです。その点についてはほんの少しでも疑問が残るとしても、私の友人だった名高い故フォン・ゼッケンドルフ氏[28]の素晴らしい歴史によって一掃されてしまっています（そうは言ってもその本の表題にあるルター主義という名には賛同できません。そういう言い方はザクセン地方では認められていますが悪い習慣です）。その歴史〔書〕において、大部分の事柄が彼の自由に使えたザクセンの古い記録から採られた無数の書類の抜粋によって証明されています。モーの司教がこの中で攻撃されており、私は彼にこの書物を送りましたが、彼はこの書物が恐ろしく冗長だと言ってきただけでした[29]。しかし、私はその書物が同じような具合のままで二倍あってもよかったと思っています。詳しければ詳しい程、それは〔批判に対して〕開かれている筈なのです。人は個所を選びさえすれば良いのですから。もっとずっと厚くて高く評価されている歴史書もあります。それに、時代的にはその語っている時代より後の著者たちも、その報告していることが他の点で明らかな時には、必ずしも軽んじられません。時には、彼らが最も古い人々の断片を保存していることもあります。例えば、バンベルクの司教ジュイベルト[30]、後にクレメンス二世という名の下に教皇となった人ですが、彼が何という家族の出か分りませんでした。一四世紀に生きた無名の著作家[31]、ブランシュヴァイクの歴史を書いた著作家が、その家族名を名指していたのです。私たちの歴史に造詣の深い人々はそれを考慮したがりませんでした。けれども私はもっとずっと昔の年代記を持っており、それはまだ印刷されてはいませんが、同じことがもっと詳しい事情と共に記されています。それによると、ジュイベルトは（ヴォルフェンビュテルからあまり遠くない）ホルンブルクの自由地の古くからの領主の家の出であり、その領地は最後の所有者を通じてハルバーシュタットの大聖堂に寄進されました。

［11］　**フィラレート**　私が指摘したことによって、私は歴史というものの権威と有用性とを減らしたがっているなどと思われたくはありません。私たちが納得できる明証性を以て、私たちの有用な真理の大部分を受け取るのはこの〔歴史という〕源泉からなのです。古代について私たちに遺されている記録よりも尊重すべきものは何も無いと私は思っていますし、私はそれをもっと多く、もっと完全な形で、持ちたいと思います。しかし、常に確かなことは、どんな写しもその最初の起源の確実性を超え出ないということです。

テオフィル　或る事実についての保証人が古代の唯一の著作家しかいない場合、それを写した人々はそれにどんな重みも付け加えませんし、あるいはむしろ何の意味も無いとさえ考えるべきだ、というのは確実なことです。彼らが言っていることが ἅπαξ λεγόμενα、つまりたった一度しか言われなかった事柄の内にもし入るとしたら、それも全く同じであるべきです。〔尤も〕メナージュ氏はそういうものについて書物を著そうとしましたが、そして今日でさえ、無数の弱小著作家たちが（例えば）ボルセック(32)の悪口を繰り返しますが、判断力のある人は鸚鵡の雛の鳴き声ほどにも重んじません。法律家たちは歴史ノ信頼性ニツイテ書きました(33)。しかしこの題材はもっと厳密な探究に値します。法律家たちの内の何人かはあまりに信頼を置きすぎています。遠い古代に関しては、最も知れ渡っている諸事実の内の幾つかさえ疑わしいのです。有能な人々が、理由あって、ロムルスがローマの都市の最初の建設者かどうか疑いました。キュロスの死についても議論がありますし、それにヘロドトスとクテーシアスの(34)〔記述の内にある〕対立(35)はアッシリア人・バビロニア人・ペルシア人の歴史に関して疑問を投げ掛けました。ネブカドネザルの話、ユデトの話、エステル記にあるアハシュエロスの話さえ大きな難点を抱えています。ローマ人たちがトゥールーズの黄金について語る時、カミルスによるゴール人の敗北について語ることと食い違っています。特に、諸民族についての個人的で私的な歴史書は、非常に昔の原本から採られてもおらず、公的な歴史書と十分に一致してもいない場合は、信じられません。そういう訳なので、ゲルマン人・ゴール人・イギリス人・スコットランド人・ポーランド人そして他の人々の昔の王について私たちに伝えられていることは架空のこと、作り事であるとされているのは尤もなのです。ニヌスの息子でありトレーヴの建設者であるあのトレベータ[36]、ブリトン人つまりブリテン人たちの始祖であるあのブルートゥスはアマーディスと同じ位にしか本当らしさはありません。何人かの寓話作家から採られた話、トリテミウス[37]、アウエンティヌス[38]、そしてアルビヌス[39]やシフリド・ペトリ[40]がフランク人・ボイイ人[41]・サクソン人・フリースラント人の昔の王について遠慮無く述べている話、そしてサクソ・グラマティクス[42]やエッダ[43]が北方の遠い昔について私たちに語ってくれること、そういったことはポーランドの最初の歴史家であるカドウベク[44]がそうした王の一人、ユリウス・カエサルの婿である王について言っていることよりも信憑性を持ち得ることはできないでしょう。しかし、異なる諸民族の歴史家たちが、一方が他方を写した様子が無いような場合に一致している時、それは真理の重要な指標です。ヘロドトスと旧約聖書の歴史とが多くの事柄で一致しているのはそういうことです。例えばヘロドトスが、エジプトの王とパレスティナのシリア人つまりユダヤ人たちの間でのメギドの戦いについて語る時です[45]。ヘブライ人たちについて私たちが持っている聖書の報告によれば[46]、そこで王ヨシアが瀕死の重傷を負ったのです。更に、アラビアやペルシアやトルコの歴史家とギリシア人やローマ人や他の西洋人たちとが一致していることは、事実を探求している者たちを喜ばせます。また、古代の遺物である古銭や銘刻などの証言が、実を言えば写しであるような書物、私たちにまで古代の人々から伝わってきた書物への信用を回復させることもあります。中国の歴史が更に私たちに何を教えてくれるのか、どこまでそれが信頼性を保持しているか、は私たちがそれについてもっときちんと判断できる状態になるまで待たなくてはなりません。歴史の有用性は主として次のことにあります。起源を知ることにある喜び。他の人々から功績を認めてもらうに値する人々に当の功績を帰すること。歴史的批判を確立すること。特に聖なる歴史を確立すること。そしてそれは啓示の基礎を成しています。それから(君主や権力の系譜や権利についてはまだ措いたままで)諸事例が私たちにもたらす有益な教え。こういったことです。古代のことをほんの詰まらぬことにいたるまで細かく調べることを私は馬鹿にしません。というのも、時には批評家がそこから引き出す認識が、より重要な事物に役立つことがあるからです。例えば私は衣類や仕立ての技術についての全歴史を書くことさえやった方が良いと思います。それもヘブライ人たちの司教の法衣から、そしてお望みなら楽園から出る際に神が最初の夫婦に与えた毛皮から、今日の髪飾り用の結びリボンや〔スカートの〕襞飾り（Falt-blats）に至るまでです。昔の彫刻やここ数世紀来描かれてきた絵画からも取り出せるすべてのことがそれに加わります。もし望む人があれば、前世紀のアウクスブルクの或る人の記録をお見せしても良い。彼は自分の子供時代から六三歳に至るまでに身に着けたことのあるすべての衣類を絵に書きました。そして、古き良き時代のことに良く通じていた故ドーモン公爵[47]がよく似た興味を持っていたと誰だかが言っていました。そういうことは恐らく本物の遺物をそうでないものから識別するのに役立ち得るでしょう。他の用途は別にしてもね。それに、人間は遊んだって良いのですから、もし本質的義務が妨げられないのならそうした仕事で気晴らしをしていけない筈がありません。しかし、歴史から最も有用なものを取り出すことに特別に専念する人々がいた方が良いと思います。最も有用なものというのは例えば徳の非凡な例とか、生活の便についての考察とか、政治や戦争の戦略といったものです。そうした事柄や他の幾らかのより重要性を持ったことしか記していないような一種の普遍的歴史が特別に書かれることを私は望みます。というのも、時に、学問的で見事に書かれており著者の目的にさえ適っていてそのジャンルでは卓抜した出来の歴史の大著を読みますが、それは有用な教えを含んでいないものなのです。有用な教えということでここで私が理解しているのは、人生トイウ舞台[48]とか他のそういった詞華集がそれで満たされているような単なる教訓のことではなく、必要に際して皆が思い付く訳ではない手立てや知識のことです。更にまた旅行記からこうした類の私たちが利用できる無数の事柄を引き出し、題材の秩序に従って配列したら良いと思います。けれども、為すべき有用なことがこれほど残っているのに、既に為されたことや純粋に無駄なこと、あるいは少なくとも最も重要さの少ないことに殆ど常に人々は暇を潰しているのは驚くべきことです。もっと落ち着いた時代、世の人々がそういうことに関わるに至るまで、私にはどうしたら良いか分りません。

〔12〕**フィラレート**　なかなか楽しく有益な余談をして下さいました。しかし、事実の確からしさから〔今度は〕感

官の届く範囲に入らない事柄に関しての臆見の確からしさに話を移しましょう。そういうものは証言を容れません。例えば諸霊・天使・悪魔などのようなものの本性[49]と存在、この広大な宇宙の惑星や他の住まいにある物体的実体、最後に自然の作品の大部分が作用する仕方、それらについては証言はできません。これらすべての事物については私たちは推測しかできないのであり、そこでは類比が確からしさの主要な規則です。というのも、証拠立てる訳にはいかないので、それらが〔既に〕確立された真理と多かれ少なかれ適合するかぎりでしか確からしく見えないからです。二つの物体を激しく摩擦すると熱を生み火を生みさえし、透明な物体の屈折がいろいろな色を現れさせるので、私たちは、火というものは知覚できない諸部分の激しい動きであり、また私たちがその起源を知らない色というものも同じ屈折に由来する、と判断します。そして創造のすべての部分に段階的な連結があり、それら部分の二つのものの間にどんな著しい空隙も無しに人間の観察下に入り得るのを見て、私たちは諸事物もまた次第に感覚できない程の程度で完全性の度を昇ると考える十分な理由を持っているのです。可感的なものと理性的なものとがどこで始まるか、生きている事物の最低種はどれであるか、を言うのは容易ではありません。それはちょうど正円錐で量が増減するのと同じようなものです。或る人々と或る野獣との間には極端な差異がありますが、もし或る人々の知性や能力と或る動物のそれらとを比較しようとすれば、そこにはほんの少しの差異しか無く、これらの人々の知性がこれらの動物のそれよりも明瞭あるいは広いとは容易に確信を持てません。それ故、人間から人間の下にある最低の部分に至るまでの創造の諸部分間のこうした気づかれない程の段階を観察すると、類比の規則は次のことを確からしいと私たちに考えさせます。即ち、私たちの上、そして私たちの観察の領域の外にある諸事物に同じような段階があることは確からしいと考えさせるのです。そしてこの種の確からしさは合理的仮定の大なる基礎なのです。

テオフィル　ホイヘンス氏が、コスモテオーロス[50]の中で、他の主要惑星の状態は、太陽からの異なる距離が差異を引き起す筈であることを除いて、私たちの惑星と十分に似ているとしたのもそうした類比に基づいてのことです。そしてフォントネル氏は既に以前に世界の複数性についてのエスプリに満ちしかも知的な対話を出していた[51]人ですが、そういうことについて面白いことを言い、難しい題材を楽しくする術を見出しました。アルルカンの月の王国においてはすべてここと同じだ、と大体言って良い。[52]確かに（単に衛星にすぎない）月については主要な惑星とは全く別様に判断されます。ケプラーは月の状態についての巧みな虚構を含んだ短い著書を残しました。[53]英国の或る才人[54]は、或るスペイン人について面白いことを書いています。もちろん彼の創作ですが、渡り鳥が彼を月まで連れていったというお話です。このスペイン人をその後探しに言ったシラノ[55]については言うまでも無いでしょう。何人かの才知豊かな人々は、来世の美しい描写を与えようとして、至福者たちを世界から世界へと巡らせました。私たちの想像力はそこに、諸霊たちにあてがわれてよい美しい仕事の一部を見出します。しかし、私たちの想像力がどれほどの努力をしようと、そこにまで到達できないのではないかと思います。私たちとこれら諸霊との間にある大きな開きと、そこに見出される非常な多様性の故にです。私たちの家より大きくないような諸部分を月面上で識別するのをデカルト氏が私たちに期待させたようなそういう望遠鏡を私たちが見出すまでは、私たちの地球とは異なる天体に何があるのかを決定することはできないでしょう。私たちの推測は私たちの物体の諸部分について、より有益で、より真実でしょう。多くの場合に私たちが推論を超えていけるよう望みます。今日既に、あなたが先程お話しになった火の諸部分の激しい動きは少なくとも、確からしいものでしかないものの内には入っていないと思います。可視的宇宙の諸部分の組織についてのデカルト氏の仮説が、それ以後為された探究と発見によって確定されることがなかったのは残念です。あるいは、デカルト氏がもう五十年後に生きて、彼の時代の知識に基づいた仮説と同じ位巧みな仮説を現今の知識に基づいて私たちに呈示してくれなかったのが残念です。種の段階的連結については、先の討論の中で幾らかのことを私たちはお話ししましたね。そこで私は、既に哲学者たちが形相ないし種における空虚について推論していると指摘しておきました。自然においてはすべては徐々に起り飛躍はありません。変化に関してのこの規則は連続性の私の法則の一部です。しかし自然の美は際立った表象を望み、飛躍という装いと、言うなら現象における音楽的な抑揚を要求し、そして種を混ぜ合わせることを楽しんでいるのです。従ってどこか別の世界には人間と獣（これらの言葉の通常の意味で）との中間的な種があり得るにも拘わらず、そして私たちを超えている理性的動物がどこかに恐らくいるにも拘わらず、自然がそれらを私たちから隔てておくのを良しとしたのは、私たちの地球において私たちが持っている優越性を確かに私たちに与えるためなのです。私は中間的な種についてお話ししているのであって、獣に近い人間の個体についてここでお話ししたいのではありません。なぜなら恐らくそれは能力の欠如ではなくその能力の行使が妨げられていることなのですから。従って人間の中で最も馬鹿な者（何らかの病気によってか、あるいは病気の代わりに別の恒常的な欠如によって、本性に反する状態にあるのではない者）でも、すべての獣の内で最も精神的なものよりも比較にならないほど、より理性的で、より教え易い。尤も戯れに反対のことを時に人は言うものですが。なお、類比の探求には全く同意します。植物、昆虫、そして動物の比較解剖学が次第にそれをもたらしてくれるでしょう。特に、更にもっと顕微鏡を使い続けるならばね。そしてもっと一般的な題材においては、あなたは以下のような私の見解を見出されるでしょう。即ち、モナドが至る所にあること、モナドが際限の無い持続を持っていること、魂を伴って動物が保存されること、或る状態において表象は殆ど際立っていないこと、単純な動物の死がそういう状態です。諸霊にあてがうのが合理的であるような身体のこと、魂と身体との調和、その調和は、その各々が完全に自分自身の法則に従い他方の法則によって乱されず、意志的なことあるいは非意志的なことがそこで区別されなければならないこともないようなものです。これらすべての見解が私たちの指摘した諸事物の類比に完全に適合すること、私はただ、観察を物質の或る部分に限定したり或る種の作用に限定したりせず私たちの観念を超えて広げているだけであること、そして大きいものと小さいもの・可感的なものと非可感的なものとの差異しかないこと、をあなたは見出すでしょう。

[13]　**フィラレート**　でも、経験が私たちに教える自然的事物の類比によりも、それから離れている或る奇妙な出来事という反対の証言に信をおく場合はあります。というのも、超自然的な出来事が、自然の経過を変える力能を持つ者の目的に適っている場合、それら出来事がよく証拠立てられれば、私たちがそれらを信じることを拒絶する理由がありません。それは奇蹟の場合であり、それ自身で信用を見出すばかりでなく、そうした確証を必要とする他の諸真

理にも信用を伝えるのです。〔14〕最後に、他のいかなる同意にも勝る証言[56]があります。啓示、言い換えれば神の証言です。神は欺くことも欺かれることもあり得ません。これに私たちが与える同意は信仰と呼ばれます。信仰は最も確実な認識と同じように完全にいかなる疑いも排除します。けれども、要点は、啓示が神的なものだと確定されていることであり、私たちがその真の意味を理解していることを知っていることです。さもないと、狂信に陥ったり、誤った解釈という誤謬に陥ることになります。そして、存在と啓示の意味とが確からしいだけであったら、同意は証拠の内に見出される確からしさより大きい確からしさを持ち得ないでしょう。しかし、それについては後でもっとお話ししましょう。

テオフィル　神学者たちは〔彼らが言うところの〕信じることの理由〔動機〕に自然的同意――これはその動機から生まれこれら動機よりも大なる確からしさを持てません――と、神の恩寵の結果である超自然的同意とを区別します。信仰の分析について特別の書物が書かれており[57]、それらは互いに完全に一致している訳ではありません。けれども、それについては引き続きお話ししましょう。適当な折りに言うべきことをここで先取りしてしまいたくはないのです。

17

理性について

〔1〕**フィラレート**　信仰についてはっきりと語る前に、理由（raison）を論じておきましょう。理由は時には明晰で真なる原理を意味し、時にはこれら原理から演繹された結論を意味し、そして時には原因、特に目的原因を意味します。〔しかし〕ここでは、理性（raison）は或る能力と考えられます。それによって人間が獣から区別され、そこに

おいて人間が獣を凌ぐことが明らかな、そういう能力です。[2]私たちは、私たちの認識を広げるためにも私たちの意見[1]を規制するためにも、それが必要なのです。よく考えてみると、それは二つの能力から成っています。中間的観念を見出すための聡明という能力と、結論を引き出す、ないし推論する能力とからです。[3]そして理性には次の四つの段階を考えることができます。(1)論拠を発見すること。(2)諸論拠を一つの順序に配列し、諸論拠の間の連結[2]を露わにすること。(3)演繹の各部分[3]の内に連結を知覚すること。(4)そこから結論を引き出すこと。そしてこれらの段階は数学的論証の内に観察できます。

テオフィル　理由(raison)というのは、他のより知られていない真理と結び付いて当の真理への私たちの同意を与えさせるような既知の真理のことです。しかし特に、そして就中、人は次のような時に理由と呼びます。即ち、それが私たちの判断の原因であるだけでなく、また真理そのものである時です。そしてそれはまたアプリオリな理由と呼ばれます。事物における原因は真理における理由に対応しているのです。そういう訳で、原因そのものがしばしば理由と呼ばれます。特に目的原因がね。最後に、諸真理の結合を意識的に表象する能力、つまり推論の能力、もまた理性(raison)と呼ばれますし、あなたがここで使っていらっしゃるのはこの意味ですよね。ところで、この能力はこの世では実際には人間だけにしか割り当てられておらず、この世の他の動物には現れません。というのも、獣に見られる理性の影とでもいうものは、過去に似ているような場合に似ている出来事を期待することにすぎず、同じ理由があるかどうかは知らないのだ、ということを先に既に示しておきましたから。人間だって、経験的でしかない場合には別様に行動する訳ではありません。しかし、諸真理の結び付きを見る限りにおいて人間は動物を凌駕しています。この結び付きはまたそれ自身で必然的で普遍的な真理を成しています。これら結び付きは、次のような場合は、それが臆見しか産み出さないとしても必然でさえあるのです。即ち、厳密な探究の後、判断され得る限りでの確からしさの優勢さが論証され得る場合です。それ故その時、事物の真理の論証があるのではなく、慎重さが採ることを望む決心の論証があるのです。理性というこの能力を分けてそこに二つの部分を認めても良いと私は思います。かなり受け容れられている見解に従って発明と判断とを区別するのです。数学の論証の内であなたがご指摘になった四つの段階について言うと、論拠を発見するという第一の段階は普通、望ましいようには現れていないと私は思います。それら〔段階〕は総合というものなのであり、総合は時には分析無しに見出されますし、時には分析が省かれることもあるのです。幾何学者たちは自分たちの論証の中で、まず第一に証明されるべき命題を置きます。そして論証に行き着くために、何らかの図形によって、所与のものを呈示します。これがエクテシスと呼ばれるものです。それから準備へ至り、推論のために必要な新しい線を引きます。この準備を見出すことにしばしば最も重大なこつがあるのです。それができると、幾何学者たちは推論そのものをします。エクテシスにおいて与えられたものと準備によってそれに付け加えられたものから帰結を引き出し、このために既に知られているか論証されている真理を利用して、結論に至るのです。しかし、エクテシスや準備を無しですます場合もあります。

〔4〕　**フィラレート**　一般に人は三段論法が理性の偉大な道具であり、この能力を働かせる最も良い手段だと考えています。〔が、〕私はそれに疑いを持っています。というのも、それは論拠の連結をただ一つの例で見付けるのにしか役立たず、それ以上ではないからです。精神はそれ無しにも容易にそしてより良く当の連結を見付けます。それに、〔三段論法の〕式と格とを用いることを知っている人は、大抵の場合、先生への暗黙の信頼によってその有用さを前提するのであって、その理由を知解することによってではありません。もし三段論法が必要であるとしたら、その発明の前には何であれ誰も理性によって認識というものをしなかったことになるでしょう。そして神は人間を二本足の被造物として造っておきながら、人間を理性的動物とする仕事はアリストテレスに残しておいたと言わなければならないでしょう。私が言いたいのはアリストテレスが三段論法の根拠を検討するようにさせ得て、三つの命題を作る六十以上の仕方の内、確かなのは約十四しかないと分らせた少数の人々のことです。しかし神は人類にもっと多くの慈愛を注ぎました。神は推論することのできる精神を人類に与えたのです。私はここでアリストテレスを貶めるために言っているのではありません。私は彼を古代の人々の内で最も偉大な人々の一人と見做しています。その広大な視野、

緻密さ、精神の深い洞察力、そして判断の力強さで彼に並ぶ者は殆どいません。そして彼は、議論の諸形式のこの小さな体系[4]を発明することそのものによって、臆面も無くすべてを否定している人々に反対する学者たちに、偉大な貢献をしたのです。しかしそうは言っても、これら形式が推論の唯一の手段でも最良の手段でもありません。アリストテレス〔自身〕それら形式を形式そのものによって見出したのではなく、諸観念の明白な一致という根源的な道によって見出したのです。自然的な秩序によって数学的論証の内で獲得される認識は、いかなる三段論法の助け無しにも却ってより良く現れてくるのです。推論するというのは、中間諸観念の一定の連結を前提としながら、既に真であると主張されている別の命題から或る命題を真なるものとして引き出すことです。例えば「人々は来世で罰せられる」ということから、「人々はこの世[5]で自分自身で決定できる」ということが推論されるでしょう。以下のような結び付きがあるのです。「人々は罰せられるだろう」、そして「神が罰する者である」、それ故「罰は正しい」、そして「彼は別の様にすることができた」、それ故「彼には自由がある」、それ故「彼は自分で決定する能力を持っている」。結び付きはここでは五つか六つの複雑な三段論法があるのよりも良く見出されています。三段論法を使えば、諸観念は置き換えられ、繰り返され、技巧的な形式の内にはめ込まれてしまうでしょう。三段論法の中で中間観念が両端の観念とどんな連結を持つかを知るのが問題なのですが、それはどんな三段論法も示し得ないことなのです。一種の併置によってこのように位置付けられたこれらの観念を知覚し得るのは精神であり、精神自身が眺めることによってそれを為し得るのです。それでは三段論法は何の役に立つのでしょうか。それは学院において用途があるのです。明々白々に一致する諸観念の一致を臆面も無く否定する学院において。そこから分るのは、人々が真理を探求する時、あるいは真理を知ることを誠実に望んでいる人々に真理を教える時、人々は三段論法を彼ら自身では使わないということです。

　人間――動物――生き物

言い換えれば、人間は動物である、そして動物は生き物である、故に人間は生き物である、ということの順序の方が、三段論法の順序

動物——生き物
人間——動物
人間——生き物(6)

言い換えれば、動物は生き物である、人間は動物である、故に人間は生き物である、という順序より自然であることもまた十分に明白です。確かに三段論法は、レトリックから採られた装飾のまばゆい輝きの下に隠された虚偽を発見するのには役立ちます。私はかつて三段論法は必要であると信じていました。少なくとも華やかな言説の下にある偽装した詭弁を警戒するためにはね。しかしより厳正な検討の後、私が気付いたのは、脈絡の無さを示すためには、結論付けが依存している諸観念を余分な諸観念から区別し、それら〔必要な〕諸観念を自然的順序に配列しさえすれば良いということです。三段論法の諸規則を全然知らないのに、巧妙で尤もらしい長い言説の弱さと誤った推論を直ちに見抜いてしまった人を私は知っています。当の言説には論理学のいかなる細かいところにも通じている他の人々が騙されてきたのですが。そういう人を知らないような読者は殆どいないだろうと思います。もしそうでなかったら、王侯たちが自分たちの王冠と威厳に関わる事柄において、最も重要な議論の中に三段論法を持ち込まない筈はありません。しかしながら、そういうものを使うのは滑稽であろうと皆が思っています。アジアでもアフリカでもアメリカでも、ヨーロッパ人たちからは独立の民族においてはそんなことについて誰も殆ど聞いたことさえもなかったのです。要するにこれらスコラ的形式もやはり間違い易いのであり、人々がこのスコラ的方法によって沈黙させられることも稀であり、まして説得され負けを認めることなどもっと稀なのです。彼らはせいぜい論敵がより巧みであることを認めるだけで、自分たちの理由の正しさについては確信したままです。そしてもし三段論法の中に偽りの推論を引き込み得るのだとすれば、虚偽は三段論法とは別の何らかの手段によって発見され得るのでなければなりません。しかしながら、私は三段論法を放棄しようというものでもなく、知性を助け得るどんな手段を禁じようなどとも思っていないのです。眼鏡を必要としている目があります。けれども、眼鏡を使う人々が、眼鏡無しでは誰ものを見ることができないなどと言ってはなりません。それは恐らくお蔭を被っている技術に味方して自然をあまりに低く見ることになるでしょう。全く反対に眼鏡をあまりに使いすぎたか、あるいはあまりに早く使いすぎて、その助け無しにはもはや物を見ることができなくなるほどその手段によって視力を弱くしてしまった人々によって経験されたことが彼らに起ったのでなければね。

テオフィル　三段論法がさほど有用でないことについてのあなたのお話には多くの確固としていて秀れた指摘があります。そして、三段論法のスコラ的形式は世間で殆ど用いられておらず、もし真面目に用いようとすればあまりに長ったらしくなって複雑になることは認めなければなりません。それにも拘わらず三段論法の形式の発明は人間精神の最も素晴らしい発明の一つだと私が考えていることを、あなたは信じて下さるでしょうか。それは普遍数学の一種なのであり、その重要性は十分には認識されていません。そこには無謬の術が含まれていると言って良い。それを良く用いることを知り、かつそれができての話ですが。そのことは必ずしもできません。ところで、形式に則った議論というもので私は学院で用いられるスコラ的な議論の仕方だけを考えているのではなく、形式の力によって結論を出せ、何も付加する必要の無い推論をも考えています。従って連鎖推理、反復を避ける三段論法の他の連続、よく整頓された計算、代数計算、無限小解析も私にとってはほぼ形式に則った議論となるでしょう。なぜならそれら推論形式は予め論証されており、従って誤らないことが確実だからです。そしてユークリッドの論証は、大抵の場合、もう少しで形式に則った議論になるところでした。というのも彼が省略三段論法を作る時、省かれていて欠けているように見える命題は欄外の引用によって補われており、当の命題が既に論証されていると分る手段が与えられているのです。そしてそれが、〔論証の〕力を損なうことなく大きな簡潔さをもたらしています。彼が用いている比の逆転、合成、分割、は数学者たちや彼らが扱う題材に特別で固有の議論の形式の種類でしかないのです。彼らは論理学の普遍的な形式の助けを借りてこれら形式を論証しています。それに、非三段論法的な良い結論付けがあり、それはその名辞を少々変えなければいかなる三段論法によっても厳密には論証され得ないことを知らなければなりません。そして名辞のこの変化そのものが非三段論法的結論付けを成しているのです。それは幾らでもあり、就中、主格カラ斜格へなどがそうです。例えば、「イエス・キリストは神である」、それ故「イエス・キリストの母は神の母である」というもの。(7)また、有能な論理学者たちが関係の逆転と呼んだもの、例えば次の結論付けがそうです。即ち、「ダビデはソロモンの父であるなら、疑い無くソロモンはダビデの子である」。こうした結論付けは通俗的な三段論法自身が依存している諸真理によってとにかく論証されるのです。三段論法もまた、ただただ定言的であるだけでなく、仮言的でもあり得ますし、選言的なものもそこには含まれています。そして定言的三段論法は、単純なものか複合的なものであると言って良い。単純な定言的三段論法は、普通に、言い換えれば格の諸式に従って数え挙げられるものであり、私は四つの格が各々六つの式を持つこと、従って全部で二四式あることを見出しました。(8) 第一格の通俗的な四つの式は、「すべての」・「何も……ない」・「或る」という記号の意味の結果でしかありません。そして何も見逃さぬように私が付け加える二つの式は普遍的命題を特殊化したものでしかないのです。というのも、「すべてのBはCである。そしてすべてのAはBである。故にすべてのAはCである」、また「いかなるBもCでない。すべてのAはBである。故にいかなるAもCでない」、という二つの通常の式から、次の二つの付加的な式が作れます。即ち、「すべてのBはCである。すべてのAはBである。故に或るAはCである」、また「いかなるBもCでない。すべてのAはBである。故に或るAはCでない」というのも、特称化を論証する必要は無く、「すべてのAはCである。故に或るAはCである」また、「いかなるAもCでない。故に或るAはCでない」という結論付けを証明する必要は無いのですから。尤も、そうは言っても、第一格の既に受け容れられている式と結び付いた自同的命題によってそれを論証することはできます。次のようにしてです。即ち、「すべてのAはCである。或るAはAである。故に或るAはCである。」、また「いかなるAもCでない。或るAはAである。故に或るAはCでない」従って第一格の付加的な二つの式は、当の格の初めの二つの普通の式と特称化とを介して論証されるのです。後者はそれ自身同じ格の他の二つの式によって論証されます。(9) そして同じ仕方で第二格も新たな二つの仕方を得ます。従って第一格と第二格は六つの式を持つのです。

第三格は以前から六つの式を持ってきました。第四格には五つが与えられてきましたが、同じ付加の原理によってまたそれが六つの式を持っているのが見出されます。しかし論理的な形式が、共通に用いられているこの命題の順序を私たちに課している訳ではないことは知っておかなければなりません。「すべてのAはBである。すべてのBはCである。故にすべてのAはCである」という別の配列の方が良いという点では私はあなたに同意します。特にそういう三段論法の連続であるような連鎖式ではそうでしょう。というのも更にもう一つ「すべてのAはCである。すべてのCはDである。故にすべてのAはDである」というものがある場合、これら二つの三段論法の連続を作れます。そしてそれは「すべてのAはBである。すべてのBはCである。すべてのCはDである。故にすべてのAはDである」と言うことで反復を避けるのです。そこでは無用な命題「すべてのAはCである」が省かれているのが分ります。二つの三段論法を使えば要求されるこの同じ命題の無用な反復が避けられているのです。というのも、この命題は以後無用なのであり、これらの三段論法を介して連鎖〔式〕の力が決定的に論証されたならばこの同じ命題無しにも当の連鎖〔式〕は形式的に完全で立派な配列なのですから。もっと複雑な他の無数の連鎖がありますが、それはもっと多くの単純な三段論法がそこに入っているからだけではなく構成要素である三段論法が互いにもっと異なっているからでもあります。というのも、そこには、単純な定言的三段論法だけでなく繋合的なものも入れ得るし、定言的なものだけでなく仮言的なものも、そして完全な三段論法だけでなく、明証的だと思われる命題が省かれている省略三段論法も入れ得るからです。そしてそうしたすべては、非三段論法的な結論付けとか命題の置き換えとかと一緒になり、また、省略しようという精神の自然的傾向によってや小辞の使用に部分的には現れているような言語の特性によって、これら命題を隠している多くの言い回しや思考と一緒になり、すべての議論を、説教者のそれも含めて、表現する推論の連鎖をなすでしょう。けれどもその議論は無味乾燥で、飾りを剝ぎ取られ、論理的形式へと還元されたものであり、スコラ的ではありませんが、〔議論の〕力を論理の法則に従って知るには常に十分なものです。この論理の法則というのは整理されて書かれた良識の法則に他ならず、それは、地方の慣習法がそうであったものから〔つまり」成文化されていないそういう状態から成文化された状態が区別されるということ以上には異なりません。成文化されて一挙により良く見えさえすれば、それは推し進め適用されるために必要なものをより多くもたらします。というのも、何の技巧の助けも無い自然的良識は、何らかの推論の分析をするに際し、時には結論付けの力に少々不安を持つからです。例えば、本当は立派なものなのだが普通はあまり使われていない何らかの式が含まれているのを見出す時などにね。しかしそういう連鎖を人が使うのを望まないか、あるいはすべての複合的議論を実際にはそれらが依存しているところの単純な三段論法へ常に還元すべきであると主張する論理学者は、私の既に言ったことに従えば、何かを買った時、商人に一つ一つ指折り数を数えさせようとする人のようなものでしょう。あるいは街の大時計の時を一つ一つ数えさせるようにね。もし別の様に数えられないのだとしたら、そして指先で似てしか五足す三は八であることを見出せないとしたら、それは彼の愚かさを示すものです。あるいは、簡略法を知りながらそれを使いたがらなかったり人に使うことを許さないとしたら、それは気まぐれというものでしょう。それはまた、すべての推論を第一原理に常に還元すべきであると主張して、公理や既に論証された定理を用いようとしない人のようなものでしょう。第一原理では実際これら中間定理が依存している諸観念の直接的な結び付きが見出されるのではありますが。

　論理的形式の用法を然るべきと思われる仕方で説明したので、私はあなたの考察に話を進めたい。三段論法は一つだけの事例で論拠の結合を示すのにしか役立たないとあなたがどうしておっしゃりたいのか私には分りません。精神が常に容易に結論付けを見出すということは、認められないことです。というのも、時として結論付けは少なくとも他人の推論においてはその論証が見られない限り最初は疑われるのも無理はないのですから。普通、事例は結論付けを正当化するために使われますが、それは必ずしも十分に確実ではないのです。尤も、結論付けが正しくなかったら見出せないような事例を選ぶ術はありますが。きちんとした指導のなされている学院では、諸観念の明白な一致を恥ずかしげも無く否定することなど許されていないと私は思っていましたし、そうした一致を示すために三段論法が用いられているようにも私には思えません。少なくともそれが三段論法の唯一で主要な用法ではないのです。（著作家たちの誤謬推理を検討してみると）彼らが論理学の諸規則に反していたことが予想外に多く見出されるでしょう。私自身時々経験したことですが、誠実な人と口頭で議論したりあるいは文書でそうしたりする時でさえ、推論の混乱を解くために形式に則った議論が為されてしか、相互の理解は始まりませんでした。重要な討議においてスコラ的な仕方で議論しようというのは疑いも無く馬鹿げたことでしょう。この推論の形式は煩わしく、困ってしまう程に長ったらしいものですし、指折ってものを数えるようなものですからね。しかしそうは言っても、生命や国や救済に関わるような最も重要な討議において、人々がしばしば権威の重圧や華々しい雄弁や不当に使われた事例や省かれた事柄の明証性を誤って仮定している省略三段論法や誤った結論付けによってさえ目を眩ませられ得るというのは全く本当のことです。それ故、厳正な論理が、しかしスコラの論理とは別のやりかたですが、就中、どの側が一番尤もらしいかを決定するためにはとにかく必要なことなのでしょう。その上、一般の人々は技巧的な論理学など知らず、それでも立派に推論し、時として論理学の訓練を受けた人よりもうまくするのですが、だからと言って論理学の無用をそれは証明するものではありません。読み書きを習ったこともなくペンも算盤も使えないのに通常の場合立派に計算ができるような人が何人かいて、計算を習った他の人の誤りを直しさえするけれども、記号とか印には無頓着であったり混乱していたりするからと言って、技巧的な算術が無用だと証明されないのと同様です。確かに三段論法だって詭弁的になり得ますが、その固有の法則は詭弁的三段論法を見付けるのに役立つのです。三段論法は必ずしも人の意見を改めさせたり、また説得したりさえしませんが、それは、当を得ない区別とか名辞とかの乱用が三段論法の使用を長ったらしくし、最後まで推し進めなければならないとしたら耐え難いまでになってしまうからなのです。

　論理学者たちの形式など無くとも明晰である推論の例として使うためにあなたが持ち出された議論を考察し、補うことしかここでは残されていません。次のような議論です。「神はその人間を罰する」（これは前提された事実です）、「神は自分が罰する者を正しく罰する」（これは論証されたと解して良い理性の真理です）、故に「神はその人間を正しく罰する」（これは主格カラ斜格ニ非三段論法的に広げられた三段論法の結論です）、故に「その人間は正しく罰せられる」（これは関係の逆転ですが、明らかなので省かれます）、故に「その人間には罪がある」（これは「正しく罰せられる者とは罪人のことである」という実際には定義でしかない命題が省かれている省略三段論法です）、故に「その人間は別の様にも為し得たろう」（「罪がある人は別の様にも為し得た」という命題が省略されています）、故に「その人間は自由であった」（「別の様にも為し得た人は自由であった」という命題も省かれています）、故に（自由であるという定義によって）「彼は自分で決定する能力を持っていた」のです。そしてこれが証明しなければならない事柄でした。そこで更に私が指摘しておきたいのは、この「故に」自身実際には言外に含まれた命題（「自由である者は自分で決定する能力を持つ」という命題）を含んでおり、名辞の反復を避けるのに役立っているということです。そしてこの意味で書き落されているものは何も無く、この点では議論は完全なものとして通り得るでしょう。この推論は論理学に完全に適合している三段論法の連鎖であると見做されています。というのも、この推論の素材となっているもの、恐らく為すべき指摘があり、あるいは求められるべき解明もあるだろう当の素材を私は今は考察したくないのですから。例えば、或る人が別の様には為し得ない時でも、神の御前では罪人であり得る場合があるのです。弁明の理由があるために、隣人を助け得ないことを何とも思わない場合のように。結論として、スコラ的な議論の形式は普通煩わしく不十分であり無駄の多いことを私は認めます。けれども、同時に、真の論理学、言い換えれば結論付けがそれ自身で明証的であるにせよ、予め論証されているにせよ題材に関しては完全であり、順序と力について明晰であるような論理学、に従って形式に則って議論する術より重要なものは何も無いと言いたい。

[5]　**フィラレート**　三段論法は確からしさというものについては更にもっと有用さは少ないか、あるいはむしろ全然有用でないと私は思います。なぜならそれは確からしいものからの議論[argument topique][10]だけしか推し進めないのですから。しかし、確からしいものからの議論そのものの中に確実なものを、つまりそこに見出される尤もらしさを確固としたものとして常に証明しなければならないと今では私は分っていますし、結論付けの力は形式の内にあることも分っています。[6] しかしながら、もし三段論法が判断には役立つとしても、発明には、言い換えれば論拠

を見出したり新しい発見をしたりするのには役立ち得るかどうか私は疑っています。例えば、ユークリッドの第一巻第四七命題の発見が普通の論理学の規則に基づいているとは私は思いません。というのも人は初めに知って、それから三段論法で証明できるものなのです。

テオフィル　三段論法というもので、更に三段論法の連鎖式や、形式に則った議論と私の呼ぶすべてを解すれば、それ自身では明証的でない認識も結論付けによって獲得されると言って良い。それら結論付けは然るべき形式を持つ時しか正しいものではない類のものです。斜辺を一辺とする正方形が他の二辺をそれぞれ一辺とする正方形〔の和〕に等しいとするいわゆる命題の論証において、大きな正方形を部分に切り分け、二つの小さな正方形も同じようにすると、二つの小さな正方形の諸部分はすべて大きいもののそれの内に見出され得、それより多くも少なくもないことが分ります。これは等しさを形式に則って証明することであり、諸部分の等しさもまた正しい形式に則った議論によって証明されます。古代の人々の分析というものは、パッポスに従えば、求められているものを承認しておき、そこから所与のあるいは既知の何らかのものへ至るまでの結論付けを引き出すことでした。[11]このためには諸命題が相反的でなければならないことは指摘しておきました。総合的な論証が分析という道筋によって逆向きに辿り直せるためにね。しかしそれだっていつも結論付けを引き出すことなのです。しかしながらここで指摘しておいた方が良いのは、天文学的ないし自然学的仮説においては逆向きはないことです。しかしそれに成功したところで仮説の真理性を論証することにはなりません。確かに成功はそれを確からしくはするでしょうが、この確からしさは、真なるものは偽なるものから引き出され得ないとする論理学の規則に反しているようなので、論理的規則は確からしさについての問題においては完全には妥当しないと言われるでしょう。真なるものが偽なるものから帰結することは可能だがそれは必ずしも確からしくはないと私は答えます。特に単純な仮説が多くの真理を説明する場合はそうです。そういう場合は稀であり、めったにありません。カルダーノと共に、確からしいものの論理学は必然的真理の論理学とは別の結論付けを持つと言っても良いでしょう。けれども、こうした結論付けの確からしさ自体、必然的なものの論理学の結論付けによって論証されるべきなのです。

［7］ **フィラレート**　あなたは通俗的論理学の弁明をなさっているようですが、あなたのおっしゃることはもっと崇高な論理学に属すもののように私には思えます。その論理学に対する通俗的論理学の関係は、初歩的な入門書が学殖に対するような関係でしかありません。そのことは聡明なフッカー氏(12)の一節を思い出させます。彼は『教会組織論』と題された書物の第I巻第6節で次のように言っています。「もし学識と推論の術との正しい助けがもたらされることができたら、(こういう学説も推論の術も、この知識豊かなものとして通っている現代において、さほど知られてもおらず考慮されてもいないのだが)、その助けを利用する人々と現在の人々との間での判断の堅固さに関しての相違は、現在の人々と白痴との相違と同じ位大きいだろう」、と。私たちの討論が、誰かに、これほど洞察力のある精神を持っていた偉大な人が語っている術の、真の助けを見出させる機会を与えることができたら良いのだがと私は思います。それは、家畜が踏み固められた道を辿るような具合の模倣ではないでしょう（模倣者タチノ卑シキ群(13)）。しかしながら、私はあえて言っておきますが、現代にはそうした判断力を持ち、とても広い理解力を持つ人々がいるので、もし彼らがこうした方面に自分の思考を向けるだけの骨折りをしてくれたら、認識の進展のために新たな道を見出すことができるでしょう。

テオフィル　そうですよねえ。亡くなったフッカー氏も言っていたように、世の人がそういうことに手を着けていないんですよね。そうでなかったら、そういうことに成功し得る人々がいるし、いたと思います。しかしながら、今は数学の方からも哲学の方からも大きな助けを私たちは得ているのを認めなければなりません。あなたのお友達の『人間知性論』もそれに資するところ少なくありません。その助けを利用する手段があるかどうか見てみましょう。

［8］ **フィラレート**　三段論法の規則の内には明らかな間違いがある、と私は思ったことをもまたあなたに言っておかなければなりません。しかし私たちが一緒に討論して以来、それを言うのはためらっていたのですが。でもやはり私の異議を呈示しておきます。三段論法の推論は、少なくとも一つの普遍的命題を含まなければ決定的となり得な

い、[14]と言われています。けれども、私たちの推論と私たちの認識との直接的対象としては個々の事物しかないと思うのです。認識というものは諸観念の一致と不一致にしかなく、その諸観念の各々は個別的存在しか持たず、一つの事物をしか表現しません。

テオフィル　事物の類似性をあなたが概念している限り、あなたは〔個々の事物〕以上の何ものかを概念なさっており、普遍性はそこにしかありません。普遍的［universelles］真理を使わなくては、私たちの議論のただ一つも呈示する訳には何時だっていきません。そうは言っても、（形式に関しては）単称命題が全称［universelles］命題に含まれることは指摘しておいた方が良い。というのも、確かに使徒聖ペテロはただ一人しかいないにも拘わらず、それでも、誰であれ使徒聖ペテロであった者は師を否んだとは言い得るのですから。従って次の三段論法「聖ペテロは師を否んだ。聖ペテロは弟子であった。故に或る使徒は師を否んだ」は（この三段論法は単称命題しか持たないにも拘わらず）、全称肯定命題を持つと判断され、式は第三格ダラプティ（darapti）でしょう。

フィラレート　私が更にあなたに言いたかったのは、三段論法の諸前提を置き換えて、「すべてのBはCである。すべてのAはBである。故にすべてのAはCである」と言うよりも、「すべてのAはBである。すべてのBはCである。故にすべてのAはCである」と言った方が良いように思えることです。けれども、あなたのおっしゃったことからすると、あなたはそれと隔たった見解を持っておられるのではなく、双方を同じ式と数えておられるようですね。あなたのご指摘のように、通常の配置とは異なる配置の方が、幾つもの三段論法の連鎖式を作るにはより相応しいことは、とにかく本当です。

テオフィル　完全に同意見です。しかしながら、全称命題で始めた方がより教育的だと思われてきたようです。第一格と第二格とにおける大前提のようにね。こうした習慣を持っている説教者がまだいます。しかし、あなたが提案なさっているようにした方が結び付きはよく分ります。[15]アリストテレスが通常の配置のための特別な理由を持っていたかもしれないことは、以前に指摘しておきました。[16]というのも、AはBであると言う代わりに、彼はBがAの内にあると言うのを常としています。[17] そしてこういう述べ方から、あなたの求めておられる結び付きそのものが世間一般に受け容れられている配置において生じます。というのも「BはCである。AはBである。故にAはCである」と言う代わりに、アリストテレスは「CはBの内にある。BはAの内にある。故にCはAの内にある」という風に述べるでしょう。例えば、「矩形は等角である（即ち等しい角を持つ）。正方形は矩形である。故に正方形は等角である」と言う代わりにアリストテレスは、命題を置き換えず、命題のこうした述べ方によって中間名辞を真ん中に保存した上で、名辞をひっくり返して「等角は矩形の内にある。矩形は正方形の内にある。故に等角は正方形の内にある」と言うでしょう。こうした述べ方は馬鹿にすべきものではありません。というのも、実際、述語は主語の内にある、あるいは、述語の観念は主語の観念の内に含まれているのですから。例えば、等角は矩形の内にあります。というのも、矩形とはすべての角が直角で互いに等しい図形であり、それ故、矩形の観念はすべての角が等しい図形であり、それは等角の観念です。通常の述べ方はむしろ個物に関わっていますが、アリストテレスの述べ方はもっと観念つまり普遍に関わっています。というのも、いかなる人間も動物であると言う時、私が言いたいのは、すべての人間はすべての動物〔という全体〕の内に含まれるということですが、同時に私は、動物という観念が人間という観念の内に含まれていることも理解しています。動物というものは人間というものより多くの個物を含んでいますが、人間はより多くの観念、あるいはより多くの形相性[18]を含みます。一方はより多くの実例を持ち、他方はより多くの実在性の度を持つ。一方はより多くの外延を持ち、他方はより多くの内包を持つのです。従って三段論法のいかなる学説も de continente et contento、つまり含むものと含まれるものについての学説、全体と部分との学説とは異なる学説によって論証され得るだろうと本当は言って良い。というのも、全体は常に部分を超えているのですが、含むものと含まれるものとは時として等しいのです。可逆的〔つまり換位可能な〕命題において起るようにね。[19]

〔9〕 **フィラレート**　私は、かつて論理学について持っていたのとは全く違う考えを論理学について形成し始めています。私は論理学を学生の遊びだと考えてきましたが、今ではあなたが理解なさっている仕方での普遍数学のような

ものがあることが分りました。論理学が、何か今あるより以上のものにまで推し進められ、フッカー氏が言うには人間をその現在の状態よりずっと上に引き上げる、理性のそういう真の助けを私たちがそこに見付けられたら良いのですが。ところで、理性というものはその広がりがかなり限られており、[20]多くの場合私たちの役に立たないのだとすれば、それだけますますそういう助けを必要とする能力です。それは（1）しばしば観念そのものが私たちに欠けているからです。〔10〕そして次に（2）観念はしばしば曖昧で不完全であるからです。それに対し、数においてのように観念が明晰（かつ判明）であるところでは、私たちは打ち勝ち難い困難には出会いませんし、いかなる矛盾にも陥りません。〔11〕（3）しばしばまた困難は中間観念が私たちには欠けていることにも由来します。代数という、人間の聡明さの大切な道具であり見事な証拠[21]であるものが発明される前には、人々は古代の数学者の多くの論証を驚嘆を以て見ていました。〔12〕（4）誤った原理を基礎に置くこともまたあります。そしてそれは理性がますます縺れさせ、解明するどころではない困難に〔人々を〕陥らせることもあり得ます。〔13〕最後に、（5）意味の不確実な名辞が理性を惑わせます。

テオフィル　あなたの思うほど観念が、つまり判明なものが私たちに欠けているのかどうか分りません。むしろ、混雑した観念つまり心像、あるいは印象とおっしゃりたければそれでも良いのですが、色・味など、それ自身では判明な多くの微小観念の結果だが判明には知覚されないものに関しては私たちには無数の観念が欠けていて、そういう観念は私たちよりは上位にある別の被造物に相応しいのです。しかし、こうした印象も、理性に素材をもたらすというよりもむしろ本能〔的知〕を与えたり経験的な観察を基礎付けたりするのに役立ちます。それら印象が判明な表象を伴っているのでなければね。それ故、主として私たちを留めるのは混雑した観念の内に隠れている認識にまつわる欠陥なのです。たとえすべてが判明に私たちの感官ないし精神に呈示されても、考察しなければならない事物が多すぎて時として私たちはぼんやりとしてしまうのです。例えば、目の前に一〇〇〇発の砲弾が積んである時、その数とこの多の〔数学的〕性質を十分に概念するには、それらを或る形状に配列するのがとても役立つことは明らかです。

ちょうど、そういうものについて判明な観念を持ち何度も数える手間を省き得るようにそれらを置いておくために、倉庫でやっているようにね。数そのものについての学においてとても大きな困難をもたらすのもまた考察〔すべきこと〕の多さです。というのも簡潔なやり方を探すのですが、問題になっている場合に、そういう簡潔なやり方を自然がその奥に隠し持っているかどうか時として分らないことがあるのです。例えば、素数の概念よりも見たところ単純なものが何かあるでしょうか。言い換えれば、一と自分自身によって以外のすべてによって割り切れない整数の概念より単純なものが。しかしながら、与えられた素数の平方根より小さいすべての素因数で割ってみることをしなくても確実に素数であるかどうかを認識するための、確実で容易な指標をまだ探しているところなのです。或る数が素数ではないことをたいした計算もせずに認識させる指標は結構ありますが、素数が素数であることを確実に認識させる簡単な指標が欲しいのです。こうしたことがまた、代数学をまだ非常に不完全な状態にしています。尤も、代数学が用いている観念よりも知られているものは何も無いのですが。それら観念は数一般しか意味していないのですからね。〔不完全だ〕というのも、（非常に限定された場合を除いて）四次以上のいかなる方程式の無理根を導出する手段もまだ一般に手に入れられていませんし、二次、三次、四次に対して一次に還元するか、あるいは、変形している方程式を純粋なものへ還元するためにそれぞれ用いられているディオファントス[22]、スキピオーネ・デル・フェロ[23]、ルドヴィコ・フェラーリ[24]の方法は、互いに全く異なっており、言い換えれば、一つの次元のために用いる方法が他の次元のために用いる方法と異なっているのです[25]。というのも、第二次つまり二次方程式の次元はただ二次の項を取り除くだけで一次に還元されます。第三次つまり三次方程式の次元は、未知数を部分に分け、幸いにして二次の方程式を得ることができるので解けたのです。そして第四次つまり四次方程式の次元においては、方程式の両辺に何か足すことで双方ともが開平でき、そういうことができるために更に幸いにも三次方程式しか必要でないのでなければなりません。しかしそうしたすべてのことは、幸運ないし偶然と、技巧ないし方法との混合でしかないのです。この後二者の次元で解法を試みても、成功するかどうか分らなかったのです。ですから、第五次あるいは第六次、つまり五次方程式と六次方程式の次元では、更に何か別の技巧が成功のためには必要です。デカルト氏は第四次で使用した方法、別の二つの二次方程式によってできたものとその方程式を解することで使用した方法（しかし実際にはルドヴィコ・フェラーリの方法以上のものを与え得ていません）が第六次でもまた成功すると信じていたにも拘わらず、それは見出されていません。(26)こうした困難は、最も明晰で最も判明な観念でさえ、必ずしも求められているすべて、引き出すことのできるすべてを私たちに与えてくれる訳ではないことを示しています。そしてそれは更に代数学は発明の術というには程遠いと判断させます。代数学そのものがより一般的な術を必要としているのですから。記号法一般、つまり記号の術は素晴らしい助けになるとさえ言えるでしょう。なぜならそれは形象的思惟の重荷を取り除くのですからね。ディオファントスの算術とか、アポロニウス(27)やパッポス(28)の幾何学的な書物を見ても、古代の人々がそうした何か記号法を持っていたことは疑いありません。ウィエタ(29)は、求められているものだけでなく与えられた数をも一般的記号で表現し、ユークリッドが既に推論する際にしていたことを計算に際してすることで、記号法をより拡張しました。そしてデカルトは線を方程式によって示すことでこの計算を幾何学へ広げたのです。しかしながら、こうした現代代数学の発見の後でも、疑いも無く優秀な幾何学者で私もパリで会ったことのあるブイヨー氏(30)（イスマエル・ブリアルドゥス）は、螺旋についてのアルキメデスの論証に驚きを禁じ得ませんでしたし、どうしてこの偉大な人物は円の大きさを測るのにこの〔螺旋という〕線の接線を使うことなど思い付いたのか理解できませんでした。サン・ヴァンサンのグレゴワール神父(31)は、彼が螺旋と放物線との並行現象によってそこに行き着いたのだと判断して、うまくそれを言い当てたようです。しかしこの道は個別的なものでしかありません。それに対して私が思い付き、公にして成功を収(32)めた無限小の新しい計算、微差の道を採る新しい計算法は、その一般的な手法を与えており、螺旋によるこの発見は遊びでしかなく最も簡単なものの試みでしかないのです。ちょうど曲線の長さの測定について以前見出された殆どすべてがそうであったように。この新しい計算の優れている理由は、デカルト氏が自分の幾何学から排除した問題においても形象的思惟の重荷を取り除くことにもあります。デカルト氏はそういう問題は大抵、機械学に導くという口実で排除したのですが、実を言うと彼の計算に相応しくなかったからなのです。(33) 曖昧な名辞に由来する誤謬について言うと、それを避けることは私たち次第です。

フィラレート　理性が適用され得ず、その必要も無く、理性よりも見ることの方が良い場合もあります。それは直観的認識においてであって、そこでは観念とか真理とかの結び付きは直接に見出されます。不可疑の公準の認識がそういうものですし、天使が今持っている明証性の度、完全性に到達した正しい人々の精神が未来の状態で現在私たちの知性を逃れている無数のものについて持つ明証性の度がそれだと私は考えたくなりました。[15] ところで、中間観念に基づく論証は推論による認識を与えます。それ故、中間観念と両端の観念との結び付きは必然的であり、並列によって明証的に知られます。それは一オーヌ〔という長さ〕(34)の観念が、等しいことを示すために或る時はシーツに適用され、或る時は別のものに適用されるのと似ています。[16] しかしもしその結び付きが確からしいだけであったら、その判断は臆見しか与えません。

テオフィル　神だけが直観的認識しか持たないという優越性を持っています。けれども至福の状態にある魂が粗大な身体からどれほど離れていて、諸霊そのものがどれほど精妙であり、私たちとは比較にならないほど直観的な認識を持っていて、私たちが結論付けの力を借りて時と手間を使った後でしか見出さない事柄をしばしば一挙に見てしまうにも拘わらず、それら〔存在者〕もまたその道に困難を持っている筈です。そうした困難が無くては発見をする喜びが無くなってしまいます。発見の喜びは喜びの内でも最大のものの一つです。ですから、彼らには、全くあるいは一時的に隠されている無数の真理があるだろうということ、そしてそこに到達するには、結論付けのお蔭や論証によって、あるいはしばしば推測さえも使わなくてはならないことをとにかく認めなくてはなりません。

フィラレート　それ故、これら諸霊は私たちより完全な動物でしかありません。あなたが、月の帝王と共に「すべてここと同じだ」(35) とおっしゃるのと同じようなものです。

テオフィル　私がそう言うのは、全く〔同じ〕という意味ではなくて、事物の根底ではそうだということです。というのも完全性のあり方と度は無限に多様なのですから。しかしながら、根底は至る所で同じである。それが私における基本的な公準であり、私の全哲学を支配しています。未知の、ないし混雑した仕方で知られている事物を私は判明に私たちに知られている事物のような仕方でしか概念しません。そしてそのことが哲学をとても容易なものとするのであり、そうしなければならないとさえ思っています。しかし、この哲学が根底においては最も単純だとしても、〔実現の〕仕方においてはまた最も豊かなのです。なぜなら、自然はその仕方を無限に多様にし得るからです。自然がまた〔実際〕思い描き得る限りの豊かさと秩序と装飾で以てそれを為しているように。そういう訳なので、どんなに精妙な霊であっても自分の上に無限の霊がいないようなものは無いと私は思うのです。しかしながら、私たちは沢山の知的存在者よりとても劣っているにも拘わらず、この地球上では明らかに監督を受けていないという優越性を持っています。地球上では疑いも無く私たちが最上位を占めているのです。私たちが身を沈めている無知がいかに大きなものであれ、とにかく私たちを超えている者を何も見ないという喜びを持っているのです。私たちが空しいものであれ、カエサルがローマで第二の地位にあるより小集落で第一の地位にあることをむしろ望んだのと同じように、判断し得るでしょう。それに、私がここで言っているのは、これら精神の自然的認識でしかなく、神がそれらに許し与えようとする見神体験でも超自然的光でもないのです。

〔19〕　**フィラレート**　各人は心中密かにか、あるいは他人に対して、理性というものを使うのですから、他の人々を自分の見解に引き入れるためや、あるいは少なくとも反対論を妨げる程の一種の敬意を彼らに抱かせるために人々が用いるのを常とする四種類の証明について幾らか考察しておくのも無駄ではないでしょう。第一の証明は畏敬ニ訴エル証明と呼んで良いもので、学識・地位・権力その他によって権威を獲得してしまった人々の見解を援用する時のことです。というのも、別の人が即座にその見解に従わない時には、自惚れすぎと非難され傲慢と見做されるに至るからです。〔20〕（2）無知ニ訴エル証明もあります。これは論敵に論拠を認めるかあるいはより良い論拠を立てるように要求することです。〔21〕（3）人をその人自身が言ったことによって困らせる時、人ニ訴エル証明です。〔22〕最後

に（4）論点相当ノ証明があります。それは認識あるいは確からしいことの源泉の何か一つから引き出された論拠を用いることにあります。そしてこれだけが私たちを前進させ教えるものです。というのも、もし尊敬の故に私があえて反論しないとしても、あるいはもし私が言うべきより良いことを何も持っていなくとも、あるいはもし私が自家撞着を起していても、だからと言ってあなたが正しいことにはなりません。私が内気で無知で思い違いをしていることはあり得ますが、あなたもまた間違っているかもしれません。

テオフィル　言うに相応しいことと本当に信じて良いこととを区別しなければならないのは疑う余地がありません。しかしながら、大部分の真理は大胆な仕方で支持され得るのですから、隠さなければならない見解に対しては何らかの偏見があるのです。無知ニ訴エル証明は、反対が証明されるまで一つの見解を主張することが理に適っているようなそういう推定の場合には正しいものです。人ニ訴エル証明はどちらかの人の主張が誤りであることや、どんな風にとっても相手が誤っていることを示す効果を持っています。〔あなたがおっしゃったのとは〕別の証明で、厳に使われているものを挙げることもできます。例えば眩暈ニ訴エル証明とでも言って良い証明で、次のように推論する時のことです。もしこの証明が受け容れられなければ、問題の点について確実性に到達するいかなる手段も私たちは持たず、それは不条理だという場合です。この証明は或る場合には正しいものです。誰かが原始的で直接的真理、例えば何ものも同時に有りかつ有らぬことはないとか、私たち自身が存在する、という真理を否定しようとする場合などがそれです。もし彼が正しかったら、何であろうと認識するいかなる手段も無くなってしまうでしょう。しかし、或る原理を立て、それを支持しようとしても、そうでなければ受け容れられている何らかの学説の全体系が崩れてしまうからという理由では、証明は決定的なものとなりません。というのも、私たちの認識を支えるために必要なものと、私たちの学説や実践の基礎として役立つものとは区別しなければならないのですから。時には法律家においても似たような推論が使われました。同じ罪での別の被告人たちの証言に基づいていわゆる魔女に有罪の判決を下すとか拷問にかけるためにです。というのも「もしこの証明が崩れたら、どうやって彼らに罪があることを証明するのだろう」

と言われたのです。そして時には、犯罪構成事実において、事実に確信を持つことがより困難な場合には、より些細な証拠でも十分と見做し得る、と或る著作家たちは主張しています。けれども、それは正しくありません。それはただより注意深くなくてはならないことを証明するだけであって、もっと軽々しく信じるべきだなどと言っているのではないのです。極端に危険な罪は別です。例えば大逆罪についてのような場合がそうです。そこでは、こうした考察は人を罰するためというのではなく、人が罪を犯すのを妨げるためということに重点があるのです。従って法律と慣習法が認める判決の内には有罪と無罪との間にではなく、死刑の宣告と追放との間に中間があり得るのです。しばらく前からドイツでは悪貨の製造を正当化するために似たような証明が使われています。というのも、もし規定されている規準を守らなければならないとしたら損失無しに貨幣など鋳造できない（と言われているからです）。それ故、貨幣に混ぜものをして質を低下させることは許されるべきだと言うのです。けれども偽金を予防するより良い手段としては、重さを低下させねばならないのであって混ぜものをするつまり純分を低下させてはならないことは別としても、とにかくそうした貨幣の鋳造の実行が必要だと仮定されているのですが、必要など無いのです。というのも、鉱山も持たず金の延べ棒を持つ機会も無い人々に貨幣を鋳造することを強いる神の命令も人の法も無いのですから。そして〔現存する〕貨幣から〔もっと質の悪い〕貨幣を作ること、それはまずいやり方であり、それと共に自然に貨幣の品質の低下をもたらします。でも、一体どうやって私たちの貨幣鋳造権を行使したらよいのだろう（と彼らは言います）。答えは簡単です。もし貨幣鋳造があなたにとって重要なことだと思うなら少々損失はあっても良いお金を少しだけ鋳造することで満足することです。悪質貨幣をこの世に氾濫させる必要も権利もあなたには無いのですから。

〔23〕　**フィラレート**　私たちの理性が他の人々に対する関係については意見を述べたので、私たちの理性が神に対する関係について幾らか付け加えておきましょう[36]。それは私たちに、理性に反するものと理性を超えたものとの区別を促します。第一の種類は私たちの明晰かつ判明な観念と両立しないすべてのものであり、第二の種類は理性の助けによって感覚あるいは内省からその真理性もしくは確からしさが演繹され得ないことが分っているようなすべての見解

のことです。こうして、神が複数存在するということは理性に反しており、死者の復活は理性を超えています。

テオフィル　理性を超えているものについてのあなたの定義については少々指摘しておきたいことがあります。少なくともあなたがその定義を〔理性を超えているという〕この言い回しの一般に受け容れられた用法だとおっしゃるのならばね。というのもこの定義の下し方では、それは一方であまりに言い過ぎであり、他方で言い足りないと私には思えるのです。もしその定義に従うならば、現在の状態で私たちが知らず、知り得もしないすべてのことは理性を超えていることになってしまうでしょう。例えば、これこれの恒星が太陽より大きいとか小さいとか、また、ヴェスヴィオス火山がこれこれの年に火を噴くとか、そうしたことの認識は私たちの力を超えた事柄ですが、それは理性を超えているからではなく感覚を超えているからです。というのも、もし私たちがもっと完全で、もっと周囲の出来事の情報を手にし得る器官を持っていたら、そういうことについて立派に判断できるでしょうからね。現在の私たちの能力を超えてはいても全理性を超えている訳ではないような困難もあります。例えば、主の祈りを唱えながらペンも持たずに日食についての細かい計算ができる天文学者などこの世にはいませんが、そんなことは児戯でしかないような諸霊が恐らくいるのです。従って、こうしたすべての事柄は、事実についての情報がもっと得られ、より完全な器官を持ち、精神がもっと高められると仮定すれば、理性の助けによって知られたり実行したりし得るでしょう。

フィラレート　そういう反論は、もし私が自分の定義を私たちの感覚あるいは内省だけについてではなく、可能な他のすべての被造的精神のそれについて理解すれば止みますよね。

フィラレート　そんな風に解されるなら、正しいと思います。でも別の難点が残るでしょう。私たちの定義に従うと理性を超えているものが何も無くなってしまうことです。なぜなら、神はどんな真理であっても感覚と内省によって教える手段をいつだって与え得るでしょうからね。実際、最大の神秘も神の証言によって知られるようになるようにね。そうしたものは信じさせる理由[37]によって認められ、私たちの宗教はそれに基づいています。そしてそれら理由は疑いも無く感覚と内省に依存しているのです。それ故、問題なのは、事実の存在ないし命題の真理が、理性の用いる諸原理から、言い換えれば感覚と内省から、あるいは外官と内官から演繹され得るかどうかではなく、或る被造的精神がこの事実のあり方、あるいはこの真理のアプリオリな理由を認識し得るかどうかであるように思えます。従って、理性を超えているものも立派に教えられ（être appris）得るが、どんなに偉大で高められようとも被造的理性の道と力とでは抱懐され（être compris）得ないと言って良い。それを知解することが神だけに残しておかれているのは、それを事実とするのが神にだけ属していることであるのと同じです(38)。

フィラレート　秀れた考察だと思います。そんな風に私の定義を採ってほしいのです。理性を信仰に対立させる語り方、それはかなり権威を持っているものですが不適切だ、とする私の見解ともまたあなたのその考察は一致しています。というのも、私たちが何を信じるべきであるのかを確かめるのは理性によってなのですからね。信仰とは確固とした同意であり、然るべく規制された同意は立派な理由に基づいてしか与えられ得ないのです。従って信じるいかなる理由も無く信じる人は自分の空想を愛していることもできるでしょうが、彼が真理を求めている訳ではありませんし、神なる主に払うべき服従を払ってもいません。神なる主は、彼に与えておいた能力を使って誤謬から身を守るよう望んでおられるのです。そうしないとしたら、彼が正しい道にあるとしてもそれは偶然によってですし、もし悪い道に入るとしても自分の誤りによってであり、彼は神を前にして責任があるのです。

テオフィル　信仰が理性に基づいているとあなたがおっしゃりたい点について私は完全に賛成です。それが無かったら、どうして聖書をコーランあるいはバラモン教の古い書物に比して私たちは選ぶでしょう。ですから、私たちの神学者たちや他の学識ある人々はそのことを十分に認識していたのであり、それが私たちにキリスト教の真理性についてこれほど美しい作品と、異教徒たちや古代そして現代の他の不信仰者たちに対して呈示された多くの立派な論拠を手に入れさせたのです。ですから、信じることが問題の場合に理由や論拠に気を配る必要など無いのだと主張した人々には、賢明な人々は常に疑いの目を向けてきたのです。実際そんなことは不可能なのです。信じるということが口真似あるいは繰り返し、そして何の努力も払わぬ承認を意味するのでなければね。多くの人々がそういうことをしますし、何よりもそれは幾つかの国々の特徴でさえあります。そういう訳なので、一五世紀と一六世紀のアリストテレス主義的哲学者の何人かは、そして（故ノーデ氏の書簡やナウデアーナによって分るように[39]）その残党はまだ長い間存続したのですが、二つの対立する真理を主張しようとしました。一つは哲学的真理、もう一つは神学的真理です。先のラテラノの公会議[40]がレオ一〇世の下にそうした人々に反対したのは正当でした。それについては既にお話ししたと思います[41]。そして全く類似した論争がかつてヘルムシュテットで、ダニエル・ホフマン[42]という神学者とコルネリウス・マルティニ[43]という哲学者の間に起りました。けれども、その哲学者は哲学と啓示とを両立させ、神学者の方は哲学の有用性を拒絶したがったという違いはあります。大学の創立者であるユリウス公爵は哲学者の方に賛意を表しました[44]。確かに今日の最も高い地位にある人の一人[45]が、明らかに見るためには目をえぐり出さなければならない、と言っていました。テルトゥリアーヌス[46]もどこかで言っています。「このことは真である。というのもそれは不可能なのだから。」「それを信じなければならない。というのもそれが不合理だから。」しかし、もしこういう仕方で自分の意見を述べる人々の意図は良いものだとしても、とにかく表現は度を越えていますし、害をもたらすかもしれません。聖パウロが神の知恵は人々の前では狂気であると言う時[47]、もっと適切に語っています。それは、人々が自分たちの経験に従ってしか判断しないのであり、それは極度に限られていてしかもそれに合致しないすべてのものは人々には不条理に見えるからです。けれども、この判断はとても無謀です。というのも、誰かが私たちに語ってくれても私たちには不条理と思われる自然的な事柄は無数にありさえするのですから。例えばシャムの王様には、氷が河を覆ってしまうと言われても不条理に思えたようにね。しかし、自然そのものの秩序は、形而上学的必然性を持つものではなく、神の恣意にしか基礎付けられていません。従って、恩寵というより上位の諸理由によって遠ざけられることもあり得ます。尤も、神ご自身の証言にしか由来し得ない立派な論拠に基づいてしかそうしてはなりませんが。間違い無く確かめられた時にはそれには絶対に従うべきなのです。

18

信仰について、理性について、そしてそれらの別個な限界について

［1］**フィラレート**　でも、一般に受け容れられている語り方を利用して、或る意味において信仰を理性から区別するのを許すことにしましょう。ところで、この意味を十分明瞭に説明し、これに二つの事柄の間にある境界を定めるのは正しいことです。というのもこうした境界の不確実性が確かにこの世に大きな論争を産み出してきましたし、恐らく大きな混乱さえ巻き起しました。そうした境界が決定されるまでは、論争したところで無駄なのは少なくとも明らかです。信仰について論争する際に理性を使わなければならないのですから。(1) ［2］各派は、何らかの助けを引き出せると考える限り、喜んで理性を用いると私は思います。しかしながら、理性が助け損なうや否や、それは信仰の問題であり理性を超えていると言うのです。けれども、反対者だって反論されれば同じ逃げ口上を使うことができる訳です。同じような場合にそれを使うことが何故彼には許されていないのかが示されるのでなければね。私はここで理性というものを、私たちが自然的な能力を使って、つまり感覚と内省とによって、獲得した認識(2)から引き出された命題の確実性あるいは確からしさの発見であると仮定します。信仰は、啓示に基づく命題、つまり神の異常な伝達に基づく命題に与えられる同意です。神がそれを人々に知らせたのです。［3］しかし、神によって霊感を受けた人は他の人々にいかなる新しい単純観念も伝達することはできません。なぜなら彼は言葉あるいは他の記号しか用いないのですが、それは私たちの内に、習慣がそれに結び付けた単純観念あるいはその連結を呼び起すのですから。聖パウロが第三天まで引き上げられた時にどんな新しい観念を受け取ったにしても、彼が言い得たすべてのことは「それは目が

見ず、耳が聞かず、人の心に入ってきたことのなかったものである」(3)ということだけでした。木星に被造物がいて、第六感官を持っているとし、私たちの内の或る人にこの第六感官の諸観念を神が超自然的に与えたとしましょう。彼はそれらを他の人々の精神の内に言葉によって産み出させることはできないでしょう。それ故、根源的啓示と伝承的啓示とを区別しなければなりません。前者は神が直接に精神に為す刻印であり、これには私たちは何の限界も定められません。後者は通常の伝達方法によってしかやって来ないもので、新しい単純観念を与えることはできません。[4]確かに、理性によって発見され得る真理も伝承的啓示によって私たちに伝達されることはあるでしょう。神が人人に幾何学の定理を伝達しようとしたかのようにね。でも、それは、私たちがその定理について、観念の結び付きから引き出された論証を持つとしたら、それと同じ程度の確実性を持つ訳ではないでしょう。それはまた、ノアが大洪水について持っていた確実な認識は、モーゼの書によって大洪水について私たちが持っている認識より確実なのと同じです。また、モーゼがそれを現実に書くのを見、自分の霊感を証明する〔に足る〕奇蹟を彼が起していたのを見た(4)人の確信が私たちの確信より大きいのと同じです。[5]ですから、啓示が理性の明晰な明証性に反するに至ることはできません。なぜなら啓示が直接的で根源的である時でさえ、それを神に帰するに際して思い違いをしていないということと、その意味を理解しているということとを明証的に知らなければならないからです。そしてこの明証は私たちの直観的認識の明証よりも大きいことは決してあり得ません。従って、この直接的認識に矛盾対立する時にはどんな命題も神的啓示として受け容れられることはできないでしょう。そうでなければ、この世で、真理と虚偽とのいかなる差異も残らず、信用できるものと信用できないものとの尺度は何も残らないでしょう。次のような事物が、私たちの存在の恵み深い作者である神に由来するなど考えられません。即ち、その事物を真であるとするなら、私たちの認識の基礎を覆し、私たちの全能力を無効にしてしまう筈の事物です。[6]そして、啓示を、間接的に、あるいは口から口への伝承によって、あるいは文書によって持っている者たちは、それについて確信を持つためには更にもっと理性が必要です。[7]しかしながら、私たちの自然的能力が発見し得ることを超えている事物は信仰に固有の問題であることはとにかく確かです。〔神に〕反逆した天使の堕落とか死者の蘇りとかがそれです。［9］そういう場面こそただただ啓示に耳を傾けなければならないところなのです。確からしい命題に関して、明証的な啓示は当の確からしさに反してさえ[5]私たちを決定するでしょう。

テオフィル　もしあなたが信仰というものを、信じさせる理由（と呼ばれているもの）に基づくものとしか考えず、精神を直接に信仰へと決定する内的恩寵から引き離すなら、あなたのおっしゃることはすべて反論の余地がありません。〔でも〕こうした諸理由に依存する判断よりも明証的な多くの判断があるのを認めなければなりません。或る人人はその点で他の人々より進んでいます。そうした判断を知らず、考えようともせず、従って確からしい理由として通るかもしれないものさえ持たない人々だってかなりいるのです。けれども聖霊の内的恩寵がそれに超自然的な仕方で直接補われ、神学者たちが厳密に神的信仰と呼ぶものを形成するのです。確かに神は、信じさせようとする事柄が理性に基づく時にしかこういうものを与えはしません。そうでないと、真理を認識する手段を破壊し、狂信に道を開いてしまうでしょう。しかし、この神的信仰を持つすべての人々がこれら理由を認識している必要はありませんし、常にそれら理由を眼前に置いておく必要は尚更ありません。そうでなければ、単純な人々や白痴は、少なくとも今のところ、本当の信仰を持たないでしょうし、最も学識豊かな人々だって、その最も必要としているかもしれない時にそれを持たないことになるでしょう。というのも彼らは信じる理由を常に思い出している訳にはいきませんからね。神学における理性の有用さという問題は、ソッツィーニ派の人々と一般的な意味でカトリックと呼ばれ得る人々[6]との間でも、カルヴァン派の人々と福音主義新教徒の人々（後者はドイツでは、まずい言い方ですが、多くの人々にむし[7]ろルター派の人々と呼ばれています）の間でも、盛んに論議されました。かつて私はシュテークマンの形而上学を読んだことがあります。彼はソッツィーニ派の人ですが、（ヨーズア・シュテークマン[8]とは別人ですが、ヨーズアも彼自身ソッツィーニ派[9]に反論を書いています）その本は私の知る限りまだ出版されていません。他方にはケスラー[10]がいます。ザクセンの神学者で、論理学や他の明らかにソッツィーニ派に反対した哲学説を幾つか書いています。一般的に、ソッツィーニ派の人々はあまりに早く、自然の秩序に合致しないものをすべて放棄してしまうと言って良い。その不可能性を絶対的に証明し得ていない時ですらです。しかしまた反ソッツィーニ派の人たちも時として極端に走り、神秘を矛盾すれすれにまで推し進めてしまうのです。その点で彼らは守ろうとしている真理を損なっています。オノレ・ファブリ(11)神父の神学大全の中で以前見て驚いたことがあります。ファブリ神父は他の点では彼の修道会で最も有能な人の一人ですが、神的な事柄の内では（他の何人かの神学者もするように）第三のものと同じ諸事物は相互に同じであるというあの大原理を否定していたのです。それは知らず識らずに論敵に勝ちを譲ってしまい、すべての推論からいかなる確実性をも取り去ることです。むしろこの原理はまずい仕方でそこに適用されているのだと言わなければなりません。この同じ著者が、自分の哲学の中で潜在的区別、スコトゥス派の人々が被造的事物の内に置くこの区別を斥けているのです。矛盾律を覆すと言ってね。そして神においてはこの区別を認めなければならない、と反論されると、彼は、信仰がそれを命じるのだと答えるのです。でも、何であれ、それ無くしてはいかなる信念、肯定あるいは否定も無駄となるようなものをどうして信仰は命じ得るでしょう。それ故、必然的に、二つの真なる命題は同時に全く矛盾的ではないのでなければなりません。AとCが同じものではないのなら、Aと同じものであるBは、Cと同じものであるBとは別物と考えなければならないのです。ジュネーヴの教授であり後にデーヴェンテルの教授であるニコラウス・ウェデリウス(12)は神学的ナ知（Rationale Theologicum）と題された書物を以前公刊しました(13)。（チューリンゲンにおける福音主義的な大学である）イエナの教授であるヨハン・ムサエウスが同じ主題について、つまり神学における理性の有用さについて別の本を対抗させました。以前私はそれらについて考察し、主要な論争が付随的な問題で縺れさせられているのを指摘したことを覚えています(14)。神学的な結論とは何であるのかが問われる時とか、そしてその結論を構成する名辞によってそれについて判断すべきなのかそれともそれを証明する仕方によってかが問われる時、オッカム(15)が同じ結論についての知は、どんな手段がそれを証明するのに用いられようと、同じものであると言うのは正しかったのか否かが問われたりするときのように。そして多くの他のもっと重要度が低く、言葉にしか関わらない瑣事を人は気に懸けたりするものです。しかしムサエウスは彼自身、論理的必然性を持った理性の必然性原理、言い換えるとその反対が矛盾を含んでいる原理が、神学において確かに使用されるべきであるし使用できると認めています。けれども、ただ自然学的必然性で以て（言い換えれば自然の内で行われていることからの帰納に、あるいは言わば神の設定したものである自然法則に基づいて）必然的であるもので、神秘や奇蹟についての信念を反駁するには十分であるということを彼が否定したのは正当でした。事物の通常の経過を変えるのは神次第なのですから。こういう訳なので、自然の秩序に従えば、同一人物が同時に母でありかつ処女であることはできないし、人体が感覚によって知られ得ない訳にはいかない、と確信できます。けれどもこの両方の反対のことが神には可能です。ウェデリウスもこの区別を認めているようです。しかし、時には或る諸原理について、それは論理学的に必然なのか、それとも自然学的にしか必然ではないのかが議論されます。実体は、個別的本質が増やされない時に、増やされ得るかどうかというソッツィーニ派の人々との論争はそういう類のものですし、一つの物体は一つの場所にしかあり得ないかどうかという、ツウィングリ派の人々との論争もそういうものです。ところで、論理学的必然性が論証されない時はいつでも、命題には自然学的必然性しか仮定できないことは認めなければなりません。けれども、今私がお話しした著作家たちが十分には検討しなかった一つの問題が残っているように私には思えます。次のようなものです。一方に聖書のテキストの文字通りの意味があり、他方に論理学的不可能性あるいは少なくとも承認された自然学的不可能性というかなりの尤もらしさがあるとした時、文字通りの意味を棄てる方が合理的なのか、それとも哲学的原理を棄てる方が合理的なのか、という問題です。確かに、字義を離れるのがそう困難でない個所があります。聖書が神に手を与えたり、怒り、忍耐、その他の人間的感情を神に帰したりする時のように。そうでないと、擬人観を持つ人たちや英国の或る狂信家たちの側に同意しなければならないでしょう。彼らは、ヘロデはイエス・キリストが彼を狐という名で呼んだ時、実際に狐に変身したのだと信じていました。解釈の諸規則が施行されるのはここです。もしそれら規則が哲学的準則を支持するために字義に反する何ものももたらさず、その上、字義が神に何らかの不完全性を帰属させたり敬虔な行いの実践に何らかの危険をもたらすものを何も持たない場合、それに従う方がより確実だしより合理的でさえあります。先に言いましたあの二人の著作家たち[16]はまたケッカーマン[17]の企てについても論争しています。ケッカーマンは、ライムンドゥス・ルルス[18]もかつてやろうとしたように、理性によって三位一体を論証しようとしていました。しかし、ムサエウスは、もしその改革派の著者の論証がしっかりしていて正しいものなら何も言うことはないだろうと公正にも認めていますし[19]、彼[20]がこの問題に関しては聖霊の光が哲学によって灯され得ると主張するのも尤もだと認めています。彼らはまたあの有名な問題、即ち、旧約聖書や新約聖書の啓示について知らずに自然な信仰心を抱いて死んだ人々はその故を以て救われ得たか、自分たちの罪の許しを得られたかという問題についても議論しました。アレクサンドリアのクレメンス[21]、殉教者ユスティヌス[22]、そして聖クリュソストモス[23]はどうやらその肯定の方に傾いていたことは知られていますし、ローマ教会の多くの優秀な博士たちは強情でないプロテスタントの人々を断罪などせず、異教徒を救うことを望みさえし、私が先程言った〔ような死に方をした〕人々も〔罪の〕痛悔、言い換えれば博愛に基づいた悔悛という行為によって救われることはあり得た、と主張しようとしたことを私はペリソン氏[24]に以前知らせたことさえあります。博愛のお蔭で人は何にも増して神を愛するのです。なぜなら神の諸完全性が神をこの上無く愛すべきものとするのですから。そしてそれが次に、私たちをして、心底、神の意志に合致しようとさせ、神とより良く結び付くために神の完全性を模倣しようとさせるのです[25]。そういう気持ちでいる人々に神が恩寵を拒むのは正しいことには思えませんからね。エラスムスやルドヴィコ・ヴィヴェス[26]は言うに及ばず、私はディエゴ・パイヴァ・デ・アンドラーダ[27]の見解を引き合いに出しました。彼は当時とても有名なポルトガルの博士であり、トリエントの公会議に出席した神学者の一人でした。その彼が、それを認めない人々は神を最高度に残酷なものとすることになるとさえ言っているのです（トイウノモ、更ニヒドイ残酷サハアリ得ナイ、ト彼ハ言ッタ neque enim, inquit, immanitas deterior ulla esse potest）[28]。ペリソン神父はこの書物をパリで見付けるのに苦労したようです。そのことは、当時高く評価されていた著作家も次の時代にはしばしば無視されてしまうことを示しています。そういう訳で、多くの人がアンドラーダを引用するのは彼の敵対者であるケムニッツ(29)〔の証言〕を信じた上でしかない、などとベイル氏が考えることにもなったのです(30)。そういうこともあり得ます。でも私は、引用する前に読みました。ケムニッツとの論争は彼をドイツで有名にしました。というのも、彼はイエズス会士たちに代わってこの著作家に反対の論陣を張り、彼の書物の中にはこの有名な修道会の起源に関わる事の次第が見出されるからです。何人かのプロテスタントの人々は、私の今言った題材についてのアンドラーダの見解を採る人々をアンドラーダ派と呼んでいる、と述べておきました。同じ原理に基づいてアリストテレスの救いについて書物を著し出版許可を得た人々がいます。異教徒の救いについてのラテン語で書かれたコッリオ(31)の書物やフランス語で書かれたラ・モット・ル・ヴェイエ氏の書物(32)もまたよく知られています。でもフランチェスコ・プッチ(33)とやらいう人は言い過ぎです。聖アウグスティヌスは、非常に有能で洞察力のある人でしたが、もう一方の極に立って、洗礼を受けずに死んだ子供たちは地獄落ちであるとしました(34)。スコラの人々がこの見解を放棄したのは正しかったと思われます。尤も他の点では有能な人々、とても立派ではあるがこの点に関して少々人間嫌いな人々が、この神父のこの教説を復興しようとし、恐らくそれをやり過ぎました(35)。こういう意向が、あまりに〔布教に〕熱心になり過ぎた何人かの博士たちと中国のイエズス会宣教師たちとの間の論争(36)に幾らか影響を与えました。彼らは、古代中国の人々は本当の宗教を持ち本当の聖人たちがいたこと、孔子の教えは偶像崇拝的でも無神論的でもないことを示唆しました。きちっと理解もせずに大国の一つを断罪する訳にはいかぬとしたローマの方に分があったと思います。神が人間よりも人間好きで良かったと思います。厳格な意見によって自分たちの熱意を示そうとして、自分たちの見解を採らなくては原罪を信じることができないのだと考える人々を私は知っています。でも正にその点で彼らは間違っているのです。そして通常の救済手段を欠いている異教徒たちや他の人人を救おうとするなら、それを自然の力だけに帰すべきであるなどということにはなりません（尤も恐らく何人かの教父はそう考えていたでしょうが）。神はそういう人々に痛悔という行為を促す恩寵を与えることでまた、明示的にであれ暗にであれとにかく超自然的な仕方で、最期にでしかなくとも死の前に、信仰のすべての光と救いに必要な愛への熱情とを与える、と主張することはできるのですから。ツウィングリの見解をウェデリウスに従って[37]新教徒たちはそんな風に説明しています。ツウィングリは異教徒の有徳な人々の救いというこの点についてはローマ教会の博士たちがそうであり得たのと同じ位明解でした。またこの教説はだからと言ってペラギウス主義者[38]たちや半ペラギウス主義者たちの独特の教説とは何の共通点もありません。ツウィングリがそういう教説とは遠く隔たっているのは周知のことです。そして、ペラギウス派に反対して、すべて信仰を持つ人々には超自然的恩寵があると教えられていますし（その点に関してはパイオン氏[39]の弟子たちを恐らく除いて、受け容れられている三つの宗派は一致しています）、洗礼を受ける子供たちに信仰あるいは少なくともそれに近い動きが認められているのですから、そのことも同様に認めたとしてもおかしくはありません。少なくともキリスト教内部で教育されるという幸福を手にできなかったが良い意志を持った人々にはね。でも、最も賢明なやり方は、これほど少ししか知られていない点については何も決着を着けず、神は慈愛と正義に満ちていないことは何もなし得ない、と一般的に判断することで満足することです。不確実ナコトニツイテ言イ争ウヨリ、隠レテイルコトニツイテハ疑ッテオク方ガ良イ（アウグスティヌス『創世紀逐語講解』第8巻第5章）。

19　狂信について

［1］　**フィラレート**　すべての神学者たち、そしてアウグスティヌス自身が常にその件で表明されている準則を実践していてくれたら良いのですが。しかし人々は独断的精神が真理への熱情の徴だと信じています。それは全く反対な

のですが。人が実際に真理を愛するのは、それが何であるかを知らせる論拠を検討するのを好むに従ってでしかありません。そして判断を急ぐ時には、大抵、より真摯でない動機に駆られているものなのです。［2］支配したいという意向はよくある動機の一つですし、自分自身の夢想に対する自己満足もその一つです。それが狂信を生じさせるのです。［3］狂信というのは、理性に基づかずに直接的な啓示があると思い込む人々の誤りに与えられる名です。［4］そして理性は神を作者とする自然的啓示と言い得るのであり、神は自然の作者でもあるのですから、啓示は超自然的な理性、言い換えれば(1)神から直接に流出した知らせという新たな蓄えによって拡大された理性であるとも言い得ます。しかしこうした知らせはそれを識別する手段を私たちが持っていることを前提としています。そしてこの手段こそ理性そのものなのです。ですから啓示に場所を空けるために理性を放逐しようとすることは、望遠鏡を通して木星の衛星をもっと良く見るために(2)眼をえぐり出すようなものでしょう。［5］狂信の起源は、直接の啓示が、長くて骨の折れしかも必ずしも好ましい成功を収める訳ではない推論よりも容易で短いということにあります。いつの時代でも、憂鬱と献身とが混じり合い、それが自惚れと結び付いて、自分たちは他の人々よりもずっと神と親しい関係を持っていると信じた人々がいるものです。彼らは神がそういう関係を約束したと考えており、他の人々より選ばれた者たちだと信じているのです。［6］彼らの空想は天啓となり、神的権威となります。彼らの構想は天の間違いの無い指図であり、服従しなければならない〔と言う〕のです。［7］こうした見解は大きな効果をもたらし、大きな悪を引き起しました。というのも人間は、自分自身に従う時、そして神的権威という見解が私たちの傾向によって支持されている時には、いっそう烈しく行動するものだからです。［8］その人間をそこから抜け出させるのは困難です。なぜなら、論証の無いこのいわゆる確実性は、虚栄心と、異常なものに対する愛を満足させるからです。狂信者は自分たちの見解を、見ることや感覚することにたとえます。彼らは、私たちが真昼の太陽の光を見るように神的光を見るのであり、それを彼らにもたらす理性の微光を必要としないのです。［9］彼らは自分たちが確信しているから確信しているのであり、彼らの信念は強いからこそ正しい〔ということになります〕。というのも彼らの比喩的な言葉はそういうことに還元されるのですから。[10] しかし、命題の知覚と啓示の知覚という二つの知覚があるのですから、どこに明晰性が存しているのか彼らに問うことができます。もしそれは命題(3)を見ることにあるとしたら、啓示が何になるでしょう。それ故それは啓示の感覚にあるのでなければなりません。しかし啓示するのは神であることをどうやって知り得るでしょう。そして啓示は次のような循環の周りをうろつく鬼火でしかないでしょう。即ち、私が固く信じるから啓示であり、啓示だからそれを信じる〔、という循環です〕。[11] 想像を案内とすることより速やかに〔私たちを〕誤謬へと駆り立てるものが何かあるでしょうか。[12] 聖パウロはキリスト教徒たちを迫害していた時には大いなる情熱を以てそれをしていたのですが、とにかく彼は誤っていました。悪魔だって殉ずる者を持っていたことは周知のことです(4)。ですから、十分に確信することで足りるとしたら、サタンの作りなす幻と聖霊の啓示とを区別できないでしょう。[14] それ故、啓示の真理性を知らせるのは理性なのです。[15] そしてもし私たちの信念がそれを証するとしたら、それは先程お話しした循環となりましょう。神からの啓示を受けた聖なる人々は外なる徴を持っており、それが彼らに内的光の真理性を確信させたのです。モーゼは藪が燃えつきずに燃えるのを見、藪の中からの声を聞き、神はモーゼの使命をもっと確信させるためにモーゼの兄弟を救いにエジプトへモーゼを送るに際し、杖を蛇に変えるという奇蹟を用いたのです(5)。ギデオンはミデアン人たちの手からイスラエルの民を救い出すために天使によって送られました。しかしながら、彼はこの使命が神から与えられたものであると確信するために徴を要求したのです。[16] そうは言っても、私は、神は聖霊の直接の影響と援助によって人々に或る重要(6)な諸真理を理解させたり、あるいは善き行動へと赴かせたりするために、人々の精神に時おり啓示を与えることがあり、しかもそれがこの〔聖霊を介した〕影響に伴う何らかの異常な徴無しであることもあるのを否定したりしません。けれどもまた、そういう場合にも、私たちは理性と聖書という、これら啓示を判定するための間違いの無い二つの規則を持っています。というのも、もしそれら啓示がこれらの規則と合致すれば、私たちはそれらが神から啓示されたものと考えても少なくとも(7)いかなる危険も負わないでしょう。恐らくそれは直接的啓示ではないにしてもね。

テオフィル　狂信《アントウジアスム》というのは初めは良い名称でした。詭弁《ソフィスム》が本来は知恵を働かせることを指しているのと同様に、狂信は神が私たちの内におられることを意味しています。神ガ我々ノ内ニオラレル。(8) そしてソクラテスは、或る神ないしダイモーンが内的な警告を与えてくれると主張していました。(9) 従って狂信は神的な本能ということになるでしょう。しかし、人々が情念や空想や夢やそして怒りまで何か神的なものと認めるに至って、狂信は何らかの神的なものの力に帰せられ精神の変調を意味し始めたのです。そうした状態にさせられた者たちの内には何らかの神的なものがいると見做されたのです。というのも、予言者や巫女は、彼らの神が彼らを捕える時には精神の離脱を起しているようですからね。ちょうどウェルギリウスの言うキュメのシビュレのようにね。(10) 以来、狂信というものは、自分たちの行動が神に由来するということを根拠も無しに信じている人々について言われるのです。同じ詩人〔ウェルギリウス〕の内で、ニススは、友人と共にそこで死ぬことになる危険な企てへと何か分らぬ衝動に駆り立てられるのを感じて、尤もな疑いを抱きながら次のような言葉で彼にその企てを提案するのです。即ち、

エウリュアルス、我々ノ心ニコノ企テヲ注ギ入レルノハ
神々ナノダロウカ、ソレトモ各人ノ恐ロシイ情念が
神トナルノダロウカ(11)

とにかく彼はこの本能に従ったのですが、それが神に由来するのかそれとも名を顕したいという悪しき希望に由来するのか分らなかったのです。しかし彼がもし成功していたら他日それを権威付け、何かある神的な力に駆られたと信じるのに事欠かないでしょう。今日でも狂信者たちは自分たちを照らす教義を神から受け取る、とまだ信じています。クェーカー教徒たちはそう思い込んでいますし、彼らの思想を最初に方法的に書いた人であるバークリは、(12) 自分たちが、それ自身で知られる或る光を自分たちの内に見出していると主張しています。(13) でも、何も見えるようにしないものをなぜ光と呼ぶのでしょう。火花やもっと輝く何ものかさえ見るという精神のあの態勢を持った人々がいるのは知

っています。けれども、彼らの精神が熱し過ぎた時に起るその物体的光というイメージは、精神に何の光ももたらしません。何人かの頭の悪い人々は、想像が高じて、自分たちの以前持っていなかった諸概念を形成したりします。彼らは、自分たちの思うところでは、立派な事柄あるいは少なくともとても生き生きとした事柄を言うことができるのです。彼らは自分自身に感心してしまい、この豊饒さで他の人々を感心させてしまい、霊感として通用させてしまうのです。その相当な部分が、情念の駆り立てる強い想像力と、予言的な書物の語り口を留めた良い記憶力に由来します。そうした予言的な書物を読んだり、他の人々が話すのを聞いて彼らには親しいものとなっているのです。アントワネット・ド・ブリニョン(14)は自分の神的使命の証拠のように話し、そして書くことが容易にできました。それに、自分の使命〔の証〕を、殆ど一日中疲れることも声がかれることもなく語りそして祈る才能に基づかせていた妄想家を私は知っています。苦行を実践した後や悲しい状態の後に心の平安と慰めを味わい、それが心を奪い、それがあまりに甘美なので聖霊のもたらした効果だと思う人々もいます。確かに、神の偉大さと慈愛の考察や、神の意志の実現、そして徳の実践の内に見出される満足は神の一つの恩寵であり、最も大なるものの一つです。けれども、それは、これらの人々の多くが主張するように新たな超自然的助力を必要とする恩寵では必ずしもないのです。さほど前でもないのですが、他のいかなる点でもとても賢明な娘で、若い頃からイエス・キリストの妻であると信じていた人がいました(15)。彼女の母は、聞くところによると、少々狂信的なところがありましたが、娘は早くからそうなり始め、ずっと程度が甚だしくなりました。彼女の満足と歓びは言い知れぬものであり、彼女の知恵はその行動の内に現れ、その精神は語り口に現れていました。しかしながら、事態はあまりに高じて彼女が、私たちの主にあてた手紙を受け取り、それらを、時には適切でありしかもいつも理に適っているように思われる返事と共に受け取ったかのように封印をして送り返すまでになりました。けれどもあまり騒ぎが大きくなるのを恐れて結局彼女はそれを受け取るのを止めました。スペインでだったら彼女はもう一人の聖テレサになっていたでしょう。でも、そういった空想を持つすべての人が同じ行動をとる訳ではありません。一派を立てて騒ぎを起そうとさえする人々もいます。英国がその奇妙な試みをしたのです(16)。こうした人々が誠意からそう振舞っている場合、彼らを戻すのは困難です。時には、彼らのすべての企てが破綻してしまうことが彼らを正しますが、しばしばそれは遅すぎます。つい先頃死んだ一人の空想家がいたのですが、彼は自分が不死だと信じていました。なぜなら彼はとても高齢なのに健康であり、つい先頃出版された一人の英国人の書物(17)（イエス・キリストは本当の信仰者を身体的な死から免れさせるためにもやって来たのだと思わせようとしているものですが）を読んでもいないのにずっと前から殆ど同じ見解を持っていたからです。しかし彼は自分が死ぬように感じた時、いかなる宗教にも疑いを抱くまでになりました。なぜならいかなる宗教も彼の空想に合わなかったからです。シレジアの人クウィリーヌス・クルマン(18)は学識があり才能もある人でしたが、以前から二種の等しく危険な空想に取り付かれていました。一つは狂信者たちの、もう一つは錬金術師たちの空想です。彼は英国で、オランダで、そしてコンスタンチノープルでまで評判となり、ついにはソフィヤの治世のロシアにまで行って反体制の或る陰謀に加担する決意までしたため、火刑に処せられたのであり、自分の説いたことを確信していたために死んだ訳ではありませんでした。これら人々の間の不和もまた彼らのいわゆる内的証言が神的なものではないと納得させる筈です。当の証言を正当化するには別の徴が必要なのです。例えば、ラバディスト(19)はアントワネット嬢と一致していませんし、ウィリアム・ペン(20)はドイツの旅行（その報告は出版されました）の際に、この証言に基づく人々との間に一種の和合を打ち立てようとしたようなのですが、成功はしなかったようです。実際、善き人々が和合し協力して行動することが望ましいのです。それにも増して人類をもっと善い状態に、より幸福にし得るものは何も無いのです。しかし、彼ら自身本当に善き人々言い換えれば親切な人々、そしてその上素直で合理的な人々に数えられなくてはなりません。これに反して今日信仰厚いと言われる人々は厳格で威張っており頑固であると責められすぎています。彼らの不和は少なくとも彼らの内的証言が信じられるためには外的検証を必要としていることを示しています。予言者や霊感を受けた人として考えられる権利を持つためには彼らは奇蹟を起してみなければならないでしょう。そうは言ってもこれら霊感がその証拠を伴っている場合もあるでしょう。それは、霊感が何か普通でない認識の重大な発見によって精神を本当に照らす場合でしょう。その認識がいかなる外的助力も無しにはそれを獲得する人物の力を超えているようなね。ルサティアの有名な靴屋ヤコプ・ベーメ(21)、彼の著作はドイツ語から他の諸語にチュートンの哲学者という名の下に翻訳され、こうした人にしては実際何か偉大で美しい所を持っているのですが、彼が、もし何人かの人人が確信しているように、あるいは彼の栄誉を称えている

彼ハ尽キヌ宝ヲ持チ
小枝カラ金ヲ作リ
石カラ宝石ヲ作ッタ

という歌の語る所を信じるなら福音史家聖ヨハネがやったように金を作る術を知っていたら(22)、この普通でない靴屋に信を置く余地はもっとあったでしょう。そしてもしアントワネット・ブリニョン嬢がハンブルクのフランス人技士ペルトラン・ラコスト(23)に、彼の著書『円の求積について』を彼女に捧げる際に言っているように（そこで彼はアントワネットとベルトランを暗示するのに数学において自分自身をBと言っているように、神学において彼女をAと呼んでいるのです）、彼が彼女から受け取ったと信じた学問における光をもたらしたのだとしたら、何と言ったら良いのか分らないでしょう。しかしこうした性質を持った著しい成功の例は全然見られませんし、とても細部にわたった予言がこうした人々において成功したことなどもありません。善良なコメニウスが『闇ノ内ノ光』という彼の著作(24)の中で書き、皇帝の相続地における騒ぎに与って力のあったポニアトヴィア(25)やドラビティウス(26)や他の人々の予言は誤りと分り、それを信じた人々は損をしてしまいました。トランシルバニアのラゴスキー(27)はドラビティウスによって対ポーランドの作戦に駆られ、そこで兵を失い、結局それが彼の国を生命もろとも失わせることになったのです。そしてあわれなドラビティウスは、大分後に、八〇歳で、皇帝の命によって結局首をはねられました。しかしながら、ハンガリーの現在の混乱した局面を見て、そういう不適切な予言を今復活させようとしている人々がいるのは疑いの無いこと

です。これらいわゆる予言者たちは自分たちの時代の出来事について語っていたのだというのを全然考慮もせずにね。そういう復活を目論むことでその人々は、ブリュッセルの砲撃の後に次のようなビラを撒いた人と殆ど同じことをすることになります。そのビラには、この〔ブリュッセルという〕街へ行きたがらなかったアントワネット嬢の書物からの一節が引用されていました。彼女が行きたがらなかったのは（私が間違って覚えているのでなければ）、この街が燃えているのを見る夢を彼女が見たからです。しかしこの砲撃は彼女が死んでから大分たってから起ったことです。ナイメーヘンの和約で終結した戦争[28]の最中、フランスに行き、コメニウスによって出版された予言に基づいてモントジエ氏[29]やポンポンヌ氏[30]にうるさく進言した人物を私は知っています。（思うに）彼自身、霊感を受けたと信じることになるのでしょう。私たちの時代に似た時代にもしそういう提案を思い付いたとしたらね。以上のことは、こうした妄想が殆ど基礎を持たないだけでなく危険でもあることを示しています。歴史は誤った予言、ないし考え違いの予言の悪しき結果に満ちています。それについてはライプツィヒの有名な教授故ヤコプ・トマジウス氏がかつて公にした『偶然的未来ニ関シテノ善キ人ノ義務ニツイテ』という、学問的で正鵠を射た論文に書かれています。[31]しかしながら確かにこうした確信も時には良い結果を生み偉大な事柄に役立ちもします。というのも、神は真理を打ち立てたりあるいは維持したりするために誤謬を利用し得るからです。しかし良い目的のために悪意の無い欺瞞を用いることが私たちにそう簡単に許されているとは私は思いません。そして、宗教の教義に関しては私たちは新たな啓示を必要としていないのです。私たちが従っていくべき救済のための規則が呈示されるだけで十分であり、それを呈示してくれる人がどんな奇蹟も為さなくとも良いのです。イエス・キリストは奇蹟を為すことはできましたが、徳とか、自然的理性や予言者たちによって既に教えられていることしか説かなかった時には、あの邪な人々が徴を求めてもそれを満足させるために奇蹟を為すことを、時としてとにかく拒否したのです。

20

誤謬について(1)

[1]　フィラレート　真理を私たちに認識させたり推測させたりするすべての手段については十分お話ししましたから、誤謬と悪しき判断についても述べておきましょう。人々はしばしば誤るに違いありません。相互にこれほど不和を生じているのですから。その理由は次の四つに還元されます。(1)証拠の欠如。(2)証拠を利用する才能が殆ど無いこと。(3)証拠を利用する意志の欠如。(4)確からしさの誤った規則。[2]証拠の欠如と私が言う時、私は手段や便宜があれば見出され得るような証拠をも含めています。けれども大抵の場合そういうものが欠如しているのです。生命を維持する糧を探すことに一生を過ごしている人々の状態はそういうものなのです。彼らは世間で起っていることについて殆ど知らず、それはいつでも同じ道を行く荷馬がその地方の地図についてよく分るようになり得るのと同じ位〔の知りかたでしかないの〕です。彼らには語学・読書・交際・自然の観察・巧みな実験が必要なのです。(2)

[3]ところで、そうしたすべてのことが彼らの状態に全然合致していないとしたら、人々の大半は盲目的な偶然によってしか幸福や悲惨へと導かれないと言うべきなのでしょうか。永遠の幸福あるいは不幸に関してさえ、彼らは国の世論や公認の指導者に身を委ねなければならないのでしょうか。あるいは、他の国でなくむしろ或る国に生まれたために永遠に不幸になったりするのでしょうか。そうは言っても、自分の生命の維持に必要なものを調達する心遣いに掛かりきりで、魂について考えたり、宗教に関することを学ぶための時間が全然無いほどの人はいないことは認めなければなりません。さほど重要でない事柄に専念するのと同じ位、もし専念していたらね。

テオフィル 人々は必ずしも自ら学ぼうという状態にはないとし、難しい真理を探求するために自分たちの家族の生命の維持への気遣いを放棄することなどできない位には賢明だとしましょう。それでもやはり、証拠を持たずに真の宗教を奉じている人々において、内的な恩寵が、信じることの理由の欠陥を補うだろうと判断しなければならないでしょう。それにまた、既にお話ししましたように、愛は私たちに次のように判断させます。即ち、神は最も危険な誤謬の暗い闇から救い上げた善き意志の持ち主たちに味方し、神の慈愛と正義とが要求するすべてのことを為すのです。尤も、恐らく私たちには知られぬ仕方でですが。ローマ教会では、救いの助力を欠いていない〔ことを示す〕ために特別に蘇らされた人々の有名な話があります。でも、神は、そんなに大きな奇蹟を必要とせずにも聖霊の内的作用によって魂を救うことができます。そして人類にとって好ましくまた喜ばしいのは、神の恩寵という状態に入るためには善き意志しか必要でないことです。その意志は真心のこもり、誠実なものでなければなりませんが。自然的あるいは超自然的ないかなる善も神に由来する限り、この善き意志さえも神の恩寵無しには人は持たないことを私は認めます。けれどもとにかく意志だけは持たなければならないということで十分であり、神がもっと容易でもっと合理的な条件を要求し得ることは不可能だということで十分なのです。

〔4〕 **フィラレート** 自分たちの疑問を解明するのに相応しいすべての便宜を手にするのはかなり容易なのに、入念に工夫された妨害によってそれからそらされている人々がいます。それを見るのはとても簡単ですが、ここで述べる必要は無いでしょう。〔5〕私はむしろ、言わば自分の手にしている証拠を利用するだけの才能を欠いている人たち、結論付けの長い系列を記憶に留めることができず、すべての事情を考量することもできないような人たちについてお話ししたい。一つの三段論法だけ〔しか扱えないほど〕の人々がいますし、二つだけの人々もいます。この不完全性が魂そのものかあるいは器官かの自然的差異に由来するものかどうか、それとも自然的な諸能力を磨く訓練が欠如していることによるのかを、ここで決定するつもりはありません。ここでは、そうした不完全性は明らかであり、それを見るには宮殿や取引所から養老院や精神病院に行ってみさえすれば十分です。(3)

テオフィル　窮境にあるのは貧しい人々だけではありません。彼らよりも或る金持ちたちの方が欠けた所が多かったりします。なぜなら、これら金持ちたちはあまりに求めすぎて、一種の貧窮に自ら進んで陥っており、それが彼らをして重要な考察に取り掛かることを妨げているからです。例がここでは重要です。人々は自分の仲間に従うことに気を配りますし、つむじ曲がりと言われたくなかったらそうせざるを得ないのです。そしてそれが人々を容易に似通ったものにしてしまいます。理性と慣習とを同時に満足させるのはとても難しいものです。能力を欠いている人々に関して言うと、恐らく思ったより少ないでしょう。迅速さを要求しないすべてのものには、良識に熱心さが伴えば十分であり得ると私は思います。私は良識を前提とします。なぜなら精神病院にいる人々に真理の探求をあなたが強要したいだろうとは私は思わないからです。確かに、もし私たちが手立てを知っていたら、正気を取り戻し得るだろう人も少なくありません。私たちの魂にどれほどの根源的な差異があるにしろ（実際あるとは思いますが）、それでもやはり、然るべく導かれれば、或る魂も他の魂と同じ位先まで行き得るのです（恐らくそれほど速くはないでしょうが）。

〔6〕　フィラレート　別の種類の人々がいて、彼らは意志を欠いているだけなのです。快楽を熱心に追い掛けたり、自分たちの財産に関することに常にかまけていたり、一般に怠惰であったりあるいは怠慢であったり、勉学や省察を特に嫌悪していたりして、真面目に真理について考えるのが妨げられているのです。いかなる不公正をも免れた探究は自分たちの先入見や意図に最も一致する見解にとって有利でない、と恐れている人々さえいます。周知のように、悪い知らせをもたらすと思われる手紙を読もうとしない人々がいますし、多くの人々が自分の収支勘定をしたりあるいは資産状態について照会するのを避けます。ずっと知らないでいたいことについて知ることを恐れてです。多大な収入がありながら、知性を完全にする手段のことなど考えもせず、すべてを身体の備えに用いる人々もいます。彼らは清潔できらびやかな身なりでいることに常にとても気を使っていますが、自分たちの魂が先入見と誤謬というひどいボロに覆われており、裸体言い換えれば無知がその間から見えていても何とも思わないのです。来るべき状態（つ

まり来世〕について持つべき関心については言うまでもないことですが、彼らはこの世で送る生活において知っておくべきことについてもおろそかにします。権力とか権威を、生まれや財産の付属物と考えている人々が、しばしば自分たちより劣った条件にはあっても認識においては凌いでいる人々にそれを委ねてしまうのは不思議なことです。というのも盲目の者は眼の見える者によって導かれなければならず、さもないと穴に落ちてしまいます。知性の隷属状態より悪い隷属状態はありません。

テオフィル　真の利害について人々がいかに無関心であるか示すのに、私たちの最大の善の一つである健康に良い事柄を人々が殆ど知ろうとも実践しようともしないことより明らかな証拠はありません。老人たちは他の人々と同じかそれ以上にこの無関心の悪い効果を感じ取っているのですが、その無関心から立ち戻りません。信仰に関しては、多くの人々は自分たちを議論に引き込んでしまうかもしれないような思考を、悪魔の誘惑と見做しています。そしてそれに打ち勝つには精神を全く別のものへ向けるよりも良い仕方はあり得ないと考えています。快楽しか愛さないとか、あるいは何らかの仕事に没頭している人々は他のことをおろそかにするものです。賭け事をする人、狩りをする人、酒飲み、放蕩者、そして恋にうつつを抜かしている人は、自分の富・財産を失うでしょう。訴訟を有利に運ぼうとしたり、それなりの地位にある人々に話したりすることを怠ってね。ローマの陥落の知らせを聞いた時、この〔ローマという〕名をした自分の鶏の〔死んだ〕ことだと思った皇帝ホノリウスという人さえいます。(4) そしてそれ〔鶏の死〕の方が真実〔ローマの陥落〕より彼を悲しませた〔というのです〕。権力を持っている人々はそれに応じた認識を持つことが望ましい。けれども、諸科学・芸術・歴史そして諸言語の詳細を知らない時は、偉大でかつ一般的な事柄、一言で言えば主要な事柄について、確固としていて経験に裏打ちされた判断と認識が持てれば十分でしょう。そして皇帝アウグストゥスが統治要覧と呼んでいた、(5) 国の力と必要物についての概要を持っていたのと同様に、人々は自分たちに最も重要であるものに気を配ろうとするなら、知恵便覧とでも呼ばれて良いような、人間の利害の概要を持ち得るでしょう。

[7] **フィラレート**　最後に、私たちの誤謬の大部分は確からしさについて採られる誤った尺度に由来する〔ことを言っておきたい〕。或る時は明々白々な理由があるにも拘わらず同意を中止することによって、そして或る時は確からしさは反対の方にあるのに同意を与えることによってね。そうした誤った尺度は（1）原理として採用された疑わしい命題、（2）世間一般に受け容れられている仮説、（3）優勢な情念ないし傾向、（4）権威、といったものです。[8] 私たちは普通、動かし難い原理と見做すものとの合致によって真理を判定します。そしてそのことは、当の原理に反対であったり反対であるように見える場合には、他の人々の証言や私たちの感官の証言をさえ軽んずるよう私たちを促すのです。しかしそれほどの確信を持ってそれに信頼する前に、究極的な厳密さを以てそれらを検討しなければならないでしょう。[9] 子供たちは、両親や乳母や教師やその他周囲にいる人々によって教え込まれる諸命題を受け容れます。そしてこれら命題は根付いて、神が御自身で魂の内に置かれたウリムとトンミム(6)のように聖なるものとして通用するのです。[10] こうした内的託宣に反するものは許容し難いのですが、当の託宣に最大の不合理があろうとものともしないのです。それは、いろいろな人々が全く対立する見解を信条として強く信じ込む場合に見出されるひどい頑固さに現れています。そうした諸見解はしばしば等しく不合理なのですが。良識を持ってはいるが、ヴィッテンベルクやスウェーデンで教えられているような「自分たちの集まりで信じられていることを信じるべきである」というあの準則を確信している人を考えてみて下さい。聖体共存(7)の教説を何の苦も無く受け容れ、肉とパンが同時に同じ物であると信じる態勢にありはしないでしょうか。

テオフィル　聖体の秘蹟において私たちの主の身体が現存していることを認める福音主義者たち(8)の見解を、あなたは十分にはご存知ないようですね。彼らは、パンとぶどう酒がイエス・キリストの肉と血とに共存していると言いたいのではなく、まして同じ物が一緒に肉とパンとであると言いたいのではない、と幾度と無く説明しました。彼らが教えているのはただ、眼に見える象徴を受け容れることで救世主の身体を眼に見えない超自然的な仕方で受け容れるということであり、その身体がパンの中に閉じ込められているのではありません。ですから、彼らの理解している現前というものは、場所的あるいは言うなら空間的なもの言い換えれば現前している物体の次元によって決定されるものではないのです。従って感官がそれに反対し得るようなすべてのことはそれには関わらないのです。それに理性から引き出され得るような不都合もまたそれに関わらないことを示すために、彼らは、物体の実体というもので理解しているものは延長とか大きさといったものにはないと明言しています。彼らはイエス・キリストの栄光に輝く身体が、通常のそして場所的ではあるけれども彼のいる崇高な場所における状態に相応しい或る現前を保っているのを認めるにやぶさかではありません。それはここで問題となっている秘蹟的な現前や、キリストが教会を取り仕切る奇蹟的な現前とは全く違いますが。教会を取り仕切る現前というのはキリストが神のように至る所に居るというのではない、居たい所にいるようにさせるものです。これが最も穏当な人々の見解であり、従って彼らの教説の不合理性を示すためには、物体の本質全体が延長とただ延長によって測られるものとに存することを論証しなければならないでしょう。私の知る限り誰もまだそれをやってはいません。ですから、こうした困難全体が次のような新教徒たちにも同様に関わります。即ち、フランスの教会やベルギーの教会の信仰箇条に従う者たち、アウクスブルクとヘルヴェチアとの二つの信仰箇条の人々から成るサンドミエシュ連合[9]の宣言に従う者たち（その宣言はトリエントの公会議のためのザクセンの信仰箇条と合致するものでした）、ポーランド王ヴラディスラスの権威の下に招集されたトルンの討議[10]に来た新教徒たちの信仰告白に従う者たち、そして、象徴は実際にその表現しているものをもたらし私たちはイエス・キリストの肉体と血との実体そのものに与る筈だとこの上も無くはっきりと強硬に主張するカルヴァン[11]やベーザ[12]の確固とした教説に従う者たちです。そしてカルヴァンは、思惟ないし徴とか信仰の一致とかの比喩的な与りに満足する人々を反駁した後、付け加えて、場所的な限界とかあるいは次元の拡散に関するすべてのことを避けるとしたら、確証する用意の無いその実在性を打ち立てるために十分なほど強い言い方はあり得ないことになろう、と言っています。ですから、実際には彼の教説はメランヒトン[13]の教説やルターの教説（と同じ）でさえあったようです（ルターのそれであることはカルヴァン自身が手紙の一つで推測しているように[14]）。ルターが満足してしまう象徴の知覚という条件以外に、相応しくないものの与りを排除するためには信仰という条件をもカルヴァンは要求するところが違いますが。そしてカルヴァンは自分の著作の多くの個所と、必ずしもそれについて触れる必要の無いような手紙の中においてさえ、この実在的な結合について明確に語っているのをみても、そこに策略の匂いをかごうとする余地は無いと私は思いました。

〔11〕**フィラレート**　通俗的な見解に従ってそうした人々について語ったことはお許し下さい。英国教会のとても有能な神学者たちがこの実在的与りの側についていたのだったことをやっと思い出しました。でも確定した原理から世間一般に受け容れられている仮説の方へ移行しましょう。それが仮説でしかないと認めている人々はそれでもそれを殆ど確実な原理であるかのようにしばしば熱心に主張しようとはするものですし、反対の側の確からしさにあるものを軽んずるものです。〔例えば〕学識ある教授にとっては、自分の仮説を放棄する新参者によって一瞬にして自分の権威が覆されるのを見るのが耐えられないでしょう。ここ三、四〇年流行している彼の権威は何回もの徹夜勉強によって支えられ、一般的な伝統や尊敬すべきあごひげによって固められたものなのです。彼の仮説の虚偽性を彼に納得させるために用いられ得るすべての議論が彼の精神を凌ぐことが殆どできないのは、〔イソップの寓話にある〕北風が旅人のマントを脱がせようとした努力は、この風が強く吹けば吹くほどますますマントをしっかりと離さないようにさせてしまったのと同じようなものです。

テオフィル　実際、コペルニクス派の人々が経験したことですが、彼らの論敵たちは仮説は仮説として認めても、とにかく激しい熱意を以て主張するのでした。そしてデカルト派の人々は自分たちの第二要素[15]である溝のある粒子と小球とを、あたかもユークリッドの定理でもあるかのように頑として主張しました。私たちの仮説に対する熱情は、私たち自身の体面を重んじるための情念の結果でしかないのです。確かに、ガリレイを断罪した人々は地球の静止が仮説以上のものと信じていました。というのもそれが聖書と理性とに合致していると判断したからです。しかし、後に理性は少なくともそれをもはや支持しないことが気付かれました。そして聖書に関しては、ファブリ神父、聖ペテロ〔教会〕の聴罪師で優秀な神学者でも哲学者でもあり有名な光学機械製作者のエウスターキオ・ディヴィニ(16)の観察の擁護すらローマで出版しているあのファブリ神父(17)が、太陽が本当に動くというのは聖書の原句では仮にそうであるとしか理解されていないし、コペルニクスの説が確証されたものとするなら、その原句をウェルギリウスの

地モ街モ遠ザカル(18)

という一節と同様に説明するのに困難は無い、と断言しています。しかしながら、イタリアやスペイン、そして皇帝の世襲地においてさえコペルニクスの学説は弾圧され続けられました。これらの国々にはそれは損失でした。もし合理的で哲学的(19)な自由を享受していたら最も美しい発見をその国々の精神は為し得たでしょうにね。

〔12〕 **フィラレート**　優勢な情念は、あなたのおっしゃるように、実際、仮説に対して人の持つ愛の源泉であるようです。しかし情念は更にもっと遠くまで達します。この世で一番大きな確からしさも、守銭奴や野心家に自分の不正を見せつけるには何の役にも立たないでしょう。「私たちの願望するものは容易に信じ込まれる」というのが本当である限り、恋する人はこの上も無く容易に恋人に騙されることでしょう。ウェルギリウスの言うところに従えば

恋スル人々ハ幻想ヲデッチアゲル(20)

ものなのです。そしてそのことは、最も明らかな確からしさであってもそれが私たちの情念や先入見に反する時には、回避する二つの手段が使われ〔得〕ることを示しています。〔13〕第一のものは、人が私たちを反駁する際の議論の中に何か詭弁的なものが隠れているかもしれないと考えることです。〔14〕第二には、もし私たちが〔思考に十分な〕安楽さを持つか、学識があるか、あるいは必要な助力があるかすれば、論敵を打ち負かすための同じ位立派な、あるいはもっと立派でさえある議論を展開し得ると想定することです。〔15〕確信を堅持し続けるこれら手段は時には良いと思いますが、事柄が十分に明らかとなっていて、すべてが整然と考慮されている時には、詭弁でもあります。とい

うのも、そういうことをした後では全体としてどちら側に確からしさが見出されるか認識する手段があるからです。そういう訳で、動物は原子の偶然的な集まりによってよりもむしろ知性的作用者の為した運動によって形成されたことを疑う余地は全然ありません。それはちょうど、知的言説を形成している印刷文字が、注意深い人によって集められたのか乱雑な混ぜ合わせによってか、などということについてほんの少しでも疑いを持つ人はいないのと同じです。それ故、こういう場合には同意を控えるのは私たち次第であるという訳にはいかないと思います。しかし、明証性がもっと少ない場合には私たちは同意を控えることができますし、私たちの傾向に最も合致するもっと弱い論拠にさえ満足し得るのです。[16] 実を言えば、確からしさのより少ない側へ人が傾くことはできないと思います。知覚・認識・同意は任意のものではありません。私の精神が向けられれば二つの観念の合致を見たりあるいは見なかったりするのが私次第ではないようにね。そうは言っても、私たちは探究の進展を容易に留めることはできます。そうでなかったら、無知とか誤謬はどうあっても罪ではあり得ないでしょう。私たちが自由を行使するのはそこにおいてなのです。確かに、いかなる利害も絡んでいないような場合には、人は共通の意見あるいは最初に来る説を抱くものですが、私たちの幸福あるいは不幸が関わっている点においては、精神は確からしさを測るのにもっと躍起になります。そういう場合、言い換えれば私たちが注意をしている時は、(21) もし二つの選択肢の間に全く明らかな差異があるなら、私たちは好きな方を採る訳にはいかないし、私たちの同意を決定するのは最大の確からしさであろうと思います。

テオフィル 根本的には同意見です。そのことについては先に自由についてお話しした時に十分に説明しておきましたよね。その時、私が指摘したのは、私たちは私たちの望むことをではなく最も目につくことを信じるということ、それにも拘わらず、不快な対象から注意をそらして私たちの気に入る別の対象に専念することで私たちは望むものを間接的に自分に信じさせることができるということです。それは、気に入った方の諸理由を考えれば考えるほど結局それを最も真実らしいものと思うようにしています。私たちが興味を全然抱いておらず軽微な理由に基づいて受け容れてしまう意見に関してはそういうことが起ります。それに対立するものに殆ど注意を払わないので、私たちは自分の気に入るようにさせられた意見が私たちの知覚に全然味方しない対立した見解と同等かそれ以上のものと考えられるのです。双方にそれ相応の理由があるかのようにね。というのも〇と一との間、あるいは二と三との間の差異は九と一〇との間〔の差異〕と同じ大きさなのですが、そうした事柄を正しく判断するにはまだ検討が必要ではあるけれども全然そうする気にはならないのですから。

〔17〕**フィラレート**　私の指摘しようと思っていた確からしさの最後の誤った尺度は誤って考えられた権威[22]です。それは〔これまで述べた〕すべてを合わせたより多くの人々を無知と誤謬とに引き留めておきます。どんなに多くの人人が、友人とか自分の職業と同じ人々とか党派とか国とかにおいて受け容れられている意見以外のものを自分たちの見解の基礎として持たないことでしょう。そうした所説は尊敬する古代の賛同を得てしまっている。それは先立つ幾世紀ものパスポートを持って私のところにやって来るのです。他の人々もその説に従っている[23]。そういう訳でそれを受け容れることで私は誤謬から保護されている〔というのです〕。そういう規則に基づいて自分の意見を選択するのならばコイン投げをして意見を選択しようと同じことです。そしてすべての人間は誤謬にさらされているのみならず、もし学者や党首たちを動かす隠れた動機を見ることができたら、私たちはしばしば真理への純粋な愛とは全く別のものを見出すだろうと私は思います。こうした基礎に基づいて抱かれ得ないほど不合理な意見は無いというのは少なくとも確実です。どんな誤謬だって支持者を持たなかったことはないのですから。

テオフィル　そうは言っても多くの場合、権威に従うことは避けられないのを認めなければなりません。聖アウグスティヌスは『信じることの効用』[24]というとても素晴らしい本を著しました。それはこの題材について読むに値する本です。世間一般に受け容れられている意見について言うと、それは法律家たちのところで推定的認定と呼ばれているものをもたらすものに何か似たものを自分に対して持っています。証拠も無しにずっとそれに従わざるを得ないという訳ではありませんが、反対の証拠も持たないで他人の精神の内のそれを破壊する権限もありません。理由も無く何ものをも変えることは許されていないのです。亡くなったニコル氏が教会についての著作[25]を公刊して以来、一つの見解に賛同する者が多いことから引き出された証明についてはかなり議論されてきました。しかしこの証明から引き出され得ることのすべては、理由を認めるのが問題なのであり事実を表明するのが問題ではない時には、私が今しがた言ってきたことに帰され得るだけです。そして、百頭の馬が一頭の馬よりも速く走る訳ではないのと同様に（尤も多くを引っ張ることはできますが）、百人の人を一人の人と比較する場合も同じことです。より正しく進み得る訳ではないのですが、より有効に働く訳です。より良く判断し得る訳ではないのですが、当の判断が行使され得る場合により多くの素材をもたらし得るでしょう。ヨリ多クノ眼ハタッタ一ツノ眼ヨリ多ク見ルという諺の言っているのはこのことです。集会でそのことは分ります。集会では、一人や二人では恐らく見逃されてしまうだろうような本当に多くの考察が議題に上ります。しかしこうしたすべての考察について結論を出すに際して、これらを整理し慎重に考えることを委託された有能な人々がいないことには、最良の側を採らないという危険をしばしば冒すことになります。そういう訳なので、ローマ派の聡明な何人かの神学者たちは、教会の権威、言い換えれば最も高位にある人々のそして多くの人々によって最も支持された権威が、推論について確実であり得ないと見ると、それを伝統という名の下に事実の表明だけに還元してしまったのです。それがヘンリー・ホールデン[26]の見解でした。彼は英国人で、ソルボンヌの博士、『信仰の分析』という題の本の著者です。その中で彼は、レリナのヴィンセント[27]の忠告（Commonitorium）の原理に従って、教会においては新たな決定は為し得ず、公会議に集まった司教たちにできることのすべては自分たちの司教区で受け容れられている教説の事実を表明することである、と述べているのです。その原理は一般的な事柄に留まっている限りは尤もなことです。けれども、事実が問題となると、異なる国々ではずっと昔から異なる意見が受け容れられてきたことが分ります。それに同じ国の中でも、目立たない変化というものに反対するアルノー氏の議論[28]にも拘わらず、人は極端から極端へと変わるものです。それにしばしば、表明だけで止めないで、判断にまで口を出してしまいます。教会は、聖霊の助力[29]が許されていれば、新たな信仰箇条を作るに際して論争に決着を着け得る、というのはまた実を言うとグレッチャーの見解でもあります。彼はバヴァリアの博識なイエズス会士で、先のとは別の

『信仰の分析』の著者であり、この本は彼の修道会の神学者たちに称讃されているものです。尤も、大抵の場合、特にフランスでは、既に打ち立てられた教説を解明することしか教会はしない〔ことを意味している〕かのようにこの見解を曲解しようとしていますが。しかし、解明というのは、既に受け容れられている意見であるか、あるいは受け容れられている教説から引き出されると信じられている新たな意見です。慣行は大抵の場合第一の意味には反しますし、第二の意味で立てられた新たな意見は新たな箇条であり得るでしょうか。しかしながら、宗教に関して私は古代の人々を軽んずるつもりはありません。救いのためになる教説に反するいかなる誤謬についても今まで真に〔新旧〕全教会的な公会議を神は守ってきたと言っていいとさえ私は思っています。それに、党派的な先入見は奇怪なものです。自分の修道会で受け容れられているというただその理由によって、あるいは自分の好かぬ宗教や国家の人の説に反対であるというだけでさえ、一つの意見を熱心に抱く人々を私は知っています。問題が宗教とか国民の利害とかに殆ど結び付きを持っていないのにです。恐らく彼らは自分たちの熱情の源泉が本当はそこにあることを知らなかったのでしょう。これこれの人がこれこれのことを書いたという第一報に基づいて、彼らは図書館を探り、どうやってそれを反駁しようかということに自分たちの動物精気を疲れはてさせることを私は知っています。それはまた大学で学位論文を支持主張して論敵に対して優位に立とうとする人々によってしばしば実行されることでもあります。しかしプロテスタントにさえある党派の信条集の内に規定されている教説で宣誓した上で信奉せざるを得ないものについてはどう言ったら良いのでしょう。或る人々はそれを、これら書物や信仰告白集が聖書に負うていると公言する義務をしか私たちの場合は意味しないと考えています。それに反対する人もいます。ローマ派の諸修道会においては、自分たちの〔つまりローマの〕教会で立てられた教説で満足せず、教える者たちにもっと狭い限界を規定しています。(もし私が間違っていなければ)イエズス会の総会長クラウディウス・アクワヴィウァ[30]がイエズス会の学院で教えるのを禁じた諸命題がその証拠です。(ついでに言うと)公会議、ローマ法王、司教、修道院長、教授団によって決められたり正しくないと宣告された諸命題を系統立って集めたものを作ると良いでしょう。教会史に役立ちます。一つの見解を、教えるのと抱くのとを区別することができます。人間を同じ意見に留めるのを強いることができるようなどんな誓いも禁止もこの世にはありません。というのも見解というものはそれ自身非意志的なものですからね。しかし危険なものと考えられている教説を教えるのは止め得るし、止めるべきです。良心によってそれに従わざるを得ないのでなければね。そういう場合、教える任にある時には、率直に自分の考えるところを述べ、その持ち場を去らなければなりません。そうは言ってもそれは平穏に離れられるように、甚だしい危険に彼をさらすこと無しにそれができると仮定しての上でです。公の権利と個人の権利とを合致させるには別の手段はありません。一方は悪いと判断したものを妨げるべきだし、他方は良心によって要求されている義務をしないですますことができないのですから。

〔18〕 **フィラレート**　公と個人とのこの対立、そして異なる諸派の公の見解の間の対立さえ、避けられない悪です[31]。けれどもしばしば当の対立は見かけのものでしかなく、語り口にしか無いものです。ですから、人類というものを正当に評価するために、普通思われているほど多くの人々が誤謬に陥っている訳ではなく、あれほど騒ぎまわ〔って主張す〕る教説について実際には何の積極的な意見[32]も彼らが持っていないからであり、問題の事柄についても何も検討せず最も皮相な考えも心の内に持たず、大義など全然検討もしない兵士のように自分の与する側にしがみつく決心をするからです。もし或る人の生活が宗教についての真剣な考慮を欠いたものだとしても、彼には、自分に援助を与えてくれる人々に推奨されるために共通の見解を支持する準備のできている手と言葉とがあれば十分なのです。

テオフィル　あなたが人類を正当に評価するとおっしゃっても、それは讃美にまではなっていません。利害に駆られて人の見解をまねるよりは自分の見解に誠実に従った方がましでしょう。そうは言っても、恐らくあなたがお考えになっておられるよりは多くの誠実さが彼らの行為の内にはあります。というのも、理由についてのいかなる認識も無しに、彼らは、その権威を以前に認めたことのある他の人々の意見に、大体において、そして時には盲目的に、しかし誠実に従うことで、盲信に至ることができるのですから。確かにかれらがそこに見出す利害はこの服従に資するところがありましょう。が、それは終には〔自分の〕見解が形成されるのを妨げません。ローマ教会では殆どこの盲信に近いもので満足しています。絶対に基礎的と判断され、手段ノ必然性ニヨッテ必然的であるような啓示に基づいた信仰箇条も恐らく持たずにです。言い換えれば、それを信じることが救いの絶対に必要な条件であるものを持たずにです。彼らの信仰箇条は皆、言うところの、掟ノ必然性ニヨッテ、即ち教会に服従しそこで呈示されるこゝに払うべき全き注意を払うことを教える必然性によって、必然的なのです。こうしたすべては〔背けば〕死罪に処すと脅かしてなされます。しかしこうした必然性は納得した上での従順さしか要求しておらず、ローマ教会の最も学識ある博士たちによると、賛同を絶対的に強要している訳ではないのです。しかしながらベラルミン枢機卿(33)でさえ、打ち立てられた権威に従う子供の信仰に優るものは何も無いと信じ、或る瀕死の人が、

> 私は教会の信じるすべてのことを信じ
> 教会は私の信じるすべてのことを信じる

という度々彼が聞いたことのあるこの循環によって巧みに悪魔の手から逃れたことを称讃を込めながら語っています。

21
諸学の区分について

〔1〕 **フィラレート**　とうとう終わりにまでこぎつけましたね。知性のすべての作用が解明されました。私たちの意図は私たちの認識の細部そのものに入り込むことではありません。しかしながら、終わりにする前に、ここで諸学の区別を考察しながら概観をしておくのが良いでしょう(1)。およそ人間知性の範囲内に入り得るすべては、第一に、事物

それ自身の本性か、第二に、行為者として自分の目的特に幸福に向かう人間か、第三に、認識を獲得し伝達する手段かです。そこで学問は三種類に区分されるのです。［2］第一の学は自然学即ち自然哲学であり、物体と、数・図形といったそれら物体の変状だけでなく、精神・神ご自身・天使を含んでいます。［3］第二の学は実践哲学即ち道徳学であり、善い有用な事物を手に入れる手段を教え、真理の認識だけでなく正しいことの実践をも提案します。［4］最後の第三の学は論理学即ち記号についての認識です。というのもロゴスは言葉を意味しているからです。私たちは自分自身で使うのに記録するためと同様、互いに私たちの考えを伝達し合えるように私たちの観念の記号を必要としています。そして恐らくこの最後の種類の学は観念と言葉とが〔考察の〕中心であることを、はっきりとそして可能な限りの細心さを以て考察するなら、今まで知られてきたのとは違った論理学と批評学とを私たちは手にするでしょう。これら三つの種類、自然学・道徳学・論理学は知的世界における全く分離した相互に別個の大きな領域のようなものです。

テオフィル　この区分は古代の人々のところでも既に有名なものでした。というのも、論理学というものの下に、古代の人々は、あなたがなさっておられるように、言葉と私たちの思考の説明に関わるすべて、つまり語ル術（artes dicendi）を含めていたのです。しかしながらそこには困難があります。というのも推論・判断・発見についての学は語源や語用についての知とはとても違っているようなのです。後者は何か不定で任意なものです。その上、語を説明する際には、辞書によってそうなるように、諸学そのものに入り込まざるを得ませんし、他方、名辞の定義を同時に与えることなしに学を取り扱う訳にはいきません。しかし、諸学のこの区分の内に見出される主要な困難は、各部分が全体を飲み込んでいるようであることです。第一に、道徳学と論理学は自然学の内に入ります。自然学が、あなたのおっしゃったように一般的に解されるならね。というのも、精神、つまり知性と意志とを持った実体について語り、この知性について徹底的に説明する際には、論理学全体をそこに入れることになるでしょう。精神についての教説において意志に属するものを説明しようとすれば、善悪、至福と悲惨について語らなければならないでしょうし、この教説を十分に推し進めて実践哲学全体をそこに入れ込むかどうかはあなた次第でしょう。その代わりに、すべてが私たちの幸福に役立つものとして実践哲学のうちに入り得るでしょう。あなたもご存知のように神学は実践的な知として考察されていますが、それは尤もなことです。法律学も医学もその類のものです。従って人間の幸福即ち私たちの善悪の教説は、理性が呈示する目的に役立つすべての手段を十分に説明しようとするなら、これらすべての認識を飲み込むことになるでしょう。こういう訳なのでツヴィンガーは人生の方法的な劇の内にすべてを含め、バイアリングはそれをアルファベット順に並べることで台無しにしたのです(2)。すべての題材をアルファベット順に辞書によって扱うことで、言語についての教説（古代の人々と共にあなたが論理学の内に置くもの）言い換えれば論弁的教説は、それはそれで他の二つの学の領分をとらえます。それ故あなたの知識の三つの大きな領域は常に争うことになります。一つが他のものの権利を侵害しようとするのですから。唯名論者たちは真理と同じだけ別個の学があると考え、真理は人が作り上げる全体に従って構成されるとしています。他の人々は私たちの認識の全体を大洋に喩えています。ひとまとまりであり、恣意的な線引きによってしかカレドニア海・大西洋・エチオピア海・インド洋に分割されないような大洋にね。同じ真理が、その含む名辞に従ってとか、それが依存する中間名辞やあるいは諸理由に従っても、そしてそれが持ち得る帰結や結果に従っても、異なる個所に置かれ得ることもよくあります。単純な定言的命題は二つの名辞しか持ちませんが、仮言的命題は、複合的言明を語るまでもなく、四つの名辞を持ち得ます。忘れ難い話は、普遍的歴史記録にも、それが起った国の歴史にも、そしてそれに関わりを持った人の生活の歴史の内にも置かれることができます。道徳の立派な教訓、戦略、生活の便や人々の健康に役立つ技術に有用な何らかの発見、といったものが問題であるとすると、この同じ歴史がその関連する学問や技術に有効に関係付けられるでしょうし、それでこの学の二つの側面に言及することができもしましょう。即ち、その学問の実際の発展を述べるための歴史においてと、事例を通して確証したり解明したりするための規則において。例えば、ヒメネス枢機卿(3)の生涯において適切に語られているのですが、マウル人の或る女性が、たださすっただけで、殆ど絶望視されていた消耗熱から彼を救ったということは、医学説の、消耗熱の章にも、体操を取り入れた薬用療法に関わるところにも、述べられて良い事柄です。そしてこの観察はこの病気の原因を発見するためにもっと役立つでしょう。しかし薬に関する学においてもまたそれは述べられて良いでしょう。そこでは薬を見付ける術が問題です。それにまた医学の歴史においてもね。どうやって薬を人は知るに至ったか、そしてしばしば単なる経験派や藪医者の助けによってであることを示すためにね。ベウェロウィキウス[4]は、医者でない著作家たちから引用がすべて採られているような、古代医学についての面白い書物を著していますが、現代の著作家たちまで採り入れていたらもっと立派なものになったことでしょう。同一の真理がその持ち得る異なった関係に従って多くの場所を持ち得るのがそれで分ります。それで、蔵書を整理する人が或る書物をどこに置いたらよいのかしばしば分らないということも起ります。二、三の個所に等しく相応しいので困るのです。しかし今は一般的な学説についてしかお話しするのは止めて、個々の事実・歴史・言葉は傍らに置いておきましょう。すべての学問的真理の二つの主要な配列があり、各々良いところを持っているのであり、結び付けた方が良いでしょう。一つの配列は総合的で理論的なもので、数学者たちがやるように真理を証明の秩序に従って並べるものです。従って各命題はその依存する命題の後に来ます。もう一つの配列は分析的で実践的なもので、人間の目的言い換えれば善（その絶頂は至福です）に始まりこれら善を獲得するあるいは反対の悪を避けるのに役立つ手段を秩序立って探すものです。この二つの方法は一般的に百科全書で用いられますが、個別的科学でも何人かの人はそれをやってみています。というのも、幾何学でさえ、ユークリッドによっては一つの学として総合的に扱われたのですが、他の人々によって一つの技術として扱われました。そしてそれにも拘わらずこの形式の下で論証的に扱われ得るし、そしてそれはその学がどうやって発明されたかを示しているようです。それはちょうど誰かがすべての種類の平面図形の大きさを測ろうと思い、直線で囲まれた図形から始めてそれが幾つもの三角形に分たれ得ることに思い至り、各三角形は平行四辺形の半分であり、平行四辺形は三角形へと還元され得て、当の三角形の大きさを測るのは容易であると思い至るようなものです。しかしこれら二つの配列を一緒にして百科全書を書く際には、反復を避けるために参照個所を書くようにすれば良いでしょう。これら二つの配列に、名辞に従う第三の配列を付け加えなければなりません。それは実際は一種の目録でしかありません。すべての概念に共通であろう幾つかの範疇に従って名辞を並べる体系的目録であろうと、学者の間で一般に受け容れられている言葉に従うアルファベット順の目録であろうとね。ところでこの目録は当の名辞が十分に注目すべき仕方で入っているすべての命題を一緒に見出すには必要でしょう。というのも、先の二つの道、つまり真理がその起源あるいは用法に従って並べられている二つの道では、同一の名辞に関わる諸真理が一緒に見出されることはできないでしょうから。例えば、ユークリッドが或る角の二分の一を見出すことを教えている場合、彼には角の三分の一を見出す手段を付け加えることはできませんでした。なぜならそれには円錐曲線について語らなければなりませんが、それについてはそこではまだ知識を持ち得ないのですから。しかしその目録は、同じ主題に関わる重要な諸命題が見出される個所を指示し得るし、そうすべきです。私たちは幾何学においてさえそういう目録を欠いています。それがあれば発明さえ容易にし、学問を推し進めるのに大いに役立つでしょう。というのもそれは記憶の負担を軽くし、既に完全に見出されているものを再び探求する労をしばしば省いてくれるでしょう。そしてまたこれら目録は推論の術がさほど力を持たない他の諸学では尚更役立つでしょうし、医学では特に著しい必要性を持っています。そうした目録を作る術もつまらぬものではないでしょう。ところでそうした三つの配列を考察すると、面白いことにあなたが復活させた古代の区分に対応していることが分ります。つまり学問ないし哲学を、理論的なもの・実践的なもの・論弁的なものに、あるいは自然学・道徳学・論理学に分けるものです。というのも、総合的な配列は理論的なものに対応し、分析的な配列は実践的なものに対応し、名辞に従った目録の配列は論理学に対応するからです。従ってこの古代の区分は、私がこれらの配列を説明したように解され言い換えれば別個の学としてでなく反復するのが適当と判断される限りでの同じ諸真理の種々の配列として解される限りでは、うまい区分なのです。学科や職業による学の常用的[5]な区分もあります。大学や蔵書の整理でそれは用いられています。[6] ドラウディウス[7]がやり、リペニウス[8]がそれを継いで、その最も詳しいものを残してくれました。しかしそれは書物の最良のカタログという訳ではなく、完全に体系的なゲスナー(9)の学説彙纂の方法に従う代わりに、神学・法律学・医学・哲学の（いわゆる）四学科に従う（殆ど本屋のような）題材の大区分を採用することで満足しており、その後、各学科の書名を書物の表題に入っている主要な名辞のアルファベット順に従って並べました。それはこれら〔二人の〕著者の負担を軽くしはしました。彼らには本を見る必要も、その本が扱っている題材を理解する必要も無いからです。しかし他の人人には十分に役立つ訳ではありません。同じような意味を持った他の書名への参照が為されていない限りね。というのも、彼らが犯した多くの誤りは別にしても、同じ事物が異なった名で呼ばれていることはしばしば見かけることなのですから。例えば法律的考察（observationes juris）・雑集（miscellanea）・雑記（conjectanea）・選集（electa）・半期時報（semestria）・特選集（probabilia）・名言集（benedicta）、その他類似の多くの表題のように。法律家の書いたそういう本はローマ法についての論集をしか意味していません。そういう訳なので、題材の体系的配列が疑い無く最良のものです。術語や著者によるとても詳しいアルファベット順の索引をそれに付け加えることができます。四つの学科に従う一般に受け容れられている常用的区分も馬鹿にすべきものではありません。神学は永遠の幸福とそれに関するすべてを、魂と良心とに依存する限りにおいて扱います。それは内的ナ裁キニツイテのことに関わり、眼に見えない実体や知性体に関わる法律学のようなものです。法律学は対象として統治と法律を持っています。その目的は外的なものや可感的なものによって貢献できる限りでの人間の幸福です。しかしそれは主として精神の本性に依存するものにしか関わらず、物体的事物の細部にはあまり立ち入りません。それらの本性は前提としておいて手段として用いるのです。ですから、人間の健康や強さや完全性に関わる重要な点についてはさしあたって考察しません。そういうことについて考察することは医学という科目に譲ります。何人かの人は他の諸学科と並んで経済に関する学科も付け加えることができると考えていますが、それも尤もなところがあります。それは数学的で機械学的な諸技術と、人間の生活手段の細部や生活の便に関わるすべてを含んでおり、農業と建築術もそこに含まれるでしょう。しかし上位であるとされている三つの学科に含まれないすべてのものは哲学という学科に任されます。それはまずいやり方です。というのも、それはこの第四の学科に属する者たちに、他の学科を教える者たちが為し得るように実践によって改善するという手段を与えないでおくことなのですから。従って、恐らく数学は除いてですが、哲学という学科は他の学科の序論としてしか考察されません。こういう訳なので、そこでは著者が歴史とか、話術とか、神学の初歩とか、神法や人間の法から独立な自然法学の初歩を、形而上学ないし精神学、道徳学、政治学という表題の下に学ぶことが望まれているのです。若い医者たちに役立つようにちょっとした自然学もね。それは教える学者たちの団体と専門に従う諸学の常用的区分なのです。自分たちの言説によってとは別の仕方で公のために働く人々の専門は今は度外視です。そういう知の範囲がもしうまく定められたら、真の学者たちによって導かれるべきです。そしてもっと高貴な手仕事においては、知はとても密接に働きと結合しており、より一層結び付き得るでしょう。実際、医学においては、かつて古代の人々において（そこでは医者はまた外科医でも薬剤師でもありました）だけでなく、今日でも特に化学者において、それらは結び付いています。実践と理論とのこの結び付きはまた戦争においても見られますし、実習と呼ばれることを教える人々、また画家あるいは彫刻家そして音楽家、他の何種類かの巨匠たちにも見られます。そしてこうしたすべての専門・技術そして手仕事さえもの原理が哲学者たちのところで、あるいは何であれ或る学科の学者のところで実際に教えられるとしたら、そうした学者たちは本当に人類の教師でしょう。しかし、多くの事柄について、文芸や若者の教育や、従って行政の現状も変えなければならないでしょう。この一、二世紀来、認識において人間がどれほど前進したか、そしてもっと幸福になるために更にもっと比較にならないほど遠くまで行くのがどれほど容易なことかを考えると、もっと平穏な時代に、人類の善のために神が遣わすだろう或る偉大な王の下、著しい何らかの改善に達することがあり得ないとは私は思わないのです。(10)

注

以下の注を付けるに際しては，次の書物に付けられた注を参考にした。

G. W. Leibniz, Neue Abhandlungen über den menschlichen Verstand, Übersetzt, eingeleitet und erläutert von Ernst Cassirer, Hamburg, 1915

New Essays concerning Human Understanding by G. W. Leibniz together with an Appendix consisting of some of his shorter pieces translated from the original latin, french and german, with notes by Alfred Gideon Langley, 2nd edition, 1916

G. W. Leibniz Sämtliche Schriften und Briefe herausgegeben von der Deutschen Akademie der Wissenschaften zu Berlin. Sechste Reihe, Sechster Band. 1962

G. W. Leibniz, New Essays on Human Understanding, Translated & edited by Peter Remnant & Jonathan Bennett, Cambridge, 1981

G. W. Leibniz, Nouveaux essais sur l'entendement humain, chronologie et introdction par Jacques Brunschwig, 1966, Paris

Leibniz, The Monadology and Other Philosophical Writings, Translaled with introduction and notes by Robert Latta, London, 1898

序　文

（1） l'entendement を私は「悟性」と訳さず「知性」と訳すことにする。大槻春彦氏がロックの An Essay concerning Human Understanding を『人間知性論』と訳されたのに合わせる意味もある。

（2）表題を『人間知性新論』としたのは底本に Garnier-Flammarion から出されている Jacques Brunschwig のものを用いたからである。いわゆるゲルハルト版の著作集第五巻での表題は『知性新論』であって「人間」にあたる humain は無い。もちろん、この著作の目的を単にロックの『人間知性論』の反駁書と解すだけならば、humain を省いたのはブートルーの言うように「簡単のため」(pour abréger) であろう (cf. Leibnitz, Nouveaux Essais sur l'Entendement Humain (Avant-Propos et Livre Premier), publiés avec introduction et notes par Émile Boutroux, 5è édition. p. 117, note 1)。しかし、ロックの著作を機縁に「知性というもの」について語ろうというのならば話は別である。ライプニッツの草稿に忠実にゲルハルトは表題を記した訳だが、その意味はもう一度問い直されてよい。

（3）当然のことながら、ロックのこと。

（4）人間という語は入っていない。注（2）で述べたことと関連して、問題となる個所である。

（5）「学説」と訳したのは système である。河野与一訳『単子論』、六一頁参照。

（6）Dissertatio de stilo philosophico Nizolii, Giv 146（ゲルハルト版ライプニッツ哲学著作集第四巻一四六頁の意、以下の注でも同じように略す）でライプニッツは、哲学する仕方には重大な区別があるとし、秘教的なものと公教的なものとの区別だとする。前者の方法はすべてを証明しようとするが、後者の方法は多くのものを証明無しで立てると言う。

（7）ライプニッツ自身、プラトンの対話篇などと比較しての見劣りを感じている。ロック本人との会話も文通もできず、結局「一冊の本と対話することで満足」せざるを得なかったライプニッツには無理もないことではあるが (cf. Jacques Brunschwig, op. cit. introduction, p. 16)。

（8）De anima 429^{a}15～^{b}30

（9）cf. Discours de Métaphysique §26（以下 DM26 のごとく略す）

（10）アカデミー版全集（以下 Ak. と略す）はユークリッド原論の第一巻冒頭を指示する。

（11）イタリアの著名な医者・文献学者。ポンポナッツィの弟子。カルダーノの論敵。業績の内にはラテン文法についての論文もある。以下で引用される表現は Electa Scaligerea (1634) から。フルネームは Julius Caesar Scaliger で、一四八四年生、一五五八年没。

（12）semina aeternitatis.

（13）ギリシア語では ζώπυρα で ζωόν（生物）＋πῦρ（火）である。

（14）ロシアの北方、北極海の群島 Novaya Zemlya のことであろう。北緯七〇度を越えているのだから当然のことだが白夜が訪れる。そのことを言っているのである。

（15）Latta は Monadologie §28（Mon 28 のように以下では略す）を参照するよう記すが、Mon 88 の方が適当と私は思う。

（16）Sur ce qui passe les sens et la matière, Gvi 488 ff. 参照。[Cassirer]

（17）Lettre touchant ce qui est indépendant des Sens et de la Matière, Gvi 504～5 参照。[Latta]

（18） Lettre à la Princesse Sophie, Giv 292 を参照。[Latta]
（19） cf. Mon 26～29.
（20） Mon 28 参照。[Cassirer]
（21） Lettre à la Reine Sophie Charlotte (1702), Gvi 505 参照。[Latta]
（22） juger＜judicare＜jus＋dicere を読み込んでこう訳す。
（23） cf. Mon 30 ; Principes de la nature et de la grâce fondés en raison §5（以下では Pr. 5 のように略す。）
（24） Robert Boyle (1627～1691) イギリスの著名な自然学者・化学者。Cassirer は、Dissertatio de intestinis motibus particularum solidorum quiescentium, in qua absoluta corporum quies in disquisitionem vocatur (Genevae 1680) を掲げる。
（25） Gerhardt も Brunschwig も effet と読むが、ここは Ak. の effort に従う。
（26） ヒッポクラテスの περὶ τροφῆς §xxiii 参照。[Ak.]
（27） Vergilius の Georgica IV, 393 の少々不正確な引用である。[Brunschwig]
（28） cf. Pr. 12 ; Mon 82
（29） Pierre Bayle (1647～1706) のこと。フランスのプロテスタント、懐疑的・哲学的批評家。一六八一年にロッテルダムの哲学・歴史学教授。一六九三年にその地位を剝奪される（宗教的な寛容についての彼の熱情のため）。Nouvelles de la République des Lettres を発刊（一六八四年）。『歴史的批判的辞典』(Dictionnaire historique et critique) の Rorarius の項で予定調和説に触れる。ライプニッツと文通。
（30） pneumatique. Langley は psychology のことであると注記する。Brunshwig は Science de l'esprit と注記。
（31） 注（29）で触れた Nouvelles de la Rèpublique des Lettres のことだが、一六八七年七月にライプニッツの手紙の抜粋 (Extrait d'une lettre de M. L. sur un Principe Général) を載せる。因みに、この雑誌は Histoire des ouvrages des Savants という名で、以後 Basnage de Beauval に引きつがれる（一六八七年から一七〇九年まで）。
（32） Mon 9 参照。[Latta]
（33） cf. Descartes : Principia philosophiae, III, §49sq.
（34） アリストテレスの Politica, 1307b32 参照。[Latta] 山本光雄氏の邦訳（『アリストテレス全集』一五、岩波書店）では、「些細な事がら」となっている。
（35） 「欠けたもの」の原語は exception である。Cassirer は Abbruch と独訳している。
（36） 原語は considération だが、Latta は condition と英訳する。
（37） Langley は、天使と大天使、と注記。

（38）ヨハネによる福音書一一・一一、マタイによる福音書九・二四、マルコによる福音書五・三九、ルカによる福音書八・五二、参照。［Brunschwig］

（39）「印象」の原語は traces である。Latta は impression と英訳する。

（40）Considérations sur la doctrine d'un Esprit Universel Unique, Gvi 529sq ; Considérations sur les Principes de Vie, et sur les Natures Plastiques, par l'Auteur du Système de l'Harmonie préétablie, Gvi 539sq : Mon 70sq 参照。［Cassirer］

（41）Mary Morris と G. H. R. Parkinson は、Leibniz Philosophical Writings. 1973 の中で、ライプニッツがヘッセン・ラインフェルス伯爵へ宛てた手紙を引用して、魂が自然的には不死でなく神の恩寵によってのみ保存されるというのはソッツィーニ派の見解であると述べている。

（42）静寂主義はローマ・カトリック内における一つの動き。受動的な観想と神の意志への完全な諦念を主張する。代表者は Miguel de Molinos (c1640～97) ; Jeanne Marie Guyon (1648～1717) ; François Fénelon (1651～1715) がいる。Bossuet が一六九〇年代に静寂主義を攻撃する。

（43）例えば Confessio naturae contra atheistas, Giv 105sq 参照。［Remnant & Bennett］

（44）Edward Stillingfleet (1635～1699) のこと。ウスターの司教であったのは一六八九年から一六九九年まで。ロックの『人間知性論』がソッツィーニ派的傾向を持つとして Discourse in Vindication of the Doctrine of the Trinity (1696) で非難する。それを機縁にロックとの論争が始まる。Nicholas Jolley は Leibniz and Locke : A Study of the New Essays on Human Understanding (1984) で、ライプニッツのロック批判をソッツィーニ派批判という論点を強調して述べている。

（45）Newton の Philosophiae naturalis principia mathematica は一六八七年に出版されている。

（46）「志向的形質」の原語は espèces intentionnelles である。これに類する批判は、Mon 7 に「感性的形質」(les espèces sensibles) についての批判、そしてクラークへの第五書簡の第八四節でもなされている。

（47）Ovidius : Tristia I, 8, 7 の引用。［Brunschwig］

（48）ロック本人の用語は an immaterial Spirit.

（49）『人間知性論』第Ⅱ巻第36章第6節参照。

（50）同、第23章第17節参照。

（51）Latta, Parkinson and Morris, Remnant and Bennett は impetus と英訳する。

（52）Simon de la Loubère (1642～1729) ルイ一四世の命により一六八七年にシャムに派遣される。外交的・商業的関係を結ぶため。この王国についての歴史・慣習・宗教等に関する正確で興味深い情報をそこで集め、一六九一年パリで Du royaume de Siam を出版し、ライプニッツにもこの著作を送っている。

（53）この点について、クラークへの第三書簡第一七節・第五書簡第一〇七節参照。〔Cassirer〕

（54）cf. Mon 17.

（55）Pierre Gassendi (1592～1655) デモクリトスやエピクロスの理論の一七世紀における最大の代表者。彼の説は、F. Bernier が著した Abrégé de la philosophie de M. Gassendi で当時知られていた。デカルトの論敵。

（56）Robert Fludd (1574～1637) は、ニコラウス・クザーヌスやパラケルススの影響を受けたイギリスの医者・神智学者。機械論的学説に対する反対者。ここで言われている Philosophia Mosaica は一六三八年に出版されている。

第I巻

第1章

（1）第I巻では、章づけの数はロックの『人間知性論』の数字より一つ少ない。それは Coste 訳 (Essai philosophique concernant l'entendement humain, 1700) が第1章を序論と書き変えていることにライプニッツが従ったためである。

（2）Nicolas Malebranche (1638～1715)

（3）François Bernier (1620～1688) フランスの哲学者。序文注（55）参照のこと。

（4）Damaris Masham (1658～1708) ロックの友人。ケンブリッジ・プラトニストの一人 Ralph Cudworth の娘。Oates の彼女の家には Newton, Shaftesbury, Samuel Clarke, John Norris などが訪れている。ロックは晩年をそこで過している。コストは彼女の息子の家庭教師である。一七〇三年に彼女は父カドワースの本をライプニッツに送っている。ライプニッツとの文通は彼女の死まで続く。

（5）Ralph Cudworth (1617～1688). ケンブリッジ・プラトニストの筆頭。The true intellectual system of the universe を一六七八年ロンドンで出版している。マサム夫人から送られたのはこの本であることはライプニッツ自身が語っている。

（6）Catherine Trotter (1679～1749) の書いた A Defence of Mr. Locke's Essay of Human Understanding, 1702 のこと。彼女は劇作家で哲学者。最初の劇は彼女の一六歳の時ロイヤル・シアターで上演された。一七〇八年に Patrick Cockburn と結婚。

（7）cf. Disquisitio metaphysica seu dubitationes et instantiae adversus R. Cartesii metaphysicam et responsa, 1658

（8）ライプニッツはこの名称を古代の人々に限定せず、広い意味でのアリストテレス主義者といった感じで用いている。

（9）以下の雑誌をさす。Journal des Savant (Paris 1665～); Acta eruditorum (Leipzig 1682～1731); Nouvelles de la république des lettres (Rotterdam 1684～1687); Histoire des ouvrages des savants (Rotterdam 1687～1709)

(10) Timaeos 28a 参照。[Ak.]
(11) Metaphysica 1050a21～23, De Anima 412a27～28 参照。[Ak.]
(12) Historia naturalis VII, 55, 189 参照。[Cassirer]
(13) Girolamo Cardanus (1501～1576) イタリアの数学者・医者・哲学者。光と熱についてのアニミズム的理論を展開する。
(14) Tommaso Campanella (1568～1639) イタリアの哲学者・空想家。自然のすべての存在者に感覚能力を認める。
(15) Anne Connaway (1631～1679) イギリスの形而上学者。ケンブリッジ・プラトニストの一員。Henry More の弟子で、友人。終にはクエーカー派となる。死後一つだけ著作が出版された。その題は The Principles of the Most Ancient and Modern Philosophy concerning God, Christ, and the Creatures, viz. of Spirit and Matter in General……である。ヘルモント（彼は彼女の頭痛を「オカルト的医学」でもって治した人だが）はその本を読み、ライプニッツを彼女に注目させる機縁をつくる。
(16) Franciscus Mercurius van Helmont (1618～1699) Joh. Baptist. v. Helmont の息子。錬金術士・神智学者。ライプニッツがモナドという術語を使うようになったのは彼からのヒントだという説もある（L・シュタインの説）。
(17) Henry More (1614～1687) ケンブリッジ・プラトニスト。はじめデカルトに心酔、後にデカルト派の機械論の無神論的傾向のために反対者となる。Enchiridion metaphysicam (1671) で principium hylarchicum を立てるが、それは機械論を補完するものとしてのアルケーないし生気論的な作用者である。ライプニッツはこうしたものを拒否する。cf. DM10 ; Considérations sur les Principes de Vie, et sur les Natures Plastiques, Gvi 539 sq ; De ipsa natura sive de vi insita actionibusque creaturarum §2.
(18) Archeus. ギリシア語の ἀρχαῖος, ἀρχή からきた近世ラテン語。[Langley] 意味は、始まり・源・根源・第一原理。一五世紀ドイツの化学者 Basil Valentine によって使われたという。パラケルススや他の錬金術士、神秘主義者や神智学者たちでは、精霊ないし見えない人、エーテル体の動物。ファン・ヘルモントでは、可能における人間ないし動物の形相の物質的先在、流動体、空気のような半物質的実体、血の構成要素と考えられていた、という。
(19) Ovidius: Metamorphoses XV 158 参照。[Brunschwig]
(20) cf. Meditationes de cognitione veritate et ideis (1684), Giv 422sq.
(21) 神を敬うもの、の意。
(22) 真理を愛するもの、の意。Philarete（徳を愛する者）という名を或る対話で使うことがあるが、それとは別である (cf. Gvi 579sq.)。
(23) 太陽が昇るとか沈むとかいう言葉の使い方について言っているのである。
(24) 公理の論証については、例えば Animadversiones in partem generalem Principiorum Cartesianorum, Giv 354sq. を参照せよ。
(25) Brunschwig は、例としてオランダの神学者 Episcopius を挙げている。

(26) Arminius (1560~1609) はオランダのプロテスタント神学者。カルヴァン派の救霊予定説に反対してアルミニウス派ないしレモンストラント派を立てる。ロックはオランダ滞在中に彼らと交わる。

(27) この辺で Cassirer は、Schaarschmidt（ビブリオテーク版で以前にこの『人間知性新論』を独訳した人）を引きながら、ゲルハルト版のテキストがおかしいことを指摘する（頁が入れかわっているのである）。Brunschwig は、それをきちんと直して出版しているが、それについては注記していない。Langley も続き具合がおかしいことは指摘するが、ゲルハルト版のまま訳す。

(28) ラテン語の subvenire は「助けに来る」という意味を持つ。

(29) Locke は true と書き、Coste は véritable と訳し、Leibniz は raisonnable と言い換える。

(30) cf. Menon 82b~85b

(31) 一六七七年の対話 (Gvii 190sq.) 参照。[Cassirer]

(32) Essais de Théodicée §124 参照。[Cassirer]

(33) Lettre à—? 1711, 9, 30. (Dutens 版第五巻一五〇頁) など参照。[Ak.]

(34) この個所とあわせて読むべきと私が思う文章を以下に掲げておく。即ち、「私たちよりも完全な理性的魂があると信ずるべきです。それらは諸霊 (Génies) と呼ばれ得ます。私たちもいつかその内に入り得るのです。宇宙の秩序がそれを要求しているように思えます。」(Lettre à la reine Sophie Charlotte, Gvii 569)

(35) De libertate (Foucher de Careil : Nouvelles lettres et Opuscules inédits de Leibniz, p. 178sq.) を参照。[Cassirer]

(36) 「意識的に表象される」(être aperçu) にあたる部分はロックには無い。コストの付加。

(37) この部分ライプニッツの付加。Remnant and Bennett はロックの第一五・一六節をライプニッツは基礎にしてこう書いたのだろうと推測する。

(38) この部分、ライプニッツの付加。

(39) 「同時に」はコストの付加。

(40) 同右。

(41) Sir Knelm Digby (1603-1665). イギリスの自然哲学者。フランスに一時いたことがあり、デカルトや他の学者と交友があった。物体の本性についてのデカルト的な論文を書く。主著は A treatise of the nature of bodies (1644, Paris)。

(42) Remnant and Bennett によれば、John Harris (Lexicon technicum, 1704) は、次元の浸透とは「二つの物体が同じ場所にあることを表現する哲学的な仕方。一方の諸部分が、他方の諸部分の次元ないし場所に浸透し、十分に満たすこと。明らかに不可能で理性に反する」とある、という。聖体中にパン・ブドウ酒の本性とキリストの人性とが共存しているとする説 (consubstantiation 説) をとるキリスト教徒は、こういった不合理なことを信じているというのである。

（43）「同時に」はコストの付加。

（44）ルドルフの数とは円周率πのこと。因みにライプニッツは$\frac{\pi}{4}=1-\frac{1}{3}+\frac{1}{5}-\frac{1}{7}+\cdots\cdots$を一六七四年にパリで見出している。そして一一月六日の書簡でホイヘンスにそれを知らせている (cf. C. I. Gerhardt : Leibnizens mathematische Schriften, ii, S. 16f.)。

第2章

（1）Gerhardt は on ne sent pas と読むが、Cassirer も Brunschwig も Remnant and Bennett も on ne sait pas と読む。後者に従う。

（2）ロックは moral principles。

（3）この部分、コストの付加。

（4）Horatius: Epistolae I, 16, 54 を参照するよう注記。[Langley, Brunschwig]

（5）Garcilasso de la Vega (1540～1616) インカの王女とスペインの征服者（ピサロの友）との間にできた子。スペインの征服前のことについて、伝統・慣習・歴史に関して書いた本と、スペインの征服について書いたものとを出版。彼の著作が、最近、邦訳された。『インカ皇統記』(岩波書店) がそれである。

（6）Martin Baumgarten (1473～1535)

（7）ローマ人への手紙、二・一五、一・一九参照。

（8）Juvenalis, Satirae 15. 159 参照。[Cassirer, Langley, Brunschwig]

（9）Florentinus, Digesta I. 1. 3 参照。[Cassirer]

（10）Langley は、Gerhardt が ὀργὴν と読むのを明らかな間違いであると注記する。

（11）Gorgias 524e

（12）Tacitus: Annales 6, 6 参照。[Cassiner, Brunschwig]

（13）Remnant and Bennett に従って、ライプニッツの加筆 "depuis quelques années" を読む。

（14）「想定された」はコストの付加。

（15）Joseph. Justus Scaliger (1540～1609) Giulio Cesare Scaliger の息子。文献学者。Langley の注によれば、彼は古典作家の幾つかの版についてのテクスト・クリティークと改善に関して原理を立て、応用した最初の人。歴史的批評の新しい派がここから生まれる。彼は円の求積法を見出したと思いこんでいた (cf. Appendix in Cyclometrica elementa duo, 1594. pp. 2-4)。

（16）Thomas Hobbes (1588-1679) De corpore の英訳の付録にユークリッドに反対する意見がある。

（17） Herbert of Cherbury (1581～1648) イギリスの外交官・哲学者。

（18） ストア派の人々を指す。[Ak.]

（19） Ethica Nichomachea $1106^b36 \sim 1107^a2$

（20） Nicolas Boileau (Despréaux): Satires, viii, 62sq 参照。[Cassirer, Langley, Brunschwig]

（21） 「曖昧にされ」という言葉がコスト訳では省略されてしまっている。

（22） 三世紀のヴァンダル国王 Chrocus のこと。

（23） この点に関しては、Cassirer は、De Synthesi et Analysi universali seu Arte inveniendi et judicandi, Gvii 292ff. を参照するよう注記する。

第３章

（1） Diogenes Laertius VIII, 1（ピュタゴラス派について書かれている）参照。[Ak.]

（2） 「モナドの学説」そしてモナドという語の起源等についてはここでは詳しく述べないことにする。が、とにかく、一六九八年九月の Acta Eruditorum Lipsiensium に載った De ipsa Natura sive de Vi insita Actionibusque Creaturarum, pro Dynamicis suis confirmandis illustrandisque によってモナドという術語は公にされていたことだけは指摘しておこう。

（3） 原語は des idées innées respectives。Cassirerr は eingeborene Beziehungsvorstellungen と独訳し、Langley は ideas conditionally innate,「Remnant and Bennett は logically derivative innate ideas と英訳する。カッシーラー風に訳すことにした。

（4） Johann Ludwig Fabricius (1632～1697) ハイデルベルクにおけるギリシア語教授。後に神学と哲学の教授。ここで言及されているのは、Apologeticus pro genere humano contra calumniam atheismi (1682) のこと。彼の著作集が J. H. Heidegger によりチューリヒで一六九八年に出ている。[Langley]

（5） Nicolaas Witsen (1641～1717) オランダの商人・地理学者・政治家。Jacob Gool (Golius) (1596～1667) の下で学ぶ。東インド会社の評議員としてジャワとコーヒーの通商をまとめる。三三歳のとき外交使節としてもモスクワへ行く。彼はロシア、シベリアの地図を書く。ライプニッツはアジアとアメリカとは地続きかどうかを知りたがっている。ウィトセンの造船に関する本がピョトル大帝の関心をひき、大帝がアムステルダムに一六九七年に来たとき、ウィトセンはホスト役をつとめる。ライプニッツは一六九四年から一七一二年まで彼と文通。遠くの国々の情報そして彼らの言語を知りたがり、また大帝と会うことを望む。ライプニッツは Collectanea etymologica の中に「主の祈り」の外国語の例を掲げている。

（6） 中央アジアの王国である。[Brunschwig]

（7） 第1章注（1）で述べた理由により、ロックでは第四章である。
（8） この括弧内はライプニッツの付加。
（9） ロックでは common light。
（10） Charles le Gobien (1653～1708) フランスのイエズス会士の歴史家。トゥールの哲学教授。中国への宣教に関して重要な役職についている。Histoire des Isles Mariannes (Paris, 1700) を出版している。ライプニッツは一六九八年から一七〇三年まで彼と文通。
（11） ロックでは any innate ideas, any ideas となっている。
（12） 原語は persuasion. ロックでは consciousness である。
（13） J. J. Scaliger : Epistola de vetustate, 1644, pp. 48～49 ; Opuscula varia, 1610, p. 324sq. 参照。[Ak.]
（14） Gilles Personne de Roberval (1602～1675) Académie des Sciences の創立メンバー。数学教授。Collège de France のラムス位を受けもつ（四一年間）。ライプニッツはパリで彼に会っている。
（15） ペルガのアポロニウス（前三世紀）のこと。円錐曲線論で有名。
（16） Proclus Diadochus (410～485) 新プラトン派の人。ユークリッド原論の注解を書く。著書は Στοιχείωσις θεολογική や εἰς τὴν Πλάτωνος θεολογίαν などがある。

第II巻

第1章

（1） 「対象」として観念を考えるのは、観念を単に思惟の様態とする考え方と一線を画している。こうした問題をめぐって、アルノーやマールブランシュといった人々の間に観念についての論争を巻き起こした。因みに、ライプニッツの Meditationes de cognitione, veritate et ideis, Giv 422sq. はアルノーとマールブランシュとの間の「観念の真偽」についての論争を機縁にしている。
（2） Langley は、本書第IV巻第9、11章を参照するよう薦め、また、媒介的認識と無媒介的認識との対立は、カントのアポステリオリな認識とアプリオリな認識との区別に対応すると注記。
（3） Locke は white paper, Coste は tabula rasa, Leibniz は une table rase と書いている。
（4） この個所は、ライプニッツの、「原子」という概念についての批判と合わせ読むがよかろうと Cassirer は言う。ライプニッツは至る所で原子論批判を行うが、ここでは以下の数個所を掲げるにとどめよう。即ち、Lettre à Huyghens, Leibnizens Mathematische Schriften, II, S. 136 ff. ; Système nouveau..., Giv 482 ; Animadversiones in partem generalem Principiorum Cartesianorum, Giv 386 ; Lettre

à la princesse de Galles, Gvii 377 ; Lettre à Des Bosses, Gii 409.

（5）John Norris のこと。Brunschwig によれば、彼は Christian blessedness（1690）の内で、ロックの『人間知性論』について考察している。

（6）Locke は sensible of it、Coste は s'en apercevoir と書く。

（7）この括弧内はライプニッツの付加。

（8）「認識し」にあたる qui connaisse はコストの付加。

（9）Odysseia, xi, 298ff 参照。[Cassirer] 邦訳では次のようになっている。「またレーデーの姿も見ました、テュンダレオスの奥方ですが、テュンダレオスにより、逞ましい心をもった双子をお産みなされた方、／馬の馴らし手カストールと、拳闘の名手ポリュデウケースとの、／この二人とも只今は、生きながらに、生物を産む大地が抑え蔵《かく》しています、／そしてともども地下にあっても、ゼウスから授けられた尊い役儀を／つとめてあるいは一日交代で、この世へ出て来、あるいは死者の／世界に臨む、して神々にもひとしい栄誉を享けているのです。」（呉茂一訳、岩波文庫）

（10）Johannes Sleidanus（1506～1556）ドイツの著名な歴史家。宗教改革の年代記編集者。ストラスブールの法学教授。

（11）Johannes Buridan（一三五〇年頃死）は、唯名論者 William Occam の学生。後にパリ大学の哲学教授。彼の著作の内にはロバの例は無いという。Cassirer は、この思想内容はアリストテレスの De caelo, 295^{b}32 にまで遡れると注記。

（12）Mon 61～63 参照。[Cassirer]

（13）「人間の思惟の内に」はライプニッツの付加。

（14）この文の後半はライプニッツの付加。

第 2 章

（1）Locke は complex, Coste は composées.

第 3 章

（1）Edme Mariotte（c.1620～1684）フランスの自然学者・数学者。ボイルの法則を、ボイルとは独立に発見する。盲点というものの発見を Nouvelle découverte touchant la vue（1688）で報告している。盲点のことを tache de Mariotte という。或る意味ではフランスで最初の実験自然学者。色の本性についての理論も作っている（De la nature des couleurs, 1679～81)。Académie des Sciences の創立メンバー。ライプニッツはパリで彼に会い、以後、科学と数学についての話題で文通している。

（2） 骨伝導のことだろう。

第 4 章

（1） Locke は idea, Coste は idée, Leibniz は sentiment と記す。

（2） 5è lettre à Clarke, §34 参照。[Cassirer]

（3） 原語は attachement. Cassirer の独訳では Kohäsion となっている。

（4） Essais de Théodicée, §30 ; 5è Lettre à Clarke, § 102 参照。[Cassirer]

（5） 原語は impétuosité。Cassirer の独訳では Bewegungsdrang, Remnant and Bennett の英訳では impetus となっている。

（6） 原語は fermeté, Langley は compactness と訳している。

（7） この個所はライプニッツの付加。

（8） 「あるいは……共在」はライプニッツの付加。

（9） Langley は aimant ではなく animant と読む。そしてカドワースによって頻繁に用いられた animality, animalish, animalist との関連を指摘する。Gerhardt も animant と読むが，Brunshwig は aimant，Erdmann も Schaarschmidt も aimant と読む。

（10） 原語は ses bornes。Cassirer は Gestalt と訳している。

（11） Animadversiones in partem generalem Principiorum Cartesianorum, Giv 384sq ; Lettre à Huygens, Leibnizens Mathematische Schriften, II, 136sq. 参照。[Cassirer]

（12） Evangelista Torricelli (1608～1647). イタリアの自然学者・数学者。サイクロイドの求積法の発見に関して Roberval と論争。

（13） Otto von Guerike (1602～1686). ドイツの自然学者。真空についての実験（マグデブルクの半球の実験と言われる）を行なう。Experimenta nova, ut vocant, Magdeburgica, de vacuo spatio, etc. (Amsterdam 1672) がある。

（14） 5è lettre à Clarke, §34 参照。[Cassirer]

（15） ここまでライプニッツの付加。

（16） cf. 3è lettre à Clarke Gvii 363sq. ; Lettre à de Volder Gii 269 ; Lettre à des Bosses, Gii 450 ; Lettre à Rémond, Giii 612, 622 ; Animadversiones..., Giv 368 ; Réponse aux reflexions contenues dans la seconde Edition du Dictionnaire Critique de M. Bayle..., Giv 568.

（17） 5è lettre à Clarke, §47 参照。[Cassirer]

（18） Descartes : Principia Philosophiae II, §§8～15 参照。[Langley]

（19）　Animadversiones... や Specimen Dynamicum 参照。[Cassirer]

（20）　cf. Meditationes de cognitione, veritate et ideis, Giv 422sq.

第 5 章

（1）　アリストテレスの De Anima III, 1; II, 6 参照。[Cassirer]

第 8 章

（1）　Langley はここで第一質料と第二質料との区別を述べるが、ここでは私は深入りしないことにする。この区別の問題について興味のある読者は以下のものを参照願いたい。即ち、山本　信『ライプニッツ哲学研究』（東大出版会、一九五三年）、佐々木能章「モナドと複合実体」（哲学雑誌第九五巻第七六七号『個体の問題』、一九八〇年、所収）、拙稿「モナドの階層」（名古屋大学教養部紀要A第二八輯、一九八四年、所収）。

（2）　『人間知性論』の第三版以後このパラグラフの内容は捨てられたが、コストはそれを保持した。[Remnant & Bennett]

（3）　第II巻第4章第4節。

（4）　Newton や、Kepler (Astronomia nova, 1609) や、Roberval (Aristarchi Samii de mundi Systemate, 1644) を参照。[Cassirer, Brunschwig]

（5）　ここはロックでは16節の内容。

（6）　cf. Descartes : Traité de l'Homme, éd. Adam-Tannery, t. XI, p. 161 ; Dioptrique, t. VI, p. 142.

（7）　デカルト派のこと。

第 9 章

（1）　Principes de la nature et de la grâce fondés en raison §4 参照。[Langley]

（2）　第1章だろう。[Langley]

（3）　Girard Desargues (1591〔1593〕～1661〔1662〕). フランスの幾何学者・技術家。デカルト、ガッサンディ、パスカル、ロベルヴァルの友人。射影幾何学の基礎を置く。ライプニッツは恐らく、Abraham Boss : La manière universelle de M. Desargues pour pratiquer la perspective (1648) でデザルグの仕事を知ったのだろう。[Remnant & Bennett]

（4）　William Molyneux (1656～1698). アイルランドの科学者・数学者・哲学者・政治家。ロンドンの Royal Society をモデルとしてダブリンに一六八四年一月 Philosophical Society を創る。ロックの親しい友人。彼らの書簡は "Some Familiar Letters between Mr. Locke and Several of his Friends (1708) で公刊された。ロックはモリヌークスに、ライプニッツの "Quelques remarques sur le livres de M. Locke intitulé Essay of Understanding" を送っている。Burnett からまわってきたもののコピーである。本文で提出されている所謂モリヌークス問題は一八世紀を通じて知覚の理論に大きな影響を与えている。

（5） Phillipe II, Duc d'Orléans (?) [AK.]

（6） Anton Günter 一六六七年没である。[AK.]

（7） アリストテレスの De Anima 415^a23 参照。[Cassirer]

第 10 章

（1） ここまではコストの付加。

（2） ここの「認識」は、ロックでは those simple ideas となっている。

第 11 章

（1） ロックでは、「識別について、そして心の他の働きについて」となっている。

（2） Dominique Bouhours (1628~1702) フランスのイエズス会士の文芸批評家・文法家・宗教的作家。彼によるルカヌスの風刺詩の取り扱いについてライプニッツは、ゾフィー・シャルロッテとの書簡で触れている (Gvi 522ff.)。Manière de bien penser dans les ouvrages d'esprit, Paris, 1687 を書く。

（3） Lucanus, Pharsalia I, 128 を参照。[Cassirer]

（4） デカルト派のこと。

（5） Locke は naturals (うすのろ)、Coste は imbeciles と書く。

（6） スペイン伝来の古いトランプ遊びの一種。

第 12 章

（1） Ak. では [17] とあり、前章の続き。

（2） 「像」(images) は、Locke では ressemblances である。

（3） Locke では pictures.

（4）ここまでを Remnant and Bennett は前章に入れる。
（5）本書第II巻第30章第4節（以下、II・30・4のごとく略す）参照。[Langley]
（6）Cassirer は、ここにモナド論全体が基づくと言う。
（7）二〇が一つの単位。
（8）原語は obscure だが、Locke は confused を用いている。
（9）cf. Lettre à Arnauld, Gii 96sq.

第 13 章

（1）ライプニッツの付加。
（2）John Greaves (1602～1652) イギリスの数学者・天文学者・東洋学者。オクスフォードの天文学教授 (1643～48)。著作に、Pyramidographia, or a Discourse on the Pyramids in Egypt, 1646 がある。
（3）Gerhardt, Erdmann, Langley は propositions と読むが、Brunschwig は proportions と読む。後者に従う。
（4）Christian Huygens (1629～1695) オランダの科学者・数学者。最初の業績は幾何学的求積法。一六五五年には望遠鏡を改良。土星の輪の正確な観察をする。翌年、最初の実用的な振り子時計を設計。そのまた翌年には確率論の仕事がある。一六六五年にパリの Académie des Sciences の有給のポストを得る。一六八一年までそこにいて、ライプニッツと会い仕事を共にする。Horologium oscillatorium (1673) のコピーをライプニッツに与えているが、それはライプニッツのその時の実力を超えていて、ライプニッツに数学の真剣な研究の必要を痛感させる。一六九〇年には Traité de le lumière で光の波動説を提出、偏光現象を記述する。死ぬまでライプニッツと文通するが、ライプニッツの Analysis Situs（位置解析）には無理解であった。
（5）Gabriel Mouton (1618～1694) フランスの数学者・天文学者。Observationes diametrorum solis et lunae apparentium Lyons, 1670 で知られる。
（6）Tito-Livio Burattini. Misura universale の著者。
（7）Initia rerum mathematicarum metaphysica, Leibnizens Mathemathische Schriften, VII, S. 19ff. 参照。[Cassirer]
（8）ライプニッツの付加。
（9）原語は l'espace だが、l'étendue の間違いだろうと Remnant and Bennett は言う。
（10）Entretien de Philarète et d'Ariste, Gvi 584 sq. 参照。[Cassirer]
（11）Remarques sur le sentiment du P. Malebranche qui porte que nous voyons tout en Dieu, concernant l'examen que Mr. Locke

en a fait, Gvi 574ff. 参照。[Cassirer]

（12） Lessius (1554～1623) フランドルのイエズス会士。De perfectionibus moribusque divinis, 1620 の著者。

（13） 3è lettre à Clarke, §4 ; 5è lettre à Clarke, §104 参照。[Cassirer]

（14） 使徒行伝，一七・二八。

（15） ロックの第26節に基づく。[Remnant and Bennett]

（16） 本書II・17・1や Lettre à des Bosses, Gii 304sq. ; Réflexions sur l'essai de l'entendement humain de Mr. Locke (1696), Gv 17 参照。[Langley]

（17） ロックの第16節に基づく。[Remnant and Bennett]

（18） Lettre à Huygens, Leibnizens Mathematische Schriften, II, S. 145ff. 参照。[Cassirer]

第14章

（1） 「観念の」はライプニッツの付加。

（2） Vergilius: Georgica I, 463

（3） アリストテレス＝スコラの天動説的天文学において仮想された最も外側の天。神的な「第一動者に最も近いところにあり，二四時間で一周する。第一動者に動かされて，その運動を下位の天に伝える。

（4） 1.118m

（5） Remnant and Bennett によれば，Locke の whilst は although を意味するのであって，Coste の pendant は間違いだし，Leibniz の puisque はもっと悪いとのこと。このためロックの意図するところが出てこないという。

（6） Physica, 219^{b}1 ; 219^{b}8

（7） Julius Caesar Scaliger が創案した紀年法。

（8） Gerhardt, Brunschwig, Langley は inintelligiblement と読むが，Cassirer, Remnant and Bennett は intelligiblement と読む。後者に従う。

（9） 3è lettre à Clarke, §4 ; 5è lettre à Clarke, §106 参照。[Cassirer]

（10） Locke は conceive, Coste も concevoir.

（11） Locke は conceive, しかし Coste は comprendre.

（12） 本書II・17・3と16参照。[Langley]

（13）Gvi 577 参照。[Cassirer]

第15章

（1）列王紀略上八・二七。歴代志略下六・一八。

（2）「場所」はコストの付加。

（3）Mon 43 以下参照。[Cassirer]

（4）本書Ⅱ・1・12や Lettre à des Bosses, Gii 325 参照。[Langley]

第16章

（1）Remnant and Bennett によれば、この超越的（transcendental）という術語を数学的文脈で使ったのはライプニッツが最初だろうという。現代的な意味ではないが、と。例えば、「円の求積には無理数が必要、ないし私が transcendental と呼ぶ種の表現が必要」（Ak. 版全集第三輯第1巻、二〇三頁以下）。「すべての代数的な次元を超えた式を transcendental と呼ぶ」（Leibnizens Mathematische Schriften, iv, S. 26）。

（2）Locke は simple mode。Coste が simple を省く。

（3）Ⅱ・13・1と4に基づく。[Remnant & Bennett]

（4）ライプニッツの「類似性」の定義について、Initia rerum Mathematicarum Metaphysica (Leibnizens Mathematische Schriften, VII S. 17 f) や、Lettre à Huygens (ibid, II, S. 20 f.) 参照。[Cassirer]

第17章

（1）Langley は、「不完全に定義された無限」であると述べる。Cassirer によれば、独立の意味を持たず他の項との結びつきに入ってはじめて意味を持つ、即ちそれらと共にだけ「語られ得る」もの。「無限の」という場合も、そこにおいて制限のない前進が可能であるというような数ないし量の「規定」ということになる。

（2）Ⅱ・13・21を参照。[Langley]

（3）Locke では expansion.

（4）Lettre à Varignon (Leibnizens Mathematische Schriften, IV, S. 92f) など参照。[Cassirer]

（5）この一文、ライプニッツの付加。

（6）「私が……ですから」はコストの付加。

（7）Entretien de Philarète et d'Ariste..., Gvi 592sq. や、Lettre à Bernouilli, Leibnizens Mathematische Schriften, III, S. 535, 575 参照。[Cassirer]

（8）Locke は infinite space。

第 20 章

（1）「省く」はコストの付加。

（2）「悲しみ」はコストの付加。

（3）原語は velleité. 意志がまだ作用（volitio）へ移行するための十分な力を持っていない心の状態。しかし完全な無関心が心を支配している訳でもない。

（4）Locke は uneasiness, Coste は déplaisir.

（5）Pierre Coste のこと。

（6）Phaedo 60 b,c

（7）Unruh は時計の平衡輪、Unruhe は「絶えず動いているもの」をあらわす。Un-ruhe（休み―無し）である。

（8）身体のこと。

（9）Cassirer, Remnant and Bennett は［7］。

（10）Cicero : De finibus bonorum et malorum III. 10. 35 を参照。[Cassirer] アリストテレスの Physica 201a10, Metaphysica 1065b16 を参照。[Langley]

（11）Locke は purpose, Coste は désir.

（12）「不快」はライプニッツの付加。

第 21 章

（1）「そして自由について」はライプニッツの付加。

（2）Physica 201a10 参照。[Cassirer]

（3）De primae philosophiae emendatione, Giv 468～470 を、Cassirer は Specimen dynamicum, Leibnizens Mathematische Schriften, VI, S. 235f) 参照。[Langley]

（4）どんな物体も或る程度の弾性を持つ，即ち根源的な固有運動を持つことを Lettre à Bernouilli, Leibnizens Mathematische Schriften, III, S. 515 を引きながら Cassirer は注記。

（5）Nicolas Malebranche.

（6）Des lois de la communication des mouvements (1692) のこと。マールブランシュはライプニッツの提出した諸理由によって，衝突の法則についてのデカルト的な考え方を放棄した。保存されるのは運動量（mv）ではなく力の大きさ（mv^2）だというのである。

（7）Paolo Casati (1617～1707). イタリアの神学者・数学者。著書に Mechanicorum libri octo, 1684 がある。

（8）Brevis demonstratio errois memorabilis Cartesii (Acta Eruditorum, 1686) のことである。[Cassirer]

（9）ロックもコストも「明晰判明」だが，ライプニッツだけが「明晰」と記す。

（10）原語は direction de l'âme. Locke では thought of the mind. コストが変えている。

（11）Système nouveau de la nature et de la communication des substances..., Giv 477sq. のこと。[Ak.]

（12）Locke は perception, Coste は apercevoir.

（13）Coste は existent, Leibniz は agissent.

（14）Simon Episcopius (1583～1643) オランダの神学者。

（15）Diogenes Laertius VII, 1 参照。[Ak.]

（16）Essais de Théodicée, §§51, 52 参照。[Langley]

（17）Ethica Nicomachea 1111b

（18）Locke は willingly, Coste は avec plaisir.

（19）5è lettre à Clarke, §33ff ; Discours de Métaphysique, §13ff. 参照。[Cassirer]

（20）I. Kant : Kritik der praktischen Vernunft, Th. 1. Bdl. Hpst. 1. §6 Anm. 参照。[Langley]

（21）Gerhardt 版には parler とあるが，chanter の間違い。

（22）「ないし意志する能力」はコストの付加。

（23）原典では "on réussit à se tromper ou du moins à se changer" とあるところを，Cassirer は se tromper と se changer の位置を入れ換えて読むが，それには従わない。

（24）「運動ないし静止に……力能」はコストの付加。

（25）II・20・6 及びその注（3）参照。

（26）Locke は the greater good in view, Coste では le plus grand bien.

(27) Locke では pain, Coste は mal.
(28) Locke は desire, Coste は désir, Leibniz は douleur.
(29) Locke は greater, Coste は souverain.
(30) 同右。
(31) Ovidius: Metamorphoses VII, 20f. を参照せよと、諸家は注記。因みに、この句はスピノザが『エチカ』の中で三度も引用している（第三部定理二備考、第四部序言と定理一七備考）し、書簡五八にも書かれている。
(32) de Finibus II, c. 16, §52 だろうと、そして Plato: Phaedrus 260d も参照するよう Schaarschmidt が指摘している。[Cassirer]
(33) Spinoza: Ethica V, pp. 32, 33sq. 参照。[Langley]
(34) 「とても基礎的な欲求の運動なので非意志的なもの」である。[Remnant and Bennett]
(35) 一一世紀から一三世紀まで栄えたイスラムの一派。
(36) 「山の主人」ないし「山の老人《シャイフ・ウル・ジャバル》」(Cheik el Djebel) とはアサシン派の首長のこと。マルコ・ポーロの『東方見聞録』にも書かれている。『シルクロード　ローマへの道、第八巻、コーランの世界』（日本放送出版協会、一九八三年）にも少々彼のことが書いてあるので参照されたい。
(37) 一一九二年に暗殺された Marqnis de Monferrat のことである。[Brunschwig, Langley]
(38) Locke では will。
(39) Vergilius: Georgica I, 514 を参照。[Cassirer (Schaarschmidt), Langley]
(40) コリント人への手紙第一、二・九参照。[Langley]
(41) 「同じ意味での」はコストの付加。
(42) 本書III・3・18に「因果的定義」の話が出てくる。
(43) Fabulae Aesopiae, xxii, 5.
(44) 「絶対的な」はコストの付加。
(45) Petronius : Satyricon, ch. 30《cena Trimalchionis》のことであると諸家は注記。
(46) [48] に基づく。[Remnant & Bennett]
(47) Locke は appetites, Coste は désirs.
(48) 「人々の精神の内では」はコストの付加。
(49) Vergilius: Georgica III 258 ; Ovidius: Heroides XVIII, 19 参照。[Langley]

（50）ここでは「建築家としての自然」と言っているが、「建築家としての神」という言い方をライプニッツは予定調和にからませてよく使う。例えば Mon 87 を参照せよ。
（51）Analytica Priora 70a3；Ars Rhetorica 1357a34 参照。[Langley]
（52）記憶術の発明はケオスの詩人シモニデスに帰される。Cicero: De Oratore II, ch. 82 参照。[Langley]
（53）「理由」はライプニッツの付加。
（54）この一文はライプニッツの付加。
（55）ライプニッツの付加。
（56）地球の裏側にいる人。
（57）De ipsa natura... §9 を参照。[Langley]
（58）「単なる」はコストの付加。
（59）「それは……でしょうから」はライプニッツの付加。
（60）原語は apercevoir. ただし Locke では perception.

第22章

（1）一六七七年の『対話』（Gvii 190sq.）参照。[Cassirer]
（2）Locke では combinations of ideas.
（3）Mlle de Scudéry（1607～1701）の書いた Clélie. Histoire Romaine（1656）のこと。
（4）「むしろ」はコストの付加。
（5）ライプニッツの付加。
（6）「性質」はライプニッツの付加。
（7）同右。
（8）Aristoteles, Metaphysica 1013a 参照。[Cassirer]

第23章

（1）Plautus : Menaechmi, 2. 1. 22；Terentius : Andria, 5. 4. 38 参照。[Langly] この言葉の内容は、当然、「困難の無い所に困難を見出そうとすること」である。

（2） デカルトが第三省察で記した言葉を思い出しておこう。即ち、「私は思惟するものである。言い換えれば、疑い、肯定し、否定し、わずかのものを知解し、多くのものを知らず、欲し、欲さず、また想像もし、感覚もするものである。」

（3） Locke は of the substance of spirit.

（4） Locke では更に and Apprehensions が入っている。

（5） ライプニッツ自身の逸話であるとして意訳する Remnant and Bennett に従う。

（6） この言葉の用法について詳しくはⅣ・17・1、Essais de Théodicée, §44 参照。[Langley]

（7） Meditationes de cognitione, veritate et idéis Giv 422 sq. のこと。

（8） Cyrano de Bergerac (1619～1655) : l'Histoire comique des états et empires de la lune (1656), l'Histoire comique des états et empires du soleil (1662).

（9） この考えをライプニッツは多くの個所で表明する。Langley は Lettre à des Bosses, Gii 316, 319 を挙げている。

（10） 本書の第Ⅰ巻冒頭から少しの間は、テオフィルという人物がライプニッツの説を読んで感銘を受けたという形になっていて、それをロックから影響を受けたフィラレートの説と対決させる対話であった。しかし、ここに至って予定調和を「私の説」と言うにおよんでは、テオフィルとライプニッツとの区別は解消してしまっている。フィラレートとテオフィルとの対話が、いつの間にか、ロックに対するライプニッツのコメントというつまりは一方的な語りかけであることが鮮明になってくるのである。

（11） デカルトの『省察』、特に第二と第六とを参照。[Langley]

（12） Locke は English, Coste は français, Leibniz は language commun である。

（13） Les passions de l'âme, i, §§31～35 参照。[Cassirer, Brunschwig] Dioptrica, iv, lsq ; Principia Philosophiae, iv, 189, 196～7 参照。[Langley]

（14） Cassirer は Summa theologiae, I. p. 76 (Langley や Brunschwig は p. 52, 53) や De unitate intellectus contra Averroistas を参照するよう注記。

（15） Locke は extension, Coste から un tout Étendu.

（16） 例えば、Malebranche : Recherche de la vérité, VI, 1675, II, IX ; Jacques Bernouilli : De gravitate aetheris, 1683 がある。[Ak.]

（17） Jacques Rohault (1620～1675): フランスの自然学者。デカルトの自然学を広めた。彼の著書 Traité de Physique を Samuel Clarke はラテン語に翻訳する。イギリスではニュートンが幅をきかせてくるまではこれがケンブリッジ大学の教科書であった。

（18） Cassirer は Specimen dynamicum を、Ak. は Eclaircissement du nouveau système を挙げている。

（19） Essais de Théodicée, §61 ; Mon 80 参照。[Cassirer]

（20）　Locke では matter.

（21）　Libert Froidmont (Fromont) (1587～1653) リエージュの神学者・自然学者。ルーヴァン大学の哲学・神学教授。デカルトの方法叙説に反論を書く。デカルトと文通をするが，デカルトは彼のことを知識・人柄とも高く評価。Labyrinthus sive de compositione continui (Antwerpen, 1631) の著者。

（22）　II・14・27，17・1参照。[Langley]

第25章

（1）　Locke では respect，Brunschwig は support とするが，Gerhardt は rapport である。Gerhardt に従う。

（2）　Mon 43 参照。[Cassirer]

（3）　la relation du père は l'idée du père の誤りだろうと Cassirer や Remnant and Bennett は言う。Langley や Brunschwig は原文を変えない。一応，後者に従っておく。

（4）　つまり，「直ちに生ずる認識という限界にとどまっているのでなければ」，と解する。

第26章

（1）　原文はイタリア語。

第27章

（1）　ロックでは，「同一性と差異性について」である。

（2）　Sophie Charlotte (1668～1705) プロシアの王妃。Essais de Théodicée は彼女との哲学的な会話に起源を発している。

（3）　4è lettre à Clarke, §3ff.; 5è lettre à Clarke, §26 参照。[Cassirer]

（4）　Locke では one plant，Coste は l'unité d'une plante，Leibniz で l'unité (identité) d'une même plante と書かれる。

（5）　Locke では coherent (凝集した) が入る。

（6）　Plutarque: Les vies des hommes illustres, Thésée, xxvii. [Ak]

（7）　Plato: Phaedo 58a; Xenophon: Memorabilia, 4. 8. 2 参照。[Langley]

（8）　Sextus Pomponius である。[Langley]

（9）　Cassirer は「機能において等しい」と意訳する。

(10) Locke では St. Austin. Langley はそれに忠実。

(11) ユダヤ人が，朽ちることがないと考えている骨。最後の審判の日まで残り，復活の身体の核をなす。cf. Lettre à Arnauld, Gii 100.

(12) I・1の注（16）参照。

(13) この説は Comitissa de Connaway の Opuscula philosophica (London 1690), I. ch. 6, §§7, 8 ; ch. 7, §4 に詳しい旨 Schaarschmidt が注記しているのを Cassirer はそのまま載せている。

(14) l'abbé de Lanion : Méditation sur la métaphysique, 1678 のこと。[Brunschwig]

(15) Apulejus, Metamorphoseon sive De asino auro, libri xi 参照。[Cassirer, Langley]

(16) Cassirer と Remnant and Bennett は［∞］とする，Langley, Gerhardt, Brunschwig は［9］とする。後者に従う。

(17) Nicolas Tulp (Tulpius) (1593～1674) オランダの自然学者（解剖学者）・行政官。彼はレンブラントの『解剖の実習』という絵を発注した人。その絵の中で教えているのは彼。Observationum medicarum libri tres, Amsterdam, 1641 がある。

(18) Brunschwig によれば，E. Tyson のこと。彼はイギリスの解剖学者。Orang-Outang, sive homo sylvestris (1699) のことを言っているのだという。

(19) Cyrano de Bergerac : Histoire comique des états et empires du soleil 参照。[Brunschwig]

(20) E. Spenser : The Faerie Queene (1590～6) [Ak.]

(21) Ch. Perrault : Contes de ma mère l'oye (1697) [Ak.]

(22) 注（15）参照。

(23) Locke では意識 (consciousness) となっている。コストによる変更。

(24) Lettre à Arnauld, Gii 51sq. 参照。[Cassirer]

(25) この1文，ライプニッツの付加。

(26) 同右。

(27) Locke では consciousness，Coste は sentiment だが余白に consciousness と注記し，Leibniz は sentiment.

(28) Locke ではギリシアの武将の Thersites となっている。

(29) Cassirer, Langley は "Dialogi divini" を挙げている。カバラの教説に従い，彼はすべての魂はこの世界と同時に創造されたと考える。

(30) Van Helmont : De revolutione animarum humanarum, 1690 を Brunschwig は挙げ，Lettre de Leibniz à Thomas Smith (G. Grua: G. W. Leibniz, Textes inédits, p. 94) を参照するよう注記。

(31)「私自身によって為されたものとして」はコストの付加。

（32）「彼の」はライプニッツの付加。

第28章

（1）「特に道徳的関係について」はコストの付加。
（2）括弧内はライプニッツの付加。
（3）Initia rerum mathematicarum metaphysica (Leibnizens Mathematische Schriften, VII, S. 22f.) 参照。[Cassirer]
（4）Anton Günther. [Ak.]
（5）Lettre à l'Electrice Sophie (Klopp 版著作集 ix. pp. 41 sq.) 参照。[Ak.]
（6）Digesta, 2. 4. 1. 5 を Ak. は挙げている。
（7）括弧内はライプニッツの付加。
（8）同右。
（9）Cicero: De Officiis, iii, ch. 3 et 7 参照。[Langley]
（10）「読者への手紙」のこと。[Remnant and Bennett]
（11）ローマ皇帝アウレリアヌス (212?～275) の将官。[Ak.]
（12）Bonosus ではなく Proculus のことだと諸家は言う。
（13）Cassirer は [12]。
（14）Persius: Satirae II. 74 参照。[Langley, Brunschwig]
（15）Terentius (c. 190～159? B. C) ローマの喜劇詩人。
（16）Locke では「パセリのベッド」(parsley-bed) である。

第29章

（1）Meditationes de cognitione, veritate et ideis. のこと。
（2）Locke では confused。
（3）マケドニアの将軍。前三〇六～二八一の間、トラキアの王。
（4）Plinius: Naturalis historia, liv. xxv. ch. 72 参照。[Ak.]
（5）ダニエル書、第11章参照。[Ak.]

(6) 原語は composé だが、Locke は complex.
(7) 創世記、二・一九〜二〇。
(8) Jean-François Niceron (1613〜1646). La perspective curieuse (1638) の著者。
(9) 「知解できる……絵のように」までは書記が書き落していた部分。
(10) Locke では and。
(11) 括弧内はライプニッツの付加。
(12) ここら辺の議論については De Stilo philos. Nizolii, Giv 146 を参照のこと。
(13) Persius: Satirae I. 2〜3 参照。[Langley, Cassirer]
(14) 「精神の内で曖昧」は、Locke では confused。
(15) Locke では contained, Coste は contenue, Leibniz が connue.

第30章

(1) Locke は fantastical、Coste では chimérique.
(2) 原語は complètes ou incomplètes. Locke では adequate or inadequate とあったものを、Coste がこう訳したのである。
(3) 「多くの人々に従えば」はライプニッツの付加。
(4) Locke では existing confortable to them, Coste は d'exister et de compatir ensemble, Leibniz では d'exister ou de compatir ensemble.
(5) Lettre à Bourguet, Giii 571f. 参照。[Cassirer]
(6) Aristoteles, Meteorologica, 345^a25〜31 参照。[Cassirer, Langley] 邦訳では次のようになっている。即ち、「つぎに、アナクサゴラスとデモクリトスの徒たちが言うところによれば、銀河は或る星どもの放つ光である。なぜなら、太陽が大地の下を移動しているときは、或る星どもを照らさない。ところで、太陽によって照らされているかぎり、それらの星どもの光はわれわれの眼には見えない（そのわけは、それは太陽の光線によって妨げられるから）。けれども、大地がさえぎったために太陽によって照らされないかぎり、それらの星どもの持つ固有の光が銀河である、と彼らは言う」(岩波書店刊『アリストテレス全集』第五巻、泉治典訳)。
(7) 昔、錬金術士が人工的に金銀を作るために必要と考えた媒介の物質。
(8) Albertus Magnus (1193〜1280) トマス・アクィナスの師。

第31章

（1）Locke では，adequate, inadequate が用いられているので「十全な観念と不十全な観念」ということになる。

（2）Meditationes de cognitione, veritate et ideis のこと。[Ak.]

（3）cf. ibid.

（4）Leibniz の l'exécution, du trouble ではなく，Coste の l'exemption du trouble をとって訳す Remnant and Bennett に従う。

第32章

（1）Aristoteles: De Anima 430a27 ; De Interpretatione 16a12 参照。[Langley]

（2）「ないし肯定」はライプニッツの付加。

第33章

（1）Locke では separate spirits.

（2）Lettre de Descartes à Chanut, AT. v. 57 参照。[Ak.]

（3）Bayle の Dictionnaire の中に，以下の話が出てくる。[Ak.]

（4）彼は17世紀イタリアの法律家。ここで触れられているのは Lycurgus Italicus (Leges per et juxta quas fit et administratur vera, promta et expedita justitia), 1666 のこと。

第Ⅲ巻

第1章

（1）Locke : with language ; Coste : la faculté de parler.

（2）Leibniz の付加。

（3）cf. Méditation sur la notion commune de la justice. (Leibniz : Hauptschriften zur Grundlegung der Philosophie, Übersetzt von A. Buchenau, II S. 506ff. [Cassirer]

（4）Jacques Golius (1596～1667) オランダの数学者，東方学者，ライデン大学教授。ライデン大学におけるエルペニウスの弟子で後継者。

アラビアに詳しい。主な業績として、Lexicon Arabico-Latinum, 1653 がある。

（5）Leibniz の付加。

（6）des individus〔,〕des accidents の括弧内のカンマを Cassirer と Ak. は省く。

（7）Locke : stand for ; Coste : signifier ; Leibniz : former.

（8）cf. 1. 3. 8. [Langley]

（9）Adriaan Koerbagh　法律家、自然学者。スピノザの友人。Een bloemhof van allerley lieflijkhezd (1668) の著者。この出版により捕えられ裁判にかけられる。

（10）原語は morales.

第 2 章

（1）Locke : imposition ; Coste : institution.

（2）Georges Dargarno: Ars signorum, vulgo Character universalis et lingua philosophica (1661) の著者。ライプニッツの類似した企画に影響。cf. Couturat : La logique de Leibniz, pp. 544～552.

（3）John Wilkins (1614～1672) ロンドンの王立協会の秘書。Mercury と題された暗号書簡の手引きの著者。An Essay towards a real character and a philosophical language (1668) の著者。後者で Dalgarno の方法を完全なものにしようとした。cf. Couturat, ibid.

（4）cf. Avé-l'Allemant : Das deutsche Gaunerthum, Leipzig 1858～1862. [Cassirer]

（5）隠語 (Argot, jargon) [Brunschwig]

（6）この言葉は既に一四世紀にはユニテリアンの間で使われていた。[Ak.] ジャン・ペロ著『言語学』(文庫クセジュ、白水社)、四三頁参照。

（7）恐らく Antoine Nazareau 神父。一六七四年二月、パリに滞在。[Ak.]

（8）Philip Labbé (1607～1667)　フランスの有名な学者。ラテン語を少々変えて普遍言語にしようとした。ライプニッツが言っているのは、一六六三年の Grammatica linguae universalis のこと。cf. Gvii 36.

（9）原語は **le théotisque.** Brunschwig は注で Tudesque, ancien allemand とする。

（10）Nithard (c. 800～844 (845)) フランスの歴史家。シャルルマーニュの娘で敬虔王ルイ一世の妹である Berthe の私生児。シャルル禿頭王とルードヴィヒ・ドイツ人王との間で交換されたストラスブールの宣誓文 (842) が保存されているのは彼の Historium, libri IV の中でである。当の宣誓文は古高ドイツ語と古フランス語の最初の言語記念碑。

（11）Otfried von Wissembourg (810～c. 880) のチュートン語詩はプロテスタント神学者で歴史家の Flacius Illyricus によって一五七一年

に Bale で出版。Johann Schilter (1632〜1705) はドイツの歴史家，法学者。ストラスブールの教授，死後出版の Thesaurus antiquitatum teutonicarum を遺す。[Brunschwig]

（12）修道士カドモンのそれは七世紀のもの。Bède le Vénérable の Histoire ecclésiastique (731) にその作詞のいきさつについて詳細が載っている。[Brunschwig]

（13）原語は Pont-Euxin。黒海の古代名。

（14）Ulfila (316〜380) によって作られた。

（15）ブルターニュ南部の古い州。

（16）原語は le hibernois。Brunschwig は Irlandais と注を付ける。

（17）Remnant & Bennett に従って，tant du celtique et du latin que du grec を tant du celtique que du latin et grec と採る。

（18）古スラブ語，古ブルガリア語のこと。

（19）原語は Calmucs et Mugalles。Brunschwig は注に Kalmouks et Mongols と記す。

（20）南ロシアに国を建設 (1154〜1222)。モンゴルに滅ぼされた。

（21）ライプニッツの言語学的な仕事については，Dutens 版の Ⅴ とⅣ巻参照。[Langley]

（22）Jacob Boehme (1575〜1624) アダムの言語については，Mysterium magnum (1640), ch. xix, 22 et xxxv, 12 et 48〜57 ; Von dem dreyfachen Leben des Menschen (1660), ch. v, 85〜86. 参照。[Ak.]

（23）cf. Gvii 184, 198, 204 ; Leibnitius de connexione inter res et verba seu potius de linguarum origine (Couturat : G. W. Leibniz Opuscules et fragments inedits, p. 151sq.) [Cassirer]

（24）cf. Plato : Cratylus, 434sq. [Langley]

（25）ここまでは，「流れる」の意。

（26）Vergilius : Aeneis VIII, 91.

（27）アーヘンという地名がある。

（28）Aix-la-Chapelle [Langley]

（29）Aquis Granum. [Langley] 但し，Aquae は水のある町の名，Granis はインドの河。

（30）北部ゲルマニアの河。現在の Weser 河。

（31）Samuel Bochart (1599〜1667) フランスの改革派聖書学者。Geographica sacra (1646) の著者。その p. 434 参照。[Ak.] すべての原語を語源的にヘブライ語とフェニキア語から引出そうとした。[Cassirer (Schaarschmidt)] cf. Dutens 版 VI, part II, pp. 223, 226 [Langley]

(32) Johan van Gorp (1518～1572) のこと。フランドルの医者、文人。Origines Antverpinae (1569) の著者。彼の、ゲルマン語の古さについての探求は Hermathena (1580) と題された本の p. 25 に見いだされる。[Brunschwig ; Ak.]

(33) キムリー（キンブリ）族については、例えば手に入り易いものとしては dtv-Atlas zur Weltgeschichte（邦訳は『カラー世界史百科』、平凡社、九〇、九一頁）を見よ。

(34) Johann Clauberg (1622～1665) ドイツの論理学者、哲学者。デカルトの思想をドイツに広める。マールブランシュと近い機会原因論的形而上学を主張。Meditationes et Collectanea linguae teutonicae を一六六三年に出版。

(35) 恐らく Unvorgreifliche Gedanken, betreffend die Ausübung und Verbesserung der Teutschen Sprache (1697?) のこと。[Ak.]

(36) Gerardus Meierus (1646～1708) 哲学者、言語学者、数学者、歴史家、Bremen の牧師。Glossarium linguae saxonicae を編纂。一六九〇年にライプニッツに会い、以後文通。その内容は、デカルト哲学、神学、ドイツの歴史、ドイツの方言の歴史。cf. Dutens 版 VI, 2, S. 145ff. ライプニッツとホイヘンスとの書簡の仲介もする。cf. Collectanea etymologica, pp. 52～53.

(37) シルター氏については既述。彼の死は、一七〇五年五月一四日で、これは本書の執筆時期に関して興味深い。[Brunshwig]

(38) 原語は la langue wallienne。Cassirer はウェールズ語ととるが、Remnant & Bennett と Langley はワルーン（ワロン）語とする。後者はベルギー東南部及びフランス北部に住むラテン化したケルト民族の言葉。

(39) 原語は la langue biscayenne. Holz は Baskische と独訳する。

(40) ライプニッツの付加。

(41) 「事物の諸性質や」はライプニッツの付加。

(42) Locke は「多くを」となっており、Coste の変更。

第３章

(1) 無限についての言及はライプニッツの付加。

(2) この一文、ライプニッツの付加。

(3) ライプニッツの付加。

(4) 後半、ライプニッツの付加。

(5) 原語は stupidité. これはほぼ brut と同義であり、Brutus はそこからきているのだという訳である。

(6) caedo は「切る」を意味し、caesio は「切ること」である。

(7) augustus は「畏敬の」を意味する。

（8） Jean Bauhin（1541～1613）スイスの植物学者。近代植物学の祖の一人。De plantis absinthii nomen habentibus（1595）という書物がある。

（9） 一五六〇年の有名な裁判の被告。この事件については、『マルタン・ゲールの帰還――一六世紀フランスの偽亭主事件』（ナタリー・Z・デーヴィス著、成瀬駒男訳、平凡社、一九八五年）を見よ。cf. Essais de Théodicée. Discours préliminaire de la conformité de la foi avec raison, §42.

（10） 例えば E. Weigel（cf. Ak. vi, i, p. 94）

（11） cf. Aristotle : Topica $141^{b}26$; $103^{b}15$. [Langley]

（12） 天使と大天使。[Langley]

（13） 原語は ouvrage. Locke : inventions and creatures. Coste の変更。

（14） Locke : similitude ; Coste : ressemblance.

（15） 原典は「もっと」だが、Ak. は Locke に従って「最も」とする。それに従う。

（16） 「そして……後に」は Locke では "and then abstracting it" となっている。Coste の変更。

（17） Locke : sotrs of things. Coste の変更。

（18） Locke では単に "simple ideas coexisting".

（19） 名目的定義と実在的定義（因果的定義）の区別については De Synthesi et Analysi universali seu Arte inveniendi et judicandi, Gvii 292sq. と Meditationes de cognitione, veritate et ideis, Giv 422sq. 参照。[Cassirer]

（20） cf. Dialogus de connexione inter res et verba, Gvii 190sq. [Cassirer]

（21） 「の観念」はライプニッツの付加。

（22） 「の観念」はライプニッツの付加。

（23） Locke : that parcel of matter, which makes the ring on my finger.

（24） cf. Plinius Major : Naturalis Historia xxxvi, chap. 66. [Langley]

（25） 原語は intime。Cassirer は genaue と独訳する。

（26） 本書序文と、Ⅳ・6・7、そして Meditationes de cognitione, veritate et ideis, Giv 422 参照。[Langley]

（27） cf. Giv 424 ; Gvi 405 ; Gvii 194 [Langley]

（28） cf. DM24 [Cassirer]

第４章

（１） cf. DM 26sq. [Langley]
（２） 本書Ⅱ・８・21と24，Ⅳ・11，そして Gvii 319sq. 参照 [Langley]
（３） Meditationes de cognitione veritate et ideis (1684) のこと。
（４） 「アリストテレスのあの」は，ライプニッツの付加。
（５） Physica 201a10 ; Metaphysica 1065b14～16 ; そして本書Ⅱ・21・１。
（６） Physica 243a6sq. [Langley]
（７） Locke : the act of perspicuous, as far as perspicuous ; Coste : l'acte du transparent en tant que transparent ; Leibniz : l'acte du transparent. cf. De Anima 418b4 ; 418b10 ; 419a11
（８） Locke は欄外に，La Relation du Voyage de M. de Gennes, p. 79 と書く。[Ak.]
（９） Cervantes (1547～1616) : Don Quixote Pt. 2, chap. 9 ; Pt. 1, chap. 31. [Langley]
（10） Porphyrios (233～304) ; Lambert de Auxerre (c. 1250) ; Petrus Hispanus (c. 1226～1277) ; Raymundus Lullus (1234～1315) ; Johannes Scotus (1478～1540) [Langley]
（11） Cassirer に従ってこうパラフレーズするが，「私たちの身体の現在の状態では〔つまり感覚器官の鋭さがそれほどでない状態では〕」という解釈もあり得る。
（12） ルナは錬金術士によって銀に与えられた名。Boyle の An historical account of a degradation of Gold は一六七八年に出版。[Brunschwig] その p. 10～13 を見よ。[Ak.] cf. Fratris Basilii Valentini Benedictiner Ordens Chymische Schrift. (1700), Pt. I, p.272 : Pt. II, p. 381. [Langley]
（13） cf. Locke : Essay, 2. 22.4 and 6. [Remnant & Bennett]
（14） 本書Ⅰ・１・１，そして序文，参照 [Langley]

第５章

（１） 本書序文参照。[Langley]
（２） この説明は，コストの説明に従ったライプニッツの付加。
（３） cf. Cicero : Epist. ad Atticum 5. 15. 2 ; Tacitus : Ann. 6. 16 ; Terentius : Phormio 5. 2. 15 ; Lactantius 2. 8. 24. [Langley]
（４） Horatius : Epist. 2. 1. 45ff.

（５） こういう議論はそのもとをエレアのゼノンに遡れる。禿頭の議論を Diogenes Laertius (II, 108) はメガラ派のエウブリデスに帰す。[Cassirer]
（６） 原語は être de morale。
（７） cf. Sandars : Institutes of Justinian Lib II, Tit. III, p. 118. [Langley]
（８） 本書Ⅱ・22・2，そして DM § 29 参照。[Langley]

第６章

（１） あまりに小さくなってのこと。
（２） この標題を持つボイルの書は一六六七年に出版されている。
（３） cf. De ipsa natura, §13 ; Mon 9 ; 4è lettre à Clarke, §4～ ; 5è lettre à Clarke, §21～ ; そして本書序文，Ⅱ・27。[Langley]
（４） Locke : distinct ; Coste : diverses ; Leibniz : differentes.
（５） 本書序文，Ⅱ・1・12，Ⅱ・15・4参照。[Langley]
（６） ライプニッツの付加。
（７） cf. Essais de Théodicée, §14 ; Réponse à Bayle, Giv 570. [Langley]
（８） cf. Lettre à Varignon (Leibniz : Hauptschriften II S. 74ff ; S. 556ff) [Cassirer] ; Essais de Theodicée, §348 ; Lettre à Bayle, Giii 52 ; Lettre à Arnauld, Gii 136 ; Animadversiones, Giv 375 ; そして本書序文，Ⅳ・16・12参照。[Langley]
（９） cf. Système nouveau. [Ak.]
（10） 内容的には §13 であり，Ak. と Remnant & Bennett は [13] とする。
（11） Horatius : Satirae II, 3, 103.
（12） デカルトの卵形 x±ny=k (cf. Géometrie II) [Remnant & Bennett]
（13） 本書Ⅲ・3・14参照。[Langley]
（14） Mariotte (1620?～1684): Essais de physique, 4è essai, De la nature des couleurs, 1681, 8è apparence, L'arc-en-ciel, pp. 307sq. [Ak.]
（15） 例えば，Jean Bauhin : Historia plantarum universalis. [Cassirer]
（16） ライプニッツ自身の植物学の方法については，Lettre à Gackenholtz (Dutens II, Pt. 2, p. 169sq.) [Cassirer]
（17） R. J. Camerarius と J. H. Berckhard が恐らく念頭にある。cf. Lettre à Gackenholtz (Dutens II, 2, p. 173) [Ak.]

(18) Locke にはある「種に」が落ちている。

(19) つまり、偽金造りとその新たな区別法。

(20) アウグスト1世 (1526～1586) は錬金術に夢中になった。 cf. Lettre à Christian Philipp (Ak. I, 2, p. 396) [Ak.]

(21) Coste が l'idée としているのは le mot の誤りだろう。Essay の §50 には idea という語は無い。[Remnant & Bennett]

(22) Locke : know what are the precise ; Coste : connaître quel est précisément le ; Leibniz : connaître précisément le.

(23) ライプニッツの付加。

(24) Locke は solidity についてではなく、an extended, solid thing について語っている。[Remnant & Bennett]

(25) Lettre à Des Bosses, Gii 316, 319 ; 本書序文、それとIII・6参照。[Langley]

(26) Locke : essence.

(27) この部分はむしろライプニッツの見解。[Remnant & Bennett]

(28) オラン・ウータン。[Ak.]

(29) Godwin (1561～1633) の幻想的小説 (The man in the moon, 1638) の主人公。Jean Baudoin によって仏訳 (1648)。[Brunschwig]

(30) Remnant & Bennett に従って loi を foi と読む。

(31) cf. Cosmotheoros sive de terris coelestibus earumque ornatu conjuncturae (1698), pp. 32～46. この書物の中では世界の多数性が扱われている。

(32) cf. Albertus Magnus : Summa theologiae 2. 13. 79. [Ak.]

(33) ライプニッツの付加。

(34) 動物は動物、植物は植物ということ。

(35) 括弧内は Coste の指示。Gilles Ménage (1613～1692) 有名な学者。セヴィニェ夫人、ラファイエット夫人などの友人。Dictionnaire etymologique は1六五〇年出版。cf. G ii 530 ; Dutens, V, 350, 543 ; VI, Pt. II. 21. [Langley]

(36) 原語は mola。cf. L. Lemnius : De occultis naturae miraculis, 1574, I, ch. 8, p. 34. [Ak.]

(37) Jean II Casimir (1648～1668) [Brunschwig]

(38) 紀元前1世紀ギリシアの有名な地理学者。Res Geographicae XII, §11. [Ak.]

(39) Lettre de Bouvet à Leibniz (Dutens VI, i p. 161) [Ak.]

(40) Théodore Kerckring(1640～1693) オランダの解剖学者、胎生学者。スピノザの友人。Ichonographia anthropogeniae seu conformatio foetus ab ovo (1671) の著者。卵子論者。

（41） キリスト教とグノーシス主義とマニ教との混合。[Langley] cf. Hieronymus, Epist. 133 adversus Pelagium ad Ctesiphonyem. [Ak.]

（42） Vergilius : Georgica II, 325～327.

（43） Antoon van Leeuwenhoek (1632～1723) オランダの有名な生物学者。顕微鏡を使う。そして精子を発見し、そこから極微動物論者(Animalculistes)が生まれる。cf. De natis e semine genitali animaliculis. [Cassirer]

（44） cf. Lettre à Gackenholtz ; Lettre à Bourguet, Giii 579. [Cassirer]

（45） cf. Lettre à Varignon (Leibniz : Hauptschriften II, S. 74 ff., 556 ff.) [Cassirer]

（46） ライプニッツの付加。

（47） Henrik van Roy (1598～1679) オランダの哲学者。ユトレヒト大学教授。はじめデカルト派、しかし、人間は偶有的な存在であり、身体と魂は実体的合一を持たぬと主張してデカルトを離れる。cf. Oeuvres de Descartes, éd. Adam-Tannery, III, 459ff. Langley は Pierre Sylvain Regis (1632～1707) としているが、誤り。

（48） cf. Gvi 547, 550sq. [Langley]

（49） Locke : essences.

（50） Locke では、ここに "preserved, or" が入る。

（51） Coste の指示。

（52） Fortunio Liceti (1577～1657) イタリアの医者、自然学者。De monstrorum caussis, natura et differentiis (1616) の著者。ピサで論理学を、パドヴァとボローニァで哲学を、最後にパドヴァで医学理論を教える。アリストテレスを非常に尊敬し、彼の教説を越えた何も認めようとしなかった。[Langley]

（53） Pierre Alliot フランスの医者。ガンの療法について試論を書く。ライプニッツはパリで彼に会っている。

（54） 旧約聖書、民数紀略、二三・二八以下参照。

（55） Locke : ass...man ; Coste : ânesse...homme ; Leibniz : ânesse...femme.

（56） Locke : mixed ; Coste : mixtes ; Leibniz : composés. 以下フィラレートが composite mods と言う時はこうなっている。

（57） Remnant & Bennett に従って、le premier...l'autre の順序を入れ換える。

（58） 「自然」はライプニッツの付加。

（59） Coste の付加。

（60） Locke は material. Coste の変更。

（61） ここまで、ライプニッツの付加。

（62） Remnant & Bennett に従って，rien de dire を rien dire の間違いとする。
（63） ライプニッツの付加。
（64） Locke では「それらの名前が属する別個な複雑観念を持つ」が入る。
（65） Locke では「もしくは全部が」が入る。
（66） cf. Extrait d'une Lettre...touchant le principe de justesse des Horloges portatives, Journal des Sçavans, mars 1675. [Ak.]
（67） ライプニッツの付加。
（68） Locke では「それが現に無い時に」が入る。
（69） 救世主の御公現の祝日。
（70） エンペドクレスの四元素を示唆している。cf. Giv 207. [Langley]
（71） cf. Système nouveau §10. [AK.]

第 7 章

（1） Locke では「心が」入る。Coste の変更。
（2） ライプニッツ自身「不変化語の分析」を，普遍文法の課題としている。cf. Couturat : G. W. Leibniz Opuscules et fragments inédits, p. 287ff. [Cassirer]
（3） Coste の付加。
（4） précis は Coste の付加。
（5） Johann Strauch (1612 (14)～1679 (80)) イエナとギーセンの法律学教授。ライプニッツの母方の叔父。Lexicon...sive de usu et efficacia quorundam syncategorematum et particularum indeclinabilium (1671) の著者。
（6） Samuel Bohl (Bohlius) (1611～1639) 神学者，ヘブライ語学者。聖書の説明についての意味の形相的要素を引き出す目的の論文の編著者。cf. Dutens V, 190. [Langley]
（7） このパラグラフはライプニッツ自身が訳し，コスト訳を避けている。コストが英語の but をフランス語の mais としてしまっていて，分りにくいからである。

第 9 章

（1） Remnant & Bennett に従って avec elles は entre elles の間違いととる。

（2）Locke : various and doubtful ; Coste : équivoque.
（3）Locke は聖書・法典。
（4）Ibn-el-Beitar（1197～1248）アラブの植物学者。
（5）1世紀ギリシアの植物学者，医者。Simplicum medicamentum, reique medicae, libri VI という書物がある。
（6）Thomas Reinesius（1587～1667）ドイツの医者，学者。文献学，碑銘学，辞書学の研究のため医者という職業をやめる。cf. Lettre à Thomasius, Gi 38f. ; Dutens V, 501 ; VI, Pt. 2, 194. [Cassirer]
（7）本書III・6参照。[Langley]
（8）ライプニッツの付加。
（9）Locke は単に「実体」。
（10）ライプニッツの付加。
（11）Locke は単に「実体」。
（12）ライプニッツの付加。
（13）Locke は単に「実体」。
（14）Locke : mistakes ; Coste : équivoque.
（15）Locke : especially.
（16）rayons des は Coste の付加。
（17）cf. De arte combinatoria, Usus XI（Ak. VI i, 201～）[Ak.] ; Couturat: : La Logique de Leibniz, ch. 3. [Cassirer] ; Giii 216, Giv 27sq., Gvii 3sq. そして本書IV・6・2，IV・17・13。[Langley]
（18）ライプニッツの付加。

第10章

（1）Locke では「大部分の」という仕方ではかからず，「言葉を大抵持ち込んで」となる。Coste の変更。
（2）デカルト派。cf. DM18. [Ak.]
（3）ライプニッツの，ピュタゴラスについての言及は G vii 147参照。[Langley]
（4）cf. Lettre à Gabriel Wagner, Gvii 512sq. ; Guhrauer : Leibniz Deutsue Schriften I, 374ff. [Langley]
（5）cf. The Immortality of the Soul（1659), II, ch.4; III, ch. 1. [Ak.]

（6） cf. 5è lettre à Clarke, §84. [Cassirer]

（7） cf. 5è lettre à Clarke, §43sq.; §82 ; §86sq. [Cassirer]

（8） cf. Essais de Théodicée, §217. [Langley].

（9） cf. G vii 339 ; Lettre à Placcius, Dutens VI, 48 ; Lettre à Burnett, Giii 217. [Langley]

（10） Locke: : the idea of body

（11） cf. De ipsa natura §11 ; Essais de Théodicée §30 ; Specimen dynamicum, GMvi 234 ; Giv 464～7 ; Lettre à Antonio Alberti, G vii 447～9 ; 5è lettre à Clarke, §102. [Langley]

（12） Ethica Nichomachea 1098ª12～14 [Ak.]

（13） Horoi 415ª

（14） 第三章が正しい。[Cassirer] 第六章か第一〇章が正しい。[Langley]

（15） cf. Diogenes Laertius VI, 2. [Ak.]

（16） René François Walter de Sluse (1612～1685) が研究した曲線で，矢野健太郎編 数学小辞典 共立出版 昭和四六年によると，「一般に，方程式 $x^3(a\pm x)^r=\frac{a^{r+s}}{b^p}y^p$ (a, b は任意，p, r, s は正整数)で表わされる曲線を真珠曲線という。云々」とある。cf. Gvii 573. [Langley]

（17） Coste が「絶えず」を付加。

（18） Locke : convey the knowledge ; Coste: faire entrer dans l'esprit...la connaissance ; Leibniz: donner entrée dans la connaissance.

（19） [24] [Ak.]

（20） ライプニッツの付加。

（21） [25] [Ak.]

（22） Histoires III, 116 et IV, 27. [Brunschwig]

（23） 最後の例はライプニッツのもの。ロックはケンタウロスの例。

（24） Thomas Corneille の滑稽物田園劇 (1653) の主人公であり，その題名。[Brunschwig]

（25） 二人のヴィーナスの区別については，Plato : Symposion 180c～181d 参照。[Brunschwig] cf. Cicero: De natura Deorum III, 59sq. [Ak.]

第11章

（1） J. Devaux : Le Médecin de soi-même, ou l'Art de conserver la santé par l'instinct（1682）[Brunschwig]

（2） Plutarque: Vie des homme illustres §15. [Ak.]

（3） Locke は「実体」。

（4） Bernard Frénicle de Bessy（1605～1675） フランスの数学者。cf. Giv 319. [Langley]; Cantor : Gesch. der Math. [Cassirer]

（5） ライプニッツの付加。

（6） Remnant & Bennett は「第五」の誤りとする。

（7） Claudius Philip Grimaldi フランスのイエズス会士。ライプニッツはローマで一六八九年に知り合う。グリマルディはペキンに行った後も興味深い情報をライプニッツに与える。cf. Giii 166, 174. [Langley]; Lettre à Grimaldi (Epistola de Miscellaneis philosophicis et mathematicis), Dutens V, 75ff. [Cassirer]

（8） Wörterbuchlein Lateinisch und Teutsch mit 6000 Figuren（1700）[Ak.]

第 IV 巻

（1） Locke : Of Knowledge and Opinion. Costeの変更。

第 1 章

（1）「二つの」は Coste の付加。

（2） Ak. に従って、un autre〔,〕qui n'a rien vu... のカンマを取り去る。

（3） Pierre de la Ramée（1515～1572）

（4） Johann Heinrich Alstedt（1588～1638）の Systema logicae harmonium（1614）を考えている。termini incomplexi と termini complexi の区別については、Generales inquisitiones §61ff.（Couturat: : G. W. Leibniz Opuscules et fragments inédits, p. 371sq.）参照。[Cassirer]

（5） 原語は répétitions。Remnant & Bennett は commentaries と英訳し、Langley は instruction とする。

（6） Matteo Maria Boiardo（c. 1434～1494）のこと。イタリアの詩人。一四九五年出版の叙事詩 Orlando innamorto の著者。

（7） Orlando furioso（1516）

（8）Amadis de Gaula　一三九〇年頃 Vasco de Loleira によって書かれたと言われているスペインの騎士道小説。一六、七世紀の全ヨーロッパで有名。
（9）Verae Historiae, trad. par Perrot d'Ablancourt, I, pp. 433sq. [Ak.]
（10）Cyrano de Bergerac : L'histoire comique des états et empires de la lune. ; L'histoire comique des états et empires du soleil. [Cassirer]
（11）Brunschwig 版は les théoriciens となっているが、Gerhardt 版に従って les Rhétoriciens とする。
（12）原語は topiques.
（13）Ak. に従って、notre ではなく、votre とする。
（14）ここまでライプニッツの付加。
（15）ライプニッツの付加。
（16）cf. Conicorum, libri IV, ed. Cl. Richard, (1655) et Conicorum, libri V～VII, éd. Borelli (1661) [Ak.]
（17）Locke : of some past knowledge. Coste の変更。
（18）cf. De dyadicis, GMvii 228ff. [Cassirer]
（19）Johann Scheybel (1494～1570) チュービンゲン大学の数学教授。Euclidis sex libri priores de Geometricis principiis (1550)
（20）Christian Herlinus : Analyseis geometricae sex librorum Euclidis (1566)

第2章

（1）むしろ　Bocardo. [Brunschwig, Ak.]
（2）cf. Dissertatio de arte combinatoria (1666), GMv 33 ; Ak. VI, i, p. 184. [Cassirer]
（3）Claudius Galenus (c.130～c.210)
（4）cf. Lettre à Koch, Gvii 477f. [Cassirer]
（5）ここでの説は Scholae dialecticae (1569), VII, ch. 4, col. 211 にある。[Ak. Cassirer] cf. Animadversiones Aristotelicae (1548), pp. 388sq. [Cassirer, Langley] cf. De arte combinatoria, GMv, 33 ; Ak. VI, i, p. 186sq. [Cassirer, Ak.]
（6）原語は immédiation.
（7）原語は sentiment.
（8）Descartes : Meditatio II ; Principia I, 7 ; Augustinus : cf. De libero arbitrio II, 7 ; Soliloquia II, i, i ; De vera religione xxxii,

73 ; De trinitate xv, 12, 21. [Ak.]

（9） cf. Animadversiones Giv 354ff. [Cassirer]

（10） Locke : a quickness in the mind to find out ; Coste : la disposition que l'esprit à trouver promptemedt ; Leibniz : la disposition de l'esprit à trouver.

（11） デカルト派。例えば、Malebranche : Recherche de la vérité, II, (1674) [Ak.]

（12） cf. Aristoteles : Analytica Posteriora 71a1. [Cassirer]

（13） Locke は数学。

（14） Locke : perceived ; Coste : connaître.

（15） Locke : very...perceivable ; Coste : reconnaître.

（16） Brunschwig と Gerhardt は situation と読むが、Ak. と Cassirer と Remnant & Bennett と Holz は sensation と読む。後者を採る。

（17） ライプニッツの付加。

（18） cf. Lettre à Gabriel Wagner, Gviii 514ff. [Cassirer]

（19） Planorum aequiponderantia seu centra gravitatum planorum, vel de aequi-ponderantibus (ed. D. Rivaltus, 1615, pp. 145sq.) [Ak.]

（20） Lorenzo della Valle (1406～1457) イタリアの文献学者。cf. De linguae latinae elegantia, libri VI, 1526, livre 3, préface. [Ak.]

（21） Vergilius : Aeneis VI, 851～853.

（22） cf. Lettre à Johann Bernouilli, GMiii 321 ; Animadversiones, Giv 354.

（23） 原語は succedaneum。この表現は後期ローマの法律家でよく使われた。[Langley]

（24） 普遍的記号法のことを考えている。[Cassirer]

（25） cf. Lettre à Kestner, Dutens IV, Pt. III, 264. [Langley]

（26） Tirso Gonzalez de Santalla (1624～1705) スペインの神学者、イエズス会第十三代総会長（1687～1705）。cf. Theologiae moralis fundamentum (1694) ; Synopsis tractatus theologici de recto usu opinionum probabilium, cui accessit logistica probabilitatum, 3è éd (1696) [Ak.]

（27） Paul Janet : Oeuvres philosophiques de Leibniz, p. 334 によれば、パスカルによって反駁された決疑論者たち（casuistes）のこと。

（28） Topica $100^{b}21$～23 [Brunschwig]

(29) cf. Gviii 167,188 ; Giii 259 ; Couturat : La logique de Leibniz, ch. 6, § 32. [Cassirer]

(30) Locke は degrees。Coste の変更。

(31) L'abbé Simon Foucher (1644～1696) フランスの哲学者。ライプニッツの文通相手。マールブランシュの真理探求への批判 Critique de la Recherche de la Vérité (1675) がある。アカデメイア派の復興を願う。cf. Lettre à Nicaise, Gi 356f. [Cassirer] ; Gi 424 ; Giv 487, 493 ; Foucher de Careil : Lettres et opuscules inédits de Leibniz, 1854, pp. 24～131. [Langley]

(32) Leibniz : Hauptschriften II, 402. [Cassirer]

(33) cf. De methodo distinguendi phaenomena realia ab imaginariis, Gvii 319ff. [Cassirer] ; 本書Ⅲ・4・2、Ⅳ・11・10。[Langley]

第3章

(1) Locke : present to ; Coste : qui frappent.

(2) Remnant & Bennett は Coste の "perfectionner les moyens de découvrir" は "trouver les moyens de perfectionner" の間違いとする。

(3) Locke : know that is so. Coste の変更。

(4) Circulidi mensio (ed. Rivaltus, 1615, pp. 128～9) [Ak.]

(5) OED によると、A curve used in the process of squaring other curves. とある。そして 1656tr. Hobbes' Elem. Philos. (1839) 316 に The ancient geometricians...who made use of the quadratrix for the finding out of a strait line equal to the arch of a circle. とあるのを引用している。

(6) Christophoros Clavius (1537～1612) ドイツの数学者。ユークリッド原論の注釈家。Euclidis elementorum, libri XV, 1574, tome I, De mirabili natura lineae cujusdam, § V, Dato circulo quadratum aequale constituere. [Ak.]

(7) cf. De Quadratura Circuli Arithmetica, GMv 93ff. ; De vera proportione circulii ad quadratum circuumscriptum in numeris rationalibus expressa, GMv 118ff. [Cassirer] ; Lettre à Conring, Gi 187. [Langley]

(8) 例えば $x^x+x=a$ cf. De ortu, progressu et natura Algebrae, nonnullisque aliorum et propriis circa eam inventis, GMvii 215. [Cassirer] ; Lettre à Arnauld, Gii 61, 62. [Langley]

(9) Cassirer, Holz に従って、fini ではなく infini と読む。cf. GMv 120f. [Cassirer]

(10) Johann de Witt (1625～1672) オランダの大政治家。数学についての幾つかの著作を遺す。Elementa linearum curvarum, 1659. [Ak.]

（11）Locke : mere. Coste の変更。
（12）「の私たちの観念」は Coste の付加。
（13）cf. Specimen dynamicum, GMvi 234 ff. [Cassirer]
（14）原語は la puissance obédientiale.
（15）Leibniz : Hauptschriften II, S. 50 ; S. 81 ff. [Cassirer]
（16）Coste の付加。
（17）Locke : reconcile ; Coste : allier.
（18）Locke : cannot give perception and thought. Coste の変更。
（19）Remnant & Bennett : reason for changes in general and for these changes in particular ; Holz : Gründe der Veränderungen und gerade der körperliche Veränderungen. Brunschwig 版には欠落あり。
（20）「思われます」はライプニッツの付加。
（21）P. Bayle, Fr. Lamy. cf. A. Robinet : Malebranche et Leibniz, Relation personnelles, pp. 362～378. [Ak.]
（22）Locke : demonstration and knowledge. Coste の削除。
（23）Locke : more useful. Coste の変更。
（24）Locke : oppose, or menace. Coste の変更。
（25）Brunschwig, Ak., Remnant & Bennett は François Lamy (1636～1711) のこととする。フランスのベネディクト会士。哲学上の立場はマールブランシュに最も近く，マールブランシュとボシュエの和解の仲介もしている。De la connaissance de soi-même (1694～1698) の著者。Le nouvel athéisme renversé (1696) というスピノザ批判もある。Cassirer は Bayle のことだと考える。
（26）Locke では「の観念」が入る。
（27）cf. Méditation sur la notion commune de la justice (Leibniz : Hauptschriften II. S. 512 ff.) [Cassirer]
（28）原語は，jus accrescendi。相続人の一人が遺言者の前に死んだり，相続を拒否した場合，その分を他の相続人が遺言者によって与えられた取り分に応じて分配すること。cf. Sanders : Inst. of Justinian. Lib. II, Tit. xx, 8 (p. 226, 8th ed., London 1888) [Langley] ; cf. Specimen juris (1672) [Brunschwig]
（29）cf. Specimen Certitudinis seu demonstrationum in jure exhibitum in doctrina Conditionum (Dutens IV, Pt. 3, p. 92sq.) [Cassirer] ; Disp. jur. de conditionibus, 1665 ; Disp. jur. posterior de conditionibus, 1665, cf. Ak. VI, i, pp. 97～150. [Ak.]
（30）De arte combinatoria (1666) は一六九〇年にライプニッツの承認無しに再版される。彼は Acta eruditorum (1691) で抗議。[Bruns-

chwig]; cf. Giv 103ff. [Cassirer]

(31) Erhard Weigel (1625～1699) 哲学者、数学者、天文学者。イエナ大学でのライプニッツの師。cf. Nouvelle lettr. et opus. S. 146sq. [Cassirer]

(32) Samuel Pufendorf (1632～1694) ドイツの法学者。自然法学派の最も重要な理論家の一人。Elementa jurisprudentiae universalis (1669) がある。

(33) Pinax ないし Tableau de Cebes はケベス (ソクラテスの弟子。プラトンのパイドンに出てくる。) に帰せられる対話篇。しかし一世紀頃のものと思われる。[Brunschwig]; Epictète : Enchiridium una cum Cebetis Thebani Tabula, 1670 [Ak.]; Plato : Phaedo 59c, 60csq., 63a [Langley]

(34) cf. Préceptes pour avancer les sciences, Gvii 157sq.; Gvii 299～301. [Langley]

(35) Locke : permitting them to examine

(36) Locke : greater. Coste の変更。

(37) 旧約聖書　箴言　二〇・二七 [Langley]; 出エジプト記、一・一一以下〔ロック『人間知性論』大槻氏訳注〕。

(38) 一六七二年に Visé によって作られた新聞。[Brunschwig]; cf. Lettre à Sebastian Kortholt (Dutens V, 315) [Langley]

(39) 「正確に」は Coste の付加。

(40) ライプニッツの付加。

(41) Locke : one of the lowest.

(42) ライプニッツの付加。

(43) ライプニッツの付加。

(44) Locke では、ここに distinct が入る。

(45) Locke : abstracting their thought from names. Coste の変更。

(46) Francisco Maurolyco (1494～1575) シシリアの数学者、自然学者。ベネディクト派修道士。メッシーナ大学数学教授。De lumine et umbra (1575) で虹について研究。[Brunschwig]

(47) Marco Antonio De Dominis (1566～1624) ダルマティアの自然学者、神学者。パドヴァ大学教授。De radiis visus et lucis in vitris perspectivis et iride Tractatus (1611), ch. 3 で虹について論じる。カトリックと英国教会を共に批判した論争家でもある。cf. Dutens VI, 319. [Langley]

(48) Virgilius (Salzburg の) (700～784) 教会行政や洗礼など典礼上の問題、および彼の地球球体説や対蹠地点説などの異端的見解をめぐって Bonifacius としばしば対立した。cf. Epistolae S. Bonifacii, ed., N. Serarius, 1605, ep. 134, 140. [Ak.]
（49）オーストリア南部の州。

第 4 章

（1）「事物との」はライプニッツの付加。
（2）本書IV・2・14。
（3）この chose は connaissance の間違い，と Remnant & Bennett は考える。
（4）cf. Méditation sur la notion de la justice (Leibniz : Hauptschriften II, S. 506ff.) [Cassirer]
（5）Locke は one of が入る。
（6）ライプニッツの付加。
（7）Leibniz の déterminé は間違い。Coste のように indéterminé が正しい。[Remnant & Bennett]
（8）Levinus Lemnius (1505～1568) オランダの自然学者。cf. De miraclis occultis naturae (1574), I, ch. 8, p. 38. [Ak.]
（9）オランダ南西部の州。

第 5 章

（1）De corpore (1655), ch. 3, §8. [Ak., Brunschwig] ; cf, Dialogus de connexione inter res et verba (Leibniz : Hauptschriften I, S. 26f.) [Cassirer] ; cf. De stylo philos. Nizolii, §28, Giv 158 ; Gvi 388～399. [Langley]
（2）Ak. と Remnant & Bennett は [4]。
（3）Coste : idées ; Leibniz : choses.
（4）原語は morale.
（5）Locke は the ideas to which we have annexed their names.
（6）本書II・32，III・3，IV・1参照。[Langley]

第 6 章

（1）of the ideas they stand for に相当する語句が Coste にも Leibniz にも抜けている。
（2）Locke : knowing, or being certain of the truth of any proposition.

（3） Coste が things を substances とし、Leibniz もそれに従っている。
（4） Porphyrios : Eisagoge ch. 4, 4a14 [Langley]
（5） connaître la nature des idées〔,〕des substances の括弧内のカンマは Ak. に従って削除する。
（6） 原文には justifient とあるが、Remnant & Bennett に従って signifient と読む。
（7） 「観念の」はライプニッツの付加。
（8） 「つまり混雑した」はライプニッツの付加。
（9） cf. Lettre à Burnett, Giii 256. [Langley]
（10） 原語は fantaisie だが imagination といった感じであり、むしろ形象的思惟と訳したいくらいである。
（11） Terentius : Eunuchus I, i, 17～18. [Ak. Cassirer]
（12） Plautus : Menaechmi, 247. [Ak.]
（13） Cassirer に従って、à une connexion を省く。
（14） Locke : no necessary connection, that we can discover ; Coste : aucune connexion nécseesaire ; Leibniz : aucune connexion nécseesaire connu.
（15） Locke は「実体の」。
（16） déduites が Coste にはあるが、Leibniz では落ちている。
（17） 本書Ⅱ・21・8、Ⅱ・21・13参照。[Langley]

第7章

（1） Locke では単に Of maxims. Coste の変更。
（2） Locke : foundation of their clearness or cogency. Coste が変更。
（3） Locke : influence and govern. Coste の変更。
（4） cf. Im primum Euclidis elementorum (ed. Friedlein, 1873, p. 157) [Ak.]
（5） cf. Lettre à Oldenburg, GMi 144. [Ak.]
（6） 本書Ⅰ・3・24参照。[Ak.]
（7） Antoine Arnauld (1612～1694) ジャンセニストの哲学者、神学者。Nouveuax éléments de Géométrie (1667), Ax. XVIII, p. 5. [Ak.]
（8） Meditationes de cognitione, veritate et ideis. [Ak.]

（9）原語は connexion だが，Locke では coexistence.

（10）本書Ⅲ・10・21参照。[Brunschwig]

（11）Claude Hardy (c. 1605〜1678) フランスの弁護士，数学者，言語学者。デカルトの友人。いわゆるメルセンヌ・アカデミーに所属。ライプニッツはパリで彼に会っている。Data Euclidis (1625) がある。

（12）Marinus (440 頃生) ギリシアの数学者。プロクロスの弟子。Protheoria の著者。[Brunschwig]

（13）Serenus d'Antinoé 三世紀から四世紀の数学者。De sectione cylindri et coni, libri duo, 1566 [Ak.]

（14）Jan Amos Komensky (1592〜1671) チェコの神学者。近代教育学の創始者。cf. Physicae ad lumen divinum reformatae synopsis (1633) ch. 8. この著作の中で彼はアリストテレスとパラケルススの錬金術的教説とを両立させようとする。[Brunschwig] ライプニッツの彼に対する評価については Ak. II, i, 199sq, 201. [Remnant & Bennett]

（15）François Viète (1540〜1603) フランスの著名な数学者。代数学の創始者。cf. Opera mathematica (ed. F. Schooten, 1646), De recognitione aequationum, pp. 84〜161 [Ak.]; cf. Couturat : La logique de Leibniz, Appendice III. [Brunschwig]

（16）各桁の数字を足して九の倍数になると当の数は九で割れる，という験算のこと。cf. Gvi 490sq.; cf. Dialogus de connexione inter res et verba, Gvii 190f. [Cassirer]

（17）こういう考え方が行列式の出発点。cf. Cantor : Gesch. der Math. iii, 105 ff.; Couturat : La logique de Leibniz, Appendice III. [Cassirer]

（18）例えば Responsio ad Nic. Fatii Duillierii imputationes (Acta Erud., mai 1700, p. 208) [Ak., Remnant & Bennett]

（19）cf. Stoikheia, I, Ax. 9. [Ak.]

（20）ライプニッツの付加。

（21）本書IV・7・1参照。

（22）cf. Stoikheia, I, Ax. 5. [Ak.]

（23）De sphaera et cylindro, Hypothèse III (ed. D. Rivaltus, 1615, p. 7) [Ak.]

（24）cf. Gvii 198. [Cassirer]

（25）Hippocrates (B.C. 460〜375)

（26）Isaac Casaubon (1559〜1614) フランスの大文献学者。アンリ四世の王室図書係 (1604)。cf. Lettre à Burnett, Giii 192. [Langley]

（27）Analytica Posteriora 76b23sq. [Remnant & Bennett]

（28）Orcus はギリシアのプルートーと同一視される地獄の神。[Brunschwig]

(29) Brunschwig の版では "Car pourvu qu'on ait les idées moyennes, on *ne* peut avoir la liaison sans le secours des maximes et avant qu'elles aient été produites……とあるが，Ak. に従ってイタリックの部分を en と読む。

(30) Locke : the rational part of mankind not corrupted by education. Coste の変更。

(31) Petronius : Satyricon I ; cf. Aristoteles : Politica 1289a39 [Ak.]

(32) Principia II, §§1, 4. [Langley]

(33) Gerhardt 版では l'étendu だが，Brunschwig 版では l'étendue になっている。当然後者を採る。

(34) mais un autre n'aura point raison de conclure d'abord de la sienne qu'il *y* en peut avoir, ……のイタリックの *y* を Ak. に従って挿入する。

(35) 本書Ⅱ・4参照。[Langley]

(36) Unicum opticae, catoptricae et dioptricae principium (Acta Erud. june 1682, pp. 185～190) [Ak., Langley]

(37) Dioptrica nova (1692), Pt. II, ch. 1. [Ak.]

(38) cf. Specimen dynamicum (Leibniz : Hauptschriften I, 271 ff.) [Cassirer]

(39) ライプニッツの付加。

(40) cf. Digesta〔ローマ法全集のこと〕 44, 7, 1. 25. [Ak.]

(41) cf. Digesta 50, 17, 1. 206. [Ak.]

(42) Worms の司教 Burkard (965～1025) の名に由来するアフォリズム。彼は法律家，教会法学者。彼の Decretum collectarium「教会法集成」は中世で最も重要な教会法集成の1つ。cf. Nova methodus II, § 24 (Ak. VI, i, pp. 308～310) [Ak.] ; Lettre à Kestner (Dutens IV, Pt. iii, 264) [Langley]

(43) Paulus のこと。cf. Digesta 50, 17, 1. 1. [Brunschwig]

(44) Institutiones, 4, 6, §2. [Ak.]

(45) Jacques Barner (1641～1688) ドイツの自然学者。パドヴァ大学教授。ライプツィヒ大学哲学医学教授。医者の Van Helmont の弟子。Prodromus Sennerti novi, seu delineatio novi medicinae systematis (1674) の著者。[Brunschwig]

(46) Daniel Sennert (1572～1637) ドイツの有名な医者。ウィッテンベルク大学教授 (1602～1637)。古代の人々，アリストテレス，ガレノス，の教説と，パラケルススらの錬金術師たちの教説とを統合しようとした。Epitome scientiae naturalis (1618) がある。

(47) Analytica Posteriora 99a34～5. [Remnant & Bennett]

第 8 章

（1）ライプニッツの付加。

（2）「無価値ナ　云々」はライプニッツの付加。

（3）本書IV・6・2参照。[Langley]

（4）Proclus : In primum Euclidis elementorum. [Ak.]

（5）Locke : is predicated of the name of the whole.

（6）Publilius Syrus の詩。彼は紀元前1世紀のラテン作家。セネカが何回も引用する。cf. Consolatio a Marcia IX, 5 ; De la tranquillité de l'âme XI, 8. [Brunschwig] ; Dialogues, VI ix, 5 et IX ii, 8. [Ak.]

（7）Terentius : Heaytontimoroumenos, 77 の自由な引用。[Brunschwig]

（8）cf. Digesta, 50, 17, 1. 55 et 1. 155 ; 39, 2, 1. 26. [Ak.]

（9）Huig van Groot (1583～1645) オランダの有名な法学者，歴史家。自然法学派の創始者の1人。cf. Opera omnia theologica (1679), IV, pp. 206, a. 50, 621, a. 54 ; Epistolae ad Gallos, epist. 154 ; ad Joa. Cordesium, p. 335 [Langley]

（10）Francesco Suarez (1548～1617) スペインの有名な神学者。トマス学説にドゥンス・スコトゥス，ウィリアム・オッカムの学説をも結び付ける。折衷主義との非難もあるが，却ってプロテスタントにも影響。イエズス会最大の学者。［『キリスト教人名辞典』日本基督教団出版局(1986)］

（11）Metaphysica 982a4～b10 ; 1028b2～7 [Brunschwig]

（12）cf. Codex juris gentium diplomaticus (Dutens IV, Pt. 3, S. 294ff.) [Cassirer] ; Giv 292 ; DM28. **[Langley]**

（13）「時に」はライプニッツの付加。

（14）Locke : press them ; Coste : presser la signification ; Leibniz : presser la force.

（15）cf. Cod. Justin. 8, 56, 1, 8 and 10. [Langley]

（16）本書III・8・1参照。[Ak.]

第 9 章

（1）コストの付加。

（2）例えば Metaphysica 1027a8～15. [Remnant & Bennett]

（3）本書IV・3・21参照。[Langley]

第10章

（1）Locke : perception ; Coste : intelligence.

（2）「数学的な」は Locke には無い。Coste の変更。

（3）Locke : the most powerful ; Coste : Toutpuissant.

（4）ch. 7, §16. [Ak.].

（5）Meditatio V ; Principia I, 14. [Ak.]

（6）Medtitationes de cognitione, veritate et ideis (Acta Eruditorum, 1684) ; Lettre touchant la démonstration cartésienne de l'existence de Dieu (Mémoires de Trévoux 1701) [Brunschwig]

（7）Proslogion ch. 2 [Remnant & Bennett]

（8）Thomas Aquinas : Summa theologiae I, 2. [Cassirer]

（9）Mon 45. [Cassirer]

（10）cf. Lettre à Jaquelot, Giii 442 ; Lettre à Conring G i 188 ; Lettre à Eckhard, Gi 212. [Langley]

（11）Meditatio III. [Ak.]

（12）ライプニッツのパラフレーズ。

（13）Locke : finite.

（14）P. Bayle : Dictionnaire historique et critique の Rorarius の項。[Brunschwig]

（15）Locke : give. Coste の変更。

（16）「それを他の部分から区別する」はライプニッツの付加。

（17）Locke, Coste, Ak. は SUBSTANCE, Gerhardt は強調，Brunschwig はイタリック。

（18）フィラレートでは "la philosophie est présentemet fondée dans le monde". だが，テオフィルでは "la philosophie qui est présentement fondée dans le monde" となっている。

（19）cf. Specimen dynamicum (Leibniz : Hauptschriften I, 266, 280) ; Mon 80. [Cassirer]

（20）Gvi 556～8 ; Essais de Théodicee, §§382, 385, 391～3 ; Mon 47 ; Pichler : Die Theologie des Leibniz, I, 252. [Langley]

第11章

（1）Coste : démontre ; Leibniz : prouve.

（2） Locke : "and the brisk acting of some objects without me" ; Coste : "et l'impression vive de quelque objets hors de moi" ; Leibniz : "de cette impression vive".
（3） Locke : many of those ideas.
（4） Locke : very plain and clear. Coste の変更。
（5） 本書IV・2・14 ; De modo distinguendi phaenomena realia ab imaginariis, Gvii 319 sq. [Langley]
（6） Locke : many. Coste の変更。
（7） cf. Animadversiones I, 4. [Cassirer]
（8） cf. Soliloquia II [Cassirer] ; De libero arbitrio II, III～XV ; De vera religione XXX～XXXI [Ak.] ; De Beata Vita ch. 7 ; De Trinitate X, 14, XIV, 7. [Langley]
（9） cf. Mon 43. [Cassirer]

第12章

（1） Locke : Of the improvement of our knowledge
（2） Polemon (B. C. 340～273) クセノクラテスを継いでプラトンのアカデメイアの学頭。ストア主義の成立に少なからず影響。[Brunschwig]; cf. Stobaeus : Eclogae physicae I, i, ecl. 29, 62. [Ak.]
（3） cf. Pherekydes : (H. Diels : Fragmente der Vorsocratiker, 7 (71), A9) [Ak.]
（4） 紀元前五世紀イオニアの哲学者。アナクサゴラスの徒。ソクラテスの師だったとされている。cf. Diogenes Laertius II, ch. 4. [Cassirer (Schaarschmidt)] ; cf. H. Diels : op. cit. 60 (47), A1. [Ak.]
（5） Metaphysica 1005a18～36 [Remnant & Bennett]
（6） Sophistici Elenchi 165b3 [Brunschwig]
（7） Hermann Conring (1606～1681) ドイツの政治学者，医学者，自然学者，法律学者，神学者，歴史家，哲学者。ヘルムシュテットの自然学，医学，政治学教授。アリストテレス主義者。ボイネブルクの友人であり師。ライプニッツの文通相手。cf. Gi 153～206 ; Ak. II, i.
（8） Frolingius. [Ak.]
（9） Bartolomeo Viotti 一六世紀の哲学者，医者。Demonstrationum in methodum modendi lib. V (1661 年に Frolingius によって再版)。
（10） 紀元前四世紀アレクサンドリアの数学者。
（11） cf. Lettre à Conring, Ak. II, i pp. 456～458. [Ak.]

(12) Lettre à Conring, Gi 187sq. [Cassirer]
(13) cf. Stoikheia, I, Def. 4. [Ak.]
(14) cf. In Euclidis πρῶτα CM v 185. [Cassirer]
(15) Stoikheia I, ed Clavius Ax. 10. [Ak.]
(16) Ibid. Ax. 14. [Ak.]
(17) De sphaera et cylindro, Hypothese I. [Ak.]
(18) ライプニッツの付加。
(19) Locke : substantial beings.
(20) 原語は police、Cassirer は Staatkunst と独訳。
(21) cf. Novum Organum, sive indicia vera de interpretatione naturae (1620) [Ak., Brunschwig]
(22) cf. Lettre de Descartes à Mersenne (1630/12/23 AT. I, 195〜6) [Brunschwig] ; (1632/5/10 AT. I, 251) [Ak., Cassirer]
(23) Oldenburg (c. 1620〜1677) ドイツの外交官。Boyle と知り合い、Royal Society の秘書となる。ライプニッツは一六七三年のイギリス滞在中に彼と会う。cf. Spinoza : Opera posthuma, 1677, lettre 6, p. 410. [Ak.]
(24) cf. R. Boyle : A Physico-chemical Essay, containing an experiment...... touching the different parts and redintegration of salt-petre (1661) [Ak.]
(25) Hippokrates von Chios 紀元前五世紀の数学者。cf. Cantor : Vorles. über die Gesch. der Mathematik I, 192f. [Cassirer]

第15章

(1) Locke : Protestants in England.
(2) Pierre Nicole (1625〜1695) ジャンセニストの哲学者、神学者。De l'unité de l'Église (1687) が論争を巻き起こす。ライプニッツはパリで彼に会っている。
(3) Tertullianus (c. 155〜c. 230) キリスト教の護教家、神学者。cf. De praescriptione haereticorum (200) [Brunschwig]
(4) cf. P. Nicole : Préjuges légitimes contre les calvinistes (1671) ; P. Jurieu : Préjuges légitimes contre le papisme (1685) [Ak.]
(5) Bossuet は一七〇四年四月一二日死亡。[Brunschwig]

第16章

（1）「暇の無いために」はライプニッツの付加。

（2）ここでの vu と cru との対比は，Locke では knowledge と probability との対比となっている。

（3）cf. Paulus : Sententiae Lib. I, Tit. vii, 1 ; Digesta Lib. XLII, Tit. i, 33. [Langley]

（4）Digesta Lib. XLII, Tit.I, 1. [Langley]

（5）cf. Descartes : Discours de la Méthode IIIè partie (P. Janet : Oeuvres philosophique de Leibniz I, p. 426)

（6）売名だけのためにエフェソスの神殿に火を放った人。（紀元前三五六年）[Brunschwig]

（7）cf. Molière : Don Juan ou Le Festin de Pierre (1665) [Cassirer]

（8）Locke : proposition we receive upon inducements of probability

（9）Locke ではここに guess が入る。

（10）Locke ではここに disbelief が入る。

（11）この部分，Cassirer の独訳を採って訳す。

（12）Remnant & Bennett は「差異の程度」。

（13）Méré (1610～1685) Les Agréments (1677) ; Oeuvres complètes (1692) ; cf. Réponse aux réflexions contenues dans la seconde Édition du Dictionnaire Critique de M Bayle, Giv 570. [Langley]

（14）B. Pascal : Traité du triangle arithmétique (1665) en appendice : Usage du triangle arithmétique pour déterminer les partys (ed. Brunschvicg et Boutroux, III, (1908) pp. 478～498) [Ak.]

（15）De ratiociniis in ludo aleae (1657)? [Brunschwig]

（16）Waerdije van Lijf-renten naar proportie van Los-renten (1671) [Ak.]

（17）cf. Lettre à Rémond, Giii 668 ; Couturat : Leibniz Opuscules et fragments inédits, p. 568 sq. [Cassirer]

（18）(409(507)～562(565)) cf. Guerre des Goths et Anecdotes, trad. lat de H. Grotius (1655) [Ak.]

（19）Louis Aubery du Maurier : Mémoires pour servir à l'histoire de la Holland (1680), p. 431. [Ak.]

（20）H. Grotius : Epistolae quotquot reperiri potuerunt (1687) [Ak.]

（21）Gregorio Leti (1630～1701) : La vie d'O. Cromwell (1694) [Ak.]

（22）cf. Jas. Heath : Flagellum, or the Life and Death, Birth and Burial of Oliver, the late Usurper. [Langley (Shaarschmidt)]

（23）S. Carrington : The History of the Live and Death of his most Serene Highness, Oliver (1659) [Ak.]

（24）cf. S. Pufendorf : Histoire du règne de Charles-Gustave (1697) [Ak.]

（25） (1625～1703) スウェーデンの技師，要塞の指揮官。[Brunschwig]
（26） Johannes Sleidanus (1506～1556) : De statu religionis et reipublicae Carolo V Caesare commentarii (1555) [Cassirer]
（27） cf. M. Dresser : Isagoges historicae pars I (1589), p. 625. [Ak.]
（28） Viet Ludwig von Seckendorff (1626～1692) ドイツの歴史家，政治家。Commentarius historicus et apologeticus de lutheranismo (1688) の著者。ライプニッツと文通（政治，歴史，教会改革について）。cf. Ak. I, iii～ix, II, i [Remnant & Bennett] ; cf. Lettre à Bossuet (Foucher de Careil : Oeuvres de Leibniz I, 288, 275) ; Dutens V, 90, 93, 566 [Langley]
（29） cf. Lettre de J. B. Bossuet à Leibniz (Klopp 版 Leibniz 全集 VII p. 194) [Ak.]
（30） Suibert, ou Swidger ザクセン出の人。一〇四六～一〇四七年，法王。[Brnuschwig]
（31） cf. Leibniz : Scriptores Rerum Brnusvicensium, I (1707) [Ak.]
（32） Hieronymus Hermes Bolsec (?～c. 1584) フランスの宗教思想家。カルヴァンの論敵。Histoire de la Vie, Moeurs, Actes, Doctrines, Constance et Mort de Jean Calvin, jadis ministre de Genève (1577) ; Histoire de la Vie, Moeurs, Doctrines et Déportements de Théodore de Bèze, dit Spectable, grand ministre de Genève. [Cassirer]
（33） Johann Eisenhart (1643～1707) というドイツの法律家に同名の書がある。[Brunschwig]
（34） ギリシアの歴史家。
（35） 旧約聖書外典，ユデト書，参照。
（36） cf. Leibniz : Accessiones historicae (1698), Pt. II, Gesta Treverorum, ch. 1～3. [Ak.]
（37） Johannes Trithemius (1462(52)～1516) ドイツの歴史家。フランク族の起源についての以下の書物がある。Compendium……de origine regum et gentis Francorum (1515) [Ak.]
（38） Johann Thurmaier, dit Aventius (1466～1534) : Annalium Boiorum, libri VIII, 1580. [Ak.]
（39） Peter Albinus (1534～1598) : Novae Saxonum historiae progymnasmata (1585) ; Meisznische Land- und Berg-Chronica (1589～1590) [Ak.]
（40） Sifrid (Suffrid) Petri (1527～1597) オランダの文献学者。cf. De Frisiorum antiquitate (1590) [Ak.]
（41） cf. Adelzreiter : Annales Boicae gentis (1701)〔河野与一訳，ライプニッツ『単子論』岩波文庫，九頁参照。〕
（42） Saxo grammaticus (c. 1150～c. 1206) デンマークの詩人，歴史家。Danorum regum heroumque historiae (1514) の著者。
（43） 古代スカンディナヴィアの人々の伝説。
（44） Vincent Kadlubek (Kadlubko, Kodlubko) (1161～1223) : Historia polonica (1612) [Ak.]

（45）Histoires II, 159. [Ak.]

（46）旧約聖書，列王紀略下，二三・二九。[Ak.]

（47）Louis Marie Victor d'Aumont (1632〜1704)

（48）cf. Theodore Zwinger (1533〜1588) : Theatrum vitae humanae (1586〜7) ; L. Beyerlinck : Magnum theatrum vitae humanae (1631) ; 本書IV・21・1以下参照。[Ak.]

（49）Ak. に従い "et" を採る。Brunschwig と Gerhardt は "de".

（50）Christian Huygens の遺作。その三二〜四六頁参照。[Ak.] De la pluralité des mondes (1702) の名で仏訳される。

（51）Bernard le Bouvier de Fontenelle (1657〜1757) フランスの科学者。Académie des Sciences の秘書。ライプニッツと文通した。Entretiens sur la pluralité des mondes (1686) がある。

（52）Nolant de Fatouville : Arlequin, empereur dans la lune (1683) [Brunschwig]

（53）J. Kepler : Somnium seu opus posthumum de astronomia lunali (1634) [Ak.]

（54）F. Godwin のこと。[Ak.]

（55）cf. Histoire comique, p. 365. [Ak.] ; cf. Essais de Théodicée, §343. [Langley]

（56）Locke は「最高度の同意を要請する」。

（57）本書IV・20・17参照。[Ak.]

第17章

（1）Locke : assent.

（2）Locke は「知覚されるように」。

（3）「演繹の各部分の」は Coste の変更。

（4）「この小さな体系」は Coste の付加。

（5）「この世で (ici)」はライプニッツの付加。

（6）Locke は動物——生き物——人間——動物。

（7）cf. Joachim Jungius (1587〜1657) : Logica Hamburgensis (1638) I, S. 33. [Cassirer]

（8）cf. De arte combinatoria Ak. VI, i, pp. 184〜185. [Ak.]

（9）cf. Difficultates quadam logicae, Gvii 211〜217 ; Lettre à Bourguet, Giii 657〜570. [Langle y]

(10) cf. Aristoteles : Topica 100^{a}27sq. [Langley]

(11) Collectiones mathematicae, trad, lat. de F. Commandano (1588), Livre VII, Préface. [Ak.]

(12) Richard Hooker (1554～1600) 英国教会の神学者。cf. Of the Lawes of Ecclesiasticall politie (1616～7) I, ch. 6 §3. この書は英語で書かれた最初の偉大な哲学書であり神学書と言われる。彼の契約の理論はロックを始めとする後世の政治思想に大きな影響を与えた。『キリスト教人名辞典』日本基督教団出版局 (1986)]

(13) Horatius : Epistolae I, xix, 19. [Brunschwig]

(14) Locke : general.

(15) Aristoteles は大前提が先，Petrus Ramus や Gassendi は小前提が先。[Cassirer]

(16) De arte combinatoria Ak. VI, i, p. 183. [Ak.]

(17) Analytica Priora 25^{b}32 [Remnant & Bennett]

(18) 原語は formalités。Cassirer は Wesensbestimmungen, Holz は Formalbegriffe, Remnant & Bennett は attributes と訳し，Langley は essence のことであると注を付す。

(19) cf. Initia rerum mathematicarum metaphysica (Leibniz : Hauptschriften I, 56) ; Specimen Geometriae luciferae, GMvii 261 ; Couturat : La logique de Leibniz, p. 305. [Cassirer]

(20) フィラレートのここまではライプニッツの付加。

(21) Locke : instance. Coste の変更。

(22) (c. 325～c. 409) Arithmeticorum, libri sex, ed. P. Fermat (1670) [Ak.]

(23) Scipione del Ferro (1465～1525) ボローニア大学教授。$x^3+ax=b$ の形の三次方程式を解いたと言われている。その解法は公表されていない。

(24) Ludovico Ferrari (1522～1562) カルダーノの弟子。cf. Cardano: Ars magna ch. 11, et ch. 15, Opera ed. de 1663, t. IV, pp. 249, 254. [Ak.]

(25) un degré differe *un degré* de cette qui.........のイタリック部分を Cassirer に従って省く。

(26) cf. Descartes : Géométrie III, AT. VI, pp. 476～484. [Ak.]

(27) Conicorum libri. [Ak.]

(28) Collectiones mathematicae. [Ak.]

(29) F. Vieta : De aequationum recognitione et emendatione, Opera (1646) [Ak.]

（30） Ismael Boulliau（1605～1694）フランスの天文学者、数学者。De lineis spiralibus demonstrationes（1657）の著者。ローマカトリックの司祭でありながらガリレオ裁判の後に地動説を主張。彼についてのライプニッツの言及は Dutens VI, i, 333 ; GMiii 772. [Remnant & Bennett]

（31） Gregoire de saint-Vincent（1583～1667）フランドルの幾何学者。cf. Opus geometricum quadraturae circuli et sectionum coni (1647), p. 664. [Ak.]

（32） Nova Methodus pro Maximis et Minimis（Acta Erud. oct. 1684）[Ak.] ; Historia et origo calculi Differentialis, GMv 392～410. [Langley]

（33） cf. Descartes : Géométrie I AT. VI, pp. 388～390. [Ak.]

（34） 1. 188m

（35） 本書IV・16・12参照。[Ak.]

（36） ライプニッツの付加。

（37） 「キリスト教の使信はさまざまな指標・前徴・しるしをともない、それらは神の近づきを示し、使信がほんとうに神のことばであり、その内容は本質的に自明なものではないにせよ、信じうるものであり、信ずべきものであることを保証している。これらのしるしは専門用語で「信じさせる理由」(motifs de crédibilité) とよばれている。」〔ピエール・アドネス著、渡辺義愛訳『カトリック神学』白水社、文庫クセジュ、一三〇頁〕

（38） cf. Essais de Théodicée §§2, 5, 23, 56 ; 本書序文 ; Annotatiunculae subitanae ad Tolandi librum, De christianismo mysteriis carente, Dutnes V, 142～3. [Langley]

（39） Gabriel Naudé（1600～1653）フランスの有名な学者。マザランの司書。Epistolae（1667）; Naudeana（1701）[Brunschwig]

（40） (1512～1517)

（41） cf. Considérations sur la doctrine d'un Esprit Universel unique (1702), Gvi 529sq. [Cassirer] ; Essais de Théodicée Discours préliminaire, §§7, 8, 11. [Langley]

（42） Daniel Hoffmann（1540(38)～1611）ドイツのルター派神学者。アリストテレス主義者のカゼーリウス、マルティニとの間で、ホフマン論争を引き起す。

（43） Cornelius Martini（1568～1621）ドイツの人文主義者、ルター派神学者。ルター派教会の中で最初にアリストテレスの形而上学を採り入れた正統主義神学の構築を企てた。

（44） cf. Essais de Théodicée Discours préliminaire, §13. [Langley]

（45）スウェーデンのクリスティナ女王のこと。[Brunschwig] ; cf. Essais de Théodicée Discours préliminaire, §38. [Ak.]
（46）De carne Christi, ch. 5. [Brunschwig]
（47）コリント人への手紙第一、一・二〇。[Brunschwig]

第18章

（1）ライプニッツの付加。
（2）Locke : ideas.
（3）コリント人への手紙第一、二・九。[Brunshwig]
（4）ライプニッツの付加。
（5）Remnant & Bennett に従って même の位置を変え、même contre la probabilité と読む。
（6）本書IV・16・10参照。[Ak.]
（7）Christophe Stegmann : Metaphysica repurgata（1635）; cf. Essais de Théodicée Discours préliminaire, §16. [Langley]
（8）Josua Stegmann（1588～1632）: Photinianismus（1626）
（9）三位一体、イエス・キリストの神性を否定。彼らは四世紀の異端と類比的な名で photiniens とも呼ばれた。[Brunschwig]
（10）Andreas Kessler（1595～1643）ドイツの神学者。cf. Examen Metaphysicae Photinianae（1648）; Examen logicae Photinianae（1663）[Cassirer] ; cf. Essais de Théodicée Discours prléiminaire, §16. [Langley]
（11）Honoré Fabri（1606～1688）フランスのイエズス会士。数学者、神学者。血液の循環をハーヴェーとは独立に発見。ライプニッツの文通相手。デカルトの運動法則を反駁した（cf. Ak. II, i, 185sq., 286sq.）。[Remnant & Bennett] Summula theologica（1669）の著者。また Petrus Monsnierus という偽名で Philosophie（1646）を公刊。ライプニッツはしばしば彼に言及する。例えば、Essais de Théodicée §348 ; Hypoth. phys. nova §§56, 59, Giv 208, 214, 216. [Langley]
（12）Nicolaus Vedelius : Rationale theologicum（1628）. cf. Essais de Théodicée, §§20, 67. [Langley]
（13）Johann Musaeus（1613～1681）: De usu principiorum rationis et philosophiae（1665）
（14）cf. Ak. VI, i, p. 532. [Ak.]
（15）William Occam（1270～1347）: Quodlibeta（V, i）[Brunschwig]
（16）J. Musaeus : op. cit. livre I, ch. 23 ; N. Vedelius : op. cit. livre I, ch. 15. [Ak.]
（17）Bartholomaus Keckermann（1571～1609）ヘブル語学者。P. Ramus の論敵で、アリストテレス主義と神学における形而上学の弁護者。

cf. Systema theologiae (1615) I, ch. 3. [Ak.]; cf. Essais de Théodicée, §59. [Cassirer]

(18) Raimundus Lullus (1235～1315). cf. Disputatio fidei et intellectus Pt. II. [Ak.]

(19) J. Musaeus : op cit. Disp. prior et livre III, ch. 8～11. [Ak.]

(20) Remnant & Bennett は Vedelius とよる。

(21) Stromate, I, 4 et 5 ; VI, 5 et 17 ; VII, 2. [Ak.]

(22) Justinos (89～167) 古代のキリスト教弁証家。キュニコス派のクレメンスとの論争を機に，キリスト教のゆえをもって六人の弟子と共に処刑された。ストア派と中期プラトン主義の影響のもとに，ロゴスの概念を用いてヘブライ的予言者的啓示信仰にギリシア思想を調和させかつ包括するキリスト教真理の弁証論を樹立した。『キリスト教人名辞典』参照］; cf. Apologie I, 7 ; II, 7 et 10 [Ak.]

(23) Ioannes Chrysostomos (344～407) コンスタンティノポリス主教。説教の巧みさから，黄金の口（クリュソストモス）といわれる。『キリスト教人名辞典』]

(24) Paul Pellisson-Fontanier (1624～1693) フランスの文人，歴史家。教会統一の計画に関してライプニッツと多年接触を持つ。cf. Dutens I, 678ff. [Cassirer]

(25) Opus familiarium colloquiorum (1566), Convivium religiosum, p. 151. [Ak.]

(26) Juan Luis Vives (1492～1540) スペインの哲学者，人文主義者，エラスムスの友人。cf. De Civitate Dei libri xxi (1570), livre 18, ch. 47. [Ak.]

(27) Diego payva de Andrade (1528～1575): Orthodoxicarum explicationum de religionis christianae capitibus LX contra Chemnitium (1564) p. 291 ; cf. Dutens I, 34. [Cassirer] ; Essais de Théodicée, §96. [Langley]

(28) Lettre de P. Pellisson-Fontanier à Leibniz (Ak. I, vi, p. 123sq.) [Ak.]

(29) Martin Chemnitz (1522～1586) ドイツのルター派神学者。Melanchton の弟子。Examen Concilii Tridentini（トリエント公会議批判）(1585) を書く。cf. Essais de Théodicée Discours préliminaire, §67. [Langley]

(30) P. Bayle : Dictionnaire article Andrada. [Ak.]

(31) Francesco Collio : De animabus paganorum (1622～1633)

(32) François de la Mothe le Vayer (1588～1672) : De la vertu des paiens (1642)

(33) Francesco Pucci : De Christi servatioris efficacitate (1592)

(34) De peccatorum meritis et remissione, I, ch. 25 ; III, Ch. 4 ; De pccato originali, ch. 19 ; cf. Essais de Théodicée, §§ 92～95, 283. [Ak.]

（35）ポールロワイアルの神学者、特にパスカルを指しているのだろう。[Cassirer]; cf. Essai de Théodicée, §§92～93. [Ak.]

（36）典礼（rites）と言葉（termes）についての論争。[Ak.]

（37）Rationale theologicum (1628), I, ch. 9. [Ak.]

（38）五世紀の異端。その主なる説は（1）カトリックの原罪の教義をマニ教的異端として否定し、恩寵は有用ではあるが必ずしも必要ではないとすること、（2）恩寵は功徳に応じて与えられると説くこと、（3）意志に直接働きかける恩寵は自由を拘束するものとして否定し、完全な無罪性は可能なものと主張すること、などである。[『哲学事典』平凡社]

（39）Claude Pajon (1625～1684) フランスのプロテスタント神学者。Examen du livre (de Nicole) qui a pour titre Préjugés Légitimes contre les Calvinistes (1673) [Brunschwig]

第19章

（1）"une raison surnaturelle, c'est-à-dire" はライプニッツの付加。

（2）Locke : to receive the remote light of an invisible star.

（3）Coste では "la vérité de" が入っているが、Leibniz では落ちている。

（4）ライプニッツの付加。

（5）旧約聖書、出エジプト記、三・二、七・一五。

（6）「重要な」はライプニッツの付加。

（7）「少なくとも」はライプニッツの付加。

（8）Ovidius : Fasti VI, 5. [Brunschwig]

（9）Apologia Socratis : 31c～d ; 40a～c ; Symposion 202e

（10）Vergilius : Aeneis VI, 45～50. [Brunschwig]

（11）Vergilius : Aeneis IX, 184sq. [Brunschwig]

（12）Robert Barclay (1648～1690) スコットランドのクエーカー教徒。cf. Theologiae vere christianae Apologia (1676), Thesis quinta et sexta, p. 88sq. [Ak.]

（13）cf. Lettre à Burnett, Giii 184. [Langley]

（14）Antoinette Bourignon (1616～1680) フリースラントの女性神秘家。cf. Réflexion sur l'esprit séctaire (1697), Dutens I, 740. [Cassirer]; Ak. I, iii. [Remnant & Bennett]

（15）Rosamunde d'Asseburg（c. 1672～1712）のこと。Sophie 王女が Rosamunde の姉に会う。その神秘的力と幻想とについて Sophie は Leibniz に尋ねる。cf. Ak. I vii 30sq.; 190sq. [Remnant & Bennett]

（16）ライプニッツはここで「組合教会派」のことを考えている。[Langley]

（17）John Asgill（1659～1738）: An argument proving, that......man may be translated from hence into that eternal life, without passing through death（1700）[Ak.]

（18）Quirinus Kuhlmann（1651～1689）ヤコブ・ベーメに影響されたポーランド出身の神霊主義者。千年王国（イエスの御国）の到来を予告。

（19）Jean de Labadie（1610～1674）の弟子。Anne-Marie van Schurmann と Pierre Yvon de Montauban を指す。[Ak.] Labadie はフランスの神学者、敬虔主義者。聖書に基づく初代教会の復興を目標とし聖霊の働きの強調、幼児洗礼の否定、財産や糧の共有などを特徴とする。主著は La réforme de l'église par le pastorat.［『キリスト教人名辞典』］

（20）William Penn（1644～1718）クエーカー教徒。Pennsylvania 植民地の創設者。ドイツとオランダへの一六七七年の旅行についての報告を一六九四年に出版。[Brunschwig]

（21）彼に対するライプニッツの判断については Lettre à Fried. Sim. Loefler, Dutens V, 409 参照。[Cassirer (Schaarschmidt)]

（22）Adam de Saint-Victor（c. 1110～c. 1180）: Séquences, De S. Jean l'Evangeliste. 28～30. [Ak.]

（23）Bertrand de Lacoste : Klarer Beweys von t'Quadrat des Cirkels（1677）[Cassirer (Schaarschmidt)]

（24）当該書は一六五七年刊。

（25）Christine Poniatovia (Poniatowska)（1610～1644）ポーランドの幻想家。[Brunschwig]

（26）Nikolaus Drabik (Drabicius)（1588～1671）モラヴィアの神秘思想家、狂信的予言者。教皇庁とハプスブルク家の破滅を予告したため大逆罪に問われ、処刑される。［『キリスト教人名辞典』］

（27）Georges II Rakoczy（1621～1660）[Brunschwig]

（28）オランダ戦争（1672～78）

（29）Montausier（1610～1690）ルイ十四世の養育掛。

（30）Simon Arnauld de Pomponne（1616(18)～1699）ナイメーヘンの和約の交渉役。Antoine Arnauld の甥。

（31）Jacob Thomasius（1622～1684）Christian Thomasius の父。ライプツィヒの教授。ライプニッツの大学時代の師。De officio hominis circa notitiam futurorum contingentium（1664）; cf. Gi 7sq. [Cassirer]

第20章

（1）Locke : Of wrong assent, or error. Coste の変更。
（2）Brunschwig 版の les は間違い。la と読む。
（3）London での例が Coste によって Paris での例に差し替えられている。
（4）Flavius Honorius (384～423) 西ローマ皇帝。アラリック (Alaric) のゴート族によるローマ陥落は四一〇年。
（5）Suetonius : De vita Caesarum, Augustus 101, 4. [Ak.]
（6）旧約聖書，出エジプト記，二八・三〇参照。
（7）Locke が「ローマ教会派」で Transsubstantiation といっているのを，Coste は「ルター派」で consubstantiation に変える。
（8）ルター派。[Langley]
（9）一五七〇年。
（10）一六四五年。Vladislas VII の要請による。
（11）cf. J. Calvin : Institutio, livre IV, ch. 17. [Ak.]
（12）Théodore de Bèze (1519～1605) カルヴァンの弟子，友人。
（13）Philippe Schwartzerde, dit Melanchton (1497～1560) ルターの弟子，友人。
（14）J. Calvin : Epistolae atque responsa, ed. de 1677, lettre de J. Calvin à M. Schalingius du 25 mars 1557, pp. 112～114. [Ak.]
（15）cf. Descartes : Principia III§§52, 90 ; 本書序文参照。[Langley]
（16）Eustachio Divini (c. 1620～c. 1666) イタリアの技師，光学機械商，天文学者。Brevis annotatio in systema saturnium Christiani Hugenii (1660) [Langley]
（17）Septempedeanus pro sua annotatione in systema saturnium Christiani Hugenii adversus ejusdem assertionum (1661), p. 49. [Ak.]
（18）Vergilius : Aeneis III, 72. [Brunschwig]
（19）Leibniz の第一草稿では raisonnable en philosophant となっている。[Remnant & Bennett]
（20）Bucolica VIII, 108.
（21）ライプニッツの付加。
（22）「誤って考えられた」はライプニッツの付加。
（23）ライプニッツの付加。
（24）De utilitate credendi ad Honoratum (391) ; cf. Leibniz : Hauptschriften I, 47. [Cassirer]

（25）De l'unité de l'église (1687) [Ak.]

（26）Henry Holden (1576～1665) Divinae fidei Analysis (1685), p. 203; cf. Dutens I, 564, 595. [Cassirer]

（27）(c. 400～c. 450) ネストリウス派の異端に反対した。cf. Commonitoria duo (1631), ch. 2, 24. [Ak.]; cf. Dutens I, 564, 582. [Cassirer]

（28）De la perpetuité de la foi (1669), tome I, livre I, ch. 8～12. [Ak.]

（29）Jacques Gretser (1561～1625). cf. Dutens I, 564. [Cassirer]

（30）Claudius Aquaviva (1543～1615) イタリアのイエズス会第五代総会長。Ratio studiorum (1599) があり，これは全ヨーロッパのカトリック教会制度の基礎となった。[『キリスト教人名辞典』]

（31）ライプニッツの付加。

（32）Locke: no thought, no opinion; Coste: point d'opinion ni aucune pensée positive; Leibniz: point d'opinion positive.

（33）Roberto Bellarmino (1542～1621) イタリアの論争神学者。枢機卿。ガリレオと教会とのいたいたにおいて有名。cf. De arte bene moriendi (1620), II, ch. 9. [Ak.]

第21章

（1）ここまでライプニッツの付加。

（2）第16章注（48）参照。

（3）Franciso Jimenes (Ximenes) de Cisnero (1436～1517) スペインのカトリック聖職者，人文主義者。宗教裁判所判事。女王イザベルの告解司祭（1492)。トレドの大司教（1495)。cf. E. Fléchier: Histoire du Cardinal Ximenes (1693), p. 127. [Ak.]

（4）J. van Beverwijck, dit Beverovicius (1594～1647) オランダの医者。cf. Idea medicinae veterum (1637) [Brunschwig]

（5）原語は civile. Remnant & Bennett は administrative と訳す。

（6）cf. Idea Leibnitiana Bibliothecae Publicae secundum classes scientiarum ordinandae, Dutens V, 209～214; **Représentation à** S. A. S. le Duc de Wolfenbuttel, pour l'encourager à l'entretien de sa Bibliothèque, Dutens V, 207～208; Guhrauer: Leibnitz's Deutsche Schriften II, 470～472. [Langley]

（7）Georges Draud (c. 1572～c. 1635) ドイツの学者，書誌学者。Bibliotheca classica sive catalogus officinalis, in quo singulii singulorum facultatum ac professionum libri secundum artes et ordine alphabetico recensentur (1611) [Cassirer]

（8）Martin Lipenius (1630～1682) Bibliotheca realis juridica (1679); Bibliotheca realis medica (1679): Bibliotheca realis philosophica (1682) ; Bibliotheca realis theologica (1685) [Cassirer]

(9) Conrad Gesner (1516～1565) 百科全書的作家。医者，ナチュラリストとして知られる。ドイツのプリニウスと言われる。[Langley] cf. Pandectae sive partitionum universalium libri XXI (1548) [Cassirer (Schaarschmidt)]

(10) ライプニッツとロシアのピョートル大帝のことを考えよ。cf. W. Gerrier : Leibniz in seinen Beziehungen zu Russland und Peter dem Grossen (1873) ; Foucher de Careil : Leibniz et Pierre le Grand (1873) [Langley]

訳者あとがき

ここに訳出したライプニッツの『人間知性新論』は、周知のように、ジョン・ロックの『人間知性論』An Essay concerning Human Understanding に刺激されて書かれた、ライプニッツの晩年の対話篇である。ロックの見解を代弁するフィラレートと、ライプニッツの見解を代弁するテオフィルとの対話という形式をとりながら、ロックの『人間知性論』で展開された認識論にライプニッツが自分の考えを対峙させている、という言い方をするのが適切であろう。対話といっても対話者の一方は言わば書物であって決して生き生きとした印象を与えるような代物ではなく、ライプニッツ自身それを十分意識しているために序文でプラトンやマールブランシュの書いた対話篇に比しての見劣りを弁解しており、ロックの著作を読んで考えたことを書き連ねているというのが実際のところである。それはこの書物の成立事情を見ても分る。

ライプニッツはロックの『人間知性論』の大要を、一六九〇年のその出版以前に知っていた。ロック自身によって作られた摘要が仏訳されて、一六八八年には Le Clerc の出した Bibliothèque Universelle に載せられたからである。こうしてロックの思想に触れて興味を抱いたライプニッツは、『人間知性論』が出版された後の一六九六年にバーネット Burnett にあててこの書物についての批評を書き送っている。ロックがそれを読むことを半分期待して、である。実際ロックはそれを読むのだが、黙殺する。その後、一七〇〇年にコスト Coste による『人間知性論』の仏訳が出版され、英語よりはずっとフランス語の方が堪能だったライプニッツにはロックの思想の更なる検討の条件が整った。そこでライプニッツは『人間知性新論』を à bâtons rompus（時々思い出したように）、しかも fort à la hâte（あたふたと、急いで）書いた、という。完成は一七〇三年の夏であった。初めは出版の意図もなかったのだが、出版を勧められたためにユゴニ Hugony とバルベイラック Barbeyrac とにフランス語の表現の改善を頼んだのだ、とブートルーは述べている。ここに至ってライプニッツははっきりと出版を意図している訳だが、コストが『人間知性論』の第五版が出るまで待った方が良いと勧める。新たな補遺が加えられるからだというのである。そうこうする内に、翌一七〇四年、ロックは死去してしまう。その後もライプニッツは即座にその出版を断念するのではないが、結局、彼の生前に公にされることはなかった。遺稿として刊行されるのは半世紀以上も後の一七六五年、ラスペ Raspe によってである。

この著作の内容について述べる前に、書名を『人間知性新論』と訳し『人間悟性新論』としなかった理由を述べておこう。実際、従来は『人間悟性新論』と訳されてきたのである。ロックの著作を『人間知性論』と訳され、その解説の中でライプニッツのものも『人間知性新論』とお書きになった大槻春彦氏は例外的である。しかしながら、私は大槻氏の「知性 understanding はおよそ人間の知り理解する営みの総称であって、感覚的知覚も内省的知覚も論理的思考もすべて知性の具体的な働きである」、「知性は、感性 Sinnlichkeit および理性 Vernunft と並立ないし対立する悟性 Verstand でない」という指摘（ジョン・ロック著、大槻春彦訳『人間知性論』（一）、岩波文庫、三〇一頁、参照）は十分考慮すべきものであると思う。l'entendement を悟性と訳す習慣はカント以降の用語法をそのままライプニッツにまで持ち込んで成立してきたものである。その習慣について再考すべき時に我々は来ている。実際、カント自身の哲学においても前批判期と批判期以降とでは Verstand の位置付けが大きく異なっており、一七七〇年の教授職就任論文『可感界と可想界の形式と原理』およびそれ以前の時期において Verstand に対応する intellectus, intelligentia には「批判期以降の用法を連想させがちな〈悟性〉の訳語よりも、むしろスコラを含めた古来の用法に対応する〈知性〉の語をあてておくのが、どちらといえばより適切であるとわたくしは考える」という指摘もある（坂部恵「〈理性〉と〈悟性〉——一八世紀合理主義の消長」『哲学雑誌』第九九巻第七七一号、「近代合理主義の検討」一九八四年、八八〜九頁、参照）。もちろんライプニッツ自身、l'entendement が intellectus に相当することを明言している（II・21・5参照）。以上のことを考慮しても、この際、あえて従来の訳語でなく「知性」という訳語を採用するのは少なくとも幾らかの理由を持つと私は考えたのである。

ロックの『人間知性論』が近代における認識論という領域を切り開いた書物であったのに対応して『人間知性新論』はライプニッツの認識論を知る上で非常に重要な著作である。取り扱われるのは主として観念・言葉・真理・認識といった事柄である。もちろん折りに触れてライプニッツの哲学のいろいろな面に話は広がっていく。ロックの評判の著作に乗じて自分の思想を世の人に受け容れてもらえたら良い、とライプニッツは序文で言っている。自分の思想をそこここにちりばめているのである。確かにこの『人間知性新論』がライプニッツの主著という名に値するものではないとは認めなければならないが、これほどの分量のものをライプニッツは他には『弁神論』しか書いていないのである。『弁神論』がベイル Bayle に対する反駁書であり、この『人間知性新論』がロックに対する反駁書であり、ライプニッツが独自に自分の哲学を述べたものではないにしても、両著作がライプニッツの哲学の理解に欠くべからざるものであることは間違いの無いところである。

彼の認識論を理解するのには、若い頃のあの『結合法論』も無視する訳にはいかないが、スピノザの『エチカ』の研究から書かれることになったのであろう一六七八年頃の短い論文「観念とは何か」ではっきり述べられる「表出」(expression) の考え方、それから、デカルトに始まりアルノーとマールブランシュとの論争で露わになってくる真なる観念と偽なる観念というものに関わる見解の相違を手がかりとして一六八四年に書かれた「認識、真理、観念についての省察」を是非とも併せて読まなくてはならない。殊に後者は、その題名を見ても分るように、『人間知性新論』で述べられる事柄の多くを簡潔な仕方で既に定着しているという先駆的な論文である。

さて次に、内容についての簡単な解説を巻を追って記しておこう。

第Ⅰ巻で述べられるのは、本有的なものについてである。周知のようにロックは本有的(生得的)なものがあることを否認する。「生得の真理が文字どおりそのまま心に記されるという、純粋あるいは素朴な生得論」(大槻訳(一)解説、三一三頁、参照)がまず攻撃される。生得論の内には、他に素質生得論、つまり「生得真理が生まれながら意識的に知られるとは言わず、心に潜在的に存在して、経験の進展のうちに知られてくるのであり、人間は生得真理を素質ないし性向として本来もつ」(同、三一四頁)という考え方があり、ロックはそれに近い言い方をするにも拘わらずあえてそれをも排撃する。ロックにとっては「知性の内にある (to be in the understanding)」ということは「理解される (to be understood)」ということを意味表示しているのであって、「知性にあって理解されないとか、心にあって未だかつて知覚されないということは、ある事物が心ないし知性にあってあらぬと言うのと、まったく一つである」というのである。意識されていないものは、無い、という極端な議論である。学び知られるすべてのものは本有的でない、とも主張される。そしてロックは、人々が本有的なものを認めるのは、そこに普遍的同意が認められるからだ、と言う。本有的なものを認めないとして、人間知性は観念を何から得るかというと、ロックは「経験から」と答えることになる。ライプニッツは以上のような主張に次のような見解を述べる。（ライプニッツにとっては本有的原理の一つである）矛盾の原理（矛盾律）の起源をロックのように事実的な命題、つまり正に「経験から」採られた命題に求めようとすると、理性の真理と事実の真理との区別が曖昧になってしまうし、また知的観念が感覚には由来しないことも強調しなければならないこと。観念を持つということと、それを意識していることとは別であること。自分は本有的真理の確実性を普遍的同意に基礎付けておらず、それは原始的でないすべての公理を証明しようとさえしていることで分ってもらえるであろうこと。以上である。ライプニッツは「潜在的認識」（I・1・18）を積極的に主張している訳だ。本有的なものだからと言って、直ちに明晰判明に知られる訳ではなく、意識的に表象するには、しばしば多くの注意と秩序が必要だと言われるのである（I・2・12、I・1・25）。そして、認識や観念や真理は、傾向、態勢（disposition）、習態（habitude）、素質あるいは自然的潜在力として我々に本有的なのだ、ということになる（序文、I・1・2〜4、I・1・11、I・1・26、I・3・20）。これは、先に触れた論文「観念とは何か」で既にほぼ述べられていた事柄であり、その奥には「表出」概念が控えている。また、原始的でないすべての公理を証明しようという意図は、これまた先に掲げた論文「認識、真理、観念についての省察」ではっきり述べられている観念の可能性の議論と密接に結び付く。観念を持っているつもりであっても、それが不可能性を含むが故に、実は持っていないということもある、というのがそこでの議論であった。証明を全く受け容れない自同的な命題ないし直接的命題（I・1・18）へとすべての命題を還元していこうとする訳である。できるならば観念をはっきりさせて「定義」を手に入れたいのである（I・2・21〜22 etc.）。こうしてライプニッツはロックの見解に反対するのだが、ロックが本有的なものの否認した理由の一つはしっかりと押さえている。即ち、「人が本有的原理の名の下にしばしば自分の先入見を主張し、議論の労苦を免れたいと考えている」ことは認めるのである。ところが、正にそうであるが故にロックは本有的なものを否認するのに対し、ライプニッツはそれにも拘わらず本有的なものを認めるのだ。

その他、第I巻で述べられていて注意しておきたいのは、感覚が完全に無視されているのではなく、機会として重要な位置を与えられていることと、本有的真理が見出される仕方として「本能」が〔自然の〕光と並んで掲げられていることであろう。

第I巻で本有的なもの（本有的観念、本有的真理、本有的原理）が正に本有的であるかどうかが検討されたので、次に第II巻で

「観念の本性と差異」の検討へと話題は移って行く。まず初めに、観念は対象であるという点ではロックとライプニッツとは一致していることが確認される。観念が思惟の形相だとしたら、それに対応する現実的思惟と共に生まれたり無くなったりしてしまう（II・1・1）のであり、観念は思惟の形相ないし仕方ではなくて内的対象である（II・10・2）というのだが、ライプニッツはそれに、「観念は内的対象であり、この対象は事物の本性あるいは性質の表出である」（II・1・1）と付け加えることを忘れない。ロックでは複雑観念の考察、殊にその内の混合様態の考察において露わになってくる、観念の一人歩き、つまり心が作るという場面の強調に対しての歯止めがここにはある。「表出」を言うことで、あくまで観念と事物との対応を維持するといった姿勢が守られることになる。

観念がどこからやって来るかについては、「経験から」とロックでは言われていたことは既に見た。そしてそうであるが故にロックでは心は初めはタブラ・ラサ（tabula rasa つまり何も書かれていない板、白紙）のようなものだとされる訳である。それに対しライプニッツは、そんなものは虚構であり、自然はそんなものを許容しないし、そういうものは哲学者たちの不完全な概念にしか基づいていない、と言う（II・1・2）。同様な虚構として、空虚・原子・絶対的静止・（スコラの）裸の能力などを掲げながら（同所）。そして、「感覚の内に無かったものは、何も知性の内には無い」（Nihil est in intellectu, quod non fuerit in sensu）と言われてきたが、それにあの有名な「知性そのものは除いて」（excipe: nisi ipse intellectus）を付け加えるのである（同所）。心は、存在・実体・一・同・原因・表象・推論そして他の多くの概念を含んでいるが、それらは感覚が与え得るものではない（同所）。ロック自身も内省を認めているのであるから、実質的には自分と同じようなものだとライプニッツは言う。

さて、ロックが本有的なものを否認し、すべては経験からと主張したのは先に指摘しておいたように「知性の内にある」ことは「理解される」ことだと考えていたからであった。これと同様の言い方で以て、今度は「思惟している」ことは「意識している」ことだとの考えの下、魂は常に思惟しているかどうかという問にロックは否定的に答えることになる。ライプニッツは思惟という術語を表象という術語に置き換えて、微小表象（petites perceptions）をも主張することで、肯定的に答える。こうしたことを念頭に置きながら観念に関わるこの第II巻を、単純観念、複雑観念と順を追って見ていくことにしよう。

単純観念について。ロックによれば、単純観念には感覚の単純観念と内省の単純観念とがあり、前者は第一性質の観念と第二性質の観念、後者は知性の能動的な営みを対象化・観念化したもの、という。前者における区別に反対する訳ではないが、ライプニッツは可感的観念は見かけの上でしか単純でない、我々の意識的表象がそれらを分割しないから単純と扱われるのだと指摘する（Ⅱ・2・1）。色とか苦とかのような概念が恣意的でその原因との関連ないし連結が無いと考える方に傾いているロックに対して、むしろ一種の類似がある、完全で言わば正確な意味での類似ではなく表出的な言うなら秩序に関しての類似があるとライプニッツは言う（Ⅱ・8・13）。ロックと違って第一性質に関してと同様に第二性質に関しても類似ないし正確な連関があると主張するのである（Ⅱ・8・15）。力能が知解できて判明に説明され得る時、第一性質と呼び、力能が可感的でしかなく混雑した観念しかもたらさない場合、第二性質と呼ぶ（Ⅱ・8・9）、という風にして区別を述べると同時にそれを言わば連続化している。ライプニッツのお得意というべき処理の仕方である。

単純観念に関わるもうひとつの論点は、それを受け取る際の精神の受動性というロックの主張であるが、これもロックが内省に由来する単純観念を認める限り無効だとライプニッツは言う（Ⅱ・1・25）。内省の観念を認めるロックの、経験論的に言えば不徹底と言われるかもしれない態度がここでもライプニッツに批判の手がかりを与えている。しかし逆にロックがそういう態度を採っているが故に、ライプニッツが自分と通ずるものを見出す余地も生じてくるのであった。ロックの用法では「知覚」と訳すのが適当であろう perception を自分の用法、つまり「表象」という考え方へと微妙にずらしていくことで、ライプニッツはロックの議論を自分の見解の内に取り込んでしまう（Ⅱ・9）。

複雑観念について。まず、複雑観念を、様態に関するもの・実体に関するもの・関係に関するものに分けることにライプニッツは賛成する。しかし掲げられる例に関しては必ずしも意見は一致しない。例えば、単純様態の例としての一ダース・一ヴァンテーヌというものはライプニッツによれば関係でしかない（Ⅱ・12・3）。この指摘は重要である。というのも、この単純様態の議論でロックがかなり力を注いだ空間の単純様態と持続の単純様態の考察は、後にライプニッツがクラークとの間で死ぬまで続けることになるあの時間・空間論に関わる論争と密接に結び付いているからであり、恐らくカントの時間・空間論にも大きな影響を与えているからである。そもそもロックにとっても、様態とは、どんなに複合されていても、そのなかに自分自身で存立するという想定が含まれず、実体に依存するものと、いいかえれば実体の性状と考えられる複雑観念であった。だとすると、空間は、そして時間は、一体どんな実体に依存し、どんな実体の性状なのか、という問いが立つ。それを神の性状だと言ってしまえば、神を世界霊魂だと言うことになるのが落ちだ、とライプニッツはクラークを後に非難するのである。ロックはクラークに近いところに行ってしまう可能性を持っている訳である。ライプニッツは時間・空間を共に、秩序いいかえれば関係であると主張して上述の危険から身を遠ざける（カントの主観の形式としての時間・空間説にはあと一歩である。『人間知性新論』がいかにカントに影響を与えているかについては、カッシーラー『カントの生涯と学説』（みすず書房）一〇三頁以下、そしてその原注（99）、（107）を特に参照せよ）。もちろん、関係が知性と関係づけられてのみ構成され、知性に由来するとしても、それらが基礎や実在性を持たない訳ではない。第一の知性は事物の起源だからである（Ⅱ・12・3、cf. Ⅱ・13・17以下）。ライプニッツの時間・空間論の一つの重要なテキストがここにあることは強調しておきたい。

こうした考察の後に「力能」についての長い叙述が置かれる。或る事物にその単純観念のどれかが変化させられる可能性を考え、いま一つの事物にこの変化をさせる可能性を考える時、こころは力能と呼ぶ観念を得る、とロックは言う。前者は受動的力能であり、後者は能動的力能である。力能一般とは変化の可能性なのである（Ⅱ・21・1）。能動的力能の考察は意志の考察へと連なり、自由が問題にされるに至るだろうことは見やすい。実際、この箇所では、『形而上学叙説』や『アルノーとの書簡』で展開されるような個体的実体の完全な概念を前面に出した自由論とは少々違う、無差別とか微小表象とから議論を前面に出した自由論が述べられるのである。

混合様態についてはロック自身の簡単な扱いに従ってライプニッツもやはり簡単に終えている。

実体の複雑観念が次に話題に上るのだが、ここでは不思議なほど個体的実体の話が出てこない。ロックの議論がどちらかと言えば物体一般とか精神一般というレベルに留まっており、しかも物体の方に重点が置かれていることによるのだろう。ロックによれば、一つの基体に合一されて、各種の実体の我々の複雑観念を作る単純観念は、我々が感覚もしくは内省から受けとっておいた観念以外ではない。周知のように、「何だか分らない何か」としての基体を実体として置いて、それについて我々の知ることのできるのは感覚あるいは内省の観念だけ、という主張である。思えば、ライプニッツにとっても個体的実体の観念は、そのあることを否定する訳にはいかない、という仕方でアルノーに対して主張されたものであった。我々が実際にそういう個体的実体の観念を抱懐しているのではない。それにも拘わらずそういうものがあるということをロックとの差異を詳細に述べながらここで踏み込んで主張する気にならなかった、とでも推測するほかはあるまい。

関係について特に問題にされるのは同一性と差異性である。ここでライプニッツの主張することをまとめておくと、同一性と差異性との要点は時間と場所とにはないこと、時間と場所の差異のほかに区別の内的原理が無ければならないこと、組織ないし布置はモナドと呼ばれる存続する生命の原理無しでは数的同一つまり同一の個体のままであるようにするには不十分であること、表象の継続・連繋が同一の個体をつくること、意識的表象（即ち過去の知覚を意識している時）は更に道徳的同一性をも証拠立てるし、実在的同一性を現れさせること、などである。

第Ⅱ巻の残りは観念の差異が話題であるが、この部分は先に触れた論文「認識、真理、観念についての省察」と重なりあう事柄が殆どである。

ロックが『人間知性論』を構想した当初は言語に関する第Ⅲ巻は念頭になく、観念を探究する第Ⅱ巻からこれを素材とする知識の構造・確実性をたずねる第Ⅳ巻に直ちに進む意図であったという（大槻訳『人間知性論』(三) 解説、三六九頁）。第Ⅲ巻は、言語についての考察の重要さにロック自身が執筆中に気付いたからこそ挿入された巻ではあるのだが、ライプニッツがこの巻で述べていることは、彼が恐らく「結合法」・「人間思想のアルファベット」以来抱いてたであろう言語への関心がロックのそれを大きく上回っていることを納得させてしまうほど詳しい。言語学の歴史を語るときにライプニッツを忘れる訳にはいかないのだが、この箇所からもそれがうかがえる。ここに顔を出しているのは、後にピョートル大帝に勧めてその帝国領土の大規模な調査を行わせて言語の資料を収集するライプニッツであり、「主として言語の指示に導かれた諸民族の起源に関する考察の略述」という論文を書くライプニッツであり、ほぼインド・ヨーロッパ語族に相当する言語のグループ分けをし、一般文法に対して文法の比較を提唱し、言語学に真の道を開くライプニッツである。

言葉の私的性格はロックの言語論の基本的性格であるという（大槻訳『人間知性論』(三) 解説、三七三頁）。人が言葉という徴を使うのは、自分自身の記憶の援助に自分自身の思想を記録するためか、自分の観念を言わば他人の眺める前にもたらして、その前に置くためか、のどちらかだとロックが言い、特定の分節音と一定の観念との間には自然的な連結は無く、恣意的な設定があるのみと言う限りはそういうことになる。ライプニッツは、全く恣意的な人工的言語もあろうことを認めながら、根源的で原始的な言語、せめて何か原始的なところがないかを探究しようとする。それが擬音語に始まり、RやLやAと意味との関連の考察へ進む探究であった。完全に恣意的な設定ではなく、やはり自然的なものが求められているのである。一般的な名辞に関しても両者には同様の対立が生じている。ロックは、一般とか普遍とかは、実在する事物に属さず、知性が自分自身で使うために作る案出物、創造物であって、言葉にせよ観念にせよ、記号だけに関わる、とする、それに対し、ライプニッツは、そもそも一般性は個々の事物相互の類似にあるのであって、この類似は、一つの実在（実在性）である、というのである（Ⅲ・3・11〜12）。しかも、「固有名詞は普通その起源においては総称名詞つまり一般名詞であり」（Ⅲ・3・1〜5）、「殆どすべての言葉はもともとは一般的な名辞である」（同所）とするなら、ロックとライプニッツとの出発点の相違とでも言うべきものは明らかであろう。この相違はあの有名な実在的本質と名目的本質との議論にも尾を引くことになる。

心の操作に先立って事物にあると想定される、つまり実在の構造であるところの実在的本質と、事物自身に実在するのではない、種の名前との関連で得られるところの名目的本質とをロックは区別するのだが、類似に類と種の本質を見出そうとし、しかも類似は実在であるとするライプニッツにはそういう言葉使いは相当革新的に見え、名目的本質というものを認めるのにためらいをみせる。そこでライプニッツはこの二つの本質の区別を実在的定義と名目的定義という二つの定義の区別に関連させて、定義される事物の可能性の問いへと転換させていく。「認識、真理、観念についての省察」でも展開された定義論である。実在的定義は定義されるものの可能性を知らせるが、名目的定義はそれをしない（Ⅲ・3・18）という訳だ。

以下、第Ⅱ巻で取り出された各観念の名について、そして言葉の不完全性や誤用とその救済法が語られるのだが、要はロックの側での恣意性（任意性）とライプニッツの側での自然性とでも言うものと対立が述べられると言っておけばさしあたっては十分であろう。

最後の巻、第Ⅳ巻に入ろう。そもそも人知の種類、確実性の条件・程度・範囲の考察が『人間知性論』の最初で最後の課題であり、それがようやくこの巻でなされるのである（大槻訳『人間知性論』（四）解説、四二五頁）。真知（knowledge）〔この術語のフランス語での対応する語である connaissance に私は真知という訳語をあてず、認識という語をあてておいたことを一応注意しておく〕と蓋然知（probability）の究明がロック知識論の二つの主題である（同、四二六頁）。

ロックは「真知」の成立条件を問うて、観念は知識の素材であって、それだけでは真とも偽とも言えず、真知は（二つの）観念間の一致・不一致に存し、その知覚が命題として整えられて、結局、真理は命題だけに属する、という主張を述べる。ライプニッツは「認識」をもっと一般的にとり、命題とか真理にまで行く前に、観念とか名辞の内にもあるとする（Ⅳ・1・1）。観念の可能性を問題にし、観念は判断を含むとするライプニッツには当然のことであろう（Ⅳ・5・3〜11）。とにかくロックは上述の見解の下、一致・不一致を、同一性あるいは差異性、関係、共存ないし必然的結合、実在という四種類にまとめるのだが、それに関連してライプニッツが現実存在 existence ですら述語であると指摘しているのは神の存在論的証明との関わりで注目すべきところである。

真知（認識）の種類・程度の考察に移ろう。ここでも、まず直観的認識が最も確実であるという点では意見が一致しているが、ライプニッツは理性の真理と事実の真理という自分の区別を導入しながら、かなり詳しい考察を付け加えている。直観的という事柄を直接性（immédiation）という術語を用いて次のようにまとめるのである。理性の原始的真理は自同的と呼ぶ真理であるが、それは観念の直接性という意味合いで直接的であり、事実の原始的真理は意識（sentiment）の直接性の内的直接的経験である（Ⅳ・2・1、Ⅳ・9・2〜3）。後者の例はデカルト派やアウグスティヌスの第一真理、即ち「我思う、故に我あり」である。因みにこの immédiation という語をラランドの哲学辞典はライプニッツのこの箇所を引きながら説明している。また自同的真理など役に立たないという考えに傾きがちなロックに、三段論法の格や換位の考察を通じて自同的真理の重要性を思い知らせるのもこの箇所である。

直観的認識に続いて論証的認識が扱われる。その際、ライプニッツは論証と分析とを正当にも結び付けて、「真理の分析」と「概念の分析」との区別とでも言うべきことを行い、問いの難しさを区別している。An? の問いと Par qui et comment? の問いの区別である。概念の分析は真理の分析よりも難しい（Couturat: La logique de Leibniz p. 183）。真理の分析は単純観念にまで行くような完全なものである必要はなく、主語の内に述語が含まれていることを示せれば良いのであるが、概念の分析は生成まで即ち可能性まで言わなければならないからである（ibid.）。こうした指摘の後、ライプニッツはロックが論証的確実性を持てるのが数学的諸学しかないとするのに反対する。アリストテレスが『分析論前書』でやっていること、アルキメデスが自然学の書である『平衡の書』でやっていること、ローマ法典の中でなされていることに注意を促すのである。論証は思ったより広まっているのである。

さて、ロックにしてみれば、真知はもともと観念間の一致・不一致の知覚に存するのであるから、観念の無いところに真知は無いし、観念のあるところでも直観的あるいは論証的に一致・不一致の知覚されないところでは真知は得られないはずである。だとすれば、観念の実在性が心的実在性に留まる限り、外的世界の真知に関する疑いが生じ、外的事物の存在についての感覚的知識を真知と認める余地が無いように思われるのだが、ロックはそれをすんなりと認めてしまうのであった。感覚的認識の問題である。しかしいかに感覚的認識を認めるにせよ、それが直観や論証の確実性にまで至らないことはロックも認めざるを得ない。蓋然知が問題になってくる所以である。ライプニッツにとってはあの「表出」の考え方を通じて事物との対応が主張される限り、ロックほど外的世界についての疑いが先鋭化するとは思われないが、それでも確からしさの程度の探究が重要であり、それが欠けているのは我々の論理学の大きな欠陥だとまで言う。そしてデカルトの夢の懐疑に似た言い方のもとに、感覚的諸事物の真理は現象の結び付きにあり、当の結び付きは理性の真理を介して検証されるとするのである（Ⅳ・2・14）。経験は諸現象が理性の真理に従って把握された時には、現象に対して採られた処置に関して我々が誤らないことを教えている、とも付け加える（同所、そしてⅣ・11・1～10）。「良く基礎付けられた現象」と他の所では言われるものを手に入れれば事は済むという訳だ。

こうして順を追って検討してきた三つの認識の内、直観的認識は我々の存在について知らせ、論証的認識は神の存在について知らせ、感覚的認識は他の諸事物の存在について知らせるとロックは言う。ライプニッツはそれに反対する訳ではない。ただ、ロックがむしろ苦し紛れに感覚的認識を認めるにいたるのに対して、ライプニッツはそういうものを楽々と取り入れてくるだけの広い射程を持っている考え方を手にしていたように思われるのである。「表出」という考え方がそれであり、ロックの「知覚」よりも広い意味で採られている「表象」つまり perception がそれである。

もちろん、ロックは『人間知性論』の正に最後の章で学の区分を論じ、自然学、道徳学、論理学即ち記号についての認識という三分法を採り、「記号」の概念を以て当の『人間知性論』を総括しようという意図を持っていた。こうして、いわゆる「観念の道」による人間知性の探究を記号の理説として呈示するに至るロックと、普遍的記号法（characteristica universalis）なる理想を終始追い求めていたライプニッツとが「記号」という場面で出会うことになる。しかし、ロックの記号学的考察が言語の及ぶ範囲にかぎられているといってよいのに対し、繰り返すが、ライプニッツの「表象」・「表出」概念はずっと広い射程を記号学に用意するであろう。

限定していくロックが一方にあり、発散していくあるいはすべてを取り入れていくライプニッツが他方にある。ライプニッツの無限小解析は正に無限を射程に入れた手法であったが、そうした広さがロックとの対比で露わになっているのもこの『人間知性新論』なのであった。

＊

思えば、この翻訳に着手してもう六年が過ぎた。その間に多くの方々の直接あるいは間接の協力と激励をいただいたことは言うまでもない。まずこの翻訳の仕事を勧めて下さった東京水産大学の長谷川晃氏と埼玉大学の長谷川三千子氏、草稿に目を通して下さり貴重な助言を与えて下さった名古屋大学の平林康之先生、訳者が大学院に在学中に「ロックとライプニッツ」と題した演習でこの翻訳が生まれるきっかけを作って下さった東京大学の黒田亘先生、ボアローの引用についての質問に丁寧に答えて下さった東京大学の川本皓嗣先生、またロックの『人間知性論』の訳文と解説を参考にさせていただいた大槻春彦氏、そして出版に関して長年にわたって細かい配慮をいただいたみすず書房の加藤敬事氏、その他多くの方々にここに心からのお礼を申し上げたい。

一九八七年八月

米山　優

第二刷へのあとがき

第二刷にあたって、誤植を訂正し、また訳文を改善した箇所がある。ご教示下さった、宮崎大学の松尾雄二先生、名古屋大学の山田弘明先生に、篤く御礼申し上げたい。

一九八八年四月

索　　引

以下に掲げる索引は Langley の英訳に付されたものを幾らか簡略化し，その上で訳者が少々付け加えて作成したものである。もちろん完全なものではない。

ア

愛　amour　～するとは～される対象の完全性・善ないし幸福の内に喜びを感じるようにさせられること　136; ～の二種　137
アヴェロイス (Averroes) 主義者　16
アウェンティヌス　Aventinus　485
アウグスティヌス　Augustinus　368, 459; ～は洗礼を受けずに死んだ子供は地獄落ちであるとした　521; ～の『信じることの効用』　539
アウグスト　August (ザクセン選挙候)　302
アウグストゥス　Augustus　275; ～の『統治要覧』　533
アカデメイア派　376
悪　136, 171-2, 232; ～からの利益　139; ～を正す可能性　168
アクアウィウァ　Aquaviva, (クラウディウス)　541
アダムの言語　267
ア・プリオリ　～な証明　199; ～とア・ポステリオリ　281; ～な真理　443; 神の存在の～な証明　447
アプレイウス　Apuleius　214
ア・ポステリオリな真理　443
アポロニウス　Apollonius　72, 360, 372, 412, 507
アマディス　Amadis　357, 385, 485
アリオ　Alliot　311
アリオスト　Ariosto　357
アリスティッポス　Aristippe　461
アリステイデス　Aristide　350
アリストテレス　Aristote　184, 351, 414; ～のエンドクサ　374; ～の形而上学　440; ～の『分析論前書』　372-3; ～の『分析論後書』　462; ～のエンテレケイア　30, 144; ～の時間について　124; ～の自由な行為について　150; ～と来世　179; ～の運動の定義　285; ～の光の定義　285; ～と第一質料　342; ～の人間の定義　342; ～と要請　426; ～の第一の普遍　434; ～は偶有的な諸事物の源泉を物質に帰するのを常にしていた　443; ～の『トピカ』　480; ～の三段論法の述べ方　503-4
アルキメデス　Archimède　～の直線の定義　464; ～の『平衡の書』　372; ～と自然学における論証　372; ～は円に〔面積が〕等しい正方形を見出した　378-9; ～と放物線の求積　423; ～と螺旋　507
アルケラオス　Archelaos　461
アルディ　Hardy　413
アルノー　Arnauld　412, 540
アルビヌス　Albinus　485
アルファベット　中国人は～を持たない　46
アルベルトゥス・マグヌス　Albertus Magnus　249
アレクサンダー大王　180, 238
アンセルムスの神の存在証明　447
アンティステネス　Antisthène　461
アンドラーダ　Andrada, (ディエゴ・パイヴァ・デ)　520; ～派　521

医学　331, 386, 394, 434-5, 467, 549; ～と言葉の誤用　394
怒り　142
イカロス　394
意志　volonté　147; ～の観念が知性の観念を含んでいること　95-6; 裸の～　150; 自由～　150; ～の自由　154sq.; 知性と～　155; ～することを～するという言い方について　157; ～を決定するもの　159; ～と欲望　159; ～と最大の善　162sq.; ～・決定・無差別　174sq.
意識　conscience　216-218
意識的表象　aperception　8, 60, 108, 147, 165, 443; ～は注意と秩序に依存する　49; 私た

ちは〜を持たないことがしばしばある　135；〜は道徳的同一性を証拠立て，実在的同一性を現れさせる　220
意志作用　volition　147, 159, 169sq.；表象・傾向・〜　169
依存　dépendance　形而上学的〜と自然学的〜　152
一様　uniforme　75, 122-3, 295
異類なもの　disparates　363
色　286-9, 487；金の〜　199
印象　impression　微小〜　82
姻戚関係　affinité　230, 231
姻族関係　alliance　230, 231
隠喩　métaphore　103, 243, 264, 268
引力　18-9

ヴァイゲル　Weigel,（エルハルト）　388
ヴァラ　Valla,（ロレンツォ）　372
ヴィヴェス　Vives,（ルドヴィコ）　520
ウィエタ　Vieta　416, 507
ウィオットゥス　Viottus　463
ウィット　Witt,（ヤン・デ）　380, 480
ウィルギリウス　Virgilius（ザルツブルグの）394
ウィルキンス　Wilkins　264
ウィンセント　Vincent（レリナの）　540
ヴェガ　Vega（ガルシラソ・デ）　55
ウェデリウス　Vedelius（ニコラウス）　518-9, 522
ウェルギリウス　Vergilius　234, 307, 537
ウスター（Worcester）司教　17, 19
宇宙の法則　lois de l'univers　459
ヴラディスラス　Vladislas　535
運動　97, 99, 203sq.；〜の観念が形の観念を含んでいること　96；内的〜と対象の〜　100；熱とか光とかの感覚が多くの微小な〜から帰結し，この微小な〜は，対象の〜を表出していること　139-140；アリストテレスの〜143, 285；〜の諸法則は最善なものの必然性以外の必然性を持っていない　154；スコラの根源的第一〜　166；〜は実在的現象　189；〜には能動の似像があり，物塊には実体の似像がある　189；魂の〜　202；真の〜法則は物質を超えた原因から派生した　204；〜は単純観念ではない　285

永遠　131, 245；〜の観念　125；〜真理　459
叡知的世界　monde intelligible　381；〜と物質的世界　392
エウスターキオ・ディヴィニ　Eustachio Divini　537
エウフォルブス　Euphorbus　66
エクテシス　ecthèse　492
エピクテトス　Epictète　440
エピスコピウス　Episcopius　149
エピクロス　Epicure　476；〜（派）の原子17, 92, 446；〜派の原子の運動への傾向　340
エベンビタル　Ebenbitar　331
エラスムス　Erasmus　520
延長　127, 191, 383；物体の観念と〜の観念31；〜の観念は全体と部分との観念よりも後67；〜は〜物からの抽象である　119；物質と〜との区別　121；〜の諸変様の区別　127；空間の〜と物体の〜という二つの〜が有るのではない　93-4；〜の概念と凝集の概念とは全く異なっている　204；〜していないすべてのものに現実存在を拒否する人　383-4
エンテレケイア　アリストテレスの〜　30, 144；〜についてのライプニッツの見解144；能動的力能と〜　146；表象をすべての〜に持たせる　188；原始的〜と派生的〜195；〜ないし実体的な単位　205；原始的〜309, 322
エンドクサ　374

オッカム　Occam　518
オトフリートの福音書　265
オルデンブルク　Oldenburg　468；〜伯爵の馬　230
恩寵　337, 514, 526；聖霊の内的〜　517

カ

快（快楽）　半-〜と真の〜　139；幸福と〜171-2, 177；〜と因果的定義　172；〜と完全性　172, 179, 180；〜を変えること　186-7；〜苦　135sq.；〜苦には名目的定義を与え得ない　135；〜の起源　171；能動は〜への道189
懐疑派（アカデメイア派）　22, 30, 376
概念　notion　哲学者たちの不完全な〜　80；〜の三つの度　188；諸〜の起源と，私たちの発見の歴史　261；反省的〜　273
カエサル　Caesar　275, 509
化学　294

学（知識） 39, 290, 460, 543sq.
確実性 certitude 34, 360-1, 404; 本有的原理の～と普遍的同意 35; 来世の～ 188; ～と確からしさ 375; 普遍的で永遠の真理に関わる～ 396; 真理の～と認識の～ 403; 経験的で事実的な～ 409; 命題の～ 411; 道徳的なあるいは自然学的な～ 411; 形而上学的～ 411; ～は真理の認識 456
隠れた性質 les qualités occultes 24, 26, 174, 385
カサーティ Casati 146
カジミール Casimir, (ジャン) 306
カストルとポルクス 80
仮説 462sq., 536
カソーボン Casaubon 425
ガッサンディ Gassendi 25, 28, 29, 30
活動性 activité ～は実体一般の本質を成している 23
カドモン Cadmon 265
カドワース Cudworth 29
可能 possible ～的なもの 124, 249, 357; 神は現実存在するもの同様～的なものの源泉でもある 126; ～性の実在性 207; ～的なもののすべてが事物の秩序に適合するのではない 214
カピトー Capito 275
神 444sq.; ～の国 15; 自然が～についての認識へと導くのに貢献した 36; 次元の浸透が～には可能 43; ～の観念は本有的 59, 439; ～の観念 36, 67sq., 206, 444; ～は純粋現実態 79; 永遠真理の実在性と～ 120; ～は諸事物の場所であるという見解 119-120; ～は部分を持たない 120; ～の完全性 121; ～と広大無辺性 126, 130; ～は現実存在するもの同様可能的なものの源泉でもある 130; ～の属性 130; ～は最善なものを選ぶように決定されているにも拘わらず自由に選ぶ 154; ～は被造物を連続的に産出することで全被造物に直接に作用している 202; ～は全宇宙を満たす 202; ～の観念は根源的に私たちの内にある 206; ～の絶対的力 217; ～と私たちとの交流 218; ～は自分自身唯一で至高の法 225; ～と被造的精神との差異 295; ～は, 世界外知性体, 超世界的知性体 340; ～の存在証明はできる 416; 444sq.; アンセルムスの～の存在証明 447; デカルトの～の存在証明 448; 予定調和による～の存在証明 449
カミルス Camillus 484
ガリレイ Galilei 210, 536
カルヴァン Calvin 535
カルダーノ Cardano 30; ～と確からしいものの論理学 501
カルブ Kalb, (ハンス) 311
カルロヴィツ (Carlowiz) の和約 230
ガレノス Galien 365
換位 366
感覚 sensation 87, 88, 98sq., 133sq., 382; ～と, 観念の起源 42; 微小～ 79; 共通～ 95; ～の効果 112; 外的対象が気づかれる時に, ～という 134; ～と夢 134; ～と想像 376; ～と確実性 454sq.
感官の対象 284; ～についての真の基準は諸現象の結び付き 376
関係 110, 207sq., 229sq.; ～と秩序は何か思惟的な存在の類いのものを持っている 207; ～と秩序は基礎を事物の内に持っている 207; 道徳的～ 229, 231; 自然的～ 231; 制度的～ 231; ～的な言葉 207; 主体と～ 207; ～を含まぬ程絶対的で孤立していて, その完全な分析が他の事物へそして他のすべての事物へ導かないような言葉は無い 208; ～の基礎 236; ～の実在性 248
慣性 inertie 89, 144, 342
間接帰謬法的論証 démonstrations apagogiques 436
完全性 152, 176sq.; 根源的～ 152; 快楽は～の感覚 172, 179
観念 73sq.; 十全な～ 250; ～と心像との差異 245; ～的世界 289; ～の連合 254sq.; ～は外からやって来るか 48; 感覚に由来しない～ 42; 知的～ 42; ～と習態, 態勢, 構え 70; 判明な～は神の表現 74; 混雑した～は宇宙の表現 74; ～は内的直接的対象 74; 私たちは感覚からは独立にすべての純粋ないし判明な～を常に持っている 85; ～と思惟との区別 85; 可感的～は見かけの上で単純 86; 一つだけの感覚からやって来る～ 87-88; さまざまな感覚に由来する～ 95; 感覚と内省の双方に由来する～ 96; ～と第一性質・第二性質 99; ～と運動 100; 像と～との区別が大切 195; 厳密な意味での～は定義に存する 105; ～が思惟の形相ないし思惟の仕方でしかなかったら, それは思

惟とともに止む　109；～は思惟の内的対象　109；～の三つの度　188；根源的～の序列　191；～の区分　192；～は名前には依存しない　193；単純～　86sq.；実体の集合的～　206sq.；～の思念的実在性　réalité objective　209；明晰な～・曖昧な～・判明な～・混雑した～　206sq.；～と心像　244；実在的～・空想的～　246sq.；様態の～の実在性　248；完全な～・不完全な～　250；真なる～・偽なる～　253；欠如的～　261；～の自然な秩序　261；実体と様態とは等しく～によって表現される　273；反省的～(概念)　273；～の対象を創造するまえに神はそれについて～をもっている　283；感官が私たちに提供する単純諸～の対象が私たちの外にあると証明する厳密な論証は無い　284；私たちにとっての単純～は実在的定義を受け容れる　284；～は可能性しか表出しない　288；～は神において永遠にある　288；～は私たちがそれを現実に考える前に私たちの内にある　288；自然学的～　313；～の一致・不一致の四種　358；～の欠如　391；～と原型　396；～と真理　402；～の誤用　430；～を持つ，持たぬ　488；～・心像・印象　505；微小～　505；原始的・根源的～　190-1

カンパネルラ　Campanella　30

換喩　métonymie　103, 243, 268

機械　人工的～と自然的～　322

キケロ　Cicero　275；～と徳の美しさ　163；～と徳の称讃　234；～と神の存在　445

記号　caractère　～と思惟　38；普遍的～　403

記号法　caractéristique (spécieuse, art des caractères)　416, 507

奇蹟　miracle　23-5

基体　substratum　197

規定　dénomination　内的～　75；純粋に外的な～は無い　207；外的～　212；外的～と内的～　405

キャリントン　Carrington　482

級数　無限～(いわゆるライプニッツの～)　379

キュロス　Cyrus　484

共可能　compossible　248, 296

凝集　cohésion　16, 90, 92, 202-3；～というものが牽引の原因　17；～の概念は延長の概念とは全く異なっている　204

狂信　522sq.

銀字文書　Codex Argenteus　265

苦（苦痛）　135sq.；針と～　99；半-～　139；微小な～　139；～は意識的表象を含む　165；～は部分的には無意識　165；～は不完全性の感覚　172

空間　～は，根源的に流動的な物質で満たされている　16；～と分割　16；物体の無い～　80, 429-430；～が小さな立方体で満たされていたら…　90；～の延長と物体の延長　93；～と固性　94；～と秩序　94；～は関係，秩序である　120；～と神　120；～と可能性　124；時間と～は永遠真理の本性を持つ　124；～も時間も神からしかその実在性を得られない　126；部分から構成された無限な全体であるような絶対～は矛盾を含んだ概念　130

空虚　29, 439；～と運動　16；～とアトムとの排除　31, 121-2；～の実験　93；時空と～　126；真空嫌悪　340；～は無い　121, 430；形相ないし種における～　488

偶然的真理　151, 153

偶有　～性　328；～的なもの　442；～性は実在的存在者である　120；～性つまり抽象的なもの　121；～性は真の存在かどうか　197；形は～性　212；実在的～性　248；～性は主体の内にある　263；～的変化　317；個体的～性　321；奇蹟的な仕方で与えられる～性　382；～的力能　385

クェーカー教徒　525

具体的　～なものの認識は抽象的なものの認識より常に先にある　115；実体つまり～なもの　121；～なもの　192

クテーシアス　Ctesias　484

駆動力　impétuosité　89-90

クラウィウス　Clavius　379

クラウベルク　Clauberg　271

グリーヴズ　Greaves　117

グリマルディ　Grimaldi　353

クリュソストモス　Chrysostome　520

クルマン　Kuhlmann,（クウィリーヌス）　527

グレッチャー　Gretser　540

クレメンス　Clemens（アレクサンドリアの）　520

クレメンス二世 483
クレリー Clélie 194
グロティウス Grotius,（フーゴー） 439, 482
クロムウェル Cromwell 482

経験 ～は必要である 75；～は観念を与えるか 76；～の第一の真理 446；～に従った判断 514；～的 6, 491；～は験算のようなもの 6
傾向 inclination, tendance 53, 75, 77, 172-4；原始的ないし実体的～ 144；混雑した～と判明な～ 172
経済学 548
啓示 490, 515sq., 522sq.；根源的～と伝承的～ 516
形而上学 439sq.；形象的思惟の概念と真の～ 188；実在的～ 440；最も一般的な学としての～ 440；～と真の道徳 440
形質 espèce 志向的～ 18, 340；可感的～ 340
形象的思惟 imagination 110, 112, 244sq., 507；～の概念と真の形而上学 188
形相 forme ～の起源 439
形相性 formalité 504
形相的近接原因 299
系統樹 208
系列 事物の連続的～ 295-7
ゲーリケ Guericke 93, 120
ゲール Guerre,（マルタン） 277
ゲスナー Gesner 548
結合法 Art des combinaisons 388
決定 意志と～ 153sq.；必然性と～ 153；神と～ 154；～が有益で必要な場合 176；～は強いずに傾ける 176；理性によって最善へと～されること，それが最も自由であること 177
結論付け conséquence 112, 411, 496sq.；幾何学的で形而上学的な～と自然学的で道徳的な～ 154
ケプラー Kepler 89, 488
ケベスの表 388
ケムニッツ Chemnitz 521
ケルクリング Kerkling 307
原因と結果 195, 209-210
言語 258sq.；音調の～ 259；言葉の～ 259；人工的～ 259, 264；諸国の～について 264 sq.；～と民族の起源 265；アダムの～ 267；原始的～ 267；～と移住 271；～は人間精神の最良の鏡 327；～は人類の最も古い記念物 332；～の変革 335
原子（アトム） 16-7, 211；エピクロスの～ 92, 98；デモクリトスの～ 276；～の偶然的な集まり 538
現実存在，存在 existence 私たちの～ 376, 390, 442sq.；神の～ 390, 443, 444sq.；～についての考察は内省に由来する 96；～ですら述語である 359；私たちの外にある個々の存在者の～ 374sq.
現象 phénomène ～が実在である 299
見神体験 509
原理 53sq., 462；二つの思弁的～ 35-6；学問や推論の内的諸～ 53；区別の内的～ 210；理由の最も偉大な諸～ 212；私がモナドと呼ぶ存続する生命の～ 212；自同的～ 364；原始的～ 365；デカルトの～ 368；誠実は神の属性であるという～ 422；規制的～ 459
光学 盲人も～の学説を知解できる 105；～は自然が最短の道を辿るという公準に基づく 431
公教的 exotérique 243
孔子 Confucius 521
公準 maxime 411sq.；460sq.
広大無辺性 immensité 126
行動 ～が自由でなくとも意志的である場合 151
幸福，至福 félicité 53, 165, 171, 177-9；不安と～ 165；～と快楽 171；～へと私たちを導くのは理性と意志であって，感覚と欲求は私たちを快楽にしか至らせない 172；真の～ 179, 186；～の知 350
公理 axiome 44, 411-2, 416-7, 420, 461, 465, 468-9；真の～ 32；～の論証 34, 65, 71-2；通俗的な～ 145；幾何学における～の有用性 421；原始的～，論証不可能な～ 412；二次的～ 412
固性 solidité 88sq.；～と不可入性 89；可感的～ 90；根源的本質的～ 90
個体 individu 260, 504；～の同一性 80；完全に同一の～ 213；～的実体の同一性 213；～と種 247；～の正確な観念 277；自然学的な～ 298；～性は無限を含む 276；～に本質的なもの 294；固有名ないし～名 321；～化の原理 211, 276, 439

コッリオ　Collio　521
言葉（語）　mot　257sq.；～と観念　241, 258；感覚から全く離れた作用や概念を形成するのに使われる～がどうして可感的観念に起源を持つか　261；可感的事物と非可感的事物との類比と，～の比喩的意味　262；～の意味は恣意的であるか　263；大部分の～は一般的名辞である　274；～を定義する際のこと　277sq.；～の目的と用途　316；～の意味の正確な分析は知性の諸作用を何よりも良く知らせる　327；～の不完全性　329sq.；～の二つの用途　329–330；～は徴（notae）　330；各々の～が意味する観念を学び把握するのが困難な場合　330；～の誤用　336sq.；～の不確実性の対策　388
コナウェイ　Connaway　伯爵夫人　30
コナートゥス　conatus　147, 195
ゴビアン　Gobien　神父　69
誤謬　erreur　530sq.
コプト人　332
コペルニクス（派）　34, 374, 537
コメニウス　Comenius　414, 528
固有性　propriété　判明な～　240
固有名　275
ゴリウス　Golius　259
ゴロピウス　Goropius,（ベカーヌス）　271
混雑している　confus　42, 108, 208；明晰で～もの　105；～思惟　163；～傾向　172；～観念　251
混雑状態　confusion　238, 241
ゴンザレス　Gonzalez　304
コンリング　Conring　463

サ

差異，差異性　diversité　時間と場所の～のほかに，区別の内的原理が常に無ければならない　210；事物の～は時間ないし場所の～を伴っている　211
作用原因　cause efficiente　195, 392
算術　～の命題は本有的である　48
三段論法　492sq.；名辞の曖昧さと～　431；～と中間観念　493；～とレトリック　494；～は普遍数学の一種　495；～は無謬の術を含む　495

死　～は眠り　11, 15；（眠りとしての）死はずっと続くのではない　15；～による魂と身体との分離　201；魂は常に～においてさえ，有機体を保持している　214
思惟　pensée　148, 188sq.；抽象的～と感覚的なもの　38；～の形相　74；心は常に～している　77；最も際立った～　79；人間は常に～する　84；表象と～　101, 188；～と記憶　109；～は活動であって本質ではない　135；～を動物には認めない　148；～の内の秩序　152；心のすべての～と活動は，心自身の奥底から来る　34；感覚が部分的には私たちの～の原因　34；～は現実的活動　49；観念と～との区別　85；～は常に何らかの感覚に対応している　85；非意志的～　152；混雑した～と物体　172；～的な存在（être de raison）　207；不確実な～　241
強いずに傾ける　incliner sans necessiter　150, 152, 154, 176
シェウベリウス　Scheubelius　361
自我　213, 216sq.；魂ないし精神は，思惟するものの内で～を成している　213；～と～の現れや意識性　218
時間　～と場所は秩序の一種　94；～についてのアリストテレス説　124；～の内に概念される空虚　124；～と空間は永遠真理の本性を持つ　124；～と場所の差異と，区別の内的原理　210
自然　509；～は飛躍しない　13；～の光　46, 51, 54, 57, 62, 523；～の内には無駄なものは何も無い　108；～に十分近い仕方で類や種に限界を設けること　299；～は良い倹約家　316；～は結果において壮大で，そのために使う原因においては倹約的　316；徳とか真理とか種といったものは～の内にある　320；～は最短の道を辿る，あるいは少なくとも最も決定された道を辿る　431；～そのものの秩序は，形而上学的必然性を持つものではなく，神の恣意にしか基礎付けられていない　514
自然学　physique　～自身，神との関連で何らかの道徳的なもの，意志的なものを持っている　154
自然的　naturel　観念や真理は～なもの　47, 49；～習態　70；～ないし本有的真理　64；～なもの　443
持続　durée　122sq., 190
実験　ベーコン卿は～の技術を規則の形で呈示し始めた人　468

実在性　réalité　114-5, 248, 281；認識の～　395sq.
実在論者　148, 316
実践　pratique　～の原理　51sq.
実体　substance　20-1, 196sq.；活動性は～一般の本質を成している　23；非物質的～　26；被造的なすべての単純～は常に身体と結び付いている　14-5；被造物の内には自然的に物質から離れた～など無い　26；原始的～による，一なるものどもの予定調和　30；～の本有的観念を持っているか否か　69；内省と～の観念　69；～的事物　75；一度活動状態に入った～はずっとその状態にある　77；非物体的～　83；～の観念の曖昧さ　115；～と空間　120-1；～と能動・受動　189；被造的～が他の被造的～に影響を与えられないこと　189；～と基体　197；～の観念と力能　206；～の群は真に一つの～を成す訳ではない　206；真の実在的な～的一性　212；機械と～　252；～の定義　282；～の名　293sq.；完全な～と～の寄せ集まり　322；～を知るために，形や色など見えるものが第一の諸観念を与える　351；～の主導的性質ないし特徴的性質　350-1；～の名は定義以上のことを語る　352；諸～の叡知的世界　381；～の内的仕組　407；～と聖体の秘蹟　534-6；物質や物塊は適切に言えば～でない　189
実体的形相　forme substantielle　308, 340；デカルトと～　308；～無しでは人は叡知的世界とは無縁　309
質料　matière　自然学的～と形而上学的～　21；第一～　341, 381；完全な流動性は第一～にしか相応しくない　202；第二～　202, 381；純粋～　205；第二～とモナド説　203
辞書，辞典　353；絵入りの普遍的～　353；中国人の絵入り～　353；ベイルの～　12
自同的　identique　～的命題　43, 366, 443；～準則　43；～的真理　51, 362sq.；～的原理　364；半分～であるもの　438
事物　chose　意識的に表象されない～　14；～そのものの区別　21；「或る～が同時に有りかつ有らぬことは不可能である」という原理　35, 43；いかなる多様性をも含まない一様な～というのは抽象でしかない　75；実体的～　75；同じ種類の多くの～はあっても，完全に同じようなものは無い　210；可感的～について完全に明晰な観念を我々は持てない　237；「第三のものと同じ諸～は相互に同じである」という大原理　518
シャムの王様（氷の話）　472, 514
種　290sq., 404sq.；個体と～　247；～の名・個体の名・類の名　275；最低～　280, 318；類似と，～の本質　279；～の限界　291；論理的な最低～は見出されない　295；～という術語の両義性　298；数学的～と自然学的～　298sq.；実在的～　299；発生による～の定義　299；～と自然　299；真に unum per se ではない～　309；論理的～　317sq.；数学的～　317sq.；本質的～差　319；～は自然の内にある　320；純粋に論理的な～差　320；純粋に自然学的な～差　320；常用的～差　320；名目的～　320；法律上の～320；人工的事物の～　321；内的で～的な本質　345；～と自然誌　353；～の段階的連結　488；
自由　143sq., 156；権利上の～　149；事実上の～　149；～意志　150sq.；均衡的な～　155
修辞学・雄弁術・詩・音楽　348-9
習態　habitude　49；自然的～　70；～と行為　232
集合の統一性　115
述語　～の観念は主語の観念の内に含まれている　504
シュテークマン　Stegmann,（クリストファー）　517
シュテークマン，（ヨーズア）　517
受動　189；～は苦への道　189
純粋現勢態　79
情念　passion　55, 136, 140, 142-3, 178, 537；～と微小表象　82；ストア派の人々は～を臆見だと考えていた　141；～の制御　178
証明　360-1, 479；～されない命題　43；完全な～　479；四種類の～　509sq.
ショーンベルク　Schonberg,（ウルリク）　70
省略三段論法　enthymène　45, 428, 495, 499, 500
シラノ・ド・ベルジュラック　Cyrano de Bergerac　357；～の太陽にいる存在者という空想　200；～の月にいる存在者という空想　488
シルター　Schilter　265, 272
神学　262；魂の医学であるキリスト教～は啓示に基づいており，啓示は経験に対応している　422；キリスト教～と自然～　422；理論

的なものと実践的なものという二つの部分を含む自然~は，実在的形而上学と最も完全な道徳とを含む 441；~における理性の有用さ 517；論理的必然性を持った理性の必然的原理と~ 519
信仰 515sq.；~の分析 490；~と理性 513；~と聖霊の内的恩寵 517；~と理由の認識 517；ベラルミンと~ 543
真珠線 345, 413
信じることの理由（信じさせる理由） 490, 512, 517
身体 126, 152；魂と~との間の対応 82sq.；天使と~ 200；有機的~の入れ子状態は無限に至る 322
真理 400sq.；~と経験 5；純粋数学そして特に算術と幾何学の内で見出される必然的諸~ 5-6；感覚と~ 6；必然的~の内的原理と人間と動物 7；観念や~は，傾向，態勢，習態，あるいは自然的潜在力として我々に本有的 8；原始的~ 32；必然的~と事実の~との区別 32；必然的~の起源と事実の~の起源 34；事実の~に対立する必然的つまり理性の~ 37；必然的ないし永遠な~と経験の~ 41；特殊的~ 45；本有的~ 46sq., 53sq., 65sq.；数についての~ 47；算術の命題や幾何学の命題は本有的 48；~と思惟 49；自同的~ないし直接的~ 51；理性の~ 37, 51；実践の~ 51；明証的な~ 52；慣習とか軽信とかの結果にすぎない多くの意見が~として通用している 64；認識や観念や~が私たちの内にあるためにはそれらを私たちがかつて現実に思惟したということは必要でない 70；普遍的~ 108；~をよく認識し有効に使えば，~よりも強いものは何も無い 168；永遠~の実在性 207；関係は~として精神に依存する実在性を持つが，人間の精神に依存するそれを持つのではない 248；否定的~ 261；原始的~と派生的~ 362；理性の~と事実の~ 362；理性の原始的~は自同的 362；否定的な自同的~ 363；事実の原始的~ 368；私たちの外にある可感的事物に関する事実の~を保証する諸現象の結び付きは，理性の~を介して検証される 377. cf. 456；~と夢 377；ホッブズの~観 400-1；~は，観念の対象間の関係に位置付けた方が良い 401；~は，神や天使を含めて私たちに共通 401；心的~ 402；形而上学的~ 402；~を，精神の内にある命題とそれが関わる事物との対応に求めること 402；~と確実性 402sq.；直接的ないし証明不可能な~ 417；諸~の結び付きや自然的秩序 417-8；道徳的~ 438；純粋理性の~と経験 438；永遠~はすべて仮言的 458；実在的~ 459；~の究極的基礎 459；必然的~は偶然的存在者たちの現実存在に先立つのだから，必然的実体の現実存在に基づく 459；哲学的~と神学的~ 514

スアレス Suarez 439
推論 raisonnement 368-371；人間のする~とその影である動物による連合 32；魂と被造的精神は記号無しには~し得ない 191；動物の~ 112, 256
数 127sq., 191, 505-6；動物と~ 111；~は相互に似ていない 128；真の全体として考えるなら，無限~というものは無い 129；~の認識は形象的思惟には依存しない 244
数学 ~以外の所での~的論証 243；~以外の重要な論証の例 372；三段論法は普遍~の一種 495；普遍~ 504
スカリゲル Scaliger,（ジュール） 5, 71
スカリゲル,（ジョゼフ） 59, 71
スカンディアノ（Scandiano）伯爵 357
スコラ（学者, 哲学） 18, 25, 30, 75, 285, 381-2, 439, 447, 454, 459, 521
ストア派 ~のプロレープシス 5；~の人人は情念を臆見だと考えていた 141；~と自由 149；~と来世と徳 179
ストラウキウス Strauchius 325
ストラボン Strabon 306
スピノザ Spinoza 468, 476；~主義（者） 32
スライダン Sleidan 80, 483
スルシウス Slusius 413

性質 欠如的~ 96；事物の~ 97；第一~と第二~ 97sq., 407；力能と~ 97；実在的~ 100, 206；根源的~ 131, 202；可感的~ 237, 378, 385, 407；可感的~の観念 273；可感的~の単純観念は見かけの上でしか単純でない 287；第二~つまり混雑した~ 407；第二~ 410
静寂主義者 Quiétistes 16, 467
精神 esprit すべての有限な~は常に何らか

の有機体に結び付いていて，他の物体を自分の身体との連関で表現する 126；～と欲望 175；～の現実存在は可感的対象の現実存在より確実 200；非物質的存在者ないし～は，自分の過去の現実存在のいかなる表象も奪いとられてはいない 220；～には，かつて自分に起ったすべてのことの印象が残っているし，自分に起るであろうすべてのことについての予感さえある 220；～と空間 126；諸～も物体同様それが存在するところでしか作用し得ない 201；能動的力能が～に固有な属性 205；被造的～は，能動的でかつ受動的なのだから，物質から完全に離れている訳ではない 205；身体を完全に離れてある被造的～は無い 352；～が物質を支配する 392；諸～は皆一緒になって神の下で一種の国家を形成する 392
精神学 pneumatique 12, 114, 322
聖体共存説 consubstantiation 534
聖体の秘蹟 534sq.
世界霊魂 âme du monde 340
ゼッケンドルフ Seckendorf 483
絶対 限界の観念よりも先なるものとしての～の観念 125；～の観念は私たちにおいて内的にある 130；～空間は無い 130；真の無限はいかなる複合にも先立ち部分の付加によっては形成されない～的なもの 129；～的なものと関係的なもの 208；～的なものは神の属性である（そしてそれは諸観念の源泉である） 130；～的なものは属性と変様とに分けられる 192
絶望 142, 389
セレヌス Serenus 413
善 136, 141, 171, 177-8；道徳的～と自然学的～ 231-2
漸近線 181
選択 ～の留保 157；～と表象 158；異なった～ 178；～と快楽 179-180
千面体，千角形，千辺形 240, 244

総称名詞 noms appellatifs 260, 275, 276
創造 453；連続～ 454；～のすべての部分の段階的連続 487；～主 384
属性 attribut ～と変様とは区別しなければならない 21；～ないし述語 198
ソクラテス 38, 139, 440；～のダイモーン 525
ソッツィーニ派 sociniens 517-9
外なる原因 453-4
ソロン 288
存在，存在者 être 48, 66, 120, 447sq.

タ

ダールベルク Dahlberg 伯 482
対象 objet 外的～ 134；神だけが外的直接的～ 74；内的直接的～ 74
代数学 386, 388, 506；ウィエタと～ 416；～は発明の術というには程遠い 507
態勢 disposition 42, 75, 108-9；過ぎ去った印象の名残である～ 109；～と記憶 109；～とは何かについて 194
対蹠人 antipodes 188, 394
タキトゥス Tacitus 57
タブラ・ラサ tabula rasa 4, 29, 70, 74-5
魂（心） âme ～の不死性 15, 25-6；～についてのアヴェロイス主義者や悪しき静寂主義者の見解 16；～は必ず有機体を伴うこと 15-6, 79；～と身体との合一の納得できる説明について 30；～のすべての思惟と活動は，感覚によって与えられ得るのではなく，～自身の奥底から来る 34, 38；～が気付かずに持っているもの 39sq.；～は小さな世界 74；感覚から来ないものは～の内には何も無いという公理 76；～における思惟無しの状態は自然に反する 77；植物的～ 107；～は単純実体言うならモナド 114；～は身体を表現する際に自分の完全性を保存する 152；～の身体への形而上学的依存 152；～は生きた鏡 190；分離した～ 191；～は常に思惟し感覚するし，常に何らかの身体に合一している 201；～と同一性 213；～と輪廻・変態 214；～の非物質性 382-3；～と物質についてのデカルト派の見解 205；～と身体は完全に自分の法則を守りながら，必要な限り従う 31, 489；～と身体の合一 453；～と身体との調和 489
ダルガルヌス Dalgarnus,（ゲオルギウス） 264
タレース Thales 412

力 force 144, 146
知性 entendement ～の内にある 41；と真っ暗な小部屋との類似 114；第一の～は事物の起源 114；動物と～ 148；自由と～ 186

秩序　ordre　自然の内ではすべてが～に従って起る　79；事物の一般的～　191；分析的～　191；諸事物の～　217；自然的～　381, 417
注意　81, 134；～を弱めるために～を分けるという場合，それは眠りこむ手段　81
中国　　～語はアルファベットを持たない　46；～風の画法　102；～の文字　106, 403；～語　259, 264；～の思想　521
抽象　abstraction　276；～が誤りでない場合　14；～的と具体的　93；何ら感覚的なものを必要としないような～的思惟を私たちは持ち得ない　38；偶有性つまり～的なもの　121；～的なものの実在性　148, 439；～的なもの　192；～的なものを避けた方が良い場合　197；二種の～的なもの　328；～的諸観念だって一方が他方に属させられる　441；～によって私たちは本質を認識する　442；～は現実の存在の認識を与えない　442
直接性　immédiation　諸観念の～　368；意識の～　368
直接的真理　443
調和　172, 381；諸実体の自然的帰結であるあの～　381
ツウィンガー　Zwinger　545
ツウィングリ　Zwingli　522；～派　519

ディオスコリデス　331
ディオファントス　506-7
定義　　～は観念をはっきり呈示すること　65；快楽と～　172；～が二つの名辞で下され得るとしたら，多くの点で都合が良い　278；名目的～　282, 302sq.；実在的で因果的な～　282；実在的～　280, 282, 284；経験的にしか私たちの知らないものについては私たちが下す～はすべて仮のものでしかない　288；同一のものについての幾つもの～　351；直観的認識は，諸～の可能性が直ちに明らかである時には当の～の内に含まれている　367-8；十全な～は理性の原始的真理と，従って直観的認識を含んでいる　368
ディグビー　Digby 卿　43
提喩　synecdoque　243, 268
デカルト　28, 30；～と神の本有的概念　33；～の慣性　89；～と錯覚　99-100；～は物質が限界を持たないと言った　121；～の無際限　121；～の松果腺　201-2；～と斜視　255；～の物体の観念　429sq.；～は空虚は無いとした　430；～とラ・フレーシュの学院　447；～と，ベーコンの方法　468；～と望遠鏡　488；可視的宇宙の諸部分の組織についての～氏の仮説　488；～と方程式の解法　507-8；～の解析幾何学　507
デカルト派　25, 29, 31, 79, 98；～の言う完全に流動的な微細な物質　92；～の延長と物質　94；～と運動の伝達　145-6；～と運動の方向　205；～と外界の存在　284；～の第一真理　368, 416；～の神の存在証明　447；～の溝のある粒子　526
デザルグ　Désargues　103
テセウス　212
デモクリトス　30；～と来世　30；～と銀河　249；～のアトム　276；～の原子論と個体化の原理　276
デュ・モーリエ　du Maurier　482
テルトゥリアーヌス　473, 514
テレサ　526
点　　～は部分ではなく限界　122
展開　développement　～と包蔵　214
天使　　～には精妙な身体が結び付いている　15；教父たちは～に身体を帰属させた　200；トマス・アクィナスの，～についての見解　202
天使博士（トマスのこと）　447

同意　　～の程度　471, 473sq.；超自然的～　490
同一性　identité　66；個体の～　80, 213；～と差異性　210sq., 359；植物・動物の魂と～　213；個体的実体の～　213；道徳的な～　214, 217；人格的～　216sq.；自然学的・実在的～　217
道徳　221, 387；～がいかに多くの支えを真の哲学の確固たる原理から受け取っているか　29；～は論証できない原理を持つ　51；～は論証的学問　51-2；～と本能　52sq.；～と自然の光　54；私たちとの交流が～性の主要点を成す神　218；～的関係　229sq.；～的主題と定義　350；～は一部は理性に基づき，一部は経験に依存する　351；予定調和説と～　386-7；定義と～学　388；～的な事物と図形　388；～と形而上学　440-1；～は本来の学　467；～学　544
動物　　～の持つ知　6；～の〔観念の〕連合

6；～についてのデカルトの見解　25, 30；～の保存　25；～も不滅の魂を持つ　25, 79；魂だけでなく～もまた生き続ける　31, 322；～は理性を持たないこと　112；～は抽象をしない　111；～は知性を持たない　148；人間以外の理性的～　215；～の推論　256；～という観念　277；～という観念は人間という観念の内に含まれていること　504
トゥルピウス　Tulpius　215
ドーモン　d'Aumont 公爵　486
徳　60, 168sq., 232sq.；アリストテレスと～　62；～と悪-～は世論に依存しない　23；～と正義とについての責務を絶対的に不可欠のものとするのは神と不死とについての考察だけ　179
どこ性　ubiété　201
ドミニス　Dominis,（マルク＝アントワーヌ・ド）　394
トマジウス　Thomasius,（ヤコブ）　529
ドラウディウス　Draudius　547
ドラビティウス　Drabitius　528
トリチェリ　Torricelli　93
トリテミウス　Trithemius　485
トリマルキオ　Trimalchio　175
トレヴー紀要　Mémoire de Trevoux　447
トレベータ　Trebeta　485

ナ

内省　reflexion　42, 75, 108, 190；～的観念　48
名前　193, 238sq., 274sq., 283sq., 289sq., 293sq.

二分法　170；～の有用性　278
任意性　arbitraire　～は言葉においてだけあるのであり，観念には無い　288
ニコル　Nicole　539
人間　～は理性的動物だと言われる際の，その～の定義には何らかの身体の形と仕組を付け加えなければならない　216；～が機械でしかないということは少なくとも自然的には可能でない　217；～の定義　278；～の実在的かつ名目的定義　304；アリストテレスの，～の定義　342；プラトンの，～の定義　342-3, 351；～は地球上では最上位を占めていること　509
認識　356sq.；潜在的～　48；物体についての完全な～　199；経験的～　244；慣習的～　359；現実的～　359；直観的～　362, 375；論証的～　368, 375；感覚的～　373sq.；確実な～　375；真らしいものの～　375；人間的～の範囲　378sq.；学問的～　392；物体と精神との～　393；～の実在性　395；実在的～　395；それ自身で明証的な～　412；～の自然的秩序　417；普遍的で必然的な～の諸原理　417；～とか確実性とかいう名称を現実的な感覚を超えて広げることができる　456；神だけが直観的～しか持たないという優越性を持っている　508

ネブカドネザル　484

ノーデ　Naudé　514
能動（活動，行為）　action　実体と～　189；物体も心も常に～状態にある　77；二種の～　145, 188, 194；～や運動は，本性が常に自分をもっと安楽なところに置こうと働くということにしか由来しない　165；自発的に已れ固有の奥底から実体に生じるものとしての～　189；～と受動　189；真の実体の内に～があるのは，その表象が展開し，より判明になる時　189；～は快への道　189；～は完全性の実現　189；人類の最大の仕事は～　194
濃密化　91, 93, 414
能力　faculté　155sq.；～と態勢　40；裸の～　75, 109, 174, 381；単なる～　144；魂とその諸～　148；作用するのは～ないし性質ではなく，～によって実体が作用する　149；理由を持たない～　385；私たちの～　467

ハ

葉　完全に同じ二枚の～は無い　212
バイアリング　Beyerling　545
パイオン　Pajon　522
排除法　méthode des exclusion　370
バウムガルテン　Baumgarten　55
パウロ　5, 120
バークリ　Barclay（クェーカーの神学者）　525
把持　rétention　108-9
場所　118-9
パスカル　480
発見　422-3
ハーバート　Herbert 卿　60

パッポス　463, 501, 507
バビロニア人　373, 484
破門　235
バラモン　332
バラントラ　Barantola 語（人）　67
バルネ　Barner　434
判断　110, 184；誤った～　180sq.
範疇　prédicament　321, 340；～表　322
判明　distinct　237sq.

比較解剖学　489
秘教的（奥義を伝える）　acroamatique　4, 243
ヒクイドリ　316, 343
ピサーニ　Pisani,（オッタビオ）　255
非三段論法的結論付け　conséquences asyllogistiques　495
必然　自由と～　149sq.；絶対的つまり形而上学的～性　150；～性と偶然性　153；～性と決定　153；～的とはその反対が可能でないこと　289
ピーソー　Piso　275
ヒッポクラテス〔自然学者の〕～　11, 424；〔数学者の〕～　469
否定　～するという働きは積極的なこと　97, 261；～的真理　261
ヒメネス　Ximenez 枢機卿　54
ピュタゴラス　66, 422
ビュリダンの驢馬　82
表出　expression　139, 221, 251, 309, 401, 451；魂は常に自分の身体を～している　83；～的な，言うなら秩序に関しての類似　98；生きた鏡の～　190
表象　perception　101sq., 382；意識的に～されていない無数の～　9, 101；微小～と感覚の性質の諸形象　11；各存在者が宇宙の他のすべての存在者との間に有する結び付きを形成しているものも，微小～　11；微小～と，現在・過去・未来　11；気づかれぬ～と予定調和　12；均衡的無差別と微小～　12, 82；気づかれない～と精神学　12；目立たない～は帰結を介して知られる　78；熟慮を経ない私たちの全行動は微小～の協動の結果　82；情念と微小～　82；意識していない～　87；動物は～を持つ　101；光や色と微小～　102；植物は～と欲求を持つ　107；～の継起と持続の観念　122；私たちは～を持たないことはないが，しばしば意識的～を持たないことが必然　135；刺激と微小～　165；微小～と傾向・情念　172；好み（goûts）は混雑した～でしかない　179；～をすべてのエンテレケイアに持たせる　188；内的で直接的な～は欺き得ない　217；媒介され外的な～と直接的で内的な～　219

ファブリ　Fabri　518, 536-7
不安　inquiétude　12, 137sq., 159, 164sq.；非可感的な傾向ないし～　164；落ち着かなさ即ち～　165
ブイヨー　Boulliau　507
ブーウール　Bouhours 神父　110
不加入性　impénétrabilité　89-90, 144
ブーケファラス　274
フェラーリ　Ferrari,（ルドヴィコ）　506-7
フェロ　Ferro,（スキピオーネ・デル）　506
フォントネル　Fontenelle　487
服従的力能　382
フシェ　Foucher　376
不死性　immortalité　16；動物の魂の存続性と人間の魂の～　216
フッカー　Hooker　502
物塊　masse　22, 97, 202；延長している～には実体の似像がある　189；可感的～　287
物質　matière　13-4, 341, 451sq.；～と剛性　16；～は思惟し得るか　19sq., 380sq.；～と延長　121；～の現実的分割は無限に至っている　199；第二質料と考えられた～　381；欠けるところのない存在者と考えられた～　381；魂の非～性　382；感覚と～との結び付き　383；～は快苦即ち感覚を私たちの内に産み出させない　384；表象を産出し得るような～部分の集成や変様は無い　450；～は真の完全なモナドないし統一体ではない　450；～は無数の存在者の集まり　450
物体　corps「二つの～は同時に同じ場所に有り得ない」という命題について　43, 414；部分が静止しているような～は無い　75；～と延長　93, 535；～は衝突によってしか作用しない　98；～は〔自分の〕存していない所では作用しない　98；～は必然的作用者　154；～は見掛けでしか同一に留まらない　212；有機的～（身体）　322；静止している～は無い　9, 75；精神と～　20；～の能動と受動　189；～の統一性は思惟に由来する　190；～と家畜の群　190；～についてのデカルト派

の見解　430；一つの～は一つの場所にしかあり得ないかどうか　519；～の力学的変状　393；～と不可入性　414；～の認識　466
プッチ　Pucci,（フランチェスコ）　521
プフェンドルフ　Puffendorf,（ザムエル）　388
不変化語　particules　323sq.
普遍的記号　403
フラキウス　Flacius　265
フラッド　Fludd,（ロバート）　26
ブラティーニ　Buratini　117
プラトン　4, 30, 57；～のパイドーン　139；～の物質　30；～の或る対話篇〔メノン〕　38；～的な想起　49；～による人間の定義　342–3, 351；～主義者たち〔の想起説〕　8, 70；～の世界霊魂　340
プリニウス　30
ブリニョン　Bourignon,（アントワネット・ド）　526–528
ブリュニョル　Brugnol　70–1
プルートゥス　275, 485
フレニクル　Frénicle　352
プロクロス　72, 373, 436
プロコピウス　Procopius　481
フロモンドゥス　Fromondus　205
文芸界時報　Nouvelles de la République des Lettres　13
分析　～を意識していない場合　140；～と発見　369；完全な～　370；パッポスと～　463, 501；コンリングの～批判　463；究極的～に至るのは容易でない　463

ベイル　Bayle　30, 451
ベウェロウィキウス　Beverovicius　546
ベーザ　Beza　535
ベーダ　Beda　265
ヘーロストラトス　477
ペトリ　Petri,（シフリド）　485
ペトロニウス　Petronius　429
ベーメ,（ヤコブ）　266, 528
ヘラクレス　8, 316
ベラルミン　Bellarmin 枢機卿　543
ヘリオガバルス　213
ペリソン　Pellison　520
ペリパトス派　29, 339；～の言う，稀薄化と濃密化　90–1；～の十個の範疇　340
ペルシウス　Persius　243
ベルニエ　Bernier　28
ヘルモント　Helmont,（ファン）　31, 214
ヘルリヌス　Herlinus　362
ヘロドトス　347, 484–5
ペン　Penn,（ウィリアム）　527
変化　143
変様　383；～と属性　21

ボアロー・デプレオー　Boileau-Despreaux　62
ホイヘンス　117, 305, 480, 487
ボイル　9；～とルナ・フィクサ　288；～と機械論　468
法　三種の～　232；神～と自然～　232–3；実定～　232；市民～　232；世評の～　232
ボーアン　Bauhin　275
ボーリウス　Bohlius　325
ホールデン　Holden,（ヘンリー）　540
ボシャール　Bochart　271
ホッブズ　59, 255, 400
ポニアトヴィア　Poniatovia　528
ボニファキウス　Bonifacius　394
ボノスス　Bonosus　234
ホノリウス　Honorius　533
ホフマン　Hofmann,（ダニエル）　514
ボルジア　Borgia,（フランソワ・ド）　164
ボルセック　Bolsec　484
ポレモン　Polemon　461
本質　essence　裸の～　22；名目的～と実在的～　280；定義と～との区別　281；～と固有性との区別　282；～は恒常的　283；～は可能的なものにしか関わらない　283；半名目的な～　291；作用するということが実体に～的　294；空想物としての実在的～　315；一般的～は類似の可能性　316；内的で種的な～　345；内的実在的～　406；物体の種的～　409–410；～と抽象　442；～と現実存在　442；～的なものと偶有的なものと自然的なもの　442
本性　nature　恒常的で絶対的な根源的～　23；事物の～と精神の～との符合　46；欠如的～　97；物体的～　199；表象という～，思惟という～　203；私たちの～の不完全性　238；内的～　301
本能　54–5, 139, 349, 505；理論的真理を含む～もある　53；～の理由　71；公準を形成するというのは人類の一般的でとても理に適った～　428；狂信は神的～　525

ポンポンヌ Pomponne 529
本有的 inné ～概念 27sq.; ～原理 28sq., 54; 真に～な実践の原理 53; ～真理・自然の光・本能 54, 57; ～な観念や真理は消されたりしないが, 曖昧にされている 63; ～知識を動物は持たない 49; 存在の観念, 可能の観念, 同一の観念は～ 66; ～な能力や態勢 108

マ

マイヤー Meier, (ゲルハルト) 271
マウロリュクス Maurolycus 394
マサム Masham 夫人 29
マリオット Mariotte 8; ～の視覚に関する実験 88; ～の青色に関する見解 299
マリヌス Marinus 413
マルクス・アウレリウス 440
マルティニ Martini, (コルネリウス) 514

緑 408; ～は青と黄とが混ぜ合わされて生ずる 87, 284; ～の実在的定義 284

ムートン Mouton 117
無限 infini 129sq.; 世界の内には～な全体は無い 121; ～の概念 125; ～数・～の線 129; 真の～は変様ではなく絶対である 130; ～についての考察と類似性についての考察 130; ～な空間 131; ～な持続 131; ～可分性 205, 245; 現実的～ 13; ～に小さなもの 130; ～の観念 245; ～小解析 392, 495, 507
無際限 indéfini ～の概念 125
ムサエウス Musaeus, (ヨハン) 518-520
無差別 indifférence ～と自由 174sq.
矛盾の原理 (矛盾律) 36, 44, 363-4, 365

名辞 terme 一般的～ 260; 一般的～の起源 276; 抽象的～と具体的～ 328; 実在的な抽象的～ 329; 論理的な抽象的～ 328; ～の混沌 394
明証性 évidence 456
明晰 clair 163; ～判明な概念の真の徴 199
明晰性 clarté 456
命題 proposition 知解されるや否や必ず同意される～ 43; 自同的な～ないし直接的～は証明を全く受け容れない 43; 普遍的～ 402sq., 442; 実体に関して形成される一般的～ 439; ～の区分 457sq.; 事実の～と理性の～ 458
メナージュ Ménage 310, 484
メランヒトン Melanchthon 535
メレ Méré 480

モア More, (ヘンリー) 31; ～博士の空気状媒質ないしエーテル状媒質 340; ～の, 物質の原質料的原理 341
盲人 ～と色 94, 273, 286; ～は幾何学を学べる 105; ～は光学を学べる 105
盲目的思惟 pensées sourdes (cogitationes caecae) 162, 164, 166, 181, 241, 260
目的原因 195, 490
モナド ～の学説 66; 魂は単純実体言うなら～であり, それは延長を持たない 114; 実体的な一即ち～ 203; 私が～と呼ぶ存続する生命の原理 212; 物質は真の完全な～ないし統一体と解されてはならない 450; ～はその起源を神に持ち, 神に依存している 453; ～の保存は連続創造 454; ～が至る所にあること, 際限の無い持続を持っていること 489
モリヌークス Molyneux 103-4; ～の屈折光学 431
モントジエ Montausier 529

ヤ

山の老人 167

有機体 corps organique 126, 214, 318; ～は一瞬以上は同一ではない 213
夢 80sq., 377; ～と感覚 80-1; 正～ 457
唯名論者 nominaliste 148, 316, 545
ユークリッド 6, 59, 72, 362, 372, 412-4, 418-9, 436, 463-5

様態 mode 116sq.; 単純～ 116sq.; 混合～と実体の複雑観念との区別 192; ～と可能性, 共可能性 248
欲望 désir 137sq., 168sq.; ～は不安に基づく 12, 160
寄せ集まり aggregata 206, 322
寄せ集めによる存在者 être par aggrégation 115
予先形成 préformation 42
欲求 appétition 147; 意識され得る～ 147;

～はその目的に真直ぐに進み，賢明な仕方によってではない 166；経験と理性とが～を規制する 166；～は根源的第一運動 166
予定調和 30, 38, 200, 202, 223, 297, 323, 376；心と身体との間の，そしてすべてのモナドないし単純実体の間にさえあるあの驚嘆すべき～ 12；心と身体との間の～ 38；魂と身体との合一とを説明するには～を用いなければならない 205；予め立てられた一致という仮説 383

ラ

来世 167, 178-9, 187, 440；～の確実性 188
ライプツィヒ学報 Acta Eruditorum Lipsiensium 199, 237, 283, 447
ラゴスキー Ragozky 528
ラ・コスト La Coste,（ベルトラン） 528
ラバディスト labbadistes 527
ラベ Labbe 神父 264
ラムス Ramus,（ペトルス）〔ピエール・ド・ラ・ラメー〕 366；～の信奉者たち（ラミスト） 357
ラ・モット・ル・ヴェイエ La Mothe le Vayer 521
ラ・ルーベール La Loubère,（シモン・ド） 23

リウィウス Livius,（ティトゥス） 482
リケトゥス Licetus 311
理性 raison 110, 382, 490sq., 505；未来や持続に思い至らせるのは～ 53；固性は判明な概念をそれがもたらす限り，純粋～によって概念される 91；動物と～ 112；判明な傾向は～がもたらす 172；～とは諸真理の連鎖 177；～の主要な点は善を知り，それに従うことにある 177；至高の～ 207；～的動物 215-6；～の不変の規則こそ道徳的な善と徳の尺度 232；人間の本質的内部，即ち～ 319；～の真理 362；純粋～の真理 438；～に反するものと～を超えたもの 511-2；被造的～ 513；～と信仰 513, 515sq.；～の有用さについての論議 517sq.；～と慣習とを同時に満足させるのはとても難しい 532
力能 puissance 97, 143sq.；真の～は決して単なる可能性ではなく，常に傾向と現実的活動がある 77；裸の～ 109；～一般とは変化の可能性である 144；能動的～は能力と呼んで良い 144；受動的～は受容力ないし受容性と呼ばれて良い 144；物体の内に力ないし能動的～を常に認めなければならない 146；能動的～は精神と類比を持った事物の内，即ちエンテレケイアの内にしかない 146；～は傾向を含む 195；～とエンテレケイア 195；感覚を生み出す～ 251
リペニウス Lipenius 547
理由 raison 281, 461, 491；何ごとも～無しには起らない 154；～の最も偉大な諸原理 212；形相的～ 364；～と経験の並行論 373；決定～ 459；アプリオリな～ 441, 513
流動 デカルト派の人々の言う完全に～的な微細な物質 92；すべての物体の内に～性がある 92；～性は根源的なもの 122；完全な～性は第一質料にしか相応しくない 202
量 連続～と離散～ 127
理論 ～と実践 14, 549
輪廻 métempsychose 15, 31, 219sq.；ファン・ヘルモントの～説 214；ラビたちの～説 214；～と変態（métamorphose） 214

類 genre 自然学的～と論理学的～ 21-2；～と種 277；～と種差 278
ルイ寛厚王 Louis le Débonnaire 265
類似 semblable 128, 260；表出的な，言うなら秩序に関しての～ 98；～性についての考察 130, 279；～は一つの実在性 279；～と，類と種の本質 279；一般的本質は～の可能性 316；エンテレケイアは魂と～を持つ 322；～のもの 359；～性と普遍性 503
類比 analogie 487, 489；植物と動物との間にある偉大な～ 107；精神と～を持ったもの，即ちエンテレケイア 146；可感的事物と非可感的事物との間の～ 262；表象と欲求とに～的なもの 309；確からしさの規則としての～ 487
ルカヌス Lucanus 110
ルキアノス Lucien 357
ルドルフ Ludolph 47
ルナ・フィクサ luna fixa 288
ルルス Lullus,（ライムンドゥス） 520

霊 génie 200, 216, 297, 488, 508-9, 511；すべての～やすべての魂，そして被造的なすべての単純実体は常に身体と結び付いている 14

-5
レイネシウス　Reinesius　332
レーヴェンフーク　Leeuwenhoek　307
歴史　481sq.
レッシウス　Lessius　120
レムニウス　Lemnius,（レウィヌス）　399
錬金術師　339, 527
連続創造　　モナドの保存は～　454
連続体　continuum　119, 127
連続の合成の迷宮　205
連続律　13, 16, 297, 488
レントゥルス　Lentulus　275

ロオー　Rohault　204
ロベルヴァル　Roberval　72, 412, 421
論拠，論証　arguments　二種の～　471；混合的な～　471；人数が多いことによる～　472；主格カラ斜格への～　496；無知ニ訴エル（ad ignorantiam）～　509；畏敬ニ訴エル（ad verecundiam）～　509；人ニ訴エル（ad hominem）～　509；論点相当ノ（ad judicum）～　510；眩暈ニ訴エル（ad vertiginem）～　510
論証　demonstration　373, 455, 491-2；～的認識　368sq.
論理，論理学　495sq., 544sq.；～と本有的原理　6；自然的～　54；～と曖昧さ　339；人人が誤るのは～が欠けているから　339；～は幾何学と同様に論証を受け容れる　372；一般的～　372；確からしさの程度を扱う～　184, 480；法律と～　479；～的形式　497；～の法則は整理されて書かれた良識の法則　497；スコラの～　499；真の～　500；カルダーノと確からしいものの～　501；通俗的～　502；～と普遍数学　504

ワ

ワースリ　Worsley　230
私は思惟する，故に私はある　je pense, donc je suis　368, 416；～は公理ではない　416；～は事実の真理　416；～は思惟することによって現実存在を証明することではない　416

訳者略歴

米山 優〈よねやま・まさる〉1952年東京に生まれる．1981年東京大学大学院人文科学研究科単位取得退学．博士(学術)．現在 名古屋大学名誉教授．著書『モナドロジーの美学』（名古屋大学出版会，1999），『情報学の基礎』（大村書店，2002），『自分で考える本』（NTT出版，2009），『情報学の展開』（昭和堂，2009）など．

人間知性新論

2018年 6 月29日　新装版第1刷発行
2025年 8 月 5 日　新装版第6刷発行

著　者　　ライプニッツ
訳　者　　米山 優
発行所　　株式会社 みすず書房
〒113-0033 東京都文京区本郷2丁目20-7
電話 03-3814-0131(営業) 03-3815-9181(編集)
www.msz.co.jp
印刷・製本　大日本印刷株式会社

Printed in Japan
ISBN 978-4-622-08732-8
[にんげんちせいしんろん]
本書は、みすず書房より1987年12月10日、第1刷として発行した『人間知性新論』の2012年10月10日発行、第5刷を底本としています。